DOCUMENTS SUR LA PROVINCE DU PERCHE

2e Série. — No 1.

GÉOGRAPHIE

DU PERCHE

ET CHRONOLOGIE

DE SES COMTES

SUIVIES DE PIÈCES JUSTIFICATIVES

FORMANT LE

CARTULAIRE

DE CETTE PROVINCE

PUBLIÉES

Par le Vicomte DE ROMANET

Ancien Élève de l'École des Chartes

Président de la Société Percheronne d'Histoire et d'Archéologie

MORTAGNE

IMPRIMERIE DE L'ÉCHO DE L'ORNE

1890-1902

SOMMAIRE DE CET OUVRAGE

GÉOGRAPHIE

CARTULAIRE

TABLE ALPHABÉTIQUE

donnant les identifications des noms de personnes et de lieux contenus dans la Géographie et dans le Cartulaire du Perche.

(NOTA. — La Géographie, le Cartulaire et la Table ayant chacun une pagination distincte, peuvent être réunis ou reliés séparément.)

Feuilles sans pagination :

Carte de la région et de la province du Perche (parue dans le 1er fascicule). A placer en tête de la Géographie.

Tableau de toutes les paroisses et communes de la province du Perche rangées par ordre alphabétique (paru dans le 45e fascicule). A placer en tête de la Géographie ou de la Table.

Tableau de la famille des vicomtes de Châteaudun, comtes de Mortagne, du Perche, seigneurs de Montfort-le-Rotrou (paru dans le 2e fascicule). A placer entre les pages 44 et 45.

ILLUSTRATIONS

d'après des fusains ou dessins inédits.

TYPES PERCHERONS

Le petit Dénicheur et *Le père Bois* (parus dans le 44e fascicule).
Petit Gas et *Fillette des environs de Gevraise* (45e fascicule).
La maîtresse X..... (46e fascicule).
Vieille des environs de Gevraise (50e fascicule).

SITES NATURELS DU PERCHE

Deux vues de la Forêt de Bellême (38e fascicule).
Chênes dans le Parc de Gevraise (26e fascicule).
Coin du parc des Guillets (49e fascicule).

VUES DIVERSES DU PERCHE

Donjon de Nogent-le-Rotrou (27e fascicule).
Ancienne Porte de Mortagne (47e fascicule).
Pavillon et Fuye de la Grossinière (50e fascicule).
Bourg de Saint-Germain-de-la-Coudre (36e fascicule).
Moulins de Blandé et de *Marcilly* (35e fascicule).
La Besnarderie, en Courgeoût (27e fascicule).

GÉOGRAPHIE
DU PERCHE

DOCUMENTS SUR LA PROVINCE DU PERCHE
2e Série. — No 1.

GÉOGRAPHIE
DU PERCHE

ET CHRONOLOGIE

DE SES COMTES

SUIVIES DE PIÈCES JUSTIFICATIVES

FORMANT LE

CARTULAIRE .

DE CETTE PROVINCE

Par le Vicomte DE ROMANET de Beaune

Ancien Élève de l'École des Chartes
et Président de la Société Percheronne d'Histoire et d'Archéologie

MORTAGNE

IMPRIMERIE DE L'ÉCHO DE L'ORNE
—
1890-1902

RÉGION ET PROVINCE DU PERCHE

Par le Vte O. DE ROMANET

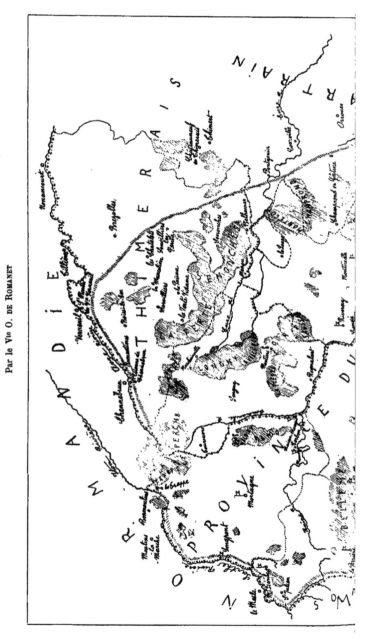

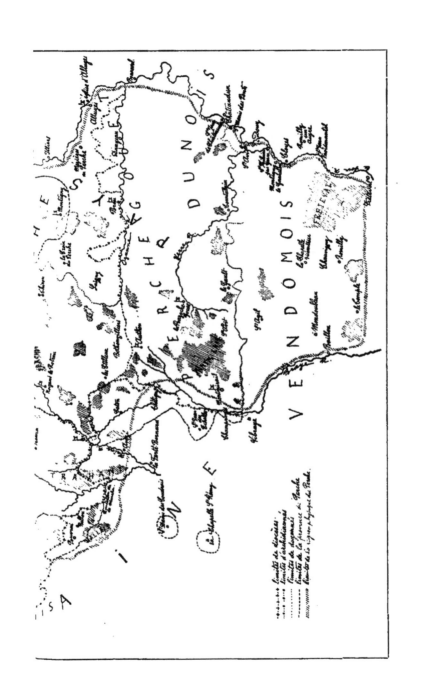

PLAN DE CETTE ÉTUDE

Le premier soin de celui qui veut faire connaître un objet est presque toujours d'en donner une définition : il ne sera donc pas inutile de rechercher ici ce qu'a été le Perche aux différentes époques de notre histoire, et cela d'autant plus que ce mot a été employé pendant plusieurs siècles dans deux acceptions absolument distinctes dont il importe de préciser la portée.

Le mot Perche, qui désignait vers l'an 600 de notre ère (et selon toute probabilité depuis une époque bien plus reculée) une vaste forêt située entre les territoires des peuples gaulois des Carnutes et des Aulerces, ne s'appliquait encore au commencement du xɪᵉ siècle à aucune division politique ou administrative, cette région boisée se trouvant partagée entre le comté de Corbon (ou de Mortagne), la baronnie de Châteauneuf-en-Thimerais, le comté et l'évêché de Chartres, la vicomté de Châteaudun et le comté de Vendôme.

Dans la seconde moitié du xɪᵉ siècle, un des plus puissants seigneurs du pays, possédant à la fois le comté de Corbon et la seigneurie de Nogent-le-Rotrou, ce qui le rendait maître de la plus grande partie de la vieille *forêt du Perche*, prit un titre nouveau, celui de *comte du Perche* et dès lors le mot Perche, qui continua toujours à désigner la *région* occupée par la forêt, désigna aussi en même temps le nouveau *comté*, qui comprenait celui de Corbon et la seigneurie de Nogent, mais qui n'occupait qu'une partie (ne dépassant guère la moitié) de la région du même nom.

Le comté du Perche, un des grands-fiefs de la Couronne de France, dont il relevait directement, réuni au domaine de la Couronne au xɪɪɪᵉ siècle, puis apanagé, forma enfin un bailliage royal, puis une province (1) lorsque cette dénomination fut adoptée par la royauté plus puissante, et conserva jusqu'à la Révolution son individualité distincte, ses coutumes (c'est-à-dire sa législation traditionnelle sanctionnée par les représentants de la population entière) et le droit d'envoyer ses députés non à un autre bailliage, mais directement aux États-Généraux du royaume.

La première partie de cette étude sera consacrée à la recherche des limites approximatives de l'ancienne forêt du Perche et à l'indication des peuples gaulois qui l'habitaient, peuples aux territoires desquels correspondirent ensuite des divisions d'ordre civil et ecclésiastique.

Dans la seconde seront examinées la formation du comté du du Perche, la chronologie de ses comtes et celle des seigneurs de Bellême; quelques indications seront fournies sur Longny et Marchainville qui faisaient partie de la province mais non du comté du Perche.

Enfin, quoique ce qui ne concerne pas la province du Perche sorte du cadre tracé à ce recueil de documents, il sera peut-être utile, pour accentuer ce cadre lui-même en montrant ce qui n'en fait pas partie, de parler brièvement de quelques-uns des états féodaux constitués entièrement ou en partie dans la région du Perche en dehors de la province de ce nom : le Thimerais, le Perche-Gouet et la châtellenie de La Loupe; quant au Dunois et au Vendomois, comme ils ne sont pas même contigus à la province du Perche dont le Perche-Gouet les sépare, il n'en sera point parlé ici.

---

(1) Certains lecteurs pourront trouver superflu de prouver que la province du Perche, par le fait seul qu'elle était une province ne pouvait pas faire partie d'une province voisine, mais la suppression des provinces par la Révolution et le morcellement de la France en départements font qu'il ne sera peut-être pas inutile d'insister sur cette vérité évidente.

PREMIÈRE PARTIE

GÉOGRAPHIE DU PERCHE AVANT L'ÉPOQUE FÉODALE

CHAPITRE Ier

LA FORÊT DU PERCHE

₰ 1. Ancienne acception du nom de Perche.

Le mot Perche a d'abord désigné une vaste forêt s'étendant sur une partie de la chaîne de collines dont la crête sépare les bassins inférieurs de la Loire et de la Seine.

Jules César, dans ses Commentaires (1), dit que tous les ans, à la même époque, les druides se réunissaient dans un lieu consacré, près de la frontière des Carnutes, région réputée pour être le centre de toute la Gaule, et là, tranchaient les différends et rendaient la justice. Connaissant la prédilection des druides pour les forêts et leur culte pour les chênes, on peut raisonnablement voir dans la forêt du Perche ce lieu mystérieux, sorte de capitale des Gaules ; mais d'un côté, le sud du pays des Carnutes, c'est-à-dire l'Orléanais, serait plus au centre des Gaules, et d'autre part, si on ne tient pas compte de cet argument, l'antique ville de

---

(1) *Hi* [*druides*], *certo anni tempore, in finibus Carnutum, quœ regio totius Galliœ media habetur, considunt in loco consecrato. Huc omnes undique, qui controversias habent conveniunt, eorumque judiciis decretisque parent.* (César, de Bello Gallico, lib. VI, 13 ; éd. Panckoucke, p. 336).

Dreux, d'origine évidemment gauloise et située à la frontière nord des Carnutes, peut disputer la préférence à la forêt du Perche.

La plus ancienne mention qui ait été signalée de la forêt du Perche est celle qu'on prête à Grégoire de Tours (mort avant la fin du vi⁰ siècle), qui donnerait de ce nom, dans son traité de la gloire des Confesseurs, une étymologie difficilement admise aujourd'hui (1), mais le passage cité n'est évidemment pas du saint évêque de Tours (2). Le Perche est cité dans un autre passage de Grégoire de Tours que nous examinerons plus loin, et dans un passage relatif à l'an 520 de la vie de saint Avit (3) dont l'auteur est regardé par les Bollandistes comme à peu près contemporain. La forêt du Perche et le territoire sur lequel elle s'étendait se trouvent dès lors cités de plus en plus souvent dans les chroniques et autres anciens documents (4).

Il est naturellement impossible de tracer d'une façon mathématique les limites de cette région à l'époque reculée où elle était encore presque entièrement boisée; il existe cependant un certain nombre de localités dont les unes sont placées par des

(1) Odolant-Desnos dit dans la dissertation qui précède ses Mémoires sur Alençon que le mot Perche est plutôt celte que latin, mais un des philologues les plus remarquables de nos jours nous a assuré que l'étymologie celte devait être écartée; n'ayant pas les éléments nécessaires pour approfondir cette question, nous signalerons seulement comme devant avoir la même origine les noms du comté et de la ville de Perth en Ecosse, puis de l'ancienne ville de Perthes, détruite par Attila, et qui avait été la capitale du Perthois ou Pertois, ancien pagus actuellement compris dans les limites des départements de la Marne et de la Haute-Marne.

(2) Bart des Boullais et après lui Pitard (Fragm. hist. sur le Perche, p. 374) et Gouverneur (Essais hist. sur le Perche, p. 43) citent le 30⁰ chap. du livre de la Gloire des Confesseurs de Grégoire de Tours, or, le passage qu'ils citent ne se trouve ni au chap. indiqué, ni même dans aucun autre des ouvrages de Grégoire de Tours, d'après les éditions de 1522, 1677 et 1699, et on n'a pu encore découvrir d'où cette citation a été tirée.

(3) An 520. [S. Avitus et discipuli ejus] vastas loci Perthici solitudines, ut sese iterum occultarent, expetierunt. Ex vita S. Aviti abb Perticensis ab anonymo fere coœvo conscripta. Apud Bollandianos XVII junii. Rec. des hist. des G. et de la Fr., III, p. 439.

(4) Vers 600, Thierry, roi des Bourguignons, poursuivit Clotaire II jusque dans la forêt du Perche. Hlotarius fugâ lapsus usque Perticam sylvam pervenit. (Vita S. Bethari, dans le Rec. des hist. des Gaules et de la France, III, p. 488.)

En 842 « Carolus (II) partem exercitûs Sequanam trajecit et in saltum, qui Pertica vulgo dicitur, direxit. » Nithardi Caroli M. nepotis hist., l. III. Rec. des hist. des G. et de la Fr., VII, p. 26.

En 855 « Berno Normannus... usque Perticum saltum plurimam stragem ac depopulationem fecerunt... » Chron. Font. dans le Rec. des hist. des G. et de la Fr., VII, p. 43.

auteurs anciens dans la forêt du Perche, dont d'autres ont conservé dans leur nom même l'indication de cette position ; elles peuvent donc servir de jalons pour tracer sur la carte le contour général de l'antique forêt que le chroniqueur Aimoin, né dans la seconde moitié du x⁰ siècle, cite comme la plus remarquable de toute la Gaule celtique (1).

Nous ne prétendons pas dire le dernier mot sur cette question et on pourra peut-être trouver quelque texte prouvant que certaines localités, situées en dehors des limites que nous proposons aujourd'hui, se trouvaient cependant dans la forêt du Perche, ce qui en étendrait les bornes de ce côté; mais nous n'avons cru devoir accepter que les indications qui nous semblaient bien prouvées (2).

§ 2. Limites de la forêt du Perche au nord.

Elle comprenait certainement la forêt qui porte encore aujourd'hui le nom de forêt du Perche et s'étend sur les communes de Bresolettes, Bubertré, la Poterie-au-Perche, Prépotin, Randonnay, Tourouvre, la Ventrouze ; le cartul. de Saint-Père (p. 246) y place Boissy-le-Sec en 1086; elle s'étendait ainsi jusqu'aux sources de l'Avre, de l'Iton et de la Sarthe.

§ 3. Limites de la forêt du Perche à l'ouest.

Saint-Julien-sur-Sarthe est placé en 869 dans la forêt du Perche (Rec. des hist. des G.), ce qui semble prouver, quand on examine la carte, que le territoire compris par le doyenné de Corbon, qui a toujours été borné à l'ouest par la Sarthe, devait aussi faire partie de cette région forestière. Entre Saint-Julien-sur-Sarthe et la forêt de Montmirail, nous ne trouvons que l'église

---

(1) . . . « post eum exstat Liger qui terram illam quæ inter illum et Sequanam jacet pene insulam efficit. Sylvæ multæ, sed eminentior cæteris Perticus » præfat. in Gest. Francor. d'Aimoin, ap. D. Bouquet, III, 25, 489.

(2) Il ne nous a donc pas paru possible, malgré l'autorité de cet éminent auteur, d'adopter l'opinion de M. Maury qui, dans son livre sur les forêts de la Gaule (p. 298 et suiv.), voit dans la forêt de Perseigne et même dans celle d'Ecouves des débris de l'ancienne Sylva Pertica, car nous n'avons encore découvert aucun texte, ni aucune indication précise qui pût confirmer cette affirmation, et M. Maury n'en donne lui-même aucune espèce de preuve.

des Etilleux comme localité placée dans le Perche par d'anciens
documents (1). Une charte de Jacques de Châteaugontier,
d'avril 1242, place les bois de Trahant (2) dans le Perche, mais cela
seul ne prouverait pas absolument qu'ils fussent situés dans la
région du Perche, car par Perche on pouvait entendre alors le
comté du Perche et non la région du même nom (3). Il nous
semble néanmoins probable que les limites de la région du
Perche concordaient à peu près de ce côté avec celles du diocèse
du Mans, au moins à partir de l'Huisne, et qu'elles étaient les
mêmes que celles des doyennés du Perche et de Dunois-au-Perche du diocèse de Chartres ; la forêt du Perche devait englober
les forêts de Blavou (4), de Bellême, de Clinchamps, de Trahant,
de Montmirail et peut-être de Hallais. Elle ne pouvait de ce côté
s'étendre moins loin que Saint-Avit-au-Perche, paroisse située
près de la forêt de Montmirail et identifiée par M. Merlet (5) avec

(1) Ante a. 1102 : *ecclesia in honore matris Domini fundata, in Pertico,
loco qui dicitur Extiliolus.* (Identifié par Guérard avec les Etilleux.)
(Cartul. de Saint-Père, p. 234.)

(2) La forêt de Trahant (Trehant, Trahunt, Treant ou Creans) ne porte
plus ce nom aujourd'hui, et a dû être essartée en partie ; il reste encore
des bois assez étendus, qui en sont certainement un débris et couronnent
une chaîne de collines située sur le territoire des communes de Saint-
Cyr-la-Rosière, Gémages, l'Hermitière, Saint-Germain-de-la-Coudre, le
Theil (dans le département de l'Orne), Avezé et Souvigné-sur-Même (dans
le département de la Sarthe). Plusieurs passages des chartes qui la
concernent et que nous publions en déterminent la position : *in nemoribus nostris sitis in Trahento, juxta Tiliam in castellaniâ Bellismensi ...*
(Charte de 1258) ; *in nemoribus nostris sitis in Trahanto juxta Turrem
de Sabulo* [la Tour du Sablon à 2 kil. N.-N.-E. de Gémages d'après
Cassini et la carte du canton de Nocé], *in castellania Bellismensi..... in
unâ parte dictorum nemorum nostrorum juxta chemino per quod itur
a villa de Sancta Gauburge* [Sainte-Gauburge-de-la-Coudre, en Saint-Cyr-
la-Rosière] *ad Firmitatem-Bernardi* (charte de 1259). Enfin, en marge
de la pièce 70 du ms. lat. 9220 de la B. N., concernant un accord avec le
couvent des Clérets, est écrit ce qui suit : ..... *les bois de Trehant sont
appelés à présent les bois de Nonains, défrichez, qui composent le lieu
de l'Estang-Bouillon et partie en notre domaine.* Or l'Étang-Bouillon
est marqué sur les cartes à environ 2 kil. S.-S.-O. du chef-lieu de la
paroisse de l'Hermitière. Le nom de *Bois de la Chiene* est attribué par la
carte de Cassini au milieu de la forêt de Trahant. La carte de l'État-Major
et celle du canton du Theil ne lui donnent aucun nom ; une partie en est
actuellement connue sous le nom de *bois de la Proutrie.*

(3) Voy. nos pièces justificatives pour les années 1232, 1242, 1255,
1258, 1259.

(4) Forêt importante, aujourd'hui essartée, et dont deux paroisses :
Saint-Jouin-de-Blavou et Saint-Quentin-de-Blavou, et un château : Blavou, commune de Saint-Denis-sur-Huisne, ont seuls gardé le nom.

(5) Introduction au dictionn. topog. d'Eure-et-Loir, p. xi et xii.

le lieu indiqué par la légende de saint Avit (1), comme situé dans les forêts inhabitées du Perche. Le prieuré de Guerreteau, près Mondoubleau, faisait, au XIIIᵉ siècle, partie du doyenné du Perche (2), et comme il nous semble plus que probable que la région du Perche comprenait ce doyenné, nous la limiterons comme lui par la Braye, depuis Vibraye jusqu'au-delà de Baillou.

§ 4. Limites de la forêt du Perche au sud.

La région du Perche comprenait le Temple (3) ; Romilly-sur-Aigre est indiqué dans le dictionnaire topographique d'Eure-et-Loir comme ayant porté le nom de Romilliacum in Pertico d'après une charte de l'abbaye de Saint-Avit-de-Châteaudun de 1246, mais nous croyons que cette identification ne doit pas être admise à moins de nouvelle preuve, et que Romilliacum in Pertico désigne Romilly, paroisse située entre Fréteval et Mondoubleau, et distinguée, par la mention de sa situation dans le Perche, de Romilly-sur-Aigre, que M. Merlet (4) place lui-même en Beauce, puisqu'il limite celle-ci à la rive gauche du Loir jusqu'à Saint-Hilaire-sur-Yerre. Chauvigny est aussi placé dans le Perche par une charte du commencement du XIIᵉ siècle (5) ; Saint-Jean-Froidmantel faisait partie du doyenné de Dunois-au-Perche, et comme la forêt de Fréteval est située entre Chauvigny et Saint-Jean-Froidmantel, nous regardons cette forêt comme un fragment de l'ancienne forêt du Perche, sur la lisière de laquelle fut bâti Fréteval au bord du Loir.

§ 5. Limites de la forêt du Perche à l'est.

La région du Perche devait, de Fréteval à Saint-Hilaire-sur-Yerre, s'étendre jusqu'au Loir, que M. Merlet donne comme

(1) . . . decessit in vastas Pertici solitudines... locum antiquitus Piciacus vocatus, nunc vero vocabulo cellæ Sancti-Aviti agnoscitur insignitus... taliter a villarum confinio penitus exclusus arboribus victum prebentibus degebant. (Merlet, lieu cité.)

(2) Pouillé du diocèse de Chartres de la seconde moitié du XIIIᵉ siècle, pub. dans le cartul. de Saint-Père, p. 298.

(3) Actum in foresta que Perticus dicitur in domo militum de Templo (charte de Geoffroy, vicomte de Châteaudun, au XIIᵉ siècle. Merlet, intr. au dict. top. p. XI).

(4) Introd. du dict. top. d'Eure-et-Loir, p. XI.

(5) Carta fundationis cellæ Calviniaci in Pertico, 1116-1136, pub. par M. Mabille (cartul. de Marmoutiers, pour le Dunois, p. 160) qui, dans sa

limite occidentale à la Beauce de ce côté. Odolant-Desnos (1) nous apprend que les Normands ayant détruit le monastère de Saint-Avit, il fut rétabli en 1045 par Ganelon (dont il a fait Wanelon ayant pris l'e pour un c), trésorier de Saint-Martin de Tours, qui lui donna de nouveaux droits de panage et de chauffage dans sa forêt du Perche (2), droits qui furent confirmés par le pape Alexandre III; or, cette abbaye était située sur les bords du Loir, dans la paroisse de Saint-Denys-des-Ponts, près Châteaudun. Nous croyons qu'au nord de Châteaudun la région du Perche devait continuer à avoir les mêmes limites que le doyenné de Dunois-au-Perche, suivant à peu près le cours du Loir, près des bords duquel se trouvent Mezières-au-Perche, Illiers, Fontenay-au-Perche (3), quoique M. Merlet (4), (invoquant un titre du cartulaire de Saint-Père qui, selon lui (5), place Brou dans la Beauce), avance bien moins loin vers l'est les bornes de la région du Perche et place en Beauce la moitié du doyenné de Dunois-au-Perche.

Au-dessus d'Illiers, le Loir pouvait jusqu'à sa source continuer à servir de limites entre le Perche et la Beauce (6). Une charte (7) du XIIIᵉ siècle place Orrouer dans le Perche, qui ne peut s'entendre du comté du Perche, dont Orrouer ne faisait point partie,

table géographique, identifie *Calviniacum* avec Chauvigny, canton de Droué (Loir-et-Cher).

(1) Dissert. précédant les Mém. hist. sur Alençon, p. LVI.

(2) *Ideo ego Wanelo, videlicet S. Martini thesaurarius... augeo eis pastionem centum porcorum in silva mea, quæ vocatur Porticus, et ligna ejusdem silvæ ad calefaciendum seu operandum* 1045. Ex chartul. S. Aviti. Gall. Chr. VIII, instr. 299.

(3) *Maceriæ in Pertico* dans le polypt. de N.-D. de Chartres de 1300; *Illesiæ in Pertico*, même document; *Fontenay-au-Perche :* hameau détruit, commune d'Illiers, cité dans le même document.

(4) Introd. au dictionn. topog. d'Eure-et-Loir.

(5) Le passage du cartul. de Saint-Père, invoqué par M. Merlet, ne nous semble pas indiquer d'une façon positive que Brou soit en Beauce; le voici du reste : . . . « *alodos quos habebat in Belsia sancto Petro reliquit, unum videlicet in Fontinidi villa, alterum in Marchesi-Villa, atque juxta Braiaum unum prati arripennum.* » (Cartul. de Saint-Père, I, 244); en effet, cette phrase indique bien que les deux alleux cités sont en Beauce, mais cela ne prouve pas que l'arpent de pré, voisin de Brou, ni que Brou même soient dans cette région.

(6) L'abbé d'Expilly et quelques géographes ont séparé la ville d'Illiers en deux sections : Saint-Jacques et Saint-Hilaire d'Illiers, du nom de ses deux paroisses, dont l'une était en Beauce et l'autre en Perche. (Mém. de la Soc. archéol. d'Eure-et-Loir, V, p. 404. — Notice sur Illiers.)

(7) Don à l'abbaye de Josaphat d'une dîme *in territorio de Oratorio in Pertico*. Bib. nat. ms. lat. 5418, fᵒ 113.

mais de la région. Odolant-Desnos (1) nous apprend que saint Laumer avait fondé un monastère au lieu qu'on croit être celui où se trouve maintenant l'église de Belhomer : *in inferiori parte agri Perticensis* (2). Nous voyons enfin placés dans la région du Perche, par le carticulaire de Saint-Père : la Mancelière, la Puisaie (p. 249, 250), Morvilliers et les Châtelets (p. 138, 545) et le village nommé actuellement Louvillier-lès-Perche (dictionnaire topog. d'Eure-et-Loir), Louvilliers-les-Perches (carte d'état-major), Louvilliers-lez-le-Perche (carte de Cassini), et appelé Lovilla in Pertico dans le pouillé de 1250 environ, cité par le dictionn. topog. d'Eure-et-Loir; N. D. de Louvillier-au-Perche, par le pouillé de 1736.

(1) Dissertation précédant ses Mémoires sur Alençon, p. LVI.
(2) Acta SS. Ord. S. Bened. Sect. I, p. 338, 338, 339.

CHAPITRE II

PREMIÈRES DIVISIONS CIVILES ET ECCLÉSIASTIQUES ÉTABLIES DANS LA RÉGION DU PERCHE

§ 1. *Moyen de retrouver ces divisions.* — § 2. *Diocèse de Chartres.* — § 3. *Diocèse de Séez.* — § 4. *Diocèse du Mans.* — § 5. *Diocèse d'Évreux.*

§ 1. Moyen de retrouver ces divisions.

La région du Perche étant plus accidentée et plus élevée que le pays environnant et n'étant traversée par aucun grand fleuve, conserva aussi plus longtemps la forêt qui la couvrait depuis le commencement du monde et servit, pendant des siècles, de marche ou de zône frontière aux territoires des peuples gaulois, des Carnutes et des Aulerces Essuins, Cenomans et peut-être Eburons, qui en possédaient chacun une partie ; elle fut de même partagée entre les 2°, 3° et 4° lyonnaises qui englobèrent chacun de ces peuples lors de l'organisation des dernières divisions administratives romaines.

Le meilleur guide que nous ayons pour l'étude de ces divisions est l'étude des diocèses et de leurs subdivisions en archidiaconés et doyennés, car, comme le dit très bien M. L. Duval (1), « ayant pour principe de n'apporter aucun trouble « inutile dans les habitudes des populations au milieu des- « quelles elle établissait son autorité, au moment même où « disparaissait l'administration romaine..., l'Eglise, presque par- « tout, adopta pour ses évêchés les circonscriptions des an- « ciennes *civitates*. Tandis que les divisions politiques, féodales, « étaient soumises à des variations fréquentes, les circonscrip- « tions ecclésiastiques, les diocèses, à part un petit nombre « d'exceptions connues, conservaient leurs anciennes limites « qu'elles ont gardées presque partout jusqu'à la Révolution.

---

(1) Essai sur la topographie ancienne du département de l'Orne, suivi du tableau de l'organisation relig. de son territoire avant la Révol., par L. Duval, archiviste du département de l'Orne. Alençon 1882.

« Les diocèses, on le sait, furent divisés, à l'époque carlovin-
« gienne, en un certain nombre d'archidiaconés et de doyennés,
« répondant plus ou moins exactement aux anciens *pagi* gaulois.
« Le rapport constaté entre les cités et les diocèses est, en effet,
« beaucoup moins constant entre les *pagi* et les *archidiaconés*...
« Ce qui est certain, c'est qu'il n'est pas possible de ne voir dans
« les archidiaconés que des divisions purement artificielles,
« comme nos départements et nos arrondissements, par exemple.
« Ces subdivisions du diocèse sont de véritables circonscriptions
« régionales qui peuvent fournir des indices précieux, non seule-
« ment pour les études historiques proprement dites, mais
« encore pour l'ethnologie et la philologie. »

§ 2. Diocèse de Chartres.

La partie la plus considérable de la région du Perche, c'est-à-
dire celle qui se trouve sur la rive gauche de la Commauche et
sur la même rive de l'Huisne depuis leur jonction, faisait partie
des *pagus Durocassinus, Carnotinus* et *Dunensis,* tous trois
compris dans la cité des Carnutes, à laquelle, de ce côté, correspondait exactement, d'après M. Merlet, l'ancien diocèse de
Chartres avant la création de l'évêché de Blois en 1697 (1) ;
MM. E. de Lépinois et Merlet (2) pensent « que l'ensemble de
l'*archidiaconé de Dreux* représentait assez exactement l'ancien
pagus dont il portait le nom, lequel absorbait une partie du Perche »..., qu' « entre le *grand archidiaconé* et l'ancien pagus chartrain existait une concordance réelle », et « que les limites nord
de l'*archidiaconé de Dunois* étaient à peu près celles du pagus ».
Mais tandis que nous voyons le pagus Corbonensis compris
entièrement dans le Perche, cette région forestière n'occupait
qu'une partie et non la totalité de chacun des pagus chartrains que
nous venons de citer et des archidiaconés qui les remplacèrent.
— Les localités du *pagus drocassinus* que nous trouvons placées
dans la région du Perche (3) appartiennent toutes au doyenné de

---

(1) Introd. au dictionn. topogr. d'Eure-et-Loir, p. v.

(2) Introd. au cartul. de N.-D. de Chartres, p. LI et suiv.

(3) Boissy-le-Sec, la Mancelière, la Puisaie (cartul. de Saint-Père, p.151,
249 et 250), Morvilliers et les Châtelets (id. p. 138, 545), Louvilliers-lez-
Perche (pouillé de 1250), Belhomert (Pitard, d'après les Acta SS.) Moutiers-au-Perche, nommé jadis Corbion (Rec. des hist. de Fr. VII, 284 E,
VIII, 445 B), Armentières (cartul. de Saint-Père, p. 539).

Brezolles de l'*archidiaconé de Dreux*, et M. Merlet place même (1) en Beauce la pointe orientale de ce doyenné qui se dirige vers Nonancourt. — Trois des doyennés du *Grand Archidiaconé* nous intéressent : celui du Perche ou de Nogent était complètement formé de la région du Perche, dont il occupait à peu près le centre ; la partie occidentale du doyenné de Courville, couverte en partie par les forêts de Champrond et de Montécot, reliées par des bois moins importants au grand massif de Senonches et de la Ferté-Vidame, faisait certainement partie de la région du Perche ; la partie occidentale du doyenné de Brou, placée sur la rive droite du Loir et dont nous trouvons les localités de la Croix-du-Perche, Luigny, Mezières-au-Perche, Illiers, Fontenay-au-Perche (1) placées dans la région du Perche, devait lui appartenir, comme nous l'avons dit plus haut.

L'*archidiaconé de Dunois* comprend deux doyennés : celui du Perche (ou de Dunois-au-Perche) et celui de Beauce (ou de Châteaudun). Il nous semble évident que le premier, où se trouvent Saint-Avit-au-Perche et l'abbaye de Saint-Avit (voir plus haut p. 10, 11, et 12) contient toute la partie de l'archidiaconé de Dunois formée de la région forestière du Perche, tandis que le second correspond à la portion qui s'étendait en Beauce.

§ 3. Diocèse de Séez.

La partie ouest et nord-ouest de la forêt du Perche, comprise entre la Sarthe, la Commauche et l'Huisne, appartenant au territoire des Essuins, fit partie de la seconde Lyonnaise et forma la *centena* ou *vicaria Corbonensis* du pagus Oximensis et l'*archidiaconé de Corbon*, dans le diocèse de Séez, qui correspondait à ce pagus ; c'est du moins l'opinion d'Odolant-Desnos (dissertation précédant les Mém. hist. sur Alençon) et d'A. Le Prévost (Mém. sur les anc. div. terr. de la Norm.). B. Guérard établit dans les prolégomènes du polyptique d'Irminon, par de nombreuses citations tirées du polyptique, que les limites du *pagus Oximensis* concordaient de ce côté avec celles du diocèse de Séez. Il nous apprend également que la centaine de Corbon reçut bientôt après Irminon le titre de pagus et forma le pays nommé le Corbonnais. Dès l'année 853, il est mentionné sous le nom de *Corbonisus* au nombre des pays où Charles-le-Chauve envoya des missi domi-

(1) Introd. au dictionn. topog. d'Eure-et-Loir, p. XII.

nici (1). Le territoire dont il était composé avait donc cessé dès
cette époque d'être un canton subordonné et formait un nouveau
pagus, définitivement séparé du pagus d'Hiesmois dont il dépendait auparavant; il est appelé *pagus corbonensis* ou *territorium
corbonense* aux IXe et Xe siècles. Dans le XIIe, Orderic Vital,
après l'avoir désigné sous ce premier nom, le désigne sous celui
de *Corbonia* (2). Un diplôme de Charles-le-Chauve en faveur de
l'abbaye de Corbion lui donne le titre de comté en 860 ou 861 (3).
Odolant-Desnos (4) affirme, après le comte de Boulainvilliers (5),
que « le duché de France s'étendait depuis la Loire jusqu'à la
Seine, il comprenait le comté de Paris, l'Orléanais, le pays Chartrain, le Perche (6), le comté de Blois, la Touraine, une partie de
la Neustrie : ainsi les comtes et seigneurs de ces différents pays
relevaient du duché de France. » Il ajoute que Charles-le-Chauve,
de l'avis des États Généraux de son royaume assemblés à Compiègne, l'an 861, donna ce gouvernement à Robert-le-Fort.

Adrien de Valois (7) fait une citation qui vient confirmer cette
assertion; il y est question d'une charte rédigée par l'ordre du
duc de France, Hugues-le-Grand, petit-fils de Robert-le-Fort, au
sujet de la vente d'un alleu sis dans le Corbonnais et corroborée
par le comte dudit territoire.

Hugues-Capet, fils d'Hugues-le-Grand et duc de France, étant
devenu roi de France en 987, et les liens féodaux tendant dès
lors à devenir immuables, le comte du Corbonnais, vassal du duc
de France, se trouva vassal immédiat du roi de France.

D'après A. Le Prevost (8) et L. Duval (9), l'archidiaconé de
Bellême, qui comprenait les doyennés de Bellême et de la Per-

(1) Capitul. a. 853, dans Baluze, t. II, col. 69.

(2) Hist. III, dans le Rec. des hist. des G. et de la Fr., t. XI. p. 229;
hist. XIII, ibid., t. XII, p. 747 c.

(3) *Item in pago Oximense, et Epicense et Corbonisse villa Nugantus
et Suriacus atque Auriniacus cum omnibus possessionibus in præscriptis
comitatibus ad præfatum monasterium pertinentibus.* (Rec. des hist. des
G. et de la Fr. VIII, 565 A).

(4) Dissert. précéd. les Mém. hist. sur Alençon, p. XLI.

(5) Hist. de l'ancien gouvernement de la France, éd. 1727, t. I,
p. 159, 160, 163.

(6) Cela peut être vrai en entendant par Perche le comté de Corbonnais, qui ne fut appelé comté du Perche que vers la fin du XIe siècle.

(7) Notitia Gall. p. 159 : « *Miles Giruardus in Corbionensi territorio
quemdam alodum emisse ab Anoberto dicitur, unde charta facta est a
duce Hugone (magno) atque a comite præfati territorii Corbonensis
corroborata.* »

(8) Anc. divis. territ. de la Norm. p. 58.

(9) Essai sur la topog. anc. du département de l'Orne, p. 5.

rière, n'est qu'un démembrement postérieur au x⁰ siècle de l'archidiaconé de Corbon ; M. le Prevost pense que cet archidiaconé, qui ne saurait remonter plus haut que le XII⁰ siècle, remplaça un prétendu *pagus Belismensis* qui n'a jamais existé dans l'acception rigoureuse de ce mot (1) et dont il cite des mentions extraites de documents de 1023 (2) et de 1127 (3) ; nous avons vu ce pagus cité dans un passage de Guillaume de Jumièges, reproduit dans la généalogie des seigneurs de Bellème publiée par Labbe (4), et dans une bulle d'Innocent III, pour le chapitre de Séez, du 8 des Kal. de juin 1199 (5). Nous partageons d'autant plus l'opinion d'A. le Prevost, que nous voyons Yves de Bellème, dans la charte de fondation de Saint-Santin (6), placer dans le *pagus Oximensis* les églises de Saint-Martin-du-Vieux-Bellème, de Dancé et de Berd'huis, qui sont au centre de l'archidiaconé de Bellème, ce qui prouve que du temps d'Yves de Bellème (mort en 997, d'après l'Art de vérifier les dates), le *Belismensis pagus* n'existait pas encore.

§ 4. Diocèse du Mans.

Quelques paroisses (7) de la province du Perche, les unes lui formant une lisière et une pointe au sud-ouest (8), les autres

(1) M. Jacobs, dans le travail géographique qui suit son édition de Grégoire de Tours, fait remarquer (II, p. 287) en en citant de nombreux exemples, que le mot pagus estappliqué tantôt à des bourgs et à des localités infimes (*vici, villæ, domus*), tantôt à un territoire moindre qu'une cité, mais d'une étendue assez considérable, correspondant à l'ancien pagus celtique, tantôt à la cité, tantôt à une contrée quelconque.

(2) Donation de Damemarie à Jumièges par l'abbé Albert. Arch. de la Seine-Inférieure, publiée par Bry, p. 51.

(3) Charte de Jean, évêque de Séez... *in pago Belismensi*, cart. maj. mon. II, p. 338 ; et document de la même époque relatif à l'église du Pin... *in castri Bellissimi pago*, ibid. II, p. 301.

(4) *Hanc Mabiliam Rogerius comes, filius Hugonis de Monte-Gummerici, accepit in uxorem cum tota hereditate patris ipsius, quam habebat sive in Bellismensi pago, sive Seunensi ultra fluvium Sartæ* (G. de Jumièges ; Rec. des hist. des G. et de la Fr. XI, p. 57). *Mabilia quam Rogerius de Montegomerici cum tota hereditate sua quam sive in Belismensi pago, seu Suenensi ultra fluvium Sarthæ habebat duxit in uxorem.*

(5) Gall. Christ., t. XI, instr. 169.

(6) Citée par Bry, p. 34, d'après le cartul. de Marmoutiers ; B. Guérard dit qu'une copie de cet acte, conservée au dépôt des chartes de la bib. roy., est datée de 1020.

(7) La première phrase de l'article des comtes du Perche dans l'art de vérifier les dates (t. XIII) est donc passablement exagérée : « *Le Perche, anciennement habité par les Aulerci Cenomanni, est une petite province*, etc. »

(8) Bellou-le-Trichart p, Pouvrai, Ceton, Théligny p, Saint-Jean-des-

complètement enclavées dans le comté et la province du
Maine (1), firent partie jusqu'à la Révolution de l'archidiaconé
de Montfort, dans le diocèse du Mans ; on peut en conclure avec
une quasi certitude qu'elles avaient appartenu aux Aulerques-
Cénomans, et avaient été comprises dans la 4ᵉ Lyonnaise et dans
le pagus Cenomanicus. Mais faisaient-elles partie des possessions
d'Yves de Bellême dans le Maine, furent-elles conquises par son
fils ou seulement par Robert II Talvas pour être réunies au Bellêmois, puis au comté du Perche? Nous n'avons pu trouver
aucune indication sur ce point.

Ce qui est digne de remarque, c'est qu'aucune de ces paroisses
ne faisait partie du Sonnois (2) que plusieurs auteurs ont placé à
tort dans le Perche.

Le *Sonnois* est indiqué dans l'Art de vérifier les dates (XIII,
p. 172) comme un « canton du Perche » ; cette affirmation aurait
besoin d'être expliquée et restreinte pour être vraie ; il est possible,
en effet, quoique nous n'en connaissions aucune preuve, que la
région forestière du Perche se soit étendue sur *quelques paroisses*
du Sonnois, mais nous croyons que cette région ne pouvait comprendre tout le Sonnois qui s'étendait d'un côté jusqu'à Alençon,
dont il n'était séparé que par la Sarthe, et d'un autre côté jusqu'aux environs du Mans ; car, dans tout cet immense territoire,
nous n'avons jamais trouvé aucun nom de lieu ancien, ni moderne, ayant gardé une empreinte de sa situation dans le Perche
ou placé par un document quelconque dans cette région. Si,
maintenant, nous prenons le mot Perche au point de vue des
divisions administratives et féodales, il est certain que jamais le
Sonnois n'a fait partie du comté du Perche, mais des comté et
province du Maine, comme du diocèse du Mans.

En effet, il est dit dans l'Art de vérifier les dates (XIII, p. 143)
que Guillaume Iᵉʳ de Bellême, fils d'Yves Iᵉʳ, eut de fréquentes
guerres avec Herbert Eveille-Chien, comte du Maine, dont il était le
vassal pour le Sonnois ; plus tard, nous voyons, le 13 août 1465,
le duc d'Alençon reçu en foy et hommage pour raison... de la
baronnie de Sonnois, tenue en fief de la tour d'Orbandelle, sise au
château du Mans (3). Les éditeurs du cartulaire de Perseigne ont

Echelles p, Champrond, les ressorts de Saint-Cosme-de-Vert, de Nogent-
le-Bernard, de Préval ou la Chapelle-Gastineau, d'Avezé p.

(1) Saint-Denis-des-Condrais p, la Chapelle-Saint-Rémy p, Dollon p.

(2) Ce qui le prouve, c'est 1º qu'aucune de ces paroisses ou portions de
paroisses ne faisait partie du doyenné ni même de l'archidiaconé du
Sonnois, dont les plus septentrionales étaient cependant voisines, et 2º que
Guillaume de Bellême étant rentré en possession du Sonnois qui avait été
enlevé ainsi que Bellême à Robert Talvas, son père, il n'est pas probable
qu'il y ait eu quelques paroisses exceptées de cette restitution.

(3) Le Sonnois était une *condita* du *pagus Cenomanicus* (D. Mabillon,

donné depuis Yves Ier de Bellême la suite des barons du Sonnois :
il appartint aux maisons : de Bellême, de Montgommery, de Châ-
tellerault, d'Harcourt, de Chamaillart, de France-Alençon, de
France-Bourbon et se trouvait dans le patrimoine de Henri IV.

§ 5. Diocèse d'Évreux.

Nous lisons dans les *Antiquités et Chroniques percheronnes* de
l'abbé Fret (t. I, p. 75) que « 19 paroisses du Perche [qu'il ne
nomme pas], situées au nord-est de ce pays et dont la plus
considérable est Chennebrun, à l'ouest de Verneuil, ont toujours
dépendu de l'évêché d'Evreux »; or, ni la province ni le comté du
Perche ne se sont étendus dans le diocèse d'Evreux; ce territoire,
situé entre l'Avre et l'Iton, faisait certainement partie de la
Normandie, nous en avons la preuve dans la désignation qu'en
fait Jean-sans-Terre en le cédant à Philippe-Auguste en 1194 (1).
Le mot Perche ne peut donc être pris, dans ce passage de l'abbé
Fret, que dans le sens de contrée; mais nous n'avons trouvé aucun
document qui confirme cette assertion et dans l'introduction au
dictionnaire topographique du département de l'Eure, il n'est pas
fait mention du Perche parmi les régions comprises dans ce département.

vetera analecta, p. 265) sous les Mérovingiens; du temps d'Yves Ier, de
Bellême, c'était une vicaria du même pagus (charte de Marmoutiers, pub.
par Bry, p. 34); au point de vue religieux, le Sonnois formait un doyenné
du diocèse du Mans compris dans le grand-archidiaconé ou archidiaconé du
Sonnois. — Voy. pour le Sonnois et le diocèse du Mans : Pesche, dictionnaire statistique de la Sarthe; et Cauvin, géographie ancienne du diocèse
du Mans.

(1) B. N. ms. fr. 24132 (G. Lainé, IX), p. 439.

(2) « ... *Pretera rex Francie debet habere.... totam illam partem Normannie que est citra fluvium qui dicitur Itum sicut idem fluvius currit
usque ad Chesnebrun, cum ipso Chesnebrun, et* ſ*um pertinenciis suis et
castellum Vernolii...* » Paris, 1193-94, janvier. Litteræ Johannis comitis
Morethonii fratris Richardi regis Angliæ de conventionibus inter se et
Philippum regem Francie initis. Layettes du Trésor des Chartes, par
M. Teulet, I, p. 175.

CHAPITRE III

EXAMEN DE QUELQUES QUESTIONS CONTROVERSÉES

§ 1. *Du Pagus Perticus.* — § 2. *De quelques comtes du Perche qui n'ont jamais existé.* — § 3. *Du Pagus Theodemerensis.*

§ 1. Du Pagus Perticus.

Avant d'aborder l'étude des fiefs qui s'établirent dans la région qui nous occupe, nous avons à examiner une question très controversée : y a-t-il eu ou n'y a-t-il jamais eu de *Pagus Perticus*, et quel sens faut-il donner à cette expression dans l'explication des textes où elle se trouve? D'un côté nous voyons le Pagus Perticus ou Perticensis mentionné dans le bréviaire de Séez au sujet de l'apostolat de saint Latuin au commencement du vᵉ siècle (1) ; Grégoire de Tours nous apprend que saint Avit, mort en 558 d'après les acta Sanctorum, dirigeait une abbaye du « *Carnotensis pagi quem Pertensem vocant* » (2) ; les Bénédictins en ont conclu que le Perche était réellement une division administrative sous les premières races de nos rois, nous lisons en effet dans l'Art de vérifier les dates à l'article des Comtes du Perche (p. 172) : « Dès le temps de Grégoire de Tours, il (le Perche) portait le nom de pagus Pertensis ou Perticensis », et dans le Recueil des historiens des Gaules et de la France (t. III, p. 489 n) : « *Silva Pertica seu saltus Perticus pago Pertico nomen dedit* ». B. Guérard a également suivi cette opinion : « On refuserait difficilement, dit-il, le titre de pagi au Perche et à la Beauce, bien qu'aucun d'eux ne soit renfermé dans les limites exactes d'un seul diocèse, et que chacun d'eux au contraire se soit étendu sur

---

(1) *Latuinus christianam fidem per pagos Oximensem, Epicensem, et Perticensem magno labore nec minori successu propagasse traditur.* (Breviar. Sag. p. hyem., cité par O. Desnos, dissert., p. LV).

(2) *Avitus abbas Carnotensis pagi quem Pertensem vocant.* De gloria Confessorum, 99 ; ce passage a été reproduit par les Bollandistes (Acta S. S., 17 juin, p. 350, 360).

plusieurs diocèses à la fois (1). » M. Merlet s'exprime ainsi dans l'introduction au dictionnaire topog. d'Eure-et-Loir (p. 11) : « Le *pagus Perticus*, ce pays venu après les autres, a envahi en tant que pagus les bornes des pagi limitrophes », et M. Duval (2) nous dit que « l'expression de *saltus Perticus*, d'où cette province a tiré son nom, ne doit pas être prise à la lettre »,.... et plus loin : « le Perche formait alors (sous Agombert, c'est-à-dire au milieu du Xe siècle) une *véritable division territoriale, un pagus* et non une région inhabitée ». M. Maury (3) partage cette opinion et ajoute que « le *pagus Perticus* embrassa un espace plus étendu que la *sylva pertica*. »

Après avoir trouvé des défenseurs convaincus du *pagus Perticensis*, nous voyons que d'autres auteurs ne sont pas moins positifs dans un sens contraire : « quoiqu'en ait dit une tradition de l'église de Séez..... il n'y a jamais eu de véritable *pagus Perticus*. Lorsque Grégoire de Tours a parlé du *Carnotenus pagus quem Pertensem vocant*, c'est visiblement, ce nous semble, dans le sens de contrée, canton, qu'il a employé ce mot (4). » Nous croyons très juste l'opinion de A. le Prevost relative à cette citation ; car M. Jacobs, dans l'étude géographique qui suit son édition de Grégoire de Tours, fait remarquer (II, p. 287), en citant de nombreux exemples, que le mot *pagus* est appliqué par cet écrivain tantôt à des bourgs et à des localités infimes (vici, villæ, domus), tantôt à un territoire moindre qu'une cité, mais d'une étendue assez considérable, correspondant à l'ancien pagus celtique, tantôt à la cité, tantôt à une contrée quelconque. MM. de Lépinois et Merlet dans l'introduction au cartulaire de N.-D. de Chartres s'expriment ainsi (p. LVI) : « nous ne saurions accorder à la Beauce et au Perche le titre civil et administratif de pagus, quoique M. Guérard leur ait donné à juste titre une place parmi les divisions territoriales de la cité chartraine sous les Francs. Nous pensons que dans les temps anciens ces régions qui devinrent des provinces ne formaient pas de juridictions particulières ; » et p. LVII, note 2 : « Grégoire de Tours a écrit..., etc..., cela signifie: *la fraction du pagus chartrain que l'on appelle le Perche.* »

Appelé à nous prononcer entre de semblables autorités, nous tâcherons, pour répondre à la question, de la préciser comme

---

(1) Proleg. au cartul. de Saint-Père de Chartres, p. 7.

(2) Essai sur la topographie ancienne du département de l'Orne, p. 1.

(3) Les forêts de la Gaule, p. 297 : « *défrichée sur une assez grande surface, la sylva pertica ou saltus perticus donna naissance comme bien d'autres forêts à un pagus qui en prit le nom : le Perche.* »

(4) A. le Prevost : anc. div. territ. de la Norm., dans le bull. de la Soc. des antiq. de Norm., XI. p. 57.

temps et comme lieu et de voir *où* et *quand* il a pu exister un
Pagus Perticus. — Nous exclurons d'abord sans hésiter toute la
partie nord-ouest de la région du Perche, qui appartenait au
diocèse de Séez, puisque tous les auteurs, s'appuyant sur des
preuves incontestables, sont unanimes pour la placer dans le
pagus Oximensis dont elle formait une centenie du temps de
l'abbé Irminon et dont elle était démembrée avant 853 pour
former un *pagus Corbonisus* ou *Corbonensis*, nom qu'elle portait
du IX⁰ au XII⁰ siècle. Si on admet que le Pagus Perticus ne pouvait comprendre le Corbonnais, on doit ne plus attacher d'importance (pour la solution de la question que nous examinons) au
passage du bréviaire de Séez, qui mentionne l'apostolat de saint
Latuin dans le *pagus Pertisensis,* et penser que saint Latuin,
n'ayant dû évangéliser que le Corbonnais, qui fit partie de son
diocèse, et non le reste de la région du Perche qui était et resta
du diocèse de Chartres, le bréviaire de Séez ne fut rédigé que
lorsque le Corbonnais faisait partie du comté du Perche, c'est-à-
dire au plus tôt au XII⁰ siècle. — Nous exclurons également la
partie nord-est qui faisait partie de l'*archidiaconé de Dreux,* car
elle appartenait entièrement au *pagus Drocassinus* où nous voyons
placés : Armentières-sur-Avre (1), Crucey, au midi de Brezolles (2),
Corbion, aujourd'hui Moutiers-au-Perche (3), et Belhomert (4),
localités situées aux quatre coins de la partie percheronne du
doyenné de Brezolles, et comme les dates des documents qui les
mentionnent embrassent la période comprise entre les années 843
et 1079, on ne peut guère admettre que cette partie de la région
du Perche ait jamais fait partie d'un *pagus Perticus*.

Reste la portion du Perche comprise dans le grand archidiaconé
et dans l'archidiaconé de Dunois; B. Guérard, qui semble cependant croire à l'existence du *pagus Perticus,* rend bien difficile de
trouver une région où le placer, dans le passage de ses prolégomènes relatif au *pagus Carnotinus* « le pays chartrain *pagus
Carnotinus* comprenait alors (sous Charlemagne) presque tout
le grand archidiaconé du diocèse de Chartres. En effet, parmi
les lieux que les documents contemporains y placent, nous
distinguons :... Alluye, *Avallocius* (Greg. tur. hist. IV, 50), Bethonvilliers, *Bertoni-Villaris* (Cartul. de Saint-Père), Condé-sur-
Huisne, *Condacus* (D. Bouquet VIII, 564 D; a 861). On doit

(1) « *Terra in pago Drocassino in villa nostra que vocatur Ermen-
terias* ». Charta Arnulfi. 1013-1033 dans le cartul. de Saint-Père, p. 539.
(2) « *In territorio Dorcassini costri, in loco scilicet qui vocatur Cru-
ciacus* ». Charta Huberti. 1069-1079, cartul. de Saint-Père, p. 133.
(3) Rec. des hist. des G. VII, 284 E, dipl. Car. C. a. 843; ibid. VIII.
445 B.; 564 a. 861.
(4) Cartulaire de Saint-Père, p. 85, a. 988.

conclure de ces données que l'ancien pays chartrain renfermait les doyennés... de Brou, de Courville et du Perche. » Voici ce que nous lisons dans l'introduction au Cartul. de N.-D. de Chartres : « Jusqu'à quel point cet achidiaconé (celui de Dunois) répondait-il à l'ancien pagus Dunois, c'est ce que l'absence de documents ne permet pas de résoudre parfaitement. Nous savons seulement que les limites nord de l'archidiaconé étaient à peu près celles du pagus..... A l'ouest nous n'avons à citer que Boisméan (1), paroisse de Chapelle-Royale, et le Boisseau (2), paroisse d'Arrou, comme appartenant au pagus de Dunois ; mais la situation en plein Perche-Gouet de ces villages autorise à supposer que les autres paroisses percheronnes de l'archidiaconé faisaient également partie du pagus. »

Outre les preuves positives que nous avons que la région du Perche était partagée entre plusieurs pagus, dont aucun ne portait le nom de *pagus Perticensis,* la non-existence de ce pagus est confirmée, au moins pour le milieu du IX⁰ siècle, par une preuve négative : nous voyons en effet des *missi dominici* envoyés en 853 dans tous les pagus, qui se partageaient la région du Perche ou lui étaient contigus, et le *pagus Perticensis* n'est point mentionné dans cette liste (3).

Les partisans du *pagus Perticus* pourraient dire comme dernière ressource qu'une partie du *pagus Carnotinus* et peut-être du *pagus Dunensis* en fut démembrée après Charlemagne pour former un *pagus Perticus* d'éphémère durée, mais il n'est mentionné que dans deux textes, l'un du VIᵉ siècle, l'autre se rapportant au Vᵉ, époques où ce pagus n'existait certainement pas.

Nous croyons donc pouvoir conclure sans hésitation de ce qui précède que les mots « *pagus Perticus ou Perticensis* » désignent non un district politique ou administratif mais simplement une région sans limites bien précises correspondant à l'ancienne forêt du Perche.

§ 2. De quelques comtes du Perche qui n'ont jamais existé.

La mention faite par plusieurs auteurs de comtes du Perche qui auraient existé aux IXᵉ et Xᵉ siècles semble confirmer l'exis-

_____

(1) Cartul. de Saint-Père, p. 74.
(2) Id., p. 96. Ce titre est antérieur à 1024 et place cette localité, **non** dans le *pagus,* mais dans le *comitatus Dunensis.*
(3) *Dodo episcopus, Hrothertus et Osbertus missi in Cinomannico,*

tence d'un págus gouverné héréditairement ou non par ces personnages; mais il est facile de se convaincre qu'aucun d'eux n'était comte du Perche. Bry et plusieurs auteurs après lui (1) nous apprennent, d'après le moine Aimoin (de gest. Franc. l. V, cap. 16) et la vie de Louis-le-Pieux, qu'*Agombert ou Albert* comte du Perche qui avait suivi Lothaire en Italie y mourut de la peste; mais il est nommé en latin *comes Pertensis*, ce qui doit incontestablement se traduire non par comte du Perche, mais par comte du *Pertois*, pays situé sur les bords de la Marne; nous voyons, en effet, en 853, des missi envoyés dans le Pertois (2) et non dans le Perche qui n'était certainement pas alors un pagus.

D'après Piganiol de la Force (cité par les auteurs percherons), un comte du Perche nommé *Hervé* (Henri selon d'autres) fonda en 879 la chapelle Saint-Nicolas en l'église de Chartres, mais cet Hervé est évidemment le même personnage qu'Hervé, comte de Mortagne, cité dans le Cartul. de Saint-Père (p. 199) comme témoin d'une charte du 7 des calendes de juillet, la première année du règne de Clotaire (25 juin 954).

Un des manuscrits de Bart (3) mentionne un Charles, comte du Perche, qui aurait fait une fondation à N.-D. de Chartres, mais nous n'en avons trouvé trace nulle part.

Enfin M. des Murs (p. 93) et l'abbé Fret (t. II, p. 106) nomment comme troisième comte du Perche et successeur de cet Hervé, un *Etienne*, que mentionne aussi comme comte du Perche une notice manuscrite sur le Perche : « à Hervé succéda Etienne Ier qui fonda en ladite église (de Chartres) un anniversaire dont il assigna la rétribution sous son nom à Nonvilliers » (4). Or nous trouvons, dans le polyptique de N.-D. de Chartres rédigé en 1300, la mention de 50 sous de rente annuelle sur la prévôté de Nonvilliers pour l'anniversaire d'Etienne, comte du Perche (5); mais

Andegavensi, atque Turonico, Corboniso et Sagiso. Burcardus episcopus et Hrodulfus et Heinricus abba missi in Blesiso, Aurelianensi, Vindusniso, Carentino, Durcasino, Duniso, Ebricino, etc. (Rec. des hist. des G. et de la Fr., VII, p. 616.)

(1) Art de vérifier les dates, à l'art. comtes du Perche, t. XIII; O. des murs, L. Duval.

(2) *Anno 853 Missi dominici in pago Pertiso, Barriso*, etc. (Rec. des hist. des G. et de la Fr., VII, 616). *Portense seu pagus Portensis seu Pertensis*, le Pertois, *ab oppidulo ejusdem nominis adjacente flumini Matronæ appellationem traxit* (id. VII, p. 111 n.

(3) Éd. de M. H. Tournoüer, dans notre 1er fascicule, p. 14, note 3.

(4) Bib. de l'Arsenal, ms. 3946, fᵒ 8.

(5) *Apud Longum Villare prope Castelbia prope metas prebende Sandarville habet capitulum 50 sol. annui et perpetui redditus super perposituram loci, per prepositum et debent reddi apud Carnotum et pertinent anniversario Stephani comitis Perticensis.* (Cartulaire de N.-D. de

ce qui prouve que cet Etienne ne vivait pas au IXe, ni même au Xe, c'est un passage du nécrologe de N.-D. de Chartres, qui nous apprend qu'Etienne du Perche, chevalier, assigna pour faire célébrer son anniversaire 50 sous chartrains de rente annuelle sur ses revenus de Nonvilliers (1) ; or Etienne du Perche est identifié par les éditeurs du Cartulaire avec le frère de Geoffroy, comte du Perche, Etienne créé duc de Philadelphie et mort à Andrinople en 1205 (2). Le Gallia Christiana contient nne mention qui doit être relative au même fait (3).

Pendant les deux siècles suivants, nous ne voyons aucun personnage se qualifier comte du Perche. Wace dans son roman de Rou, cité par M. O. des Murs (p. 98), parlant de la guerre soutenue par Richard Ier, duc de Normandie, contre Geoffroy Grisegonelle, comte d'Anjou, et Thibaut-le-Vieux, comte de Blois et Chartres, pendant la seconde moitié du Xe siècle, mentionne parmi les ennemis du duc : « *Rotrou li cuens du Perche* »; mais il faut remarquer que Wace, mort à la fin du XIIe siècle (4), était contemporain de Rotrou III et de Rotrou IV, réellement comtes du Perche, et non de leur ancêtre Rotrou, seigneur de Nogent, qui vivait au Xe siècle et auquel il attribua tout naturellement un titre que ce personnage n'avait jamais porté de son vivant.

Le trouvère Benoît (5) le nomme simplement Rotrou, « *Rotrou et cil de Corbuneis* ».

Hugues de Fleury (6), plus digne de foi que Wace puisqu'il

Chartres, publié sous les auspices de la Soc. arch. d'Eure-et-Loir par MM. E. de Lépinois et Merlet, t. II, p. 369.)

(1) *XV kal. maii* (17 avril). *Et Stephanus de Pertico, miles, qui pro anniversario suo in hac ecclesia annuatim celebrando, quinquaginta solidos Carnotensis monete assignavit in redditu de Longovillari.* (Necrologium B. M. Carnotensis; dans le même cartul. III, 91.)

(2) Etienne du Perche, créé duc de Philadelphie par l'empereur Beaudouin après la prise de Constantinople par les croisés (avril 1204) et mort à la funeste journée d'Andrinople en 1205, aux côtés du comte Louis de Chartres. Le nécrologe donne son obit sous la date du 15 des calendes de mai.

(3) *(Reginaldus) præsens fuit anniversario a Stephano de Pertico milite in ecclesia Carnotensi instituto mense junio* 1211. Gallia chr. VIII, 1155 c. Si la date de 1211 est exacte, ce passage ne pourrait se rapporter à Etienne, duc de Philadelphie, mort en 1205; mais il a pu y avoir une faute de lecture ou d'impression, ayant substitué 1211 à 1201 ou à MCCII, par exemple.

(4) Wace mourut en Angleterre vers 1184, d'après le dict. de biographie de Weiss; son Roman de Rou est donc postérieur d'environ deux siècles à l'épisode militaire placé par Fret (II, p. 115) en 968, et par M. des Murs (p. 97) de 961 à 963.

(5) Cité par M. des Murs, p. 98.

(6) Ibid., p. 99.

était moins éloigné de ces événements, étant mort peu après 1119, ne le nomme également que Rotrou.

§ 3. Du Pagus Theodemerensis.

Quant au *Pagus Theodemerensis*, nous croyons devoir commencer par reproduire ce passage de l'introduction du cartulaire de N.-D. de Chartres, p. LV : « Le Thimerais est qualifié *pagus* dans une charte du prieuré de Saint-Martin-de-Chamars de 1035. Mais nous ne pensons pas que cette expression signifle autre chose que le territoire du château de Thimert, subdivision, si l'on veut, d'un pagus plus important. En effet, d'un côté, cette forteresse était située dans le pagus chartrain, suivant la charte de Marmoutiers de 1059 que nous avons déjà citée, et de l'autre, Levasville-Saint-Sauveur, paroisse du centre du Thimerais, appartenait en 988 au territoire de Dreux. Le Thimerais. divisé aux xe et xie siècles entre deux pagi majeurs, ne pouvait former en même temps un troisième district administratif indépendant des deux autres ». Nous ajouterons que le *pagus Theodemerensis* n'est pas plus compris que le *pagus Perticensis* dans la liste des pagi visités en 853 ; et que deux siècles plus tard, lors de la première mention que nous en trouvons en 1035, ce territoire, qui n'était qu'une portion du pays chartrain, ne devait pas être plus ancien comme formation que le château de Thimert que la charte de 1059 nous dit construit depuis peu (1) ; il devait correspondre à ce qui composa pendant tout le moyen-âge la baronnie de Châteauneuf-en-Thimerais.

(1) Post donationem Tetbaldi comitis Turon. Factam Majori Monasterio, legitur in chartulario ejusdem monasterii fol. 45 : *Hæc omnia... francorum rex Henricus firmavit, eo videlicet anno, quo filium suum regem fecit ordinari Philippum, paucis ante illam ordinationem diebus ; tunc scilicet quando obsidebat Castrum Theodemerense nuncupatum in pago Carnoteno noviter a quodam Guazone Constructum.* (Theodemerense castrum Thimer nostris vocatum nomen dedit pago cuidam exiguo, cujus caput nunc est Castrum novum in Theodemerensi, Châteauneuf-en-Thimerais. Valesius not. gall., p. 551). Rec. des hist de Fr., XI, 602 n.

TABLEAU SYNOPTIQUE DE LA FORMATION DU COMTÉ DU PERCHE

Vicomté de Châteaudun | Seigneurie de Nogent-le-Rotrou | Comté de Mortagne | Seigneurie de Bellême

Vicomté de Châteaudun

HUGUES Ier
2e Vicomte de Châteaudun, 963.
ép. HILDEGARDE, 955

HUGUES II
3e vicomte de Châteaudun,
Archevêque de Tours
en 1005.

GEOFFROY II
2e Seigneur de Nogent
par sa femme
† avant 1005

GEOFFROY III
4e Vicomte de Châteaudun, 1005, et 3e Seigneur de Nogent-le-Rotrou;
3e Comte de Mortagne par sa femme; † vers 1039

HUGUES III
5e Vicomte de Châteaudun
vers 1039, † 1040
ép. ADELE.

HUGUES IV *Capellus*
7e Vicomte de Châteaudun
Tige des Vicomtes de Châteaudun

Seigneurie de Nogent-le-Rotrou

ROTROU Ier
Seigneur de Nogent, 985-78

ép.: MILESENDE
dame de Nogent-le-Rotr.

ROTROU II
6e Vicomte de Châteaudun, 1040; 4e Seigneur de Nogent-
le-Rotrou et 4e Comte de Mortagne, vers 1039; †vers 1079
ép. ADELE, fille de GUERIN, de Domfront

GEOFFROY IV
5e Seigneur de Nogent-le-Rotrou et 5e Comte de Mortagne, vers 1079;
s'intitule le 1er Comte du Perche; † 1100
ép. BEATRICE, fille du Comte DE ROUCY.

ROTROU III le Grand
2e Comte du Perche, 1100, et 8e Seigneur de Bellême, 1113; † 1144
ép. MAHAUT, fille d'HENRI Ier, Roi d'Angleterre

Comté de Mortagne

HERVÉ
1er Comte de Mortagne, 954
?

FULCOIS
2e Comte de Mortagne
† après 1031

ELVISE
dame du Comté de Mortagne

ép. :

Seigneurie de Bellême

YVES DE CREIL
1er Seign. de Bellême et d'Alençon, 940, † 997
ép. GODEHILDE

GUILLAUME TALVAS
2e Seign. de Bellême et d'Alençon, 997, † 1028

GUERIN
de Bellême
Seigneur de
Domfront

ROBERT
3e Seigneur de
Bellême, 1028
et d'Alençon
† 1031

GUILL. II
4e Seigneur de
Bellême
et d'Alençon
1031

YVES
Évêque de Séez
6e Seigneur de
Bellême, 1048
et d'Alençon
† 1070

ARNOUL,
5e seigneur de
Bellême et d'Alençon
† 1048

MABILLE † 1082

ROBERT II Talvas
8e Seigneur de Bellême et d'Alençon, 1082,
Comte de Shrewsbury et d'Arundel, 1098
emprisonné en 1112
ép. AGNÈS, fille du Comte DE PONTHIEU

Nota. — Les noms placés sous une même accolade sont ceux des frères ou sœurs; la pointe de l'accolade est placée sous les noms de leur père et mère. Le signe † indique l'époque de la mort.

DEUXIÈME PARTIE

LA PROVINCE DU PERCHE

COMPRENANT

*LE COMTÉ DU PERCHE, LA BARONNIE DE LONGNY
LES CHATELLENIES DE
LA MOTTE-D'IVERSAY ET DE MARCHAINVILLE*

CHAPITRE Iᵉʳ

FORMATION DU COMTÉ DU PERCHE
ET ORIGINES DE SES PREMIERS COMTES

§ 1. Établissement de la féodalité.

Nous avons vu qu'il est à peu près évident qu'il n'a jamais
existé de *pagus perticensis* et que la région forestière du Perche
se trouvait morcelée entre plusieurs pagi et entre plusieurs archidiaconés : ce fait eut forcément une influence sur la formation des
grands-fiefs qui s'y établirent à la fin du xᵉ siècle et nous expli-

que la mouvance de chacun d'eux, c'est-à-dire la place qu'il occupait dans la hiérarchie féodale.

Nous n'avons pas ici le loisir d'étudier même rapidement l'origine et les causes de la féodalité ni de rechercher quel est le meilleur des nombreux systèmes proposés sur cette question; nous indiquerons seulement comment, suivant les circonstances, les Etats féodaux correspondirent ou non comme limites aux divisions administratives dont ils occupaient le territoire, et nous en citerons quelques cas :

1er cas : le comté administratif ou pagus devient un comté féodal et le comte devenu héréditaire est le seigneur ou suzerain de tous ses administrés qui deviennent ses vassaux ou arrière vassaux. Les comtes chargés d'administrer les pagus ayant, au Xe siècle, par un consentement exprès ou tacite du roi et des habitants du pagus, transmis à leurs enfants comme un héritage la part du pouvoir souverain dont ils n'étaient d'abord que détenteurs précaires, puis viagers, les limites du territoire qu'ils gouvernaient restèrent quelquefois les mêmes ; ces comtes devenus héréditaires *inféodèrent*, également à titre héréditaire, diverses parties de leurs comtés (c'est-à-dire qu'ils transmirent une part de leur pouvoir souverain sur tel ou tel territoire déterminé), soit à un frère puîné, soit à un compagnon d'armes), leur homme ou *baron* (1), leur lieutenant ou *vicomte*, moyennant l'obligation de défendre la personne et les biens du frère aîné, ou du maître *(senior, dominus)* dont ils tenaient leur fief et de le reconnaître pour leur *seigneur*. Celles des personnes morales, églises ou abbayes qui possédaient des domaines assez étendus, firent de même et leurs membres abandonnèrent à des hommes de guerre une portion de ces domaines pour se procurer des défenseurs en la personne de leurs vassaux. Les vassaux distribuèrent à leur tour la plus grande partie de leur fief à leurs puînés ou à leurs chevaliers et se trouvant vassaux du comte ou de l'évêque leur seigneur, furent eux-mêmes seigneurs de ceux à qui ils avaient donné des fiefs et les eurent pour vassaux. Ainsi s'établit la hiérarchie féodale qui subsista jusqu'en 1789, reposant sur des contrats librement consentis et presque toujours fidèlement observés par le seigneur et le vassal, dont les droits et les devoirs réciproques se transmettaient à tous les possesseurs légitimes de la seigneurie et du fief (2).

---

(1) *Ber*, au cas sujet, *baron*, au cas régime, vieux mot français qui veut dire homme dans l'acception du latin *vir*.

(2) Ce simple énoncé permet de voir que les seigneurs et les vassaux ne formaient pas deux classes distinctes, ces termes étant relatifs, et tout seigneur étant en même temps vassal, excepté le Roi, qui n'avait comme

2ᵉ cas : une partie du comté administratif devient indépendante et échappe à la suzeraineté du comté féodal. Parfois, avant que la hiérarchie féodale se fut établie d'une façon stable et incontestée, pendant la période où les comtes, d'administrateurs qu'ils étaient, devinrent seigneurs héréditaires de leurs comtés, quelques-uns d'entre eux n'eurent pas la force nécessaire pour conserver le pouvoir souverain dans tout leur comté ou le transmettre intact à leur fils aîné ; quelques personnages richement possessionnés dans le comté ou quelques puînés d'un comte n'ayant laissé que des enfants encore jeunes, purent alors bâtir des forteresses et se constituer un Etat d'abord indépendant, puis relevant directement de la Couronne, lorsque le roi fut assez puissant pour faire reconnaître sa suzeraineté dans tout le royaume ; ainsi s'explique l'apparition d'Etats féodaux ne répondant qu'à une partie des divisions antérieures.

3ᵉ cas : plusieurs comtés ou fractions de comtés administratifs sont réunies pour former soit un seul comté ayant un nouveau nom, soit un duché. Enfin, certains seigneurs ayant réuni plusieurs comtés ou seigneuries séparés, prirent un titre générique qui s'appliquait à l'ensemble de leurs possessions : les

---

seigneur que le Roi des Cieux. De plus, toutes les charges comme tous les droits féodaux étant attachés à la terre, en héritant d'un fief ou en l'achetant, on se trouvait obligé à toutes les charges et on acquérait tous les droits qui y étaient inhérents ; tout individu noble ou non, et fût-il même serf, pouvait acheter n'importe quel fief, dont la possession pendant trois générations anoblissait même dans beaucoup de parties de la France.

C'est grâce aux principes de l'inféodation substituée au partage pur et simple que la troisième dynastie de nos rois put faire l'unité de la France, impossible auparavant : en effet, la mort de chaque souverain n'amena plus le démembrement de ses Etats entre plusieurs fils dès lors souverains indépendants, mais l'aîné seul fut roi et les cadets durent reconnaître sa suzeraineté sur l'apanage qui leur était donné.

C'est sous l'influence des principes féodaux et chrétiens que s'établirent librement en France des institutions stables et fécondes grâce auxquelles les droits de tous furent reconnus et leurs intérêts représentés, grâce auxquelles régna en France une admirable harmonie sociale, ébranlée par le protestantisme, détruite enfin par la corruption intellectuelle et morale du xviiiᵉ siècle et les crimes de la Révolution.

C'est sous l'empire de ces principes féodaux et chrétiens que disparut de notre sol le servage, vieux reste de la barbarie de l'Etat payen sous la tyrannie duquel les révolutionnaires ont essayé et essaient encore de nous ramener. On ignore ou on oublie trop que la Révolution a ravi au peuple de France toutes ses libertés, que le xviiiᵉ siècle n'avait qu'un peu amoindries : liberté de conscience, liberté individuelle, liberté d'association, liberté de tester, liberté même de se réunir au nombre de deux pour prier ou faire du bien à ses semblables : elle ne lui a donné en échange que deux choses : la licence de faire imprimer toutes les infamies sous forme de livre ou de journal, et le droit pour tous les citoyens âgés de vingt-un ans de mettre, à certains jours fixés, un bout de papier portant un nom

comtes de Troyes et de Meaux prirent ainsi le titre de comtes de Champagne ; les comtes de Mortagne, seigneurs de Nogent, s'intitulèrent comtes du Perche ; le chef des Normands réunit les comtés que lui céda Charles le Simple, sous le nom de duché de Normandie.

Bien d'autres cas et d'autres circonstances purent se présenter dans l'établissement des circonscriptions féodales, mais ceux-ci trouvent leur application dans la région qui nous occupe : en effet, le *comté de Corbon ou du Corbonais*, division administrative au IX⁰ siècle, devint, à l'époque féodale, l'apanage des comtes de Corbon, qui s'intitulèrent comtes de Mortagne, lorsque cette ville eût remplacé Corbon et qui prirent plus tard, peu avant 1100, le titre de comtes du Perche. Faisant partie du duché de France, comme nous l'avons vu plus haut (p. 18), le *comté du Perche* n'aurait été qu'un arrière-fief de la Couronne si, le duc de France, Hugues Capet, étant devenu roi en 987, les vassaux du duc de France n'étaient devenus dès lors vassaux immédiats du roi.

Le *territoire de Nogent-le-Rotrou*, situé dans le *pagus Carnotensis* et inféodé par le comte de Chartres à l'un de ses chevaliers, resta dans la mouvance du comté de Chartres, tout en étant appendance du comté du Perche, jusqu'à ce que Charles Iᵉʳ,

---

quelconque dans une boîte décorée du nom d'urne. Les révolutionnaires soutiennent sans rire que, grâce à cette formalité, chaque citoyen est souverain (sans indiquer du reste ni de qui ni de quoi), et cette qualité qui semblerait avantageuse n'empêche pas que bon nombre de ces souverains de mourir de faim, de se mettre en grève et de projeter d'anéantir la société et le produit du travail de quinze siècles dans l'espoir d'un sort moins malheureux. L'étude et la mise en lumière de la société féodale sont d'autant plus utiles aujourd'hui que le désordre et la souffrance causés par la destruction sauvage de toutes les institutions traditionnelles qu'elle nous avait léguées se font sentir plus vivement : « *le régime féodal, était, avant tout, une organisation pacifique du travail et de la jouissance de ses produits* », suivant la profonde définition qui en a été donnée récemment (1); autant donc il serait chimérique de vouloir ressusciter la société féodale, autant il est utile de bien la connaître pour ne pas l'imiter maladroitement : ainsi les syndicats professionnels dont se couvre aujourd'hui la France et qui sont l'imitation des associations analogues du moyen âge, seront utiles et bienfaisants s'ils sont un trait d'union entre le patron et l'ouvrier pour la défense de leurs intérêts communs comme l'étaient les liens féodaux et corporatifs : ils ne feront qu'accroître le désordre social qui menace le sort de la Patrie, si, méconnaissant les leçons de l'histoire, on organise en deux camps ennemis ceux dont les intérêts sont les mêmes; le gouvernement, quelque nom qu'il porte, achèvera la ruine de la France s'il entrave au lieu de la seconder l'action pacifiante de l'Eglise, sous l'inspiration de laquelle la société féodale améliora si heureusement le sort du peuple et fit faire à la France des progrès qu'on oublie vraiment trop.

(1) Traicté de l'Œconomie politique, par A. de Montchrétien, publié avec introduction et notes par Th. Funck-Brentano, Paris, Plon, 1889 ; — Introduction p. XXXVII.

duc d'Alençon, qui était en même temps comte du Perche et de Chartres (1293-1325), eût distrait la mouvance de Nogent du comté de Chartres, pour l'attacher à une autre de ses seigneuries.

L'église de Chartres possédant dans ce diocèse de vastes domaines, probablement exempts de toute juridiction civile autre que celle du roi, les inféoda à des chevaliers; cinq de ces terres, se trouvant réunies entre les mains de Guillaume Gouet, prirent le nom de *Fief-Gouet*, et plus tard celui de *Perche-Gouet ;* leurs seigneurs furent toujours vassaux des évêques de Chartres; ceux de *Longny*, de *Marchainville*, de *la Loupe* étaient dans le même cas.

Le territoire de la *baronnie de Châteauneuf-en-Thimerais*, qui faisait primitivement partie des comtés de Chartres et de Dreux, fut occupé par de puissants seigneurs que certains historiens croient cadets des comtes de Dreux et qui, en tout cas, se rendirent assez indépendants pour ne relever que du Roi.

La *seigneurie de Bellême* fut également démembrée du comté du Corbonais pendant plus d'un siècle; les seigneurs de Bellême ayant trouvé moyen de se rendre indépendants de fait ou de droit.

Une partie de la région du Perche, comprise dans le diocèse de Chartres et située dans les environs de Mondoubleau, fit certainement partie de cette baronnie qui relevait d'abord en fief lige du comté du Mans, puis fut unie à Vendôme et l'un et l'autre érigés en un duché-pairie relevant de la Couronne.

Nous croyons que la meilleure façon d'étudier les changements géographiques de la région qui nous occupe, à partir de l'époque où les fiefs devinrent héréditaires, est de faire un historique succinct des familles des grands feudataires qui la gouvernaient : en effet, les mariages, les guerres, les partages de famille amenèrent presque à chaque génération la séparation ou la réunion sous la même main d'un ou de plusieurs des grands fiefs de cette région et quelquefois même des changements dans leur mouvance. Nous ne nous occuperons en examinant ici ces personnages que de leur filiation, de leur chronologie et des faits qui se rapportent à la géographie, laissant pour une autre étude les détails fournis abondamment sur leur histoire par les chroniques et les chartes.

La filiation des premiers seigneurs de Nogent-le-Rotrou et de Mortagne est assez difficile à établir, car les documents qui les concernent sont rares et plusieurs difficiles à dater ; de sorte que tous les auteurs qui s'en sont occupés ne sont pas arrivés au même résultat ; mais l'examen de tous les documents actuellement connus permet d'énoncer quelques conclusions certaines, quoiqu'il faille encore recourir à des conjectures pour l'explication de certains points.

§ 2. Rotrou, seigneur de Nogent.

M. des Murs cite (1) un titre de 963 relatif à la fondation du prieuré de Bonneval, où se trouve mentionné comme témoin un Rotrou, probablement le même que celui qui est mentionné dans six chartes du cartulaire de Saint-Père, dont la première est du 5 février 978 et la dernière, indiquée par Guérard comme antérieure à 996; dans les premières, il est témoin sous le simple nom de Rotrou (*Rotrocus*); la dernière (avant 996) est la donation par Rotrou de Nogent (*a Rotroco de Nogiomo*) d'une terre située à Thivars, il se dit chevalier et vassal d'Eudes, comte de Chartres (2); on peut en conclure que ce Rotrou était alors seigneur de Nogent-le-Rotrou et du territoire en dépendant, qu'il tenait en fief du comte de Chartres. Rouillard (3) dit que la terre ou l'héritage, objet de ce titre n'appartenait à Rotrou que depuis l'an 980, époque à laquelle Eudes Iᵉʳ, comte de Chartres, qui l'avait distrait du domaine de Saint-Martin-du-Val, en avait fait don à Rotrou, l'un des plus considérables et des plus fidèles de ses chevaliers. Un autre historien chartrain, Ozeray (4), dit qu'en 980, Eudes Iᵉʳ, comte de Chartres, donna une partie des biens de l'abbaye de Sᵗ-Père à un de ses chevaliers nommé *Rotroldus*. Odolant-Desnos, dans un mémoire manuscrit sur les seigneurs de Nogent-le-Rotrou (5), pense que Thibaut-le-Tricheur ayant acheté d'Hastings, vers 976 ou 977, le comté de Chartres et s'étant uni avec le roi Lothaire et Geoffroy Grisegonelle, comte d'Anjou, pour faire la guerre à Richard Iᵉʳ, duc de Normandie, inféoda à Rotrou (seigneur du Corbonais) (6) le territoire de Nogent, à la charge de relever du comte de Chartres, afin de l'engager à attaquer de son côté le duc Richard, ce qu'il fit, en effet, comme le raconte Wace dans son roman du Rou, où il donne à Rotrou le titre de comte du Perche (voy. plus haut, p. 28).

(1) Histoire des comtes du Perche, p. 108.
(2) *Rotrocus seculari militiæ deditus et Odonis comitis fidelitati devotus.*
(3) Parthénie ou histoire de la très dévote et très auguste église de Chartres; (cité par O. des Murs).
(4) Histoire du pays chartrain, t. I; (cité dans les notes ms. de Dallier, à la bibliothèque communale de Nogent-le-Rotrou).
(5) B. N. ms. fr. 11931.
(6) Rotrou n'était certainement pas possesseur du Corbonais, puisque les chartes où son nom figure le nomment simplement Rotrou ou Rotrou de Nogent, tandis qu'à la même époque on trouve un Hervé comte de Mortagne.

§ 3. Geoffroy II, vicomte de Châteaudun, seigneur de Nogent.

M. des Murs et après lui Pitard affirment, mais sans en donner de preuve, que Rotrou eut pour fils et successeur, en 987 ou 990, Geoffroy Ier, dont ils font un comte de Mortagne, et qui aurait épousé Milesende, héritière de la vicomté de Châteaudun, fille de Hugues Ier, vicomte de Châteaudun, et d'Hildegarde ; mais nous croyons plutôt avec Souchet (1) que Geoffroy était fils de Hugues Ier, vicomte de Châteaudun, et d'Hildegarde, et petit-fils de Geoffroy Ier, vicomte de Châteaudun, et d'Hermengarde, qui forment le premier degré dans la filiation actuellement probable de la maison de Châteaudun ; de plus, il nous semble également probable que sa femme Milesende était fille de Rotrou, seigneur de Nogent, et apporta cette seigneurie à son mari, car son fils Geoffroy III, dans la charte de fondation de Saint-Denis de Nogent (2), donne l'église de Champrond, qui se trouvait dans la seigneurie de Nogent, en en réservant l'usufruit à sa mère Milesende.

§ 4. Hervé et Fulcoïs, comtes de Mortagne ; Geoffroy III, comte de Mortagne, vicomte de Châteaudun et seigneur de Nogent.

Geoffroy (II comme seigneur de Nogent-le-Rotrou, III comme vicomte de Châteaudun, Ier comme comte de Mortagne) est le premier de cette famille dont la filiation soit incontestable. Une charte d'Hildegarde, vicomtesse de Châteaudun, en faveur de Saint-Père, placée par Guérard circa 1020 (mais qui devrait selon nous être placée entre 1005 et 1023 et que nous supposons plus proche de cette première date), mentionne son fils Hugues, archevêque de Tours, et un Geoffroy, neveu de ce dernier, que tous les auteurs identifient avec Geoffroy III, vicomte de Châteaudun. Il souscrivit une charte de saint Fulbert en faveur de Saint-Père de Chartres de 1019 à 1028 (3), une autre charte du roi Robert, donnée à Paris en 1028 en faveur de l'abbaye de Cou-

(1) Histoire du diocèse du Chartres, l. I, ch. X.
(2) Pub. par Bry, p. 140.
(3) Cartulaire de Saint-Père de Chartres.

lombs (1), et la confirmation par le comte de Chartres de la fondation de la collégiale de Sainte-Marie-de-Mondoubleau, entre
1028 et 1031 (2). Geoffroy fonda lui-même, en 1031, le prieuré de
Saint-Denis de Nogent-le-Rotrou ; il prend dans l'acte de fondation (3) le titre de vicomte de Châteaudun, et agit du consentement de ses seigneurs : Eudes, comte de Chartres et comte
palatin de Champagne, et Thierry, évêque de Chartres, qui appo-
sent leur seing manuel au bas de l'acte, ainsi que Hugues et
Rotrou, ses fils, et Eleusie ou Elvise, sa femme.

Courtin (4), copié par Bry de la Clergerie, qui a lui-même servi
de source à l'auteur de la notice sur les comtes du Perche dans
l'Art de vérifier les dates, ont donné pour père à Geoffroy III,
vicomte de Châteaudun, Guérin de Bellême, seigneur de Domfront, petit-fils d'Yves de Creil, seigneur de Bellême ; mais la
chronologie condamne cette assertion qui ne repose sur aucune
preuve ; car même en ne faisant qu'un seul personnage de Geoffroy II et de Geoffroy III, ce qui serait possible à la rigueur, nous
le voyons bâtir le château d'Illiers, relever celui de Gallardon et
ravager les terres de l'église de Chartres sous le pontificat de
saint Fulbert (1020-29) (5). M. Mabille nous apprend (p. 4) que
Hugues II porta le titre de vicomte de Châteaudun tant qu'il fut
doyen, et qu'il abandonna cette qualité en faveur de Geoffroy III,
son neveu, aussitôt qu'il fut promu à l'archevêché de Tours,
c'est-à-dire en 1005; car plusieurs actes donnent le titre de
vicomte à Geoffroy du vivant même de son oncle, ce qui le fait
naître avant 990, et probablement vers 980, car son oncle Hugues
ne lui aurait pas abandonné la vicomté de Châteaudun en 1003
ou 1004, s'il avait encore été tout enfant (6), nous savons enfin

(1) *S. Guazfridi vicecomitis de Castrodunensi*, rec. des hist. des G. et
et de la Fr., X, p. 619 *A*.

(2) Cartulaire de Saint-Vincent du Mans, nᵒ 180.

(3) Publié par Bry, p. 140.

(4) Ms. du Dʳ Libert, sénateur, à Alençon ; p. 174.

(5) « *Gaufridus vicecomes de Castro-Dunensi refecit ante natale Domini castellum de Galardone quod olim destruxisti et ecce tertia die post
epiphaniam Domini cepit facere alterum castellum apud Isleras intra
villas Sancte-Marie.* » *Fulberti carnot. ep. ad Robertum; rec. des hist.
des G. et de la Fr.*, X, p. 457. D'autres lettres de Fulbert se rapportent
aux vexations que lui fit Geoffroy.

(6) « *XVIII kal. maii* (14 avril) *obiit Hildegardis vicecomitissa de
Castro-Dunis; pro cujus anima dedit Sancte-Marie filius ejus Hugo
Turonensis archiepiscopus alodum suum qui dicitur Viverus.* » On pense
que cette Hildegarde, veuve en premières noces d'Ernaud de la Ferté,
était femme de Hugues Iᵉʳ, vicomte de Châteaudun, dont l'origine est in-
certaine et qui figure pour la première fois dans l'histoire vers l'an mil.
Hugues de Châteaudun, archevêque de Tours, fils de Hildegarde et de

qu'il était mort avant 1041 (1), tandis qu'Yves de Bellême, frère
de ce Guérin (2) qu'on veut donner pour père à Geoffroy, occupa
le siège épiscopal de Séez jusqu'en 1070, d'après le Gallia christiana, et serait mort environ 90 ans après la naissance de son neveu.

Ce système ne repose que sur un passage d'Orderic-Vital inter-
prété d'une façon très arbitraire : parlant de la guerre entre Geoffroy IV, comte de Mortagne, et Robert de Bellême, il dit qu'ils
étaient cousins et que Geoffroy s'efforçait de reprendre, les armes
à la main, Domfront et d'autres terres que Robert lui disputait, il
ajoute que Guérin de Domfront était *atavus* de Rotrou (3); nous
croyons donc vraisemblable qu'Adèle, femme de Rotrou II et

Hugues Ier, siégea de 1005 à 1023 » (cartulaire de Notre-Dame de Chartres, III, 88, 89). Hugues Ier, vicomte de Châteaudun, était probablement
fils de Geoffroy Ier, vicomte de Châteaudun, et d'Ermengarde ; des Murs
(p. 70, 120) cite (d'après le précis historique de l'abbaye de Bonneval,
collection Gaignières, 191) un titre relatif à l'abbaye de Bonneval de l'an
963, contenant ces mots : *Deinde extitit quidam vicecomes castridunensis
Gaufredus nomine qui... et uxoris Hermengardis... filius suus nomine
Hugo...* Un *Gauzfridus vicecomes* est mentionné par le cartul. de Saint-
Père (p. 79), en 985.

(1) Une charte du roi Henri, de l'an 1041, en faveur de Saint-Denis de
Nogent-le-Rotrou, confirme les donations du comte Geoffroy de bonne
mémoire (Courtin, ms. du Dr Libert, p. 188; des Murs, p. 174, donne une
traduction de cette charte). M. Mabille (cartul. de Marmoutiers pour le
Dunois) pense que Geoffroy mourut en 1038 ou 1039.

(2) Il est dit dans l'Art de vérifier les dates (XIII, p. 173) que « Warin
avait épousé Mélisende ou Mathilde, sœur à ce qu'il paraît de Hugues,
archevêque de Tours, du chef de laquelle il fut *vicomte de Châteaudun.
Il prenait aussi les titres de seigneur de Domfront, de Nogent et de
Mortagne* ». Ce Guérin eût été un puissant seigneur s'il avait eu ces
terres, mais nous ne voyons aucun historien, ni aucune charte lui donner
un seul de ces titres : il n'est mentionné par aucun des historiens de
Châteaudun ni de Nogent et son nom ne figure dans aucune des nombreuses chartes relatives au Perche chartrain ou au Dunois, enfin nous
croyons qu'il ne peut pas davantage être placé entre Hervé, comte de
Mortagne en 954, et Fulcoïs qui eut le même comté vers l'an 1000.
Robert de Torigni le nomme *Garinus de Damfronte*, il n'est appelé que
Warinus dans la charte de fondation de l'abbaye de Lonlai par Guillaume,
son père, dont il n'était que bâtard (d'après une charte de Marmoutiers,
citée par l'Art de vérifier les dates), et qui lui avait peut-être donné Domfront.

(3) *Consobrini erant [Gaufridus et Robertus] et ideo de fundis antecessorum suorum altercabant. Guarinus de Damfronte quem dœmones
suffocaverunt Rotronis atavus fuit et Robertus de Belismo quem filii
Gualterii Sori securibus apud Balaum in carcere ut porcum maclave-
runt Mabiliæ matris Roberti patruus extitit. Robertus itaque Dumfrontem
et Bellismum et omne jus parentum suorum solus possidebat et partici-
pem divitiarum seu consortem potestatis habere refutabat... Domfrontem
fortissimum castrum aliosque fundos [Gaufredus] jure calumpniabatur
et Roberto cognato suo auferre nitebatur. Sic longa lis inter duos
potentes marchisios perduravit.* (O. Vital, l. VIII.)

mère de Geoffroy IV, était fille de Guérin de Domfront, qui se
trouverait ainsi le bisaïeul de Rotrou III, le contemporain d'Orderic Vital (1) ; il est très naturel que Geoffroy IV, comte du
Perche, ait essayé de rentrer en possession de Domfront et
autres terres, que Guérin, son aïeul maternel, avait ou non possédées, mais auxquelles il avait droit de prétendre, puisque, par
sa mère, il descendait de la maison de Bellême, au même degré
que Robert en descendait par la sienne.

Geoffroy III, vicomte de Châteaudun et seigneur de Nogent-le-
Rotrou, jouit certainement aussi du comté de Mortagne ou du
Corbonais ; car Rotrou II, son fils, prenant, dans la charte de
confirmation acccordée par lui à Saint-Denis de Nogent, les titres
de comte de Mortagne et de vicomte de Châteaudun, les donne
également à son père, Geoffroy III (2) ; enfin, le roi Henri Ier,
dans la charte que nous avons citée plus haut (p. 39, note 1) lui
donne également le titre de comte qui ne pouvait s'appliquer qu'à
Mortagne.

Une charte (n° 609) du cartulaire de Saint-Vincent du Mans,
datée par les éditeurs de 1065 environ, mais antérieure, selon
nous, à la fin de 1060 (3), est une donation de Saint-Longis, dans
le Maine, faite par Rotrou II, comte de Mortagne, et sa famille :
(*Rotrochus comes de Mauritania et mea uxor Adeliz et filii nostri
Rotrochus et ceteri nostri infantes.....*) pour le repos de l'âme de
ses parents : « *avi mei Fulcuich comitis, et avunculi mei Hugonis
et patris mei vicecomitis Gaufridi.* » Ce document, inconnu jusqu'ici de tous les historiens du Perche, jette quelque lumière sur
la filiation des premiers seigneurs de Nogent-le-Rotrou et du
Corbonais, et explique la réunion dans une même main du comté
de Mortagne, de la vicomté de Châteaudun et de la seigneurie de

(1) M. des Murs fait remarquer (p. 66) que d'après Cicéron *atavus*
signifiait quatrisaïeul, mais il cite plusieurs textes contemporains d'Orderic
Vital dans lesquels *atavus* signifie bisaïeul.

(2) *Ego Rotrocus comes Mauritanie castri atque Castridunensium
vicecomes. . quia pater meus videlicet comes Gaufridus atque vicecomes*
(Bry, p. 147).

(3) Les éditeurs du cartulaire de Saint-Vincent du Mans placent cette
charte « vers 1065 », elle est cependant approuvée par le comte Geoffroy
« *favente comite Gaufrido* » ; or ce Geoffroy n'était pas le comte du
Maine, mais le comte d'Anjou, ce qui nous est expliqué par un passage de
la charte 184 de ce même cartulaire : « *Actum Cenomannis curie publice,
Gaufrido comite presidente, Herberto puero comite vivente, Henrico rege
regnante* », accompagnée de la note suivante des éditeurs : « Cette expression significative peint au vif l'état du Maine sous le jeune Herbert II, qui
n'eut de comte que le nom, tandis que Geoffroy Martel, comte d'Anjou,
jouissait de l'autorité souveraine (1051-1060) ». Nous croyons donc que la
charte n° 609 doit être placée avant 1060.

Nogent-le-Rotrou. En effet, ce Fulcoïs, dont Rotrou parle comme de son aïeul, ne pouvait être comte que du Corbonnais, car, outre que nous voyons son petit-fils le posséder (sous le nom de comté de Mortagne, cette ville ayant remplacé Corbon), ce qui serait déjà une présomption en faveur de l'identification que nous proposons pour ce titre de comte, nous en avons la certitude, grâce à un passage d'Odolant-Desnos : « Fulcoïs tint le Corbonais à titre de gouvernement si on en croit une charte rapportée dans le Cenomannia, ms. de dom Briant (1). » Or, comme nous voyons que Geoffroy III ne prenait encore en 1031 que le titre de vicomte de Châteaudun, et que le titre de comte ne lui est donné que dans des documents rédigés après sa mort, il est plus que probable que ce n'est pas lui, mais sa femme Helvise, qui avait pour père Fulcoïs, et qu'il ne survécut pas longtemps à son beau-père, dont il hérita cependant du comté de Mortagne.

Fulcoïs avait eu pour prédécesseur, et peut-être pour père, Hervé comte de Mortagne, témoin d'une charte en faveur de Saint-Père de Chartres, le 25 juin 954 (2).

Le cartulaire de Saint-Denis de Nogent (3) nous apprend que Geoffroy II fut assassiné en sortant de la cathédrale de Chartres ; cet événement arriva avant 1041 et probablement en 1038 ou 39, d'après M. Mabille (4). Il avait eu de sa femme Helvise deux fils, Hugues et Rotrou (3).

§ 5. Hugues III, vicomte de Châteaudun.

Bry de la Clergerie et, après lui, l'Art de vérifier les Dates, disent que Hugues mourut avant son père, mais les chartes du cartulaire de Marmoutiers pour le Dunois, publiées par M. Mabille, prouvent que Hugues succéda à son père, au moins dans la vicomté de Châteaudun et qu'il avait épousé une femme nommée « Adila », mentionnée avec lui dans une charte que M. Mabille place en 1039 ou 40. Posséda-t-il tout ce qui avait appartenu à son père : le comté de Mortagne, la seigneurie de Nogent-le-Ro-

(1) Mémoire sur les seigneurs de Nogent-le-Rotrou, Bibl. nat., ms. fr. 11931.

(2) Cartulaire de Saint-Père, p. 199.

(3) Chartes de Saint-Denis de Nogent et Saint-Père, citées par Bry, p. 146.

(4) Cartulaire de Marmoutiers pour le Dunois.

trou et la vicomté de Châteaudun, ou seulement cette dernière, nous n'en savons rien; en tout cas, le tout finit par appartenir à son frère, ce qui prouve qu'il ne laissa pas d'enfants qui lui aient succédé.

§ 6. Rotrou II, comte de Mortagne, vicomte de Châteaudun et seigneur de Nogent, 1040, † vers 1079.

Rotrou nous apprend qu'il succéda jeune à son père et qu'il eut à vaincre beaucoup de difficultés (1). Il dut hériter assez vite de la vicomté de Châteaudun, car nous ne voyons son frère Hugues mentionné dans aucune charte postérieure à celle citée plus haut. Rotrou signa en 1058 une charte d'Henri Ier, donnée pendant le siège de Timer, sous le nom de *Rotroldus comes* (2). Nous avons parlé plus haut de sa charte en faveur de Saint-Vincent du Mans, où se trouve mentionnée sa femme Adèle. Il confirma dans ses biens et fit consacrer le prieuré de Saint-Denis de Nogent entre 1075 et 81 (3). La charte qui raconte cette solennité fut confirmée entre autres par ses fils *Geoffroy*, *Hugues*, *Rotrou* (4), *Fulcois* et par sa fille *Helvise*. Le comté de Mortagne,

(1) *Ego vero adhuc satis juvenculus heres pro eo constitutus, cum inter procellas hujus æstuantis pelagi multa pertulissem pericula* (Charte de Rotrou pour Saint-Denis de Nogent, Bry, p. 147).

(2) Rec. des hist. des G. et de la Fr. XI, p. 599 A. L'original de cette charte est aux arch. d'Eure-et-Loir, fonds des prieurés de Marmoutiers.

(3) Nous plaçons entre ces deux dates cette charte publiée par Bry, p. 147, car nous voyons qu'elle fut rédigée sous l'épiscopat de Geoffroy, évêque de Chartres de 1075 à 1091, et d'Armand, évêque du Mans de 1067 à 1081 ; l'Art de vérifier les Dates la place en 1079, parce que Geoffroy, évêque de Chartres, qui monta sur ce siège en 1077, ne commença d'en jouir, suivant le Gallia Christiana (t. VIII, col. 1125), qu'en 1079, mais nous voyons dans la liste chronologique des évêques de Chartres, donnée par MM. de Lépinois et Merlet, dans le cartul. de N.-D. de Chartres (I, ép. XXXIII), que Geoffroy qui commença à siéger en 1075, fut déposé en 1077, puis en 1089.

(4) Le cartulaire de Saint-Vincent du Mans nous apprend que Rotrou, troisième fils de Rotrou II, comte de Mortagne, ayant épousé Lucie, fille d'Hugues de Gennes, se trouva ainsi possesseur des terres de ce dernier, situées dans le Maine : 1082-1102. *Rotrochus, filius comitis Rotrochi, postquam filiam Hugonis de Gena cum honore ipsius accepit, omnes tenturas quas de ipso fevo monachi Sancti-Vincentii tenebant... calump-*

la vicomté de Châteaudun et la seigneurie de Nogent-le-Rotrou,
réunies probablement par Geoffroy II le furent certainement entre
les mains de Rotrou II; mais à la mort de celui-ci, dont nous
ignorons la date précise, mais qui doit être placée entre 1076
et 1080 (1), son fils aîné Geoffroy eut pour sa part Nogent et le
comté de Mortagne. Hugues (2) le second, surnommé dans les
chartes *Capellus*, et probablement en français *Chapel*, fut vicomte
de Châteaudun qui passa à sa postérité.

Le comté de Mortagne devait comprendre, non tout l'ancien
Corbonnais, mais seulement le doyenné de Corbon et les quatre
châteaux dont nous verrons plus loin la liste dans une charte
de Rotrou III (3). Rotrou II était aussi, peut-être comme seigneur
de Nogent-le-Rotrou, suzerain du seigneur de Regmalart qui
était alors Hugues de Châteauneuf, car Orderic Vital nous apprend (4) que Guillaume le Conquérant ayant fait la paix avec
Rotrou, l'emmena au siège de Regmalart, parce que cette place
faisait partie de son fief et que le fils du roi d'Angleterre s'y était

---

niari cepit (charte n° 264) ; — *Dominus Rotrochus de Monteforti et filius
suus, nomine Rotrochus et Lucia mater ejus* (charte n° 172, circa 1110).
Les terres d'Hugues de Gennes correspondaient selon toute probabilité au
territoire qui s'appela depuis la seigneurie de Montfort-le-Rotrou, lorsque
Rotrou y eut bâti le château de Montfort sur les bords de l'Huisne, au-
dessus de Pont-de-Gennes, comme nous l'apprend une note manuscrite
d'Odolant-Desnos : « Montfort-le-Rotrou... a pris son nom de Rotrou,
son seigneur, troisième fils de Rotrou, comte du Perche; il y fit bâtir un
château. » (Annotations manuscrites d'Odolant Desnos en marge d'un
volume de Bry de la Clergerie, dans la bibl. de M. le Dr Libert, sénateur,
à Alençon.)

(1) Rotrou II vivait encore le 25 août 1076; il figure à cette date dans la
charte n° 587 du cartul. de Saint-Vincent du Mans, avec deux de ses fils :
Hugo Capellus et *Warinus Brito;* M. Mabille (cartul. de Marmoutiers
pour le Dunois, p. 131) pense qu'il mourut vers 1079; il mourut au plus
tard en 1080, année où son fils Hugues figure avec le titre de vicomte de
Châteaudun dans une charte de Marmoutiers, publiée par M. Mabille
(p. 130); si l'expédition contre Regmalart est bien de 1078, Rotrou vivait
encore en 1078.

(2) Hugues III, vicomte de Châteaudun, surnommé *Capellus* dans une
charte de Saint-Vincent du Mans (voy. la note qui précède) est désigné
avec le même surnom et le titre de vicomte de Châteaudun dans la charte de
Marmoutiers de 1080 : « *Hugo cognomento Capellus, vicecomes de Castro-
Duno.* »

(3) Voyez page 53, note 3.

(4) 1078? *Bellis itaque passim insurgentibus cordatus Rex exercitum
aggregavit et in hostes pergens, cum Rotrone Mauritaniensi comite
pacem fecit..... Rex Guillelmus hunc pretio conduxit, secumque ad obsi-
dionem, quia Raimalast de feudo ejus erat, minavit, quatuor castra in
gyro firmavit, etc...* (Orderic Vital, l. IV, éd. le Prévost, II, p. 297.)

réfugié. Rotrou II, outre les enfants dont nous avons parlé plus
haut, en avait encore eu deux : *Guérin le Breton* (2) et *Robert
Mande-Guerre* (3), l'un et l'autre inconnus à Bry de la Clergerie
et à l'Art de vérifier les dates.

(2) Guérin le Breton, nommé dans la charte 587 du cartulaire de Saint-
Vincent du Mans de 1076, peut être le même qu'un « *Garinus de Pertico, miles* » mentionné dans une charte du 1er juillet 1134 au fº 53 du
ms. lat. 5418 de la Bibl. nat.

(3) Ce personnage est désigné sous le nom de *Robertus Maudeguerra*
dans deux chartes du cartulaire de Tiron (p. 39 et 54) de 1119 et de 1120
et sous celui de *Robertus Manda-Guerram* dans une charte de Marmoutiers de 1080 (Mabille, p. 130); dans une autre charte de Marmoutiers,
sans date, dont la copie est dans le ms. lat. 10065, nº 21, publié par
M. Mabille, p. 138, figurent Hugues, vicomte de Châteaudun, et ses frères
le comte Geoffroy et Robert Maudaguerra. Il laissa au moins un fils
nommé Robert Maschefer, qui fit avec le prieur de Saint-Martin-du-Vieux-
Bellême un accord où il est dit fils de Robert, qui était fils de Rotrou,
comte du Perche. (Bib nat., ms. lat., 10065, abb. du Vieux-Bellême, nº 6.)

GEOFFROY Ier
1er vicomte de Châteaudun, † 963
ép. Hermengarde

HUGUES Ier
2e vicomte de Châteaudun, 963 ; † av. 969
ép. Hildegarde, veuve d'Ernaud de la Ferté, 1008
et probablement fille de Thibaut Ier, comte de Blois, Chartres et Tours, et de Ledgarde de Vermandois

HUGUES II
3e vicomte de Châteaudun, 969 ;
archevêque de Tours, 1005, † 1023

GEOFFROY II
987, † avant 1005
ép. Milesende, fille de Rotrou, seigneur de Nogent-le-Rotrou

Helvise
ép. Hamelin

GEOFFROY III
4e vicomte de Châteaudun en 1005
et seigneur de Nogent-le-Rotrou
† avant 1041
ép. Helvise, fille et héritière de Fulcoïs,
comte de Mortagne

HUGUES III
5e vicomte de Châteaudun
1039-40
ép. Adèle

ROTROU II
6e vicomte de Châteaudun, 1040 ;
comte de Mortagne en 1065 ;
seigneur de Nogent-le-Rotrou ;
† vers 1079
ép. Adèle, fille de Guérin de Domfront

Helvise   **FOULQUES**

GEOFFROY IV
comte de Mortagne, vers 1079
1er comte du Perche,
† en 1100
ép. Béatrice de Roucy

GUÉRIN
le Breton
1076

Julienne
ép. Gilbert
seigneur
de Laigle

ROTROU III
le Grand, † 1144
2e comte du Perche, 1100
ép. A Mahaut d'Angleterre
B Harvise de Salisbury
(qui se remaria à Robert
de France, comte de Dreux)

Marguerite
ép. Henri de Beau-
mont-le-Roger,
s' de Neubourg,
1er comte de War-
wick, † 1123

Mahaut
† 1143
ép. A Raymond Ier
7e vicomte de Turenne
† vers 1122
B Gui de Lastours

▲ *Philippe*
ép. Hélie
d'Anjou, frère
de Geoffroy-
Plantagenet

▲ *Félicie*

B **ROTROU IV**
3e comte du Perche
1144 ; † 1191
ép. Mahaut
de Champagne

B **GEOFFROY**
(encore enfant
en 1144)

B **ETIENNE**
chancelier
de Sicile,
archevêque
de Palerme

Béatrice
ép. Renaud III
seigneur
de Château-
Gontier

Oraine
religieuse
à Belhomert

ROTROU
évêque
de Châlons-
sur-Marne,
1191 ; † 1201

GEOFFROY V
4e comte du Perche,
1191 ; † 1202
ép. A, avant 1170,
Mahaut ;
B, 1189. Mahaut
de Bavière (qui se
remaria
à Enguerrand III
de Couci)

ETIENNE
duc de
Philadelphie
† 1205

GUILLAUME
évêque de Châ-
lons-sur-Marne,
1215 ;
6e comte
du Perche,
1217 ; † 1226

HENRI
vicomte
de Mortagne
ép. Géorgie

THIBAUT
archidiacre
de Reims

B **GEOFFROY**
mort jeune

THOMAS
5e comte du Perche
1202, † 1217
ép. Hélissende
de Réthel (qui se
remaria à Garnier
de Toinge)

THIBAUT
doyen de St Martin
de Tours, 1197-1209
ne l'était plus
en 1211
† avant 1217

HUGUES

Adèle
ou *Alice*
morts jeunes

Ce tab eau, destiné à faire voir d'un seul coup d'œil l'ensemble de la 1re famille des comtes du Perche, est extrait des deux premiers chapitres de notre seconde partie ; sauf : la branche des vicomtes de Châteaudun depuis Hugues IV, établie d'après les cartul. de Tiron, de Saint-Vincent du Mans et de Marmoutiers pour le Dunois; le rameau d'Hugues *Partica* d'après le cartul. de N.-D. de Paris et le ms. lat. 17,049, p. 211, et celui d'Hervé de Gallardon d'après ce dernier ms. Enfin nous devons la filiation des seigneurs de Montfort-le-Rotrou à l'obligeante érudition de Monsieur le vicomte d'Elbenne.

?
HUGUES
(*Partica*), 1026
ép. Milesende qui fut aussi femme
de Geoffroy,
comte de Châteaulandon

?
HERVÉ
seigneur de Gallardon 1040

GEOFFROY LETAUD
1026

HERBERT
de Gallardon

HUGUES

HERVÉ FOUCHER *Guibourge*

HUGUES IV
(*Capellus*)
7e vicomte de Châteaudun
vers 1079, † vers 1110 ;
ép. Agnès ou Comtesse
fille de Foucher,
seigneur de Fréteval

ROTROU
1er comme seigneur de Montfort
† vers 1130
ép. vers 1090, Lucie de Gennes,
dame de Montfort
dont Rotrou fit construire
le château

ROBERT
Mandeguerre

Mahaut
ép. A Robert
vicomte de Blois
B Geoffroy
Grisegonelle
comte de Vendôme

GEOFFROY IV
8e vicomte de Châteaudun
1110 ; † avant 1145
ép. Héloïse,
dame de Mondoubleau

HUGUES
—
GILDUIN
—
FOULQUES

ROTROU II
seig' de Montfort
et Vibraye,
1130-1181
ép.
Burgonie de Pruillé
ou de Sablé

RAOUL
1096
ép. Godehilde

ROBERT
Maschefer

Aupaise

HUGUES V
9e vicomte
de Châteaudun
1145-1166
ép. Marguerite

PAYEN

Héloïse

ROTROU III
seigneur
de Montfort, Vibraye
Malétable
(auj. Bonnétable)
ch' banneret, croisé
1181 † 1239   ép.
Isabelle de Perrenay

GIROIE

GUILLAUME

GEOFFROY

Helvise

Marguerite

...GUES VI
... vicomte
... Châteaudun
... † 1190
p. Jeanne

Helvise
1163

GEOFFROY V
11e vicomte
de Châteaudun,
1190-1215
ép. Alice de Fréteval

PAYEN EUDES
1160

Marguerite
—
Agnès

ROTROU IV
seig' de Montfort,
Semblençay,
Saint-Christophe,
Malétable,
1239 † 1275
ép. Marguerite
d'Alluye

GEOFFROY HUGUES GUI

OFFROY
† 118...

Alice
dame de Fréteval
ép. Hervé
de Gallardon

GEOFFROY VI
12e vicomte
de Châteaudun 1229
ép. Clémence
des Roches
veuve de Thibaut VI
comte de Blois

Isabelle
—
Jeanne
—
Agnès

Jeanne
dame de Montfort
1275-1318
ép. Guillaume
l'archevêque
seigneur
de Parthenay

Clémence
ép. Robert,
de Dreux

CHAPITRE II

PREMIERS COMTES DU PERCHE

*§ 1. Geoffroy IV, 1er comte du Perche, vers 1079; † octobre 1100. —
§ 2. Rotrou III, 2e comte du Perche, octobre 1100; † 1144. —
§ 3. Rotrou IV, 3e comte du Perche, 1144; † 1191. — § 4. Geoffroy V, 4e comte du Perche, 1191; † 1202. — § 5. Thomas,
5e comte du Perche, 1202; † 20 mai 1217. — § 6. Guillaume, évêque de Châlons-sur-Marne, 1215; 6e comte du Perche, 20 mai 1217;
† 28 février 1226 n. st.*

§ 1. Geoffroy IV, comte de Mortagne et 1er comte du Perche, vers 1079; † octobre 1100.

Geoffroy, du vivant de son père, avait fait partie de la fameuse
expédition par laquelle Guillaume le Bâtard se rendit maître
de l'Angleterre (1), son nom figure parmi les combattants présents
à la bataille d'Hastings (2); Guillaume le Conquérant lui donna
probablement en reconnaissance de ses services des terres en
Angleterre, mais il est peu probable qu'il lui ait donné le comté
de Richmond, comme le prétend M. des Murs (3).

(1) *Goisfredus Rotronis Moritonie comitis filius.* (Rec. des hist. des
Gaules et de la Fr., XI, p. 97,236 c).
(2) La maison du Perche possédait encore à la fin du XIIe siècle des
terres en Angleterre qui lui venaient, soit des libéralités du Conquérant,
soit des dots de Mahaud d'Angleterre ou d'Harvise de Salisbury; car une
charte publiée dans le cartul. de la Couture du Mans (p. 133) et placée
entre 1191 et 1202, nous apprend que le comte Geoffroy V du Perche, sa
femme Mahaud et leur fils Geoffroy donnèrent à cette abbaye l'église de
Tudinguedone (Tugdington), l'acte en fut dressé « *in camera nostra apud
Tilium.* »
(3) Histoire des comtes du Perche, p. 196; en effet, nous n'avons rien
trouvé qui confirme cette assertion, et nous voyons, au contraire, Alain
Fergent ou le Roux, gendre de Guillaume le Conquérant, et duc de Bretagne en 1084, indiqué comme premier possesseur du comté de Richmond
(nommé Richemont par les auteurs français), qui appartint à ses descendants jusqu'au fameux connétable de France. A help to english history, by
P. Heylyn, London, 1680; p. 451.

Il épousa Béatrix (1) fille d'Hilduin IV, comte de Montdidier, seigneur de Rameru, d'Arcis et de Breteuil et comte de Roucy du chef de sa femme Alix (2), dont il eut un fils, *Rotrou*, et quatre filles : *Julienne*, mariée à Gilbert, seigneur de Laigle; *Marguerite*, mariée à Henri de Beaumont-le-Roger, seigneur de Neufbourg et premier comte de Warwick; *Mahaut*, mariée à Raymond Ier, 7° vicomte de Turenne, mort vers 1122, puis à Gui de Lastours; et une dernière fille dont le nom ne nous est pas parvenu (3).

Nous avons vu (p. 39) que Geoffroy fit la guerre à Robert de Bellême, mais il ne put s'emparer de Domfront et il ne nous est pas possible de savoir s'il ajouta quelque nouvelle terre au patrimoine qu'il avait reçu de son père; mais ce qui mérite d'être remarqué, c'est qu'il peut être regardé avec certitude comme le *premier comte du Perche*, c'est-à-dire comme le premier personnage qui soit désigné avec ce titre dans des documents authentiques. Il est cité sous cette désignation comme témoin dans une charte du cartulaire de Saint-Père (p. 314), placée par Guérard entre 1090 et 1100. Son fils Rotrou, dans sa charte de confirmation en faveur de Saint-Léonard de Bellême, publiée par Bry, lui donne également le titre de comte du Perche.

Ce titre, nouveau comme forme, n'en était pas moins ancien pour le fond, car nous avons vu (ci-dessus p. 17 et 18) que le Corbonnais était un comté dès 853 sous le règne de Charles-le-Chauve, mais le nom d'aucun des comtes de Corbon ou du Corbonnais ne nous est parvenu. La ville de Corbon ayant été, d'après une tradition très vraisemblable, détruite par les Normands, Mortagne devint la capitale du comté, dont Bellême fut séparé probablement vers la même époque, et dont nous voyons les possesseurs désignés pendant environ un siècle sous le nom de comtes de Mortagne; enfin Geoffroy IV modifia encore ce même titre en le rendant plus général, de façon qu'il désignât mieux l'ensemble de ses possessions: comté de Corbon ou de Mortagne, et territoire de Nogent qui était alors le Perche proprement dit.

Orderic Vital nous raconte que Geoffroy se voyant sur le point de mourir, appela les grands *du Perche et du Corbonnais* (4) sur

---

(1) *Istam Ælidem duxit comes Hilduinus de Ramerut et per eam factus est comes de Roceio; et genuit ex ea duos filios et septem filias....; de septem filiabus..... secunda.... Beatrix nomine, Rotroldo (immo Gaufrido Rotroldi patri) comiti de Pertico peperit comitem Rotroldum et Margaretam de Novoburgo in Normannia; cujus filia Juliana de Aquila fuit mater reginæ Navarreorum.* (Rec. hist. de Fr., XI, p. 359 *A*.)

(2) Trésor de chronologie par le comte de Mas-Latrie, col. 1670.

(3) Mariée d'après M. des Murs à un comte d'Amiens (?)

(4) *Goisfredus, comes Moritoniæ, filius Rotronis comitis.... convocatis proceribus Pertici et Corboniæ qui suo comitatui subjacebant, res suas*

lesquels s'étendait son pouvoir de comte, et les pria de conserver ses terres et châteaux à son fils unique Rotrou, qui était parti pour Jérusalem, puis il mourut dans son château de Nogent en octobre 1100. La comtesse Béatrix vivait encore vers 1120 (1).

Nous ferons remarquer ici que, puisque nous voyons Geoffroy porter le titre de comte du Perche, et son fils Rotrou le prendre également en 1100 ou 1101, il est évident que le don qui fut fait à Rotrou en 1113 du Bellêmois n'est pour rien dans l'apparition de ce titre nouveau, quoi qu'en aient dit Bry de la Clergerie (2) et d'après lui l'auteur de l'*Art de vérifier les Dates* (3). L'abbé le Forestier avait fait la remarque suivante avec beaucoup de logique : « Si Rotrou prend deux qualités : celle de comte du Perche « et de seigneur de Bellesme, *Ego Rotroldus comes Perticensis et* « *dominus Bellismensis* (4), s'en suit-il de là qu'il n'ait pris la « première que dans le temps qu'il a pris la seconde ? ou plutôt « ne s'en suit-il pas qu'étant dénommées toutes deux avec les « distinctions expresses de comté du Perche et de seigneurie de « Bellesme, l'une peut exister et a véritablement existé sans « l'autre et qu'elles n'étaient pour lors nullement comprises « l'une dans l'autre ? (5) ».

solerter ordinavit. Beatricem nempe conjugem suam..... et optimates suos prudenter instruens rogavit ut pacis quietem et securitatem sine fraude tenerent suamque terram cum municipiis suis Rotroni filio suo unigenito, qui in Jerusalem peregre perrexerat, fideliter conservarent. Denique strenuus heros, omnibus rite peractis, Cluniacensis monachus factus est et apud Nogentum castrum suum in octobris medio defunctus est et sepultus. (Ord. Vital, l. XIII, éd. le Prevost, V, p. 1.) L'expression de Perche désigne certainement ici le territoire qui avait pour capitale le château de Nogent-le-Rotrou et le Corbonnais comprenait le ressort du château de Mortagne.

(1) Béatrix est nommée avec son fils Rotrou III et sa belle-fille Mahaut dans une charte du cartul. de Tiron, placée par M. Merlet vers 1125, mais qui ne peut être postérieure à 1120, la comtesse Mahaut qui y figure étant morte cette année-là.

(2) « Rotrou était comte de Mortagne seulement... mais sitôt qu'il fut « seigneur de Bellême, il print (Rotrou) le titre de comte du Perche. » « (Bry, p. 109) «... et parce qu'il (Rotrou) eut le comté de Bellesme « comme nous dirons, c'est le premier de sa maison qui a pris indéfiniment « le titre et la qualité de comte du Perche. » (Id., p. 163). « Il (Rotrou) « prend la qualité de *comes Perticensis et dominus Bellismensis* comme « s'il n'eust pu estre l'un sans l'autre. » (p. 178).

(3) « La même année (1113), Rotrou reçut en présent du monarque « anglais la ville de Bellesme qu'il l'avait aidé à reconquérir, mais non pas « le château que Henri se réserva. Depuis ce temps, il se qualifia comte « du Perche. » (XIII, p. 178.)

(4) Charte de 1126 concernant Saint-Léonard de Bellême, publiée par Bry, p. 178.

(5) Passage cité par M. des Murs, hist. des comtes du Perche, p. 248.

La seigneurie de Bellême se trouva vite confondue avec les autres terres du comté du Perche, car nous ne voyons pas les successeurs de Rotrou III ajouter le titre de seigneur de Bellême à celui de comte du Perche, et dans le premier acte de foy et hommage que nous ayons du comté du Perche (1), la seigneurie de Bellème, qui y est évidemment comprise, n'est même pas mentionnée.

§ 2. Rotrou III le Grand, 2ᵉ comte du Perche 1100; † 1144.

Rotrou, qui avait pris la croix en 1096 et commandé un corps de troupes au siège d'Antioche (2), revint de la Terre Sainte peu de temps après la mort de son père, car il assista à la rédaction d'une charte d'Henri-Etienne, comte de Chartres, publiée dans le cartulaire de N.-D. de Chartres (I, p. 106), et datée d'octobre 1100 à 1101 par les éditeurs; il y est désigné sous le nom de *Rotrocus comes de Pertico*.

Rotrou, puissant et belliqueux, fit en Espagne plusieurs expéditions contre les Maures pour secourir Alphonse le Batailleur, roi d'Aragon, dont la mère Félice de Roucy était sœur de sa mère; il prit plusieurs villes, entre autres Tudela (3), dont Alphonse lui céda la propriété et qu'il donna ensuite, suivant certains auteurs (4), à Marguerite de Laigle, sa nièce, fille de sa sœur Julienne, en la mariant au roi de Navarre. L'Art de vérifier les Dates place la première de ces expéditions en 1105 et la seconde vers 1122. M. des Murs en porte, avec raison, selon nous, le nombre jusqu'à quatre. Pendant que Rotrou était en Espagne, l'aînée de ses sœurs, Julienne, était régente du comté du Perche, comme le prouve une charte de Saint-Denis de Nogent (5).

Nous lisons dans l'Art de vérifier les Dates (6) qu'en 1113,

(1) Pièce justificative nᵒ 5.

(2) *Decimæ aciei præerat Rotrodus, comes Perticensis* (*Guill. Tyr.* l. I, *de Bello sacro;* parlant du siège d'Antioche), — cité par Bry, p. 164.

(3) D'après Bry, p. 180, qui cite comme preuves des passages d'auteurs espagnols.

(4) Hist. des comtes du Perche, par M. des Murs, p. 323.

(5) *In presentiâ domine Juliane, que tunc temporis terram de Pertico in manu tenebat, comite in Hispaniâ morante.* (Bib. nat., collection Duchesne, vol. 20, fol. 218.) — Julienne du Perche épousa Gilbert de Laigle et leur fille Marguerite fut mariée à Garcias Ramirez, roi de Navarre.

(6) XIII, p. 178.

Rotrou reçut en présent du monarque anglais, la ville de Bellême qu'il l'avait aidé à reconquérir, *mais non pas le château* que Henri se réserva; nous avions trouvé étrange cette réserve qui nous semblait contraire au récit du continuateur de Guillaume de Jumièges (1), car le terme d'*oppidum* qu'il emploie pour désigner l'objet donné sans y faire aucune restriction, paraît désigner la ville et le château, mais il ne désigne certainement que la ville, puisque nous verrons que ce même château de Bellême fut, en 1158, donné par le roi d'Angleterre à Rotrou IV (2).

Orderic Vital nous apprend qu'en 1137 le roi d'Angleterre (Etienne de Blois) « se lia avec Rotrou, comte de Mortagne, et avec Richer de Laigle, son neveu, en leur donnant tout ce que leur avide ambition désirait. En effet, il accorda au comte la place de Moulins, et à Richer celle de Bonmoulin; puis, s'étant uni avec eux, il les opposa à ses ennemis sur les frontières de la Normandie » (3).

Rotrou avait épousé Mahaut, fille naturelle de Henri Ier, roi

---

(1) *Ipso denique [Roberto de Bellismo] in vinculis posito in quibus et defecit, rex [Angl.] Henricus nobilissimum oppidum ejusdem nomine Bellismum cepit et illud Rotroco, comiti Perticensi, genero suo dedit.* (Rec. des hist. de Fr., XI, p. 57.)

(2) 1158 *Rotrodus [Rotrou IV] comes Moritoniæ sororius ejus [Theobaldi] (siquidem unam sororum ejus Odo dux Burgundiæ, aliam prædictus comes Rotrocus, qui usitatius dicitur comes Perticensis, tertiam Willermus Goiet], hic unquam Rotrocus reddidit Henrico regi [Henri II duc de Normandie, 1149 † 1189] duo castra Molinas et Bonum-Molinum, quæ erant dominia ducis Normanniæ, sed post mortem regis Henrici [Henri Ier, duc de Normandie, 1106 † 1135] Rotrocus comes [Rotrou III] pater hujus Rotroci occupaverat ea. Rex autem Henricus concessit eidem Rotroco Bellismum castrum et ille fecit regi propter hoc homagium.* — Chron. de Rob. de Torigni; éd. L. Delisle, I, 314; — citée par Bry; p. 109, sous le nom de « Continuation du chronique de Sigebert »

(3) Orderic Vital, traduction de la collection Guizot, t. IV, p. 487. Orderic Vital et Robert de Thorigny sont, comme on le voit, un peu en contradiction, car le premier dit que le roi d'Angleterre donna à Rotrou Moulins seulement et à Richer de Laigle Bonmoulin, mais nous n'hésitons pas à adopter la version d'Orderic : 1o parce que ce chroniqueur termina le XIIIe livre de son histoire dans lequel se trouve ce passage, entre juin 1141 et le 16 février 1142 (cours de M. S. Luce à l'école des Chartes), par conséquent peu de temps après le fait qu'il raconte, tandis que Robert de Thorigny qui ne commença à écrire qu'en 1150, n'est un narrateur original qu'à partir de cette époque et simple compilateur jusque-là ; 2o parce que nous apprenons par Robert de Thorigny lui-même qu'en 1152 Bonmoulin appartenait à Richer de Laigle : « *Exinde rediens [dux] in Normanniam et affligens Richerium de Aquila, qui hostibus ejus auxilium ferebat, coegit eum de pace tenenda obsides dare, et munitionem Bomolini ubi raptores et excommunicatos receptabat, igni tradidit.* » (Robert de Thorigny, éd. Delisle, I. 268.)

d'Angleterre ; elle périt dans le fameux naufrage de la Blanche-
Nef en 1120, ayant eu une fille, Philippe, qui épousa Hélie d'An-
jou, frère de Geoffroy Plantagenet, et une autre fille nommée
Félicie.

Rotrou se remaria à Harvise, fille d'Edouard d'Evreux, comte
de Salisbury (1), dont il eut *Rotrou*, qui lui succéda, *Etienne*,
chancelier de Sicile et archevêque de Palerme, et un autre fils,
nommé *Geoffroy* (2). L'Obit d'Harvise est inscrit au nécrologe de
N.-D. de Chartres sous le nom d'*Amicia* (3). Elle est nommée
Amica dans une charte copiée par Duchesne (voy. notre charte
n° 1).

Cette dernière, ayant survécu à son mari, épousa en secondes
noces le troisième fils de Louis-le-Gros, Robert de France, comte
de Dreux (4), qui pendant la minorité de son beau-fils, dont
il était probablement baillistre (5), porta le titre de comte du
Perche et en exerça les droits. Un passage de Robert de Torigni (6) prouve que Robert jouissait encore du comté du Perche
en 1151 ; l'Art de vérifier les Dates (7) dit même qu'il garda ce titre

---

(1) Le père de la comtesse Harvise, nommé Edouard, comte de Salisbury, par les historiens du Perche, est nommé « Edouard ou Gautier
d'Evreux, baron de Salisbury » par M. le comte de Mas-Latrie (Trésor de
Chronologie, col. 1658) ; il n'était certainement que baron de Salisbury,
cette ville, située dans le Wiltshire, n'en étant pas primitivement la capitale et n'ayant été érigée en comté que plus tard, en faveur de Patrick
d'Evreux, qui est indiqué comme premier comte de Salisbury en 1153
(A help to english history, by P. Heylyn, London, 1680, p. 465) et qui
devait être fils ou petit-fils du père de la comtesse du Perche. Cette première maison d'Evreux était une branche cadette de celle des ducs de Normandie. (Trésor de Chronologie, col. 1597.)

(2) L'Art de vérifier les Dates (XIII, 179) l'identifie, d'après Hugues Falcand (hist. sicil.), avec Geoffroy, baron de Neubourg, qui vivait en 1169.
C'est possible, quoique nous n'en ayons pas trouvé de confirmation, mais
si Hugues Falcand dit seulement que ce Geoffroy, baron de Neubourg,
descendait des comtes du Perche, nous le croirions plutôt fils ou petit-fils
de Marguerite du Perche et d'Henri de Beaumont-le-Roger, seigneur de
Neufbourg et comte de Warwick.

(3) Cartul. de N.-D. de Chartres, I, p. 222.

(4) *In illa obsidione [Rhotomagi] mortuus est comes Perticensis
Rotrodus, relinquens duos filios parvulos Rotrodum et Gaufridum.
Uxorem vero suam postea Ludovicus rex Francorum dedit Roberto
fratri suo.* (Robert de Thorigni, an 1144, éd. L. Delisle, I, p. 234.)

(5) Depuis le XIᵉ siècle, d'après le droit féodal français, le plus proche
parent de tout mineur orphelin possédant fief, en était le *baillistre :*
à ce titre il devait d'une part acquitter les charges et obligations, et d'autre
part, exercer les droits inhérents au fief ou aux fiefs du mineur dont il
avait le bail.

(6) Ed. L. Delisle, I, 254.

(7) XIII, 179.

toute sa vie, et Bry cite deux chartes de Saint-Denis de Nogent-le-Rotrou datées de 1180 et où Rotrou IV et Robert de France prennent l'un et l'autre le titre de *comte du Perche*. Rotrou III mourut en avril 1144, en faisant avec Geoffroy d'Anjou le siège de Rouen (1).

§ 3. Rotrou IV, 3ᵉ comte du Perche, 1144; † 1191.

Rotrou IV succéda jeune à son père sous la tutelle d'Harvise, sa mère, et de Robert de France, son beau-père.

Robert de Torigni (2) nous apprend qu'en 1158, Rotrou IV rendit au roi d'Angleterre Henri II, les châteaux de Moulins et de Bonmoulin qui étaient du duché de Normandie et dont, après la mort du roi Henri Iᵉʳ, le comte Rotrou, père de Rotrou IV, s'était emparé, en quoi il se trompe, car nous avons vu (3) qu'Etienne de Blois avait donné Moulins à Rotrou III et Bonmoulin à Richer de Laigle (4); il ajoute qu'Henri II accorda (probablement en échange) au même Rotrou le château de Bellême, dont ce dernier lui fit hommage (5).

Rotrou, veuf avant la fin de janvier 1190 (6) de Mahaut, fille de Thibaut-le-Grand, comte de Champagne, Chartres et Blois, et de Mahaut de Carinthie, mourut au siège de Saint-Jean d'Acre en 1191. Il avait eu pour fils: *Geoffroy* qui lui succéda au comté du Perche; *Etienne*, duc de Philadelphie; *Henri*, qui, d'après Souchet (7), fut vicomte de Mortagne et épousa une femme nommée Géorgie dont il eut Hugues et Adelaïs ou Alice morts jeunes;

(1) Voy. la note 4 de la page 50 ci-dessus.

(2) Voy. la note 2 de la p. 49.

(3) Voyez ci-dessus, p. 49.

(4) Nous avons vu (p. 49, note 2) que Moulins appartenait à Richer en 1152 et ne savons comment il était venu en possession de Rotrou IV; peut-être ce dernier en avait-il la suzeraineté et Richer le domaine utile.

(5) Nous ne savons si l'hommage du château de Bellême fut exigé par les ducs de Normandie qui suivirent, mais Philippe-Auguste s'étant emparé de la Normandie quarante-six ans après et recevant comme roi de France l'hommage du comté du Perche, y compris Bellême, n'eut pas intérêt à exiger comme duc de Normandie un hommage distinct pour le château de Bellême.

(6) Voy. aux pièces justificatives, la charte nᵒ 1.

(7) Hist. de Chartres, I, p. 93 et suiv.

Rotrou, évêque de Châlons-sur-Marne en 1190, mort en 1201 ;
Guillaume, aussi évêque de Châlons-sur-Marne et dernier comte du
Perche de sa famille ; *Thibaut* inconnu des historiens du Perche,
mentionné comme fils de Rotrou, mais sans autre qualification,
dans une charte de décembre 1196 (1), doyen de Saint-Martin de
Tours, en 1197 et 1209, et remplacé dans cette dignité en 1211,
d'après le *Gallia Christiana* (2). L'Art de vérifier les Dates attri-
bue encore à Rotrou une fille nommée *Béatrice,* femme, suivant
Ménage, de Renaud III, seigneur de Châteaugontier ; Souchet lui
en donne encore une autre, religieuse à Belhomer d'après les
titres de ce prieuré et nommée *Oraine.*

§ 4. Geoffroy V, 4ᵉ comte du Perche, 1191 ; † 5 avril 1202. n. st.

Geoffroy est cité avec sa femme Mahaud dans la charte de fondation du Val-Dieu, donnée par son père en 1170 et publiée en
partie par Bry (p. 198), ce qui prouve qu'il se maria deux fois,
car nous lisons dans l'Art de vérifier les Dates qu'il avait épousé
en 1189 (3) (suivant Imhof), Mathilde, fille de Henri le Lion, duc
de Bavière, de Saxe et de Brunswick, et de Mathilde d'Angleterre ; cette seconde femme de Geoffroy lui survécut et épousa
en secondes noces Enguerrand III, sire de Couci ; ce dernier prit
le titre de comte du Perche pendant la minorité de son beau-fils
Thomas (4).

Les châteaux de Moulins et de Bonmoulin, que Rotrou avait
rendus à Henri II en 1158, furent restitués à Geoffroy V, comté
du Perche, par le traité conclu en 1194, entre Jean-sans-Terre et
Philippe-Auguste (5) ; mais il est dit expressément que le comte
du Perche devrait tenir ces fiefs de son donateur.

(1) Cartul. de N.-D. de Chartres, I, 254.
(2) T. XIV, col. 178.
(3) M. le comte de Mas-Latrie (trésor de Chronol., col. 1658) ne fait
qu'une seule personne des deux femmes de Geoffroy V, mais cela n'est pas
possible, car le duc de Bavière n'ayant épousé Mathilde d'Angleterre qu'en
1168, leur fille ne pouvait en 1170 comparaître dans une charte comme
étant déjà mariée.
(4) Il y a au trésor des Chartes une charte de juin 1205 émanée de lui
où il se qualifie *Ingorannus comes Pertici.* (J. 350, nᵒ 15, pub. par M. Teulet : Layettes du trésor des Chartes, I, p. 292) ; Bry en mentionne d'autres
semblables, p. 243.
(5) *Litteræ Johannis comitis Morethonii fratris Richardi regis An-*

Nous trouvons dans l'*Orne pittoresque* (p. 231) et dans Pitard (p. 326), que Philippe-Auguste, confisquant en 1204 les biens de Jean-sans-Terre, s'empara de la Marche (1) avec promesse de la rendre aux comtes du Perche si elle se trouvait leur appartenir, et en laissa la jouissance au comte Thomas pendant sa vie; enfin que ce dernier étant mort en 1217, Louis VIII conserva la Marche. Cela est confirmé par l'hommage du comté du Perche par Guillaume, évèque de Châlons, en juin 1217 (2), par lequel nous voyons que le roi de France était alors en possession de Moulins et Bonmoulin, qu'il devait s'enquérir si le comte du Perche y avait droit; et que, s'il découvrait qu'ils appartinssent à ce dernier, il les lui rendrait à la condition que ces châteaux et leurs dépendances fissent retour au roi et à ses héritiers après la mort du comte du Perche.

La Marche, ou plutôt les châtellenies de Moulins et Bonmoulin, n'ont donc jamais été incorporées au comté du Perche, dont elles ne furent qu'une appendance passagère comme possession de nos anciens comtes.

Geoffroy et son épouse Mathilde donnèrent des terres en partage à Etienne du Perche après 1193, comme le prouvent deux chartes du prieuré de Chêne-Gallon (3); nous avons vu plus

---

gliæ, de conventionibus inter se et Philippum regem Franciæ initis. — ..... *Comes vero Pertici habebit in Normannia castella de Molins et Bomolins cum pertinenciis suis.* ..... *Comes vero Pertici tenebit a me Molins et Bomolins.* Paris, janvier 1194, n. st. Teulet, layettes du trésor des Chartes, I, 175.

(1) Le vieux mot français *marche* défini par du Cange : *terminus, limes seu fines cujusque regionis*, était synonyme de frontière ou de zône frontière; Alençon était la marche normande du côté du Maine; mais la seule région de nos environs à laquelle sa position ait fait donner le nom de Marche est celle qui servait de frontière à la Normandie du côté du Perche et comprenait Moulins (nommé aujourd'hui encore Moulins-la-Marche), Bonmoulin, et peut-être le Mesle et Sainte-Scolasse. La liste des fiefs de Normandie prouve que la seigneurie de Moulins et Bonmoulin réunis comprenait, outre ces deux châteaux, la suzeraineté de dix fiefs de chevalier ou pleins-fiefs de haubert, et était elle-même un plein-fief de haubert, obligeant son possesseur au service d'un chevalier vis-à-vis du seigneur de Séez (qui n'était autre alors que le duc de Normandie), et non au service de dix chevaliers, comme le dit Odolant-Desnos.

« *Feoda Sagii :* ..... *comes Pertici tenet Molins et Bonmoulins feod. X mil. per servitium unius.* » (Du Chesne : *Historiæ Normannorum scriptores antiqui.*)

(2) Voy. pièce justificative n° 5.

(3) Charte datée du 4 des ides de février 1193, octroyée au prieuré de Chêne-Gallon [paroisse de Bellavilliers] par *Gaufridus Perticensium comes* qui donne un denier par jour sur chacun de ses châteaux. Charte de Geoffroy, comte du Perche, et de la comtesse Mathilde confirmant la donation de 1193 et nommant les châteaux qui n'étaient qu'indiqués en

haut (p. 27) qu'Etienne donna à l'église de N.-D. de Chartres
50 s. de rente à prendre sur la prévoté de Nonvilliers, ce qui
ferait croire que cette châtellenie faisait partie des terres qui lui
avaient été assignées par son frère.

Etienne était aussi seigneur de terres à Mittainvilliers (1) comme
le prouve une charte du cartulaire de Saint-Père (p. 670); créé
duc de Philadelphie par l'empereur Beaudouin après la prise de
Constantinople par les croisés (avril 1204), il mourut au siège
d'Andrinople, le 14 avril 1205 (n. st.), trois ans après son frère (2),
et ce qu'il pouvait avoir revint sans aucun doute à son neveu
Thomas.

Geoffroy V servit à Philippe-Auguste de caution vis-à-vis de
Thibaut, comte de Troyes, pour l'exécution du traité conclu en
avril 1198 par lequel le roi admit Thibaut à lui prêter l'hommage
lige (3).

Nous voyons Geoffroy mentionné comme vassal et caution du
roi de France dans le traité conclu au mois de mai de l'an 1200
entre Jean-sans-Terre et Philippe-Auguste (4).

L'auteur de l'Art de vérifier les Dates établit, d'après Villehar-
douin, que Geoffroy mourut au carême de l'an 1202, étant sur le
point de retourner à la croisade (5), et son obit étant inscrit à la

bloc dans la première : « *Scilicet in Corboneto in quatuor castellis, in
Mauritania, in Longo-Ponte, in Mauvis et in Domo-Mausigii ; et similiter in Bellesmeo in quatuor castellis : Bellismo, Tillio, Petraria, Monte-
Isemberti, item in aliis sex castellis Nogento, Riverio, Montelandun,
Ferraria, Longovilerio, Monte-Igneio ; »* ils ajoutent que cette première
donation de 1193 avait été faite : « *antequam charissime fratri nostro
Stephano terræ nostra pars a nobis esset assignata.* » Une copie de ces
deux chartes se trouve dans le ms. 24 de la collect. Duchesne à la B. N.,
p. 459; Bry, p. 206, les a citées et donne un fragment de la seconde ;
M. des Murs, p. 498, en a publié la traduction d'après la copie que Courtin
en a laissée dans son histoire ms. du Perche.

(1) Mittainvilliers, canton de Courville, ne faisait pas partie de la province du Perche.

(2) Ville-Hardouin, éd. de Wailly, p. 213.

(3) Arch. nat., J 198, nᵒ 4, publié par M. Teulet, lay. du trésor des
Chartes, I, p. 196.

(4) Le Goulet. Mai 1200 (avant le 23). *Litteræ Johannis regis Angliæ
de pace inita inter se et Philippum Franciæ regem.* (Arch. nat., J. 628,
nᵒ 4, orig. scellé) ... *Dominus quoque rex Franciæ similiter dedit nobis
securitates de hominibus suis subscriptis : scilicet : comite Roberto Drocarum, Gaufrido comite Pertici, Gervasio de Castello, etc., qui similiter
hoc modo juraverunt quod cum omnibus feodis suis ad nos venirent si
dominus rex Franciæ non teneret hanc pacem sicut est divisa.* Publié par
M. Teulet, lay. du très. des Ch., I, 218.

(5) Voici ce passage de Ville-Hardouin, d'après l'éd. de M. de Wailly,
p. 28 : « *Ensi s'atornerent parmi totes les terres li pelerin. Ha las ! con
granz domages lor avint, el quaresme après, devant ce que il durent*

date des nones d'avril dans le cartulaire de N.-D. de Chartres,
cette dernière date, qui correspond au 5 avril, est certainement
celle du jour de sa mort.

La liste des châteaux qui nous est donnée par la charte de
Chêne-Gallon est importante et montre combien les anciennes
divisions administratives étaient encore vivantes au XIIe siècle :
en effet les quatre premiers châteaux, indiqués comme se trouvant dans le Corbonnais, sont compris dans la partie de l'archidiaconé de Corbon qui avait formé le doyenné de Corbon, les
quatre suivants sont dans le doyenné de Bellême ou dans son
démembrement postérieur de la Perrière, enfin les six derniers,
dont la situation spéciale n'est pas indiquée, sont dans la partie
chartraine du Perche : dans les doyennés du Perche et de Brou.
Le comté du Perche semble dès lors formé définitivement, et tel
à peu près qu'il subsista tant que dura le régime féodal, tel que
les aveux des quatre derniers siècles de la monarchie nous le
montreront en détail.

On pourrait être surpris de ne pas voir figurer dans cette énumération l'important château de Regmalart, puisqu'en 1078
(voir page 43) il faisait partie des fiefs de Rotrou II et que les
aveux du XVe siècle le placent aussi dans le comté du Perche ;
mais cette omission s'explique parfaitement, car les châteaux
énumérés par Geoffroy sont ceux qui faisaient partie de son
domaine et le château de Regmalart fut toujours inféodé.

Nous devons également remarquer que nous ne trouvons que
les seigneuries de Regmalart, Tourouvre et Randonnai qui fassent

---

movoir ; que li cuens Joffrois del Perche s'acocha de maladie, et fist sa
devise en tel manière que il comanda que Estenes ses frères aust son
avoir et menast ses homes en l'ost. De cet eschange se soffrissent mult
bien li pelerin, se Diex volsist. Ensi fina li cuens et morut, don granz
domages fu ; et bien fu droiz, car mult ere hals ber et honorez, et bons
chevaliers. Mult fu grans dielx par tote sa terre. »

Il est dit dans l'*Art de vér. les Dates* qu'on ne peut douter qu'il y ait erreur
dans la date du 28 avril 1205, apposée à une charte de ce comte en faveur
de l'abbaye de Tiron que l'historien du Perche [Bry] a transcrite en entier
(p. 208-13) ; nous avons en vain cherché cette charte dans le cartul. de Tiron,
ce qui ne serait pas une raison suffisante pour la regarder comme fausse, puisque le cartul. original avait été rédigé au XIIe siècle, et que les pièces dont l'édi-
teur l'a fait suivre sont la reproduction de chartes dispersées dans divers
dépôts et entre lesquelles il peut se trouver des lacunes ; mais la charte
publiée par Bry a plusieurs points de ressemblance avec les chartes
fausses publiées par M. Merlet comme spécimen, entre autres les longues
énumérations de terres ; puis elle contient la mention d'une foule de
droits dont la donation par le comte du Perche est très peu probable ;
parmi les témoins est indiqué un Pierre de Longny qui ne peut être que
le personnage de ce nom qui vivait au XIVe siècle. Il nous semble certain
que cette charte est fausse.

de ce côté partie du comté du Perche, en dehors des limites de
l'archidiaconé de Corbon; de même que les châteaux de Bellou-le-
Trichart et de Ceton sont les seuls qui fassent partie de ce même
comté dans le diocèse du Mans.

§ 5. Thomas, 5ᵉ comte du Perche, 5 avril 1202 n. st.; † 20 mai 1217.

Geoffroy V avait eu au moins trois fils : *Geoffroy* (1), *Thomas*
et *Thibaut*. Geoffroy dut mourir jeune, car Thomas resta seul
maître du comté du Perche, et Thibaut, doyen de Saint-Martin
de Tours en 1197 et 1209, ne jouissait plus de cette dernière
dignité en 1211 (2) et mourut certainement avant 1217 puisque
ce ne fut pas lui qui hérita de son frère Thomas, mais leur oncle
Guillaume.

Thomas, comte du Perche, avec l'assentiment de Renaud, évêque
de Chartres, comme seigneur suzerain, fit en mars 1212 au roi
de France la promesse de lui livrer, quand il le désirerait, la
forteresse de Marchainville (3). Au mois de mars 1217, Guillaume
du Perche, évêque de Châlons, donnait au roi une nouvelle
charte pour reconnaître cette promesse de son neveu (4). Le roi
dut se faire remettre Marchainville par les héritiers du comte
Guillaume en 1226, et en disposer peu après, car dès 1229, nous
voyons Etienne de Sancerre en rendre aveu à l'évêque de Chartres (5); cette châtellenie, qui n'avait été qu'une appendance du
comté du Perche, s'en trouva dès lors distraite comme celles de
Moulins et Bonmoulin, mais tandis que ces deux dernières
étaient réunies au domaine du duché de Normandie dont elles
relevaient et firent ensuite partie de la province de Normandie,
la châtellenie de Marchainville, inféodée dès 1229, conserva comme
législation la coutume du Perche et fit partie de la province du
Perche.

Thomas fut tué à la bataille de Lincoln, le 20 mai 1217, sans
laisser d'enfants d'Hélissende, sa femme, fille d'Hugues II, comte

---

(1) Ce Geoffroy devait être l'aîné, car il est seul nommé dans une charte
de décembre 1196 du cartul. de N.-D. de Chartres, I, p. 254,
(2) Gallia Chr. t. XIV, col. 178.
(3) Voy. la pièce justificative nº 2.
(4) Voy. pièce justificative nº 4.
(5) Voy. la partie de nos pièces justificatives relative à Marchainville.

de Réthel, et de Félicité de Beaufort ; Hélissende était remariée en 1227 à Garnier de Toiange, seigneur de Marigny, et gardait le titre de comtesse du Perche (1).

Nous avons trouvé dans les pièces originales du Cabinet des Titres de la Bibliothèque Nationale une généalogie, assez inexacte d'ailleurs, des comtes du Perche et d'après laquelle Thomas, comte du Perche, et « Helise » de Rethel auraient eu un fils, nommé aussi Thomas du Perche, baptisé en l'église de Nogent-le-Rotrou le 20 mars 1215, marié à Londres le 6 mars 1244 à Catherine Lesmaye, dont il aurait eu un fils, Joseph Thomas du Perche, marié lui-même à Londres en 1272. Il nous semble difficile d'admettre que ce Thomas du Perche, s'il a existé, ait été fils légitime du comte du Perche, car en supposant même tout amour maternel éteint chez Hélissende de Réthel, ce qui est peu probable, elle aurait eu le plus grand intérêt à se faire donner le bail et garde noble de son fils, âgé de deux ans, ce qui lui laissait la possession du comté du Perche jusqu'à la majorité de ce fils.

Hélissende de Réthel avait eu en douaire le château de Mortagne et Mauves, car saint Louis les donna en douaire à la reine Marguerite lors de son mariage avec elle en 1234, avec les mêmes droits qu'y avait la comtesse du Perche, au moment où elle mourut (2) ; ce qui prouve que la comtesse du Perche était morte entre 1227 et 1234.

---

(1) Ja. 1227. *Garnerius de Triangulo dominus de Marigniaci et Helissendis uxor ejus Perticensis comitissa* (trésor des Chartes, J. 195, nº 11, pub. par M. Teulet, II, p. 118). M. Teulet dans l'analyse qu'il donne de cette charte a traduit *Triangulum* par *Trainel*, mais nous avons cru devoir adopter pour le nom du deuxième mari d'Hélissende de Rethel la forme donnée par M. le comte de Mas-Latrie dans son Trésor de Chronologie, col. 1669, cet ouvrage, publié l'année dernière, devant être au courant des plus récentes découvertes de l'érudition.

(2) Paris, juin 1260. — « *In nomine... Ludovicus... notum facimus... quod cum karissime uxori nostre Margarete regine Francorum dedissemus et concessimus in dotalicium quando eam duximus in uxorem, civitatem Cenomannensem... necnon castrum Mauritanie et Manvas sicut comitissa Pertici tenebat tempore quo decessit, salvis feodis et elemosinis in eisdem et postmodum dedissemus et assignassemus pro parte terre karissimo fratri et fideli nostro Karolo comiti Provinciæ... una cum quibusdam aliis, predictam civitatem Cenomannensem..* » Le roi assigna un autre douaire à la reine en échange du premier. — Arch. nat., JJ 30 a, nº 407, fº 138, pub. par MM. Teulet et de Laborde, lay. du trésor des Chartes, III, 535.

§ 6. Guillaume, évêque de Châlons-sur-Marne, 6ᵉ comte du Perche, 20 mai 1217 ; † 18 février 1226, n. st.

Guillaume, évêque de Châlons-sur-Marne depuis 1215, succéda à son neveu Thomas dans le comté du Perche (1) ; il en rendit presque aussitôt hommage au roi de France ; l'acte qui le constatait fut dressé à Melun au mois de juin 1217 et transcrit dans un des registres du trésor des Chartes (2) ; l'hommage rendu par le comte du Perche était l'hommage simple, car Guillaume n'appelle le roi son seigneur lige qu'en parlant de Moulins et Bonmoulin, qui étaient un fief lige du duché de Normandie.

Un peu plus d'un an avant sa mort, en octobre 1224, le comte du Perche avait fait rédiger une note établissant sa parenté avec Blanche, comtesse de Champagne, et Bérengère, reine d'Angleterre (3), et ce qui est assez curieux c'est qu'il y dit que Marguerite, reine de Navarre, aïeule de Blanche, et Rotrou, comte du Perche, son aïeul à lui, étaient frère et sœur, tandis que les documents et historiens s'accordent pour prouver que Marguerite était fille de Julienne du Perche et de Gilbert de Laigle et par conséquent nièce et non sœur du comte Rotrou.

Cette pièce prouve que la succession de l'évêque de Châlons préoccupait déjà la comtesse de Champagne, mais elle ne fut pas la seule à la réclamer : de nombreux compétiteurs se présentèrent et la valeur de leurs droits respectifs, les arrangements qui intervinrent entre eux, enfin la réunion du Perche au domaine de la couronne, constituent un des points de l'histoire du Perche les moins étudiés jusqu'ici malgré leur importance ; nous y consacrerons le chapitre suivant.

Guillaume donna en juillet 1221, pour les tenir après sa mort,

---

(1) Quelques auteurs avaient pensé que Guillaume n'avait été comte du Perche que comme tuteur d'une fille de Thomas, nommée Hélisende : cette Hélisende n'est autre que la femme de Thomas, qui garda, comme nous l'avons vu, le titre de comtesse du Perche après la mort de son mari. Une bulle de 1218 du pape Honoré III insérée dans le cartul. des Clairets, p. 395, et dont une copie se trouve dans les notes de Dallier, à la bibl. de Nogent-le-Rotrou, contient ces mots relatifs à Guillaume, comte du Perche : « *Supradictus episcopus qui eidem Thomæ jure hereditario successit.* »

(2) Voy. la pièce justificative nº 5.

(3) Voy. la pièce justificative nº 7.

à Isabelle, comtesse de Chartres et dame d'Amboise, Montigny-le-Chétif et ses dépendances et dans le cas où cette terre ne rapporterait pas 100 livres tournois par an, le droit de parfaire cette somme sur les terres voisines appartenant au comte Guillaume. Il était stipulé qu'après la mort d'Isabelle ou après celle de ses enfants si elle en avait, l'objet de la donation ferait retour aux héritiers de Guillaume (voy. pièce justif. n° 6).

L'art de vérifier les dates fait mourir Guillaume, comte du Perche, le 18 janvier 1226 (n. st.), mais une note du cartulaire de la Trappe (1) nous apprend, d'après un obituaire de l'église de Châlons-sur-Marne (2), que cet évêque décéda le 12 des calendes de mars (18 février 1226 n. st.).

(1) Cartulaire de l'abbaye de la Trappe, au diocèse de Séez, publié par la Société historique et archéologique de l'Orne, p. 7, note 2 ; nous croyons cette note due à M. H. Stein, qui collaborait alors à la publication de ce cartulaire.

(2) Obituaire de l'église de Chalons-sur-Marne, publié en 1883, à Paris, par le comte E. de Barthélemy.

TABLEAU indiquant la parenté qui existait entre Guillaume comte du Perche et ses différents héritiers.

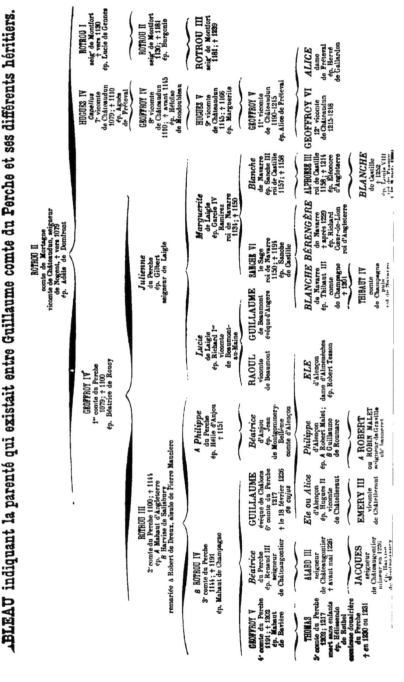

CHAPITRE III

SUCCESSION DU PERCHE

§ 1. Liste des prétendants à la succession.

Voici d'abord la liste de toutes les personnes qui, à notre connaissance, vinrent réclamer une part quelconque dans la succession du comte du Perche. Nous les distinguerons en trois groupes, d'après la part qu'ils eurent et les traités qui intervinrent entre eux.

Dans le premier : le roi de France *Louis VIII*, aux droits de Blanche de Castille, sa femme;

Dans le second : *Jacques de Châteaugontier*, encore mineur, dont Amaury de Craon, sénéchal d'Anjou, avait le bail ; il était petit-fils de Béatrice du Perche, sœur du comte Guillaume, et par conséquent petit neveu de ce dernier ;

Dans le troisième : *Ele, dame d'Almenesches*, sœur de Robert, dernier comte d'Alençon de la maison de Montgommery, et ses neveux, *Emery de la Rochefoucaud*, seigneur de Châtelleraut (fils d'une autre Ele ou Alice d'Alençon et d'Hugues II, vicomte de Châtelleraut), et *Robert Malet* (seigneur de Graville, fils de Philippe d'Alençon et de Robert Malet); la mère et aïeule de ces trois personnages, Béatrice d'Anjou, était fille de Philippe du Perche, tante du comte Guillaume, avec lesquels ils avaient ainsi une parenté très proche que nous n'avons vue indiquée par aucun des historiens du Perche.

Raoul, vicomte de Beaumont et de Sainte-Suzanne, et *Guillaume de Beaumont*, évêque d'Angers, tous deux fils de Lucie de Laigle (fille elle-même de Julienne du Perche) et cousins issus de germains du *de cujus ;*

Blanche de Navarre, comtesse de Champagne, et sa sœur,

Bérengère de Navarre, reine d'Angleterre, toutes deux descendantes au quatrième degré de Geoffroy IV, comte du Perche;

Geoffroy VI, vicomte de Châteaudun, sa sœur *Alice de Châteaudun*, dame de Fréteval, mariée à Hervé de Gallardon, et *Rotrou III, seigneur de Montfort-le-Rotrou*, descendants tous les trois de Rotrou II, comte de Mortagne et vicomte de Châteaudun et seuls agnats du *de cujus;*

Hugues le Trouvère, seigneur de la Ferté-Bernard, dont nous n'avons encore pu découvrir la parenté avec la maison du Perche (1).

Le roi Louis VIII était assez proche parent du dernier comte du Perche : en effet, Rotrou IV, père de ce dernier, et Louis VII, aïeul du roi, avaient épousé les deux sœurs Mahaut et Alice de Champagne; mais comme les biens retournaient à la famille d'où ils étaient venus, et que les biens composant la succession du comte du Perche ne venaient pas de la maison de Champagne, cette parenté ne pouvait donner aucun droit au roi de France, et nous voyons que les descendants des frères et sœurs d'Alice et de Mahaut de Champagne ne vinrent rien réclamer; la réunion à la couronne de la seigneurie du comté du Perche et d'une partie du domaine dont la propriété utile appartenait aux comtes du Perche, restait donc inexpliquée. Une pièce du Trésor des Chartes (2), (autorisation accordée par Blanche de Castille pour un transfert de reliques qui se trouvaient dans le château de Bellême), nous a mis sur la voie, et cherchant dans l'*Art de vérifier les Dates* la suite des ascendants de la reine Blanche, nous avons trouvé qu'elle descendait au cinquième degré de Geoffroy, comte du Perche (3), et que son père, Alphonse, roi de Castille, était cousin-germain de Blanche de Navarre, comtesse de Champagne, et de sa sœur Bérengère et parent au même degré qu'elles du dernier comte du Perche. Ce qui est assez curieux, c'est que cette filiation qui explique d'une façon toute naturelle les droits de saint Louis sur le Perche soit restée jusqu'ici complètement inaperçue et qu'aucun historien n'en ait fait mention.

----

(1) Nous voyons par le traité d'Angers en 1231 (voy. pièce justificative n° 26), que Pierre Mauclerc, duc de Bretagne, petit-fils de Robert de France, comte de Dreux, et d'Harvise de Salisbury, veuve de Rotrou III, avait aussi émis des prétentions à la succession du comte Guillaume, mais la parenté utérine qu'il avait avec la maison du Perche ne lui donnait aucun droit sur cette succession et ses prétentions ne furent admises par aucun des héritiers.

(2) Arch. nat. J 176, n° 12; Teulet : lay. du Tr. des Chartes, III, p. 109.

(3) Voyez le tableau généalogique placé en tête de ce chapitre.

§ 2. Premier lot : Part de Blanche de Castille, Reine de France.

L'abbé Fret (II, p. 405) parle d'une « transaction passée entre Philippe-Auguste et le dernier comte titulaire en 1223 au sujet de la réunion du comté du Perche au domaine de la couronne (1). » Quoique nous n'ayons trouvé nulle part aucune trace de cette transaction, on pourrait vraisemblablement supposer que le comte Guillaume ait pris quelques dispositions en faveur de son cousin-germain, le roi de France, et lui ait légué par exemple la seigneurie de son comté et les domaines dont nous voyons le roi s'emparer ; mais dans ce cas, on s'expliquerait difficilement que Jacques de Châteaugontier venant, en 1257, réclamer au roi Bellême, Mortagne, la Perrière, Mauves, Maison-Maugis et leurs dépendances, le roi, muni d'un titre de propriété régulier, n'ait pas invoqué ce titre vis-à-vis de lui et ait, au contraire, implicitement reconnu que les prétentions du réclamant n'étaient pas sans fondement, en lui donnant Maison-Maugis et ses dépendances avec des terres au surplus pour parfaire la somme de 300 livres tournois de revenu annuel. Ce qui prouve également que les droits du roi sur telle ou telle partie du Perche n'étaient pas établis par un texte précis, c'est un passage du traité de Vendôme (2) par lequel on voit que la propriété de Bellême et de la Perrière n'était pas encore définitivement assurée au roi en mars 1227.

Nous pensons plutôt que Louis VIII, avant ou après la mort du comte du Perche, avait conclu une sorte de traité de partage, et s'était fait promettre par ses cohéritiers qu'ils ne lui disputeraient

---

(1) L'abbé Fret cite comme source une *Dissertation ms. sur les prétentions réciproques de Mortagne et de Bellême au titre de capitale du Perche. 1656.* M. Joseph Besnard, qui possède le ms. original de cette dissertation, souvent citée par l'abbé Fret, a bien voulu nous la communiquer et nous y avons trouvé le passage sur lequel s'appuie l'abbé Fret et où il nous semble avoir lu ce qui ne s'y trouve pas aussi clairement : « Les historiens attribuent à Philippe-Auguste cette réunion [du Perche à la Couronne], encore qu'il n'en ait point joui de son vivant, d'autant que le dit Guillaume de Chaalons le survescut de 3 ans, mais c'est parce qu'il en avait traité de la sorte avec le dit Guillaume. »

(2) Pièce justif. nº 16 ; il y est stipulé que si une revendication en justice obligeait le duc de Bretagne à se dessaisir de Bellême et de la Perrière que le roi lui donnait, ce dernier devrait l'indemniser.

pas la part assez large qu'il prit dans la succession ; les chartes de Mathieu de Montmorency, d'avril 1226 et de juin 1227, font une allusion évidente (1) à ce traité, dont nous n'avons trouvé aucune trace, ni dans les archives, ni dans les historiens. Nous n'avons trouvé d'autre traité du roi avec ses cohéritiers que celui conclu trente ans après, en 1257, avec Jacques de Châteaugontier.

Nous avons maintenant à examiner en quoi consistait la part dévolue, tant en *fiefs* qu'en *domaines* (2), à la reine de France, et en son nom au roi Louis VIII.

Pour la *seigneurie* ou les *fiefs*, nous n'avons trouvé aucune indication positive, mais il nous semble bien probable que le roi qui était, comme roi de France, suzerain immédiat du comté du Perche, devint, comme héritier de ce dernier, suzerain des feudataires dont le comte du Perche reportait l'hommage à la Couronne et de ceux de ses cohéritiers auxquels échurent des terres (faisant partie du domaine des comtes du Perche) situées dans la portion du comté mouvante de la Couronne, c'est-à-dire dans le Corbonnais et le Bellêmois, car si ses cohéritiers avaient (comme nous verrons qu'ils le firent pour la partie du Perche qui relevait du comté de Chartres) choisi l'un d'entre eux comme aîné ou seigneur, il serait étonnant qu'il n'en soit resté de trace ni dans les documents ni dans la mouvance même de ces fiefs. En un mot, nous croyons que le roi, comme comte du Perche, eut dès lors pour vassaux : 1° tous les anciens vassaux du comte du Perche qui étaient arrière-vassaux de la Couronne, et 2° ceux des héritiers du comte Guillaume qui eurent des terres démembrées de la partie du domaine mouvante de la Couronne. Ces terres furent : la châtellenie du Theil, celle de Maison-Maugis cédée à Jacques de Châ-

---

(1) Ces deux chartes, relatives à la succession du Perche, que nous publions dans notre 3e série sous les nos 14 et 20, contiennent l'une et l'autre cette phrase comme clause finale : « *Salva tamen promissione domino regi facta.* »

(2) Presque tous les fiefs comprenaient deux parties très distinctes : l'une était le domaine non inféodé, appelé dans l'usage simplement : *domaine*, c'étaient les immeubles, droits féodaux, meubles, etc., dont le seigneur avait gardé la *propriété utile*, il pouvait en jouir lui-même ou les faire exploiter par un régisseur ou par un fermier, — l'autre était le *domaine inféodé* ou les *fiefs et censives*, c'étaient les biens immeubles ou droits de toute espèce dont le seigneur avait abandonné à perpétuité la propriété utile en les donnant en fief, à cens ou à rente, et s'en réservant seulement la *seigneurie* ou *domaine éminent*, ce n'était pas le seigneur, mais le vassal ou le censitaire en possession de ces biens qui en avait la jouissance moyennant l'obligation d'acquitter envers le seigneur les droits stipulés par le contrat d'inféodation ou de bail conclu entre eux ou entre leurs prédécesseurs et renouvelé à chaque génération.

teaugontier en 1257, probablement une partie de celle de Mauves
et celle de Longpont, enfin en dehors de l'ancien archidiaconé de
Corbon, celle de Regmalart que nous voyons plus tard mouvante
de Mortagne.

Quelle fut la part du roi dans le *domaine non inféodé* des
comtes du Perche? La veuve du comte Thomas, dont le douaire
était assigné sur Mortagne et sur Mauves, et qui vivait encore en
juin 1230 (1), mourut probablement à la fin de 1230 ou en 1231,
car le roi qui avait pris possession, dès 1226, de Bellême et de la
Perrière et qui touchait, en 1227, les revenus de la prévôté de
Maison-Maugis, touchait aussi en 1231 ceux des prévôtés de
Bellême, la Perrière, Montisambert, Mortagne et Mauves (2) ; le
roi avait ainsi trois des quatre châtellenies du Corbonnais et trois
des quatre châtellenies du Bellêmois indiquées comme faisant
partie du domaine des comtes du Perche par la charte de Geoffroy
en faveur de Chêne-Gallon (3). Le partage de juin 1230, entre
Jacques de Châteaugontier et le troisième groupe d'héritiers (1),
dispose d'une partie de Mauves avec les prés, les vignes, les bois de
Dambrai et toutes leurs dépendances après la mort de la comtesse du Perche, ce qui prouverait : soit que la question de
savoir à qui appartiendrait Mauves n'était pas alors résolue en
faveur du roi, soit que la prévôté de Mauves qui appartenait
au roi en 1231 ne comprenait pas tout le ressort de l'ancienne
châtellenie de Mauves.

Nous lisons dans l'*Orne pittoresque* (4) : « Dans les guerres
qu'il fit à Thibaut de Champagne, saint Louis assiégea Mauves en
personne. » Mais cette assertion n'est malheureusement appuyée
de l'indication d'aucune source et ne se trouve pas dans les
différentes histoires du Perche ; elle nous semble difficile à
concilier avec les récits si dignes de confiance de Guillaume de
Nangis et de Joinville. Guillaume de Nangis, dès le début de son
ouvrage, dit bien que le comte de Champagne prit part à la conspiration des barons contre le jeune Louis IX l'année même de
son couronnement ; puis, qu'il voulut encore se révolter contre le
roi en 1235, mais il ajoute qu'il fit sa soumission, les deux fois, dès
qu'il apprit que l'armée royale se mettait en route vers la Champagne.

Saint Louis donna, en 1269, à Pierre, son cinquième fils, Mortagne, Mauves, Bellême, la Perrière, avec leurs forêts et autres

(1) Pièce justificative, nᵒ 22.
(2) Brussel : Nouvel examen de l'usage général des fiefs en France,
p. 453.
(3) Voyez ci-dessus p. 53, note 3.
(4) Par MM. de La Sicotière et Poulet-Malassis, p. 109.

dépendances, et tout ce qu'il possédait dans le Perche : cette dernière partie de la donation désigne probablement la prévôté de Montisambert, qui figure au budget du comté du Perche pour les années 1252 et 1271 (1). Quant à la prévôté ou châtellenie de Maison-Maugis, le roi l'avait cédée à Jacques de Châteaugontier par transaction en 1257 ; mais nous serions porté à croire que cette cession n'était que la régularisation du fait accompli, et que Jacques en était déjà possesseur, car Maison-Maugis ne figure ni pour les recettes, ni pour les dépenses dans le budget de 1252 (1). Ce précieux document nous montre que la part du roi ne comprenait que deux forêts : celle de Bellême et celle de Réno qui désigne peut-être les forêts actuelles de Réno et du Perche.

§ 3. Deuxième et troisième Lots.

Examinons maintenant quelles parties du Perche furent dévolues aux deux autres groupes d'héritiers : Jacques de Châteaugontier, encore enfant, était sous le bail d'Amaury de Craon, sénéchal d'Anjou, et de plus Mathieu de Montmorency, connétable de France, qui lui fit plus tard épouser sa fille, défendait ses intérêts, traitait avec ses copartageants et lui servait de garant vis-à-vis d'eux.

En avril 1226, Mathieu de Montmorency et Dreux de Mello, seigneur de Loches, garantirent à la reine d'Angleterre et à la comtesse de Champagne que Jacques de Châteaugontier, lorsqu'il serait majeur, approuverait et scellerait le traité fait au sujet du comté du Perche et de ses dépendances et scellé par lesdites dames, par le vicomte de Châteaudun, le vicomte de Beaumont, Ela, sœur de Robert comte d'Alençon, et plusieurs autres. De plus, à la même époque, Mathieu de Montmorency cautionna Amaury de Craon, baillistre de Jacques de Châteaugontier, à peine de 300 marcs d'argent, pour l'exécution des conventions faites par Amaury avec la reine d'Angleterre et la comtesse de Champagne, au sujet du comté du Perche, sauve cependant la promesse faite au roi (2).

Enfin, Mathieu de Montmorency se fit fort, le 21 juin 1227, vis-à-vis de la comtesse Blanche et de ses copartageants, que Jacques de Châteaugontier ne réclamerait pas contre la saisine

(1) Voyez les pièces justificatives.
(2) Pièces justificatives n° 13 et n° 14.

qui leur avait été donnée de la moitié du comté du Perche, et de ses dépendances et de toute la succession de Guillaume, évêque de Châlons, comte du Perche, sauve cependant la promesse faite au roi (1).

A la tête du troisième groupe d'héritiers se trouvait Blanche de Navarre, comtesse de Champagne, avec laquelle le comte Guillaume avait indiqué sa parenté en 1224 ; dès le mois d'avril 1226, elle fit avec cinq au moins de ses copartageants (2) un traité moyennant lequel ils s'engageaient à tenir d'elle le lot qui leur serait attribué dans la partie de la succession qui relevait du comté de Chartres, moyennant quoi elle devait payer pour eux le rachat au comte de Chartres la première fois seulement.

Au mois de mai de la même année les mêmes personnages mandèrent à Amaury de Craon de donner à Bérengère, reine d'Angleterre, à Blanche, comtesse de Troyes, et à Thibaut, comte de Champagne, son fils, le cautionnement de 900 marcs d'argent qu'il leur devait comme garantie de l'exécution des conventions qui avaient été faites entre eux au sujet du comté du Perche (3).

Au mois de juin 1227, Hervé, seigneur de Gallardon, et Alix de Châteaudun, sa femme, abandonnèrent à la comtesse de Champagne et à ses copartageants, ainsi qu'à Jacques de Château-gontier et à ses copartageants tout ce qui leur appartenait dans la succession de Guillaume, comte du Perche (4).

Jean, comte de Chartres et seigneur d'Oisy, et Isabelle, sa femme, comtesse de Chartres et dame d'Amboise, reconnaissant par une charte de juin 1227 en faveur de Blanche et de ses cohéritiers, les clauses de retour exprimées dans la donation de Montigny-le-Chétif faite à Isabelle par le comte Guillaume du Perche, parlent de l'hommage qui leur avait été rendu par Blanche, comtesse de Champagne, à raison de la moitié du comté du Perche (5). Mais qu'elle était cette moitié du comté du Perche? était-ce la part des second et troisième groupes d'héritiers que nous verrons en 1230 se partager toute la partie du comté du Perche qui relevait du comté de Chartres, opposée à la partie du Perche qui répondait à l'ancien comté de Corbonais, relevant nuement de la couronne et dont le roi s'était emparé presque

(1) Pièce justificative n° 20.
(2) Geoffroy vicomte de Châteaudun, Rotrou seigneur de Montfort au Maine, Alix de Châteaudun dame-de Fréteval, femme d'Hervé de Gallar-don, Emery de Châtelleraut, Hugues seigneur de la Ferté-Bernard; voy. pièces justif. n°s 8 à 12.
(3) Pièce justificative n° 15.
(4) Pièces justificatives n° 17 et n° 18.
(5) Pièce justificative n° 19.

complètement? nous pensons plutôt que ce n'était que la moitié
de ce territoire, c'est-à-dire la partie du lot attribué au troisième
groupe d'héritiers qui se trouvait mouvante de Chartres (1), car

(1) La comtesse Blanche de Champagne en fut considérée comme l'aînée
et chargée, par conséquent, de porter au suzerain la foi et l'hommage,
grâce aux pactes faits par elle en 1226 avec ses cohéritiers, qui étaient
ainsi devenus ses vassaux.

Nous trouvons ici un exemple frappant de ce fait que nous avons
signalé ci-dessus (p. 32, note 2), à savoir que les seigneurs et les vassaux ne formaient pas deux classes distinctes; en effet, la comtesse de
Champagne, acceptée par ses cohéritiers du troisième groupe comme
leur dame, était à ce titre vassale du comte de Chartres, parce qu'une
partie des terres attribuées à ce troisième groupe relevaient du comté de
Chartres, et nous la voyons en rendre hommage au comte de Chartres
(pièce justif. nº 19). Mais le comte de Chartres était, à cause de ce comté,
vassal du comte de Champagne, parce que Thibaut-le-Grand, comte de
Champagne, de Chartres et de Blois, ayant laissé entre autres deux fils,
l'aîné avait eu pour sa part le comté de Champagne et le cadet les comtés
de Chartres et de Blois, à charge de reconnaître le comte de Champagne
pour son seigneur (*senior :* aîné) et de transmettre la même obligation à
ses descendants.

La comtesse Blanche ayant hérité de terres qui relevaient du comté de
Chartres, se trouvait donc vassale du comte de Chartres, comme dame de
ces terres, et en même temps suzeraine du même comte de Chartres, en sa
qualité de comtesse de Champagne; et de son côté le comte de Chartres
était à la fois seigneur et vassal de la comtesse Blanche.

Ce fait pour un même individu d'être seigneur de celui dont il est vassal
d'un autre côté, n'est pas un cas curieux et isolé, mais des faits semblables sont constatés par tous les documents depuis l'établissement de la
féodalité jusqu'à la Révolution, et il n'est guère possible de parcourir dix
aveux ou *dénombrements* sans y voir le propriétaire d'un fief, qui est souvent un simple laboureur, déclarer qu'il a parmi ses vassaux le seigneur
même dont il tient le fief pour lequel il rend aveu : cela arrive toutes les
fois que le seigneur, après avoir inféodé une terre, en a racheté une partie,
car le contrat d'inféodation étant toujours perpétuel, il est devenu par le
fait même vassal de son propre vassal et lui doit, par conséquent, les
droits féodaux dont est chargé le pré ou le champ qu'il a racheté.

En un mot, et nous ne saurions trop le répéter, TOUS LES DROITS FÉO-
DAUX COMME TOUTES LES CHARGES FÉODALES SONT ATTACHÉS A LA TERRE
et le fait pour un propriétaire d'être noble ou de ne pas l'être ne lui con-
fère et ne lui retire aucun droit ni aucune charge.

Nous ne sommes pas surpris que cette vérité soit méconnue dans les
livres et manuels adoptés par l'enseignement officiel dans les lycées
et les écoles : leur seul but semblant être, sous prétexte d'instruction,
d'inculquer aux jeunes Français la haine aveugle et furieuse de l'Eglise
catholique et de tout le glorieux passé de la France, en répétant avec cynisme
des fables dont la fausseté a été cent fois démontrée.

Mais ce qui est plus étonnant, c'est de voir un ouvrage sérieux et de
bonne foi comme « *Les origines de la France contemporaine* » de M. Taine,
(1er vol. « *L'ancien Régime* » 2e éd.) contenir çà et là et surtout dans le
chapitre II, une foule d'erreurs et de non-sens, dus à ce que l'auteur ne
s'est pas aperçu de ce fait indiscutable que les droits féodaux (conformes

le comte de Chartres, parlant de l'hommage qui lui était fait de la moitié du comté du Perche, devait entendre la moitié de ce qui relevait de lui dans le comté du Perche, et opposer implicitement à cette moitié dont la comtesse Blanche lui apportait l'hommage, l'autre moitié dévolue à Jacques de Châteaugontier ; de plus dans le partage fait en juin 1230 (1) entre Jacques de Châteaugontier et le troisième groupe d'héritiers, il est stipulé que chacun aura toute justice dans la part qui lui échoira et il n'y est pas dit que la part de Jacques doive relever de la comtesse de Champagne (2).

Au mois de juin 1230, Mathieu, seigneur de Montmorency et de Laval, connétable de France, donna une charte (1) par laquelle il fait savoir que Thibaut, comte de Champagne, agissant tant en son nom qu'en celui de Bérengère, reine d'Angleterre, sa tante, et de ses autres copartageants, a partagé la terre du Perche avec Jacques de Châteaugontier, gendre du dit seigneur de Montmorency ; il indique ensuite en détail le contenu et les limites de chaque lot, limites qui malheureusement ne peuvent être toutes identifiées, car c'est quelquefois un arbre, un sentier qui sont pris comme point de repaire.

Dans le premier lot sont placés : la ville de Nogent et ses appartenances, le château de Nogent avec les vignes et prés, — la partie du bois des Perchets située du côté de Chainville, — Nonvilliers et Montigny avec leurs appartenances, dont la comtesse

ou non à l'équité et à l'intérêt général, là n'est pas la question) étaient non des avantages personnels, mais des immeubles au sens juridique du mot, non des privilèges appartenant à une classe, mais une partie inhérente des propriétés foncières dont ils étaient inséparables et avec lesquelles ils étaient achetés ou vendus à tout individu sans aucune exception. Les droits féodaux n'étaient pas plus des privilèges que ne le sont aujourd'hui les servitudes actives et passives attachées à presque tous les immeubles, puisque tous indifféremment pouvaient en jouir et devaient les subir.

(1) Pièce justificative nᵒ 22.

(2) Il est vrai que Thibaut-le-Grand, comte de Champagne et roi de Navarre, fils de la comtesse Blanche, ayant marié sa fille Blanche de Champagne à Jean le Roux, duc de Bretagne, écrivit, en juin 1238, à Jacques de Châteaugontier pour lui annoncer qu'il avait donné en dot à sa fille ses terres du Perche avec les fiefs qui en relevaient et que, par conséquent, c'était à Jean le Roux que ledit Jacques devrait désormais rendre ses foi et hommage (voy. cette lettre dans nos pièces justif.) ; mais il faut remarquer qu'outre la part qui fut attribuée à Jacques de Châteaugontier par le partage de juin 1230, il avait en outre acquis, au mois d'octobre 1231, la part attribuée à Geoffroy, vicomte de Châteaudun, lequel, en avril 1226, s'était engagé à tenir sa part de la comtesse de Champagne (voy. pièces justif. nᵒ 9 et nᵒ 25), de sorte qu'en 1238, Jacques de Châteaugontier pouvait être à la fois vassal direct du comte de Chartres pour sa propre part et vassal du comte de Champagne à raison de la part qui avait appartenu au vicomte de Châteaudun.

de Chartres a l'usufruit sa vie durant, — la moitié de la ville du
Theil, nommée le Bourg-Neuf, et le faubourg situé au-dessous,
la moitié des prés et des vignes du Theil ; comme passif ce lot
était chargé d'une rente annuelle de 40 livres de la monnaie cou-
rante du Perche envers la dame de Gallardon, qui avait cédé à
ses cohéritiers, en 1227, la part qu'elle pouvait réclamer dans la
succession du comte du Perche (1).

Dans le second lot sont placés : Riveray, et ce qu'ont les héritiers dans les bois de Maurissure — la Ferrière et ses dépendances,
— la moitié du bois des Perchets, située du côté de Nogent et de
Margon, — Mauves, avec les prés, les vignes et les bois de
Dambray avec leurs dépendances, grevés de l'usufruit viager de
la comtesse du Perche, — l'hébergement du Theil et le haut de la
ville du Theil avec la moitié des prés et vignes, les étangs, les
taillis jusqu'à la léproserie. Le reste des taillis du Theil devait
rester indivis jusqu'à ce que l'on sût si la forêt de Trahant reste-
rait ou non réunie au Theil ; la prévôté et le marché du Theil
devaient rester communs parce qu'on ne pouvait alors les partager ; les fiefs dont la mouvance était attachée à chaque lot
étaient spécialement nommés.

Les six châteaux qui appartenaient à Rotrou, dans le diocèse
de Chartres, en 1193, sont tous compris dans ce partage, excepté
celui de Montlandon qui était peut-être alors inféodé et que nous
retrouverons au XVIIe siècle indiqué comme membre de la baronnie de Nogent-le-Rotrou.

Il était spécifié dans ce partage de 1230 que si la comtesse de
Chartres avait des enfants, Montigny et Nonvilliers (que le comte
Guillaume lui avait donnés ainsi qu'à ses enfants) devant rester à
ceux-ci, ce qui diminuerait d'autant le premier lot, Mauves attribué au second lot serait remis en partage.

Un second partage fut fait pendant le carême de l'an 1231 entre
les héritiers du troisième groupe ; mais nous n'avons trouvé qu'un
fragment de l'acte qui fut dressé à cette occasion : il concerne le
lot qui fut attribué à Thibaut, comte de Champagne (2), et qui
comprend : Bretoncelles, tout ce que les héritiers pouvaient prétendre sur la Poterie et sur la forêt de Maurissure, les cens de
Riveray, plusieurs vassaux, etc. Ele d'Almenêches, Emery de
Châtelleraut, Robert Malet et Hugues de la Ferté, approuvèrent
ce partage, et Hugues de la Ferté se fit fort que Rotrou de Mont-

_____

(1) Pièces justificatives no 17 et no 18.
(2) Pièce justificative no 23 ; ce fragment se trouvant dans le cartulaire
des comtes de Champagne, il est naturel que la désignation des autres lots
n'y ait pas été transcrite, puisqu'elle ne les intéressait pas directement et
devait être assez longue.

fort, Guillaume de Beaumont, évêque d'Angers, le vicomte de Beaumont, le vicomte de Châteaudun et la dame de Fréteval, confirmeraient et garantiraient au comte de Champagne la part qu'il avait acceptée.

Raoul, vicomte de Beaumont et de Sainte-Suzanne, s'engagea, au mois d'avril 1231, à prêter, lui ou un de ses fils, avant le 24 juin suivant, hommage lige au comte de Champagne, pour ce qu'il tenait dans le comté du Perche de la succession du comte Guillaume (1).

Hugues de la Ferté partagea, probablement le 10 mai 1232, entre le comte de Champagne, les vicomtes de Beaumont et de Châtelleraut et Rotrou de Montfort, les forêts de Trahant (2) et du Theil, situées dans la châtellenie de Bellême, et dont le partage avait été réservé en 1230 pour une date ultérieure (3); des actes de mars 1256, d'octobre 1258 et de mai 1259 (4) prouvent que le roi de France, Jacques de Châteaugontier et le comte de Champagne (5) avaient eu aussi leur part dans les bois de Trahant.

En septembre 1234, Thibaut, comte palatin de Champagne et de Brie, ayant hérité du royaume de Navarre, vendit au roi de France, pour la somme de quarante mille livres tournois, la suzeraineté des comtés de Chartres, de Blois et de Sancerre et de la vicomté de Châteaudun; mais il se réserva spécialement ce qu'il avait dans le comté du Perche, tant en fiefs qu'en domaine, mouvant du comte de Chartres et dont ce dernier devait reporter l'hommage au roi (6).

Ce même Thibaut, mariant sa fille Blanche à Jean-le-Roux, duc de Bretagne, en 1235, lui donna en dot toute la part qui lui appartenait dans le comté du Perche, comme le prouve la lettre qu'il écrivit à Jacques de Châteaugontier en juin 1238 pour le lui annoncer et lui dire de rendre désormais hommage au duc de Bretagne (8).

Jacques de Châteaugontier, lié vis-à-vis du troisième groupe d'héritiers par les partages et traités qui avaient été faits pendant sa minorité ou qu'il avait faits lui-même, gardait toutes ses prétentions sur le lot dont le roi de France s'était emparé

---

(1) Pièce justificative nº 24.
(2) Voy. notre note sur la forêt de Trahant, ci-dessus, p. 10, note 2.
(3) Voy. pièces justif. nº 27, nº 28 et nº 29.
(4) Voy. ces chartes dans nos pièces justif.
(5) Dans les actes de 1258 et de 1259 il est question de la partie des bois de Trahant appartenant au comte de Bretagne, or celui-ci représentait alors le comte de Champagne, son beau-père.
(6) Voy. notre pièce justif. nº 30.
(7) Voy. cette lettre dans nos pièces justif.

et disait avoir droit aux châteaux de Bellême, Mortagne, la
Perrière, Mauves, Maison-Maugis, et aux terres, forêts, revenus
et autres dépendances de ces châteaux, dont il réclamait avec
instance la restitution. Mais enfin, en juin 1257, grâce à l'intervention de bons conseillers, il en vint à un accommodement avec
le roi, qui lui céda, ainsi qu'à ses héritiers, pour être tenus de lui
et de ses héritiers en fief et hommage lige : Maison-Maugis avec toutes ses dépendances et, de plus, une portion des autres châtellenies
du Perche suffisante pour que le tout, d'après estimation, dût
rapporter un revenu annuel de trois cent livres tournois ; moyennant quoi Jacques de Châteaugontier céda au roi tous les droits qu'il
pouvait avoir sur l'objet de ses réclamations (1) et s'engagea à ne
plus rien prétendre en dehors de ce qui lui était ainsi attribué.

   Jacques de Châteaugontier ne laissa que des filles : l'une d'elles,
Alix, dame de Maison-Maugis, épousa Gilbert, seigneur de Prulay
près Mortagne, chevalier, auquel elle porta la châtellenie de Maison-Maugis et peut-être celle de Longpont qui appartenait peu
après aux seigneurs de Prulay et fut donnée par eux en partage
à des cadets de leur maison à charge de la tenir de la seigneurie
de Prulay (2).

   André Duchesne nous apprend (3) que Jean-le-Roux, duc de
Bretagne, acquit d'Emme de Châteaugontier, fille aînée de Jacques,
la seigneurie de Nogent-le-Rotrou par échange d'autres terres
qu'il lui assigna en Bretagne (4). Emme lui avait certainement cédé
aussi : les châtellenies de Montigny, de Nonvilliers et la moitié
de celle du Theil, placées dans le lot de son père par le partage

----

(1) Voy. cette transaction dans nos pièces justificatives.
(2) Nous avons trouvé ces renseignements dans les archives du château
de Prulay, pour la communication desquelles nous sommes heureux de
renouveler ici à Madame la comtesse de la Rivière, nos remerciements les
plus respectueux.
   Il serait possible que la châtellenie de Longpont soit venue à la maison
de Prulay d'une autre façon et qu'ayant été mise dans la part de Robert
Malet, sire de Graville, un des héritiers du comte Guillaume du Perche,
elle ait ensuite formé la dot de sa fille Agnès, mariée à Thibaut de Prulay
qui fut seigneur de Longpont ; mais Longpont n'est nommé dans aucun
des partages intervenus entre Jacques de Châteaugontier et les héritiers du
troisième groupe. D'un autre côté, Longpont n'est placé dans le domaine
attribué au roi ni par les comptes indiqués dans l'ouvrage de Brussel
pour 1227 et 1231, ni par le budget du Perche pour 1252 et 1271, que
nous avons cité plus haut.
(3) Hist. généal. de la maison de Dreux, p. 107.
(4) Nous n'avons pas trouvé en quelle année eut lieu cet échange,
inconnu jusqu'à présent des historiens percherons, et qui doit être placé
comme dates extrêmes entre 1257, époque où Jacques de Châteaugontier
transigea avec saint Louis, et 1283, époque où Jean-le-Roux était seigneur
de Nogent.

de juin 1230, et en outre : les seigneuries de Regmalart, la Ventrouse, Feuillet et Charencey, qui ne figurent pas dans les actes de partages que nous avons étudiés, parce qu'elles avaient probablement été données en dot à Béatrice du Perche (femme de Renaut de Châteaugontier et aïeule de Jacques), comme le disent plusieurs historiens du Perche. Le duc de Bretagne dut en outre acquérir la propriété utile des châtellenies de Riveray (1), de la Ferrière et de l'autre moitié de celle du Theil (2), propriété qui avait été attribuée par le partage du 28 février 1231 aux cohéritiers (du troisième groupe) de Blanche, comtesse de Champagne, et dont celle-ci n'avait que la suzeraineté (3), donnée, nous l'avons vu, par Thibaut à sa fille (nommée Blanche comme son aïeule), en la mariant au duc de Bretagne. En effet, nous voyons la propriété utile de toutes ces terres entre les mains de Jean-le-Roux qui se qualifiait en 1283 de : « Jean, duc de Bretagne, seigneur du Perche et de Nogent (4). » Il fut vassal du comte du Perche, alors Pierre de France, pour les terres de Regmalart, la Ventrouse, Feuillet, Charencey, le Theil, qui relevaient de ce comté, et vassal du comte de Chartres pour celles de Nogent, Montigny, Nonvilliers, la Ferrière et Riveray, qui en avaient toujours relevé.

Il est important de faire remarquer ici que Nogent et les autres châtellenies mouvantes de Chartres, qui faisaient partie du comté du Perche depuis sa constitution à la fin du XIᵉ siècle, comme étant du domaine des comtes du Perche, s'en trouvèrent alors complètement séparées, puisque ni la seigneurie éminente ni le domaine utile n'en appartenaient au comte du Perche : le comté du Perche se trouva ainsi réduit à peu près aux limites de l'ancien comté du Corbonnais ; ce démembrement dura jusqu'à ce que Charles Iᵉʳ, à la fois comte du Perche et de Chartres, attachât la mouvance de ces châtellenies au château de Bellême, au commencement du XIVᵉ siècle (5).

(1) Montlandon ne figure pas dans les partages de la succession du Perche et cependant ce château de l'ancien domaine des comtes reparaît dans les aveux rendus par les seigneurs de Nogent au XIVᵉ siècle, peut-être était-il alors détruit ou inféodé et compris en conséquence dans une des autres châtellenies.

(2) Nous n'avons pas vu figurer la châtellenie de Préaux dans le domaine des comtes du Perche, mais elle fut toujours dans les mêmes mains que le Theil dès que nous la trouvons mentionnée et il est possible qu'elle en relevât primitivement.

(3) En vertu des pactes conclus en 1226 ; voy. les pièces justif. 8 à 12.

(4) B. N. ms. fr. 24134 (G. Lainé, XI), fol. 95 vᵒ.

(5) Nous ne nous occuperons pas ici des seigneurs de Nogent qui succédèrent à Jean-le-Roux, car les historiens du Perche, et en dernier lieu M. des Murs (Ephémérides du château et de la ville de Nogent-le-Rotrou, 1888) en ont donné la suite avec détails.

FILIATION DES COMTES DU PERCHE DE LA MAISON DE FRANCE

BLANCHE
de Castille
7ᵉ comtesse du Perche
18 février 1226 ; † en novembre 1252
ép. Louis VIII, roi de France
† 8 novembre 1226

JEAN DE FRANCE
le Bon
comte d'Angoulême
ép. Marguerite de Rohan

SAINT LOUIS
roi de France, 8 nov. 1226
8ᵉ comte du Perche, novembre 1252
† 25 août 1270
ép. 1234, Marguerite de Provence ; † 1295

MARGUERITE
d'Angoulême
ép. A Charles IV
21ᵉ comte du Perche
† 1525
23ᵉ cᵗᵉˢˢᵉ du Perche
10 mai 1525
† 2 déc. 1519
ép. B 1526, Henri II
d'Albret
roi de Navarre

FRANÇOIS Iᵉʳ
le Père des Lettres
roi de France, 1515
22ᵉ comte du Perche
11 avril 1525-
10 mai 1525
ép. 1514, Claude
de France ; † 1524

PHILIPPE III
le Hardi
roi de France, 1270
10ᵉ comte du Perche
6 av. 1284 ; † 6 oc. 1285
ép. A 1262, Isabelle
d'Aragon ; † 1271
B 1272, Marie
de Brabant ; † 1321

PIERRE
de France
9ᵉ comte du Perche
et comte d'Alençon
25 août 1270
† 6 avril 1284
ép. 1272, Jeanne
de Châtillon ; † 1291

HENRI II
roi de France, 1547
24ᵉ comte du Perche
2 déc. 1519
† 10 juillet 1559
ép. 1533, *CATHERINE*
de Médicis
26ᵉ cᵗᵉˢˢᵉ du Perche
20 déc. 1559-
8 fév. 1566

A **PHILIPPE IV**
le Bel
roi de France
11ᵉ comte du Perche
6 oct. 1285-1290
ép. 1284, Jeanne
de Navarre ; † 1305

A **CHARLES Iᵉʳ**
cᵗᵉ de Valois, 1285, de Chartres, 1293
12ᵉ cᵗᵉ du Perche et cᵗᵉ d'Alençon, 1290
† 16 déc. 1325
ép. A 1290, Marguerite d'Anjou ; † 1299
B 1301, Catherine de Courthenay
† 1308
C 1309, Mahaut de Châtillon ; † 1358

FRANÇOIS II
roi de France,
25ᵉ comte
du Perche
10 juillet 1559-
20 déc. 1559
ép. 1558, Marie
Stuart ; † 1587

HENRI III
roi de France,
1575 ;
et 28ᵉ comte
du Perche
10 juin 1584
† 2 août 1589
ép. 1575, Louise
de Vaudemont
† 1601

FRANÇOIS III
(-Hercule)
27ᵉ cᵗᵉ du Perche
et duc d'Alençon
8 fév. 1566
duc d'Anjou
de Touraine
et de Berry, 1576
duc de Brabant
et cᵗᵉ de Flandre
1582 ;
† 10 juin 1584

A **PHILIPPE VI**
de Valois
roi de France

A **CHARLES II**
le Magnanime, 13ᵉ comte du Perche
et comte d'Alençon, 16 déc. 1325
† 25 août 1346
ép. A 1314, Jeanne de Joigny ; † 1336
B 1336, Marie d'Espagne ; † 1379

B **CHARLES III**
14ᵉ comte du Perche
et comte d'Alençon
25 août 1346-1361
arch. de Lyon, 1365
† 1375

PHILIPPE
cardinal
† 1397

B **PIERRE II**
le Noble
comte d'Alençon
1361 ;
16ᵉ comte du Perche
1377 - 15 déc. 1391
ép. 1371, Marie
Chamaillard ; † 1425

B **ROBERT**
15ᵉ comte du Perche
1361 ; † 1377
ép. 1374, Jeanne
de Rohan, remariée
à Pierre II d'Amboise
vicomte de Thouars
teste en janv. 1408

HENRI IV
issu au 10ᵉ degré de Saint-Louis
roi de France et 29ᵉ comte du Perche
2 août 1589 ; † 14 mai 1610
ép. A 1572, Marguerite de Valois
B, 1600, Marie de Médicis ; † 1642

Marie
ép. 1380, Jean VII
comte de Harcourt
et d'Aumale
chᵉ banneret

JEAN Iᵉʳ
le Sage, né en 1385, 17ᵉ cᵗᵉ du Perche
15 déc. 1391 ; † 25 oct. 1415
cᵗᵉ d'Alençon et vᵗᵉ de Beaumont, 1404
duc d'Alençon, 1415
ép. 1396, Marie de Bretagne ; † 1446

Catherine
ép. A 1411, Pierre
de Navarre
B 1413, Louis
de Bavière
seigⁿ d'Ingolstadt

B **LOUIS XIII**
roi de France et 30ᵉ comte du Perche
14 mai 1610 ; † 14 mai 1643
ép. 1615, Anne d'Autriche

LOUIS XI
roi de France, 1461
20ᵉ comte du Perche
18 juil. 1474-4 ja. 1475
ép. 1451, Charlotte
de Savoie ; † 1483

JEAN II
le Beau, né en 1409 ; † 1476
18ᵉ comte du Perche et duc d'Alençon
25 oc. 1415- 10 oc. 1458 et 11 oct. 1461-
18 juil. 1474
ép. A 1421, Jeanne d'Orléans ; † 1432
B 1437, Marie d'Armagnac ; † 1473

LOUIS XIV
roi de France et 31ᵉ comte du Perche
14 mai 1643 ; † 1ᵉʳ sept. 1715
ép. A 1660, Marie-Thérèse
d'Autriche ; † 1683
B 1684, Françoise d'Aubigné ; † 1719

LOUIS
le Grand-Dauphin ; † 1711
ép. Marie A. C. V. de Bavière

B **RENÉ**
19ᵉ comte du Perche
10 oc. 1458-11 oc. 1461
comte du Perche
et duc d'Alençon
4 janv. 1475
† 1ᵉʳ nov. 1492
ép. 1488, Marguerite
de Lorraine ; † 1521

B *Catherine*
ép. 1462, François
dit Gui XV
comte de Laval
et de Montfort
seigneur de Vitré
Gaure, etc.

LOUIS
duc de Bourgogne ; † 1712
ép. Marie-Adélaïde de Savoie

LOUIS XV
roi de France et 32ᵉ comte du Perche
1ᵉʳ sept. 1715 - avril 1771
ép. 1725, Marie Leczinska ; † 1768

LOUIS
Dauphin ; † 1765
ép. A Marie T. A. d'Espagne
B Marie-Josèphe de Saxe

CHARLES IV
21ᵉ comte du Perche
et duc d'Alençon
1ᵉʳ nov. 1492
† 11 avril 1525
ép. 1509, Marguerite
d'Angoulême ; † 1549
(voyez ci-contre)

Françoise
ép. A 1505, Fran-
çois II d'Orléans
duc de Longueville
† 1512
B 1513, Charles
de Bourbon
duc de Vendôme
† 1537

Anne
ép. 1508, Guillau-
me VII, marquis
de Montferrat
† 1518

B **LOUIS**
(-Stanislas-Xavier)
comte de Provence, 1755
33ᵉ comte du Perche, avril 1771
régna sous le nom
de Louis XVIII ; † 1824
ép. 1771, Marie I. L. de Savoie ; † 1810

CHAPITRE IV

COMTES DU PERCHE DE LA MAISON DE FRANCE

§ 1. *Première réunion du comté du Perche au domaine de la Couronne : Blanche de Castille, reine de France, 7ᵉ comtesse, 18 février 1226; saint Louis, 8ᵉ comte, novembre 1252. — § 2. Premier don en apanage : Pierre de France, 9ᵒ comte du Perche et comte d'Alençon, 25 août 1270. — § 3. Deuxième réunion à la Couronne : Philippe le Hardi, 10ᵒ comte, 6 avril 1284 ; Philippe le Bel, 11ᵒ comte, 6 octobre 1285. — § 4. Deuxième don en apanage: Charles de Valois, 12ᵉ comte, 1290. — § 5. Charles II le Magnanime, 13ᵉ comte, 16 décembre 1325. — § 6. Charles III, 14ᵒ comte, 25 août 1346 ; Robert, 15ᵉ comte, 1361; Pierre II le Noble, 16ᵉ comte, septembre 1377. — § 7. Jean Iᵉʳ le Sage, 17ᵒ comte, 26 janvier 1396. — § 8. Jean II le Beau, 18ᵒ comte, 25 octobre 1415-10 octobre 1458, et 11 octobre 1461-18 juillet 1474 ; René, 19ᵒ comte, du 10 octobre 1458 au 11 octobre 1461, et 4 janvier 1475, † 1ᵉʳ novembre 1492; Louis XI, 20ᵒ comte, 18 juillet 1474-4 janvier 1475 ; Charles IV, 21ᵒ comte, 1ᵉʳ novembre 1492. — § 9. Troisième réunion à la Couronne : François Iᵉʳ, 22ᵒ comte, 11 avril 1525 ; Marguerite d'Angoulême, reine de Navarre, 23ᵉ comtesse, 10 mai 1525; Henri II, 24ᵒ comte, 2 décembre 1549; François II, 25ᵉ comte, 10 juillet 1559 ; Catherine de Médicis, reine de France, 26ᵒ comtesse, 20 décembre 1559. — § 10. Troisième don en apanage : François III, 27ᵒ comte, 8 février 1566. — § 11. Quatrième réunion à la Couronne : Henri III, 28ᵉ comte, 10 juin 1584; Henri IV; Louis XIII; Louis XIV; Louis XV. — § 12. Quatrième don en apanage : Louis, comte de Provence, 33ᵉ comte, avril 1771 (1).*

§ 1. Première réunion du comté du Perche au domaine de la Couronne : Blanche de Castille, reine de France, 7ᵉ comtesse,

(1) Nous ne donnerons pas dans cette étude les noms de tous les enfants des comtes du Perche de la Maison de France, comme nous l'avons fait pour ceux de la première race, car ces détails qui n'ont pas d'intérêt direct pour le Perche se trouvent dans les diverses généalogies imprimées de la Maison royale de France, puis dans Odolant-Desnos, reproduit par l'abbé Fret.

18 février 1226 , † novembre 1252 ; saint Louis, 8ᵉ comte, novembre 1252, † 25 août 1270.

La reine Blanche de Castille étant une des héritières du comte Guillaume du Perche, le roi Louis VIII se mit probablement en possession d'une partie du comté dès que la mort de Guillaume fut connue ; nous avons recherché au commencement du chapitre précédent en quoi consistait la part que le roi s'était faite ou avait obtenue de ses cohéritiers.

Hélissende de Rethel, veuve de Thomas, comte du Perche, jouissant d'un droit de douaire sur Mortagne et Mauves, principales villes du Corbonnais, le roi dut s'occuper d'abord du Bellêmois, et les chroniques nous apprennent qu'avant de partir pour l'expédition dans le midi de la France où il trouva la mort, le 8 novembre de cette même année 1226, il avait *confié la garde de Bellême* et probablement de la Perrière, à Pierre de Dreux dit Mauclerc, comte ou duc de Bretagne (1).

La chronique de Saint-Denis et Guillaume de Nangis parlent très clairement de la façon dont Pierre Mauclerc avait été chargé de la *garde* de Bellême ; ce même Pierre affirme, dans la charte où il indique les clauses du traité conclu à Vendôme en mars 1227 entre le roi et lui (2), que le roi lui avait *donné* Bellême et la Perrière non plus en garde, mais en *propriété ;* enfin le roi lui-même se fit promettre, en avril 1238, par Mauclerc que celui-ci n'invoquerait jamais la charte constatant le don qu'il lui avait fait de Bellême et de la Perrière, pour réclamer ces terres à la propriété desquelles il avait renoncé ; la façon dont le duc s'était trouvé en possession de Bellême semble donc bien établie, et cependant il est dit dans le traité conclu en 1231 à Angers (3) entre saint Louis et Mauclerc, que celui-ci avait *pris* Bellême *à main armée* et l'avait gardé longtemps en sa possession, faisant valoir des

---

(1) « *Illud autem castrum* [*Belesmum*] *a rege Ludovico defuncto ut dictum est, idem comes acceperat in custodia.* » Guill. de Nangis, cité par Bry, p. 244. — « Le duc de Bretagne fist garnir deux forts chasteaux et defensables, l'un a nom Sainct-Jacques de Beuvron, et l'autre Belesme. Le père sainct Louys (1) les bailla à garder au duc de Bretagne, pour ce qu'ils estoient forts et defensables quand il alla en Albigeois. » Chronique de Saint-Denis, citée par Bry, p. 246.

(2) Voy. pièce justificative n° 16.

(3) Voy. pièce justificative n° 26.

(1) Dans le français du moyen-âge, le génitif possessif latin n'était pas rendu en français par la préposition *de*, mais par l'apposition du nom du possesseur après celui de l'objet possédé ; le français moderne a conservé des traces de cette règle dans quelques mots composés consacrés par l'usage, comme Hôtel-Dieu, Bourg-la-Reine, etc.

prétentions que nous avons mentionnées plus haut (1); on peut supposer, pour expliquer cette contradiction, que le double du traité de Vendôme, qui avait dû être déposé aux archives du royaume, s'était trouvé égaré, et que le rédacteur du traité d'Angers, ne connaissant pas cet acte, crut, ce qui était bien vraisemblable, que le duc de Bretagne avait pris Bellême de vive force.

Quoi qu'il en soit, il fut stipulé par le traité conclu à Vendôme en mars 1227, que le roi donnait à Pierre, duc de Bretagne : Bellême et la Perrière, avec la forêt, les fiefs et autres choses en dépendant (sans parler d'autres terres sises en dehors du Perche et dont nous n'avons pas à nous occuper). De son côté, le duc donnait en dot, en s'en réservant l'usufruit, Bellême et la Perrière avec leurs dépendances à sa fille Yolande, fiancée à Jean, frère du roi (2).

Ce dernier étant mort peu de temps après, et Pierre Mauclerc ayant pris part à la conspiration des barons contre la reine Blanche, régente du royaume, celle-ci, accompagnée du jeune Louis IX, vint avec une armée mettre le siège devant Bellême, pendant l'hiver 1228-1229; la place se rendit après une vigoureuse résistance (3). Pierre Mauclerc fit sa soumission au roi, mais Guillaume de Nangis nous apprend que « cette réconciliation ne dura pas plus que le temps de prononcer les serments qui l'accompagnèrent », (4) et dès le 14 janvier 1230, le duc, mandé par le roi à Melun, lui envoyait pour réponse une lettre de défi (5); mais le roi ayant envahi l'Anjou avec une armée, le duc fut forcé de se soumettre définitivement et renonça pour toujours par le traité d'Angers (6) à ce qu'il avait possédé dans le Perche. En novembre 1234, il donna au roi une charte par laquelle il renonçait de nouveau pour lui et pour ses héritiers aux châteaux de Bellême et de la Perrière et à leurs dépendances et les abandonnait pour toujours au roi et à ses héritiers (7); ce même Pierre et son fils Jean, auquel il avait abandonné son duché de Bretagne et son comté de Richemont, renouvelèrent encore la même renonciation en avril 1238 (7).

(1) Voy. ci-dessus, p. 62, note 1.
(2) Voy. pièce justificative n° 16.
(3) Voy. le recueil des hist. des G. et de la France , t. XXII, p. 310 D; et l'hist. de Bretagne de Dom Morice, I, p. 160.
(4) Vie de saint Louis par Guillaume de Nangis, texte rétabli par René de Lespinasse, p. 16.
(5) Voy. pièce justificative n° 21.
(6) Voy. pièce justificative n° 26.
(7) Voy. pièces justificatives.

§ 2. Premier don en apanage (1) : Pierre de France, 9ᵉ cᵗᵉ du Perche, 25 août 1270 (2), † 6 avril 1284.

En mars 1269, saint Louis assigna, *pour les tenir après sa mort,* à Pierre, son cinquième fils : Mortagne, Mauves, Bellême, la Perrière, avec leurs forêts et appartenances en fiefs et domaines et tout ce qu'il possédait dans le comté du Perche, de plus : tout ce qu'il possédait dans le comté d'Alençon, avec le droit de haute-justice ou *plait de l'épée* dans les deux comtés, à charge de tenir le tout du roi de France en fief et hommage lige (3).

Pierre n'avait ainsi reçu que la partie du comté du Perche qui correspondait à peu près à l'ancien comté du Corbonnais, mais ayant épousé en 1272 Jeanne de Châtillon, fille de Jean de Châ-

(1) On pourrait proposer au lieu de ce terme celui d'*assignation en partage* qui traduirait peut-être plus littéralement les termes de l'acte de donation : « *donamus et assignamus pro portione terre* », mais nous croyons le terme d'*apanage* plus exact, car en cas de partage ou d'inféodation, le propriétaire de chaque part et après lui ses descendants pouvaient vendre leur part, la donner, la léguer ou la transmettre *ab intestat* (sauf pour leur acquéreur, donataire, légataire ou héritier à être soumis au rachat coutumier ou à subir le retrait féodal de la part de l'aîné ou de ses descendants quand il avait été établi entre eux un lien féodal), tandis que la donation de mars 1269 fut faite à Pierre et à ses descendants directs seulement : « *Petro et heredibus suis de corpore suo* », réserve faite du retour au domaine de la Couronne en cas de mort sans descendant direct du donataire ou de l'un de ses descendants ; de sorte qu'il ne pouvait y avoir de transmission de la propriété des biens donnés au profit d'aucun individu autre qu'un descendant direct du dernier propriétaire de ces biens. Nous ferons cependant remarquer que par les termes de l'acte susdit, il n'est pas établi de distinction entre les héritiers *mâles et femelles,* pourvu qu'ils soient des descendants directs, tandis que plus tard les filles furent exclues de la succession aux apanages.

(2) L'acte de mars 1269 n'étant pas une *donation entre vifs* mais une *donation à cause de mort* ou *testament,* Pierre ne fut comte du Perche et d'Alençon qu'à la mort de saint Louis, arrivée le 25 août 1270.

(3) Il est dit dans l'*Art de vérifier les dates* (XIII, p. 157) et dans le *Père Anselme* (III, p. 255) qu'au mois de mars 1269, saint Louis donna à Pierre les comtés d'Alençon et du Perche en apanage et en *pairie* avec le droit d'*Echiquier* ou cour souveraine, et que le droit d'Echiquier *jus scaccarii* ne doit pas être confondu avec le *plait de l'épée* qui n'était que la haute-justice, mais les auteurs de ces ouvrages semblent s'être mépris d'une façon singulière, car l'acte original de donation qui existe encore (voyez nos pièces justificatives) ne mentionne ni la pairie ni le droit d'échi-

tillon, comte de Blois et de Chartres, et d'Alix de Bretagne, il devint comte de Chartres à la mort de son beau-père arrivée en 1279, et à ce titre, se trouva suzerain de la partie du comté du Perche dont il n'avait pas la seigneurie directe, et qui comprenait Nogent-le-Rotrou et les cinq châtellenies de Riveray, la Ferrière, Montigny, Montlandon et Nonvilliers ; Pierre avait donc alors en sa possession soit médiate soit immédiate tout l'ancien comté du Perche (1), mais il ne semble pas qu'il ait jamais porté le titre de comte du Perche, que nous ne lui avons vu prendre dans aucun acte.

Le Père Anselme dit (III, p. 255) que la donation de 1269 fut confirmée en faveur de Pierre par lettres d'octobre 1277 du roi Philippe le Hardi, ce qui permet de supposer que Pierre n'était pas encore à cette époque en possession de l'objet de cette donation. Pierre étant mort à Salerne, sans laisser de postérité, le 6 avril 1284 (2), ses biens firent retour au domaine de la Couronne.

---

quier, et pour ce qui concerne la justice, on y lit au contraire ce qui suit : « *Alençonum, Esseium, cum forestis, juribus, magna justitia que dicitur placitum ensis et aliis eorum pertinentiis...* » Un arrêt du Parlement de l'octave de la Toussaint de l'an 1272 (Olim I, fol. 191, pub. par Boutaric, actes du Parlement, nᵒ 1835) prouve que le comte Pierre pouvait exercer le plait de l'épée non seulement dans le comté d'Alençon, mais aussi dans celui du Perche, ce que l'acte de donation de 1269 ne semble pas indiquer. Les premiers comtes du Perche n'étaient tenus qu'à l'hommage simple (voy. pièce justificative nᵒ 5).

(1) Il est à remarquer que les comtes du Perche de la première race avaient la propriété utile de Nogent et des cinq châtellenies susdites pour lesquelles ils étaient vassaux des comtes de Chartres, le comte Pierre et ses successeurs en eurent au contraire la suzeraineté sans en avoir la propriété utile qui resta aux successeurs de Jacques de Châteaugontier. Peut-être est-ce parce que Pierre, tout en ayant la suzeraineté de tout le comté du Perche, n'avait qu'à peu près un tiers du domaine des anciens comtes (les deux autres tiers ayant été dévolus aux 2ᵉ et 3ᵉ groupes d'héritiers, comme nous l'avons vu, ce qui en diminuait des deux tiers l'importance et la valeur pécuniaire), que les possessions de Pierre dans le Perche ne sont pas désignées sous le nom de comté du Perche : « ..... *judœos suos de comitatu Alençonii et de terra sua Perticensi* » (charte royale du 4 janvier 1282, publiée par Bry, p. 266); « ..... *intra terminos et metas terræ suæ quam habet in comitatu Perticensi et in qua habet jurisdictionem omnimodam de jure communi...* » Charte royale de mars 1278, Bry, p. 268.

(2) D'après l'Art de vérifier les dates, XIII, p. 157.

§ 3. Deuxième réunion au domaine de la Couronne : Philippe le Hardi, 10ᵉ comte, 6 avril 1284, † 6 octobre 1285; Philippe le Bel, 11ᵉ comte, 6 octobre 1285-1290.

Nous n'avons rien trouvé de relatif à la géographie du comté du Perche pendant l'époque assez courte où en jouit le roi Philippe le Hardi.

Le 21 juillet 1282, Pierre avait assigné comme douaire à la comtesse Jeanne, sa maison de Mauves et des biens dans la ville de Mauves et ses dépendances, le tout valant 400 livres parisis de rente. Le roi Philippe le Bel, préférant posséder Mauves, assigna en échange à la veuve du comte du Perche une rente viagère de 500 livres tournois sur le Temple (1).

§ 4. Deuxième don en apanage : Charles de Valois, 12ᵉ comte, 1290, † 16 décembre 1325.

Nous lisons dans l'*Art de vérifier les dates* qu'en 1293 Philippe le Bel donna les comtés d'Alençon et du Perche à Charles, son frère, déjà comte de Valois, au même titre que saint Louis les avait donnés à son fils Pierre, mais Odolant-Desnos (p. 346) dit que cette assignation eut lieu en 1290, et c'est lui qui a raison, car Bry cite (p. 271) une promesse du comte Charles au prieuré de Saint-Martin-du-Vieux-Bellême, datée du 25 mars 1291. En outre, il est probable que Charles reçut ce que n'avait pas eu Pierre, le droit d'*Echiquier* pour le comté d'Alençon (2) et peut-être le droit de réunir les *Grands-Jours* du Perche, pour le comté du Perche, car Bry (p. 8) prouve bien clairement que jamais le comté du Perche n'a été du ressort de l'Echiquier d'Alençon et les

---

(1) Voyez les pièces justificatives ; la différence de ces deux chiffres s'explique par le fait que 4 livres parisis (monnaie frappée à Paris) valaient environ 5 livres tournois (monnaie frappée à Tours).

(2) Car l'*Art de vérifier les dates* cite un arrêt de l'Echiquier d'Alençon de l'an 1302, et Bry (p. 281) dit que Charles fit tenir son Echiquier d'Alençon en 1320.

Grands-Jours correspondaient, selon toute apparence, pour le comté du Perche, à ce qu'était l'Echiquier pour le duché d'Alençon.

Le roi assigna ensuite le comté de Chartres à Charles de Valois par lettres données le 23 juin 1293 (1) ; ce dernier put donc détacher du comté de Chartres la mouvance de Nogent-le-Rotrou et des cinq châtellenies qui en dépendaient pour l'attacher au comté du Perche (et spécialement à la châtellenie de Bellême, dont le chef-lieu se trouvait plus rapproché), et demander à son vassal de Nogent de lui rendre hommage non plus à cause de son comté de Chartres, mais à cause de son château de Bellême. Une sentence rendue en 1318 au sujet de Saint-Denis de Nogent-le-Rotrou (2) prouve que Nogent-le-Rotrou relevait probablement alors du château de Bellême, mais ce changement de mouvance fut certainement opéré avant la mort de Charles de Valois, car son fils, le roi Philippe VI, dit en 1335 (3) que les fiefs, arrière-fiefs et ressorts de Nogent-le-Rotrou et ses appartenances étaient du ressort de Bellême au moment du trépas de son père.

Charles Ier avait épousé en premières noces, le 16 août 1290, Marguerite d'Anjou, fille de Charles II le Boiteux, roi de Naples, qui lui apporta les comtés d'Anjou et du Maine, et eut entre autres enfants deux fils : Philippe et Charles. Devenu veuf, Charles Ier épousa Catherine de Courtenay, et enfin en juin 1309, Mahaut, fille de Gui IV de Châtillon, comte de Saint-Pol, dont il eut un fils nommé Louis, né en 1318.

Charles Ier fit, le 20 mai 1314, un partage de sa succession entre ses enfants Philippe et Charles et sa troisième femme, Mahaut de Saint-Pol, et les enfants à naître d'elle (4). En janvier 1320, le roi Philippe V confirma l'acte par lequel Charles Ier réglait le partage de sa succession entre ses fils Philippe, Charles et Louis (5).

Enfin en janvier 1323, le comte Charles fit à Paris, en présence du roi Charles IV, un dernier partage de sa succession entre ses fils (5).

(1) Bry a publié (p. 272) cette charte royale que nous ne rééditerons pas dans nos pièces justificatives, car elle ne concerne en rien le Perche ; on y voit que l'assignation du comté de Chartres fut postérieure à celle d'Alençon et du Perche, car le donataire y est nommé : « ..... *Carolus Valesiæ, Alençonii et Andegaviæ comiti...* »

(2) Cet acte publié par Bry, p. 275, contient ce qui suit : « ... *Domus Sancti-Dionysii de Nogento Rotroudi cum omnibus suis pertinenciis existentibus juxta fines comitatus Perticensis ubicumque essent, erant et esse debebant de superioritate et ressorto castri de Bellesmo, ad dictum dominum Carolum pertinentis.* »

(3) Voy. les pièces justificatives.

(4) Voy. les pièces justificatives; nous n'analysons pas ici cet acte, parce qu'il n'eut pas d'effet, mais nous indiquerons seulement que le Perche y était divisé entre Charles et Mahaut de Saint-Pol.

(5) Voy. les pièces justificatives.

Il donnait à Philippe, qui devait régner cinq ans plus tard,
sous le nom de Philippe VI, les comtés du Maine, de Valois
d'Anjou, etc.; à Charles, les comtés d'Alençon et du Perche,
ce dernier estimé 4,000 livres de rente; à Louis, issu de son
second mariage, le comté de Chartres, Châteauneuf-en-Thimerais, Champrond, Senonches, etc.

Bry de la Clergerie (p. 283) dit que Charles Iᵉʳ mourut à Paris
en 1325 et y fut enterré dans l'église des Jacobins, une autre version est fournie par Souchet, qui le fait mourir au bourg de Patay
en Beauce en 1325 (1); enfin il est dit dans l'*Art de vérifier les
dates* que ce même personnage mourut à *Nogent*, le 16 décembre 1325.

§ 5. Charles II le Magnanime, 13ᵉ comte, 16 décembre 1325, † 25 août 1346.

Le 3 avril 1326, Philippe, comte de Valois, fit un nouveau partage avec son frère Charles (2); il se réserva des droits sur Bellême
et la Perrière, et de plus la mouvance des châtellenies de Mortagne, Mauves et Bellême. D'après ce nouvel arrangement, d'un
côté le comté du Perche se trouvait morcelé, et d'autre part il
cessait de relever immédiatement de la Couronne, puisque le
comte de Valois s'en réservait la suzeraineté, mais ce dernier étant
monté sur le trône deux ans après, le comté du Perche continua à être un des fiefs immédiats de la Couronne et le nouveau
roi renonça vraisemblablement aux réserves stipulées en sa faveur
dans le Perche, car on n'en trouve pas de traces dans la suite.

Ce même Philippe, alors roi de France, assigna, en mai 1335,
à son frère Charles, pour sa part dans la succession de leur
frère Louis, comte de Chartres (3), et en union et accroissement de
sa pairie, les lieux et terres de Verneuil, de Châteauneuf-en-Thimerais, de Senonches, de Champrond (4), de Bellou-le-Trichard,
de Ceton et les fief et ressort de Nogent-le-Rotrou, « lesquels fief
et ressort de Nogent seront du ressort de Bellême, ainsi qu'il

(1) Hist. de Chartres, I, p. 76.
(2) Voy. les pièces justificatives.
(3) Mort le 2 novembre 1329 (Souchet, hist. du dioc. de Chartres, I,
p. 76 et suiv.).
(4) Châteauneuf, Senonches et Champrond appartinrent dès lors à la
Maison d'Alençon, mais ils ne furent pour cela réunis ni au comté du
Perche ni à celui d'Alençon et continuèrent à relever nuement de la
Couronne.

soulait être au trépas de leur seigneur père [Charles Ier, comte
d'Alençon] (1). »

Ceton, où se trouvaient deux châteaux, et Bellou-le-Trichard,
où il s'en trouvait un, faisaient partie du diocèse du Mans, mais
rien n'indique qu'ils relevassent au moyen-âge du comté du
Maine, dont ils devaient faire partie primitivement, et nous ne
les voyons cependant jamais mentionnés dans les possessions des
premiers comtes du Perche, ni des seigneurs de Bellême; il est
probable cependant qu'ils avaient été conquis par l'un de ces
derniers; en tout cas, ces trois châteaux firent certainement partie du comté du Perche à partir de 1335, et leur mouvance fut
attachée à la châtellenie de Bellême.

Les limites du comté du Perche ne semblent pas dès lors avoir
varié jusqu'à la Révolution, sauf du 10 octobre 1458 au 11 octobre 1461, période pendant laquelle la suzeraineté de Nogent-le-
Rotrou fut réunie par confiscation au domaine de la Couronne de
France et peut-être plus tard par le fait de quelques érections
de terres que nous indiquerons.

Par lettres données au Louvre le 15 décembre 1336 (2), Charles
assigna en douaire à Marie d'Espagne, sa femme, tout ce que le
roi lui avait attribué dans la succession de leur frère Louis et de
plus la ville de Mortagne, ses forêts du Perche, Moulins et leurs
dépendances.

§ 6. Charles III, 14ᵉ comte, 25 août 1346-1361; Robert, 15ᵉ comte, 1361, † septembre 1377; Pierre II le Noble, 16ᵉ comte, septembre 1377-15 décembre 1391.

Le comte Charles II ayant été tué, le 25 août 1346, à la bataille
de Crécy, où il commandait l'avant-garde de l'armée française et

---

(1) Le ressort de Nogent-le-Rotrou attaché à Bellême pendant la vie de
Charles Ier, comme nous l'avons vu, en avait certainement été de nouveau
distrait pour être réuni au comté de Chartres attribué par le partage de
janvier 1323 à Louis, fils de Charles Ier, puisqu'il se trouvait dans la
succession de ce même Louis en 1335.

Les fief et ressort de Nogent-le-Rotrou, dont il est question ici, ne
comprenaient pas, comme semble l'indiquer l'*Art de vérifier les dates*, la
propriété utile de cette seigneurie (propriété qui appartenait alors à Jeanne
de Bretagne, dame de Cassel, et n'avait jamais appartenu à Louis de Valois,
comte de Chartres), mais seulement la mouvance féodale, la suzeraineté.

(2) Voyez les pièces justificatives.

où sa valeur ne put réparer son imprudence, le comté du Perche
échut à Charles, l'aîné des fils qu'il avait eus de Marie d'Espagne,
sa femme, et qui, âgé seulement de neuf ans, se trouva sous le bail
de sa mère. Cette dernière vit les terres dont elle avait le gouvernement ravagées par les Navarrais et leurs alliés les Anglais (1),
mais elle put cependant faire faire une enquête importante sur
l'état des forêts domaniales des comtés d'Alençon et du Perche et
les droits d'usages qui les grevaient, enquête dont le résultat fut
consigné dans des registres appelés : *Livre de Marie d'Espagne* (2).

Charles III entra dans l'ordre de saint Dominique, au plus tôt
dans la seconde moitié de l'année 1361 (3) et fut élu archevêque
de Lyon en juillet 1365.

Lorsque Charles eut pris l'habit monastique, son frère cadet
Philippe, évêque et pair de Beauvais depuis 1356 et archevêque
de Rouen depuis 1360 (4), aurait pu lui succéder dans ses biens,
comme l'a cru Odolant-Desnos, qui dit que le 20 janvier 1367,
Philippe abandonna à ses frères les comtés d'Alençon et du Perche, mais Odolant-Desnos a dû être induit en erreur, car nous
avons trouvé une analyse détaillée de l'acte du 20 janvier 1367
(v. st.), acte par lequel Pierre, comte d'Alençon, et Robert,
comte du Perche, se partagent : 1° « les terres et châteaux de
Fougères, de Château-Josselin, de Porhouët et de Domfront-en-
Passais à eux données et octroyées par leur frère Philippe
d'Alençon, archevêque de Rouen », et 2° « les successions à eux
échues par le décès de leur père et par la profession en l'ordre
des Frères Prêcheurs de leur frère Charles, jadis comte d'Alençon, et pour lors archevêque de Lyon » ; et sont échus audit
Robert : le comté du Perche et ses appartenances, excepté ce
que leur mère y tient à cause de son douaire, Château-Josselin et

(1) « Une garnison ennemie occupait en 1357 le château de Mortagne
sous les ordres de Raoul-Tiron. — Le fort de Mauves fut pris le 4 octobre 1364 par le partisan anglais Robert Lescot, qui ne l'occupa que quelques jours. » *M. Siméon Luce: hist. de B. du Guesclin, p. 495.* — « Le
traité de Brétigny stipule l'évacuation de Villeray. » Id., p. 496. — « Le
traité de Brétigny stipule l'évacuation de Nogent-le-Rotrou que Thomas
Fogg et Thomas Caun sont chargés d'assurer. » Id. p. 473.

(2) Voy. Bry, p. 289, et Odolant-Desnos, I, p. 389.

(3) En effet, Dom Morice (pr. de l'hist. de Bret., I, col. 1541) publie,
d'après les mémoires de Dupaz, une charte de lui citée aussi par Odolant-
Desnos, p. 401, et datée, à Alençon, du 21 juillet 1361, où il s'intitule :
« Charles, comte d'Alençon et du Perche, seigneur de Fougères et de
Porhoët. »

(4) Philippe d'Alençon, nommé patriarche de Jérusalem, cardinal de
Sainte-Marie au delà du Tibre en 1378, puis évêque de la Sabine et d'Ostie,
mourut à Rome en 1397. (Cte de Mas-Latrice : Trésor de chronol.)

Porhouët, et audit Pierre : le comté d'Alençon, Fougères, Domfront, Verneuil, Châteauneuf-en-Thimerais, Senonches et Brezolles (1). Cet acte prouve bien clairement que la donation faite
par Philippe à ses frères ne comprenait pas Alençon et le Perche,
qui leur appartenaient déjà et qui étaient probablement restés
indivis entre eux parce que leur mère les administrait en leur
nom à cause de leur minorité.

Robert n'ayant eu de Jeanne de Rohan, sa femme (2), qu'un fils
mort jeune, et étant mort lui-même en 1377, son frère Pierre,
comte d'Alençon, hérita de tous ses biens. Pierre II avait épousé
Marie Chamaillart, vicomtesse de Beaumont au Maine, dont il eut
plusieurs enfants.

§ 7. Jean Ier le Sage, 17e comte du Perche, 15 décembre 1391, † 25 octobre 1415.

Traitant, le 15 décembre 1391, du mariage qui devait être
contracté entre Jean, son fils aîné, et Isabelle de France, fille du
roi Charles VI, qui n'était alors âgée que de deux ans, le comte
Pierre II donna à son fils « toute la conté du Perche avecques
toutes les villes, chasteaux, chastellenies, terres, fiefs, arrière-
fiefs et appartenances de la dicte conté » (3). Quoique le mariage
en vue duquel ce contrat avait été conclu n'ait pas été accompli,
le contrat de 1391 ne fut probablement annulé qu'en 1396, lorsque
le mariage de Jean fut accordé avec Marie, fille de Jean le Vail-
lant, duc de Bretagne (3), et que de son côté la princesse Isabelle
fut mariée à Richard II, roi d'Angleterre ; en tout cas les clauses
en étaient encore respectées en 1393, année où le comte Pierre,
tant en son nom que comme ayant la garde du comte du Perche,
son fils, fit un accord avec la comtesse de Bar : cette dernière
reconnaissait tenir à foy et hommage du comte du Perche la châtellenie de Nogent-le-Rotrou et ses dépendances, c'est à savoir :
Nogent, Montigny, Nonvilliers mouvants de Bellême, et Riveray,

(1) Voyez l'analyse de cet acte aux pièces justificatives. C'est sur cet
acte (dont il n'avait certainement eu qu'une analyse inexacte) qu'Odolant-
Desnos s'appuie pour dire que Philippe posséda les comtés d'Alençon et
du Perche qu'il aurait abandonnés à ses frères par cet acte même.

(2) Odolant-Desnos (I, p. 392) dit qu' « après la mort de son mari, ses
héritiers lui assignèrent pour son douaire la châtellenie de Céton au
Perche ».

(3) Voyez ce contrat de mariage dans nos pièces justificatives.

Montlandon et la Ferrière mouvants de Mortagne (1). Ce qui prouve bien que depuis 1391 Jean le Sage ne cessa de jouir du comté du Perche, c'est que dans le contrat qui fut conclu à l'occasion de son mariage avec Marie de Bretagne (2), son père s'intitule : « Pierre, comte d'Alençon, seigneur de Fougères et vicomte de Beaumont », et appelle son fils : « Jean, comte du Perche » ; de plus, il décide que sa belle-fille aura en douaire le comté du Perche et comme il ne dit pas qu'il donne à son fils ce comté, cela indique bien qu'il n'avait cessé d'appartenir à ce dernier. Le 1ᵉʳ mars 1402 (n. st.), il est dit que le comte d'Alençon a le gouvernement du comte du Perche, son fils, dont le château et la terre de Nogent-le-Rotrou relèvent à cause de son château et châtellenie de Bellême (3); et Jean est désigné dans un aveu rendu en juillet 1404 (deux mois avant la mort de Pierre), comme comte du Perche, sous le gouvernement du comte d'Alençon, son père (4). Jean Iᵉʳ, comte du Perche, devint aussi comte d'Alençon à la mort de son père, arrivée le 20 septembre 1404; comme il était un des principaux princes du parti des Armagnacs, Waleran de Luxembourg, comte de Saint-Pol, nommé connétable de France sous l'influence des Bourguignons, après avoir battu l'armée du comte d'Alençon à Saint-Rémy-du-Plain en Sonnois, vint avec Louis de Longny, maréchal de France, mettre en 1412 le siège devant Bellême, dont ils s'emparèrent; mais Arthur de Bretagne, comte de Richemont, frère des comtesses du Perche et d'Armagnac, vint avec une troupe de Bretons au secours de son beau-frère et remit Bellême en son obéissance. Jean Iᵉʳ se réconcilia bientôt avec le roi par la paix de Melun conclue le 7 septembre 1412, et le roi érigea en sa faveur le comté d'Alençon en duché-pairie par lettres patentes du 1ᵉʳ janvier 1415 (5) ; aussi lorsque le roi d'Angleterre, Henri V, vint attaquer la France, le duc d'Alençon vint avec sa troupe rejoindre l'armée française et combattit vaillamment à la funeste bataille d'Azincourt, où Henri V le tua de sa propre main, le 25 octobre 1415.

(1) C'est le seul aveu où nous ayons constaté cette double mouvance; d'après les autres, Nogent relève soit du comté du Perche, soit de Bellême, et à partir de 1514 de « Bellême membre dépendant du comté du Perche. »

(2) Voyez cet acte aux pièces justificatives.

(3) Donation par Robert, duc de Bar, en avancement d'hoirie à Bonne, sa fille, de la terre de Nogent-le-Rotrou (voy. pièces justificatives.)

(4) Aveu de la terre de Solligny, rendu par Jehan Aucher, le 8 juillet 1404. (Cartulaire du Valdieu : Bibl. d'Alençon, ms. 110, fol. XIX.)

(5) Bry publie ces lettres dans son histoire des comtés d'Alençon et du Perche, p. 316.

§ 8. Jean II le Beau, 18ᵉ comte du Perche,
du 25 octobre 1415 au 10 octobre 1458 et
du 11 octobre 1461 au 18 juillet 1474; René,
19ᵉ comte, du 10 octobre 1458 au 11 octobre 1461 et 4 janvier 1475, † 1ᵉʳ novembre 1492; Louis XI, 20ᵉ comte, du 18 juillet 1474 au 4 janvier 1475; Charles IV,
21ᵉ comte, 1ᵉʳ novembre 1492, † 11 avril 1525.

Jean II le Beau, seul fils survivant de Jean Iᵉʳ, né, d'après
Odolant-Desnos, le 2 mars 1409, n'avait par conséquent que cinq
ou six ans au moment de la mort de son père. Sa jeunesse faci-
lita donc encore l'invasion du Perche et de l'Alençonnais par
l'armée anglaise, et Henri V voulant récompenser Thomas de
Montagu, comte de Salisbury, des services qu'il lui avait rendus,
lui donna tout le comté du Perche par lettres datées, à Vernon-
sur-Seine, du 26 avril 1419 (1). Salisbury jouissait encore du
comté du Perche en 1426 (2) et même en 1429 (3), année où il
mourut et où, avant de partir pour le siège d'Orléans, il fit raser
dans le Perche les châteaux de Mont-Isambert, de la Perrière, de
Regmalart, de la Tour du Sablon, de Villeray en Assé, de Villeray en Husson et du Theil, qu'il se voyait incapable de garder en
son pouvoir (4). Après la mort de Salisbury, Henri VI disposa du

(1) Voy. cet acte aux pièces justificatives.

(2) Voyez aux pièces justificatives l'analyse de l'acte constatant l'hommage qu'il fit à l'évêque de Chartres, le 24 juin 1426, des cinq baronnies
du Perche-Gouet et où il s'intitule « comte de Salisbury et du Perche. »

(3) Le roi d'Angleterre accorda, le 25 mars 1428, à « Thomas de Montagu, comte de Salisbury et du Perche », des lettres patentes publiées
par Rymer (fœdera, t. IV, partie IV, p. 136), et où, entre autres dispositions, se trouve la fixation des gages de ce capitaine (6 sous 8 deniers
d'esterlins par jour) et de ceux des combattants qu'il avait sous ses ordres.
L'abbé Expilly se trompe donc en partie quand il dit (à l'article *Mortagne*
de son dictionnaire géographique) « on prétend que le duc de Bethfort
prenait en 1426 les titres de duc d'Alençon et de comte du Perche », car
ce dernier titre appartenant alors à Salisbury, Bedford ne pouvait prendre
que le premier, que Henri lui avait donné vers 1425, d'après Odolant-
Desnos, t. II, 23.

(4) D'après René Courtin, cité par Odolant-Desnos, II, p. 27.

comté du Perche en faveur du comte de Stafford, qui en fit foy et hommage le 21 décembre 1431 (1).

Le duc d'Alençon qui, dès son plus jeune âge, porta vaillamment les armes, avait été blessé et fait prisonnier à la bataille de Verneuil en 1424; il combattit à côté de Jeanne d'Arc, qui l'appelait le « beau duc », et lutta longtemps avec le brave Ambroise de Loré contre les Anglais, maîtres de son apanage. Il réussit seulement en 1449 (2) à reprendre Alençon; puis vint avec une armée dans le Perche au mois de novembre de la même année, et les garnisons anglaises de Bellême (dont Mathieu Got était capitaine) et de Mortagne capitulèrent et quittèrent le pays.

Jean le Beau qui, dès 1441, s'était laissé tenter par les offres que lui faisaient les Anglais (probablement de lui rendre ses seigneuries) et avait entamé avec eux des négociations (3), se laissa de nouveau entraîner à des démarches du même genre plusieurs années après avoir reconquis son apanage. Cette faute était moins excusable encore que la première, aussi le 24 mai 1456, le roi Charles VII, informé de sa trahison, donna l'ordre de l'arrêter, ce qui fut fait à Paris; il fut solennellement jugé en la cour de parlement du roi garnie de pairs et condamné à mort à Vendôme, le 10 octobre 1458 (4); tous ses biens furent en même temps confisqués. Le roi décida cependant, par l'arrêt même, que l'exécution de la sentence de mort qui y était portée serait différée jusqu'à son bon plaisir; quant aux biens, le roi se réserva Alençon, Domfront, Verneuil et leurs dépendances, tout ce que le duc possédait en Touraine, enfin la suzeraineté de Nogent-le-Rotrou et de toutes ses dépendances (5) (qui fut ainsi de nouveau détachée pendant trois ans du comté du Perche et réunie pendant cet espace de temps non plus au comté de Chartres, mais au domaine de la Couronne); mais il laissa le comté du Perche à René (seul

(1) « Et incontinent se levèrent et firent hommaige le comte de Staford de la comté du Perche, le bastard de S¹-Pol et autres, de terres et seigneuries à eux données par le roy [d'Angleterre], 21 décembre 1431. » Dom Félibien, hist. de Paris, preuves II, 594.

(2) Le comté du Perche avait donc été pendant plus de trente ans en la possession des comtes de Salisbury et de Stafford qui en étaient investis par le roi d'Angleterre, mais comme nous plaçons l'équité au-dessus de la légalité et le droit au-dessus de la force (qu'elle appartienne à un roi ou à un peuple, à une armée ou à une majorité), nous ne comprendrons pas ces deux lords dans la numérotation de nos comtes, bien qu'ils aient été comtes du Perche, *de fait*, pendant trente années de 1419 à 1449.

(3) Voy. l'hist. de Charles VII, par le Mis de Beaucourt, t. III, ch. VIII.

(4) Voyez cet arrêt aux pièces justificatives.

(5) En vertu de cette confiscation, Charles d'Anjou, comte du Maine, rendit, le 15 juin 1459, foy et hommage au roi pour raison de sa terre et seigneurie de Nogent-le-Rotrou (voyez cet acte aux pièces justificatives).

fils du duc et de Marie, d'Armagnac, sa femme) pour en jouir
sans aucune dignité ni prérogative de pairie, et le reste des biens
de Jean le Beau à partager entre René et ses sœurs.

Louis XI, monté sur le trône le 22 juillet 1461, fit aussitôt
mettre en liberté le duc d'Alençon, avec lequel il avait été lié
sous le règne de son père, et le 11 octobre suivant fit expédier
des lettres patentes le rétablissant dans tous ses biens, honneurs
et dignités de pair de France (1) : il recouvra donc alors le comté
du Perche dont son fils René jouissait depuis 1458 (2), et la suzeraineté de Nogent-le-Rotrou qui appartenait au roi depuis la
même époque; le lendemain 12 octobre, le roi reçut les foy et
hommage qu'il lui fit à cause de sa pairie, de son duché d'Alençon et de son comté du Perche et Terres-Françaises, ainsi que
de toutes les autres terres qu'il tenait du roi et de leurs dépendances (3).

Le duc fut de nouveau arrêté pour conspiration, le 2 février 1472, et de nouveau condamné à mort, le 18 juillet 1474 (4) ;
le roi lui ayant fait grâce de la peine capitale, il mourut en 1476
avant d'avoir recouvré la liberté.

D'après Odolant Desnos, René d'Alençon, qui avait déjà joui
du comté du Perche du 10 octobre 1458 au 11 octobre 1461, et
qui continuait à en porter le titre, aurait dû, au moment de la
seconde condamnation de son père, entrer en possession de tous

(1) Voyez ces lettres patentes aux pièces justificatives. Le roi déclara
en outre, le 8 janvier 1466, que les hommages à lui faits de la terre et
seigneurie de Nogent-le-Rotrou par les comtes du Maine, seigneurs de
Nogent, ne devaient pas préjudicier au comte du Perche duquel la seigneurie relève. (Arch. nat. KK 893, fol. 58).

(2) Quoique le duc d'Alençon eut recouvré la jouissance du comté du
Perche, et s'intitulât dans ses lettres patentes du 12 octobre 1461 « Jean,
duc d'Alençon, pair de France, comte du Perche, vicomte de Beaumont
et seigneur de la Guierche... », son fils René continua à être désigné sous
le nom de comte du Perche ; il s'intitule : « René d'Alençon, comte du
Perche » dans des lettres du 2 juin 1470, publiées par Dom Lobineau,
pr. de l'hist. de Bret., II, col. 1309; son père s'intitulait à la même époque « Jean, duc d'Alençon, per de France, comte du Perche et vicomte
de Beaumont » dans des lettres du 25 juin 1470, publiées dans le même
ouvrage, col. 1310.

(3) Voy. cet acte de réception en foy et hommage aux pièces justificatives. Le roi se réserva de commettre des capitaines et gardes pour garder
en son nom les places de Verneuil, Domfront et Sainte-Suzanne, et de
conserver auprès de lui René et Catherine, enfants du duc d'Alençon,
pour les marier comme il le voudrait et leur donner en dot la partie des
biens du duc qu'il jugerait à propos, comme celui-ci aurait pu le faire
lui-même. Le duc remit le même jour (12 octobre 1461) au roi des lettres
patentes scellées de son sceau par lesquelles il déclarait accepter les
réserves que le roi lui avait imposées (ces lettres sont dans Bry, add. p. 6).

(4) Voyez cet arrêt aux pièces justificatives.

ses biens, suivant les lettres que le roi lui avait accordées le 20 janvier 1468 et d'après lesquelles René ne devait souffrir aucun préjudice des fautes passées ou futures de son père, pourvu que lui-même n'y eût pas pris part (1), mais nous ferons remarquer, pour justifier Louis XI, que tant que Jean le Beau était vivant, René ne pouvait prétendre que la confiscation des biens de son père lui causait un préjudice immérité, puisqu'il n'aurait pas joui davantage de ces biens si son père n'avait pas été condamné, et qu'il ne pouvait légitimement invoquer les lettres du 20 janvier 1468 que pour recueillir la succession de son père, une fois ce dernier mort. Quoi qu'il en soit, Odolant-Desnos (II, p. 172) dit que Louis XI fit saisir les biens de Jean le Beau, et qu'il ne céda aux réclamations de René que le 4 janvier 1475 en lui rendant, par lettres datées de ce jour, tout le revenu du comté du Perche et plusieurs autres terres. Le comte du Perche ne jouit pas longtemps de cette restitution : accusé d'avoir tenu des propos coupables contre la personne de l'ombrageux Louis XI, il fut arrêté par ses ordres le 10 juillet 1481, mais ce prince mourut le 30 août 1483, et le 17 septembre suivant, le comte du Perche fut mis en liberté; le roi lui rendit tous ses biens par lettres du 15 octobre, confirmées le 29 septembre 1484 et le 25 juin 1485 (2).

Charles IV, seul fils du duc René et de Marguerite de Lorraine, lui succéda le 1er novembre 1492, âgé seulement de trois ans, sous le bail de sa mère. Déclaré majeur par arrêt du 9 octobre 1509, il fit le lendemain foy et hommage au roi du duché d'Alençon, du comté du Perche et de l'hommage et ressort de Nogent-le-Rotrou, mouvants du roi à cause de sa couronne, puis de différentes autres terres mouvantes du roi à cause du comté du Maine, à cause du duché d'Anjou, etc. Il mourut à Lyon, le 11 avril 1525, en revenant de la bataille de Pavie (3), ne laissant pas d'enfants de sa femme, Marguerite d'Angoulême, sœur du roi François Ier.

(1) Bry publie cet acte dans ses additions aux recherches d'Alençon et du Perche, p. 16.

(2) Les biens du comte René n'avaient pas été confisqués par la sentence de condamnation prononcée le 22 mars 1482 contre lui par le Parlement, et dont Odolant-Desnos donne l'analyse (t. II, p. 193); il y est seulement dit que pour l'exécution des conditions imposées au comte, le roi mettrait des gardes et capitaines aux places fortes et châteaux dont René d'Alençon jouissait au jour de son emprisonnement.

(3) Plusieurs historiens ont reproché à Charles IV sa retraite précipitée à la fin de la bataille de Pavie, mais Odolant-Desnos (II, p. 249) discute et réfute ces accusations.

§ 9. Troisième réunion à la Couronne : François Ier, 22e comte, 11 avril 1525 ; Marguerite d'Angoulême, reine de Navarre, 23e comtesse, 10 mai 1525 ; Henri II, 24e comte, 2 décembre 1549 ; François II, 25e comte, 10 juillet 1559 ; Catherine de Médicis, 26e comtesse, 20 décembre 1559.

Le duché d'Alençon et le comté du Perche furent alors réunis au domaine de la Couronne, malgré les réclamations des deux sœurs de Charles IV : Françoise, mariée à Charles de Bourbon, comte de Vendôme, et Anne, mariée à Guillaume VII, marquis de Montferrat. Ces dames objectaient au procureur du roi qu'en vertu du principe de la non-rétroactivité des lois, on ne pouvait invoquer contre elles la loi des apanages, en vertu de laquelle les biens apanagés devaient faire retour à la Couronne à défaut de descendants mâles du prince apanagiste, puisque cette loi n'était pas encore appliquée en 1290 (1), époque où leur ancêtre Charles Ier avait reçu du roi les comtés d'Alençon et du Perche, mais cet argument n'avait pas de valeur, s'il est vrai, comme l'affirme l'*Art de vérifier les Dates*, que la donation de 1290 eut lieu avec les mêmes conditions que celle de 1269 : en effet, il était expressément stipulé par ce dernier acte que les biens donnés ne pouvaient se transmettre par succession collatérale, mais devaient faire retour au domaine de la Couronne de France en cas de mort sans progéniture du prince apanagiste ou de l'un de ses descendants.

Un mois après cette réunion à la Couronne, le 10 mai 1525, la reine-mère, Louise de Savoie, alors régente de France pendant la captivité de François Ier, donna à Marguerite, sœur du roi et veuve du duc Charles IV, l'usufruit du duché d'Alençon, du comté du Perche et de la baronnie de Châteauneuf-en-Thimerais (2). Cette princesse épousa, l'année suivante (1526), Henri II

---

(1) Du Cange cite cependant à l'art. *Apanamentum* un arrêt de 1283 par lequel il fut statué que les biens donnés par saint Louis à son frère Alphonse devaient revenir non à Charles, roi de Sicile, frère de ces princes, mais à leur neveu, Philippe III, roi de France, plus éloigné, par conséquent, d'un degré.

(2) Ce don fut confirmé par François Ier, le 21 avril 1526 ; voy. nos pièces justificatives.

d'Albret, roi de Navarre (1) ; le 9 mars 1527, les roi et reine de Navarre nommèrent des commissaires (2) pour visiter le duché d'Alençon, le comté du Perche et Châteauneuf-en-Thimerais, dont ils jouirent jusqu'à la mort de la reine de Navarre, arrivée le 2 (3) décembre 1549. Dès le mois de janvier 1550, des lettres données à Fontainebleau (2) prononcèrent la réunion du duché d'Alençon et du comté du Perche au domaine de la Couronne, et les rois Henri II et François II en jouirent à ce titre.

Ce dernier les donna, le 20 décembre 1559, à sa mère, Catherine de Médicis, qui se fit rendre hommage en 1563 et 1564 par ses vassaux du Perche. Pendant que cette princesse possédait le comté du Perche, la seigneurie de Clinchamps, qui relevait précédemment du comté du Perche, fut érigée par lettres-patentes de décembre 1565 en comté tenu du roi à une seule foy et hommage à cause de sa Couronne, mais quoique ces lettres eussent été enregistrées par le parlement, le 25 juin 1566, elles ne furent pas exécutées à la lettre, car, le 5 juillet 1594, François Le Roy, seigneur de Chavigny et comte de Clinchamps, en faveur duquel avait été faite cette érection, rendit aveu de son comté de Clinchamps au roy à cause de son comté du Perche.

§ 10. Troisième don en apanage : François III, 27ᵉ comte, 8 février 1567, † 10 juin 1584.

La reine-mère consentit à rendre, en 1567, le comté du Perche à Charles IX, qui en forma l'apanage de François-Hercule, son frère, par lettres du 8 février 1567, n. st. Ce prince mourut sans enfants, le 10 juin 1584.

(1) Leur fille, Jeanne d'Albret, fut mère du roi Henri IV.

(2) Voy. les pièces justificatives.

(3) D'après le Trésor de chronologie du comte de Mas-Latrie, et le 24 d'après Odolant-Desnos, II, p. 274.

§ 11. Quatrième réunion à la Couronne : 10 juin 1584, Henri III, 28ᵉ comte; Henri IV, 29ᵉ comte; Louis XIII, 30ᵉ comte; Louis XIV, 31ᵉ comte; Louis XV, 32ᵉ comte.

Le duché d'Alençon et le comté du Perche furent une quatrième et dernière fois réunis par déclaration du 9 août 1584 au domaine de la Couronne, dont le comté du Perche fit partie sans interruption pendant près de deux siècles, sous les règnes de Henri III, Henri IV, Louis XIII, Louis XIV et Louis XV. Odolant-Desnos (t. II, p. 370) dit qu'Henri IV, qui avait aliéné au duc de Wurtemberg à faculté de rachat, différentes parties du duché d'Alençon, lui aliéna aussi le comté du Perche et que la reine Marie de Médicis racheta le tout, le 4 octobre 1612, et en jouit jusqu'à sa mort arrivée en 1642; mais il a certainement été induit en erreur, car Bry, qui publia son histoire du Perche à cette époque même (1620), y dit formellement le contraire (1), et nous avons vu l'opinion de Bry confirmée par tous les aveux et autres documents de cette époque que nous avons consultés (2).

§ 12. Quatrième don en apanage : Louis, comte de Provence, 33ᵉ et dernier comte du Perche, avril 1771; roi de France, 8 juin 1795, † 16 septembre 1824.

Enfin, en avril 1771, le comté du Perche avec le duché d'Anjou et les comtés du Maine et de Senonches, fut donné en apanage à Louis-Stanislas-Xavier de France, comte de Provence, et resta

(1) p. 371 et 372 : « Depuis ce temps [1385], ... les domaines de Damfront, etc., ont été distraits à faculté de rachat..... mais le Perche est toujours demeuré en la main du roy. »

(2) Une pièce des Arch. nat. (Q 1 883) nous apprend seulement que Françoise de Souvré, dame de Lansac, ci-devant gouvernante du roi et du duc d'Anjou, était en 1646 engagiste du domaine du comté du Perche et vicomté de Verneuil, mais quoique nous n'ayons pas trouvé d'autre document relatif

en droit la propriété de ce prince jusqu'au 8 juin 1795, époque
où il se trouva réuni pour la dernière fois au domaine de la Couronne par l'avènement au trône de France du comte de Provence
à la mort de l'enfant martyr, Louis XVII, victime des monstres
dont les crimes et l'horrible tyrannie resteront à jamais un
opprobre pour la race humaine.

En fait, les députés aux Etats-généraux qui, le 17 juin 1789,
s'étaient décerné (illégalement et contrairement au mandat impératif qu'ils avaient reçu de leurs commettants) le titre menteur
d'*Assemblée nationale,* supprimèrent, le 4 août suivant, tous les
droits féodaux (1).

à cet engagement, il résulte de la pièce susdite que Françoise de Souvré n'a-
vait que la jouissance du domaine utile du comté du Perche et ne pouvait ni
nommer les officiers des diverses administrations locales, ni faire acte de
propriétaire, et ce n'était pas à elle mais au roi que les hommages et
aveux des fiefs du comté continuèrent à être rendus.

(1) Cette mesure étant injuste et arbitraire ne pouvait être, malgré son
apparente bienfaisance, que réellement et profondément contraire aux véritables intérêts du peuple. Les députés des premiers ordres, l'esprit faussé
par les utopies égalitaires et libérales des philosophes, croyaient le plus
naïvement du monde être fort généreux et magnanimes en gaspillant le
bien d'autrui et en trahissant le mandat impératif et précis qui leur avait
été confié ; beaucoup des autres étaient animés d'une rage de destruction
inspirée par la secte maçonnique, d'une basse jalousie et d'une haine
féroce contre toute supériorité, qui n'eurent d'égales que leur platitude et
leur servilité à mendier, du despote qui, onze ans plus tard, ramassa
dans le sang la couronne de France, des dignités et des titres qui étaient,
cette fois, de véritables privilèges, puisqu'ils conféraient des avantages
sans imposer aucune obligation ; presque tous, ignorant absolument les
lois éternelles dont les sociétés comme les individus ne peuvent s'écarter
sans périr, avaient une confiance aveugle en un avenir et en un renouveau
chimériques et inconnus : tous furent unanimes pour détruire en une seule
nuit la constitution sociale et économique qui régissait les rapports de
tous les habitants de la France, dont l'origine était aussi ancienne que la
patrie, mais dont la forme, sans cesse modifiée d'âge en âge, pouvait et
devait même se prêter à tous les changements et à toutes les améliorations
nécessités par un nouvel état social et économique.

Ce qui prouve l'absurdité de ce saut dans le vide et l'inutilité de cette
révolution, c'est la constatation de ce qui s'est passé de l'autre côté de
l'Atlantique : le Canada, que les Percherons peuvent se glorifier d'avoir
en grande partie fondé, a pour origine des établissements constitués
avec l'organisation féodale, les institutions s'y sont successivement modi-
fiées légalement et sans révolution, et l'organisation hiérarchique de la
féodalité y subsiste dans tout ce qui ne s'est pas trouvé contraire aux
nouvelles nécessités économiques ou sociales : ceux des droits féodaux
établis au moment de la colonisation, qu'on n'a pas eu de raisons de supprimer, continuent à être payés aux descendants ou ayants cause des
premiers seigneurs, comme ils l'étaient à ceux-ci ; cela n'empêche pas le
Canada de jouir d'une prospérité de plus en plus grande sous l'égide
d'institutions libres et fécondes, tandis que la France, périodiquement

Ce vote faisait perdre au prince le produit des rachats ou droits de mutation payés par les propriétaires des fiefs relevant directement du comté du Perche, des droits de bourgeoisie payés par les bourgeois des villes de Mortagne, Bellême, la Perrière et Mauves, des cens et rentes perçus sur les détenteurs de parcelles de terre situées dans les anciens fossés de ces villes et concédées pour la plupart dans la seconde moitié du XVIIIe siècle, et quelques autres droits féodaux, mais il conservait encore les forêts domaniales du Perche, de Réno et de Bellême, qui formaient la partie la plus importante des revenus du comté (1).

Le prince ne les garda pas longtemps, car il quitta Paris le 20 juin 1791 en même temps que la famille royale, si fatalement arrêtée à Varennes, et plus heureux qu'elle, parvint à se mettre hors de la portée des brutes sanguinaires que ses idées

ravagée, depuis un siècle, par de désastreuses révolutions, est menacée d'un bouleversement social encore plus grand.

Le vote du 4 août eut des conséquences à la fois sociales et économiques : les premières furent de dégager d'une part tous les vassaux et tenanciers des devoirs de *fidélité* et de *respect* qu'ils devaient à leur seigneur ou au roi, et d'autre part, de dégager également les seigneurs des devoirs d'*aide* et d'*assistance* qu'ils devaient à leurs vassaux ou tenanciers pour établir, avec une apparente *égalité*, un *individualisme* trop réel et nuisible aux uns comme aux autres ; les secondes furent de diminuer notablement la fortune de certains individus pour en enrichir d'autres, le tout d'une façon absolument arbitraire : en effet, à la presque unanimité des propriétés foncières étaient attachés des droits et étaient imposés des devoirs qui constituaient les droits et les devoirs féodaux ; le produit de leur balance ajouté au produit du domaine non inféodé, exploité directement ou affermé par le propriétaire constituait le chiffre exact représentant la rente annuelle de ces propriétés. Prenons par exemple deux propriétés achetées le même prix en 1788 : la première, chargée pour une valeur de mille livres de devoirs féodaux par an, mais ayant le droit de percevoir pour une valeur de deux mille livres de droits : le vote du 4 août eut pour résultat de faire perdre au propriétaire de cette terre une rente annuelle de mille livres, tandis que la propriété voisine devant acquitter également mille livres de devoirs, mais comprenant plus de terres réservées au domaine utile du propriétaire que de terres inféodées ou baillées à cens ou à rente et n'ayant, par exemple, qu'une valeur annuelle de 200 livres à percevoir comme droits féodaux, gagna par le vote du 4 août une rente annuelle de 800 livres.

(1) Le domaine du comté du Perche consistait en deux natures de domaine : le *domaine non muable* (c'est-à-dire donnant tous les ans le même revenu) comprenant les cens, rentes, droits de taille et de bourgeoisie perçus sur les propriétaires de maisons ou de terrains situés dans les villes du pays, et le *domaine muable*, dont le revenu variait tous les ans et qui comprenait lui-même deux parties distinctes : les *biens en nature* : forêts, châteaux, métairies, pièces de terre, etc., et les·*droits* féodaux : coutumes, péages, havages, etc. Nous avons trouvé dans un carton des Arch. nat. (P. 2084) que le domaine non muable de la châtellenie de Bellême produisait un revenu annuel de 477 livres 2 sols 4 deniers. Quant

libérales n'auraient pas désarmés : la confiscation des biens des émigrés ayant été votée dès le 22 décembre 1789, ce qui lui restait du comté du Perche et consistait à peu près exclusivement dans les forêts du Perche, de Réno et de Bellême, confisqué le 20 juin 1791, fit dès lors partie des biens nationaux et se trouve aujourd'hui dans le domaine privé de l'Etat.

au domaine tant muable que non muable de la même châtellenie, déduction faite de la forêt de Bellême, il fut estimé en 1771 la somme de 60000 livres de principal (P. 2084) ce qui, au taux de 5 %, donne 3000 livres de rente, et (le domaine non muable valant 477 livres de rente) laisse au domaine muable, non comprise la forêt, une valeur annuelle d'environ 2500 livres. Quant au domaine de la châtellenie de Mortagne, nous n'avons encore pu en découvrir que des évaluations partielles pour les époques modernes.

Succession chronologique des comtes de Corbon, de Mortagne et du Perche

Comtes de Corbon vers 853 - vers 954

860   comté de Corbon démembré de l'Hiesmois dès 853, et gouverné d'abord par des comtes amovibles, puis peut-être viagers et enfin héréditaires.

Entre 923 et 956   le comte de Corbon approuve une charte rédigée par ordre d'Hugues le Grand (duc de France en 923, † 956).

Comtes de Mortagne vers 954-1079

954   Hervé, c^{te} de Mortagne.

1031   Fulcoïs, c^{te} de Mortagne, ép.: ? *Rothais.*

† 1039   *Elvise,* dame du comté de Mortagne, ép: Geoffroy III, v^{te} de Chateaudun et sg^r de Nogent.

1039, † 1079   Rotrou II, v^{te} de Châteaudun, sg^r de Nogent, c^{te} de Mortagne, ép.: *Adèle de Bellême-Domfront.*

Premiers comtes du Perche 1079-1226

1079, † 1100   Geoffroy IV, 1er c^{te} du Perche, ép.: *Béatrice de Roucy.*

1100, † 1144   Rotrou III le Grand, 2e c^{te} du Perche, ép.: A *Mahaut d'Angleterre,* B *Harvise de Salisbury,* remariée à Rob. de France, c^{te} de Dreux.

1144, † 1191   Rotrou IV, 3e c^{te} du Perche, ép.: *Mahaut de Champagne,* † 1190.

1191, † 5 avril 1202   Geoffroy V, 4e c^{te} du Perche, ép.: A *Mahaut,* B *Mahaut de Bavière,* qui se remaria à Enguerrand III de Coucy.

avril 1202, † 20 mai 1217   Thomas, 5e c^{te} du Perche, ép.: *Hélissende de Rethel,* remariée en 1227 à Garnier de Toiange et † av^t 1234.

0 mai 1217, † 18 fév. 1226   Guillaume, 6e c^{te} du Perche, évêque de Châlons-sur-Marne.

Comtes du Perche de la maison de France 1226-1795

18 fév. 1226, † nov. 1252   *Blanche de Castille,* 7e c^{tesse} du Perche, femme de Louis VIII, roi de France, † 8 nov. 1226.

nov. 1252, † 25 août 1270   le roi St Louis, 8e c^{te}, et la reine *Marguerite de Provence.*

5 août 1270, † 6 avril 1284   Pierre de France, 9e c^{te}, ép.: 1272, *Jeanne de Châtillon,* † 1291.

6 avril 1284, † 6 oct. 1285   le roi Philippe III le Hardi, 10e c^{te}, et la reine *Marie de Brabant.*

6 oct. 1285, — 1290   le roi Philippe IV le Bel, 11e c^{te}, et la reine *Jeanne de Navarre.*

1290, † 16 déc. 1325   Charles de Valois, 12e c^{te}, ép.: A 1290, *Marg^{te} d'Anjou,* † 1299; B 1301: *Cath. de Courtenay,* † 1308; C 1309: *Mahaut de Châtillon-St Pol,* † 1358.

6 déc. 1325, † 25 août 1346   Charles II le Magnanime, 13e c^{te}, ép.: A 1314, *Jeanne de Joigny,* † 1336; B 1336, *Marie d'Espagne,* † 1379.

25 août 1346, — 1361   Charles III, 14e c^{te}, depuis archevêque de Lyon, † 1375.

1361, † 1377   Robert, 15e c^{te}, ép.: 1374, *Jeanne de Rohan,* qui se remaria à Pierre Id'Amboise, v^{te} de Thouars, et testa en janv. 1408.

1377, — 15 déc. 1391   Pierre II le Noble, 16e c^{te}, et *Marie Chamaillard,* † 1425.

5 déc. 1391, † 25 oct. 1415   Jean I le Sage, 17e c^{te}, ép.: 1396, *Marie de Bretagne,* † 1446.

5 oct. 1415, — 10 oct. 1458   Jean II le Beau, 18e c^{te}, ép.: A 1421, *Jeanne d'Orléans,* † 1432.

0 oct. 1458, — 11 oct. 1461   René, 19e c^{te} (pendant l'emprisonnement de son père).

1 oct. 1461, — 18 juil. 1474   Jean II le Beau, 18e c^{te}, ép.: B 1437, *Marie d'Armagnac,* † 1473.

8 juil. 1474, — 4 janv. 1475   le roi Louis XI, 20e c^{te}, et la reine *Charlotte de Savoie.*

janv. 1475, † 1er nov. 1492   René, 19e c^{te}, ép.: 1488, *Marguerite de Lorraine,* † 1521.

nov. 1492, † 11 avril 1525   Charles IV, 21e c^{te}, ép.: 1509, *Marguerite d'Angoulême,* † 1549.

1 avril 1525, — 10 mai 1525   le roi François 1er, le Père des Lettres, 22e c^{te}.

10 mai 1525, † 2 déc. 1549   *Marguerite d'Angoulême* (veuve de Charles IV), 23e c^{tesse}, ép.: B 1526, Henri II d'Albret, roi de Navarre.

2 déc. 1549, † 10 juil. 1559   le roi Henri II, 24e c^{te}, et la reine *Catherine de Médicis.*

0 juil. 1559, — 20 déc. 1559   le roi François II, 25e c^{te}, et la reine *Marie Stuart.*

0 déc. 1559, — 8 fév. 1567   *Catherine de Médicis,* veuve du roi Henri II, 26e c^{tesse}.

8 fév. 1567, † 10 juin 1584   François III-Hercule de France, 27e c^{te}.

0 juin 1584, † 2 août 1589   le roi Henri III, 28e c^{te}, et la reine *Louise de Vaudemont.*

2 août 1589, † 14 mai 1610   le roi Henri IV le Grand, 29e c^{te}, ép.: A 1572, *Marguerite de Valois,* B 1600, *Marie de Médicis.*

4 mai 1610, † 14 mai 1643   le roi Louis XIII le Juste, 30e c^{te}, et la reine *Anne d'Autriche.*

4 mai 1643, † 1er sept. 1715   le roi Louis XIV le Grand, 31e c^{te}, et la reine *M.-Th^{se} d'Autriche.*

1er sept. 1715, — avril 1771   le roi Louis XV le Bien-Aimé, 32e c^{te}, et la reine *Marie Leczinska.*

avril 1771, — 8 juin 1795   Louis-Stanislas-Xavier de France, 33e c^{te}, ép.: 1771, *Marie I.-L. de Savoie.*

TABLEAU DE LA MAISON DE BELLÊME

Ou Famille des premiers seigneurs de Bellême, Alençon, Château-Gontier, Château-Renant, etc.

?

YVES DE CREIL
seigneur de Bellême, 954 ; † vers 997
maître des Arbalétriers de Louis d'Outremer
ép. Godehilde

SIGEFROY
évêque du Mans
960-995

Hildebourge
ép. Aymon
seigʳ de Château-du-Loir
dont Gervais
évêque du Mans

GUILLAUME Ier
seigneur de Bellême
et d'Alençon, 997 ; † 1028
et probablement du Sonnois
ép. Mahaut

Godehilde

AVESGAUT
évêque du Mans

?
YVES
de Bellême

GUÉRIN
seigneur
de Domfront
*quem dæmonas
suffocaverunt*

ROBERT
seigneur
de Bellême
et d'Alençon
tué à Ballon
1028 ; † 1033

GUILLAUME II - *Talvas*
seigneur de Bellême
et d'Alençon, 1033
† 1050
ép. A Hildebourge
fille d'Arnoul
B N......, fille du
vicᵗᵉ de Beaumont

FOULQUES
tué
au combat
de Blavou

YVES
év. de Séez
seigneur
de Bellême
et d'Alençon
1050 ; † 1070

RENAUT Ier
ép. Béatrice
nièce de Foulques-Nerra
comte d'Anjou
qui lui donne Château-
Gontier, vers 1037
† 13 avril 1067

Adèle
ép. Rotrou II
comte
de Mortagne,
1039 ; † 1079

A **ROBERT**
† vers 1035

A *Mabile*
dame de Bellême
et d'Alençon, 1070
† déc. 1082
ép. Roger
de Montgommery
vᵗᵉ d'Exmes, 1048
† 1094

A **ARNOUL**
† avant
son père

ALART Ier
seigneur
de Château-Gontier
† 1101, à la croisade
ép. Isabelle
de Mathefelon

GEOFFROY

RENAUT
fait bâtir
le château nommé
à cause de lui
Château-Renaut

Au moment de faire imprimer ce
tableau de la maison de Bellême,
nous nous sommes décidé à y comprendre la branche de Château-Gontier, regardée comme en étant issue
et intéressante pour l'histoire du
Perche ; mais n'ayant ni le temps ni
les documents nécessaires pour en
faire une étude approfondie, nous
donnons la filiation ci-contre d'a-
près l'*Art de vérifier les dates*, rec-
tifié sur plusieurs points importants, grâce à des extraits des cartulaires manceaux qu'ont bien voulu
nous envoyer MM. le vicomte d'Elbenne et Bertrand de Broussillon.

Isabelle
ép. Geoffroy
de Durtal

RENAUT II
seigʳ de Château-
Gontier ; † 1101
à la croisade
ép. Burgondie
de Craon

Hersende
ép. Hubert
de Cham-
pagne

GUICHER Ier
seigʳ de Château-
Renaut
ép. Perronelle

LET...
fils
naturel

GEOFFROY
† 1096

ALART II
seigneur
de Château-
Gontier,
1100-1145
ép. A Mahaut
† 20 déc. 1123
B Exilie

Laurence
ép. Turpin

GUICHER II
seigneur
de Château-
Renaut

RENAUT
seigneur d:
Château-Renau:

ALART
le jeune
† jeune

RENAUT III
seigneur
de Château-Gontier
ép.

GEOFFROY

Béatrice
1195

RENAUT IV
seigneur de Château-Gontier
croisé en 1190 ; 1195
ép. Béatrice du Perche

GUILLAUME
1190

ALART III
seigʳ de Château-Gontier, 1193
† avant mai 1226
ép. Emme de Vitré

JACQUES ou JAMET
seigneur de Château Gontier et de Nogent-le-Rotrou
mineur en 1226 ; † avant 1263
ép. avant 1230, Harvise de Montmorency

RENAUT
† jeune

Emmette
dame de Château-Gontier
et Nogent-le-Rotrou ; † vers 1270
ép. A Geoffroy, seigneur
de la Guerche et de Pouancé
B Girart Chabot

Philippe
dame
de Héronville

Alice
dame de Maison-
Maugis, 1305
ép. Gilbert, seigneur
de Prulay chʳ

CHAPITRE V

DES PREMIERS SEIGNEURS DE BELLÊME

Nous ne nous étendrons pas longuement sur les premiers seigneurs de Bellême, des maisons de Bellême et de Montgommery,
dont nous donnons des tableaux généalogiques détaillés, car s'ils
possédèrent des fiefs nombreux et importants dans diverses parties de la France, et en Angleterre, ils n'eurent dans la région du
Perche que la seigneurie de Bellême correspondant probablement
au doyenné de ce nom de l'archiadiaconé de Corbonais.

§ 1. Maison de Bellême.

Nous lisons dans l'*Art de vérifier les Dates* qu'Yves de Creil,
premier seigneur connu de Bellême, était fils de Fulcoïn et de
Rothaïs, et qu'il était en possession vers 940 de la ville de Bellême; mais on ne cite et nous n'avons trouvé aucun document
propre à justifier cette filiation et la date de 940 nous semble peu
probable jusqu'à preuve contraire, d'autant plus que l'auteur de
l'article fait mourir Yves au plus tôt à la fin de l'an 997 (1), c'est-
à-dire cinquante-sept ans après sa prise en possession de Bellême.
Si cette filiation était justifiée, on pourrait identifier ce Fulcoïn
avec Fulcoïs, comte du Corbonais ou de Mortagne (aïeul de
Rotrou II), dont le fils Yves aurait eu pour sa part le Bellêmois, ce
qui en expliquerait le démembrement du Corbonais. Nous voyons
par une charte (2) d'Yves de Creil relative à l'église qu'il avait

(1) D'après la charte d'un don fait par lui en cette année au Mont-Saint-
Michel.
(2) Publiée par Bry, p. 34.

fondée dans son château de Bellême, qu'il donna une église qu'il possédait dans le Sonnois, d'où l'auteur de l'*Art de vérifier les Dates* conclut (XIII, p. 142) avec Bry qu'il était possesseur de tout le Sonnois, dans lequel cependant Hugues, comte du Maine, possédait des terres qu'il donna en 994 à l'abbaye de la Couture (1). Nous serions plutôt porté à croire que le Sonnois fut conquis par Guillaume de Bellême sur Herbert Eveille-Chien, comte du Mans, avec lequel il fut souvent en guerre. Bry de la Clergerie (p. 36) et après lui d'autres historiens du xviiᵉ siècle disent qu'Avesgaud, évêque du Mans, frère d'Yves de Bellême, bâtit sur ses terres le château de la Ferté, appelé depuis la Ferté-Bernard, ce qui prouverait que le Fertois appartenait aux seigneurs de Bellême; mais M. Charles, dans son histoire de la Ferté-Bernard (p. 14), fait justice de cette assertion en citant un passage du livre pontifical du Mans, qui dit formellement que cet évêque ne possédait rien en biens fonds (2).

Il est dit dans l'*Art de vérifier les Dates* (XIII, p. 143), que Guillaume, fils d'Yves, « succéda à son père dans la seigneurie de Bellême à laquelle il joignit le comté du Perche », ce qui n'est appuyé sur aucune preuve et est impossible, puisqu'il n'y avait pas alors de comté du Perche, le territoire qui porta plus tard ce nom étant alors divisé en trois parties : comté de Mortagne, seigneurie de Bellême et seigneurie de Nogent-le-Rotrou, qui appartenaient à des seigneurs différents comme nous l'avons vu ci-dessus (p. 36 et suiv.). Guillaume, seigneur de Bellême, reçut du duc de Normandie, Richard II, le château d'Alençon (3), dont il lui refusa bientôt l'hommage (4) ; le duc le punit et lui rendit le château d'Alençon. « On croit que le pays de Domfront lui fut aussi donné, puisqu'il fit bâtir le château de ce nom et fonda, vers 1025 (5), dans la forêt voisine, l'abbaye de Lonlay (6). »

(1) Art de vérifier les Dates : Art. de Hugues, comte du Maine.

(2) « *Nihil habens de dominio quod dare potuisset.* » Mabillon, t. III, p. 300.

(3) D'après la Chronique ms. de Normandie, publiée dans le Rec. des hist. des G. et de la Fr., t. XI, p. 323, le duc Robert n'avait donné à Guillaume le château d'Alençon qu'en garde et non en fief, mais il est probable que son rédacteur avait fait erreur, puisque les descendants de Guillaume furent bien réellement seigneurs d'Alençon.

- (4) *Guillelmus Bellismensis, Yvonis filius, animositatem ejus audens attentare ex castro Allencio quod beneficii tenebat jure a serviminis jugo pertinacem cervicem temere sumpta rebellione nisus est entorquere.* Guill. de Jumièges, cité par Bry, p. 41.

(5) En 1026, d'après Mabillon.

(6) Art de vérifier les Dates, XIII, p. 143.

Deux au moins des fils de Guillaume Ier : Robert et Guillaume II dit Talvas, lui succédèrent l'un après l'autre dans les seigneuries de Bellême, d'Alençon et probablement du Sonnois; son fils Guérin, nommé par les chroniqueurs *Garinus de Damfronte,* avait probablement eu pour partage Domfront (1), et Orderic Vital, en le nommant le premier, semble indiquer qu'il mourut avant ses frères (2). Arnoul, fils de Guillaume II, étant mort sans enfants, sa succession revint à son oncle, Yves, évêque de Séez (3), autre fils de Guillaume II, qui mourut en 1064, d'après Bry, et en 1070 d'après le *Gallia Christiana.*

§ 2. Maison de Montgommery.

Mabile, fille de Guillaume II, porta ensuite une grande partie (suivant Orderic Vital) (2), ou la totalité (suivant le continuateur de Guillaume de Jumièges) (4), des biens de son père à son mari, Roger de Montgommery, vicomte d'Exmes, auquel Guillaume le Conquérant donna en Angleterre le château d'Arundell, la ville de Chichester et le Shropshire (5). Robert II, dit Talvas, leur fils, eut dès la mort de sa mère, arrivée en décembre 1082, les seigneuries de Bellême et d'Alençon auxquelles Robert Courte-Heuse ajouta, vers 1191, les seigneuries

(1) Voyez ci-dessus p. 39, not. 2 et 3.

(2) *In diebus Willelmi ducis Normanniæ, Ivo filius Willelmi Belesmensis, Sagiensem episcopatum regebat, et hereditario jure ex paterna successione, fratribus suis Warino, Roberto atque Willelmo deficientibus, Belesmense oppidum possidebat..... Præfati præsulis neptem nomine Mabiliam Rogerius de Monte-Gomerici Oximensium vicecomes in conjugium habebat; per quam magnam partem possessionis Willelmi Belesmensis obtinuerat.* — Orderic Vital, D. Bouquet, XI, p. 227.

(3) *Denique Arnulpho nequiter perempto..... venerabilis Ivo patruus ejus, Sagiensis episcopus, Belesmiæ castrum et quæque ad ipsum pertinebant accepit.* Guill. de Jumièges, éd. D. Bouquet, XI, p. 41.

(4) *Hanc Mabiliam Rogerius comes, filius Hugonis de Monte-Gummerici accepit in uxorem cum tota hereditate patris ipsius quam habebat sive in Bellismensi pago, sive Sennensi, ultra fluvium Sartæ. Ipse autem Rogerius natus est ex quadam neptium (scilicet ex Jocellina, filia Wevivæ, ut habet liber ms). Gunnoris comitissæ.* Guill. de Jumièges, éd. D. Bouquet, XI, p. 57.

(5) *Rex Guillelmus Rogerio de Montegomerici in primis castrum Arundellum et urbem Cicestram dedit; cui postea comitatum Scrobesburiæ, quæ in monte super Sabrinam fluvium sita est adjecit.* Orderic Vital, l. IV, éd. Le Prevost, II, p. 220.

de Séez et d'Argentan et la forêt de Gouffern. Célèbre par ses cruautés, il fut souvent en guerre avec ses voisins et entre autres avec ses cousins les comtes du Perche Geoffroy IV et Rotrou III, comme nous l'avons vu plus haut (voy. ci-dessus, p. 39, 46 et 49). Henri Iᵉʳ, roi d'Angleterre, ayant fait prisonnier, en 1112, Robert de Bellême, que le roi de France lui avait envoyé comme ambassadeur, le fit enfermer d'abord à Cherbourg et l'année suivante au château de Verrham, en Angleterre, où il finit ses jours. Henri Iᵉʳ s'étant emparé de Bellême, le 3 mai 1114, fit don à son gendre Rotrou du Bellêmois, que le roi de France lui avait cédé, au mois de mars précédent, par le traité de Gisors, et la maison de Montgommery en fut ainsi à jamais dépouillée.

Guillaume, fils de Robert Talvas et d'Agnès (fille de Gui, comte de Ponthieu), fut comte de Ponthieu (1) du chef de sa mère, et le roi d'Angleterre lui rendit tous les biens que son père possédait en Normandie; son fils aîné, Gui, fut la tige des comtes de Ponthieu, et Jean, un autre de ses fils, eut pour sa part Alençon et les autres terres normandes de sa famille.

§ 3. De la mouvance de Bellême.

Le roi de France, Philippe Iᵉʳ, confirmant le don de l'église Saint-Léonard de Bellême fait en 1092 à l'abbaye de Marmoutiers par Robert de Bellême, appelle ce dernier son vassal (2 . Si l'on admet, comme nous le faisons, l'authenticité de la charte relatant cette confirmation royale, on est obligé de rejeter comme faux le récit du continuateur de Guillaume de Jumièges disant que ce même roi Philippe avait donné ou vendu à Guillaume le

(1) Bry de la Clergerie donne à tort à tous les seigneurs de Bellême le titre de *comtes de Bellême et d'Alençon* qu'ils ne s'attribuent jamais eux-mêmes dans leurs chartes et qui ne leur est pas donné par leurs contemporains; dans l'*Art de vérifier les Dates* (t. XIII, p. 143) il est dit également que lorsque Guillaume Iᵉʳ eut reçu Alençon, les seigneurs de Bellême se qualifièrent comtes d'Alençon; le premier seigneur d'Alençon qui ait eu le titre de comte est Roger de Montgommery, qui avait reçu pour sa part dans la conquête de l'Angleterre le comté de Shrewsbury ou Shropshire; son petit-fils Guillaume, ayant hérité du comté de Ponthieu, se qualifia aussi de comte d'Alençon, et ceux de ses descendants qui eurent en partage Alençon continuèrent à s'intituler comtes d'Alençon.

(2) *Quidam vassalus meus Robertus de Belismo, filius Rogerii comitis et Mabilie.....* Charte de confirmation royale publiée par Bry, p. 102, et citée par l'*Art de vérifier les Dates* (XIII, p. 173) d'après Dom Boudier.

Forêt de Bellême

[Canton du Pont-à-la-Dame]

D'après un fusain du Vte G. de Romanet.

Conquérant la suzeraineté du territoire de Bellême (1); en effet, Guillaume le Conquérant étant mort en 1087, si le roi de France lui avait abandonné la suzeraineté de Bellême, Robert de Bellême n'aurait pas été vassal direct du roi de France en 1092. Ce chroniqueur, dont l'histoire littéraire des Bénédictins constate du reste l'inexactitude et le peu de valeur historique, a donc certainement fait une confusion de noms et de dates (2).

Orderic Vital rapporte qu'après l'emprisonnement de Robert de Bellême, Louis le Gros, par le traité de paix fait à Gisors à la fin de mars 1114 (n. st.), céda à Henri Ier, roi d'Angleterre, Bellême, le comté du Maine et toute la Bretagne (3). Nous avons vu (p. 49, note 1) que le roi d'Angleterre se rendit alors maître de Bellême avec l'aide de son gendre Rotrou, auquel il donna ce fief important (1), en se réservant cependant le château qui n'appartint au comte du Perche qu'en 1158, si l'on adopte pour la phrase de Robert de Thorigny l'identification de date de temps que nous avons suivie p. 49 (4). Quant à la fin même de cette phrase, nous

(1) *Ipso denique [Roberto de Bellismo] in vinculis posito, in quibus et defecit rex [Angl.] Henricus nobilissimum oppidum ejusdem nomine Bellismum cepit et illud Rotroco, comiti Perticensi, genero suo dedit. Licet pagus Bellismensis non ad ducatum Normanniæ pertineret, sed ad regnum Franciæ; dederat tamen dominium ejusdem pagi, vel, ut quidam dicunt, vendiderat dudum Philippus rex Francorum cognato suo Wuillelmo seniori regi Anglorum et duci Normannorum.* (Rec. des hist. des G. et de la Fr., XI, p. 57.) Nous savons par Orderic Vital que Guillaume de Jumièges n'écrivit pas après 1087; ce passage relatif au XIIe siècle n'est donc pas de lui, mais d'un continuateur qui n'est pas Robert de Thorigny, car les œuvres de ce chroniqueur, publiées par M. L. Delisle et comprenant les interpolations et additions à Guillaume de Jumièges, ne contiennent pas ce passage.

(2) L'auteur de l'*Art de vérifier les Dates* qui admet, comme nous l'avons vu, l'authenticité de cette charte (XIII, p. 173), ne s'est pas aperçu de la contradiction qui existe entre elle et le texte de Guillaume de Jumièges, sur lequel il s'appuie pour dire, dans le même volume (p. 148) : « Ce fut du temps de Roger de Montgommery que les seigneurs de Bellême commencèrent à relever des ducs de Normandie en vertu du don ou de la vente que le roi Philippe en fit à Guillaume le Conquérant (Will. Gemet. apud Bouquet, t. XI, p. 32). »

(3) *Tunc Ludovicus Henrico Bellismum et Cenomanensem comitatum totamque concessit Britanniam.* Orderic Vital, l. X.

(4) Voyez ci-dessus p. 49, note 2; nous avions adopté l'idée, que nous avons tâché d'expliquer p. 49, que la phrase : *Rex autem Henricus*, etc., s'appliquait à l'année 1158 comme le récit de la restitution par Rotrou IV de Moulins et Bonmoulin, car la construction de la phrase semble l'exiger; mais, par le fait, il n'est pas tout à fait impossible d'identifier *Henricus* avec Henri Ier et *Rotroco* avec Rotrou III et de voir dans cette phrase de Robert de Thorigny la simple mention du don de Bellême à Rotrou après le siège du 3 mai 1114.

croyons qu'on ne doit pas y voir la preuve de la mouvance de
Bellême du duché de Normandie, quoique l'interprétation d'Odolant-Desnos (qui croit que ce fut au roi de France que Rotrou fit
hommage du don qu'il venait de recevoir) nous semble difficile à
admettre (1) quand on lit sans parti-pris la phrase entière. Nous
croyons donc que Rotrou put rendre hommage de Bellême au roi
Henri, sans que Bellême fut pour cela mouvant de la Normandie,
car il faut remarquer que le même individu était constamment
seigneur à la fois de plusieurs terres sans qu'elles fussent pour
cela confondues, et si l'on invoque le traité de Gisors, il faudrait
alors considérer le Maine et la Bretagne, donnés à Henri Ier en
même temps que Bellême, comme faisant aussi partie de la Normandie : le continuateur de Guillaume de Jumièges tranche du
reste la question de la façon la plus décisive en faisant remarquer
que, malgré le don de Bellême fait au roi d'Angleterre, le Bellêmois relevait non du duché de Normandie, mais du royaume de
France. Si Rotrou rendit hommage de Bellême au roi d'Angleterre, cet acte ne fut certainement pas renouvelé et ne put, par
conséquent, devenir le point de départ d'un nouvel usage (2), et le
traité de Paris, en janvier 1194 (n. st.), en est une preuve certaine, car il y est spécifié que le comte du Perche, quoique vassal
du roi de France, tiendrait de Jean-sans-Terre les fiefs de Moulins et Bonmoulins, sis en Normandie, tandis qu'il n'est même
pas question de Bellême, fief pourtant beaucoup plus important
que ces derniers ; enfin Bellême ne figure pas davantage dans la
liste des fiefs de Normandie (3).

(1) « Voici comme le continuateur de la Chronique de Sigebert s'ex-
« prime : *Henricus concessit eidem Rotroco Bellismum castrum et ille*
« *fecit regi propter hoc hommagium.* Tous les écrivains ont mal à pro-
« pos conclu que Rotrou fit cet hommage à Henri Ier, roi d'Angleterre,
« duc de Normandie ; mais ils ont mal entendu ce passage et ceux de
« Guillaume de Jumièges et la Chronique de Normandie. Le roi de France
« céda Bellesme et le Bellesmois ; mais il s'en réserva la mouvance : ce fut
« à lui que Rotrou fit hommage, et Bellesme n'a relevé en aucun temps
« de la Normandie. » Odolant-Desnos : Mém. hist. sur Alençon. Additions (placées à la fin du t. II, p. 1). Odolant-Desnos ne dit pas que les
mots : « *Rex autem* » précèdent le mot *Henricus* par où il commence sa
citation. Voyez le contexte ci-dessus, p. 49, note 2.
(2) Voy. ci-dessus p. 52, note 5.
(3) Voy. p. 53, note 1 *in fine.*

Maison de Montgommery, seigneurs de Montgommery, Bellême, Alençon, etc., comtes de Ponthieu, de la Marche, etc.

HUGUES
seigneur de Montgommery, vicomte d'Exmes, 1018
comte du Shropshire et d'Arrundell ; † 28 juillet 1094 ;
ép. A Mabile, dame de Bellême et d'Alençon ; † déc. 1082
B Adèle du Puiset

ROBERT

ROGER
seigneur de Montgommery, vicomte d'Exmes, 1018
comte du Shropshire et d'Arrundell ; † 28 juillet 1094 ;
ép. A Mabile, dame de Bellême et d'Alençon ; † déc. 1082
B Adèle du Puiset

GILBERT
défend Montgommery
contre Henry Ier en 1054
empoisonné par Mabile

A Emme
abbesse
d'Amméches
† en 1113

A Mabaut
ép. Robert
c[te] de Mortain
frère utérin
de Guillaume
le Bâtard

A Mabile
ép. Hugues, sg[r]
de Chateauneuf
en Thimerais

A ROBERT TALVAS
c[te] d'Arundell
et du Shropshire
† 1098

A HUGUES
comte de Shropshire et d'Arrundell ;
ép. A Mabile, dame de Bellême et d'Alençon
B Adèle du Puiset

A PHILIPPE
le Grammairien
† A Antioche
en 1096

A ARNOUL
comte de Pembrock
ép. Lafracoth, fille
d'un roi d'Irlande
auteur présumé
des d'Eglington
et de Lorgra

A ROGER
le Poitevin
comte de Lancastre,
1102 ; † après 1123

A Sibile
ép. Robert
c[te] de Glocestre
† 1107

B EVRARD
chapelain
de Guillaume
et de Henri Ier
rois
d'Angleterre

GUILLAUME TALVAS
seigneur de Bellême, 1112-1114 ; comte de Ponthieu, 1105
seigneur d'Alençon, 1112 ; † 29 juin 1172
ép. après 1112, Hélie de Bourgogne, veuve de Bertrand,
comte de Toulouse

Mabile

Mahaut
abbesse
d'Amméches
en 1113

Sibile

Marguise
ép. Gui IV
v[te] de Limoges
† 1148

BOSON
comte de
la Marche
ép. Wulgrin II
c[te] d'Angoulême
† 1118

Ponce

ALDEBERT IV
comte de la Marche
1116-1143
ép. Aremgarde
qui se remaria
à Chalon de Pous

EUDES
comte de
la Marche
1135

PHILIPPE
† avant son
père

GUY
comte de Ponthieu
† à la Croisade, 1117
ép. A Mahaut
B N.... de St-Valery

Adèle
ép. A Jubel Ier
comte de Surcy ;
B Patrick d'Evreux
comte de Salisbury ; † 1168

Hélie
ép. A Guillaume de Warren
comte de Surrey ; † 1148
seig. de Séez et du Sonnois,
1171 ; † 24 février 1191
ép. Béatrice d'Anjou

JEAN Ier
comte d'Alençon,
seig. de Séez et du Sonnois,

BERNARD II
comte de la Marche,
1143-1150
ép.

ALDEBERT V GÉRARD
comte de la Marche, 1150
de la Roche-Mabile, vend son comté
à Henri II
roi d'Angleterre,
en 1177
† à Constantinople,
29 août 1180

JEAN
c[te] de Ponthieu
1140 ; † 1191
ép. Béatrice
de Saint-Pol

GUY
sg[r] de Noyelles
de Montgommery
et du Sonnois
† 6 mai 1191

Ele ou Alice
dame
de Montgommery
21 février 1191
ép. A Robert
Malet
B Guillaume
de Roumare

JEAN II
ép. A Robert
le Grisville
B Jeanne de la Guerche
veuve d'Hugues VI
C Emme de Laval,
qui se remaria à Math. II
de Montmorency
puis à Jean de Tocy

Philippe
comte d'Alençon, 1191
† 8 sept. 1217
ép. A Mahaut
† 1203, sans enfants
ép. Cécile

ROBERT III
comte d'Alençon, 1191

GUILLAUME
seigneur
de la Roche-Mabile
† 1203, sans enfants
ép. Robert
Tesson

Ele
dame
d'Amméches

Agnès
de Montreuil

Adèle
abbesse
de Montreuil

GUILLAUME
c[te] de Pontieu, 1191
1146 ; † 1191
Sénéchal
de Ponthieu
1184-1196
ép. Béatrice
de Saint-Pol

Marguerite
ép. Enguerrand
seigneur
de Picquigny
† 1221

B JEAN III
né posthume,
1217
† sans enfants
8 janvier 1212
ép. 1233, Alice
de Royo

B Mahaut
† sans enfants
ép. Thibaut, comte
de Blois ; † 1218

C ROBERT IV
comte d'Alençon
ou 1218
† avant janv. 1220

Marquise
ép. Gui de Combon

Adèle
ép. en 1173 c[te] de Pontieu, 1191
Renaut
de Montreuil, 1204
† vers 1221
de France, sœur
de Philippe-Auguste

Marie
comtesse de Ponthieu
ép. A 1208, Simon de Dammartin
comte d'Aumale ; † 1239

CHAPITRE VI

FIEFS NE FAISANT PAS PARTIE DU COMTÉ MAIS SEULEMENT DE LA PROVINCE DU PERCHE

§ 1. *Baronnie de Longny.* — § 2. *Châtellenie de Marchainville.* — § 3. *Châtellenie de la Motte-d'Iversay.*

§ 1. Baronnie de Longny.

Dans la partie du doyenné de Brezolles, la plus voisine du diocèse de Séez, se trouvait la baronnie de Longny, dont les habitants suivaient la coutume du comté du Perche (1) dans lequel elle formait une pointe, quoiqu'elle relevât de l'évêché de Chartres au point de vue féodal.

Il est dit dans une lettre écrite par le subdélégué de Mortagne à l'intendant d'Alençon en 1758 (2) que « la terre de Longny est une très ancienne baronnie, nommée autrefois la baronnie de Val en Fred, à laquelle le sire de Longny fit prendre son nom. » L'explication de ce fait du changement de nom de Longny (mentionné par plusieurs auteurs), se trouve dans d'anciens documents relatifs à cette terre, dont le texte nous a été conservé par G. Lainé, prieur de Mondonville (3).

En juin 1213 et en avril 1214, Girart « de Boceyo (4) », chevalier, donnait en gage au chapitre de l'abbaye de Saint-Jean de Chartres toutes les dîmes qu'il avait en sa seigneurie du Val en Pré (ou en Fred), et dans la paroisse de Moulicent, etc. Cette donation fut confirmée en septembre 1246 par Gaston, chevalier, seigneur de Longny, fils de Girart.

En février 1237 (n. st.), saint Louis avait mandé à Guiard de

---

(1) Procès-verbal de la rédaction des Coutumes du Perche, p. XVII.

(2) Arch. de l'Orne, C. 752.

(3) Voy. nos pièces justificatives relatives à la baronnie de Longny, à la suite de celles relatives au comté du Perche.

(4) Nous serions tentés d'identifier *Boceium* avec Boissy-Maugis, qui est près de Longny et de Regmalart.

Chambly de saisir la maison de son cher et féal, Gaston de Rémalart, sise dans le Val-Enfred et jurée audit roi, ainsi que toute
la terre dudit Gaston, mouvante de l'évêque de Chartres, et d'en
percevoir les revenus pour les rendre ensuite à l'évêque. Gaston
de Longny avait payé au roi 15 livres avant l'Ascension de l'année 1238 pour le rachat de la terre qu'il possédait en Corbonnais (1).

Comment le roi avait-il fait saisir par un de ses officiers la
maison de Gaston, sise dans un fief de l'évêché de Chartres?
Nous serions porté à croire que le roi l'avait fait à la demande de
l'évêque dont les officiers n'auraient probablement pas pu exécuter la saisie avec autant d'autorité que ceux du roi; mais ce qui
nous semble certain, c'est que le nom de Longny ne fut pas
apporté à cette terre par son premier seigneur, puisque le premier que nous trouvions s'appelait Girard de Boceio, et que son
fils est appelé tantôt Gaston de Rémalart, tantôt Gaston sire de
Longny; c'est ensuite que la seigneurie entière s'appelait le Val-
Enfred, parce qu'elle était située dans une vallée ainsi désignée,
et que le château de Longny, qui y fut bâti, ayant pris de l'importance, le nom de la vallée où il se trouvait disparut petit à petit,
et la seigneurie finit par être désignée par le nom du château.

2° Une sorte de charte notice copiée par Latné et plusieurs
chartes (voy. pièces justificatives), nous apprennent que Girard
de Longny, probablement fils de Gaston, ayant rendu aveu
au roi de sa tour (de Longny), espérant peut-être se soustraire
ainsi à ses devoirs envers l'évêque de Chartres, ce dernier se fit
rendre la saisine par le roi (trop loyal pour accepter ainsi un
transfuge), et, pour punir son vassal, garda longtemps à main
armée la tour, ainsi que toute la terre et reçut les hommages des
vassaux; qu'enfin, après beaucoup de réclamations et de plaidoiries
devant la cour du Roi, on en vint à convenir, en 1273, que ledit
Girard tiendrait à une foy et hommage lige de l'évêque, ladite
tour et toute la forteresse, comme il le faisait pour le reste du fief
du Val-Enfred; ce qui fut fait jusqu'en 1789, comme le prouvent
les aveux.

Le jour de Pâques 1416, l'hommage de la terre de Longny (qui
portait déjà ce seul nom en 1294) fut rendu à l'évêque de Chartres, à cause de son château de Pontgouin.

.

---

(1) Voy. nos pièces justificatives. La terre dont il est question ici
était-elle celle de Longny? Nous ne le croyons pas, car Longny ne faisait
partie ni de l'archidiaconé du Corbonnais, ni de la châtellenie de Mortagne
qu'on pouvait alors désigner sous le nom de Corbonnais pour la distinguer
de celle de Bellême, il s'agit plutôt de Regmalart, qui fit plus tard et faisait probablement déjà partie de la châtellenie de Mortagne.

En 1427, sur la réclamation de l'évêque de Chartres, Henri, se qualifiant roi de France et d'Angleterre, invitait son neveu Thomas de Montagu, comte de Salisbury et du Perche, auquel il avait donné les châtellenies, terres et seigneuries de Longny, Marchainville et la Loupe, à en rendre foy et hommage audit évêque.

C'est dans l'aveu du 25 avril 1470 que nous voyons pour la première fois Longny qualifié de baronnie, titre qui lui fut toujours donné par la suite.

La baronnie de Longny s'étendait sur les paroisses de Longny, Monceaux, Moulicent, Brotz et Malétable.

§ 2. Châtellenie de Marchainville.

Nous avons vu plus haut (p. 56) que Thomas, comte du Perche, promit en 1211 au roi de France de lui rendre, quand il le voudrait, le château de Marchainville, et ce, avec l'assentiment de Renaud, évêque de Chartres, son seigneur suzerain. Marchainville relevait, en effet, et continua à relever en foy et hommage lige de l'évêque de Chartres, comme le prouvent les aveux qui nous en ont été conservés (1) ; mais cette châtellenie, régie par la coutume du Perche, n'en fit pas moins toujours partie de la province de ce nom. Le château de Marchainville, dont il reste des ruines importantes, appartint au XIVe siècle, aux familles de Melun, de Husson et Cholet.

Marchainville est quelquefois nommée *Marchesvilla in Pertico* (2) pour la distinguer de Marchéville (canton d'Illiers) qui est en Beauce.

§ 3. Châtellenie de la Motte-d'Iversay.

Le chef-lieu de cette châtellenie fort peu importante, au moins à la fin du moyen âge, était situé en la paroisse de l'Hôme-Cha-

(1) Voy. nos pièces justificatives.

(2) Nous croyons que M. Merlet s'est mépris en indiquant, à l'article de Marchéville, dans le dict. top. d'Eure-et-Loir, parmi les désignations appliquées à ce lieu, celle de *Marchesvilla-in-Pertico*, car Marchainville, situé du reste en pleine région du Perche, est ainsi désigné dans plusieurs aveux, et il serait étonnant que Marchéville qui est en Beauce fut désigné de même.

mondot, en un lieu marqué sur la carte de l'état-major sous le nom de la Motte. Il est intéressant de noter que la paroisse de Saint-Maurice-sur-Huisne, située à quatre lieues environ de la Motte-d'Iversay, se nommait en 1126 : *Sanctus Mauricius de Evraciaco,* et en 1178 : *S. M. de Ivertiaco* (1), et qu'un moulin, sis dans cette paroisse, sur la rive droite de l'Huisne, en face de Boissy-Maugis, porte le même nom, écrit Yvercé sur la carte de l'état-major. Nous avons jusqu'ici trouvé fort peu de renseignements sur cette châtellenie; elle appartenait en 1558 à messire Esprit de Harville, chevalier, seigneur de Palaiseau et de la Motte-Diversay, qui comparut à la rédaction des coutumes du Perche, mais fit remontrer que ladite châtellenie n'était sujette ni tenue du comté du Perche et que la comparution qu'il faisait était seulement pour le fait de la coutume du Perche, qui était observée en ladite châtellenie, excepté qu'il y avait quelques coutumes locales et particulières, lesquelles après en avoir communiqué et délibéré avec les gens des trois états de ladite châtellenie, il avait fait rédiger par écrit en un cahier qu'il présenta et qui est publié dans le procès-verbal (2).

(1) Essai sur la topographie ancienne du département de l'Orne, par Louis Duval, p. 60 et 89.

(2) Coutumes du Grand-Perche, édit. 1787, p. 85 et 108.

CHAPITRE VII

LA PROVINCE DU PERCHE
ET LES CIRCONSCRIPTIONS D'ORDRES DIVERS
DONT ELLE FAISAIT PARTIE
OU QUI FAISAIENT PARTIE D'ELLE

§ 1. *Divisions ecclésiastiques.* — § 2. *Féodales.* — § 3. *Judiciaires.* —
§ 4. *Législatives.* — § 5. *Représentatives.* — § 6. *Financières.* —
§ 7. *Militaires.*

₂ 1. Divisions ecclésiastiques.

Nous avons vu (p. 15) que le territoire qui fut occupé plus tard par la province du Perche se trouvait divisé entre plusieurs peuples Gaulois : les Carnutes, les Aulerces Essuins et les Aulerces Cenomans (1), et entre plusieurs sous-divisions administratives romaines : la 2ᵉ, la 3ᵉ et la 4ᵉ lyonnaises : la permanence des divisions ecclésiastiques depuis l'établissement des diocèses en Gaule jusqu'à la Révolution et leur concordance presque constante avec les divisions civiles nous ont permis de retrouver d'une façon à peu près certaine les limites de ces peuples Gaulois.

Nous allons donner maintenant la liste des paroisses de la province du Perche appartenant à chacun des trois diocèses de Séez, de Chartres et du Mans, qui se partageaient cette province.

La partie de la province du Perche qui faisait partie du diocèse de Séez coïncidait exactement avec l'ancien archidiaconé du Corbonnais, dont fut démembré, après le xᵉ siècle, l'archidiaconé du Bellêmois, composé des doyennés de Bellême et de la Perrière,

---

(1) Nous ne parlons pas ici des Eburons que nous citions page 15, parce que nous nous occupions dans cet endroit de notre étude de la *région physique du Perche,* qui comprend une partie du Thimerais, dont le territoire était voisin des Eburons et peut-être occupé en partie par eux, tandis que dans le présent chapitre nous n'étudions que la *province du Perche.*

tandis que l'archidiaconé du Corbonnais ne comprenait plus, depuis ce démembrement, qu'un seul doyenné, celui de Corbon, dont le siège fut transporté à Mortagne après la ruine de Corbon.

Voici la liste des paroisses du *Doyenné de Corbon* (1) :

Bazoches-sur-Hoëne (Sᵗ Pierre)
Bivilliers   (Id.)
Boëcé   (Sᵗ Aubin)
     (réuni à la Mesnière)
Bresolettes   (Sᵗ Pierre)
Bubertré   (Sᵗ Denis)
Champeaux-sur-Sarthe (N.-D.)
Champs   (Sᵗ Evroult)
la Chapelle-Montligeon (Sᵗ Pierre)
Comblot   (Sᵗ Hilaire)
Corbon   (Sᵗ Martin)
Coulimer   (Sᵗ Pierre)
Courcerault   (Id.)
Courgeon   (N.-D.)
Courgeoût   (Sᵗ Lomer)
Courtoulin   (Sᵗ Hilaire)
     (réuni à Bazoches-s.-Hoëne)
Feings   (Sᵗ Gervais)
Lignerolles   (N.-D.)
Loisail   (Sᵗ Germain)
Loisé   (Id.)
Longpont   (Sᵗ Nicolas)
     (réuni à la Mesnière)
Maison-Maugis   (Sᵗ Nicolas)
Mauves   (Sᵗ Pierre)
Mauves   (Sᵗ Jean)
     (réuni à Sᵗ-Pierre au xiiiᵉ
     ou xivᵉ siècle)
la Mesnière   (Sᵗ Gervais)
Mortagne   (N.-D.)

Mortagne   (Sᵗ Malo)
     (réuni à Sᵗ-Jean, puis à N.-D.)
Mortagne   (Sᵗ Jean)
     (réuni à N.-D.)
Parfondeval   (N.-D.)
Prépotin   (Sᵗ Jacques)
Réveillon   (Sᵗ Martin)
Saint-Aubin-de-Courteraie,
Sainte-Céronne-lez-Mortagne,
Saint-Denis-sur-Huisne,
     (réuni à Réveillon)
Saint-Etienne-sur-Sarthe,
Saint-Germain-de-Martigny,
Saint-Hilaire-lez-Mortagne,
     (nommé autrefois le Pigeon)
Saint-Langis-lez-Mortagne,
Saint-Mard-de-Coulonges,
Saint-Mard-de-Réno,
Saint-Martin-des-Pézerits,
Saint-Ouen-de-Sècherouvre,
Saint-Quentin-de-Blavou,
Saint-Sulpice-de-Nully,
     (réuni à Sᵗ-Hilaire-lez-Mort.)
Saint-Victor-de-Réno,
Soligny-la-Trappe (Sᵗ Germain)
Soligny-la-Trappe (Sᵗ Pierre)
Théval   (Sᵗ Ouen)
     (réuni à Mortagne)
Villiers-sous-Mortagne (Sᵗ Prejet)

Le *Doyenné de Bellême* comprenait les paroisses suivantes :

Appenay-sous-Bellême (Sᵗ Germain)
Bellême   (Sᵗ Sauveur)
Bellême •   (Sᵗ Pierre)
     (réuni à Sᵗ-Sauveur)
Bellou-sur-Huisne (Sᵗ Paterne)

Berd'huis   (Sᵗ Martin)
le Buisson
(portait le nom de Colonard avant
la translation de l'église au village du Buisson en 1859)

(1) Nous indiquons dans ces listes toutes les paroisses ayant, à notre connaissance, fait partie à un moment quelconque de ces doyennés : elles n'ont donc pas toutes co-existé.

Nous avons puisé les éléments de cette liste dans l'*Essai sur la topographie ancienne du département de l'Orne*, de M. Duval, qui, se plaçant au point de vue départemental, classe les paroisses par cantons ; nous donnons au sujet des paroisses supprimées des indications différentes des siennes, car nous indiquons la *paroisse* à laquelle chacune d'elle a été réunie, et M. Duval indique la *commune*, qui n'est pas toujours la même que la paroisse.

la Chapelle-Souëf   (St Pierre)
Colonard   (St Martin)
(l'église de cette paroisse a été
supprimée et transportée en 1859
au village du Buisson, dont elle
porte aujourd'hui le nom)
Condeau   (St Denis)
Corubert   (St Pierre)
(réuni à Colonard ou le Buis-
son, 1876)
Courthioust   (N.-D.)
(réuni à Colonard, 1820)
Dame-Marie   (N.-D.)
Dancé   (St Jouin)
Gemages   (St Martin)
l'Hermitière   (la Ste Trinité)
Nocé   (St Martin)
Préaux   (St Germain)
la Rouge   (St Rémy)
Saint-Aignan-sur-Erre,
Saint-Aubin-des-Grois,

Saint-Cyr-la-Rosière,
Sainte-Gauburge-de-la-Coudre
(réuni à Saint-Cyr-la-Rosière)
Saint-Germain-de-la-Coudre,
Id.
Saint-Germain-des-Grois,
Saint-Hilaire-des-Noyers,
(réuni à Saint-Jean-de-la-Forêt,
1812, puis au Buisson (ou
Colonard), 1876)
Saint-Hilaire-sur-Erre,
Saint-Jean-de-la-Forêt,
Saint-Martin-du-Douet,
(réuni à Dame-Marie, 1801)
Saint-Maurice-sur-Huisne,
Saint-Ouen-de-la-Cour ou Bure,
Saint-Pierre-la-Bruyère,
Saint-Quentin-le-Petit,
(réuni à Nocé)
Serigny   (St Rémy)
le Theil   (N.-D.)
Verrières   (St Ouen)

Le *Doyenné de la Perrière* comprenait les paroisses suivantes :

Barville   (N.-D.)
Bellavilliers   (Id.)
Buré   (Id.)
Chemilly   (St Germain)
Eperrais   (St Pierre)
le Gué-de-la-Chaîne   (St Latuin)
(démembré de Saint-Mar-
tin-du-Vieux-Bellême, en
1872)
Igé   (St Martin)
Marcilly   (N.-D.)
(réuni à Igé)
Montgaudry   (St Rémy)
Origny-le-Butin   (St Germain)

Origny-le-Roux   (St Pierre)
la Perrière
Pervenchères   (N.-D.)
le Pin-la-Garenne   (St Barthélemy)
Saint-Fulgent-des-Ormes,
Saint-Hilaire-de-Soisay,
(était réuni à la Perrière,
en 1588)
Saint-Jouin-de-Blavou,
Saint-Julien-sur-Sarthe,
Saint-Martin du-Vieux-Bellême
Suré   (St Martin)
Vaunoise   (St Jacques)
Viday   (Id.)

Les paroisses de la (1) province du Perche qui faisaient partie
du diocèse de Chartres n'étaient pas comprises exactement, comme

(1) Nous donnons cette liste des paroisses du diocèse de Chartres avec
l'indication du nombre des communiants de chacune d'entre elles, d'après
le cartulaire de Notre-Dame de Chartres, publié par MM. de l'Epinois et
Merlet, qui ont omis les paroisses encore existantes de Monceaux et
Regmalart, et les paroisses supprimées de Riveray, Saint-Marc, Feillet et
la Motte-d'Iversay. Ces chiffres, donnant pour chaque paroisse le nombre
des fidèles qui approchaient de la sainte table, ne comprennent, par conséquent, ni les enfants au-dessous de dix ou douze ans, ni les adultes atteints
d'idiotisme ou de folie; ils sont donc fort inférieurs au chiffre total de
la population.

celles du diocèse de Séez, dans les limites d'un archidiaconé (celui de Bellême n'étant qu'un démembrement de l'ancien archidiaconé du Corbonnais), mais les unes se trouvaient dans le Grand-Archidiaconé, les autres dans celui de Dreux.

Les paroisses suivantes de la province du Perche faisaient partie du *Doyenné du Perche* ou de Nogent-le-Rotrou, compris lui-même dans le Grand-Archidiaconé du diocèse de Chartres (1) :

		communts			communts
Argenvilliers	(St Pierre)	385	Montireau	(S Barthélemy)	160
les Autels-Tubœuf	N.-D)	71	Montlandon	(St Jacques)	140
(réuni à Beaumont)			Nogent-le-Rotrou	(N.-D.)	1300
Beaumont-le-Chartif	(N.-D.)	450	Nogent-le-Rotrou	(St Hilaire)	1800
Béthonvilliers	(St Martin)	195	Nogent-le-Rotrou	(St Laurent)	1100
Bretoncelles	(St Pierre)	800	le Pas-St-Lomer	(St Lomer)	130
Brunelles	(St Martin)	328	Riveray		...
Champrond-en-Perchet	(St Aubin)	110	(réuni à Condé-sur-Huisne)		
Condé-sur-Huisne	(N.-D.)	670	Saint-Denis-d'Authou,		260
Coudray-au-Perche	St Pierre)	360	Saint-Éliph,		1050
Coudreceau	(St Lubin)	70	Saint-Hilaire-des-Noyers,		120
Coulonges-les-Sablons	(St Germain)	410	(réuni à Saint-Denis-d'Authou)		
Coutretot	(St Brice)	85	Saint-Jean-des-Meurgers		60
(réuni à Trizay)			(réuni à Meaucé)		
les Etilleux	(N.-D.)	170	Saint-Jean-Pierrefixte,		180
Fontaine-Simon	(Id.)	330	Saint-Marc (réuni à Vichères)		.
Frétigny	(St André)	520	Saint-Serge (réuni à Trizay)		50
la Gaudaine	(N.-D.)	120	Saint-Victor-de-Buton,		500
Mâle	(St Martin)	500	Souancé	(St Georges)	700
Margon	(N.-D.)	358	Souazé	(St Thomas)	400
Marolles	(St Vincent)	260	(réuni à Brunelles)		
Meaucé	(St Léonard)	170	Trizay-au-Perche (St Martin)		150
			Vichères	(N.-D.)	400

Le *Doyenné de Brou*, du Grand-Archidiaconé, fournissait à la province du Perche les paroisses de :

Combres	(N.-D.)	250	Montigny-le-Chartif	(Sts Pierre et Paul)	540
Happonvilliers	(St Pierre)	230	Nonvilliers	(St Anastase)	150

Le *Doyenné de Courville*, du Grand-Archidiaconé, ne fournissait à la province du Perche que la paroisse de :

le Favril   (St Pierre)   350

(1) Le doyenné du Perche comprenait encore les paroisses de Gardais, Guéhouville, la Loupe, Luigny et les Yys, qui ne faisaient pas partie de la province du Perche.

Enfin, le *Doyenné de Brezolles*, de l'*Archidiaconé de Dreux*, du diocèse de Chartres, lui fournissait :

		commun^ts			commun^ts
Autheuil	(N.-D.)	200	Marchainville	(N.-D.)	300
Bisou	(St Germain)	150	les Menus	(St Laurent)	250
Boissy-Maugis	(Id.)	500	Monceaux	(St Jean)	...
Brotz	(N.-D.)	100	la Motte-d'Iversay		...
(réuni à l'Hôme-Chamondot)			(réuni à l'Hôme-Chamondot)		
Dorceau	(St Etienne)	360	Moulicent	(St Denis)	320
Feillet, réuni au Mage		...	Moutiers-au-Perche	(N.-D.)	600
l'Hôme-Chamondot	(St Mart.)	180	Neuilly-sur-Eure	(St Germain)	400
la Lande-sur-Eure	(St Jean)	300	la Poterie-au-Perche	(St Pierre)	150
Longny	(St Martin)	2500	(réuni à la Ventrouze)		
la Madeleine-Bouvet			Randonnai	(St Malo)	200
	(Ste Madeleine)	250	Regmalart	(St Germain)	...
le Mage	(St Germain)	400	Tourouvre	(St Aubin)	800
Malétable	(St Laurent)	110	la Ventrouze	(Ste Madeleine)	100

D'après M. Duval (1) la paroisse de Contrebis (aujourd'hui réunie à Randonnai), qui faisait partie de la province du Perche et avait pour patronne sainte Madeleine, faisait partie du *Doyenné de Laigle*, de l'*Archidiaconé d'Ouche* et du *diocèse d'Evreux*.

La province du Perche comprenait encore tout ou partie des paroisses suivantes du *diocèse du Mans* :

Avezé (en partie)		Pouvray (St Martin)
Bellou-le-Trichard (N.-D.) en partie		Préval ou Gastineau (en partie)
Ceton (St Pierre)		Saint-Cosme-de-Ver (en partie)
la Chapelle-St-Rémy (en partie)		Saint-Denis-des-Coudrais (en part.)
Champrond-sur-Braye (en partie)		Saint-Jean-des-Echelles (en partie)
Nogent-le-Bernard (en partie)		Théligny (en partie)
Dollon (en partie)		

L'évêque de Séez avait à Mortagne un *official* chargé de juger les causes ecclésiastiques de la partie percheronne du diocèse de Séez (archidiaconés du Corbonnais et du Bellêmois), afin, dit Bry, que les Percherons ne fussent pas tenus d'aller à Séez, qui se trouvait en Normandie ; les appels des jugements de cette *officialité* étaient portés non à Rouen, comme ceux de la partie normande du diocèse de Séez, mais devant le grand-vicaire de l'archevêque de Rouen à Pontoise ; quelquefois aussi, l'archevêque donnait des juges *in partibus* pour juger ces appels (2).

L'évêque de Chartres avait à Nogent - le - Rotrou un official nommé *official du Perche*, qui avait dans sa juridiction les pa-

(1) Essai sur la topographie ancienne du département de l'Orne, p. 64.

(2) Bry, qui nous donne ces détails (p. 5 et 8), dit que c'est le président de Riant [Denis, mort avant 1540] qui avait fait décider, par arrêt du parlement de Paris, l'établissement de cette officialité.

roisses du diocèse de Chartres qui faisaient partie de la province du Perche.

Quant aux paroisses percheronnes du diocèse du Mans, elles relevaient certainement de l'officialité du Mans.

Outre les divisions en diocèses, qui sont de beaucoup les plus importantes au point de vue religieux, plusieurs ordres religieux, militaires et hospitaliers avaient adopté pour l'administration ou le groupement de leurs établissements un système de provinces ou circonscriptions spéciales pour chacun d'eux et dont la connaissance est indispensable pour l'étude de ces établissements et la recherche de ce qui subsiste de leurs archives; nous ne pouvons donner ici ces indications qui nous entraîneraient trop loin, mais nous espérons pouvoir y revenir dans une autre étude.

§ 2. Divisions féodales.

Il est à peu près certain, comme nous l'avons vu plus haut (p. 18), que le *pagus Corbonensis* ou comté de Corbon fit partie du duché de France au IXe siècle, et en tout cas tout à fait certain que ni le comté de Corbon, ni le comté de Mortagne, qui lui succéda après la destruction de Corbon, ni plus tard le comté du Perche ne firent jamais partie du duché de Normandie; aussi n'y a-t-il aucune raison de supposer que le diocèse de Séez tout entier ait été cédé en 924 au duc de Normandie par le roi Raoul (1), puisqu'aucun document ne le prouve et que tout indique le contraire, et croyons-nous que M. Longnon s'est mépris en indiquant le comté de Mortagne comme faisant partie du duché de Normandie vers 1032 (2), car en supposant même que le comte du Perche ait alors été vassal du duc de Normandie, ce que rien ne prouve, il est moralement impossible qu'il soit arrivé à s'affranchir d'une pareille suzeraineté sans qu'il en soit resté la moindre trace dans les récits d'aucun des chroniqueurs normands; or, *le comte du Perche était incontestablement vassal immédiat du roi de France en 1200,* puisqu'il est indiqué avec

(1) « Le diocèse de Bayeux ainsi que celui du Mans et *conséquemment* le diocèse de Séez furent cédés en 924 au nouvel Etat [la Normandie] par le roi Raoul... A l'exception du Maine, dont l'occupation par les Normands ne fut *probablement* pas consommée, les pays successivement cédés à Rollon et à Guillaume Longue-Epée, son fils et successeur, constituèrent le glorieux duché féodal de Normandie. » (A. Longnon : Atlas historique de la France, p. 85.)

(2) Atlas historique de la France, pl. XI, carte de la France vers 1032.

cette qualité et sert de caution au roi de France dans le traité du Goulet (1). M. Longnon s'est donc certainement mépris en disant que le roi de France ne fut suzerain immédiat du comte du Perche qu'à partir de 1204 et qu'en qualité de duc de Normandie (2). Outre le texte que nous venons de citer pour l'année 1200 et qui ne laisse pas le moindre doute, le traité de Paris de janvier 1194 n. st. nous semble presque aussi concluant : en effet, il y est convenu entre Philippe-Auguste et Jean-sans-Terre que le comte du Perche obtiendra les châteaux de Moulins et de Bonmoulin, *situés en Normandie,* et les tiendra en fief de Jean-sans-Terre, or, si le comte du Perche avait été vassal du duc de Normandie pour son comté du Perche, comment le roi de France aurait-il stipulé que ce comte obtiendrait telle ou telle terre en Normandie? (3) Enfin, le comté du Perche n'est pas compris dans la liste des fiefs de Normandie (4), qui comprend au contraire les fiefs normands de Moulins et de Bonmoulin ; et il aurait été au moins singulier d'omettre un fief de cette importance. Il n'est pas superflu de remarquer que la tradition et tous les auteurs anciens, depuis le continuateur de Jumièges que nous avons cité plus haut (5), sont unanimes pour déclarer que le comté du Perche n'a jamais fait partie du duché de Normandie, tandis que l'opinion contraire n'est appuyée sur aucune espèce de preuve, ni même de commencement de preuve.

Ce que nous venons de dire du comté du Perche ne s'applique qu'à la partie qui correspondait au *pagus Corbonensis* et à l'ancien archidiaconé du Corbonnais ou aux archidiaconés plus récents du Corbonnais et du Bellêmois ; car Nogent et les cinq châtellenies qui en relevaient et qui contribuèrent, à la fin du XIᵉ siècle, à former le comté du Perche, continuèrent à relever

---

(1) *Dominus quoque rex Francie similiter dedit nobis securitates de hominibus suis subscriptis : scilicet : comite Roberto Drocarum, Gaufrido comite Pertici...* Arch. nat. J 628, nᵒ 4, pub. par M. Teulet, I, 218. Voyez ci-dessus p. 54, note 4.

(2) « Le nombre des vassaux de la Couronne s'accrut notablement, dans l'ouest de la France, en suite de la confiscation des fiefs de Jean-sans-Terre. C'est seulement à partir de 1204 que le roi de France fut le suzerain immédiat du comte de Bretagne et des autres comtes moins importants d'Eu, d'Aumale, de Longueville, de Mortain et du Perche, anciens vassaux du duc de Normandie. » A. Longnon : Atlas historique de la France, p. 233. — Nous croyons en outre qu'être *vassal du roi à cause de son duché de Normandie, à cause de son comté du Maine, ou d'Anjou,* et qu'être *vassal de la Couronne* ou *du roi à cause de sa Couronne,* n'était pas du tout la même chose.

(3) Voyez ci-dessus, p. 52, note 3.

(4) Publiée par Duchesne : *Historiæ Normannorum scriptores antiqui.*

(5) Voyez p. 103, note 3.

du comte de Chartres (1) jusqu'au commencement du xiv° siècle (2). La châtellenie de Marchainville qui appartint aux premiers
comtes du Perche, n'était pas non plus sous la suzeraineté immédiate de la couronne, mais sous celle de l'évêché de Chartres,
comme nous l'avons vu plus haut.

Enfin, M. Longnon dit que vers 1032 des terres relevant du
seigneur du Thimerais étaient annexées au comté de Mortagne (3), ce qui semble vouloir dire que le comte de Mortagne
possédait des terres en raison desquelles il était vassal du seigneur du Thimerais ; mais il ne dit pas malheureusement où il a
puisé ce renseignement, et sans en être absolument sûr, nous
croyons que c'était le contraire qui avait lieu : c'est-à-dire que le
seigneur du Thimerais possédait des terres en raison desquelles
il était vassal du comte de Mortagne, soit en qualité de comte de
Mortagne, soit en celle de seigneur de Nogent-le-Rotrou. Nous
croyons de plus que ces terres étaient celles de Regmalart et de
ses dépendances, car Regmalart relevait du comté du Perche et
après le siège de 1078 (4), dont le récit a dû servir de source à
M. Longnon, nous le voyons possédé par des seigneurs que
Souchet (hist. de Chartres) dit alliés de ceux du Thimerais et qui,
comme ces derniers, portaient souvent le nom peu répandu de
Gasse, Guazzon ou Gaston.

Le comté du Perche était, depuis la fin du xiv° siècle, formé de
deux membres : la châtellenie de Mortagne et celle de Bellême
(dont relevait entre autres la baronnie de Nogent-le-Rotrou), et les
aveux des vassaux du comté étaient rendus *au comte du Perche à
cause de son château de Mortagne,* ou *à cause de son château de
Bellême ;* l'étendue de ces châtellenies n'était pas la même que
celle des divisions financières du même nom, dont nous allons
parler tout à l'heure (5).

(1) Et non du comté de Blois, comme on pourrait le croire d'après la
pl. XI, 1032, de M. Longnon. Il nous semble regrettable que M. Longnon, dans les cartes (si savantes et remarquables du reste) qu'il publie,
ait confondu plusieurs fiefs distincts, appartenant à un moment donné au
même seigneur, sous le nom d'un seul de ces fiefs; ainsi, dans la belle
carte de la France en 1032 (pl. XI), tout un groupe de fiefs est réuni sous
la légende de : *comté de Blois ;* il eut été, croyons-nous, plus exact et aussi
simple de mettre : *au comte de Blois* ou *possessions du comte de Blois*
ou *de Chartres,* mention du reste un peu inutile, puisqu'un teintage l'indique déjà.

(2) Voyez ci-dessus, p. 75 et 81 et nos pièces justif. 8, 9, 10, 11, 30, etc.

(3) Atlas historique de la France, p. 220.

(4) Voyez ci-dessus, p. 43, note 4.

(5) Nous n'étudierons pas ici le détail des divisions féodales du comté
du Perche, car nous comptons le faire amplement dans le dictionnaire des
fiefs du comté du Perche, que nous préparons depuis longtemps.

§ 3. Divisions judiciaires.

Si on examine la façon dont la justice était rendue dans la province du Perche, on peut distinguer trois grandes périodes pendant chacune desquelles l'organisation judiciaire revêt dans notre pays des formes différentes (1).

La première commence à l'établissement de la féodalité et se termine en 1226 à la mort du dernier comte du Perche de la première race : pendant cette période, suivant les principes féodaux alors appliqués, le comte du Perche jugeait en sa cour, c'est-à-dire entouré de ses vassaux, les contestations qui lui étaient soumises ou ceux de ses sujets accusés d'un crime, et les jugements de ce tribunal devaient être à peu près définitifs, car l'appel au roi (son suzerain pour le Corbonnais et le Bellêmois) ou même au comte de Chartres (son suzerain pour Nogent-le-Rotrou) était, croyons-nous, peu usité, s'il était admis en droit. Bry publie un jugement rendu ainsi par le comte Geoffroy IV (1079 † 1100) à Saint-Denis de Nogent-le-Rotrou et un autre rendu en présence de Rotrou III (1100 † 1144) et de sa sœur Julienne à Bellême (2).

Les seigneurs de Bellême rendaient de même la justice dans leur fief, comme nous voyons Robert de Bellême le faire en 1086 (3) et les prédécesseurs des seigneurs que nous verrons plus tard posséder le droit de haute, moyenne et basse justice,

---

(1) Nous n'avons pas à nous occuper des siècles reculés dont on a fini par éclaircir l'histoire et les mœurs au point de vue général ; en compulsant les travaux importants qui y ont été consacrés, il serait facile de dire ce qu'on sait aujourd'hui de la façon dont la justice était administrée chez les Gaulois, les Gallo-Romains, les Mérovingiens et les Carolingiens, mais nous préférons renvoyer à ces ouvrages, n'ayant pas trouvé de documents qui se rapportent spécialement au pays dont nous nous occupons.

(2) ... *Post hœc autem Salierius quidam miles cœpit memoratam terram calumniare, dicens sibi injuste auferri. Unde ipse et monachi ad judicium coram multis nobilibus viris qui ad ipsum, ab utrisque partibus fuerant convocati, in curia Sancti-Dionysii a domino Gaufrido comite venire sunt jussi*..... (Bry, p. 155). *Nobilibus itaque omnibus insimul convocatis, ... ut primum fuerat ex toto judicaverunt. Præpositus quoque, nomine Pagamus, sexdecim denarios, ... justo judicio procerum et burgensium Bellismensium... priori reddidit, quod viderunt et audierunt isti : Rotrocus comes, Juliana soror illius...* (Bry, p. 179).

(3) ... *anno... 1086... convenerunt ante Robertum de Bellismo, in aula ipsius Bellismi, abbas Sancti Petri... Ibi ergo congregatis tam prece quam admonitione Roberti Bellismensis pluribus abbatibus et monachis, multisque baronibus laicis, ipsius curiæ judicio decretum est ut... Hujus autem placiti judices fuerunt...* (Bry, p. 82.)

avaient certainement également le droit et le devoir de rendre la
justice chacun dans leur fief, droit plus ou moins étendu, suivant
la coutume et l'importance du fief. L'assistance des vassaux en la
cour de leur seigneur pour juger le délit criminel ou la réclamation civile de leur pair était obligatoire comme l'indique la seconde
phrase de la citation précédente (note 3 de la page 119).

D'après la tradition, plutôt que d'après un texte précis, la cour
des comtes du Perche pour juger leurs vassaux du Corbonnais se
serait nommée la *Calende du Corbonnais ;* en tout cas, l'assemblée
de cette Calende, quelqu'en ait été l'objet, se tenait dans la grande
salle du prieuré de Chartrage, près Mortagne (1). Il est probable
qu'à cause de l'origine diverse des trois territoires de Mortagne, Bellême et Nogent-le-Rotrou qui composaient le comté du Perche, les
vassaux de chacun de ces trois territoires étaient convoqués séparément à la cour du comte, soit qu'il la tint dans l'une ou dans l'autre de ces villes, ou dans une localité moins importante ; les comtes
du Perche avaient un prévôt dans chacun de leurs châteaux (2),
mais nous croyons que les fonctions de ces officiers étaient plutôt
celles d'un régisseur ou d'un garde que celles d'un magistrat.

La seconde période commence à la première réunion du comté
du Perche au domaine de la Couronne en 1226 et finit en 1572.
Nogent-le-Rotrou se trouva en 1226 séparé pour quelque temps,
comme nous l'avons vu, du reste du comté du Perche, aussi, tant
qu'il appartint à la maison de Châteaugontier, le mode d'administration de la justice ne dut pas s'y modifier beaucoup ; dans
Corbonnais et le Bellêmois, au contraire, le roi était devenu le
le seigneur direct et immédiat. Quoique les rois de France
visitassent alors fréquemment leurs domaines, un séjour toujours
passager n'était pas comparable à la présence habituelle des
anciens comtes, et le roi n'étant pas là assez souvent pour prési-
der régulièrement la cour de son comté et en diriger les débats,
dut charger un de ses officiers de le représenter : cet officier eut
dans le comté du Perche le nom de *bailly* (3). Mais, les barons et

(1) Peut-être les comtes du Perche avaient-ils l'habitude de tenir leur
cour de justice en Corbonnais le premier jour de chaque mois, ou jour
des Kalendes ? Voyez Bart des Boullais qui donne la description des blasons
des principaux seigneurs percherons peints sur les murs de cette salle.

(2) Ces *prévôts, prepositus,* sont souvent nommés dans les cartulaires
du pays ; voyez notamment celui de la Trappe. Le terme de *prévôt* ou de
viguier fut usité dans l'Ile-de-France et dans d'autres provinces pour désigner un officier dont la juridiction, inférieure à celle du *bailly,* correspondait à celle qui portait, dans la province du Perche, le nom de *vicomté.*

(3) Le titulaire de ces fonctions reçut dans d'autres provinces (dans
presque toutes celles du Midi et même quelques-unes du Nord, comme le
Maine) le nom de *sénéchal ;* les termes de *bailly* ou *bayle (ballivus)* et de
sénéchal *(senescallus)* sont donc synonymes à partir du XIIIᵉ siècle.

chevaliers qui acceptaient la direction de leur seigneur et auraient accepté celle du roi ne s'inclinaient pas aussi facilement devant un fonctionnaire; celui-ci, de son côté, ayant sa responsabilité couverte vis-à-vis de ses administrés par le nom du roi qu'il représentait, devait trouver préférable à tous égards de se passer de conseillers gênants et d'accaparer toute l'autorité et tout le pouvoir judiciaires. Aussi, probablement après une période intermédiaire sur laquelle nous n'avons pu encore recueillir assez de documents, la cour féodale disparaît complètement et la comparution des vassaux cesse comme droit et comme devoir : le bailly devient seul juge suprême du comté : il est bailly royal pendant les époques de réunion à la Couronne, et simple bailly pendant les apanages.

Pierre Mauclerc avait un bailly à Bellême pendant l'époque où cette ville fut en sa possession (1).

Un compte de recettes de mai 1238 (2) du bailliage de Bellême nous a été conservé et la somme importante qui se trouve inscrite comme produit du *bailliage*, prouve bien que cette somme n'était pas seulement le total des amendes judiciaires, mais aussi de certains revenus domaniaux que le bailly était chargé de recevoir avant l'institution des *receveurs du domaine*.

Dans le budget de 1252, on parle du *bailliage* sans qu'il soit indiqué si ce terme comprend le Corbonnais et le Bellêmois ou seulement ce dernier (2); dans le budget de 1271 (2), on mentionne la dépense des travaux exécutés dans le *bailliage du Perche* (3).

Un jugement du parlement de l'Ascension de l'an 1260 mentionne la *Cour du Roi dans le Perche* prise dans le sens juridique (4). Soit que le comte Pierre Ier, lorsqu'il eut reçu en apanage les comtés d'Alençon et du Perche en 1270, eut institué un seul bailly pour le Perche et l'Alençonnais ou un bailly distinct pour chacun de ces comtés, il jouissait du droit du *plaît de l'épée* dans les deux comtés (5); et le parlement étant déjà organisé à

____

(1) Arch. nat. S 2238, n° 39. Charte de mai 1227 de Mathieu de Coimes, qui s'intitule : *senescallus ducis Britannie et ballivus Bellismensis*.

(2) Voy. les pièces justificatives.

(3) On n'y parle pas des gages du bailly du Perche, mais comme l'exercice financier ne comprenait pas alors une année entière, l'absence de mention des gages du bailly ne prouve pas la non existence de cet officier.

(4) Voyez la pièce justificative n° 40.

(5) Voyez ci-dessus p. 78, note 3. — Le *plaît de l'épée* n'était-il que le droit de haute justice, comme il est dit dans l'Art de vérifier les dates, ou n'était-ce pas plutôt le droit de tenir une cour supérieure jugeant les appels des juridictions inférieures et semblable à la cour des anciens comtes? Les textes ne nous l'ont pas encore appris.

cette époque, les appels des juridictions du ou des comtés y étaient certainement portés.

Une charte de 1312 nous apprend que Robert Guosseaume était, à cette date, *vicomte* d'Alençon et du Perche (1).

Enfin l'existence et les fonctions judiciaires du *bailly du Perche* ne sont plus douteuses en 1379 (2), époque où le roi permet au comte du Perche d'avoir des *Grands-Jours* devant lesquels devaient être portés les appels des sentences rendues par le bailly du Perche (3).

Les *Grands-Jours* du Perche se tenaient de trois mois en trois mois d'après Courtin, et de deux ou de trois ans en trois ans selon la nécessité, suivant Bry (p. 7), et si on appelait des sentences des Grands-Jours, l'appel était reporté en la Cour de Parlement (4). Charles IV, par lettres patentes d'août 1523, créa un président en ses Conseils et six conseillers pour tenir les Grands-Jours du Perche, aux gages de 100 livres pour le président et 25 livres pour chaque conseiller (3).

Les Grands-Jours du Perche furent supprimés après la mort de la comtesse Marguerite, arrivée le 2 décembre 1549 (5).

L'édit royal de 1552, qui établit des *présidiaux*, plaça le bailliage du Perche dans le ressort du présidial de Chartres, qui dépendait du Parlement de Paris (6).

Pour les cas ordinaires, le juge en première instance était donc le vicomte du Perche ou le bailly de la justice seigneuriale (sui-

---

(1) Arch. nat. J 227, n° 51. — Une charte de l'an 1300 (citée par Bry, p. 272), relative à une vente de bois en la forêt de Bellême, est adressée au bailly d'Alençon; mais le comte Charles Ier pouvait se faire payer à Alençon une dette relative au domaine du Perche, tout en ayant un bailly du Perche.

(2) Vastin de Huval dit Picart était bailly du Perche et de Châteauneuf-en-Thimerais, le 19 septembre 1481 (Arch. nat. P 290 ² cote 598), mais cela ne prouve pas absolument que le Perche et Châteauneuf ne formassent alors qu'un seul bailliage, car le même individu pouvait exercer en même temps les fonctions de bailly dans deux bailliages voisins, mais distincts.

(3) Voyez les pièces justificatives.

(4) Courtin, liv. 8, ch. 9, cité dans une hist. ms. du Perche de la fin du XVIIIe siècle, qui nous appartient.

(5) Hist. ms. du Perche (du XVIIIe siècle, déjà citée) qui ajoute : « L'ancien ordre de rendre la justice par le vicomte juge premier, et par le bailly, juge supérieur, ensuite par appel au Parlement de Paris fut rétabli. »

(6) Les *présidiaux*, de *presidium* : aide, assistance, étaient des tribunaux destinés à alléger les Parlements que le nombre des affaires à eux soumises obligeait à des lenteurs préjudiciables aux plaideurs; ils jugeaient en dernier ressort certaines affaires dont la nature avait été fixée par l'édit qui les établit.

vant le domicile des parties ou la situation de l'objet en litige (1),
l'appel des jugements en matière civile rendus en les *plaids* de la
vicomté du Perche ou de l'une des justices seigneuriales du pays
était porté aux *assises* du bailliage du Perche (2), et le second
degré d'appel était fourni par la *Cour du Parlement* de Paris dans
les cas les plus graves, ou par la *Cour présidiale* de Chartres
dans les cas moins importants, indiqués par l'édit de 1552 (1).
En matière criminelle, les appels des jugements du vicomte
étaient portés devant le bailly ou au Parlement, au choix des
parties, en ce qui s'appelle le *petit criminel*, et dans le cas de
crimes graves toujours au Parlement.

Pour les cas royaux (crimes de lèse-majesté, etc.), dont le jugement était réservé au roi où à ses officiers, la procédure était
différente : en effet, aux époques où le comté du Perche était
réuni au domaine de la Couronne, le bailly du Perche étant juge
royal pouvait juger les cas royaux, mais quand il était apanagé,
les magistrats du pays n'étaient plus des juges royaux, mais seigneuriaux, et dès lors la connaissance des cas royaux ne pouvait
leur être attribuée ; le jugement de ces cas, quand il s'en présen-
tait dans le comté du Perche, ressortissait donc à l'un des juges
royaux les plus rapprochés comme distance du comté du Perche :
et le bailly de Chartres fut presque toujours considéré comme
remplissant cette condition (3), quoique Bry dise (p. 9) que le
jugement de cas royaux relatifs au Perche fut aussi porté aux
assises du Mans, et il semble certain que pendant la durée des
apanages (pendant lesquels le bailly du Perche n'était plus un
juge royal) le Perche appartenait, au moins pour les cas royaux,
au bailliage de Chartres (4). M. A. Longnon place enfin le comté

(1) Bry, p. 7 et 8; procès-verbal des Coutumes du Perche et mémoire
sur la province du Perche par M. de Pomereu, pub. par M. Duval,
p. 204, 205.

(2) Le bailly du Perche était en outre juge en première instance des
procès des vassaux du Perche quand ils étaient *hauts-justiciers* et qu'il
était *question de leur haute-justice*, d'après l'ancienne coutume du Perche; des édits royaux et des arrêts du Parlement lui avaient de plus attribué (comme aux autres baillis et sénéchaux ressortissant sans moyen à la
Cour du Parlement), la connaissance des causes des *nobles vivants noblement*, des *terres nobles* entre quelques personnes que ce soit, la prévention en toutes *causes criminelles*, connaissance des *sujets* et des *hauts-
justiciers*. (Procès-verbal des Coutumes du Perche, éd. 1787, p. 92
et 93).

(3) « Appel d'un jugement rendu par le bailly de Chartres ou son lieutenant extraordinaire à Bellesme, le lendemain de la Saint-Martin 1510. »
B. N. ms. fr. 24,134 (G. Laîné, XI), fol. 74.

(4) Souchet (hist. du dioc. de Chartres, I, 91) cite plusieurs faits qui
semblent bien le prouver.

du Perche dans le ressort du bailliage royal de Caen vers 1305 (1).

Jacques Courtin, dernier bailly du Perche *de robe longue,* ayant été assassiné dans la forêt de Bellême en 1572, fut remplacé par un *bailly d'épée :* la charge de bailly qui était jusqu'alors une fonction que remplissait en personne celui qui en était pourvu, devint alors un office d'épée ne conservant que des droits honorifiques, et le bailly finit par ne plus paraître qu'aux cérémonies, quoique la justice fut toujours administrée en son nom. Les fonctions judiciaires qui lui incombaient furent dès lors remplies par ses deux lieutenants, l'un au siège de Mortagne, devant lequel venaient les appels des jugements rendus par le vicomte du Perche ou son lieutenant à Mortagne, l'autre au siège de Bellême (2) devant lequel venaient les appels des jugements rendus par le vicomte du Perche ou ses lieutenants aux sièges de Bellême et de la Perrière (3). On divisa ensuite l'office de vicomte du Perche et au lieu d'une seule vicomté, composée d'un chef et de trois lieutenants, on forma d'abord, avant 1698, deux vicomtés : Mortagne et Bellême (pour les sièges de Bellême et la Perrière), puis, après 1698, trois vicomtés : Mortagne, Bellême (qui comprenait Nogent-le-Rotrou) et la Perrière, et les trois vicomtes eurent par ce moyen chacun leur lieutenant (4). Les appels continuèrent à être faits jusqu'à la Révolution de la vicomté au bailliage et du bailliage au présidial de Chartres ou au Parlement de Paris, comme nous l'avons indiqué pour la seconde période (5).

Il est important de remarquer que les divisions féodales et judi-

(1) Atlas historique de la France, pl. 14.

(2) Bry (p. 17) nous apprend que les assises du bailliage du Perche à Bellême se tenaient de six semaines en six semaines, à l'époque où il écrivait (1620); les assises de Mortagne se tenaient probablement moins souvent, car le siège de Mortagne avait un territoire moins étendu que celui de Bellême.

(3) L'abbé Expilly dit dans son dictionnaire géog., à l'article *Perche,* que les lieutenants du bailly du Perche furent institués en 1572, mais il se trompe, car ces officiers comparaissaient à la rédaction des Coutumes du Perche en 1558.

(4). Archives nationales P 2084 et mémoire de M. de Pomereu sur la province du Perche, p. 205.

(5) M. Duval (Etat de la généralité d'Alençon sous Louis XIV, p. XXXIX) cite un « procès, commencé par M. de la Mesnière, lieutenant général criminel au siège du Perche, et renvoyé au présidial d'Alençon par arrêt du Conseil d'Etat du 12 février 1666 », mais il est facile de voir qu'il ne s'agit pas là d'un cas d'appel, mais de l'application d'une procédure où le Conseil d'Etat joua le rôle attribué par l'organisation actuelle à la Cour de Cassation. La première phrase du mémoire rédigé par M. de Pomereu sur le Perche en 1698 (p. 204 du même ouvrage), ne permet pas le moindre doute à cet égard, la voici : « Tout le Perche est du ressort du Parlement de Paris. »

ciaires coïncidèrent dans le Perche jusqu'à la Révolution : les
limites du bailliage du Perche étaient les mêmes que celles du
comté, aussi les fiefs de Longny, de Marchainville et de la Motte-
d'Iversay qui ne faisaient pas partie du comté, ne faisaient pas
non plus partie du bailliage, comme le prouve le procès-verbal
de rédaction des Coutumes du Grand-Perche.

§ 4. Divisions législatives.

Il semble à peu près évident que les limites du territoire soumis à une *Coutume* étaient les mêmes que celles de l'état féodal
dont le seigneur et sa cour avaient été longtemps juges suprêmes,
puisque la Coutume était formée par ce qu'on appelle aujourd'hui
la *jurisprudence*, c'est-à-dire la façon dont telle difficulté juridique est habituellement tranchée par le juge; et il en était certainement ainsi pour le Perche au moyen-âge. Mais cet état de
choses s'était déjà modifié avant la fin du xvie siècle et probablement même dès le commencement du xiiie; en effet, nous
constatons par le procès-verbal de rédaction des « Coustumes
des pays, comté et bailliage du Grand-Perche et des autres terres
et seigneuries régies et gouvernées selon iceux », dressé en 1588,
que la liste des paroisses soumises à la Coutume du Perche comprenait non seulement toutes celles du comté et du bailliage du
Perche, mais aussi celles qui faisaient partie de la baronnie de
Longny et des châtellenies de Marchainville et de la Motte-
d'Iversay; il est tout naturel de trouver Marchainville soumis à la
législation du comté du Perche puisque nous avons vu cette châtellenie en la possession de nos anciens comtes au xiiie siècle ;
quant à la baronnie de Longny et à la châtellenie de la Motte-
d'Iversay, il est probable que les comtes du Perche les avaient
également possédées ou qu'ils avaient été suzerains des seigneurs
de ces terres (1). Il semble donc évident que les limites du territoire soumis à la Coutume du Perche sont les mêmes que celles
du comté du Perche tel qu'il était au moyen-âge sous nos premiers comtes.

La liste des paroisses où était appliquée la Coutume du comté
du Perche coïncidant avec celle des « paroisses de la province du

(1) Nous avons vu qu'en 1237, Longny relevait de l'évêché de Chartres
et n'appartenait pas au comte du Perche, mais il est possible que les
comtes du Perche, après avoir possédé cette terre, l'aient donnée ou ven-
due sans s'en réserver la mouvance.

comté du Perche » donnée par Bart (1), nous en concluons que ce terme de *province* plusieurs fois employé par Bart (qui écrivait en 1613) et qu'on ne trouve guère antérieurement que dans le sens tout différent de province ecclésiastique (ensemble des diocèses soumis à un archevêque), désignait aux XVIIe et XVIIIe siècles l'ensemble des paroisses soumises à une même Coutume, ensemble qui correspondait le plus souvent à un Etat féodal.

La baronnie de Longny, outre la Coutume du Perche, suivait en outre dans certains cas une Coutume qui lui était particulière et dont le texte est inséré au procès-verbal de rédaction des Coutumes du Perche; la châtellenie de la Motte-d'Iversay avait aussi quelques usages particuliers.

§ 5. Divisions représentatives.

Les assemblées représentatives apparaissent en France avec les impôts : le roi ne pouvant suffire aux dépenses nécessitées par la guerre contre les envahisseurs anglais, prit le parti de convoquer les représentants des trois classes du peuple pour leur demander leur appui moral et financier ; ceux-ci votaient les subsides demandés par le roi et lui présentaient en même temps des cahiers contenant le résumé de ceux rédigés dans chaque paroisse de la province et exprimant les vœux du peuple entier au sujet des abus à corriger et des réformes à établir dans le gouvernement et l'administration (2).

Il y avait des *Etats-Généraux* où se trouvaient les représentants de la France entière et dont les vœux et les votes intéressaient l'ensemble du pays, et des *Etats - Provinciaux* chargés d'une part de nommer les députés aux Etats-Généraux, et d'autre part de répartir et d'asseoir la part des impôts généraux attribuée à chaque province et de consentir à la levée des impôts spéciaux à telle ou telle province ; mais une grande partie des provinces de France perdirent peu à peu leurs Etats particuliers et l'impôt y

(1) Ed. de M. H. Tournoüer, p. 19.
(2) Cette institution salutaire, aussi utile au roi qu'au peuple, était pour ce dernier une sauvegarde en lui permettant de faire entendre librement ses doléances et ses réclamations et enlevait en même temps au roi une terrible responsabilité et une cause fréquente d'impopularité en laissant aux contribuables le droit de fixer eux-mêmes le chiffre et le mode de perception des impôts qu'ils avaient à supporter ; aussi ne saurait-on trop déplorer l'ambition criminelle du ministre qui cessa de convoquer les Etats pour augmenter d'autant le pouvoir qu'il exerçait au nom du roi et contribua ainsi puissamment à amener le cataclysme de 1789.

fut assis et perçu par des *élus* désignés d'abord par le vote des habitants, puis par les officiers royaux : la distinction des provinces de la France en *pays d'Etats* et *pays d'Elections*, importante surtout au point de vue financier, l'est aussi au point de vue représentatif si intimement lié au premier. En effet, dans les *pays d'Etats*, les impôts étaient votés par les *Etats* de la province, Etats qui étaient une véritable *représentation provinciale* et formaient en même temps au point de vue de la *représentation nationale*, lors de l'élection des députés aux Etats-Généraux, un collège électoral au second degré. Dans les *pays d'Elections* il n'y avait plus dès le moyen-âge de *représentation provinciale*, mais lors de l'élection des députés aux Etats-Généraux, ce n'étaient pas les divisions financières (Généralités et Elections) qui y étaient prises comme circonscriptions électorales, mais bien les divisions judiciaires: bailliages ou sénéchaussées, dont les limites concordaient, comme nous l'avons vu, avec les limites actuelles du fief qui représentait l'ancien Etat féodal (dans le Perche du moins, et bien probablement dans les autres pays d'Elections). La province du Perche se trouvait parmi les pays d'élections. Tous les pays d'Elections de la France formaient, en 1614, 75 bailliages (ou sénéchaussées) *principaux*, c'est-à-dire députant directement aux Etats-Généraux, leur nombre fut porté à 86 lors de la convocation des Etats-Généraux en 1789. Beaucoup de ces bailliages comprenaient un ou plusieurs bailliages ou sénéchaussées *secondaires* dont les députés, au lieu d'aller directement aux Etats-Généraux, n'allaient qu'à l'assemblée du bailliage principal : le vote était donc à deux degrés dans les bailliages principaux et à trois degrés dans les bailliages secondaires (1).

Le bailliage du Perche, lors de la réunion des Etats-Généraux de 1614, formait un bailliage principal, comme il le faisait déjà du reste en 1588 (2), et envoyait aux Etats-Généraux un député pour le Clergé, un pour la Noblesse et deux pour le Tiers-Etat (3). Le roi avait ordonné de suivre pour la réunion des Etats-Généraux de 1789 le même ordre que pour ceux de 1614; cet ordre fut rappelé par un règlement annexé à la Lettre du roi (du 24 janvier 1789), envoyée aux baillis pour la convocation des Etats-Généraux. Le

(1) Lettre du roi pour la convocation des Etats-Généraux à Versailles, le 27 avril 1789, et règlement y annexé. Paris, imp. roy., 1789.

(2) Messire René d'Amilly, chevalier de l'ordre du roi, seigneur du dit lieu, fut député de la noblesse du bailliage du Perche aux Etats de Blois, en 1588. B. N. ms. fr. 21,540. — Nous ne savons ce que Bry veut dire par cette phrase (p. 7) : « Aussi aux Etats-Généraux de France, il [le Perche] est soubs le gouvernement d'Orléans. »

(3) Etat alphabétique faisant suite au règlement cité ci-dessus.

TABLEAU DE TOUTES LES COMMUNES DE LA PROVINCE DU PERCHE

CLASSÉES SUIVANT LES DIVISIONS FINANCIÈRES

Indiquant le chiffre d'impôt de chacune d'elles (en livres tournois) en 1460, d'après le ms. fr. 24,421 de la B. N., et le nombre de feux qui s'y trouvait au milieu du XVIIIe siècle d'après l'abbé Expilly. (Voyez p. 138 une note relative à ce tableau.)

Celles sous lesquelles n'est inscrite aucune mention spéciale firent partie de l'élection d'Alençon et du Perche, puis de l'élection de Mortagne.

Châtellenie de Mortagne

	l. t.	feux
Autheuil		74
Bazoches-sur-Hoëne	175	226
Bivilliers	11	49
Bizou	34	48
Boëcé (St-Aubin de)	25	27
Boissy-Maugis	55	124
Bresolettes (réuni à Contrebis, 1466)	néant	50
Bubertré	20	60
Buré	60	55
Champeaux-sur-Sarthe	55	88
Champs (était réuni à Lignerolles en 1466)		41
la Chapelle-Montligeon	33	98
Comblot	26	38
Contrebis (réuni à Bresolettes en 1466, et actuell't à Randonnai)		1
Corbon	50	39
Coulimer	40	140
Courcerault	50	93
Courgeon	75	81
Courgeoust	110	131
Courtoulin	18	37
Dorceau	60	118
Feings	80	136
Feillet (réuni au Mage)		
la Lande-sur-Eure (était réuni à Neuilly en 1466, mis à l'él. de Longny, puis de Verneuil)		
Lignerolles et Champs		21
Loisail	60	78
le Gué-de-la-Chaîne	35	245

Châtellenie de Bellême

	l. t.	feux
Appenay-sous-Bellême	40	87
Avezé (ressort d')	12	13
Bellême (St-Sauveur et Saint-Pierre)	100	483
Bellou-sur-Huisne	40	105
Bellou-le-Tri-chart		
Berd'huis	45	64
la Bruyère (voy. St-Pierre)	25	85
le Buisson (hameau où a été transporté en 1859 le chef-lieu de la commune de Colonard)		
Bure (roy. St-Ouen-de-la-Cour)	50	39
la Chapelle-Souêt	28	84
Colonard	25	60
Condeau	55	129
Corubert	8	29
Courthioust (réuni à Colonard, 1820)	12	19
Dame-Marie	50	58
Dancé	55	155
Gastineau (roy. Préval)		
Gémages		30
le Gué-de-la-Chaîne		

Châtellenie de Ceton

	l. t.	feux
Ceton	130	296
Champrond-sur-Braye (en partie)	40	45
la Chapelle-St-Rémy (en partie)	néant	
Dollon (en partie)	néant	13

Châtellenie de la Perrière

	l. t.	feux
Barville	37	105
Bellavilliers	40	96
Chemilly	85	99
Courgom-mer et le Fresne, 1466		12
Eperrais	50	72

Châtellenie de Nogent-le-Rotrou

	l. t.	feux
Argenvilliers (réuni à Beaumont, 1466)	32 l. 10 s.	101
les Autels-Tu-boeuf (réuni à Beaumont, 1835)		7
Beaumont-le-Chartif (réuni à Argenvilliers en 1466, en 1588 et peut-être au 18e s.)		30
Bethonvilliers (mis dans l'él. de Longny, puis dans celle de Chartres)		95
Brunelles réuni en 1466 à Champrond-en-Perchat		80
		45
Coudray-au-Perche	60 s.	19
Coudreceau	70 l.	105
Coutretot (réuni à Trizay, 1466)		29
les Etilleux	13	27
la Gaudaine (réuni à Vichères au XVIIIe s.,)		
Happonvilliers (mis dans l'él. de Longny, puis dans celle de Chartres)		18

Sergenterie Bouillay

	l. t.	feux
Bretoncelles	30 l.	228
Combres		
Condé-sur-Huine (mis dans l'él. de Longny, puis dans celle de Chartres)	63 l.	
Coulonges-les-Sablons	72 l. 10 s.	139
le Favril	néant	
Fontaine-Simon	35 l.	150
Frétigny (mis dans l'él. de Longny, puis dans celle de Chartres)	23 l.	
Marolles (mis dans l'él. de Longny, puis dans celle de Chartres)	32 l. 10 s.	
Montré et St-Jean-des-Meurgers (mis dans l'él. de Longny, puis dans celle...)	12 l.	

...(réuni à la Madeleine-Bouvet)	40	63
le Mage	22	122
Maison-Maugis	80	51
Mauves	110	151
la Mesnière et Longpont	110	144
les Menus	62	91
Monceaux		47
Mortagne (N.-D., St-Jean, St-Malo et la partie de Loisé en bourgeoisie)	}300	910 / 170
Moutiers-au-Perche	116	176
Neuilly-s.-Eure et la Lande	15	132
Parfondeval	12	43
le Pas-Saint-Lomer	9	48
le Pin-la-Garenne	36	149
la Poterie-au-Perche (était réuni à la Ventrouse en 1466)	néant	55
Prépotin	néant	39
Randonnay	9	94
Regmalart	80	132
Réveillon	80	154
St-Aubin-de-Courteraie	40	93
Ste-Céronne-la-Morague	70	109
St-Denis-sur-Huisne	20	40
St-Etienne-sur-Sarthe (réuni à St-Aubin-de-Courteraie)	10	40
Saint-Germain-de-Martigny	12	49
St-Hilaire-lez-Mortagne	110	96
St-Langis-lez-Mortagne	55	94
St-Mard-de-Coulonges (actuell' réuni à St-Ouen-de-S.)	16	37
St-Mard-de-Réno	75	224
St-Martin-des-Pézerits	27	100
St-Ouen-de-Sèche-rouvre	32	48
St-Quentin-de-Blavou	40	49
St-Sulpice-de-Nully (réuni à St-Hilaire-lez-M.)	40	46
St-Victor-de-Réno	36	252
Soligny-la-Trappe	30	141
Théval (actuell' réuni à St-Langis)	20	20
Tourouvre	75	206
la Ventrouse et la Potais	néant	
Villiers-sous-Mortagne	70	79

Marcilly	6	23
Nogent-le-Bernard (ressort de)	néant 66	7 / 153
Nocé		
Pouvray	26	34
Préaux	97	156
Préval ou Gastineau (ressort de)	60 s.	2
la Rouge	60	113
St-Aignan-sur-Erre	26	54
St-Aubin-des-Grois	15	35
St-Cosme-de-Ver (ressort de)	9	7
St-Cyr-la-Rosière	76	127
Ste-Gauburge-de-la-Coudre (réuni à St-Cyr-la-Rosière)		16
St-Germain-de-la-Coudre	100	107
Saint-Germain-des-Grois	40	50
St-Hilaire-sur-Erre	72	128
St-Hilaire-des-Noyers (réuni à Corbulert, 1828)	4	5
St-Jean-de-la-Forêt	25	58
St-Martin-du-Douet	18	38
St-Maurice-sur-Huisne	12	84
St-Ouen-de-la-Cour ou Bure	22	48
Saint-Pierre-la-Bruyère	35	58
St-Quentin-le-Petit (réuni à Nocé)	12	47
Serigny	30	70
le Theil	35	65
Verrières	38	162

St-Denis-des-Coudrais (en partie)	16
St-Jean-des-Echelles (en partie)	8
Théligny	13

Montgaudry	30	38
Origny-le-Butin	27	54
Origny-le-Roux	85	71
la Perrière (réuni à St-Hilaire-de-Soisay dès 1466)		
Perven-chères	115	115
St-Fulgent-des-Ormes	48	
St-Hilaire-de-Soisay et la Perrière (la Perrière est actuell' leur unique chef-lieu de par... et de commune)	}58	69
St-Jouin-de-Blavou	45	116
St-Julien-sur-Sarthe	112	228
St-Martin-du-Vieux-Bellême	164	289
Suré	100	109
Vaunoise	39	42
Viday	20	36

Mâle		
Margon (réuni à St-Jean en 1466)		
Montigny-le-Chartif, mis dans l'él. de Longny, puis dans celle de Chartres)		43
Nogent-le-Rotrou (N.-D.)	289	450
Nogent-le-Rotrou (St-Hilaire)	195	335
Nogent-le-Rotrou (St-Jean) 52 l. 10 s. (réuni à Margon, 1466)		117
Nogent-le-Rotrou (St-Laurent)	265	500
Nonvilliers	13	89
Pierrefixte (roy. St-Jean)		
St-Jean-Pierre-fixte 32 l. 10 s.		30
Saint-Marc (réuni à Vichères dès 1466)		18
Saint-Serge (réuni à Trizay en 1835)		172
Souancé (réuni à Brunelles)	60	
Trizay (réuni à Coutretot, 1466) 40 s.		42
Vichères, St-Marc et la Gaudaine	- 65	130

Montireau (réuni en 1466 à)	} 20 l.	103 / 220
Montlandon (mis l'un et l'autre dans l'él. de Longny, puis dans celle de Chartres)		
Hiverau (réuni à Condé-sur-Huisne)		
St-Denis-d'Authou 40 s.		
Saint-Eliph 25 l. (mis dans l'él. de Longny, puis dans celle de Chartres)		
St-Hilaire-des-Noyers 40 l. (mis dans l'él. de Longny, puis dans celle de Chartres, réuni à St-Denis-d'Authou)		
St-Jean-des-Meurgers (réuni à Meaucé en 1466, mis dans l'él. de Longny, puis dans celle de Chartres)		
St-Victor-de-Buton 60 l. 155		

PAROISSES

de

LA PROVINCE DU PERCHE

ne faisant pas partie de l'élection d'Alençon et du Perche en 1466, et ayant fait partie de l'élection de Longny, puis de celle de Verneuil.

Brotz (réuni à l'Hôme-Chamondot)	18
Maletable	
Marchainville	42
la Motte-d'Iversay (réuni à l'Hôme-Chamondot)	130
Moulicent	

bailliage du Perche, capitale Mortagne, y figure comme bailliage principal, ayant Bellême comme bailliage secondaire. Mais Bellême, soutenu par Nogent-le-Rotrou, ayant prétendu que la convocation pour l'élection des députés aux Etats-Généraux de 1588 et de 1614 avait eu lieu à Bellême, le roi, par un règlement du 28 février 1789, ordonna que la convocation eût lieu à Bellême, de sorte que le bailliage du Perche ne forma qu'un bailliage principal sans bailliage secondaire (1).

§ 6. Divisions financières.

Il n'y avait pas d'impôts proprement dits au moyen âge, sauf la taille que le comte du Perche déclarait en 1215 ne pouvoir exiger de ses vassaux de la châtellenie de Bellême que dans les quatre cas suivants : lorsqu'il était armé chevalier, lorsqu'il était pour la première fois fait prisonnier dans une guerre étrangère, lorsque son fils aîné était armé chevalier et lorsqu'il mariait sa fille aînée (2). Le recouvrement de cette taille, appelée souvent : *Aide aux quatre cas*, se faisait donc dans les limites de chaque grand fief. Le roi, de son côté, pourvoyait à ses dépenses par les revenus de ses domaines, comme les autres propriétaires fonciers ; mais lorsque, la guerre de cent ans se prolongeant, le roi se fut mis à lever des armées pour chasser les Anglais du royaume, ses ressources ordinaires furent loin de suffire aux nouvelles charges

(1) Une partie des renseignements que nous donnons ici est puisée dans un précieux ouvrage de M. de La Sicotière : Documents pour servir à l'histoire des élections aux Etats-Généraux de 1789 dans la Généralité d'Alençon; Alençon, de Broise, 1866. Nous y lisons (page 1237) les réflexions suivantes dont l'intérêt et la portée se trouvent doublés par le caractère et la haute position de leur auteur : « J'écris ces dernières lignes au bruit de l'agitation soulevée dans une portion de l'ancienne Généralité d'Alençon, par l'élection d'un seul député, et, en comparant les deux époques, je sens redoubler mon admiration, non seulement pour ces idées que 89 vit éclore, mais encore pour le calme et la liberté avec lesquels elles se produisirent. Un des caractères les plus frappants des élections de 89, c'est un respect profond, absolu, pour les opinions et pour la personne d'autrui. Il n'y eut ni circulaires, ni bulletins de vote, ni proclamations, ni articles de journaux. L'administration resta spectatrice du mouvement électoral, sans s'y mêler aucunement. Le pouvoir et la Nation semblaient s'inspirer d'une confiance et d'un respect réciproques. » Au commencement du même ouvrage, p. 11, nous lisons : « Bien des esprits se croient avancés aujourd'hui, qui le sont moins que ne l'étaient les esprits modérés de ce temps-là. »

(2) Voy. notre pièce justificative n° 3.

qu'il avait à supporter : les Etats-Généraux et provinciaux votè-
rent la levée d'impôts nommés : aides ou fouages, et les habitants
élurent un ou deux d'entre eux dans chaque diocèse pour faire la
répartition et la perception des sommes votées par les Etats, ces
élus gardèrent ce nom même lorsque la nomination par le roi eut
remplacé pour eux l'élection. Charles VII par ses ordonnances
des 10 juin 1445 et 26 août 1452 fixa les sièges des *élus* (1), et le
comté du Perche semble avoir formé d'abord une *élection* distincte, au moins jusqu'en novembre 1463 (2); le comté du Perche
et le duché d'Alençon ne formaient cependant peu après qu'une
seule élection, car nous avons l'assiette de l'imposition de 45,368
livres tournois, qui fut levée en 1466 sur les habitants de l' « élection d'Alençon et du Perche, Saint-Silvin et le Thuit » (3). Le per-
sonnel de cette administration resta longtemps réduit à sa plus
simple expression ; en effet, Bry nous dit (p. 6) : « N'y a pas 50 ans
[comme Bry écrivait en 1620, cela reporte à 1570] qu'il n'y avait
qu'un seul élu appelé : *Eleu opté d'Alençon et du Perche* et qui
faisait les départements [la répartition] en tous les dits pays, esquels à present y en a plus de quarante, tant la France se plaist
en la confusion et tend à sa ruine par le nombre et multiplicité
d'officiers inutiles qui mangent en gages le plus clair revenu du
roy et toute la substance de son pauvre peuple (4). »

L'élection de Mortagne fut démembrée de celle d'Alençon au
mois d'août 1572 (5). En 1597, il y avait déjà dans l'élection de Mortagne quatre élus au moins et un receveur des tailles (6). De 1698
à la fin du XVIIIe siècle, cette élection était composée de trois

(1) Etat de la généralité d'Alençon sous Louis XIV, par L. Duval, p. III.

(2) 10 novembre 1463. Ordonnance des commissaires désignés par le
roi pour les impositions au pays et duché de Normandie, *élection d'Alençon et comté du Perche*, adressée aux élus sur le fait des aides ordonnés
pour la guerre en l'élection de Montivilliers. (Arch. nat. K 1200, dossier
intitulé : Normandie en général). — Il est nécessaire d'ajouter que la
somme dont nous mentionnons ci-contre l'assiette en 1466 sur l'*élection
d'« Alençon et du Perche »* est indiquée quelques lignes plus bas comme
étant une « portion de la somme de 353677 livres ordonnée par le roy
estre levée es pays des duché de Normendie, *élection d'Alençon, comté
du Perche*, provosté de Chaumont et accroissement de Magny. »

(3) B. N. ms. fr. 21421, fol. 2.

(4) Que dirait Bry, s'il lui était donné de contempler et surtout de
compter les nuées de fonctionnaires qui couvrent aujourd'hui la France
comme les sauterelles antiques couvraient jadis l'Egypte?

(5) Mém. sur la prov. du Perche, de 1698, pub. par M. Duval, p. 209.

(6) Arrêt ordonnant de surseoir aux poursuites exercées par Me Hubert
Guerrier, receveur des tailles en l'élection de Mortagne, contre Me Robert
Renouard, quatrième élu en la dite élection, 13 janvier 1597. B. N. m. fr.
18160 fo 34 vo (analyse pub. dans les arrêts du Conseil d'Etat.)

sièges, où les officiers rendaient la justice : Mortagne, qui était le lieu du bureau où les officiers devaient résider, Bellême et Nogent-le-Rotrou ; il n'y avait qu'un procureur du roi et un greffier (1). Les receveurs des élections remettaient les sommes qu'ils avaient recouvrées à des receveurs généraux, d'abord au nombre de quatre pour toute la France, puis au nombre de seize en 1543 ; l'élection de Mortagne fut placée d'abord dans le ressort de la généralité de Rouen (2), puis dans celui de la généralité et du bureau des finances d'Alençon, lors de leur établissement en mai 1636. Des cours de justice avaient été instituées dès le xv⁰ siècle pour connaître des questions relatives aux Aides : l'une d'elles dont le siège était à Rouen comprenait entre autres le comté du Perche (3), aussi lorsque l'élection d'Alençon et du Perche, puis l'élection de Mortagne eurent été établies, elles continuèrent jusqu'à la Révolution à relever de la Cour des Aides de Rouen.

C'est probablement au moment de la création de l'élection de Mortagne en 1572 que fut établie l'élection de Longny formée presque entièrement de paroisses prises dans l'ancienne élection d'Alençon et du Perche (48 sur 64) ; cette élection fut supprimée en 1686 par arrêt du Conseil royal des finances : 27 des paroisses de la province du Perche qui la composaient furent réunies à l'élection de Mortagne ; 24 paroisses, dont 13 étaient de la province du Perche furent réunies à l'élection de Chartres (généralité d'Orléans) ; enfin 13 paroisses, dont 8 de la province du Perche, furent réunies à l'élection de Verneuil (généralité d'Alençon) (4).

La province du Perche fut donc d'abord entièrement comprise dans l'élection d'*Alençon et du Perche* (1466) ; l'élection de *Mortagne* fut ensuite entièrement formée en 1572 de paroisses faisant partie de la province du Perche, qui en fournissait en même temps 48 à l'élection de *Longny* ; enfin, à partir de 1686, l'élection de *Mortagne* (composée en 1698 de 155 paroisses qui faisaient 2,186 hameaux et 62,691 âmes) (5) continua toujours à être entière-

(1) Mém. sur la prov. du Perche (1698), pub. par M. Duval, p. 209 ; et Odolant-Desnos, annotations ms. à un vol. de Bry (p. 17), dans la biblioth. de M. le docteur Libert, sénateur de l'Orne.

(2) L'élection de Mortagne fut quelquefois rattachée à la généralité de Caen dans des circonstances exceptionnelles, comme le prouve un arrêt de mai 1594 chargeant le receveur général des finances à Caen de recouvrer les crues imposées aux élections d'Alençon, Mortagne, etc., annexées pendant la guerre à la généralité de Caen. B. N. ms. fr. 18159, fᵒ 144 vᵒ.

(3) Lettres de Charles VIII du 15 septembre 1483, confirmant l'établissement d'une cour des aides pour le duché de Normandie, le duché d'Alençon, le comté du Perche, la prevosté de Chaumont, etc. (Rec. des ordonn. des rois de France, XIX, p. 132.)

(4) Inventaire des archives de l'Eure-et-Loir, B 2705.

(5) Etat de la généralité d'Alençon, pub. par M. Duval, p. 98.

ment comprise dans les limites de la province du Perche, dont 13 paroisses faisaient en outre partie de l'élection de *Chartres* et 8 de l'élection de *Verneuil*.

Le royaume n'était pas seulement divisé au point de vue financier en généralités et subdivisé en élections, circonscriptions servant au recouvrement des impôts directs : *Taille,* impôt de répartition analogue à plusieurs points de vue à l'impôt foncier actuel mais frappant surtout le Tiers-Etat, *Capitation,* établie en 1695 et frappant tous les français (appelée aujourd'hui cote personnelle), *vingtième* (du revenu), établi en 1705 et frappant tous les français (cote mobilière actuelle), ainsi qu'au recouvrement de plusieurs contributions indirectes comme le *contrôle des exploits* (enregistrement), établi en 1669 et le *papier timbré* établi en 1673 ; la diversité des matières successivement devenues imposables avait amené naturellement l'établissement d'autres circonscriptions dont les limites répondaient mieux aux nécessités de la perception et à la commodité des contribuables ; ainsi l'administration des *gabelles* était divisée en directions générales (dont les limites n'étaient pas les mêmes que celles des généralités), divisées elles-mêmes en greniers à sel ; la province du Perche comprenait les greniers de Mortagne, de Bellême, de Regmalart (créé en septembre 1722) qui faisaient partie de la direction d'Alençon, et le grenier de Nogent-le-Rotrou, qui relevait de la direction du Mans. Le Perche était compris ainsi que l'Anjou et le Maine dans la juridiction de la direction de la *Marque des fers et fontes* dont le siège était au Mans.

Quant aux *douanes* et *traites foraines,* il n'y en avait aucun bureau dans la province du Perche, qui n'était pas soumise à cette contribution, ne se trouvant pas à la frontière du territoire des *cinq grosses-fermes* (1), dans lequel elle était comprise.

L'impôt des *francs-fiefs,* appliqué aux roturiers possesseurs de fiefs nobles et étendu abusivement de 1693 à 1784 aux fiefs bursaux ou terres hommagées, avait comme cadre de perception la province du Perche.

Tant que le Perche avait été apanagé, le *domaine* de ce comté constituait la propriété du prince apanagiste et quand, avant le XVIᵉ siècle, il s'était trouvé réuni au domaine de la Couronne, il était certainement administré complètement par le bailly royal du Perche ; mais pendant sa dernière réunion à la Couronne, de 1584 à 1771, toutes les administrations prirent un grand développement, et l'exploitation des domaines royaux, considérés plutôt

(1) Géogr. ancienne du diocèse du Mans, par Cauvin, p. 609 et suiv. ; et Etat de la généralité d'Alençon sous Louis XIV, pub. par M. Duval, p. 94 et suiv. et p. 209 et suiv.

comme de simples sources de revenus que comme des propriétés
féodales, fut rattachée à diverses administrations (1) : la grande-
maîtrise des eaux et forêts d'Alençon comprenait, entre autres,
la maîtrise particulière de Mortagne (dont dépendaient les
forêts du Perche et de Réno) et celle de Bellême (dont dépendait
la forêt de ce nom (2) ; une partie des droits féodaux qui,
avec les forêts, constituaient le domaine du comté du Perche, furent compris dans les fermes générales, d'autres furent
affermés individuellement ou réunis par groupes (3). Les prévôts
chargés d'effectuer les recettes et les dépenses des domaines des
premiers comtes du Perche leur rendaient probablement compte
directement de leur administration, et il dut en être de même
sous les premiers princes apanagistes; mais lors de la réunion du
Perche au domaine de la Couronne, les baillis puis les receveurs
du domaine du Perche qui leur succédèrent dans l'administration
des revenus du comté, durent soumettre leur comptabilité à la
Chambre des comptes de Paris dans le ressort de laquelle le Perche se trouvait compris (4).

Les *généralités* avaient d'abord été des circonscriptions exclusivement financières, mais lors de l'institution des *intendants* au commencement du xviiie siècle, ces fonctionnaires, agents directs du
gouvernement qui s'intitulaient le plus souvent : « intendant de
justice, police et finances dans la généralité de..... » et devaient
accaparer et réunir entre leurs mains les attributions et le pouvoir
qui appartenaient légalement à des fonctionnaires d'ordres divers

(1) Voyez ci-dessus p. 95, la note 1 relative au domaine du comté du
Perche; depuis que la feuille qui contient cette page a été imprimée, nous
avons trouvé dans l'Etat de la généralité d'Alençon sous Louis XIV, p. 213,
que le revenu annuel moyen du comté du Perche était le suivant à la fin
du xviie siècle :

Châtellenie de Mortagne : forêt du Perche et de Réno. . .   10,000 livres.
   —   droits féodaux.   3,000
Châtellenie de Bellême : forêt de Bellême et droits féodaux.   5,300
                                  Total. . . 18,300 livres.

Le roi ne possédait pas de domaine dans la baronnie de Nogent-le-Rotrou.

(2) Etat de la généralité d'Alençon sous Louis XIV, p. 77 et 214.

(3) Arch. nat. Q1 et R5.

(4) Bry nous apprend (p. 7) que pendant l'apanage de François III Her-
cule, le receveur du domaine du Perche comptait à la Chambre des
comptes de Tours, et que depuis sa mort en 1584, les officiers de la
Chambre des comptes de Rouen contraignirent ce receveur de compter
devant eux et les vassaux du Perche de leur porter leurs aveux et actes
de foy et hommage, mais cette innovation ne persista certainement pas et
la Chambre des comptes de Paris reprit ses droits, car c'est dans ses
archives que se trouvent tous les aveux du Perche.

reçurent presque tous une généralité comme circonscription et
champ d'action , et s'y occupèrent du contentieux en matière
d'impôts, des travaux publics, de la réglementation du travail,
du recrutement militaire , de l'administration des domaines
royaux , de la police , etc. , etc. (1). L'intendant avait dans
les différentes élections de sa généralité des agents placés sous
ses ordres et nommés *subdélégués*.

§ 7. Divisions militaires.

Au moyen âge, l'homme qui recevait un fief s'engageait à défendre la personne et les biens du seigneur dont il devenait ainsi
le vassal et à l'accompagner à la guerre, mais le temps de service
auquel il était obligé n'était presque jamais que de quarante
jours, temps au bout duquel il avait le droit de rentrer dans ses
foyers.

Les rois de la troisième race n'eurent d'abord, en cela comme
en presque tout le reste, que des droits analogues à ceux de tous
les autres seigneurs : quand ils voulaient diriger ou repousser
une expédition militaire, ils convoquaient comme *seigneurs directs :* les vassaux de leurs domaines, et comme *rois :* le *ban* du
royaume, composé de ceux des comtes ou autres seigneurs qui ne
reconnaissaient d'autre supérieur hiérarchique que le roi dont leur
prédécesseur avait reçu ou était censé avoir reçu son fief; ces

(1) Ces fonctionnaires, dont plusieurs, hommes intègres et éminents,
rendirent de vrais services au pays, n'étaient que les instruments des mi-
nistres qui se servaient d'eux comme bon leur semblait, aussi leur action
au point de vue général eut-elle un effet désastreux : représentants irresponsables du pouvoir central, ils attirèrent bientôt à eux tout le pouvoir
dans leur généralité et détruisirent peu à peu, tantôt par ruse, tantôt par
force, toute autonomie provinciale et locale, préparant ainsi l'asservisse-
ment et la pulvérisation de la France ; leur œuvre fut consommé et terminé par la Révolution au profit de l'Etat, sorte de dieu monstrueux et
tout-puissant dont la force et la richesse, produit de l'affaiblissement et de
l'appauvrissement de tous les individus, ne profitent qu'à ceux qui ont
le talent de devenir ses grands-prêtres : il serait plus que naïf de croire
le pouvoir de l'État moins *absolu* aujourd'hui, où il y a 750 têtes, qu'au
temps du Roi-Soleil où il n'y en avait qu'une, où son plus terrible engin,
la *bureaucratie*, n'était encore qu'à l'état embryonnaire, et où enfin il sub-
sistait des États provinciaux autonomes et des corps constitués indépendants. Bonaparte n'eut garde d'oublier une institution qui semblait inven-
tée à son usage et, dès qu'il fut le maître, changeant seulement l'éti-
quette devenue trop impopulaire, rétablit les intendants sous le nom de
préfets, et les subdélégués sous celui de *sous-préfets.*

seigneurs convoquaient à leur tour leurs vassaux et arrière-vassaux, suivant la hiérarchie de leurs fiefs (1).

Lorsque les communes se furent organisées, elles formèrent de
petites républiques ou villes libres dont la puissance égala et sur-
passa même souvent la puissance des grands feudataires : aussi
le roi, en retour de la protection qu'il leur accordait, leur de-
manda de fournir leur contingent pour la défense du royaume.

Il n'y avait pas de villes ayant droit de commune dans le Perche
au moyen âge ; les divisions féodales y formaient donc exclusivement le cadre de l'organisation militaire. Pendant la guerre de cent
ans, le roi organisa des corps d'archers : chaque paroisse du
royaume devait fournir et équiper un archer et les paroisses du
Perche y contribuèrent certainement comme les autres, mais nous
n'avons encore trouvé aucun document sur la façon dont cette
institution fonctionna dans notre province.

Lors de l'organisation des gouvernements généraux de province
au XVI⁰ siècle, la province du Perche fit partie du *gouvernement
général du Maine et du Perche,* qui comprenait aussi le pays de
Laval et les Terres Françaises ou Ressort de la Tour-Grise de
Verneuil.

Le *gouverneur* et son *lieutenant-général* résidaient au Mans
qui était la ville la plus importante du gouvernement ; il y avait
trois *lieutenants de roi,* dont un pour le Haut-Maine, un pour le
Bas-Maine et un pour le Perche.

Les villes de Mortagne et de Bellême avaient également chacune
un *capitaine* ou *gouverneur* (2).

Une compagnie de 30 gardes à cheval, commandée par un
capitaine, un lieutenant, un sous-lieutenant, un enseigne, etc.,

---

(1) Lors des dernières convocations du ban et arrière-ban, au XVIIᵉ siècle, ce furent les provinces et les gouvernements qui servirent de cadre
pour les convocations. Nous voyons, en effet : « le comte de Liscoüet,
chevalier, conseiller du roi, grand sénéchal de la province du Maine,
commandant le détachement des gentilshommes choisis de la dite province
du Maine et du Perche pour servir le roi en l'arrière-ban dans la présente année 1694. » Chartrier du comte de Fontenay, dossier : le Cous-
turier (provenant du chartrier du comte de Ruolz-Montchal). — Jean-
Louis Abot, chevalier de l'ordre du roi, seigneur du Bouchet était en 1674
« baillif et commandant l'escadron de la noblesse du Perche. » (Même
source).

(2) Voici quelle était en 1617 la composition et la solde annuelle de la
garnison du château de Bellême : René de Fontenay, écuyer, sieur de la
Reinière, capitaine et gouverneur : 1,200 livres ; un sergent : 288 livres ;
deux caporaux : chacun 240 livres ; seize soldats : chacun 144 livres.
(Bellême sous Louis XIII, par le docteur Jousset, p. 9). — Cauvin dit
(p. 611) que les lieutenants de roi et gouverneurs des villes semblent
avoir été supprimés en 1765.

servait de garde au gouverneur, qui en nommait les membres : elle se divisait en sept brigades, dont une était affectée à Nogent-le-Rotrou (1).

La *maréchaussée*, dont les fonctions un peu analogues à celles de la *gendarmerie* actuelle avaient de plus un caractère judiciaire (2), était ainsi nommée parce qu'elle relevait des maréchaux de France ; elle n'était pas répartie par gouvernements : au milieu du xvi⁰ siècle il n'y avait qu' « un seul *prevost des maréchaux de France* au pays et duché d'Alençon, comté du Perche et lieux circonvoisins » (3) ; à la fin du même siècle, le *comté du Perche* formait la circonscription d'un prévôt des maréchaux de France (4). Au xvii⁰ siècle, la maréchaussée avait pour limites non plus le *comté*, mais la province du Perche (5) et elle était composée d'un prévôt, résidant à Nogent-le-Rotrou, un lieutenant, résidant à Mortagne, un assesseur, un exempt, deux procureurs du roi, deux greffiers et douze archers (6). A la fin du xviii⁰ siècle la maréchaussée, tout en restant sous la haute direction du Grand-Prévôt des maréchaux de France, semble répartie par généralités, changement qui avait probablement été opéré pour la placer plus directement sous les ordres de l'intendant, chargé de la police (7).

(1) Cauvin, géogr. du diocèse du Mans, p. 611.

(2) Bry, hist. du Perche, p. 20 : « Quant à la maréchaussée, le prévost des maréchaux et lieutenans demeurant où bon leur semble, instruisent et jugent les procès auquel des deux sièges ils se trouvent ou de Mortagne ou de Bellesme, voire bien souvent à Nogent même, bien que contre l'ordonnance. »

(3) Voyez les pièces justificatives.

(4) Paris, 30 juillet 1594. Arrêt accordant une augmentation de gages au prévôt des maréchaux au comté du Perche et à son greffier en même temps que cinq nouveaux archers pour l'aider à « nettoyer le païs des volleurs et mal-vivans. » Analysé dans le rec. des Arrêts du Conseil d'État d'après le ms. fr. 18159, f⁰ 262 v⁰.

(5) Dans la ville de Nogent-le-Rotrou résident le prévôt *provincial* des maréchaux du Perche, l'assesseur, procureur du roi, greffier et ses archers. Acte de notoriété dressé en 1677. Invent. des arch. d'Eure-et-Loir, B 2607.

(6) Mém. de 1698 sur la prov. du Perche, pub. par M. Duval, p. 203. On y trouve aussi l'explication suivante : « La raison pour laquelle il y a eu deux procureurs du roi et deux greffiers est que, par un arrest du Grand-Conseil, le prévôt a eu faculté de résider à Nogent-le-Rotrou tant que son lieutenant résideroit à Mortagne, ce qui a donné lieu de donner à ces deux premiers officiers, chacun un procureur du roi et un greffier. Quatre des principaux et plus anciens archers font aussi leur résidence à Nogent. » Cet usage n'existait pas encore en 1620, époque où écrivait Bry. Voyez note 2 ci-dessus.

(7) En effet, nous lisons dans une lettre de l'intendant d'Alençon du 9 août 1789 (publiée par M. L. Duval : Ephémérides de la Moyenne-Nor-

Une ordonnance royale de 1688 ayant établi les milices, chaque paroisse dut fournir et équiper un homme, sauf les moins populeuses qui en furent dispensées quand le chiffre de miliciens nécessaire était atteint (1) ; mais ce ne furent ni les gouverneurs, ni les baillis ou sénéchaux d'épée, mais les intendants qui furent chargés d'en opérer le recrutement et, en conséquence, les circonscriptions adoptées pour la nouvelle institution furent les généralités et les élections. Aussi l'élection de Mortagne fournissait le *bataillon de Mortagne* qui faisait partie du régiment de milice de la généralité d'Alençon ; les paroisses de la province du Perche qui faisaient partie de l'élection de Verneuil envoyaient aussi leurs miliciens au même régiment, l'élection de Verneuil faisant aussi partie de la généralité d'Alençon ; enfin, celles qui avaient été réunies à l'élection de Chartres, contribuaient à la formation du régiment de la généralité d'Orléans (2).

NOTE RELATIVE AU TABLEAU PLACÉ P. 128 ET 129.

Nous avons donné, p. 112 à 115, la liste des *paroisses* de la province du Perche classées d'après les divisions ecclésiastiques : diocèses, archidiaconnés, doyennés; nous donnons dans le tableau placé p. 128 et 129 la liste des *communes*, ou plus exactement des *communautés d'habitants* (3) de notre province,

mandie et du Perche, Alençon, 1890, p. 45) : « J'ai chargé le lieutenant de maréchaussée d'Alençon, dans l'arrondissement duquel est la brigade de Bellême, de se transporter en cette ville et d'y réprimander son brigadier..... le lieutenant n'attend pour le punir que les ordre du grand-prévôt qui a été appelé à Versailles. »

(1) Boutaric, Institutions militaires de la France.

(2) « Pendant la guerre, commencée en 1688, la généralité d'Alençon, dont dépend la plus grande partie du Perche, ayant mis sur pied un régiment, l'élection de Mortagne, qui comprend presque la dite province, fournit le nombre de soldats qui fut réglé par M. de Bouville, conseiller d'Etat, lors intendant au dit Alençon. » Mém. sur la prov. du Perche, de 1698, pub. par M. Duval, p. 203. Cauvin, géogr. du diocèse du Mans, p. 611, dit : « Pour la milice le Perche levait le bataillon de Mortagne, qui complétait la milice de la généralité d'Alençon. »

(1) Nous avons adopté pour plus de clarté le terme de *communes* dans l'intitulé de notre tableau ; ce terme est cependant inexact en trop, s'il est pris dans le sens qu'il avait avant 1789 : en effet, on entendait alors par communes les associations municipales libres et autonomes écloses aux siècles féodaux et presque toutes supprimées ou asservies sous Louis XIV,

entre lesquelles étaient réparties les sommes imposées à chaque
élection et qui se divisaient elles-mêmes en feux ; nous les avons
placées dans six colonnes, de façon à indiquer la composition des
subdivisions de la partie percheronne de l'élection d'Alençon et
du Perche en 1466, subdivisions qui furent conservées lors de
l'établissement de l'élection de Mortagne en 1572 et subsistèrent
jusqu'à la Révolution. Les noms des paroisses qui n'ont jamais
formé, à notre connaissance, une *communauté d'habitants* (Feillet, Longpont, Saint-Marc, Souazé, Riveray), sont imprimés en
italique, ainsi que les noms vulgaires sous lesquels sont souvent
désignées certaines communes, soit actuellement, soit dans les
actes anciens (la Bruyère, le Buisson, Bure, Gastineau, Pierrefixte).

Nous avons constaté que les limites de la province du Perche
étaient les mêmes que celles du territoire soumis aux *Coutumes*
du Grand-Perche, et que, par conséquent, la *province* du Perche
était une *division législative*.

Au point de vue *féodal, judiciaire* et *représentatif*, la province
du Perche comprenait : 1° Tout le *comté du Perche*, qui formait
un *bailliage* ressortissant au Parlement de Paris, et un *bailliage-
principal* envoyant ses députés directement aux États-Généraux.
2° La baronnie de *Longny* et les châtellenies de *Marchainville* et
de *la Motte-d'Iversay*, complètement distinctes et indépendantes
du comté et du bailliage du Perche (1). Les 172 communes du
comté du Perche, formant 177 paroisses, occupent tout notre

et nous ne sachons pas qu'il ait jamais existé de commune de ce genre
dans notre province ; il est inexact en moins s'il est pris dans le sens
actuel : en effet, l'*assemblée* des habitants d'une même communauté ou
les *syndics* ou *échevins* nommés par elle prenaient des délibérations
légales et exécutoires par elles-mêmes, sauf aux parties lésées à se pourvoir devant la justice et au procureur du roi à s'y opposer en cas de vio-
lation des lois, tandis que les délibérations des communes actuelles ne
sont légales et par conséquent exécutoires que quand elles ont eu la
bonne fortune de plaire à l'unanimité des bureaucrates irresponsables de
la sous-préfecture et de la préfecture. Les *communautés d'habitants* de
notre province sous l'ancien régime étaient donc moins libres que les
communes du moyen âge et plus libres que les *communes du 19ᵉ siècle*.
Les *paroisses* avaient le plus souvent, comme aujourd'hui, du reste, les
mêmes limites que les *communes*, cependant une seule commune comprenait quelquefois les différentes paroisses d'une même ville ou plusieurs petites paroisses rurales, et il arrivait aussi, bien que plus rarement, qu'une même paroisse fût divisée entre plusieurs communes (comme
Loisé en 1466, Saint-Langis et N.-D. de Mortagne aujourd'hui).

(1) La paroisse de l'Hôme-Chamondot dont le territoire formait la châtellenie de la Motte-d'Iversay (dont les appels étaient portés directement
au Parlement de Paris, d'après Pitard, Fragments historiques sur le Perche, p. 242) fut réunie lors des élections pour les États-Généraux en 1789,
au Grand-Bailliage du Perche comme elle l'avait probablement déjà été
en 1614 (Annuaire de l'Orne pour 1888, partie historique, p. 49).

tableau, sauf le bas de la 6ᵉ colonne où sont placées 5 communes de la province qui ne faisaient pas partie du comté du Perche mais formaient les fiefs de Longny, Marchainville et la Motte-d'Iversay.

Au point de vue *financier*, la partie percheronne de l'*élection d'Alençon et du Perche*, dont nous avons l'état en 1466, correspondait exactement au *comté du Perche;* mais *l'élection de Mortagne*, établie en 1572 et agrandie en 1636, ne comprenait pas le comté tout entier, même à cette dernière date, et notre province fournissait 13 communes à l'élection de Chartres (généralité d'Orléans) et 8 à l'élection de Verneuil (généralité d'Alençon) (1).

Si on compare les limites de la province du Perche avec les divisions administratives actuelles, on voit qu'elle comprend: 1ᵘ dans le département de l'Orne : tout l'arrondissement de Mortagne, excepté le canton de Laigle, et 16 des 17 communes du canton de Moulins-la-Marche, appartenant à la Normandie, excepté aussi : une commune du canton de Tourouvre appartenant à la Normandie, et trois communes du même canton appartenant au Thimerais; soit 115 communes de l'Orne. 2ᵉ Dans le département d'Eure-et-Loir : exactement la moitié de l'arrondissement de Nogent-le-Rotrou; soit 28 communes. 3ᵉ Dans le département de la Sarthe : 9 communes ou parties de communes de l'arrondissement de Mamers et 1 de celui de Saint-Calais; soit en tout 153 communes ou parties de communes de l'Orne, de l'Eure-et-Loir et de la Sarthe (2).

Voici le détail de toutes ces communes, groupées par départements, arrondissements et cantons :

DÉPARTEMENT DE L'ORNE. — ARRONDISSEMENT DE MORTAGNE.

Canton de Bazoches-sur-Hoëne, entier :

Basoches-sur-Hoëne, Boëcé, Buré, Champeaux-sur-Sarthe, Courgeoust, Courtoulin, la Mesnière, Saint-Aubin-de-Courteraie, Sainte-Céronne-lez-Mortagne, Saint-Germain-de-Martigny, Saint-Ouen-de-Sécherouvre, Soligny-la-Trappe.

---

(1) Nous croyons devoir indiquer ici que ces 8 communes étaient celles de : Brotz, l'Hôme-Chamondot, la Lande, Malétable, Marchainville, Moulicent, Saint-Jean-des-Meurgers et la Ventrouse, car on ne les retrouverait pas toutes dans notre tableau où nous avons omis cette indication sous la Ventrouse et où nous avons mis par erreur Saint-Jean-des-Meurgers dans l'élection de Chartres. Nous avons également omis d'indiquer que les Autels-Tubœuf et une partie de Margon firent partie de l'élection de Longny, puis de celle de Chartres.

(2) Le nombre des communes ayant existé dans notre province étant de 177, on voit que 24 d'entre elles ont été supprimées à différentes époques et surtout dans ce siècle-ci.

Canton de Bellême, entier :

Appenai-sous-Bellême, Bellême, la Chapelle-Souëf, Chemilly, Dame-Marie, le Gué-de-la-Chaîne, Igé, Origny-le-Butin, Origny-le-Roux, Pouvray, Saint-Fulgent-des-Ormes, Saint-Martin-du-Vieux-Bellême, Saint-Ouen-de-la-Cour, Serigny, Vaunoise.

Canton de Longny, entier :

Bisou, l'Hôme-Chamondot, la Lande-sur-Eure, Longny, le Mage, Malétable, Marchainville, les Menus, Monceaux, Moulicent, Neuilly-sur-Eure, le Pas-Saint-Lomer, Saint-Victor-de-Réno.

Canton de Mortagne, entier :

La Chapelle-Montligeon, Comblot, Corbon, Courgeon, Feings, Loisail, Mauves, Mortagne, Réveillon, Saint-Denis-sur-Huisne, Saint-Hilaire-lez-Mortagne, Saint-Langis-lez-Mortagne, Saint-Mard-de-Réno, Villiers-sous-Mortagne.

Canton de Moulins-la-Marche, 1 sur 17 :

Saint-Martin-des-Péserits.

Canton de Nocé, entier :

Berd'huis, Colonard, Corubert, Courcerault, Dancé, Nocé, Préaux, Saint-Aubin-des-Grois, Saint-Cyr-la-Rosière, Saint-Jean-de-la-Forêt, Saint-Maurice-sur-Huisne, Saint-Pierre-la-Bruyère, Verrières.

Canton de Pervenchères, entier :

Barville, Bellavilliers, Coulimer, Eperrais, Montgaudry, Parfondeval, la Perrière, Pervenchères, le Pin-la-Garenne, Saint Jouin-de-Blavou, Saint-Julien-sur-Sarthe, Saint-Quentin-de-Blavou, Suré, Viday.

Canton de Regmalart, entier :

Bellou-sur-Huisne, Boissy-Maugis, Bretoncelles, Condé-sur-Huisne, Condeau, Coulonges-les-Sablons, Dorceau, la Madeleine-Bouvet, Maison-Maugis, Moutiers-au-Perche, Regmalart, Saint-Germain-des-Grois.

Canton du Theil, entier :

Bellou-le-Trichard, Ceton, Gemages, l'Hermitière, Mâle, la Rouge, Saint-Agnan-sur-Erre, Saint-Germain-de-la-Coudre, Saint-Hilaire-sur-Erre, le Theil.

Canton de Tourouvre, 11 sur 15 :

Autheuil, Bivilliers, Bresolettes, Bubertré, Champs, Ligne-rolles, la Poterie-au-Perche, Prépotin, Randonnay, Tourouvre, la Ventrouse.

DÉPARTEMENT D'EURE-ET-LOIR. — ARROND¹ DE NOGENT.

Canton d'Authon, 4 sur 15 :

Beaumont-les-Autels, Béthonvilliers, Coudray-au-Perche, les Etilleux.

Canton de la Loupe, 6 sur 17 :

Fontaine-Simon, Meaucé, Montireau, Montlandon, Saint-Eliph, Saint-Victor-de-Buthon.

Canton de Nogent le-Rotrou, entier :

Argenvilliers, Brunelles, Champrond-en-Perchet, la Gaudaine, Margon, Nogent-le-Rotrou, Saint-Jean-Pierrefixte, Souancé, Trizay-Coutretot-Saint-Serge, Vichères.

Canton de Thiron, 7 et demi sur 12 :

Combres, Coudreceau, Frétigny, Happonvilliers, Marolles, Montigny-le-Chartif, Nonvilliers-Grandhoux (moins la section formée par l'ancienne commune de Grandhoux réunie à Nonvilliers en 1836), Saint-Denis-d'Authou-Saint-Hilaire [-des-Noyers].

DÉPARTEMENT DE LA SARTHE. — ARROND¹ DE MAMERS.

Canton de Bonnétable :

Nogent-le-Bernard en partie.

Canton de la Ferté-Bernard :

Avezé en partie, Préval en partie, Théligny.

Canton de Mamers :

Saint-Cosme-de-Ver en partie.

Canton de Montmirail :

Champrond-sur-Braye en partie, Saint-Jean-des-Echelles en partie.

Canton de Tuffé :

La Chapelle-Saint-Rémy en partie, Saint-Denis-des-Coudrais en partie.

ARRONDISSEMENT DE SAINT-CALAIS.

Canton de Vibraye :

Dollon en partie.

TROISIÈME PARTIE

FIEFS SITUÉS DANS LA RÉGION PHYSIQUE

Mais non dans la Province du Perche

Nous allons présenter ici brièvement quelques indications, puisées pour la plupart à des sources originales, sur l'histoire du Perche-Gouet et de la châtellenie de la Loupe, l'un et l'autre entièrement compris dans la région physique du Perche et sur celle du Thimerais, dont la plus grande partie appartenait aussi à la même région. La vicomté de Châteaudun, vassale du comté de Chartres, la baronnie de Mondoubleau, vassale du comté de Vendôme, et le comté de Vendôme lui-même, vassal du comté d'Anjou, étaient aussi formés en partie de territoires conquis par la culture sur l'antique forêt du Perche, mais ils n'y étaient pas entièrement compris, et l'histoire de ces fiefs nous entraînerait trop loin du principal objet de cette étude, qui est la province du Perche, aussi nous ne nous en occuperons pas.

CHAPITRE Ier

BARONNIE DE CHATEAUNEUF-EN-THIMERAIS

§ 1. *Premiers seigneurs du Thimerais.* — § 2. *Extinction des premiers seigneurs du Thimerais et démembrement de cette seigneurie, reconstituée ensuite par la maison d'Alençon.* — § 3. *Extinction de la maison d'Alençon et partage du Thimerais entre les descendants de Françoise et d'Anne d'Alençon.* — § 4. *Expressions de : Terres-Françaises, Terres-Démembrées, Ressort-Français.* — § 5. *Circonscriptions d'ordres divers formées par le Thimerais ou dont il faisait partie.*

§ 1. Premiers seigneurs du Thimerais.

Albert, vassal du roi, fils de Ribaud, qualifié de très noble, donna avant 1061 à l'abbaye de Saint-Père-en-Vallée, en présence du roi Henri Ier, l'église de Saint-Germain de Brezolles (1).

Une charte du cartulaire de Saint-Père prouve que Senonches appartenait à Albert (2). Mais Albert n'était pas pour cela seigneur de tout le *pagus Theodemerensis*, mentionné dans une charte du prieuré de Saint-Martin de Chamars en 1035 et qui fut plus tard le territoire de la baronnie de Châteauneuf-en-Thimerais.

Le territoire même du château de Thimer appartenait certainement de fait ou de droit à un Gaston, frère d'Albert, d'après Odolant-Desnos, et beau-frère du même personnage, d'après M. Merlet (3), qui lui fait épouser Frodeline, fille de Ribaud. Le cartulaire de Saint-Père nous apprend qu'Albert et Gaston furent longtemps en guerre (4). Gaston bâtit peu avant l'année 1058 le château de Thimer, dont le roi Henri Ier vint faire le siège en 1058 (5).

Gaston eut deux fils : Hugues, qui lui succéda et hérita d'Albert, et Gaston, nommés l'un et l'autre dans une charte antérieure à 1080 (6). Hugues épousa Mabile, fille de Roger de Montgommery et de Mabile de Bellême, et donna asile à Châteauneuf, Regmalart, Sorel et dans ses autres forteresses à Robert Courte-Heuse, révolté contre son père (7); Guillaume le Conqué-

---

(1) *Henricus rex Francorum confirmat donationem quam fidelis ejus Abertus filius Ribaldi, nobilissimi viri, fecit de ecclesia in Bruerolensi vico constructa, monasterio Sancti-Petri Carnotensis... favente conjuge ejus Adelaisa nomine.* (Rec. des hist. des G. et de la Fr., XI, p. 602, et cartul. de Saint-Père, p. 127.)

(2) *Omnia que ad ecclesiam ejusdem castelli [Senonchiarum] pertinent, antecessores Gervasii filiique Hugonis Alberto donante nostra fuerunt.* » (Cartul. de Saint-Père, p. 525.)

(3) Notice historique sur la baronnie de Châteauneuf-en-Thimerais par L. Merlet, archiviste d'Eure-et-Loir, dans la revue nobiliaire héraldique et biographique, année 1865.

(4) « *In bello quod longo tempore inter domnum Albertum et Guaszonem fuit.* » (Cartul. de Saint-Père, p. 137.)

(5) Charte publiée par D. Bouquet dans le Rec. des hist., etc., XI, p. 599; et dont l'original est aux archives d'Eure-et-Loir, fonds des prieurés de Marmoutiers.

(6) « *Hanc quoque cartam firmaverunt filii Waszonis, Hugo videlicet, domni Alberti heres et Guaszo, frater ejus.* » (Cartul. de Saint-Père, p. 134.) — Ils sont aussi nommés dans une charte de l'abbaye de Coulombs à laquelle ils font de grandes aumônes : « *Gastho filius magni Gasthonis frater Hugonis de Novo-Castro.* » (B. N. ms. 54 de la coll. Duchesne, p. 49.)

(7) *Tunc Hugo de Novo-Castello nepos et heres Alberti Ribaldi primus predictos exules suscepit, eisque Novum-Castellum, Raimalast atque Sorellum aliaque municipia sua pro depopulanda Neustria patefecit. Erat enim gener Rogerii comitis, habens in matrimonio Mabiliam soro-*

rant vint alors faire, en 1078, le siège de Regmalart, qui finit par
se rendre; il était accompagné de Rotrou, comte de Mortagne,
seigneur suzerain de Regmalart (1).

D'après Odolant-Desnos, Souchet et M. Merlet, Mabile, fille et
héritière d'Hugues et de Mabile de Montgommery, aurait porté les
terres de son père à un Gervais, mais nous croyons plutôt que
Gervais était fils d'Hugues, d'après un extrait du cartulaire de
Bonneval (2) relatant la donation de l'église de Saint-Pierre de
Thimer à cette abbaye par Hugues, seigneur de Châteauneuf-en-
Thimerais, fils de Gaston, du consentement de Gervais, son fils,
et de Gaston, son frère.

Hugues II, fils de Gervais, fonda l'abbaye de Bellomer, et la
charte qu'il lui octroya prouve que Senonches, Bellomer et la
Ferrière au Val-Germond lui appartenaient, outre Châteauneuf où
il tenait sa cour; le cartulaire de Saint-Père (3) nous apprend
qu'il reconstruisit le château de Senonches.

Robert de Torigni raconte (4) que le duc de Normandie, excité
par Gilbert de Tillières, brûla en 1152 le château de Brezolles,
qui appartenait à Hugues de Châteauneuf, et une autre forteresse du Drouais, nommée Marcouville (5), et que le roi de France
incendia le château de Tillières et un autre bourg de la châtellenie de Verneuil.

Le même auteur rapporte que le roi de France ayant, en 1168,
brûlé Chennebrun, situé sur la rive gauche de l'Avre, en Normandie; le roi d'Angleterre, l'ayant appris, livra aux flammes le
château d'Hugues de Châteauneuf, nommé Brezolles, et fit incen-
dier par ses chevaliers celui de Châteauneuf, puis alla ravager
lui-même la plus grande partie des terres du comte du Perche (6).

---

rem Roberti Belismensis qui regis filium secutus fuerat cum Radulpho
de Conchis aliisque plurimis. (Orderic Vital, éd. Le Prevost, II, p. 296.)

(1) Orderic Vital, l. IV; éd. Le Prevost, II, 297; voyez ci-dessus p. 43,
note 4.

(2) Bibl. nat. ms. 286 des 500 de Colbert, p. 127 et suiv. (fol. 291 du
cartul.)

Cela est confirmé par une charte de l'abbaye de Coulombs : « *Gervasii*
de Castello-Novo filius Hugo nomine » allant à la cour du roi de France
« *apud altam Brueriam* » fait des concessions à Coulombs de l'assentiment de sa femme Albérède et de ses fils, Hugues et Gervais. (B. N.
ms. 54 de la coll. Duchesne, p. 50.)

(3) *Prefatus Hugo, predicti Gervasii de Castro-Novo filius, novi hujus,*
quod nunc in eodem loco [*Senonchiarum*] *est, edificator castelli.* (Cartul.
de Saint-Père, p. 525; cette charte est placée par Guérard entre 1116
et 1149.)

(4) Ed. L. Delisle, I, 268 et 269.

(5) Commune de Vitray-sous-Brezolles, canton de Brezolles.

(6) Ed. L. Delisle, II, p. 8.

Gervais, fils d'Hugues III, fut en 1200 une des cautions du roi Philippe-Auguste vis-à-vis de Jean-Sans-Terre, et il est désigné dans le traité parmi les vassaux du roi de France (1). Gervais de Châteauneuf confirma la donation faite par Hugues, son père, au prieuré de Moutiers-au-Perche de 10 sous à prendre *in foro de Remalast*, ce qui semble prouver qu'il était seigneur de Regmalart (2). Gervais eut entre autres enfants Hugues IV et Hervé, qui se partagèrent sa succession : le premier eut Châteauneuf, Regmalart et peut-être Senonches; Hervé fut seigneur de Brezolles et épousa Alix, fille et héritière de Guillaume, seigneur de la Ferté-Ernaud et de Villepreux (3); les terres d'Hervé devaient s'étendre jusqu'à l'Avre du côté de la Normandie, car nous le voyons en 1224 donner des exemptions aux biens des moines de Jumièges, sis dans la paroisse de Saint-Martin du Vieux-Verneuil (4); cet Hervé eut un fils, nommé Hugues, seigneur de Brezolles, dont la postérité, s'il en eut, dut s'éteindre rapidement, car toutes les terres qui avaient appartenu à sa famille revinrent aux descendants d'Hugues IV.

§ 2. Extinction des premiers seigneurs du Thimerais et démembrement de cette seigneurie, reconstituée ensuite par la maison d'Alençon.

Eléonore de Dreux, veuve d'Hugues IV de Châteauneuf, ayant épousé en secondes noces Robert de Chaumont, seigneur de Saint-Clair, chevalier, celui-ci se qualifia seigneur de Châteauneuf (5) et était veuf d'elle en 1261. Eléonore de Dreux avait eu entre autres enfants de son premier mariage : 1° *Eléonore*, dont nous parlerons plus loin, — 2° *Yolande*, femme de Geoffroy de Rochefort, d'où naquit Aimery de Rochefort, seigneur en 1284 d'un

---

(1) Teulet : lay. du Tr. des Chartes, I, p. 217-218.

(2) Copie du cartulaire de Moustiers, prise sur l'original qui est aux archives de Loir-et-Cher, par M. de Martonne, alors archiviste de ce département, et appartenant à M. de La Sicotière, sénateur de l'Orne, fo 14.

(3) Cartul. de la Trappe publié par la Soc. hist et arch. de l'Orne, p. 13 et 17. Alix se dit en 1255 : *Aalis domina Feritatis in Pertico*.

(4) Grand cartul. de Jumièges, p. 90, no 147; cité par A. Le Prévost; Mémoires, t. III, p. 347.

(5) Ms. des 500 Colbert à la bibl. nat., vol. 286, fol. 127 et suiv.

tiers de Châteauneuf (1), — et 3° *Marguerite*, qui épousa Hervé, de la maison de Léon en Bretagne, et lui porta la principale partie de Châteauneuf et de Senonches (2). Leur fils, Hervé de Léon, seigneur de Châteauneuf, échangea tout ce qui pouvait lui appartenir aux terres de Châteauneuf et de Senonches avec le roi Philippe III (3), qui lui donna en contre-échange en septembre 1281 : 400 livres de rente à prendre sur le Temple à Paris (4). Philippe IV céda Châteauneuf et Senonches à Charles Iᵉʳ, comte d'Alençon, qui, en épousant, en 1309, Mahaut de Chastillon, fille de Gui de Chastillon, comte de Saint-Pol, bouteiller de France, lui donna, ainsi qu'aux enfants qui naîtraient d'elle, le comté de Chartres, toute la terre de Châteauneuf et de Senonches, etc. (5).

Louis de Valois, comte de Chartres, auquel était échue la terre de Châteauneuf-en-Thimerais, étant mort sans enfants en 1329, les biens de sa succession furent administrés pendant quelques années par les officiers du roi, comme le prouvent des actes de 1331, mentionnés par G. Laîné (6), puis le roi Philippe VI donna à son frère Charles II, comte d'Alençon et du Perche, une part dans l'héritage de leur frère, et lui assigna entre autres terres, par acte de mai 1335 (5) : Châteauneuf-en-Thimerais, Senonches, Champrond et leurs appartenances.

Eléonore de Châteauneuf, fille cadette d'Hugues IV et femme de Richard de la Roche, avait reçu en partage la seigneurie de Beaussart et un tiers de la châtellenie de Châteauneuf, qui passèrent à ses descendants. L'un de ces derniers, Jean de Dreux, eut entre autres enfants : Gauvain, dont la part fut Beaussart qui passa à ses descendants, et Philippe, femme de Jean de Ponteaudemer, qui, le 27 janvier 1351 (n. st.), rendit aveu à Marie d'Espagne, comtesse d'Alençon et dame de Châteauneuf-en-Thimerais, *touchant les deux parts du chastel et seigneurie de Chasteauneuf* (7) et qui, le 28 août 1370, vendit (ainsi que son fils Robert)

(1) Aimery de Rochefort vendit probablement le tiers qui lui appartenait dans la seigneurie de Châteauneuf à Richard de la Roche, puisque, d'après M. Merlet, celui-ci rendit aveu des deux tiers du chatel et chatellenie de Châteauneuf à Charles de Valois qui avait acquis la part de l'aînée des filles, à laquelle était attachée la suzeraineté sur les autres parts.

(2) « Monseigneur Hervé de Léon doit service par XL jours d'un chevalier pour le fié de Chasteauneuf » (ost du roi en 1272). Boutaric, institutions militaires de la France, p. 194.

(3) Le nᵒ 2567 des Actes du Parlement de M. Boutaric est relatif à une estimation des biens d' « Hervey de Lyon chr » parmi lesquels figurent les manoirs de Châteauneuf et de Senonches.

(4) B. N. ms. fr. 24126 (G. Laîné, III) folio 53.

(5) Voyez les pièces justificatives.

(6) B. N. ms. fr. 24126 (G. Laîné, III), fol. 246.

(7) Ibid., fol. 177.

à Pierre, comte d'Alençon, tout le droit qu'il pouvait avoir au chastel, ville et chastellenie de Châteauneuf-en-Thimerais, à cause de Philippe de Dreux, sa femme, moyennant la somme de 1140 francs d'or (1).

La châtellenie de Champrond-en-Gastine avait été acquise en juin 1310 par Charles Ier, comte d'Alençon et du Perche, au moyen d'un échange avec Enguerrand de Marigny, chambellan du roi, et Havis de Mons, sa femme, qui la tenaient eux-mêmes de Gaucher de Châtillon, comte de Ponthieu (1). Nous ne savons quelle était sa mouvance avant 1314, mais il est probable qu'elle relevait du comté de Chartres, dont Charles Ier put facilement la distraire, puisqu'il possédait également ce comté.

M. Merlet dit, à l'article Châteauneuf-en-Thimerais, dans le dictionnaire topographique d'Eure-et-Loir, que Châteauneuf fut érigé en 1314 en *baronnie-pairie* vassale de la Couronne, relevant sans moyen de la Tour du Louvre, et que cette baronnie était composée des quatre châtellenies de : Châteauneuf, Brezolles (2), Senonches et Champrond-en-Gastine, mais nous n'avons trouvé nulle part l'indication de ces lettres d'érection, et le Père Anselme ne compte pas Châteauneuf parmi les baronnies-pairies. La baronnie de Châteauneuf-en-Thimerais est mentionnée sous le nom de *Terres-Françaises* dans l'hommage de 1461, sous celui de *Chasteauneuf-en-Thimerais* dans l'acte de souffrance de 1498, et n'est indiqué sous celui de *baronnie de Chasteauneuf-en-Thimerais* que dans l'acte de réception en foi et hommage de 1509, ainsi que dans les suivants (1).

La baronnie de Châteauneuf-en-Thimerais resta à la maison d'Alençon jusqu'à son extinction en 1525.

---

(1) Voyez les pièces justificatives.

(2) Les seigneurs de Châteauneuf-en-Thimerais ne possédaient certainement alors que la suzeraineté et non la propriété utile de la châtellenie de Brezolles, qui ne pouvait être, par conséquent, qu'un *fief servant* et non *membre* de celui de Châteauneuf; en effet, Olivier d'Aché était seigneur de Brezolles en 1300, Gilbert de Tillières l'était en 1392, et Guillaume de Mellicourt en 1404, car ces personnages reçurent à ces dates, comme seigneurs de Brezolles, des aveux conservés aux Archives nationales : R5 174 (ancien O. 19176), cotes 719 et 720.

Peut-être la seigneurie de Brezolles était-elle divisée en plusieurs fractions appartenant à des seigneurs différents, comme semble l'indiquer cette clause du traité du Goulet, conclu en mai 1200 entre Philippe-Auguste et Jean-Sans-Terre (et publié par M. Teulet, I, p. 217) : « *Dominus de Tilleriis habebit id quod habere debet in dominatu de Bruerolio.* »

§ 3. Extinction de la maison d'Alençon et partage du Thimerais entre les descendants de Françoise et d'Anne d'Alençon.

Dès la mort du duc Charles IV (1525), le roi fit saisir ses terres, dont la plupart avaient été données à ses ancêtres en apanage et devaient, faute d'hoirs mâles, faire retour à la Couronne suivant la loi des apanages.

Mais la baronnie de Châteauneuf ne faisait point partie de l'apanage du duc d'Alençon; en effet, le comte Charles II avait hérité d'un tiers de cette baronnie de son frère Louis, comte de Chartres, par le partage de 1335 et Pierre II avait acquis les deux autres tiers en 1370, enfin Champrond avait été acquis par Charles, en 1310; aussi les deux sœurs du duc Charles, Françoise, femme de Charles de Bourbon, duc de Vendôme, et Anne, marquise de Montferrat, s'opposèrent à la saisie par le roi des biens de leur frère; il s'en suivit un procès qui ne fut terminé qu'en 1563 par une double transaction entre le roi Charles IX et les descendants d'Anne et de Françoise d'Alençon, dont le roi admettait les prétentions en leur restituant la baronnie de Châteauneuf-en-Thimerais. Cette terre fut divisée en deux parts; les héritiers de Françoise d'Alençon, qui était l'aînée, parmi lesquels se trouvait Henri IV son petit-fils, eurent le choix et prirent Châteauneuf et Champrond; par lettres du 25 novembre 1565, enregistrées au Parlement de Paris le 19 janvier 1566 (n. st.) (1), le roi céda à Louis de Gonzague, petit-fils d'Anne d'Alençon, marquise de Montferrat (devenu la même année duc de Nivernais par son mariage avec Henriette de Clèves): les villes, bourgs et châtellenies de Senonches et Brezolles-en-Thimerais, et il fut convenu que lesdites terres seraient distraites de la baronnie de Châteauneuf, tant pour le regard de la tenure féodale que droit de baronnie du dit Châteauneuf, et que ces terres, ou l'une d'elles, au choix du dit Louis, seraient tenues et mouvantes *en plein fief à une foy et hommage* du roi et de sa couronne, à cause de son château du Louvre.

M. Merlet dit (p. 513) dans la notice mentionnée ci-dessus, qu' « au mois de février 1566 le roi Charles IX avait érigé les seigneuries de Brezolles et Senonches, cédées en principauté sous

(1) Arch. nat. X¹ᴬ 8626, fol. 86.

le nom de Mantoue, en faveur de Louis de Gonzague, père de Charles. Ce dernier jusqu'à la mort de son père porta le nom de Thimerais », et, dans le dictionnaire topographique du département d'Eure-et-Loir, que ces terres furent érigées en principauté sous le nom de Mantoue (1) ; cela peut être vrai, mais comme ces lettres n'ont jamais été enregistrées au Parlement et qu'aucun auteur n'en cite de copie, ni d'analyse, que les auteurs qui en parlent n'indiquent aucune source, nous sommes plutôt tenté de croire que voyant que ces terres étaient distraites de leur mouvance primitive pour ne relever que du roi, on crut pouvoir en conclure qu'elles étaient *cédées en principauté*, ce qui semblait d'autant plus vraisemblable que le fils du duc de Nevers put porter le nom de prince de Mantoue ou de Thimerais, avant d'être devenu duc de Nevers par la mort de son père et duc de Mantoue par celle d'un de ses cousins (2).

Henri IV devenu seul possesseur de la première part de la baronnie de Châteauneuf vendit en 1600 la châtellenie de Champrond à Jean de Vauloger, seigneur de Neufmanoir, et engagea la même année la baronnie de Châteauneuf à Philippe Hurault de Cheverny qui céda ses droits en 1605 à Charles II de Gonzague, duc de Nevers, fils de Louis ; le duc de Nevers se trouvait ainsi seul possesseur de toute l'ancienne baronnie de Châteauneuf, mais ces deux fractions restèrent cependant séparées, quant à la mouvance, et il en rendit hommage au roi le 5 janvier 1607 (3) ; son petit-fils Charles III de Gonzague, duc de Nevers et de Mantoue, vendit l'une en 1649 (4) et l'autre, comprenant Senonches et Brezolles en partie, au comte de Broglie en 1654 (3).

(1) Bry de la Clergerie dit, p. 11 : « Les terres démembrées sont Chasteauneuf en Thimerais, Senonches, Bazoches [il veut dire : Brezolles] et Champront... ont Coustumes à part, sont souz la diocèse de Chartres et attribuées es cas de l'édict au siège présidial du dit lieu, la pluspart de l'élection de Verneuil et furent érigées en principauté portant tiltre de Mantoüe, en faveur de feu Monseigneur le duc de Nevers, par lettres non encore vérifiées. »

(2) L'auteur des « Généalogies historiques des rois, empereurs, etc., » t. II, « contenant les maisons souveraines d'Italie » (Paris, Giffart, 1736, in-4º) p. 288, consacre plus de deux pages à Louis de Gonzague et à son fils, « un des plus grands princes de son temps, » dont les droits sur Mantoue furent reconnus par le traité de Chérasco (1631) après quatre ans de guerre et grâce à l'intervention de Louis XIII. Il ne dit pas un mot de cette prétendue principauté de Thimerais.

(3) Voyez les pièces justificatives.

(4) Notice sur la baronnie de Châteauneuf-en-Thimerais, par M. Merlet, p. 513. C'est probablement cette partie de la baronnie qui appartenait en 1758 « à messire Jean-Baptiste-François des Marets, maréchal de France, seigneur marquis de Maillebois, etc., » comme héritier de messire Nicolas

Une lettre (1) adressée par le subdélégué de Châteauneuf-en-Thimerais à l'intendant d'Alençon, qui avait été chargé de faire une enquête sur les terres titrées de sa généralité, nous apprend qu'en 1734 ou 35, S. A. S. Mlle de la Roche-sur-Yon (2) fit ériger en comté les terres de Senonches et Brezolles. Le prince de Conti, son petit-neveu, céda le comté de Senonches au roi Louis XV, qui le plaça avec le même titre en avril 1771 dans l'apanage qu'il constitua à son petit-fils, le comte de Provence, plus tard Louis XVIII (3). En mai 1775 le roi Louis XVI accorda à son frère à titre de supplément d'apanage le duché d'Alençon, et la forêt de Senonches qui n'était pas comprise dans le comté de Senonches par la donation de 1771 (4).

Nous avons trouvé dans une autre lettre de Vallée, subdélégué de Verneuil, faisant partie de la même correspondance que les deux terres de Maillebois et Blévy ont été érigées en un marquisat par lettres patentes de 1621, accordées à Madame de Jambville (5), registrées le 30 août 1625 (6) et que Monsieur des Marets a obtenu pareilles lettres en 1706, registrées le 2 mai 1708 (7). Ces terres relevaient précédemment de la baronnie de Châteauneuf, mais la mouvance en fut distraite et attachée dès lors à la Couronne.

Il est dit dans la même lettre que les terres et châtellenies de la Ferté-Vidame et Beaussart furent par lettres patentes de 1734 érigées conjointement en comté et distraites de la baronnie de Châteauneuf-en-Thimerais et la mouvance attachée à la Tour du Louvre, en faveur de messire Louis, duc de Saint-Simon (8).

§ 4. Expressions de : Terres - Françaises, Terres-Démembrées, Ressort-Français.

La baronnie de Châteauneuf-en-Thimerais et ses dépendances sont quelquefois désignées sous le nom de *Terres-Françaises*,

des Marets, ministre et contrôleur général des finances qui l'avait acquise des héritiers de M. le Clerc de Lesseville en 1679 » (Arch. de l'Orne, C. 752).

(1) Archives de l'Orne, C. 752.
(2) Louise-Adélaïde de Bourbon-Conti, née en 1696, morte sans alliance en 1750.
(3) Voyez les pièces justificatives concernant le comté du Perche.
(4) Arch. nat. PP. 146 *bis*.
(5) Marie Le Clerc de Lesseville, mariée en 1575 à Antoine Le Camus, seigneur de Jambeville, président au Parlement de Paris.
(6) Arch. nat. X^1A 8650, fol. 279.
(7) Arch. nat. X^1A 8702, fol. 188.
(8) Registrées par le Parlement : Arch. nat. X^1A 8756, fol. 582.

notamment dans les actes de foi et hommages rendus par les
comtes du Perche Jean Ier et Jean II en 1405 et 1461. Le 10 octobre 1509, Charles IV, comte du Perche, fit foi et hommage au roi
de diverses terres et entre autres de la *baronnie de Chasteauneuf
et Terres-Françaises* (1).

Nous croyons que cette appellation vient de ce que ces terres
n'étant séparées que par l'Avre des terres qu'avait le duc d'Alençon en Normandie, dans les environs de Verneuil, et faisant
partie comme ces dernières de l'élection de Verneuil, on les appela ainsi pour les distinguer des terres normandes situées sur la
rive gauche de l'Avre.

Elles furent aussi quelquefois appelées *Terres-Démembrées*, et
M. Merlet, à l'article Thimerais dans le Dictionnaire topographique d'Eure-et-Loir, dit qu'elles furent ainsi nommées depuis
qu'elles furent séparées de la Couronne par Henri II en faveur
d'Antoine de Bourbon, duc de Vendôme; (elles ne le furent qu'en
1565 en faveur d'Henri de Bourbon, qui fut le roi Henri IV, et
de Louis de Gonzague).

L'expression de *Terre-Française* est employée (abusivement,
croyons-nous) (2) par Bry, p. 10, pour désigner un territoire qui
est nommé dans les actes officiels : *Ressort Français de la Tour
Grise de Verneuil,* ou simplement : *Ressort Français,* et qui,
comme division financière faisant partie de l'élection de Verneuil,
comprenait en 1466 les trois paroisses de Saint-Martin-du-Vieux-
Verneuil, Armentières-sur-Avre, et Saint-Lubin-de-Cravant (3)
et ne renfermait en 1709 que les trois mêmes paroisses (4) ; au
point de vue judiciaire il formait un bailliage s'étendant sur environ vingt-deux paroisses du Thimerais, situées sur la rive droite
de l'Avre qui les séparait de la Normandie (5) ; la justice y était exer-

(1) Voyez les pièces justificatives pour le comté du Perche.

(2) L'expression de *Terres-Françaises* étant employée dans les aveux
de 1405, 1461, 1509 comme synonyme de *Thimerais*, on ne peut sans
risquer de causer une confusion ou un malentendu, l'appliquer au *Ressort-Français* de la Tour-Grise de Verneuil, qui ne comprenait qu'une
petite partie du Thimerais.

(3) Assiette de la taille dans l'élection d'Alençon et du Perche, Saint-
Silvin et le Thuit pour l'année 1466 ; B. N. ms. fr. 21421.

(4) Dénombrement du royaume par généralités, élections, etc., publié à
Paris, par M***, chez Saugrain, 1709. La paroisse de Saint-Martin y est
même placée dans la châtellenie de la Ferté-Vidame et non dans le Ressort-Français, mais il est évident que c'est une erreur, cette paroisse
contenant la Tour-Grise, chef-lieu du Ressort.

(5) Dix-sept de ces paroisses nous sont connues par l'aveu rendu le
30 octobre 1566 à la reine à cause de sa Tour grise de Verneuil au Perche,
par Jean le Cherier, sergent fieffé et hérédital au Ressort-Français de Verneuil au Perche, « de la dite sergenterie qui se consiste en 17 paroisses

cée par des officiers royaux se qualifiant *bailly* et *lieutenant de la Tour Grise de Verneuil et Ressort Français,* dont les jugements étaient attaqués en appel devant le parlement de Paris ; on y suivait les Coutumes du Thimerais (1). Verneuil se composait de deux villes, l'une française l'autre normande, séparées par l'Avre : sur la rive droite la Tour Grise protégeant le vieux Verneuil et capitale du Ressort-Français, sur la rive gauche le nouveau Verneuil, bâti et fortifié par les ducs de Normandie pour se défendre contre les rois de France, et chef-lieu d'un bailliage ressortissant au Parlement de Rouen. Bry dit, p. 5 et 10, que « tout le Ressort-Français est de la diocèse d'Evreux », mais il se trompe certainement, car le diocèse de Chartres s'étendait jusqu'à l'Avre, et toutes les paroisses du Ressort-Français qui nous sont connues étaient sur la rive droite de l'Avre et faisaient partie du doyenné de Brezolles au diocèse de Chartres.

§ 3. Circonscriptions d'ordres divers dont faisait partie le Thimerais.

Au point de vue religieux, tout le Thimerais était compris dans le diocèse de Chartres, dont il occupait la partie Nord-Ouest.

Au point de vue féodal, il formait, dès 1200, un seul grand-fief mouvant nuement de la Couronne de France ; ce fief fut divisé en 1563 en deux parties, relevant l'une et l'autre de la Couronne : d'un côté Châteauneuf, de l'autre Senonches et Brezolles, érigés plus tard en comté de Senonches ; enfin, au XVIIIᵉ siècle, la mouvance de la Ferté-Vidame et Beaussart fut distraite de la baronnie de Châteauneuf et attachée à la Couronne, ainsi que celle de Maillebois et de Blévy ; de sorte qu'à la fin du XVIIIᵉ siècle, la baronnie de Châteauneuf-en-Thimerais était loin d'avoir la même étendue qu'au XIIIᵉ siècle, et que le Thimerais au lieu d'un seul grand fief en comprenait quatre : baronnie de Châteauneuf, comté de Senonches, marquisat de Maillebois, comté de la Ferté-Vidame.

du pays français, savoir est : Blévy, Saint-Ange, Aulney-soubs-Couvey, Mittanvilliez, Saint-Arnoul-des-Bois, Billoncelles, Monceaux et la Poterie, Saint-Germain-de-la-Gastine, Saint-Lubin-de-Crevent, Revercourt, Dampierre-sur-Avre, Bremses et Brulées [?], Mainternées, [D]ermentières, Normandel, la Trinité et Saint-Martin-du-Vieil-Verneuil, esquels villaiges et paroisses dessus déclarées et autres paroisses assises au dit Ressort-François et Chasteauneuf-en-Thimerais, moi, mes commis et députés, et non autres, font tous exploits de justice. » Arch. nat. P 2933, cote 178 (ou VIᶜ LV).

(1) Bry, p. 10, et Mém. de Pomereu sur le duché d'Alençon, p. 81.

Nous ne croyons pas que le Ressort-Français formât une circonscription féodale ni que la mouvance d'aucun fief fût attachée à la Tour Grise de Verneuil, si ce n'est celle de la « sergenterie fieffée du Ressort-Français de Verneuil au Perche », car dans les nombreux aveux du Thimerais que nous avons dépouillés dans les archives de la Chambre des Comptes ou dont nous avons trouvé la copie dans les manuscrits du prieur de Mondonville, c'est le seul aveu que nous ayons vu reporté à la Tour Grise.

Au point de vue judiciaire, le Thimerais formait la circonscription : 1° du bailliage de Châteauneuf-en-Thimerais, qui recevait les appels de la vicomté de Châteauneuf et des justices seigneuriales du pays, et dont les jugements pouvaient être attaqués (au moins en 1517) devant les Grands-Jours de la baronnie de Châteauneuf (1), soumis eux-mêmes au parlement de Paris et au présidial de Chartres (2) ; 2° du bailliage de la Tour Grise de Verneuil et Ressort-Français, soumis également au parlement de Paris et à son présidial de Chartres.

Au point de vue législatif, le Thimerais formait une circonscription indépendante et complète : les « Coutumes générales et usages de la baronnie, châtellenie, terres et seigneurie de Châteauneuf-en-Thimerais , Ressort-Français , et dépendances des lieux, terres et seigneuries estant ès fins, mettes et enclaves d'icelle baronnie et châtellenie, arrestée, accordée et publiée » en octobre et novembre 1552, sont insérées dans le grand Coutumier général, publié par Bourdot de Richebourg. Le procès-verbal de comparution des députés du Tiers-Etat nous donne la liste des communes du Thimerais, que nous rangeons ici suivant l'ordre des subdivisions de l'Élection de Verneuil, dont les trois premières correspondaient probablement aux divisions féodales du Thimerais existant lors de l'établissement de cette Élection.

Châtellenie de Chateauneuf-en-Thimerais : Allainville, Ardelles, Aunay-sous-Couvé (3), Belhomer, Blévy, Boissy-en-Drouais, Châtaincourt, Châteauneuf-en-Thimerais, Dampierre-sur-Blévy, Dampierre-sur-Avre, Digny, Escorpain, Favières, la Ferrière-au-Val-Germond (4), Feuilleuse, Fontaine-les-Riboust, Garancières-en-Drouais, Garnay, Hauterive (5), Jaudrais,

(1) Voyez les pièces justificatives.

(2) Pierre Gygnet était en 1517 « baillif de Bons-Moulins et du Chastelneuf en Thymerais », mais cela ne prouve pas que ces deux terres ne formassent qu'un seul bailliage.

(3) Nommée actuellement : Aunay-sous-Crécy.

(4) Actuellement réunie à Fontaine-Simon.

(5) Actuellement réunie à Saint-Maixme.

Laons, Levasville et Saint-Sauveur (1), Louvillier-lez-Perche, Mainterne, la Mancelière, Manou, Marville-Moutier-Brûlé, le Mesnil-Thomas, Prudemanche, la Puisaye, les Ressuintes, Revercourt, Saint-Ange, Saint-Germain-de-Lézeau (2), Saint-Jean-de-Rebervilliers, Saint-Lubin-des-Joncherets, Saint-Maixme, Saint-Martin-de Lézeau (2), Saint-Rémy-sur-Avre, la Saucelle, Saulnières, Senonches, Tardais, Theuvy, Thimer, Vérigny, la Ville-aux-Nonains, Villette-les-Bois (3), Vitray-sous-Bresolles.

SERGENTERIE DE BRESOLLES : Berou-la-Mulotière, les Châtelets, Crucey, Fessanvilliers, la Gadelière (4), Mattanvilliers (5), Montigny-sur-Avre, Normandel, la Trinité-sur-Avre (6).

CHATELLENIE DE LA FERTÉ : Beauche, la Bréhardière (7), Boissy-le-Sec, la Chapelle-Fortin, Charencey (8), la Ferté-Vidame, Lamblore, Morvilliers, Moussonvilliers, Réveillon (9), Rohaire, Rueil, St-Maurice-lez-Charencey, Saint-Victor-sur-Avre.

RESSORT-FRANÇAIS : Armentières-sur-Avre, Saint-Lubin-de-Cravent, Saint-Martin-du-Vieux-Verneuil.

Le procès-verbal de 1552 place encore dans le Thimerais les paroisses suivantes, que nous ne retrouvons pas dans l'élection de Verneuil : Achères (10), Bernier (10), Billancelles, Boissy-le-Sec près Houdent, Bonvilliers (11), le Boullay-les-Deux-Eglises, le Boullay-Thierry, les Chaises (12), Champigny, Champrond-en-Gastine, Chesne-Chenu, Couvé (13), la Framboisière, Fresnay-le-Gilmert, Mézières, Mittainvilliers et Genainvilliers, Saint-Arnoul-des-Bois, Saint-Germain-la-Gastine, Tremblay-le-Vicomte (14).

Enfin, pour avoir la liste complète des paroisses du Thimerais, il faut certainement ajouter à celles dont le nom précède :

(1) Actuellement Saint-Sauveur-Levasville.
(2) Actuellement réunie à Maillebois et à Saint-Maixme.
(3) Actuellement réunie à Chêne-Chenu.
(4) Actuellement réunie à Rueil.
(5) Actuellement réunie à Fessanvilliers.
(6) Actuellement réunie à Beaulieu.
(7) Actuellement réunie à Dampierre-sur-Avre.
(8) Actuellement réunie à Saint-Maurice-lez-Charencey.
(9) Actuellement réunie à la Ferté-Vidame.
(10) Actuellement réunie à Theuvy.
(11) Actuellement réunie à la Chapelle-Fortin.
(12) Actuellement réunie au Tremblay-le-Vicomte et totalement détruite.
(13) Actuellement réunie à Crécy et totalement détruite.
(14) Il est dit dans le même procès-verbal qu'on prononça également défaut contre les habitants des paroisses de Saint-Victor-de-Buton, de Montlandon, de Montireau et de Frétigny qui ne s'étaient pas fait représenter ; ces paroisses faisaient partie de la province du Perche, mais peut-être renfermaient-elles quelques hameaux dépendant du Thimerais.

15 Il y a eu au Champigny près de Chêne Chenu, près de Boissy et près de Mittainvilliers : c'est probablement le premier qui a été autrefois pris.

*Monceaux-la-Poterie (1), citée dans la liste des paroisses du Ressort-Français, par l'aveu de 1566, et : •Maillebois, •Ecluselles, •Marville-les-Bois et (Saint-Etienne de) la •Burgondière (2), qui faisaient partie de la châtellenie de Châteauneuf de l'élection de Verneuil, et n'y auraient certainement pas été mis s'ils n'avaient pas fait partie du Thimerais. Nous arrivons ainsi à un total de 100 communes (actuellement réduites à 82), qui font toutes partie du département d'Eure-et-Loir, sauf trois comprises dans le département de l'Eure (Armentières-sur-Avre, Saint-Martin-du-Vieux-Verneuil et Saint-Victor-sur-Avre) et cinq comprises dans l'Orne, canton de Tourouvre : Charencey, Moussonvilliers, Normandel, Saint-Maurice-lez-Charencey et la Trinité-sur-Avre.

Au point de vue représentatif, nous voyons par l'état annexé au règlement qui accompagne la lettre du Roi pour la convocation des Etats-Généraux, datée du 27 avril 1789, que Châteauneuf-en-Thimerais formait alors, comme en 1614, un bailliage secondaire députant au bailliage principal de Chartres; sous ce nom étaient certainement compris non seulement le bailliage de Châteauneuf proprement dit, mais aussi celui de la Tour Grise de Verneuil et Ressort-Français.

Au point de vue financier et administratif, le Thimerais faisait partie de l'élection de Verneuil, comprise dans la Généralité d'Alençon et partagée en quatre subdivisions dont nous avons indiqué ci-dessus la composition (3); outre le Thimerais, cette élection comprenait encore huit paroisses de la province du Perche depuis la suppression de l'élection de Longny en 1686 (4) et un certain nombre de paroisses normandes (5).

Au point de vue militaire, le Thimerais était du gouvernement de l'Ile-de-France; il y avait à Châteauneuf une maréchaussée et des archers (6).

(1) Actuellement réunie à Fontaine-la-Guyon et totalement détruite.

(2) Actuellement réunie au Mesnil-Thomas.

(3) Nous avons donné cette liste de paroisses du Thimerais comprises dans l'élection de Verneuil d'après le dénombrement du royaume par généralités, élections, etc., publié à Paris en 1709. Nous regrettons de n'avoir pu collationner cette liste avec celle du ms. fr. 21421 de la B. N. qui se rapporte à l'année 1466. Nous avons seulement noté qu'outre les quatre subdivisions du Thimerais existant au XVIII° siècle, il y en avait en 1466 une cinquième : la châtellenie de Senonches.

(4) Voyez ci-dessus p. 140, note 1.

(5) Nous lisons dans l'Etat de la Généralité d'Alençon, en 1698, publié par M. Duval, que « les élections du duché d'Alençon sont..... et Verneuil, auquel est joint le bailliage de Châteauneuf-en-Thimerais. »

(6) Etat de la Généralité d'Alençon, p. 65 et 177.

CHAPITRE II

PERCHE-GOUET ET CHATELLENIE DE LA LOUPE

§ 1. Formation et premiers seigneurs du Perche-Gouet.

Les historiens chartrains et percherons (1) sont unanimes à dire que les Normands ayant envahi et ravagé le pays chartrain, Hélie (2), évêque de Chartres, parvint à les repousser dans la seconde moitié du IXᵉ siècle et, pour récompenser les chefs qui l'avaient aidé dans cette entreprise, leur donna une partie des terres de son église ou plutôt de celles de l'abbaye de Saint-Père (3), et entre autres les cinq terres de : Alluyes, Brou, Montmirail, Authon et la Bazoche, situées dans les doyennés de Brou et de Dunois au Perche. Cauvin (4) dit que dès l'an 884, Girard, évêque de Chartres, avait obtenu de Charles le Gros le haut domaine des terres seigneuriales d'Alluye, Brou, Authon, Montmirail et la Bazoche ; ce dont nous avons trouvé la confirmation pour Alluyes dans un passage du cartulaire de Notre-Dame de

(1) En dernier lieu, M. Gouverneur, Essais sur le Perche, p. 47.

(2) Nommé évêque de Chartres probablement vers 840. (Guérard, cartul. de Saint-Père, CCXXXIV.)

(3) « Le prélat s'appropria leurs biens [ceux des religieux de Saint-Père] qu'il convertit à son usage ou distribua en bénéfice à ses vassaux. (Guérard, cart. de Saint-Père, CCXXXV.)

(4) Dictionnaire du diocèse du Mans, p. 630, d'après l'Hist. de la cité des Carnutes, I, 146.

Chartres (1). Mahaut, veuve de Geoffroy de Médène, fille, d'après
M. Merlet (2), de Gautier d'Alluyes, et probablement dame d'Alluyes
et de Brou, ayant épousé, au milieu du XIᵉ siècle, Guillaume
Gouet, seigneur de Montmirail, Authon et la Bazoche, celui-ci se
serait trouvé possesseur du pays, nommé à cause de lui, *Fief-
Gouet*, puis *Perche-Gouet;* M. Merlet doute que Guillaume ait
possédé en réalité ce vaste territoire; nous n'avons pas trouvé
de document qui le prouve; mais nous n'y voyons aucune impos-
sibilité, d'autant plus que ses successeurs furent vite en possession de ces cinq terres, si elles n'étaient pas réunies sous sa
main. Nous avons la preuve qu'il était au moins seigneur de
Brou (3).

Guillaume II Gouet, fils de Guillaume, était certainement seigneur d'Alluye dès 1080 (4), de Montmirail vers 1090 (5), de
Château-du-Loir et de plusieurs terres sises dans les environs (6),
mais nous croyons qu'il était également seigneur des trois
autres baronnies du Perche-Gouet, car, d'une part, nous le voyons
faire des fondations ou donations dans toute cette région, et
aucun document ne nous a montré l'existence à la même époque
d'autres seigneurs de ces terres, enfin son père était seigneur de
Brou (7) et sa mère d'Alluyes; il ne reste donc de doutes que

(1) *Idibus junii. Obiit domnus Jerardus* (Gerard, évêque de Chartres,
vers 887) *episcopus. Hic sua impetratione imploravit aput Karolum
imperatorem Aloïam cujus medietatem altari Sancte-Marie, alteram
cessit profuturam fratrum utilitati.* (Cart. de Notre-Dame de Chartres, II,
127.)

(2) Cartul. de Tiron, p. 24.

(3) *Ecclesia Sancti-Leobini, quæ in Braiao castro super fluvium Osannæ
fundata est et a domno meo Willelmo, ipsius castri domino, cum aliis
rebus tenere videor...* (Cartul. de Saint-Père, I, 148.)

(4) *Willelmus, honoris Alogiæ dominus, ... annuente venerabili
matre mea Mahilde, una cum karissima conjuge Eustachia, seu liberis
nostris adhuc infantulis Hugone ac Willelmo... Ante a. 1080.* (Cartul.
de Saint-Père, I, 213.)

(5) *Willelmus Goet et uxor ejus Eustachia...* (vers 1090) ..... *in cha-
mera W. Goet in castro quod nominatur Monsmirabilis.* (Cartul. de
Saint-Vincent du Mans, col. 127.)

(6) 1070-76. *Willelmus Goietus cum uxore sua annuit Sancto Vincentio
... omnia que ad honorem Castelli-Lid pertinent..... et si qua alia sunt
que ad casamentum Castelli-Lid pertineant.....* (Cartul. de Saint-Vincent
du Mans, n° 314.) — Cette charte est accompagnée de la note suivante des
éditeurs : « La suzeraineté de Guillaume Gouet sur Tuffé, Château-du-
Loir, le Lorrouer, Courdemanche et Saint-Gervais-de-Belin, peut s'expliquer par l'alliance de son père Guillaume Iᵉʳ avec Mahaud d'Alluie. »

(7) En 1079, Guillaume II et sa mère Mahaut donnent au prieuré de
Vieuvicq (situé au nord de Brou) le panage et tout le bois dont ils auraient
besoin « *ex bosco ipsorum de Pertico.* » (Mabille, cart. du Dunois, p. 41.)

pour Authon (1) et la Bazoche-Gouet, les moins importantes des cinq baronnies, situées l'une et l'autre entre Brou et Montmirail, et dont la seconde a gardé dans son nom un souvenir de ses anciens seigneurs (2).

§ 2. Successeurs des Gouet.

Nous croyons inutile de rapporter ici la suite des seigneurs du Fief-Gouet, qui passa successivement par mariage dans les maisons de Donzy, de Châtillon, de Bourbon, de Bourgogne, de Dampierre, de Bar, de Luxembourg; Louis de Luxembourg, comte de Saint-Pol, connétable de France, donna les cinq baronnies à sa sœur Isabeau, femme de Charles III d'Anjou, comte du Maine; leur fils Charles IV d'Anjou, comte du Maine, démembra les cinq baronnies : il vendit en 1478 *Montmirail, Authon et la Bazoche* à Louis du Maine, son frère bâtard; mais à la mort de Charles d'Anjou, Louis XI, son héritier, exerça le retrait lignager, reprit ces trois baronnies et les donna à Jacques de Luxembourg; les familles de Melun, de Bruges et de la Baulme en héritèrent ensuite; Jacques-Nicolas de la Baulme les vendit à Jean Perrault, président, et celui-ci à Louis-Armand de Bourbon-Conti dont la veuve, Marie-Anne de Bourbon, dite Mademoiselle de Blois, démembra encore ces trois baronnies : elle vendit en 1719 : *Authon* à Charles-Nicolas le Clerc de Lesseville, intendant de Limoges, — *Montmirail et la Bazoche* à Jean-Thomas Havet de Neuilly, conseiller au parlement; ces deux dernières terres passèrent ensuite aux familles Guillebon et le Pesant de Boisguilbert dont les descendants possèdent encore le château et la plus grande partie de la forêt de Montmirail.

Louis XI hérita de Charles d'Anjou des baronnies d'*Alluyes et Brou* qu'il donna à Jacques d'Armagnac, duc de Nemours, en considération de Louise d'Anjou, sa femme, sœur et héritière de Charles. Ces deux terres appartenaient en 1507 à Antoine de Luxembourg, qui les vendit à Florentin Girard, seigneur de Dan-

---

(1) Guillaume II fonda et donna à l'abbaye de Tiron le prieuré des Châtaigniers, qui est dans la commune de Soisé, sur la limite de celle d'Authon, dont il est très proche. (Cartul. de Tiron, p. 24.) Il était suzerain de Villevillon (paroisse des Autels-Villevillon), sis entre Brou et la Bazoche. (Cart. de Saint-Père, 163.)

(2) Guérard s'exprime ainsi sur Guillaume II : « *Hic erat dominus Montis-Mirabilis et quatuor baroniarum, quibus constabat ea pars pagi Perticensis que nuncupatur Perche-Gouet.* » (Cart de Saint-Père, p. 471.)

geau, auquel, par retrait féodal, l'évêque de Chartres les retira et les vendit à Florimond Robertet, secrétaire des finances, en faveur duquel Alluye fut érigé en marquisat (1) ; l'un des fils de Florimond, Claude Robertet, eut la baronnie d'Alluye (qui passa aux familles Babou de la Bourdaisière, d'Escoubleau, de Gassion et de Montboissier), et l'autre, nommé François, eut celle de Brou qui appartint aux familles de Rostaing, de Beaumanoir, de Courcelles, de Montmorency, des Ligneris, de Montboissier et fut achetée en 1784 par Albert, comte de Bavière-Grosberg (2).

§ 3. Noms successivement employés pour désigner le Perche-Gouet.

Le territoire qui porta plus tard le nom de Perche-Gouet était désigné, au XIIe siècle, sous le nom de *Terre-Gouet* (3), au XIIIe siècle, sous le nom de *Fief-Gouet* ou de *Terre du Fief-Gouet*, puis sous celui de *Terre d'Alluye*, Alluye étant alors considérée comme sa capitale (4), avantage que Brou, puis Montmirail semblent avoir partagé avec elle à d'autres époques (5).

L'emploi du terme de *Perche-Gouet* nous semble absolument moderne : c'est en 1540 que nous le voyons employé pour la première fois, dans l'aveu de Marie de Melun ; il a pu l'être un peu plus tôt, mais nous ne croyons pas que son usage remonte au-delà du XVIe siècle (6).

Le Perche-Gouet est souvent désigné par le nom de *Petit-Per-*

---

(1) Chasot de Nantigny : Tablettes historiques, généalogiques, etc., VI, p. 97.

(2) (Ces notes sont tirées de nos pièces justificatives, d'un manuscrit de la fin du XVIIIe siècle, nous appartenant, d'une notice sur la baronnie d'Alluye publiée par M. Lefèvre, dans les Mémoires de la Société archéologique d'Eure-et-Loir, t. V, p. 42, et du dictionnaire de la Sarthe de Pesche, art. Montmirail.

(3) *Ego Philippus, heres terre Goeti et dominus..... predecessores mei terre Aloie domini.* (Charte du cartul. de la Couture (p. 55) datée de 1140.)

(4) Voyez les pièces justificatives.

(5) Eudes, comte de Nevers, mariant en 1265 sa fille Yolande à Jean-Tristan de France, fils de saint Louis, ne les nomme que *sa terre du Perche* : « *Nous Oedes... fesons savoir... cele Yolent aura à mariage nostre terre de Danzé et de Saint-Aignen en Berri et del Perche... etc.* » (Arch. nat. J. 256, n° 58, pub. par M. de Laborde, III, p. 415.)

(6) M. Longnon, dans la planche XI (France vers 1032) de son atlas historique mentionne la *seigneurie du Perche-Gouet* ainsi que dans les

che et quelquefois sous celui de *Bas-Perche* par opposition à la province ou au comté du Perche, désignée par celui de *Grand-Perche*.

Les cinq principales terres du Perche-Gouet sont désignées d'abord sous le nom de terres, et n'ont encore aucun titre dans l'aveu de 1383 (1); *en 1402*, Robert de Bar rend aveu de ses châteaux, villes et *châtellenies* de Brou, Alluye, etc.; enfin, *en 1505*, Marie et Françoise de Luxembourg rendent foy et hommage pour raison des *baronnies* d'Alluye, Brou, etc. (1).

§ 4. Communes du Perche-Gouet et circonscriptions d'ordres divers dont il faisait partie.

Le Perche-Gouet se composait des 36 communes suivantes :
Alluye, Arrou, Arville, les Autels-Saint-Eloy (appelée aujourd'hui les Autels-Villevillon), Authon, Saint-Avit-au-Perche, la Bazoche-Gouet, Brou, Bullou, Champrond-sur-Braye /en partie, Chapelle-Guillaume, Chapelle-Royale, Charbonnière, Châtillon, la Croix-du-Perche, Dampierre-sur-Brou, Dangeau, Frazé, le Gault, Luigny, Melleray, Mézières-au-Perche, Miermaigne, Montemain (réunie aujourd'hui à Saumeray), Montmirail, Mottereau (réunie à Brou), Moulhard, le Plessis-Dorin, /Saint-Lubin-des-Cinq-Fonts (réunie à Authon), Saint-Pellerin, Soizé, Trizay-lez-Bonneval, Unverre, Vieuvicq, Villevillon (réunie aux Autels-Saint-Eloy), Yèvre (2).

La mouvance des cinq baronnies n'a pas varié, au moins depuis le xiii⁰ siècle jusqu'à la fin du xviii⁰ : elles ont toujours relevé directement de l'église de Chartres; leur seigneur rendait foy et hommage à l'évêque de Chartres pour ces cinq terres par

cartes pour les années 1154, 1200, 1223, 1241 ; et il lui donne le titre de *baronnie du Perche-Gouet* dans la carte pour le règne de saint Louis; nous croyons, jusqu'à preuve du contraire, qu'il a fait là un anachronisme. Ce qui est plus grave, c'est que l'érudition cependant si profonde de cet éminent historien a certainement été mise en défaut quand il a classé le Perche-Gouet parmi les grands-fiefs ou fiefs immédiats de la Couronne, car il est hors de doute qu'il n'en était qu'un arrière-fief au moins dès le xiii⁰ siècle et selon toute vraisemblance dès l'établissement de la féodalité.

(1) Voyez les pièces justificatives.

(2) Nous donnons cette liste d'après le dictionnaire de la Sarthe de Pesche au mot Petit-Perche ; M. Gouverneur (Essais sur le Perche, p. 49) donne, d'après la carte de Guillaume de Lisle, une liste qui concorde avec celle-ci, sauf qu'il omet Soizé.

un seul acte de foy, tant qu'elles furent unies sous la même main ; à partir de leur démembrement, le seigneur de Brou porta seul la foy et hommage à l'évêque de Chartres, auquel les aveux continuèrent à être rendus directement par le seigneur de chaque baronnie : c'est au moins ce qui semble ressortir de la déclaration de Marie de Melun en 1540. Mais ce qui varia, ce fut le lieu où le seigneur de ces terres était tenu de rendre ses foy et hommage à l'évêque de Chartres ; ce lieu fut d'abord le palais épiscopal de Chartres, comme le prouvent : la charte de 1241 d'Hugues de Châtillon, comte de Saint-Pol (1), celle de Saint-Louis de 1266, qui dit spécialement que la complaisance qu'a eue l'évêque de Chartres de recevoir, à Paris et non à Chartres, l'hommage d'Alluye et autres terres de son fils, Jean Tristan de France, ne doit point préjudicier à l'évêque ni à ses successeurs, et celle de Marguerite d'Anjou, reine de Sicile (de 1297) ; plusieurs aveux ou actes de foy rendus postérieurement ne mentionnent pas le lieu où ils furent rendus ; enfin celui de 1505 indique que les cinq baronnies sont tenues en fief de la baronnie, châtel et châtellenie de Pontgouin, qui était probablement alors considérée comme le chef-lieu du temporel de l'église de Chartres ; l'hommage des cinq baronnies fut dès lors porté non plus à Chartres mais à Pontgouin (2) et cet état de choses dura jusqu'à la Révolution.

Au point de vue religieux, le Perche-Gouet était tout entier compris dans le diocèse de Chartres ; il fournit ensuite quelques paroisses à celui de Blois formé en 1697, et quelques autres à celui du Mans, lors du remaniement des diocèses par le Concordat de 1801.

Les cinq baronnies du Perche-Gouet étaient régies par une coutume locale et particulière sous la coutume générale du bailliage de Chartres (3).

En voyant la législation du bailliage de Chartres appliquée dans le Perche-Gouet, on serait tenté d'en conclure qu'il faisait également partie de ce bailliage au point de vue judiciaire : il n'en était rien cependant, et cela n'est pas étonnant, puisque le Perche-Gouet ne faisait pas partie du comté de Chartres, et que,

(1) *Si vero dominus episcopus homagium et juramentum... in palatio suo Carnotensi... receperit.* (Voy. les pièces justif.)

(2) Le château de Pontgouin, construit par Renaud de Mouçon, évêque de Chartres (1183-1217) (cartul. de Notre-Dame de Chartres, I, p. 251), fut réparé et augmenté par Jean de Montaigu (évêque de 1392 à 1406) *edificia episcopatus magnifice reparavit, non nulla etiam de novo et specialiter in castro de Pontegoenii, in quo turres notabiles a solo edificari fecit.* (Id. p. 32.)

(3) Grand coutumier général, t. II, p. 155 et suivantes.

comme nous l'avons vu pour la province du Perche, les circonscriptions judiciaires et féodales avaient les mêmes limites, le
devoir et le droit de rendre la justice faisant partie des devoirs et
des droits du seigneur féodal. D'après ces principes, le juge
d'*appel* du Perche-Gouet aurait dû être le bailly de l'évêché de
Chartres, mais le roi, nous ne savons comment, trouva moyen de
lui substituer ses officiers.

Les appels des jugements rendus par les baillis du Perche-
Gouet furent portés tantôt à Poissy, tantôt au Châtelet de Paris, et
enfin depuis 1316 à Janville, dans le bailliage d'Orléans (à la
demande de Robert de Joigny, 79ᵉ évêque de Chartres), d'où on
pouvait en appeler au parlement de Paris ou à son présidial de
Chartres (1). On réclama contre cette organisation lorsque, le
duché d'Orléans se trouvant donné en apanage, Janville ne fit
plus partie d'un bailliage royal, mais un arrêt du parlement rendu
au profit de Charles, duc d'Orléans, père de Louis XII, maintint
les cinq baronnies dans le ressort de la châtellenie de Janville (2); et, chose curieuse, un demi-siècle après, lors de la
rédaction des coutumes d'Orléans en 1509, le procureur du roi
au bailliage d'Orléans se basant sur ce que les appels des jugements rendus dans le Perche-Gouet étaient portés au bailliage de
Chartres, voulut forcer les habitants de ce pays à comparaître
pour la rédaction des coutumes d'Orléans, après qu'ils avaient
pris part l'année précédente à la rédaction de celles de Chartres;
mais cela ne changea rien à la législation usitée dans le Perche-
Gouet.

Au point de vue financier, administratif et militaire, le Perche-
Gouet faisait partie de la *généralité* et du *gouvernement militaire
d'Orléans*.

§ 5. Châtellenie de la Loupe.

Tout le doyenné du Perche ou de Nogent appartenait à la région
du Perche, et il appartenait en très grande partie à la seigneurie de
Nogent-le-Rotrou ; nous y trouvons cependant la châtellenie de la
Loupe, qui relevait à foy et hommage lige de l'évêque de Chartres et appartenait aux comtes de Chartres.

Thibaut le Grand, comte de Champagne et de Chartres, mort en
1152, laissa la Loupe à son fils Etienne, comte de Sancerre, aux
descendants duquel elle passa (3). Cette terre appartint, au

(1) Bry, p. 9, et manuscrit inédit nous appartenant.
(2) Manuscrit cité dans la note précédente.
(3) Chroniques percheronnes de l'abbé Fret, III, p. 512.

xivᵉ siècle, aux familles de Melun, de Préaux, de la Rivière, et fut
achetée à la fin de ce même siècle par la puissante maison d'Angennes (1), d'où elle passa par alliance au marquis de la Ferté-
Senectère, auquel la Convention l'enleva par confiscation en 1793.

Les habitants de la châtellenie de la Loupe suivaient la *Coutume* de Chartres et envoyaient leurs députés au *Bailliage principal* de Chartres. Les vingt justices seigneuriales qui composaient
le *Bailliage* de la Loupe furent, d'après Pitard, réunies en une
seule dans la seconde moitié du xviiiᵉ siècle (2).

Enfin la châtellenie de la Loupe faisait partie du gouvernement
militaire et de la *généralité* d'Orléans.

(1) Voyez les pièces justificatives.
(2) Fragments historiques sur le Perche, p. 240.

CONCLUSION

—

§ 1. La région du Perche : terme de géographie physique ; la province du Perche et le Perche-Gouet : termes de géographie politique.

La vérité essentielle qu'il importe d'avoir toujours présente à l'esprit quand on étudie l'histoire ou la géographie du Perche et sur laquelle on ne saurait trop insister, c'est que : le mot *Perche* est à la fois un terme de géographie physique et un terme de géographie politique et sert à la fois à désigner des circonscriptions naturelles, religieuses, féodales et législatives, qui ont des limites différentes, tout en portant le même nom (1) :

1° Comme terme de *géographie physique*, il désigne un vaste territoire accidenté, formé d'une multitude de collines irrégulières, compris entre l'Avre au nord, le Loir à l'est, la Sarthe et la Braye à l'ouest, confinant du côté de l'est à la Beauce, du côté du sud à la Sologne, du côté du nord-ouest à la campagne d'Alençon, et entièrement couvert à une époque reculée par la forêt du Perche : ce territoire comme toutes les régions physiques du même

(1) Il est donc indispensable, quand on parle du Perche, d'indiquer si on s'occupe de la région, de la province, du comté de ce nom ou du Perche-Gouet, et de ne pas employer le mot Perche sans l'accompagner d'un autre mot faisant comprendre dans quel sens on le prend.

genre ne peut pas avoir de limites absolument précises (1), ni
concorder exactement avec aucune division politique : il en comprenait en effet plusieurs, la province du Perche, le Perche-Gouet
et une partie du Thimerais, du Dunois et du Vendômois.

2° Comme terme de *géographie politique*, le mot *Perche*, sans
épithète, désigne une province de la France, la province du Perche, qui comprenait un des *grands fiefs immédiats* de la Couronne : le *comté du Perche*, appelé quelquefois *Grand-Perche* ou
Haut-Perche, et trois autres fiefs non immédiats : Longny, Marchainville et la Motte-d'Iversay, et qui forme actuellement au
point de vue administratif l'arrondissement de Mortagne presque
entier et la moitié de l'arrondissement de Nogent-le-Rotrou. — Le
Perche-Gouet, nommé quelquefois *Petit-Perche* ou *Bas-Perche*, situé dans la *région* du Perche, comme la province du même nom,
n'avait avec cette province aucun rapport politique ou administratif,
il relevait féodalement de l'évêché de Chartres et suivait la Coutume du pays Chartrain dans tous les cas où il n'y était pas dérogé
par la Coutume locale du Perche-Gouet ; les 36 communes qui
le composent sont actuellement comprises dans les départements
d'Eure-et-Loir, de Loir-et-Cher et de la Sarthe. — Deux doyennés
du diocèse de Chartres portaient le même nom de *doyenné
du Perche* : le doyenné de Nogent ou du Perche, dans le Grand-
Archidiaconé, le doyenné du Perche ou de Dunois-au-Perche dans
l'archidiaconé de Dunois. — La province, le comté, les doyennés
du Perche de même que le Perche-Gouet avaient (et ne pouvaient
pas ne pas avoir) des limites absolument précises et certaines (2).

§ 2. La province du Perche n'a jamais dé-
pendu ni fait partie d'aucune autre province.

Le second fait sur lequel il n'est pas inutile d'attirer l'attention,
c'est que : le *comté* du Perche a toujours été un des *grands-fiefs*

(1) Nous avons essayé d'en indiquer les limites approximatives dans la
carte placée au commencement de cette étude, en nous servant comme
jalons des localités placées, par des textes historiques ou par la forme
même de leur nom, dans la forêt ou la région du Perche ; ce travail serait
utilement complété par une étude géologique de cette région sur le boise-
ment caractéristique de laquelle le sous-sol a certainement eu une grande
influence.

(2) Nous avons tracé sur notre carte les limites de la province du Perche et donné, p. 128 et 129, d'après des documents officiels, la liste de
toutes les communes qui en faisaient partie.

ou *fiefs immédiats* de la Couronne de France, — que le *bailliage* du Perche (dont le territoire correspondait exactement à ce comté) était un *bailliage-principal* ou *grand-bailliage* dont les députés allaient directement siéger aux Etats-Généraux du royaume, — que la *province* du Perche était une véritable province ayant sa législation propre, et non une partie ou subdivision d'une province quelconque.

La province du Perche relevait au spirituel des *diocèses* de *Chartres*, de *Séez* et du *Mans*; elle était comprise dans la *Généralité* et l'*Intendance* d'Alençon pour la majeure partie et pour la moindre dans celle d'*Orléans*; elle contribuait tout entière à former le *gouvernement-général* de *Maine-et-Perche*; — mais elle ne faisait pas pour cela partie du *Pays Chartrain* où se trouvait Chartres, siège de l'évêché de ce nom, ni de la *Normandie* où se trouvaient Séez, siège d'évêché, et Alençon, chef-lieu de généralité, ni de l'*Orléanais* où se trouvait Orléans, ni du *Maine* qui formait les deux tiers du gouvernement de Maine-*et*-Perche : il serait aussi absurde et ridicule de le prétendre, que de regarder le département de l'*Orne* ou une partie quelconque de son territoire comme faisant partie du département de la *Sarthe*, parce qu'il est compris dans la division militaire du *Mans*, ou comme faisant partie du *Calvados*, parce qu'il dépend de la Cour d'appel et de l'Académie de *Caen*.

Beaucoup de Français instruits ignorent souvent le nom même d'importantes provinces de France, les détestables manuels classiques et les dictionnaires dont l'usage est le plus courant donnant des listes de province de la plus haute fantaisie, énumérant le plus souvent sous le nom de provinces les *Gouvernements militaires* ou les *Généralités* (1), parfois même certaines *régions purement physiques*, et indiquant la concordance de ces prétendues provinces et des départements actuels avec une désinvol-

_____

(1) Ces divisions artificielles n'ayant laissé aucun souvenir, ni aucun regret, malgré leurs deux siècles d'existence, sont d'une importance très secondaire, tandis que la plupart des provinces correspondent à peu près au territoire des différentes tribus gauloises dont le nom forme la racine du leur et subsistent malgré les divisions administratives établies par les Romains, les Francs, la royauté et la Révolution : il est donc assez absurde d'exiger que la jeunesse sache en détail des divisions plus ou moins éphémères et de ne pas même lui énumérer celles qui datent de deux mille ans et sont citées à toutes les pages de notre histoire.

M. Dussieux place une note très judicieuse dans ce sens en marge de la planche 4 de son atlas (1840), malheureusement la carte qu'il donne ne répond pas au desideratum qu'il exprime si bien; espérons que les belles publications de M. Longnon vont enfin répandre en France ces notions élémentaires sans lesquelles l'histoire de France est inintelligible.

ture non moins grande (1). Comme il est beaucoup plus difficile
de désapprendre les erreurs apprises pendant la jeunesse que
d'apprendre de nouvelles vérités, ces grossières erreurs se trouvent souvent reproduites dans des ouvrages fort savants du reste.

Toutes les provinces, grandes comme petites, ayant été supprimées en même temps, le 15 janvier 1790, il est contraire à
toutes les règles de la logique et de la justice de considérer
comme existant encore certaines d'entre elles dont le territoire
correspond à peu près à celui de plusieurs départements réunis
et de regarder en même temps comme non existantes d'autres provinces moins étendues qui se trouvent, comme le Perche, à cheval sur deux départements; la vérité est que toutes les provinces
ont été, le même jour, supprimées officiellement, mais que leurs
habitants n'en conservent pas moins une communauté de race,
de mœurs, d'intérêts et de traditions; et le sentiment de cette
communauté est naturellement resté plus vif dans les provinces
qui, jusqu'à la Révolution, jouissaient d'une complète autonomie,
sous le nom de *Pays d'Etats,* que dans celles de *Pays d'Elections*
depuis plus longtemps préparées à la servitude administrative.

§ 3. La suppression des provinces a été opérée contrairement au vœu formel exprimé dans tous les cahiers de 1789.

Voici comment s'exprime un géographe qu'on n'accusera pas
d'être rétrograde et réactionnaire : « La division mathématique
« du territoire de la France opérée par l'Assemblée nationale, la
« substitution des noms physiques aux anciens noms de provin-
« ces, fut *sans doute* une *nécessité politique,* et l'acte constitutif
« de l'unité nationale poursuivie avec tant de persévérance
« depuis Hugues Capet. Mais aujourd'hui que la division dépar-
« tementale a produit irrévocablement les effets qu'on en atten-
« dait, il est permis de remarquer avec quelle précipitation,
« quelle *ignorance* de la constitution géologique du pays, quel

___

(1) Des arrondissements entiers sont souvent traités en quantités négli-
geables : c'est ainsi que la province du Perche étant partagée entre trois
départements se trouve rarement nommée, quoique son nom doive figurer
dans une liste exacte des Grands-Gouvernements militaires; quand on
lui fait l'honneur de la nommer, tantôt elle est indiquée comme faisant
partie de l'Orléanais, tantôt de la Normandie, tantôt du Maine.

La Beauce qui n'a jamais été qu'une région physique est constamment
citée soit comme une province, soit comme une subdivision de l'Orléanais.

« *mépris* des divisions naturelles du sol, des souvenirs histori-
« ques, des coutumes et *des besoins* de ses habitants, s'est opérée
« cette grande et révolutionnaire transformation. *Aussi* la vieille
« *division* gauloise, née du sol et des races, *la division par pro-*
« *vinces, a-t-elle subsisté à travers les temps et les réformes ; elle*
« *est restée populaire comme la seule vraie, la seule historique, la*
« *seule rationnelle* (1). »

Les idées si bien exprimées dans les deux dernières phrases
nous semblent profondément vraies, mais la *nécessité* dont il est
parlé dans la première, est à notre avis bien loin d'être démontrée ; en effet, si l'unité nationale n'eût pas été bien réellement
constituée au XIVᵉ siècle, si la France n'eût pas déjà formé un
organisme vivant, dont toutes les parties étaient, par suite, des
membres intégrants, pourquoi Jeanne d'Arc serait-elle venue
chasser l'étranger de tout le royaume, au lieu de restreindre son
patriotisme à la Lorraine ou à la Champagne ? Comment enfin
l'unité nationale eût-elle pu survivre à la sanglante Terreur et
aux épouvantables guerres civiles déchaînées par la Révolution,
si elle n'eût existé depuis des siècles, cimentée par des affections
et des fidélités héréditaires, base autrement solide, croyons-nous,
que le décret illégal d'une réunion d'insurgés, s'affublant de leur
propre autorité du titre menteur d'Assemblée nationale.

Ces députés n'eussent-ils pas agi d'une façon plus légale et
plus utile en remplissant purement et simplement le mandat impératif qu'ils avaient reçu de leurs électeurs : il leur enjoi-
gnait à tous de demander, d'une part, l'unité de législation, de
poids et mesures et la suppression des douanes intérieures, d'autre part, le rétablissement d'Etats provinciaux dans les provinces
qui en étaient privées, et la suppression des intendants ; voilà ce
qu'ils avaient le *devoir absolu* de faire : sans en avoir aucun droit,
ils ont fait juste le contraire en supprimant toutes les provinces et
remplaçant les *35 intendances,* dont la France ne voulait plus, par
83 départements, gouvernés peu d'années après par de nouveaux
intendants nommés préfets.

Voici le résumé des cahiers de 1789 sur cette question, cahiers
qui, comme on le sait, constituaient, d'après les lois alors en
vigueur, un *mandat strictement impératif* pour les députés : « Les
vœux relatifs à la réforme administrative ne sont ni longs ni difficiles à préciser. La nation tout entière, clergé, noblesse, tiers-
état, sans réserve, sans hésitation, demande l'application *à la*
province et à la commune des principes reconnus indispensables

(1) Théophile Lavallée : Etude sur la géographie générale de la France
(placée au commencement de la Géographie illustrée de la France, par
J. Verne), p. XXVII.

pour le gouvernement central, c'est-à-dire l'installation, dans chaque province et dans chaque commune, d'une administration civile librement élue, constituée et organisée (1). »

Pour ce qui concerne notre province en particulier, la Noblesse du bailliage du Perche demande « qu'il soit accordé des Etats à la province du Perche, à laquelle seront réunis le Thimerais, le Perche-Gouet et les paroisses qui faisaient partie de l'ancienne Election de Longny (2). » Le Tiers-Etat de la châtellenie de Mortagne demande, art. 13 : « Que les anciens Etats de la province du Perche soient rétablis et qu'on y réunisse le Thimerais qui en faisait anciennement partie, ainsi que Champrond, Brezolles et Senonches qui en ont été distraits sous le règne de Henri II (3) et même les paroisses qui faisaient partie de l'ancienne Election de Longny, qui font partie de la province et qui sont régies par la Coutume du Perche (4). » Le cahier du clergé de la province du Perche n'a encore pu être retrouvé, mais il n'est pas douteux qu'il ne contînt un vœu analogue.

Le courant d'opinion qui réclamait le rétablissement des libertés provinciales était si universel à la fin du xviii° siècle, qu'à la suite de l'Assemblée des Notables, Louis XVI, par édit du 20 juin 1787, avait doté toute la France d'Assemblées municipales, d'Assemblées d'Election ou de Département, et enfin d'*Assemblées provinciales,* dont les travaux, sans le cataclysme de la Révolution, auraient pu produire les plus féconds résultats pour le bonheur de la France, comme il est facile de s'en rendre compte en étudiant leurs procès-verbaux ; mais cette excellente mesure, malheureusement trop tardive, ayant été exécutée par des bureaucrates et non par des représentants des populations, le cadre adopté n'avait pas été celui des provinces, comme le nom de ces assemblées semble l'indiquer, mais celui des Généralités ; les réunions de l'Assemblée provinciale de la Généralité d'Alençon (Moyenne-Normandie et Perche), se tinrent en novembre et décembre 1787 à Lisieux, cette ville étant plus centrale qu'Alençon (5).

(1) De Poncins : Les cahiers de 89 ou les vrais principes libéraux, p. 221.

(2) Cahier de l'ordre de la Noblesse du Bailliage du Perche, art. IX ; Documents pour servir à l'histoire des élections aux Etats-Généraux de 1789 dans la Généralité d'Alençon, par M. L. de La Sicotière, p. 53.

(3) C'était une erreur historique, le Perche-Gouet et le Thimerais n'ayant pas fait partie de la province, mais de la région physique du Perche.

(4) Annuaire de l'Orne pour 1888, partie historique, p. 122. Les cahiers rédigés dans chaque paroisse et publiés dans ce volume, contiennent presque tous l'expression de ce désir.

(5) Voyez le Procès-verbal des séances de l'Assemblée provinciale de la Moyenne-Normandie et du Perche, in-4°, Lisieux et Paris, 1787.

§ 4. Nécessité pour arriver à une décentralisation réelle de reconnaître officiellement la division par provinces.

La division par provinces étant restée populaire comme la seule vraie, la seule rationelle, la logique la plus élémentaire exige qu'elle soit adoptée en principe comme cadre par tous ceux qui comprennent la nécessité d'une décentralisation véritable, sauf à apporter aux limites de leurs circonscriptions les changements que les populations intéressées, duement consultées, jugeraient nécessaires à cause de situations ou de besoins nouveaux.

On s'aperçoit en France, depuis un certain temps déjà, qu'au lieu de parler sans cesse au peuple de sa prétendue souveraineté, il serait préférable de prendre et de suivre son avis quand il s'agit de ses intérêts, dont il se rend peut-être aussi bien compte que l'*Administration*, malgré l'omniscience et l'infaillibilité incontestées de celle-ci; la conséquence qui s'impose de plus en plus est que pour sauvegarder les intérêts du pays, depuis trop longtemps sacrifiés à la comédie peu amusante du parlementarisme, il est indispensable de remplacer un gouvernement central, humble instrument d'assemblées de politiciens sans aucun mandat, et une hiérarchie de fonctionnaires autocrates et irresponsables, absorbant à peu près tout le gouvernement local, par un gouvernement central et provincial réellement représentatif.

Dès 1864, F. Le Play, dans son admirable livre : *La Réforme sociale en France, déduite de l'observation comparée des peuples européens*, prouvait la nécessité pour la France d'une reconstitution provinciale et le paragraphe 67 (III, p. 496) est le développement de cette proposition : *Les vraies attributions de l'Etat sont celles qui ne peuvent être exercées ni par la famille, ni par l'association, ni par la commune, ni par la province.* Le livre la *Réforme sociale* est devenu le drapeau d'une pléiade d'hommes instruits et éminents qui cherchent dans l'observation consciencieuse des faits la solution des problèmes sociaux, et le titre d'une revue qui publie le résultat de leurs travaux.

Vingt-cinq ans plus tard, un groupe important de catholiques, hommes d'œuvres et d'étude à la fois, organisèrent avec succès dans beaucoup de nos provinces des assemblées où, comme dans les Etats provinciaux, étaient présentés, puis discutés avec soin, des vœux relatifs à toutes les questions religieuses, morales, économiques, etc., qui intéressent la société. Ce groupe a pour organe : *L'Association catholique, revue des questions sociales et ouvrières,* et voici un passage de son *Programme* (3ᵉ page de la couverture) : « ..... Enfin montrer dans le régime corporatif, étendu aux diverses conditions sociales, la base du système représentatif, seul capable de restaurer les libertés publiques, *en restituant aux provinces leur autonomie,* leurs franchises aux communes, et leurs droits aux corps professionnels. »

Un certain nombre de républicains de diverses nuances, reconnaissent également la nécessité d'une décentralisation administrative, et les préjugés curieux que beaucoup conservent contre la reconstitution du cadre approximatif et du nom même de nos antiques et glorieuses provinces disparaîtront, nous l'espérons, quand ils reconnaîtront en étudiant l'histoire de plus près : 1° que ce ne sont pas les rois qui ont nommé et délimité nos provinces, presque toutes bien plus anciennes que la monarchie, mais que ce sont au contraire les partisans du pouvoir absolu qui leur ont successivement enlevé presque toutes les libertés auxquelles elles avaient droit et qui, par la division arbitraire de la France en généralités, ont préparé son morcellement en petits carrés sans vie et sans nom, organisé par Bonaparte et conservé comme excellent et très commode par tous les gouvernements monarchiques du siècle ; 2° que les seules républiques modernes qui soient dignes d'être prises comme exemple : la Suisse et les Etats-Unis d'Amérique, sont composées de provinces autonomes, conservant avec fierté leurs noms et leurs limites historiques et réglant souverainement toutes les questions d'intérêt purement local.

Aussi souhaitons-nous ardemment qu'il s'établisse bientôt, en dehors de toute question de forme de gouvernement, une ligue dont les membres poursuivront par tous les moyens légaux le *rétablissement de nos provinces,* — *portant leurs vrais noms,* qui sont restés courants dans les usages populaires et ne sauraient choquer que les étrangers jaloux de nos gloires, — *recouvrant,* à moins d'avis contraire des habitants, *leurs limites* naturelles et *traditionnelles,* — jouissant enfin *d'une véritable autonomie,* au moyen d'assemblées pourvues : 1° des attributions actuelles des Conseils Généraux ; 2° de celles qui, tout en étant relatives à des intérêts purement locaux, sont depuis plus ou moins longtemps indûment exercées par le gouvernement central ou par ses agents des préfectures et sous-préfectures, dont le seul rôle légitime est de vaquer exclusivement à l'administration de tout ce qui touche aux besoins et aux intérêts d'un caractère réellement général ou national.

CORRECTIONS ET ADDITIONS

Dans la Carte de la région et province du Perche, modifier le contour des limites de la Province de façon à ce qu'il ne comprenne pas Thiron, qui n'en faisait pas partie.

P. 18. La citation d'A. de Valois que nous donnons à la note 7, avait été tirée par cet auteur du Cartulaire de Saint-Père de Chartres et se trouve au t. Ier, p. 197, de l'édition qu'en a donnée M. Guérard en 1840. La seule correction importante à faire au texte que nous avions donné d'après A. de Valois est qu'il faut lire non *Corbionensi*, mais *Corbonensi*. La charte suivante du même Cartulaire, relative à la même terre que la précédente, est datée du 25 juin 954 et signée par le duc de France, Hugues le Grand, et ses fils Othon et Hugues, ainsi que par Hervé, comte de Mortagne.

P. 26, note 1, cette note s'applique au Boisseau et la note 2 s'applique à Boisméan.

P. 27, ligne 18, au lieu de « Clotaire », lire *Lothaire*.

P. 30, au lieu de « Rotrou III le Grand, 8e seigneur de Bellème », lire « *10° seigneur* ».

P. 30, reporter la dénomination de Talvas de Guillaume Ier à Guillaume II.

Tableau p. 44. Sous le nom de Foulques, fils de Hugues III, mettez « *ou Fulcois* ». — Au lieu de « *Béatrice, ép. Renaud III, s^{er} de Châteaugontier* », lisez : « *Renaud IV* ». — Au lieu de « *Toiange* », sous Thomas, 5e comte, lisez *Trainel*. — D'après le Paige (dict^{re} du Maine, II, 503), ce fut *Jeanne du Bouchet (de la Guerche d'après d'autres)* qui ép. 1° *Hugues VI, 10° v^{te} de Châteaudun, et 2° Robert III, c^{te} d'Alençon*. — Au lieu de « *Jeanne, dame de Montfort, ép. Guillaume l'archevêque* », lisez Larchevêque.

P. 52, ligne 8, au lieu de « Béatrice, femme de Renaud III », lisez : *Renaud IV*.

P. 60, au lieu de « Béatrice du Perche, ép. Renaud III », lisez : *Renaud IV*.

P. 61, au lieu de « Emery de la Rochéfoucaud, s^{er} de Châtelle-

raut », lisez : *Emery III, vicomte de Châtelleraut*, le ch^r de Courcelles, dans son hist. des Pairs, ayant établi que le P. Anselme
avait à tort rattaché la famille des premiers seigneurs de Châtelleraut à la maison de la Rochefoucaud, et qu'ils ont une origine
distincte.

P. 70, l. 21, au lieu de « Rotrou », lire : *Geoffroy V.*

P. 71, note 4, au lieu de « voyez ces chartes dans nos Pièces
justificatives », lire : *dans le cartulaire des Clairets publié par le
vicomte de Souancé.*

P. 74, à l'article de Charles Ier, au lieu de « Courthenay », lire :
Courtenay. — Effacer la partie de l'accolade placée sous le nom
de Jean Ier et qui, telle qu'elle est, semblerait indiquer que Louis XI
était fils de Jean Ier et frère de Jean II.

P. 79, rayer la phrase commençant par : « Le Père Anselme...
et finissant par : ... de cette donation. » En effet, le ms. 18957 de
la B. N. contient une copie de lettres d'octobre 1277 par lesquelles
Philippe-le-Hardi, rappelant seulement la donation de 1269, dit
que le comte Pierre d'Alençon réclamait en justice comme faisant
partie du duché d'Alençon et par conséquent de ce qui lui appartenait en vertu de la donation de 1269, les fiefs de Saint-Cénery
et de Hauterive, et lui rend et lui délivre ces fiefs ; ces lettres ne
sont donc aucunement une confirmation de celles de mars 1269.

P. 80 Le don en apanage du comté du Perche à Charles de
Valois n'a pas eu lieu en 1290, comme nous le pensions, mais
seulement entre le 10 avril 1299 et le 5 janvier 1302, car dans une
charte donnée à la première de ces dates, le roi Philippe le Bel
parle du temps où il y avait un comte dans le Perche, avant la
réunion de ce comté à la Couronne, et dans la deuxième il parle
de son frère Charles, comte du Perche. Ces deux chartes se
trouvent dans le Cartulaire de Saint-Denis de Nogent-le-Rotrou,
publié en 1895 dans les « Archives du diocèse de Chartres », p. 250
et 251.

P. 98, en bas, au lieu de « Philippe, dame de Héronville », lisez :
Hérouville.

Id. au 4e degré, au lieu de « Arnoul † avant son père », lisez :
*Arnoul, 5e seigneur de Bellême, mort sans enfants. [Voy. la note 3
de la p. 101]*

P. 100, ajouter après la note 4 : Ce passage se trouve dans le
Rec. des hist. des G. et de la Fr., t. X, p. 191, C.

P. 101, ligne 9, au lieu de « fils de Guillaume II », lisez : *de
Guillaume Ier.*

P. 110 ajouter :

§ 4. SEIGNEURIE DE MONTIREAU

La paroisse de Montireau était encore comprise dans la province du Perche et ses seigneurs étaient vassaux de l'évêché de Chartres, comme le prouvent les chartes de 1250 et de 1333 que nous donnons au *Supplément* des *Chartes du Perche.*

P. 112. Ajouter après : Mauves (Saint-Jean) *(Réunie à Saint-Pierre en 1385)* (2).

(2) *Cette réunion fut faite par ordre de Grégoire, évêque de Séez, du consentement d'Etienne, doyen de Saint-Denis de Nogent. (Hist. ms. du Perche en notre possession, t. II, p. 113).*

P. 122. Ajoutez après la note 3 :

Une charte des Arch. Nat. (ancien J 782, n° 31) datée de 1514, nous montre le roi ajournant le duc d'Alençon, comte du Perche, aux Jours *du bailliage de Chartres, pour voir et corriger à la plainte de Philippe de Blavette, bailly du Perche.*

P. 122. Lire à la suite de la note 4 :

Ce même ms. t. II, p. 114, et l'annotateur de Bart des Boulais (éd. Tournoüer, p. 59, note 2) mentionnent un : « jugement des Grands-Jours du Perche du 22 mars 1392 ».

P. 124. Lire à la suite de la note 2 :

Enfin, les assises du Perche ont pu, à une époque ultérieure, se tenir aussi dans d'autres villes, car M. l'abbé Godet (Mémoire sur les paroisses du Mage et de Feillet, p. 107) cite les : Assises de la province du Perche, tenues à Verneuil le 14 septembre 1643.

P. 131. Nous indiquons qu'une somme fut levée en 1466 sur les habitants de l' « *élection d'Alençon et du Perche*, Saint-Silvin et le Thuit », mais il n'en faut peut-être pas conclure que le Perche faisait partie de l'élection d'Alençon, car deux autres textes semblent indiquer le contraire, l'un daté de cette même année 1466, l'autre de 1471 : « 21 février 1466. Ordre de faire la répartition sur l'élection d'Alençon et le comté du Perche de la somme de 3,830 l. t. ». Tardif, monuments historiques, p. 487, n° 2476. « 5 février 1471. Ordre du roi d'imposer sur l'élection d'Alençon et le comté du Perche 2,500 l. t. faisant partie des 4,000 l. assignées au comté du Perche pour la solde des gens de guerre en garnison à Alençon, Domfront, Argentan, etc. ». Tardif, monuments historiques, p. 489.

P. 135, 13e ligne de la note, au lieu de « où il y a », lisez *où il a,* et 14e ligne, au lieu de « où il n'y en », lisez : *où il n'en.*

P. 137, note 5, au lieu de « B. 2607 », lisez : *B. 2687*.

P. 148. Ajoutez à la note 2 :

Simon de Dreux possédait aussi en 1412 une partie de la terre de Senonches, comme nous le voyons par une charte du 20 février 1412, publiée par A. Duchesne dans l'histoire de la maison de Dreux, p. 337.

P. 154, note 2, après « en Thymerais », ajouter :
(Arch. nat., P. 227, n⁰ 59).

P. 163, ligne 21, supprimer : « au bailliage de Chartres », et lire : *à la châtellenie de Janville, comprise dans le bailliage d'Orléans.*

TABLE ANALYTIQUE

DEUXIÈME PARTIE

La province du Perche comprenant : le comté du Perche, la baronnie de Longny, les chatellenies de la Motte-d'Yversay et de Marchainville.

TROISIÈME PARTIE

Fiefs situés dans la région physique mais non dans la province du Perche.

CONCLUSION

CARTULAIRE
DU PERCHE

DOCUMENTS SUR LA PROVINCE DU PERCHE

3e Série. — No 1.

CHARTES

SERVANT DE PIÈCES JUSTIFICATIVES

A LA GÉOGRAPHIE DU PERCHE

ET FORMANT LE

CARTULAIRE

DE CETTE PROVINCE

PUBLIÉES

Par le Vicomte DE ROMANET

Ancien Élève de l'École des Chartes

et Président de la Société Percheronne d'Histoire et d'Archéologie

MORTAGNE

IMPRIMERIE DE L'*ÉCHO DE L'ORNE*

—

1890-1902

CHARTES

SERVANT DE PIÈCES JUSTIFICATIVES

A LA

GÉOGRAPHIE DU PERCHE

Par le Vte O. DE ROMANET

Ancien élève de l'école des Chartes

N° 1.

19 juin 1190.

Reconnaissance des droits du comte du Perche et de ceux du chapitre de l'église de Chartres sur les bois d'Auton.

Noverint universi ad quos litteræ istæ pervenerint quod nemus de Auton commune est et omnis pastura nemoris pro media portione comitis Perticensis (1) et capituli ecclesiæ Carnotensis. Sed vetitum prefati nemoris et custodia ad comitem spectant. Prœterea canonici ejusdem ecclesiæ sine assensu Comitis in jam dicto nemore ad usum suum nihil capere poterunt, preterquam ad fabricam ecclesiæ Carnotensis et ad usum duarum granchiarum, videlicet de Grandihusso et de Gardeis, ratione quod in ecclesia Carnotensi singulis annis celebrabuntur duo anniversaria videlicet M[atildis] uxoris suæ (2), scilicet IIII. non[arum] januarii et

(1) Rotrou IV, comte du Perche, † à Saint-Jean-d'Acre, en 1191.
(2) Mahaud de Champagne, femme de Rotrou IV.

Amicæ (1) comitissæ matris ejusdem comitis, in octava Epipha-
niæ.

Datum anno gratiæ M. CXC. 12 Kal. julii.

B. N. *Collection Duchesne, vol. LIV, p. 46. (Extraits de divers origi-
naux, principalement de l'abb. de Coulombs.)*

N° 2.

Mars 1212 n. st.

*Promesse faite par Thomas, comte du Perche, au roi de France
de lui remettre, quand il le voudra, la forteresse de Marchainville.*

Thomas, Perticensis comes, annuente Renaldó, Carnotensi
episcopo, tanquam feodi domino, domino regi Philippo promittit
se ei, quandocumque dictus rex voluerit, forteritiam Marchesii-
Villæ fore traditurum.   Anno Domini M° CC° XI°.

Arch. Nat., J 399, n° 16. (déficit.)

« Nous donnons, d'après l'inventaire de Dupuy, la notice de cette pièce
qui n'est plus dans les layettes du trésor, et que nous n'avons pas pu
retrouver ailleurs. M. Delisle, qui la mentionne dans son catalogue sous le
n° 1293, pense qu'elle a été écrite du 3 avril 1211 au 24 mars 1212. Nous
l'avons placée approximativement au mois de mars 1212, comme date
extrême. »   *Teulet, inventaire des lay. du trésor des chartes, I, 379 a.*

N° 3.

Février 1215 n. st.

*Reconnaissance par Thomas, comte du Perche, des quatre cas
dans lesquels ses chevaliers de la châtellenie de Bellême et
leurs hommes lui doivent la taille féodale.*

Thomas, comes Pertici. omnibus ad quos presentes littere pervenerint, salutem in Domino. Ad universorum notitiam volumus
pervenire, quod milites nostri de castellania Beilismensi talliam
de feodis suis et hominibus śuis nobis debent tantummodo feodaliter pro hiis quatuor rebus que sequuntur : pro prima militia
nostra, pro prima captione nostra de guerra, pro militia filii nos-

____

(1) Hatvise ou Amica de Salisbury, veuve de Rotrou III, puis remariée
à Robert de France, comte de Dreux.

tri primogeni viventis et pro prima filia nostra maritanda. Preter
has tallias nec a militum feodis, nec ab eorum hominibus tallias
possumus feodaliter extorquere, et ne hujusmodi libertas ab
aliquo heredum nostrorum in posterum infringatur, eam sigilli
nostri caractere fecimus conmuniri. Actum anno gratie millesimo
ducentesimo quartodecimo, mense februario.

Arch. de l'Orne; fonds de St-Martin-du-Vieil-Bellesme; original.

N° 4.

Melun : 1217 n. st. du 1er au 25 mars avant Pâques.

*Déclaration par Guillaume, évêque de Châlons-sur-Marne, au
sujet de la forteresse de Marchainville, que son neveu Thomas,
comte du Perche, s'est engagé à remettre au roi.*

Guillelmus, Dei gratiâ Kathalaunensis episcopus, universis presentes litteras inspecturis in Domino salutem. Noveritis quod
karissimus nepos noster Thomas, comes Perticensis, karissimo
domino nostro Philippo, illustri Francie regi, juravit super sacrosancta quod ipse reddet ei, ad magnam vim et ad parvam, fortericiam de Marchesii-Villa, qualis ibi est modo et qualem ibi
fecerit, quam cito ab eodem domino rege requiretur vel ab ejus
mandato. Quod ne possit oblivione deleri, litteras nostras presentes super hoc scribi fecimus et sigilli nostri testimonio roborari. Actum Melegduni, anno dominice Incarnationis M° CC°
sextodecimo, mense marcio.

Arch. Nat., J. 399, n° 17 ; original scellé.

Sceau de Guillaume, comte du Perche, évêque de Châlons-sur-Marne ;
sceau ogival de 82 mill. : Evêque debout vu de face, mitré, crossé et
bénissant par devant avec cette légende : ✝ *Sigillum Willelmi Dei gracia Cathalaunensis episcopi.* Contre-sceau une fleur de lys. ✝ *Secretum
Willermi de Pertico.*

Il y en a une copie dans les registres du trésor des Chartes, Arch. JJ 31,
f° 37.

Publié par M. Teulet, Invent. des lay. du trésor des Ch. I; p. 441; et
par Bry, p. 216.

M. Teulet, par une singulière distraction, appelle l'évêque de Châlons :
« *Guillaume II, comte du Perche, dit de Bellême* », or, c'est le premier
comte du Perche du nom de Guillaume et il n'a jamais porté le surnom de
Bellême; M. Teulet l'aura probablement confondu avec Guillaume IV de
Bellême, comte d'Alençon, mort en 1203;

N° 5.

Melun. Juin 1217.

Notification de l'hommage du comté du Perche prêté au roi de France par Guillaume, évêque de Châlons-sur-Marne et comte du Perche. ·

Item littere episcopi Kathalaunensis de homagio facto ab ipso Regi de comitatu Perticensi.

Guillelmus, Dei gratiâ Kathalanensis episcopus, universis Christi fidelibus ad quos littere iste pervenerint salutem in Domino. — Noverit universitas vestra quod karissimus dominus noster Philippus, illustris francorum rex, recepit nos in hominem suum de comitatu Perticensi, exceptis Molendinis et Bonis-Molendinis, que ad presens retinuit in manu suâ; tali modo quod ipse debet inquirere utrum in illis jus habeamus, et si, per legitimam inquisitionem, invenerit quod dicta castra ad nos de jure pertineant, exinde faciet erga nos quod debebit, hoc tamen modo quod nos ipsi tanquam domino nostro ligio craantavimus et litteras nostras inde fecimus quod post decessum nostrum ad ipsum et heredes suos predicta castra cum pertinenciis suis libere revertentur.

Actum Meledunis, anno Domini millesimo ducentesimo septimo decimo, mense junii.

Arch. Nat. JJ 31, f° 37; copie contemporaine.

B. N. ms. collection Dupuy 804, f° 70; copie.

Publié : par Bry, p. 219; Gallia, chr., nouv. éd., IX, 885.

N° 6.

Juillet 1221.

Don par Guillaume, évêque de Châlons-sur-Marne et comte du Perche, à sa cousine Isabelle, comtesse de Chartres, de Montigny-le-Chétif et de la quantité de terre suffisante pour produire 100 livres tournois de rente.

Ego Guillelmus, Catalaunensis episcopus comes Pertici, universis prœsentes litteras inspecturis, salutem in Domino. Noverit universitas vestra quod ego charrissimæ consanguineæ nostræ Isabellæ, comitissæ Carnotensi et dominæ Ambasiæ (1), dedi et

---

(1) Isabelle de Blois-Chartres, comtesse de Chartres, femme en premières noces de Sulpice III, seigneur d'Amboise, et en deuxièmes noces de Jean d'Oisy, seigneur de Montmirail-en-Brie.

concessi post decessum meum Montigniacum quod vulgo dicitur captivum cum omnibus pertinentiis; [si] ncn valeret centum libras Turonenses annui redditus, ipsa in locis meis vicinioribus dictæ villæ et dictæ comitissæ utilioribus percipiet inconcussè usque ad prœdictam summam annuatim; et hœc prœdicta omnia habebit ex prœdicta donatione tantum ipsa et liberi qui de ipsa exibunt a die prœdictæ donationis. Si autem liberos non habuerit, ipsa, quamdiu vixerit, percipiet supradicta, et post decessum ejus ad successores nostros •et etiam post decessum liberorum, si contingat ipsam aliquos habere, supradicta omnia remanebunt.

Datum anno gratiæ millesimo ducentesimo XX° I° mense julio.

B. N. Ms. 56 des 500 de Colbert (registrum principum I),
fo 296 vo; copie.

N° 7.

Octobre 1224.

Indication par Guillaume, comte du Perche, évêque de Châlons-sur-Marne, de la parenté existant entre lui d'une part, et Blanche, comtesse de Champagne, et Berengère, reine d'Angleterre, d'autre part.

Willelmus, Dei gratia Cathalaunensis episcopus et comes Perticensis, universis tam presentibus quam futuris presentes litteras inspecturis, in Domino salutem. Notum vobis facimus, quod avus noster Rotrodus comes Perticensis qui fuit in Antiochia, et Margarita, avia Blanche comitisse Campanie, frater et soror fuerunt. De Rotrodo exivit Rotrodus pater meus, de Rotrodo exivi ego Willelmus. De Margarita exivit Sanxius rex Navarre, de Sanxio exivit Blancha et regina Anglie Berangaria. In cujus rei testimonuium presentes litteras sigilli nostri munimine confirmavimus. Actum anno M° CC° XX° IIII° mense octobris.

B. N. ms. lat. 5993 A, fo 145 vo; copie. — B. N. ms. coll. de Champ., vol. 136, p. 42; copie. — B. N. ms. fr. 24132 (G. Lainé IX), p. 443; copie — B. N. ms. 59 des 500 de Colbert (cartul. de Champagne, t. I), fol. 299 vo; copie.

Analysé par M. d'Arbois de Jubainville, hist. des comtes de Champ., V, 218.

N°ˢ 8, 9, 10 et 11.

Du 19 au 30 avril 1226, ou du 1ᵉʳ au 11 avril 1227 (1).

*Promesses par Alice de Fréteval, Geoffroy vicomte de Châteaudun,
Emery de Châtelleraud et Rotrou de Montfort, à Blanche,
comtesse de Champagne, de tenir d'elle ce qui leur écherra de
la succession du comté du Perche et se trouvera mouvant du
comte de Chartres.*

Ego Aalis de Fracta-Valle, notum facio omnibus presentes
litteras inspecturis me promisisse domine Blanche comitisse
Campanie (2), quod ego et heredes mei tenebimus ab ea quicquid
mihi obveniet, vel ad me perveniet de excasura comitatus Perticinsis et de ejus pertinenciis quod moveat a comite Carnotensi (3,
et hoc firmavi fide data. Ipsa vero comitissa rachatum dicto
comiti solvet hac vice pro me. Quod ut ratum habeatur, presentes
litteras feci sigilli mei munimine roborari.

Actum anno gratie M° CC° XX° VI° mense aprili.

Arch. Nat., J 198, n°ˢ 33, 58, 59 et 60; chartes originales.

Les n°ˢ 58, 59 et 60 sont absolument identiques à celui-ci, sauf que les
mots « Aalis de Fracta-Valle » sont remplacés par : « *Gaufridus vicecomes
Castriduni* » dans le premier, par: « *Emericus de Castro-Ernaudi* »
dans le deuxième, et par : « *Rotroldus de Montsforti* » dans le troisième.

Il y a une copie des n°ˢ 33, 58 et 59 dans le ms. 58 des 500 de Colbert,
f° 227 et 228, et dans le ms. 57 de la même collection, f° 246 v°, avec
cette mention marginale : « Le comte de Blois et de Chartres comme
puisné de Champagne relevait du comte de Champagne. » Il y en a égа-
lement une copie dans le ms. 20 de la collection Duchesne, à la B. N.,
fol. 290.

Bry les a publiées avec quelques fautes de copie, p. 229.

N° 12.

Du 19 au 30 avril 1226, ou du 1ᵉʳ au 11 avril 1227.

Promesse par Hugues, seigneur de la Ferté-Bernard, à Blanche,

(1) Il est à peu près certain que la date véritable de ces chartes est
comprise entre le 19 et le 30 avril 1226 plutôt qu'entre le 1ᵉʳ et le
11 avril 1227, car la charte de mai 1226 que nous publions ci-dessous a
plutôt été rédigée à la même époque que celles-ci qu'un an auparavant.

(2) Blanche de Navarre, veuve de Thibaut III, comte de Champagne.
et dont le fils Thibaut IV, né en 1201, était alors comte de Champagne.

(3) Jean d'Oisy, seigneur de Montmirail-en-Brie, et comte de Chartres
du chef de sa femme.

comtesse de Champagne, de tenir d'elle ce qui lui écherra de la succession du comte du Perche et se trouvera mouvant du comte de Chartres.

Il y a dans le ms. 58 de la collection des 500 de Colbert (registrum principum III), f° 228 v°, la copie d'une charte dont nous n'avons pu retrouver l'original; elle ne diffère de la précédente que parce que les mots « *Aalis de Fracta-Valle* » sont remplacés par: « *Hugo dominus Feritatis-Bernardi* », et les mots : « *comitatus Perticinsis* » par: « *comitis Pertici* ». Cette dernière copie a été publiée par L. et R. Charles dans l'histoire de la Ferté-Bernard, 1877, p. 224.

N° 13.

Du 19 au 30 avril 1226, n. st.

Dreux de Mello, seigneur de Loches, s'engage à ce que Jacques de Châteaugontier ratifie à sa majorité l'arrangement conclu au sujet du comté du Perche, à peine pour ledit Dreux de payer trois cents marcs d'argent à Bérengère, reine d'Angleterre, et Blanche, comtesse de Champagne.

Idem [Droco de Melloto, dominus Lochæ] fuit plegius erga comitissam Blancham et reginam Angliæ Berengariam quod Jacobus de Castrogonteri ratam habebit compositionem factam pro ipso de comitatu Pertici.

Ego Droco dominus Locarum, notum facio omnibus prœsentes litteras inspecturis, quod ego me obligavi plegium et debitorem dominæ Berengariæ reginæ Angliæ et dominæ Blanchæ comitissæ Campaniæ, de trecentis marcis argenti, quod Jacobus de Castrogonteri, cum venerit ad œtatem legitimam, quem Jacobum Amauricus dominus de Craon habet in baillio, ratam habebit et sigillo suo sigillabit et integrè observabit compositionem illam et pacem quæ facta fuit, de comitatu Pertici et ejus pertinenciis, sicut scripta est et sigillata sigillo ejusdem Amaurici et dominæ Berengariæ, reginæ Angliæ, et dominæ Blanchæ, comitissæ Campapaniæ, et vicecomitis Bellimontis, et vicecomitis Castriduni, et dominæ Ele, sororis Roberti comitis de Alençon et quorumdam aliorum. In cujus rei testimonium ad majorem firmitatem prœsentes litteras sigilli mei munimine feci roborari. Actum anno gratiæ millesimo ducentesimo vigesimo sexto, mense aprili.

B. N. ms. 58 des 500 de Colbert (registrum principum III), f° 28 ; copie.

N° 14.

Du 19 au 30 avril 1226, n. st.

Mathieu de Montmorency, connétable de France, s'engage à ce que Jacques de Châteaugontier ratifie à sa majorité l'arrangement conclu au sujet du comté du Perche, à peine pour ledit Mathieu de payer trois cents marcs d'argent à Bérengère, reine d'Angleterre, et Blanche, comtesse de Champagne.

Matheus de Montemorenciaco tenetur facere quod Jacobus de Castrogonteri et senescallus Andegavensis ratas habebunt compositiones factas super comitatu Pertici inter eos et comitissam Blancham et reginam Angliæ.

Ego Matheus de Montemorenciaco, constabularius Franciæ, notum facio presentibus et futuris quod ego creantavi et promisi fide data quod faciam ratam haberi et sigillari sigillo suo a Jacobo de Castrogonteri, cum venerit ad ætatem legitimam, quem Jacobum Amauricus dominus de Credone, senescallus Andegavensis, habet in baillio, compositionem illam et pacem quæ facta est de comitatu Pertici et ejus pertinenciis, sicut scripta et sigillata est sigillo suo et dominæ Berengariæ reginæ Angliæ et dominæ B[lanchæ], comitissæ Campaniæ et vicecomitis Bellimontis et vicecomitis Castriduni et dominæ sororis Roberti comitis de Alençon et quorumdam aliorum. Promisi etiam quod dictus Jacobus, cum venerit ad ætatem legitimam, pacem predictam tenebit integraliter et inviolabiliter observabit. De conventionibus autem factis super comitatu Pertici et ejus pertinenciis inter dominam Berengariam reg[inam] Angliæ et B[lancham] comitissam Campaniæ et Amauricum senesc[allum] Andegavensem servandis et tenendis constitui me plegium memoratæ reginæ et comitissæ predictæ, pro eodem Amaurico de trecentis marcis argenti, salva tamen promissione domino regi facta. In cujus rei testimonium presentes litteras feci sigilli mei munimine roborari. Actum anno Domini M° CC°° XX° VI°, mense aprili.

Bibl. nat. 500 de Colbert 57, f° 567; — copie.

Cité par M. d'Arbois de Jubainville, hist. des comtes de Champagne, V, p. 229, et analysé par Guill. Lainé, IX (B. N. ms. fr. 24132), p. 452.

N° 15.

Mai 1226.

Geoffroy, vicomte de Châteaudun, et plusieurs de ses copartageants, mandent à Amaury de Craon, sénéchal d'Anjou,

baillistre de Jacques de Châteaugontier, de remettre à Béren-
gère, reine d'Angleterre, à Blanche, comtesse de Troyes, ou à
Thibaut, comte de Champagne, les 900 marcs d'argent de gage
convenus dans leurs traités sur la succession du Perche (1).

Idem [Gaufridus vicecomes Castriduni] et participes sui, ratum habent ut comitissa recipiat plegeios quos senescallus Andegavensis eis dare
tenebatur pro conventionibus habitis inter ipsos, super comitatu Pertici.

Nobili viro A[maurico] de Credone senescallo Andegavensi,
G[aufridus] vicecomes Castroduni, Hugo de Feritate-Bernardi,
Ela de Aumanesches, A[alis] domina de Fractavalle, R[otroldus].
de Monteforti, salutem et dilectionem. Unanimiter et concorditer
vobis mandamus requirentes ut illos plegios quos nobis debebatis
dare de nogentis marcis argenti (1), super conventionibus quas
super comitatu Pertici ad invicem habemus, sicut in nostris com-
munibus litteris plenius continetur detis illustribus Berengariæ
reginæ Angliæ et B[lanchæ] comitissæ Trecen[sis] et Theobaldo
comiti Campaniæ, et nos ratum et gratum habemus, et nos tenemus pro pagatis de hoc quod super dicta plegiatione per vos factum fuerit cum supradictis regina et comitissa et comite vel cum
altero ex ipsis nomine eorumdem.

Actum anno Domini M° CC° XX° VI° mense maio.

B. N. ms. 57 des 500 de Colbert *(registrum principum II), f° 247; copie.*

Analysé dans le ms. fr. 24132 (Lainé, IX), p. 452, et dans l'hist. des
comtes de Champagne de M. d'Arbois de Jubainville.

.

N° 16.

Vendôme, mars 1227, n. st.

Notification par Pierre Mauclerc, duc de Bretagne : 1° du traité
du mariage projeté entre Yolande sa fille et Jean, comte d'An-
jou et du Maine, frère du roi ; 2° du don que le roi a fait au
duc, de Bellême, de la Perrière et de leurs dépendances, à la
condition de ne pas y élever ni y augmenter de forteresses et de
respecter les inféodations, aumônes ou dons déjà faits et à la
charge pour le roi de l'indemniser si une action en justice lui
faisait perdre ces terres ; 3° du don que le duc en fait à sa fille
en faveur du mariage projeté, en s'en réservant l'usufruit sa vie

(1) Deux des pleiges qui s'étaient engagés à fournir ce cautionnement de
900 marcs nous sont connus grâce aux chartes que nous publions ci-dessus sous les n°s 13 et 14.

*durant; 4° de l'engagement qu'il prend de remettre sa fille,
dans la quinzaine des Pâques prochaines, entre les mains de
cinq seigneurs désignés à cet effet.*

Universis presentes litteras inspecturis P[etrus] dux Britannie,
comes Richemondie, salutem. Noverit universitas vestra quod
karissimus dominus meus Ludovicus, rex Françorum illustris,
concessit michi Johannem fratrem suum, quem clare memorie
Ludovicus, rex Francie, genitor suus heredem constituit comita-
tuum Andegavensis et Cenomanensis, Yolendi filie mee (1), si romana Ecclesia consenserit, conjungendum copula maritali, sub tali
forma quod ego, quousque predictus Johannes frater domini regis
ad etatem viginti unius annorum venerit, tenebo civitatem Ande-
gavi et Baugiacum et Bellumforte cum pertinenciis eorum. —
Preterea sciendum est quod idem dominus meus rex Ludovicus
dedit mihi et concessit Sanctum Jacobum de Bevron, cum pertinenciis suis, ad usus et consuetudines Normannie, et Belismum
et Perreriam cum foresta et feodis et aliis pertinenciis, ad usus
similiter et consuetudines terre, mihi et meis heredibus perpetuo
possidenda tali siquidem modo quod neque in hiis que heredi-
tarie, neque in hiis que ad tempus tenere debeo, poterimus ego
vel heredes mei, novas facere fortericias neque veteres inforciare
et salvis in omnibus hiis feodis et elemosinis et donis que facta
sunt in eisdem temporibus retroactis et salvo omni alieno jure;
ita quidem quod, si per jus perderem Belesmum et Perreriam
cum foresta et aliis pertinenciis, redditus castri Belesmi et Perre-
rie sicut ea tenet dominus rex ad presens, modo apreciabuntur et
venditio boscorum similiter, et valor redditus omnium predictorum mihi assignaretur in terra. — Sciendum est autem quod ego
Yolendi filie mee, quam debet, sicut predictum est ducere
in uxorem prefatus Johannes frater domini regis, dedi et concessi
in maritagium Braiam 2... Castumcelsum... et Sanctum Jacobum
de Bevron, et Perreriam et Belesmum cum suis pertinenciis, salvo
eo quod hec omnia tenebo toto tempore vite mee... Et sciendum
quod ego teneor tradere Yolendim filiam meam domino Philippo,
comiti Bolonie, et domino electo Remensi, et domino comiti
Roberto, et domino Injorrando de Cociaco et domino Matheo de
Montmorenci Francie constabulario, infra quindenam instantis

(1) Yolande, née en 1218, n'était alors âgée que de 9 ans; le mariage
traité ici n'eut pas lieu; elle épousa en 1235 Hugues le Brun, sire de Lusi-
gnan, comte de la Marche.

(2) Cette charte étant longue et ayant été publiée *in extenso* par M. Teulet, nous avons supprimé quelques passages qui n'ont aucun intérêt pour
l'histoire du Perche.

Pasche, ad faciendum de ipsa voluntatem suam et quidquid de ea voluerint ordinare. Actum Vindocini, anno Domini M° CC° vicesimo sexto, mense martio.

Arch. nat. J 241, n° 4. Original scellé.

Publié par M. Teulet dans l'inventaire des layettes du trésor des chartes, II, p. 119.

Mentionné et analysé sous le nom de traité de Vendôme par dom Lobineau dans son hist. de Bret. I, p. 221.

N° 17.

Chartres, 19 juin 1227.

Notification par Gautier, évêque de Chartres, de l'abandon fait devant lui par Hervé de Gallardon et Alice, sa femme, à Blanche, comtesse de Champagne, et ses copartageants et à Jacques de Châteaugontier et ses copartageants, de tous leurs droits dans la succession du comte du Perche.

Episcopus Carnotensis notum facit quod Herveus de Galardo et uxor quitaverunt comitisse et principibus quicquid expectabant in escasura comitatus Perticensis.

Galterus Dei gratia Carnotensis [episcopus] omnibus presentes litteras inspecturis, salutem in Domino. Noverint universi quod Herveus de Galardo et Aaliz uxor sua in presentia nostra constituti quitaverunt, concesserunt et dederunt domine Blanche, comitisse Campanie, et cumparticipibus suis et Jacobo de Castrogonteri et cumparticibus suis quicquid juris habebant vel expectabant vel sperabant se habituros si quid juris habebant in escasurra comitatus Perticensis sive in tota terra quam tenebat bone memorie Guillelmus comes Pertici, episcopus Cathalaunensis, tempore sue mortis et firmiter promiserunt quod de cetero in nulla curia super predicta escasurra seu terra aliquid per se vel per alium reclamarent. Hoc eos eis salvo quod si forte aliquis vel aliqui de parantela sua amodo moreretur si quid juris de morte illa eis accideret possent petere in illud si eis placeret. Promiserunt insuper quod facient quod heredes sui istud laudabunt et quitabunt et se observaturos jurabunt. Hec omnia supradicta juramento corporaliter prestito firmaverunt dicti Herveus et Aaliz uxor ejus. In cujus rei testimonium et confirmationem presentes fecimus litteras sigilli nostri munimine roborari. Actum anno

Domini M° CC° XX° VII°, mense junio, sabbato post quindenam penthecostes, Carnoti.

B. N. ms lat. 5993 A, f° 169 v°.

Analysé par M. d'Arbois de Jubainville, hist. des comtes de Champagne.

N° 18.

Juin 1227.

Notification faite par Jean, comte de Chartres, de l'abandon fait devant lui par Hervé de Gallardon et Alice, sa femme, à Blanche, comtesse de Champagne, et ses copartageants et à Jacques de Châteaugontier et ses copartageants, de tous leurs droits dans la succession du comte du Perche.

Idem [comes Carnotensis] dixit quod Herveus dominus de Gaillardon et Aalidis uxor sua quittaverunt comitissæ B[lanchæ] quidquid expectabant per escasuram in comitatu Pertici.

Ego Johannes comes Carnotensis notum facio prœsentibus et futuris quod Herveus dominus de Gaiglardon et Aalix uxor sua... [*Le reste est la répétition de la charte précédente sauf quelques variantes fautives et quelques suppressions sans aucun intérêt ; on y donne la date d'an et de mois, mais non de jour, ni de lieu*].

B. N. ms. 56 des 500 de Colbert (reg. princ. I) p. 295 r° ; copie.

Analysé dans le ms. fr 24132 de la B. N. (Guill. Lainé, IX), f° 451.

N° 19.

19 juin 1227.

Joannes comes Carnotensis et Elisabeth uxor ejus tenebant ex collatione comitis Perticensis centum libras terræ apud Montigniacum captivum qui post decessum ipsius uxoris debuerunt reverti ad comitissam Blancham vel ad hœredes.

Reconnaissance par Jean, comte de Chartres, et Isabelle, sa femme, des conditions dans lesquelles le comte du Perche fit don de Montigny-le-Chétif à Isabelle et promesse à Blanche, comtesse de Champagne, que ces conditions seront observées.

Omnibus prœsentes litteras inspecturis, Joannes comes Carnotensis Osiaci dominus et Elisabeth uxor ejus comitissa Carnotensis, domina Ambasiœ, salutem in Domino. Noverit universitas vestra quod bonæ memoriæ Guillelmus comes Pertici episcopus Catalaunensis mihi Elisabeth dedit Montigniacum quod vulgo dicitur captivum cum pertinentiis sub hac forma subscripta : Ego Guillelmus, etc. [*Nous avons publié ci-dessus, sous le n° 6, la charte insérée ici.*]

Nos autem dominæ B[lanchæ] comitissæ Campaniæ et suis cumparticibus, quando recepimus homagium ipsius super medietate comitatus Perticensis, recognovimus prœdictas conventiones et pactiones in litteris dicti Guillelmi quondam comitis Perticensis contentas, et promisimus firmiter observandas, scilicet quod post mortem Elisabeth et liberorum nostrorum qui de corpore meo post datam litterarum dicti Guillelmi quondam comitis Perticensis exierint, dictum Montigniacum cum omnibus pertinentiis suis, sicut in litteris superiùs scriptis dicti Guillelmi continetur, ad dictam comitissam Campaniæ et comparticipes suòs sive eorum successores, secundum portiones quas habent in comitatu Perticensi de escasura dicti Guillelmi, sine contradictione et rebellione aliqua revertetur. In cujus rei testimonium prœsentes fecimus sigillorum nostrorum impressionibus roborari.

Actum anno Domini M° CC° XX° VII° mense junio, sabbato post quindenam Pentecostes.

B. N. ms. 56 des 500 de Colbert (registr. princip. I), f° 296 v° ; copie.

Analyse dans Guillaume Lainé, IX (B. N. ms. fr. 24132), f° 452.

N° 20.

Mathieu de Montmorency, connétable de France, s'engage à ce que Jacques de Châteaugontier n'attaque pas et même approuve la saisine qui a eu et aura lieu en faveur de Blanche, comtesse de Champagne, et ses copartageants, de la moitié du comté du Perche, sinon Mathieu donnerait à la comtesse 200 marcs d'argent.

Ego Matheus de Montemorenciaco, constabularius Francie, notum facio presentibus et futuris quod ego firmiter creantavi et promisi nobili domine Blanche comitisse Campanie [et] comparticibus suis me facturum quod Jacobus de Castro-Gonteri nunquam veniet contra saisinam que facta est et que fiet dicte comitisse et comparticibus suis de medietate, cum pertinenciis suis, comitatus Perticensis et totius escasure provenientis a bone memorie Guillelmo episcopo Cathalanensi, comite Perticensi. — Preterea promisi eidem comitisse et suis comparticibus me facturum quod idem Jacobus, cum ad legitimam etatem venerit, dabit litteras suas patentes dictis comitisse et comparticibus suis de confirmatione et approbatione saisine superius nominate. — Promisi etiam quod, si aliquo tempore contra illam saisinam veniet dictus Jacobus vel si litteras suas patentes de confirmatione et approbatione dicte saisine non donaret, ego darem sepedicte comitisse ducentas marchas argenti, salva tamen promissione domino regi facta. — In cujus testimonium et confirmationem presentes feci litteras sigilli mei munimine sigillari.

Actum anno gratie millesimo ducentesimo vicesimo septimo, mense junio, die lune ante festum Sancti Johannis Baptiste, apud Sanctum-Germanum.

Arch. nat. J 198 B, n° 62 ; original.

Bib. nat. ms. 57 des 500 de Colbert, fol. 569 ; copie.

Publié par A. Duchesne : preuves de l'hist. de la maison de Montmorency, p. 106; et par M. Teulet, invent. des lay. du tr. des chartes, II, p. 124.

N° 21.

14 janvier 1230 (n. st.).

Lettre envoyée par Pierre, duc de Bretagne, au roy de France, pour lui notifier qu'en raison des injustices dont il a à se plaindre, il ne se considère plus comme son homme.

Universis presentes litteras inspecturis, P[etrus] dux Britannie, comes Richemont, salutem. Noveritis quod nos mittimus regi Francie per T. templarium latorem presentium presentes litteras. Rex adjornaverat comitem Britannie ad dominicam post Natale apud Meledunum, cui diei ipse dominus rex voluit interesse. Comes illuc misit et regi mandavit quod terminus, quem ei posuerat, non erat competens, quia non erat de quadraginta diebus et propter hoc requisivit alium terminum competentem ab illis qui erant loco regis ibidem, ad faciendum quod debet. Et propter hoc comes fecit scribi omnes querimonias suas et injurias, quas rex et mater sua et sui fecerant et scriptum illud super querimoniis traditum fuit illis qui erant loco regis, quod scriptum, sicut factum fuit intelligi comiti, noluit regina quod ostenderetur baronibus et probis hominibus Francie, imo aliter eis fecit intelligi

voluntatem suam. Comes nunquam potuit habere emendationem
de injuriis et malis sibi factis per regem et suos, nisi hoc, quod
ipse rex fecit dessaisiri eundem comitem de eo, quod ab ipso
tenebat in Andegavia, unde erat homo suus, et castrum suum de
Belesmo, quod similiter ab ipso tenebat, obsedit et terram suam
fecit destrui et homines suos fecit interfici. Hec mala cum aliis
malis fecit ei rex, sine defectu juris quem comes fecisset et sine
eo quod unquam fuisset adjornatus per regem, nec ante nec post,
nisi dictam diem. Propter hanc injuriam et propter alias de quibus comes non potuit habere emendationem, mandat ipse comes
regi quod se non tenet plus pro homine suo, imo ab homagio suo
recedit, et in hoc recessit, intelligit comes diffidationem.

Actum anno gratie Mᵒ CCᵒ vigesimo nono, die dominica in octavis
beati Hilarii.

*Bry, hist. du Perche, p. 248, d'après le « Registrum velutum cap :
litteræ Baronum, et en marge 167. »*

Nᵒ 22.

Juin 1230.

*Désignation, par Mathieu de Montmorency, connétable de France,
des deux lots formés pour le partage du comté du Perche entre
Jacques de Châteaugontier, son gendre, d'une part, et Thibaut,
comte de Champagne, en son nom et en celui de la reine d'Angleterre, sa belle-mère, et des autres copartageants, d'autre
part, et acceptation au nom dudit Jacques du lot à lui échu.*

Ego Matheus de Montemorenciaco et de Laval dominus, Francie
constabularius, notum facio universis presentes litteras inspecturis quod dominus meus Theobaldus, comes Campanie, pro
illustri regina Anglie B[erengaria] matertera ejus, et pro se et suis
comparticibus terre Pertici, erga Jacobum de Castro-Gonterii
generum meum eandem terram partitus est sicut inferius est
expressum. — Ex una parte posita est villa Nogenti cum pertinenciis suis, sine feodis, nisi eis que fuerint nominata, et castrum
Nogenti, vinee et prata et illa pars bosci Percheti, que est versus
Cheenvillam que incipit a domo Guillelmi de Buat et vadit directe
ad calciatam stanni novi et a stanno ad fagum Leschacier, et a
fago directe ad angulum bosci quod Odo de Valcresson vendidit
et ex inde sicut divisum est directe ad vallem Heremite, et ex
inde directe usque ad cheminum Arcisiarum sicut dictus cheminus ducit ad semitam que ducit ad Poteriam et a semita directe

usque ad exitum bosci. Ponimus etiam in ista parte herbergamentum Percheti et stanna que sunt juxta et habebit ista pars bosci sectam viam et deliberationem in alia, et alia pars in ista. Ponimus etiam in ista parte patronatum elemosine et quinque prebendarum Sancti Stephani et unius capellanie et capellanie Percheti et patronatum prepositure, thesaurarie et cantarie Sancti-Johannis de Nogento. Ponimus etiam in ista parte omne dominium Longi-Vilaris et Montigniaci, cum pertinenciis suis, sine feodis, post decessum comitisse Carnotensis. Ponimus etiam in ista parte medietatem ville Tylie, videlicet illum vicum qui vocatur Burgum-Novum et partem ville que subtus est, sicut cheminus, qui ducit apud Nogentum, dividit directe. Ponimus etiam in ista parte le Sablon; prepositura vero Tylie erit communis et marcheium, quia non possunt partiri ad presens propter pedagia et costumas. Ponimus etiam in ista parte medietatem pratorum et vinearum Tylie. Hec autem sunt feoda que ponuntur in ista parte : feodum prioris de Nogento, feodum de Margon, feodum Girardi de Bouceio, f. (1) Eustachii de Valle-Pilonis, f. d'Areville, f. de Buutum, f. Ivonis de Veteri-Ponte, f. Garini de Friese, f. de Montirel, f. de Radereio, f. Gaufridi de Caudis, f. Mathei de Coimis (2), f. Hemerici de Vilereio, f. Guillelmi de Vilereio, f. domine de Balle, f. Nicholai-Marescalli, f. Guillelmi de Melciaco, f. de Moto-Rosset, f. Girardi de Thoriel, f. Stephani Isnart, f. Boborrat, f. Arnulphi de Poteria, f. Rogeri le Bouchier, f. Th. la Joie, et f. qui est servientum de Nogent, videlicet Henrici de Queuves, Guillelmi Babiot, Guillelmi Coqui Maleti et domini Guillelmi de Folieto et f. aliorum trium servientum Eschaude, Guiton (3) et Banerii ; et est sciendum quod ille vel illi qui habebunt istam partem reddent annuatim domine de Galardon XL libras monete currentis in Pertico. — Ex alia vero parte positum est Riveriacum et quidquid habent heredes in Maurisilva, et taliam de Mousteris, Poteriam, et Molendinum cum bosco Mathei et sepibus et Ferreriam cum pertinenciis suis sine feodis, nisi eis que fuerint nominata, et centum solidos de Cheima (4) et aliam medietatem Percheti, videlicet partem que est versus Nogentum et versus Margon, usque ad divisiones alterius partis et stanum de Ruissaus et census de charetis et boscum et sepes, et sepes de Thesveio usque ad vadum Botier et

---

(1) Le mot *feodum* est répété devant chacun de ces noms, nous l'avons remplacé par f. pour ne pas allonger inutilement le texte de cette charte.

(2) Duchesne a lu : *Counis.*

(3) Duchesne a lu : *Guttois.*

(4) Duchesne a lu : *Cheuna;* peut-être faut-il lire *Cheinia,* quoiqu'il ne s'agisse pas ici des bois de la Chienne, dans la forêt de Trahant, puisqu'il est dit plus bas que cette forêt n'est pas mise encore en partage.

XVIII solidos quos domina de Septem-Fontibus reddit per manum suam pro chareio annuatim et boscum de Auton. Ponimus etiam in ista parte Manvas cum pratis, vineis, et boscis de Danbrai cum omnibus pertinenciis suis post decessum comitisse Pertiche et herbergamentum Tylie et medietatem pratorum et vinearum et cum granchia et patronatu capellanie et stanna et sepes usque ad hochiam (1) leprosorum versus villam, et illam partem ville Tylie que est superius sicut fundus chemini qui ducit apud Nogent dividit directe a granchia usque ad exitum ville et domos que sunt in marcheio et in medio ville et pressorium et vicum pressorii; prepositura vero Tylie et marcheium erunt communia sicut dictum est in prima parte, residuum vero sepium Tylie non partimur donec sciatur utrum foresta de Trahant remanebit Tylie aut non. Hec autem sunt feoda que ponuntur in ista parte : feodum Guillelmi de Folieto, feodum Guarini Capreoli, f. Roberti de Bello-Monte, f. de Monte-Dulci, f. de la Charmae, f. de la Chese, f. de Montgrehem, f. Roberti Viatoris, f. Ebrardi Chaudere, f. Roberti de Gapree, f. Bartholomei de Breneles, f. de Val-Grenese, f. Reginaldi Pesar quod tenet a comite et maritagium quod cepit cum prima uxore sua, f. de Val-Horry, f. domine de Cheseperrinne, f. Sancti-Quintini, f. Philippi de Centegni, f. de Septem-Fontibus, f. Reginaldi Oisel, f. Garini Mansel, f. Roberti de Cheenville, f. de Doeria, f. Roberti Morel, f. Jocelini de Mongreville, f. Gilonis de Foucheentru, f. de Platea, f. Gaufridi Patriz, f. Johannis de Boneville, f. Laurenti de Montegni, f. majoris de Montirel, f. Guillelmi de Buat, f. Gelaini de Leves, f. de Treceio, f. Moucheti, f. Crocheti, f. Guillelmi de Villers. — Sciendum vero est quod unaqueque istarum parcium, plenariam et omnimodam justiciam optinebit, et si quid oblitum fuerit ad parciendum, omni occasione et contentione postpositis parcietur. Et sciendum quod Montegniacum et Longumvilare, que sunt ex parte Nogenti, si comitissa Carnotensis habuerit heredem de corpore suo et corpore istius Johannis comitis Carnotensis, pars de Mauves, que est ex parte altera, reveniet in partem communem. — Dictus autem Jacobus partitionem gratam habuit et villam Nogenti, cum illis rebus que in illa porcione associantur, gratanter accepit et acceptionem se promisit coram me gratam, cum ad etatem legitimam venerit, habiturum. — In cujus rei testimonium, presens scriptum sigilli mei munimine roboravi. — Actum anno Domini millesimo ducentesimo tricesimo mense junii.

Arch. nat. J 198, n⁰ 65; original.

Publié par A. Duchesne : preuves de l'hist. de la maison de Montmorency,

(1) Duchesne a lu : *hoschiam.*

p. 107; M. Teulet en a publié des extraits dans l'inventaire des lay. du trésor des ch., II, p. 181.

Mentionné par G. Lainé, IX, (B. N. ms. fr. 24132), p. 452.

N° 23.

28 février 1231, n. st.

Désignation de la part de Thibaut, comte de Champagne, dans la succession du Perche et approbation donnée par ses cohéritiers au choix qu'il a fait de cette part.

Partitio quæ facta fuit de comitatu Pertici, inter comitem Campaniæ ex una parte et Olam de Almenesches, Henricum de Castro-Eraut, Robertum Malet et conparticipes ex altera.

In prima parte ponimus sincere cum præpositura, cum tallia, cum villicatione, cum Bertoncellis, cum residuo pratorum et vinearum; addimus etiam huic parti quidquid juris habemus apud Potejam (1), et forestam de Mauriss[ilva], partem scilicet illam quæ pertinet ad hœreditarios tam nemus quam avenagium quam alios proventus; addimus adhuc census de Riverie qui pertinent ad dominium de Rivere et feodum Garini Caprioli qui est omnium partium senescallus; prædictus autem Garinus nihilominus faciet aliis nostris comparticipibus quod debebit ; addimus adhuc : feodum Gaudi de Doeria, feodum Philippi de Centigno, feodum ceterum de Saint-Quentin, feodum Colin de Brenellis, feodum Colin de Chanville et omnes feodos quorum sumus obliti et qui adhuc sunt partiendi, scilicet feodum dominæ de Galardon, feodum Gilonis de Corcellis, feodum Petri de Beaurepaire, feodum Bellee et alios feodos quos nos sumus partiti; addimus etiam huic parti, partem forestæ Pertici quæ juncta est au Bois-Jamet. Ego autem domina Eledes [de] Amenesches et ego Hemericus de Castro-Heraut, ego Robertus Malet et ego Hugo de Feritate hanc partem gratam et firmam habemus, et Theobaldo Campaniæ et Briæ comiti palatino, qui dictam partem præsentem cepit, munimine sigillorum nostrorum confirmamus et ego Hugo dominus de Feritate, pro Rotrodo de Monteforti, pro episcopo Andegavensi, pro vicecomite de Bellomonte, pro vicecomite de

---

(1) Ce mot devait être *Poteriam* dans l'original et aura été écorché par le copiste; la première phrase a été aussi dénaturée par l'altération ou l'omission de quelque mot.

Castroduno, pro domina de Fracta-Villa, manu capio, quod ipsi hanc partem dicto comiti ratam et firmam tenebunt.

Actum anno gratiæ M° CC° XXX°, in medio quadragesimæ.

Bib. nat. ms. 58 des 500 de Colbert (reg. princ. III), fol. 200; copie.

Mentionné par G. Laîné, IX (B. N. ms. fr. 24132), p. 452 (1).

N° 24.

Avril 1231.

Promesse par Raoul, vicomte de Beaumont et de Sainte-Suzanne, de faire hommage lige de ce dont il a hérité au comté du Perche à Thibaut, comte de Champagne, avant la Saint-Jean-Baptiste prochaine.

Ego R[adulphus] vicecomes Bellimontis et Sancte-Susanne, notum facio omnibus presentes litteras inspecturis quod infra instans festum beati Johannis Baptiste, faciam homagium ligium, vel alter filiorum meorum faciet, viro illustri Theobaldo Campanie et Brie comiti palatino, de eo quod teneo in comitatu Pertici de escheeta Gvillelmi quondam comitis Pertici. In hujus rei testimonium presentes litteras feci sigilli mei munimine roborari.

Actum anno Domini M° CC° tricesimo primo, mense aprili.

Arch. J 198 A, n° 66; original.

B. N. ms. 58 des 500 de Colbert (reg.' princ. III), fol. 228 v°; copie.

B. N. ms. coll. Duchesne, vol. 20, fol. 220, copie.

Publié par Bry de la Clergerie, p. 229.

Analysé par M. Teulet, invent. des lay. du trésor des ch., II, p. 203.

N° 25.

Octobre 1231.

Notification par Geoffroy, vicomte de Châteaudun, de la vente par lui faite à Jacques de Châteaugontier de sa part dans la succession du Perche et prière à son seigneur, Thibaut, comte de Champagne, de recevoir l'hommage dudit Jacques pour raison des biens faisant l'objet de cette vente.

(1) Jacques de Châteaugontier qui n'est pas mentionné ici, figure au nombre des copartageants dans l'analyse donnée par Laîné.

Item vendidit Jameto quidquid habebat in comitatu Pertici et rogavit regem (Navarræ) (1) ut ipsum reciperet in hominem in prœdicta venditione.

Charissimo Domino suo, et amico speciali, nobili viro Theobaldo Campaniæ et Briæ comiti palatino, Gaufridus vicecomes Castriduni, salutem et in omnibus perpetuum famulatum. Nobilitati vestræ notum fieri cupio, Jameto domino Castrigonterii vendidisse omne illud quod de jure possidebam et possidere debebam in comitatu Pertici in escheeta Guillelmi episcopi Catalaunensis quondam comitis Perticensis, sibi et heredibus suis quiete libere et pacifice in perpetuum possidendum, unde vestram exoro nobilitatem, quatenus amore mei, dictum Jametum ad hominem dictæ venditionis recipere studeatis, sicut mihi per vestras patentes litteras vestri gratia pepigistis. Valete in Christo.

Datum anno gratiæ Mᵒ CCᵒ XXXᵉ Iᵒ mense octobri.

Bib. nat. ms. 57 des 500 de Colbert (reg. princ. II), p. 242; copie.

L'analyse sommaire servant de titre à la copie de cet acte dans le *Registrum principum* est reproduite à peu près dans les mêmes termes par G. Lainé, IX (ms. fr. 24132), p. 452, qui lui donne pour date 1230 et non 1231.

Nᵒ 26.

Angers, 1231.

Lettres patentes du roi de France notifiant le traité conclu entre lui et Pierre, duc de Bretagne, traité par lequel le duc renonce à toutes ses prétentions sur le château de Bellême et reconnaît tenir le duché de Bretagne en hommage lige du roi aux conditions y spécifiées.

Loys, par la grâce de Dieu, roy de France, à tous ceux qui ces présentes lettres verront et orront, salut en Celuy qui est le vray salut de tous. Nous voulons estre notoire à ceux qui sont advenir, qu'autrefois nostre aimé cousin Pierre de Dreux (autrement de Brenne), duc de Bretaigne, par l'instigation et exortement de Henry roi d'Angleterre, commença guerre contre nous, gasta plusieurs parties de nostre royaume, et mesme par puissance d'armes prit nostre chasteau de Bellesme et le détint longtemps en sa saisine, affirmant y avoir droit (pour raison de certaines demandes à nous autrefois exhibées et par nous pour partie desniées), tant

_____

(1) Thibaut IV ne fut roi de Navarre qu'en 1234, titre qu'on lui aurait du reste certainement donné dans la charte, s'il l'avait déjà eu.

à cause de la succession de messire Robert (de bonne mémoire),
son père et nostre frère germain, comme autrement. Désirans
obvier à ses malices, défendre d'oppression le peuple qui nous est
soumis et conserver les droits de nostre héritage, nous vinmes
en nostre ville d'Angers, aimans mieux aller contre lui et secourir
ouvertement nos sujets et adhérents, que d'attendre à nos portes
les périlz par luy encommencés et continués. Bénissans la grâce
de Dieu qui nous aida en cette expédition guerrière et écoutans
la supplication de plusieurs comtes et barons qui nous engageaient à conclure le traité ci-dessous escrit, nous avons considéré les dommages irréparables qui sont advenus ou advien-
draient non seulement à nous et à nos sujets, au dit duc et aux
siens, mais aussi à moult d'autres, si la Providence de Dieu n'y
remédiait par paix et concorde ; nous ne voulons pas, à la des-
plaisance de nostre Rédempteur, empescher un si grand bien
comme le bien de la paix, ains à ce nous rendre de toutes parts
appareillés, afin que Dieu veuille diriger et conduire nos affaires,
et que par la béatitude de paix nos sujets et ceux du dit duc
puissent vivre et demeurer en seureté et servir plus franchement
iceluy Dieu par lequel entière paix est dédiée à ceux de bonne
volonté..... afin, aussi, que nous et le dit duc puissions sans
empeschement aller avec nos sujets contre les mescreans et
blasphemes du nom chrestien outre-mer en la guerre de Dieu,
laquelle, las ! est maintenant délaissée à la honte non pas petite
de la chevallerie chrestienne. Icelles choses, et autres qui ensuyvent, par chacune partie diligemment considérées, pour concorde
de paix et perpétuelle confédération et amitié entre nous et le dit
duc encommencée, sommes convenus et accordés en ceste manière :

C'est asçavoir, premièrement le dit duc nous abandonnera
entièrement, comme de fait il nous a abandonné tout ce qu'il
demandait tant à cause de la succession devant dite comme
autrement et il a soumis soy et son dit duché à nous et à nos
successeurs rois de France de cy en avant, soubs certains points
à déclarer cy-dessous et pour ceste cause nous a fait l'hommage
et soumission ; il a en outre promis en bonne foy, pour luy et ses
successeurs ducs de Bretaigne, nous aider et conseiller loyalement selon son pouvoir, nous et nos successeurs, contre toutes
personnes de quelque dignité, estat ou prééminence qu'ils soient,
sauf et exceptés nostre Saint-Père le Pape et l'Eglise sainte de
Dieu, lesquels le dit duc a exceptés et voulu excepter. Nous,
considérans les soumissions et hommages dessus dits, eue sur ce
meure délibération, avons promis en bonne foy pour nous et nos
successeurs rois de France, et par ces présentes promettons per-

pétuellement ès temps advenir loyalement aider, conseiller et
conforter le dessus dit duc et ses successeurs ducs de Bretaigne,
prendre son parti contre tous ses adversaires quelconques ils
soient, exceptés l'Eglise de Rome et son Vicaire nostre Saint-
Père le Pape (1)..... Donné en nostre ville d'Angers, l'an de
Nostre-Seigneur M CC trente-un. — Signé : LOYS, PIERRE et DE
CRÈVECŒUR.

*D'après la traduction publiée par Bertrand d'Argentré dans son histoire
de Bretagne; Paris, 1605, p. 306 à 309.*

Bry publie, p. 249, un extrait du texte latin de cet acte qu'il dit se trouver
« imprimé dans les œuvres de *Joannes Galli. parte 3 de jurib. ac privil. Reg.
Franc. sive lilior* et dans l'histoire du sieur d'Argentré et plusieurs autres
endroits. »
  Le commencement de cette traduction était déjà publié, quand nous en
avons découvert le texte latin à la page 232 du *Stilus antiquus supremæ
curiæ amplissimi ordinis Parlamenti Parisiensis* (Paris, Galiot du Pré,
1558), dans la 4ᵉ partie (due à J. Ferrault) de cette compilation, dont la
3ᵉ partie (de J. Lecoq) répond à la citation de Bry, citation bien inexacte et
incomplète, comme on le voit.

Nº 27.

10 mai 1232.

*Ratification par Raoul, vicomte de Beaumont, du partage fait
  . par Hugues de la Ferté des bois de Trahant et du Theil.*

Le vicomte de Beaumont a agréé la portion que le sire de la Ferté-
Bernard fit de cil de Créans.

Omnibus presentes litteras inspecturis, Radulphus vicecomes
Bellimontis, salutem. Noveritis quod ego ratas et gratas habeo
portiones de Creans et de Tillia prout illas fecit Hugo dominus
Feritatis-Bernardi. Quod ut ratum sit et stabile presentes litteras
sigilli mei munimine roboravi.
  Actum anno gratiæ Mº CCº XXXº IIº, die lunæ post inventionem
Sanctæ Crucis fuerunt datæ litteræ istæ.

Bib. nat. ms. 57 des 500 de Colbert (reg. princ. II), fol. 239.

Charles (hist. de la Ferté-Bernard, p. 223) a publié un extrait de cet
acte.

----

(1) Nous supprimons ici la suite encore très longue de cet acte, car elle
est du plus haut intérêt pour la Bretagne, mais ne concerne en rien le
Perche.

N° 28.

1232 (probablement le 10 mai).

Ratification par Rotrou, seigneur de Montfort, du partage fait par Hugues de la Ferté des bois de Trahant et du Theil.

R[otrocus] de Monteforti ratas habet partitiones quorumdam nemorum, quas Hugo de Feritate fecit cum comite Campaniæ.

Universis proesentes litteras inspecturis, tam presentibus quam futuris R[otrocus] dominus de Monteforti, vir nobilis, salutem in Domino. Notum sit omnibus tam proesentibus quam futuris quam ego R[otrocus] dominus de Monteforti, habeo ratas et stabiles, omnes partes illas, erga illustrem comitem de Campania, quas fecit Hugo vir nobilis de Feritate, videlicet de nemoribus de Trahunt et de Tilleio, et de omnibus pertinenciis, et quod ut ratum et stabile permaneat, ego R[otrocus] de Monteforti has presentes litteras sigilli mei munimine roboravi.

Actum anno Domini Mo CCo XXXo IIo.

Bib.· nat. ms. 58 des 500 de Colbert (reg. princ. III), fol. 221; copie.

Publié par Charles, hist. de la Ferté-Bernard, p. 224.

N° 29.

Sans date (probablement le 10 mai 1232).

Acceptation par Emery de Châtelleraut, pour ce qui le concerne, du partage de la forêt de Trahant et du Theil.

Hemericus de Castro-Renaldi ratas habet partitiones superius factas de foresta de Treans et de Tilleio.

Charissimo Domino suo, Theobaldo comiti Campaniæ et Briæ, Aimericus de Castro-Renaudi, miles, salutem et amorem. Noveritis quod ego ratum et gratum habeo partes quæ factæ sunt de foresta de Treant et de Tilleio ex parte mea. Valete.

Bib. nat. ms. 58 des 500 de Colbert (reg. princ. III), fol. 200 vo; copie.

N° 30.

Septembre 1234.

Notification par Thibaut, comte de Champagne, de la vente par lui faite au roi de France, pour 40,000 livres tournois, de la suzeraineté des comtés de Chartres, de Blois, de Sancerre et vicomté de Châteaudun et de tout ce qu'il y possédait tant en fiefs qu'en domaines, excepté ceux des fiefs et domaines faisant partie du comté du Perche, qui sont mouvants de Chartres, et dont le comte de Chartres doit reporter l'hommage au roi.

Ego Theobaldus, Campanie et Brie comes palatinus, notum facio universis presentes litteras inspecturis quod ego karissimo domino meo Ludovico, regi Francie illustri, vendidi pro quadraginta millibus libris turonensium, de quibus idem dominus rex mihi plene satisfecit, feoda mea comitatus Carnotensis cum pertinenciis suis, comitatus Blesensis cum pertinenciis suis, comitatus Sacricesaris cum pertinenciis suis, et vicecomitatus Castridunensis cum pertinenciis suis, et omnia jura que in predictis habebam, tam in feodis quam in domaniis, ratione predictorum feodorum, eidem domino regi et heredibus suis habenda in perpetuum et tenenda; retento mihi eo quod habeo in comitatu Perticensi, in feodis et domaniis quod movet de feodo Carnotensi et quod comes Carnotensis debet de domino rege tenere. In cujus rei testimonium, presentes litteras sigilli mei munimine roboravi.

Actum anno Incarnationis Domini millesimo ducentesimo tricesimo quarto, mense septembri.

Arch. nat. J 173, n° 4; original scellé.

Publié par Bry, p. 242; et par M. Teulet: lay. du tr. des ch., II, p. 278.

N° 31.

Paris, novembre 1234.

Notification par Pierre, duc de Bretagne : 1° de la promesse qu'il a faite au roi de France et à sa mère de leur porter fidélité et assistance et de ne pas s'allier à leurs ennemis ; 2° de l'abandon qu'il a fait au roi du château de Saint-James de Beuvron, des châteaux de Bellême et de la Perrière avec leurs dépendances, et de tout ce que le roi lui avait donné aux comtés du Maine et d'Anjou.

Ego P[etrus], dux Britannie et comes Richerimontis, notum facio universis, presentibus pariter et futuris, me jurasse super sacrosancta quod ego karissimo domino meo Ludovico regi Francie illustri et domine B[lanche] regine Francie illustri, matri ejus, bene et fideliter serviam, et eos juvabo bona fide contra omnem creaturam que possit vivere et mori, et quod nec de me nec de filio meo vel de filia mea, vel de aliqua alia re in mundo aliquam colligationem vel confederationem faciam vel fieri permittam, pro posse meo, per matrimonium vel alio modo, cum rege Anglie vel cum Richardo fratre ejus, vel cum aliquo alio de suis, vel cum aliquibus aliis qui eumdem dominum regem aut regnum suum guerrearent vel cum ipso treugam haberent; et eidem et heredibus suis et domine regine matri ejus semper fideliter adherebo. Preterea, ego quittavi et quitto in perpetuum eidem domino regi et heredibus suis castrum Sancti-Jacobi de Bevrone firmatum, sicut modo est, et quicquid de dono ejusdem domini regis in comitatibus Cenomanensi et Andegavensi habebam, et castra Belismi et Petrarie, cum eorum pertinenciis, tali modo quod, nec ego nec heredes mei, in eis aliquid de cetero reclamabimus nec poterimus reclamare. Et promisi firmiter quod eidem domino regi litteras suas quas exinde habebam, infra instantem Nativitatem Domini redderem. — In cujus rei testimonium presentes litteras eidem domino regi sigilli nostri munimine roboratas [dedimus].

Actum Parisius, anno Domini M° CC° tricesimo quarto, mense novembri.

Arch. nat. J. 241, n° 14. Original scellé.

Id.   J. 240, n° 4. Copie contemporaine.

Publié par M. Teulet : layettes du trésor des chartes, II, p. 277.

N° 32.

Pontoise, du 4 au 30 avril 1238 (après Pâques).

Promesse par Pierre de Braine (jadis duc de Bretagne) de chercher et de rendre au roi de France les lettres constatant le don que ce dernier lui avait fait du château de Saint-James de Beuvron, de biens en Anjou et dans le Maine, enfin de Bellême et de la Perrière, terres que le duc avait toutes rendues au Roi par l'accord conclu entre eux à Paris, en novembre 1234.

Ego Petrus de Brena, miles, notum facio omnibus, tam presentibus quam futuris, presentes litteras inspecturis quod cum, per pacem quam, cum karissimo meo Ludovico rege Francie illustri et cum karissima domina mea Blancha regina Francie illustri;

matre ejus, feci parisius, anno Domini M° CC° tricesimo quarto,
mense novembri, eidem domino regi reddiderim castrum Sancti-
Jacobi de Béverone, quod mihi dominus rex et heredibus meis
dederat, et ipsi et heredibus suis in perpetuum quitaverim, et
preterea quidquid idem dominus rex mihi dederat ad tempus in
comitatibus Andegavensi et Cenomanensi; et insuper Belysmum
et Petrariam, cum pertinenciis eorumdem, cum omnibus que de
dono ipsius in partibus illis habebam, que mihi et heredibus meis
dederat, eidem sepedicto domino regi et ejus heredibus quitaverim in perpetuum, et ipsi promiserim me litteras illas, quas super
donationibus predictorum habebam ab ipso, infra certum tempus
et determinatum, quod jam elapsum est, redditurum eidem, nec
dictas litteras adhuc invenire potuerim licet ad hoc laboraverim
diligenter, ad securitatem majorem per presentes recognosco litteras me predictarum rerum omnium quitacionem fecisse, et
adhuc, pro me et heredibus meis, predicta quito omnia, ita quod,
ego vel heredes mei, in predictis nihil omnino de cetero reclamabimus nec possumus reclamare; promittens insuper eidem domino
regi, tanquam domino meo ligio, quod pro posse meo et bona fide
ad predictas litteras inveniendas laborabo diligenter, et, si inveniri potuerint, eidem domino regi, vel domine mee regine
matri ejus, vel domini regis heredi, sine omni difficultate et dilatione restituam easdem. — Volo etiam et concedo ut, si forte
tempore aliquo predicte littere invente fuerint vel alicubi aliquando
exhibite, nullius omnino virtutis sint vel vigoris, set penitus irrite
sint et inanes, et michi vel heredibus vel successoribus meis
nichil possint afferre commodi nec eidem domino regi vel heredibus vel successoribus ipsius aliquid afferre valeant nocumenti.
— Ego autem, in presentia supradicti domini mei regis, super
sacrosancta juravi me omnia supradicta integre et firmiter servaturum, nec contra, vel per me vel per alium, ullo umquam tempore me venturum. — Quod ut firmum sit et stabile in perpetuum,
presentem paginam sigilli mei munimine roboravi. — Actum apud
Pontysaram, anno Domini M° CC° tricesimo octavo, mense aprili.

Arch. nat. *J 241, n° 15 2; original scellé.*
Id. J 240, n° 3, copie.
Publié par M. Teulet : *layettes du trésor des Chartes*, t. II, p. 375.

N° 33.

Pontoise, du 4 au 30 avril 1238 (après Pâques).

Abandon au roi de France par Jean, duc de Bretagne, du château
de Saint-James de Beuvron, de Bellême et de la Perrière et de
divers biens en Anjou et dans le Maine, le tout jadis donné par

le roi à Pierre, alors comte de Bretagne, père dudit Jean, et depuis rendu par Pierre au roi. Promesse par le duc de chercher avec soin, et s'il les retrouve, de rendre au roi les lettres constatant la donation faite à Pierre par le roi.

Ego Johannes, dux Britannie et comes Richemontis, notum facio omnibus, tam presentibus quam futuris, quod ego karissimo domino meo Ludovico regi Francie illustri et heredibus ejus, quitavi in perpetuum et quito castrum Sancti-Jacobi de Beverone quod ipse karissimo patri et domino meo P[etro], tunc comiti Britannie, dederat et heredibus ejus et idem dominus et pater meus illud eidem domino regi reddidit et quittavit. Belysmum etiam et Perreriam, cum omnibus que idem dominus rex eidem patri meo in partibus illis sibi et heredibus suis dederat, eidem domino regi et heredibus ejus in perpetuum quitavi atque quito. In illis etiam que idem dominus rex in comitatibus Andegavensi et Cenomanensi eidem domino et patri meo ad tempus contulit, nichil penitus reclamo nec reclamabo, promittens et per presentes litteras confirmans quod in omnibus supradictis vel in eorum pertinentiis, que jam dicto patri meo sive ad tempus, sive hereditario fuerunt collata; nichil omnino, ego vel heredes mei, de cetero ullo umquam tempore reclamabimus vel poterimus reclamare. — Preterea cum sepedictus pater meus litteras illas, quas de dictis donationibus habebat, sepedicto domino regi, infra certum terminum, qui jam elapsus est, reddere debuerit et eas non reddiderit quia invenire non potuit, promisi domino regi, tanquam domino meo ligio, quod pro posse meo et bona fide ad predictas litteras inveniendas laborabo diligenter, et, si inveniri potuerint, eidem domino regi vel domine mee regine matri ejus, vel ejusdem domini regis heredi, sine difficultate et dilatione restituam easdem. — Volo etiam et concedo ut, si forte tempore aliquo predicte littere invente fuerint vel alicubi aliquando exhibite, nullius omnino virtutis sint vel vigoris, set penitus irrite sint et inanes, et mihi vel heredibus vel successoribus meis nichil possint afferre commodi, nec eidem domino regi vel heredibus vel successoribus ipsius aliquid afferre valeant nocumenti. — Ego autem, in presentia supradicti domini mei regis, super sacrosancta juravi me omnia supradicta integre et firmiter servaturum, nec contra vel per me vel per alium ullo unquam tempore me venturum. — Quod ut firmum sit et stabile in perpetuum, presentem paginam sigilli mei munimine roboravi. — Actum apud Pontysaram, anno Domini M° CC° tricesimo octavo, mense aprili.

Arch. nat. J **241**, *n° 15* 1 , *original scellé.*

Id. J **240**, n°s 5 et 10 copies.

Publié par M. Teulet : layettes du trésor des Chartes, t. II, p. **374**.

N° 34.

Mai 1238.

Compte des recettes du bailliage de Bellême, arrêté au terme de l'Ascension de l'année 1238.

Magna recepta Turonensis de termino Ascensionis, anno Domini M CC XXX octavo, mense mayo.

§ 18. Idem, de Ballivia Bellismi :

	l.	s.	d.
De venda forestæ Balismi xi.xx.xiii l. vi s. viii d.	233	6	8
De racheto terræ Guaconis de Lognie en Corbonois xv l.	15	»	»
De racheto terræ Philippi Quarrel vii l. . . .	7	»	»
De cimeiis forestæ Balismi c. s.	»	100	»
De ballivia xi.xx.viii l. vii s. ii d.	228	7	2

Rec. des hist. des G. et de la Fr., t. XXI, p. 257 B.

N° 35.

Juin 1238.

Lettre par laquelle Thibaut, roi de Navarre et comte de Champagne, ayant donné en dot à sa fille Blanche tout ce qu'il avait dans le Perche, mande à Jacques de Châteaugontier de rendre hommage à Jean, comte de Bretagne, son gendre, du fief que Jacques tenait dudit roi.

Theobaldus, Dei gratiâ, rex Navarre, Campanie et Brie comes palatinus, dilecto et fideli suo Jacobo de Castrogunteri, salutem et dilectionem. Sciatis quod nos dedimus karissime filie nostre Blanche in maritagium totam terram nostram de Pertico cum feodis suis. Unde vobis mandamus et volumus quatinus karissimo nostro J[ohanni], comiti Britannie, sponso ejus faciatis homagium de feodo nostro quod de nobis tenetis, tanquam marito suo. Datum anno Dominni M CC XXX VIII, mense junio.

Ch. de Nantes, arm. O, cassette C, n° 1.

Dom Lobineau, preuves de l'hist. de Bretagne, col. 388.

Dom Morice (hist. de Bret., I, p. 236) dit qu'il se trouve aussi une copie de ces lettres dans le « Cart. de Champ., bibl. du roi ».

N° 36.

Orléans, août 1246.

*Don par saint Louis à son frère Charles, comte de Provence :
d'Angers, Saumur, Beaugé, Beaufort et le Mans, et assignation
en douaire à la reine Marguerite, son épouse (pourvu que celle-
ci y consente), d'Orléans, Châteauneuf, Chezy et Neuville, en
échange de la ville du Mans, de Mortagne et de Mauves qu'il lui
avait précédemment assignées en douaire.*

In nomine Sancte et individue Trinitatis, amen. Ludovicus,
Dei gratia, Francorum Rex, notum facimus quod Nos de assensu
et voluntate dilectorum fratrum et fidelium nostrorum Roberti
Attrebatensis et Alfonsi Pictavensis, comitum, dilecto fratri et
fideli nostro Carolo comiti Provinciæ et ejus heredibus, dedimus,
et pro parte terre assignamus Andegaviam cum pertinenciis in
feodis et domaniis, Salmurium cum pertinenciis in feodis et domaniis, Baugiacum cum pertinenciis in feodis et domaniis et id
quod habemus apud Bellum-Fortem cum pertinenciis in feodis et
domaniis, tenenda ab ipso et heredibus suis de Nobis et heredibus nostris in homagium ligium, salvis donis, feodis et eleemosinis, que in predictis locis usque in presens sunt facta ; retinentes
Nobis, ad voluntatem nostram faciendam, ea quæ post mortem
genitoris nostri clare memorie Ludovici regis acquisivimus ; retinentes etiam Losdunum cum pertinenciis in feodis et domaniis (1).

Item dedimus eidem fratri nostro Carolo : Cenomaniam cum
pertinenciis in feodis et domaniis, salvis similiter donis, feodis et
eleemosinis usque in presens ibi factis ; et quoniam civitatem
Cenomanensem et Moritaniam et Mauvas charissime uxori nostre
Margarite regine, nomine dotalitii assignavimus, volumus et ordi-
namus quod si dicta regina uxor nostra nobis supervixerit, loco
dicti dotalitii civitatem Aurelianensem, Castrum-Novum et Checiacum et Novillam habeat, sicut regina Ysemburgis in dotalitium
hec habe[b]at, salvis et exceptis Clariaco et aliis donis et feodis et
eleemosinis usque in presens ibi factis, si hanc commutationem
voluerit acceptare ; si autem ei non placuerit hec commutatio,
habebit suum dotalitium sicut ei est assignatum et dictus Carolus
Aureliam habebit cum Checiaco, Castro-Novo et Novilla quan-
diu regina vixerit memorata ; et post decessum ejusdem regine

---

(1) Le texte du Recueil des Ordonnances porte *eleemosinis* au lieu de
domaniis, mais ce doit être une erreur de copie.

Aurelia, Checiacum, Castrum-Novum et Novilla ad nostros revertentur heredes; et tunc idem Carolus vel heredes ejus donum, quod de Cenomania cum pertinenciis in feodis et domaniis ei modo facimus, rehabebunt.

Sciendum etiam quod Nos regalia dictarum civitatum et abbatiam Fontis-Ebraudi, Nobis et heredibus nostris regibus Francie retinemus. Hanc autem donationem et concessionem fecimus, salvo jure alieno et salvo etiam quod stabiles maneant littere, si que facte sunt a nobis vel antecessoribus nostris, de rebus aliquibus, que manum regiam non debeant extraire. Quod ut perpetuum stabile, etc. Actum Aurelie, anno Incarnationis Dominice M CC XLVI, mense augusto, regni vero nostri XX. Astantibus, etc.

Pub. par D. Luc d'Achery, spicilegium XI, 372 (sur la copie communiquée par M. d'Hérouval) et dans le Rec. des Ordonnances des rois de Fr., XI, p. 329.

N° 37.

1252.

Budget du comté du Perche arrêté au terme de Pâques de l'année 1252.

RECEPTA PARTICI

	l.	s.	d.
De prepositura Belismi pro primo tertio. .	73	6	8
De prepositura Petrarie pro primo tertio. .	35	»	»
De prepositura Mauritanie et Manvarum pro ultimo tertio.	140	100	»
De emendis foreste de Renou.	»	30	»
De emendis foreste Belismi et pro minuto caablio.	7	7	»
De pessonna (1) Belismi pro ultima medietate.	100	»	»
De rachato Robini Pesar pro prima medietate.	50	»	»

Somma. . . . 412 l. 3 s. 8 d.

EXPENSA LIBERATIONES

	s. par.	d.
Belismi per diem. . . 3	»	
Per diem Mons Isemberti.	»	12
Forestarius Belismi. . . 2	»	
Forestarius de Renou .	»	12

Somma : per diem . . . 7 s. par.;

(1) *Pessona : pastio porcorum in silvis* (du Cange). Gallicé : *paisson.*

	l.	s.	d.
Recepta.	412	3 s.	8 d.

	l.	s.	d. tur.
de supradicto termino 47 l. 12 s. parisis; valent.	59	10	
Pro robbis castellani Belismi et forestariorum Belismi et de Renou.	9	7	6
Pro tertio feodorum et elemosinarum Belismi, Petrarie et Montis Isemberti. . .	22	3	4
Pro tertio feodorum et elemosinarum Mauritanie et Manvorum.	16	11	8
Pro medietate feodi Johannis de Lonreio.	»	25	»
Pro medietate feodi Guillelmi Forestarii.	»	50	»
Pro ponte facto novo apud Belismum.	10	10	»
Pro operibus ballie . . .	»	78	6
Pro jurhamentis pessonne foreste Belismi pro toto . .	10	»	»

	l.	s.		l.	s.	
Summa . . .	135	16 [tur.]		135	16	»
Debet [ballivus]. . .				276 l.	7 s.	8 d.

Arch. nat. J 780, nº 1, fol. IV vº, copie du 16e siècle.

Nº 38.

Budget du comté du Perche pour une partie de l'année 1252.

RECEPTA DE PARTICO

	l.	s.	d.
De priore de Thounti, pro toto.	»	100	»
De prepositura Belismi, pro secundo tertio. .	73	6	8
De prepositura Petrarie, pro secundo tertio.	35	»	»
De prep1osituris Mauritanie et Manvarum pro primo tertio.	140	100	»
De prepositura Montis Isemberti, pro prima medietate.	30	»	»
De censibus ejusdem loci, pro toto. . . .	27	»	»
De tallia Mauritanie, pro toto anno, et de tallia Belismi, pro toto.	20	»	»
De tallia Petrarie, pro toto.	15	»	»

De tallia Mauvarum, pro toto.	12 l. » s. » d.
De vinea Mauvarum.	nichil
De molendino foulerer apud Mauvas, pro toto anno.	7 » »
De emendis foreste Belismensis.	» 60 »
De chaablio (1) ejusdem foreste, pro duabus partibus.	200 » »
De emendis foreste de Renou.	» 25 »
De domo Stephani Laureio pro toto. . . .	» 20 »
De feodo domini Hugonis de Campis, pro toto.	» 5 »
De domo Gaufridi de Vernolio, pro toto anno.	» 10 »
De rachato Roberti Pesar pro ultima medietate.	50 » »
Somma. . . .	725 l. 6 s. 8 d.

EXPENSA LIBERATIONES

	s. d. par.
Belismensis per diem.	3 »
Mons Isemberti. . .	» 12
Forestarius Belismensis.	2 »
Forestarius de Reinou.	» 12
Somma : per diem. . .	7 s. par.;

	l.	s.	d. tur.
de supradicto termino : 47 l. 194 s. parisis; valent · · ·	59	18	9
Pro robbis castellani Belismensis et forestariorum Belismensium et de Renou. · ·	9	7	6
Pro tercio feodorum et elemosinarum Belismi, Petrarie et Montis Isemberti. · · · ·	22	3	4
Pro tercio feodorum et elemosinarum Mauritanie et Mauvarum. · · · · · · ·	16	11	8
Pro medietate feodi Johannis Loureio. · · · · · · · ·	»	25	»
Pro medietate feodi Guillelmi Forestarii. · · · · · · ·	»	50	»
Pro escambio stagni de Petraria, pro toto · · · · · · ·	»	30	10
Pro reparatione domorum cas-			

---

(1) Chaableium; dicitur de arboribus ventorum vi, vel alio quovis modo ad terram prostratis, vulgo *chablis* in re forestaria (du Cange).

	Recepta. . .	725 l.	6 s. 8 d.
tri Montis Isemberti.	38	14	6
Pro operibus ballie Pertici. .	14	7	»
Somma. . . .	166 l. 8 s. 7 d.	166	8	7
Debet [ballivus]. . . .		558 l. 18 s. 1 d.

Arch. nat. J 780, n° 1, fol. IX; copie du 16ᵉ siècle.

N° 39.

Paris, juin 1257.

Transaction par laquelle le roi de France cède à Jacques de Châ-
teaugontier, seigneur de Nogent-le-Rotrou : Maison-Maugis et
des terres dans le Perche de façon à parfaire la valeur de trois
cents livres tournois de rente, moyennant quoi ledit Jacques
renonce à toutes ses prétentions sur Bellême, Mortagne, la
Perrière, Mauves et autres biens faisant partie de la succession
du Perche.

Ego Jacobus dominus Castri-Guntheri et castri Nogenti-Ro-
trodi, notum facio universis tam presentibus quam futuris, quod
cum dicerem me jus habere in castro Belesmi, Mauritanie, Petrarie, Manves, Mesummaugis, necnon terris, forestis, redditibus et
aliis pertinentiis eorumdem, quicquid et alia, ratione successionis
comitatus Perticensis, ad nos pertinere dicebam et quod ab illustri
Rege Francorum petebam mihi restitui cum instantia; tandem
bonorum interveniente consilio ad hanc concordiam deveni cum
eodem domino Rege, qui pro bono pacis concessit et assignavit
mihi et heredibus meis in feodum et homagium ligium ab ipso et
heredibus suis tenendum, Domum-Maugis cum omnibus ejus
pertinentiis tam in terris quam in aliis quibuscumque redditibus
et de alia terra sua intra castellanias locorum predictorum mihi
assignavit idem dominus rex, ita quod ea omnia simul estimata
perficiant ad appretiationem terræ summam trecentarum librarum Turonensium annuatim a me et heredibus meis in perpetuum possidenda. Ego vero Jacobus eidem domino Regi et heredibus ejus in perpetuum omnino quitto quidquid juris habebam
vel habere poteram in omnibus supradictis et in his omnibus que
petebam ab ipso domino Rege, vel petere seu reclamare poteram
ratione successionis predicte, vel quacumque alia ratione, necnon
et in arreragiis omnium predictorum; promittens sub prestito
juramento, tactis sacro-sanctis Evangeliis, quod in predictis nihil
per me, vel per alium in posterum reclamabo, nec contra quitta-

tionem istam veniam in futurum : in cujus rei testimonium presentibus litteris sigillum meum duxi presentibus apponendum.

Actum Parisiis, anno Domini millesimo ducentesimo quinquagesimo septimo, mense junio.

Arch. nat. J 228, no 1. — Original scellé.

Publié par Bry, p. 238, et par M. Teulet, III, p. 364.

N° 40.

Parlement de l'Ascension de l'an 1260.

*Arrêt du Parlement interdisant au comte de Chartres de citer à
sa cour, à Chartres, ses vassaux et arrière-vassaux du Perche,
une enquête ayant prouvé que l'usage ne l'y autorise pas.*

Inquesta facta ad probandum quod comes Carnotensis habet
tale jus et habere consuerit in feodis suis et retrofeodis de Pertico, quod homines dictorum feodorum et retrofeodorum potest
retrahere de curia domini regis in Pertico et eos ducere Carnotum litigare in curia sua : et de hoc est in possessione ipse et
antecessores sui. Secundum rubricam nihil probatur pro comite
et nihil habeat.

Arch. nat. Olim I, fol. 19, r°; registre original.

Publié par A. Duchesne, hist. de la maison de Chastillon-sur-Marne,
preuves p. 57.

Analysé par Boutaric, actes du Parlement, no 445.

N° 41.

Paris, mars 1269 (n. st.).

*Assignation en apanage par saint Louis à son fils Pierre pour les
tenir après son décès, de : Mortagne, Mauves, Bellême, la
Perrière avec leurs forêts et dépendances en fiefs et en domaines
et tout ce qu'il possède au comté du Perche et, en outre, de tout
ce qu'il possède au comté d'Alençon avec la haute justice nommée plait de l'épée.*

Ludovicus, Dei gratia Francorum rex, notum facimus universis
tam presentibus quam futuris quod nos Petro filio nostro et heredibus suis de corpore suo donamus et assignamus pro portione
terre ea que inferius annotantur post decessum nostrum tenenda

et possidenda, videlicet : **Mauritanniam, Manvas, Belismum, Pe-trariam**, cum nemoribus et pertinentiis omnibus eorumdem in feodis et domaniis et totum id quod habemus in comitatu Perti-censi, et insuper quicquid habemus et possidemus in comitatu Alenconii, videlicet : **Alenconum, Esseium**, cum forestis, juribus, magna justitia que dicitur placitum ensis et aliis eorum pertinentiis in feodis et domaniis sicut ea possidemus in comitatu predicto et hœc omnia supradicta tenebunt idem Petrus et heredes sui in feodum et homagium ligium ab heredibus nostris regibus Fran-corum et inde servitia debita reddere tenebuntur eisdem. Hanc autem donationem et assignationem facimus, salvis donis, feodis et eleemosinis datis et concessis hactenus in locis et terris pre-dictis et salvis donationibus et restitutionibus, si quas fecerimus vel fieri ordinaverimus in eisdem et salvo etiam jure in omnibus alieno. Quod si forte contigerit eumdem filium nostrum vel here-dem suum aut heredes sine herede de corpore suo decedere, predicta omnia ad heredem seu successorem nostrum quicumque pro tempore regnum Francorum tenuerit, libere revertantur. Quod ut ratum et stabile permaneat in futurum, presentes lit-teras sigilli nostri fecimus impressione muniri. Actum Parisius, anno Domini M° CC° sexagesimo octavo, mense martio. ·

Arch. nat. J 226, n° 5 ; original scellé.

Copie dans le ms. **22** de la collection Duchesne à la B. N. folio **273**.

Publié par Bry de la Clergerie, page **258** et dans le Recueil des Ordon-nances des rois de France, t. XI, p. **341**.

N° 42.

Budget du comté du Perche pour une partie de l'année 1271.

PERTICI RECEPTA (ANNO 1271)

	l.	s.	d.
De venda foreste Belismi pro quinto sexto. .	326	13	4
De prepositura Belismi pro primo tertio. .	60	»	»
De preposituris Mauritanie et Mauvarum pro primo sexto.	90	»	»
De emendis foreste Belismi. . · . . .	8	3	»
De emendis foreste de Renou.	6	»	»
De rachato Gilleberti de Prullayo pro ultima medietate.	134	10	»
De rachato Laurentii de Chiraio pro ult. med.	16	»	»
De rachato Johannis Rufi pro toto. . . .	60	»	»

	l.	s.	d. t.
De blado molendinorum de minusparum com-			
putato ad Candelosam.	»	8	»

EXPENSA LIBERATIONES PERTICI

Forestarius Belismi per diem . .	2 s. d. parisis.		
Tres servientes in eadem foresta	»	r	18
Forestarius de Renou.. . .	»	»	12
Custos castri Belismi.. . . .	»	»	12

Summa : per diem. . . .	5	»	6;
de predicto termino 37 l. 2 s. 6 d. par.; valentes.	46	8	2
Pro robis forestariorum Belismi et de Renou	6	5	»
Pro tertio feodorum et elemosinarum Belismi,			
Petrarie et Montis Isemberti..	28	3	6
Pro tertio feodorum et elemosinarum Mau -			
ritanie et Mauvarum	16	11	8
Pro medietate feodi magistri Yvonis de Lonraio.	»	25	»
Pro medietate feodi Guillⁱ quondam Forestarii.	»	50	»
Serviens Pertici : per diem 2 s. t.; de predicto			
termino..	13	10	»
Pro operibus ballivie Perticensis.	»	78	»

Arch. nat. J 780, n⁰ 3, fol. V v⁰; copie du 16ᶜ siècle.

N° 43.

Budget du comté du Perche pour une autre partie de l'année 1271.

RECEPTA PERTICI

	l.	s.	d. t.
De venda foreste Belismi, pro primo sexto. .	372	»	»
De litteris ipsius vende..	»	50	»
De prepositura Belismi, pro secundo tertio. .	61	»	»
De prepositura Mauritanie et Mauvarum pro			
secundo tertio.	90	»	»
De prepositura Petrarie pro prima medietate	32	10	»
De pratis Montis Isemberti pro prima medietate.	30	»	»
De villicaria Mauritanie pro toto.	500	»	»
De emendis foreste Belismi.	4	16	6
De chaablio ipsius foreste pro toto. . . .	45	2	6
De emendis foreste de Renou.	7	10	»
De domo Gaufridi Vernolii et feodo de Campis			
pro toto.	»	15	»
De feodo de Thume pro toto.	»	500	»

	l.	s.	d. t.
De mall[eis] Fallesie et Mauvarum, pro ultima medietate. . . . . ' .	»	60	»
De tallia Mauritanie, pro toto.	»	»	50
De tallia Mauvarum, pro toto.	12	»	»
De tallia Belismi, pro toto	20	»	»
De tallia Petrarie, pro toto	15	»	»
De rachato Gir. de Ceton, pro prima medietate.	180	18	»
De rachato heredis terre de Monte-Gaudrici, pro prima medietate	64	12	6
De rachato Mathei de Sisse, pro toto. . . .	13	»	»

EXPENSA PERTICI : LIBERATIONES

	l.	s.	d. par.
Forestarii Belismi, per diem.	»	2 s.	d. par.
Tres servientes in eadem foresta	»	»	18
Forestarii de Reinou. . .	»	»	12
Custos castri Belismi. . .	»	»	12

	l.	s.	d.
Summa, per diem	»	5	6,
de dicto termino : 37 l. 8 s. 6 d. par. — valent :	47	»	22
Pro robbis foresteriorum Belismi et de Reinou.	6	.5	»
Pro tertio feodorum et elemosinarum Belismi, Petrarie et Montis Isemberti . . .	23	3	6
Pro t[ertio] feodorum et elemosinarum Mauritanie et Mauvarum	16	11	8
Pro medietate feodi magistri Yvonis de Lonraio	»	25	»
Pro medietate feodi quondam Guillelmi Foresterii.	»	50	»
Pro escambio stagni de Petraria.	»	30	6
Pro redditu Garini Guodefridi pro toto anno.	»	6	»
Pro vadiis servientium Pertici : per diem 2 s. t ; de dicto termino.	13	14	»
Pro cloeria, pila et duabus rotis cum rocetis in molendinis factis.	4	7	»
Pro minut[is] operibus ballivie Perticensis et mola sumpta ad molendinum Mauvarum.	»	3	6
Pro vinea Mauvarum facta et exculta pro toto.	»	52	6

Arch. nat. J 780, nᵒ 3, fol. XI; copie du 16ᵉ siècle.

N° 44.

Paris, 21 juillet 1282.

Assiette des deux mille livres parisis de rente formant le douaire de Jeanne de Châtillon par le comte Pierre, son mari, qui lui assigne entre autres son manoir de Mauves et quatre cents livres parisis de rente à prendre en la ville de Mauves et ses dépendances.

Pierres, fils le roy de France, cuens de Alençon, de Blois et de Chartres et sires de Avesnes, à touz ceuls qui ces presentes lettres verront, salut en Nostre Seigneur. Sachent tuit que, — cum nous fussions tenu de assoer à nostre très chière et très amée compaigne deus mille livres parisis de rente pour son doaire par l'ordenance qui fu faite de ce entre nostre très chier et très amé seigneur et père Looys, par la grace de Dieu jadis roy de France, et nostre chier seigneur et père Jehan de Chasteillon, jadis conte de Blois, et scellé dou scel de nostre très chier seigneur et père Looys dessus dit, à acorder le mariage de nous et de nostre très chière compaigne desus dite, — nous li baillons et livrons nostre meson de Manves o tout quatre cens livres parisis de rente assis en la ville de Manves et es appartenances au plus près de la dite ville, et seze cens livres parisis de rente au Temple à Paris, des deus mille livres parisis que nous prenons au Temple à Paris de rente par an, du don de nostre très chier et très amé seigneur et père Looys desus dit ; et soupplions à nostre très chier et très amé seigneur et frère, Philippe, par la grace de Dieu roy de France, qu'il weille confermer ces présentes lettres. En tesmoing de ce, nous avons fait sceller ces présentes lettres de nostre scel. Ce fu doné à Paris le mardi la veille de la Magdaleine, l'an de l'Incarnation Nostre Seigneur mil deus cens quatre vinz et deus.

Arch. nat. J 226, n° 15; original scellé.

Id. J 226, n° 14, vidimus par le roi et confirmation des lettres ci-dessus, daté de Beaumont-sur-Oise, juillet 1282.

B. N. ms. fr. 18987 ; copie du même vidimus faite au XVIe siècle.

Publié par A. Duchesne, histoire de la maison de Chastillon-sur-Marne, preuves, page 71; et par Bry de la Clergerie, p. 267 (l'orthographe y est un peu altérée).

N° 45.

Beaumont-sur-Oise, du 21 au 31 juillet 1282.

Vidimus et confirmation de l'acte précédent par le roi Philippe le Hardi.

Ph[ilippus Dei gratia Francorum rex, universis presentes litteras inspecturis] salutem. Notum facimus quod nos litteras carissimi fratris et fidelis nostri Petri comitis Alençonii et Blesensis vidimus in hec verba :

Pierres, fils le roy de France, etc. [*suit la reproduction de l'acte précédent*]. Nos vero premissa omnia et singula, sicut superius continentur, rata habere et grata ea volumus approbare et auctoritate regia ea confirmare, salvo in omnibus jure nostro et jure quilibet alieno, et in hujus rei testimonium ad requisitionem prefati comitis fratris nostri sigillum nostrum litteris presentibus fecimus apponi. Actum apud Belum-Montem super Ysaram, anno Domini M° CC° octogesimo secundo, mense julio.

Arch. nat. J 226, n° 14; original scellé.

B. N. ms. fr. 18957; copie du XVI° siècle.

N° 46.

Paris, 5 août 1286.

Assignation par le roi Philippe le Bel à Jeanne de Châtillon, veuve du comte Pierre, de cinq cents livres tournois de rente sur le Temple en échange du manoir de Mauves et de ses dépendances, que le roi a gardés avec le consentement de ladite dame.

Ph[ilippus], Dei gratia Francorum rex, universis presentes litteras inspecturis, salutem. Notum facimus quod cum clare memorie carissimus patruus noster Petrus quondam Alençonii et Bles[ensis] comes, assedisset, tradidisset et liberasset carissime amite nostre Johanne eorumdem locorum comitisse, ejusdemque patrui nostri quondam uxori, domum de Manves cum ejus pertinentiis in dotalitium pro quingentis libris turonensium annui redditus, tenendam ab ipsa quamdiu viveret in dotalicium a comite supradicto, nosque dictam domum de Manves cum ejus pertinenciis nobis retinuerimus et ad manum nostram advocaverimus, tenendam a nobis nostrisque successoribus in perpetuum et habendam, volentes tamen dictam comitissam indampnem super hoc observari et sibi de suo predicto dotalicio sufficienter provideri, in recompensationem hujusmodi volumus et concedimus eidem comitisse in hoc expresse consentienti, quod ipsa quingentas libras turonensium annui redditus in festo Sanctorum Omnium ratione predicti dotalicii quamdiu vixerit de nostro percipiat parisius apud Templum, ita quod post dicte comitisse decessum dictus redditus ad nos et successores nostros libere revertetur; mandantes tenore presentium thesaurario domus Templi parisius qui pro tempore fuerit ut predictas quingentas libras turonensium dicte comitisse solvat annuatim ut dictum est, nullo alio mandato a nobis super hoc expectato. In cujus rei testimonium presentibus litteris nostrum fecimus apponi sigillum. Actum Parisius, die lune post festum beati Petri ad Vincula, anno M° CC° LXXX° VI°.

Arch. nat. J 226, n° 29; original scellé.

B. N. ms. fr. 18957; copie du XVI° siècle.

[Publié par Bry de la Clergerie, p. 270] et par A. Duchesne, hist. de la maison de Chastillon-sur-Marne, preuves, p. 71.

N° 47.

1290.

Production de l'acte d'assignation en apanage par le roi Philippe le Bel à Charles de Valois, son frère, des comtés d'Alençon et du Perche.

Item [le procureur général du roi] produict l'extraict des lettres de l'an 1290 contenant l'assiette et l'assignation que le roi Philippes le Bel, filz aisné du dit Philippes le Hardy et frère des dicts Charles et Loys, fict bailler au dit Charles suyvant la disposition de son père par laquelle est contenu que délivrance fust faicte au dict Charles du duché de Valloys et ses appartenances, le revenu duquel se montoit toutes charges déduictes six mil livres parisis de rente, tellement qu'il luy restoit encores quatre mil livres parisis de rente à fournir pour lesquelles luy fut baillé : les contez d'Alençon et du Perche qui estoient retournez quatre ans auparavant à la Couronne par le decez du dict Pierre qui les avoit tenuz pour portion de terre et appanaige, qui est pour monstrer que les dicts contez d'Alençon et du Perche, ensemble le dict conté de Valoys sont venuz originairement en la personne du dict Charles de Valoys, premier de ce nom, à simple tiltre d'appanaige de la maison de France seullement, qui ne peult estre que pour les masles et duquel partant les dictes demanderesses sont incapables.

Arch. nat. J 775, n° 1. Pièce du XVI° siècle.

N° 48.

1291.

Renonciation, moyennant indèmnité, par Jeanne de Châtillon, veuve du comte Pierre, à la demande qu'elle avait adressée au roi Philippe le Bel de lui délivrer la moitié de tous les conquêts dudit Pierre et d'elle et notamment d'une partie de la forêt du Perche, du four et du moulin de Mauves.

Notum fecimus quod, cum nos comitissa Blesensis ab excellentissimo domino nostro Philippo, Dei gratia rege Francie illustrissimo, peteremus medietatem omnium conquestuum per (1) nos et felicis recordationis dominum Petrum (2), quondam comitem Alençonii maritum nostrum, in comitatibus Alençonii et Pertici, constante matrimonio inter nos et ipsum, factorum videlicet : medietatem totius hereditatis et juris que dominus de Thoreil et decanus Mauritanie habuerunt in dimidiam partem foreste de Pertico, item medietatem furni de Mauves, item medietatem molendini facelleris (3) empti a domicellis, et generaliter omnium aliorum conquestuum, in quibuscunque locis et rebus existant in dictis comitatibus, nobis deliberari, assignari et tradi; tandem mediantibus bonis viris, pensata etiam utilitate nostra, ipsi domino regi, ejus heredibus et suis successoribus ac causam habentibus ab ipso, medietatem seu partem ipsorum conquestuum omnium de jure et consuetudine contingentem, et quicquid juris, proprietatis, possessionis, hereditatis, conquestus, successionis vel alio quocumque jure habebamus vel habere poteramus in ipsis, pro nobis et heredibus et successoribus nostris, ex nunc in perpetuum dimittimus et quittamus, pro tali pecunie summa de qua nobis extitit satisfactum in pecunia numerata; promittentes bona fide quod contra hujusmodi concessionem, dimissionem et quittationem, per nos vel

(1) Le ms. porte « que », mais nous pensons qu'il faut lui substituer per.

(2) Le ms. porte « Philippum » que M. Boutaric a corrigé.

(3) M. Boutaric dit que peut-être faut-il lire « foullereis » et s'agit-il d'un moulin à foulon.

per alios, non veniemus, nec in predictis conquestibus vel in eorum altero aliquid reclamabimus in futurum.

Bib. nat. fonds fr. de Saint-Germain, n° 57.

Bib. nat. fonds fr. de Saint-Germain, n° 547.

Publié par M. Boutaric : Actes du Parlement de Paris, I, p. 434.

N°. 49.

Poitiers, juillet 1508.

Arrangement par lequel : d'une part le comte Charles Iᵉʳ fixe le douaire de Mahaut de Châtillon, sa troisième femme, et la part de ses biens devant appartenir à leurs futurs enfants, et d'autre part, Philippe de Valois, fils du premier lit dudit comte, s'engage à délaisser différentes terres à ladite Mahaut dès que son père sera rentré en possession du comté d'Alençon et de la terre de Bellême et de Mortagne, qu'il doit lui laisser après sa mort (1).

Nous Charles, fil de roy de France, cuens de Valois, de Chartres, d'Alençon et d'Angiou, savoir faisons à touz ceus qui ces lettres verront et orront, que comme traitiez ait esté entre nous et les amis de noble damoisele Mahaut de Saint-Pol, fille de haut et de noble home Guy de Chasteillon, conte de Saint-Pol, bouteillier de France, pour cause de mariaige de nous et de la dite damoisele : Nous, désirranz et voulanz le dit mariaige, voulons, otroions et donnons dès maintenant as hoirs qui de nous et de la dite damoisele istront : toute la conté de Chartres, toute la terre de Chastiau-Nuef et de Senonces, de Molins et de Bons-Molins sanz pris, ausi comme eles se comportent en quelques choses que ce soit, et soit en terres gueaignables, en bois, forèz, prez, eaues, vignes, molins, rentes, cens, justices, fiez, arrière fiez, aveques toutes les maisons, chastiaus, forteresces, sanz rien retenir ne excepter, quites de toutes charges et de toutes deptes; Et voulons (que), se il deffailloit de nous avant que de la dite damoisele, que ele ait, pour cause de doaire ou de don fait pour

(1) Nous publions cette charte in-extenso malgré sa longueur, car elle nous paraît le mériter à divers points de vue; ce texte inédit, collationné avec soin sur l'original, pourra intéresser les amateurs de la vieille langue française, qui remarqueront que les règles de la déclinaison y sont encore observées : *Philippes nostre hoirs :* cas sujet produit par *Philippus noster heres ;* — doudit *Philippe nostre fil :* cas régime produit par *dictum Philippum nostrum filium ;* — *Mahauz :* cas sujet, *Mahaut :* cas régime; etc.

noces, tout le cours de sa vie : trois mile livrées de terre nommées et prises dedenz les lieus dessus diz, aveques manoir,
chastel ou forteresce souffisant, par la prisié de deus preud-
hommes, sanz charge et sanz deptes, es queles nous ne voulons
la dite damoisele estre tenue, ne pour cause de compaignie dou
mariaige de nous deus, ne pour autre cause quele que ele soit,
soit de coustume de pais ou en autre maniere, se il estoit ainsins
que après nostre décès ele vousist renoncier as muebles; Et voulons que toute sollempnitez soit gardée, qui de droit doit estre en
noces faites de nobles, et que ceste lettre li soit baillié pour
instrument ou cause de son doaire ou de don pour noces; Et
avons fait le don devant dit en tele manière que se dou mariaige
de nous et de la dite damoisele issoient filz masles, il auroient
toutes les terres dessus dites à héritage à touzjourzmais, sanz rien
excepter, et quites de toutes charges et de toutes debtes; et se
dou mariaige de nous et de icele damoisele issoient filles, les
dites filles auroient à héritage les dites trois mile livrées de terre
(avec manoir, forteresce ou chastel et toutes les apartenances) de
quoi la dite damoisele seroit doée et cuites de toutes charges et
de toutes debtes; et aveques ce, se il issoit dou mariaige de nous
deus tant seulement filles, aveques toute la terre dessus dite la
première née auroit vint mile livres petiz tournois en deniers, la
seconde quinze mile livres et la tierce douze mile livres, et des
dites trois mile livrées de terre, l'aisnée fille tanroit et auroit pour
sa partie mil et cinc cenz livrées de terre et le chastel, la maison
ou la forteresce, et des autres mil et cinc cenz livrées, la seconde
née auroit huit cenz livrées, et la tierce sept cenz livrées; et se
il n'en i avoit que deus filles, l'aisnée enporteroit les deus parz
des dites trois mile livrées de terre, et la mainsnée la tierce partie; Et voulons (que), en ce cas là où il n'i aroit fors filles, se il deffailloit de nous avant que de la dite damoisele, que ele, juques à
tant que ses filles seroient en aage, tieingne aveques les trois mile
livrées de terres devant dites, toute la terre de Chartres, de Chatiaunuef, de Senonches, de Molins et de Bons-Molins juques à
l'aage des damoiseles pour cause de bail, en administrant as dites
damoiseles leurs vivres et leur nécessitez juques à leur aage; et
encore voulons-nous que, se il défailloit de nous avant que la dite
damoisele, ou cas là où nous n'auriens fors que filles, que se Philippes de Valois, nostre hoirs, ou Charles, nostre filz, se il deffailloit doudit Philippe, nostre fil, dedanz l'an après ce que de
nous seroit deffailli, et que il en seroient requis, se vuelent obligier
bien et souffisamment par leur lettres aveques les lettres le roy
de France, de paier as dites filles les somes d'argent devant
dites quand eles vanront en aage, c'est à savoir à chascune la

some du don devant dit, quant ele vandra en aage, as termes et
as paiemanz que li rois nostre sires, qui ores est, ordonera et
asserra, ou si successeur roy de France se de li deffailloit, que il
aient la terre devant dite, hors les trois mile livrées de terre que
la dite damoisele doit avoir pour raison de doaire ou de don
pour noces, les queles trois mile livrées de terre aveque le manoir, chastel ou forteresce demourroient as filles à héritaige
aveques l'argent devant dit; et se li devant diz Philippes, ou
Charles se de Philippe deffailloit, ne se obligeoient dedanz l'an
après ce que de nous Charle seroit deffailli et que il en seroient
requis, nous voulons et dès maintenant donnons as filles qui dou
mariage de nous deus seront issues toutes les terres dessus dites,
c'est asavoir : la conté de Chartres, la terre de Chatiaunuef, de
Senonces, de Molins et de Bons-Molins, aveques toutes les appartenances, à héritage, quites de toutes charges et de debtes, et que
nostre hoir devant dit n'i puissent rien demander pour le temps
à venir, et en ce cas là ou les dites filles auroient toute la terre,
Philippes et Charles nostre fil dessus dit seroient quite de paier
les dites somes d'argent, ne eles ne leur en porroient rien
demander. — Et encores aveques toutes ces choses ci-dessus
devisées et escrites, assenons nous, donnons et octroions à la dite
damoisele Mahaut, en acroissement de son doaire ou don pour
noces dessus dit, et pour les enfanz masles qui dou mariage de
nous et de li istront : deus mile livres de rente à tournois, les
quielx li roi nostre sires nous a données par ses autres lettres a
panre sus son trésor juques à tant que il les nous ait fait ailleurs
assener et asseoir en terre, les queles deus mile livres de rente
ou l'assenement en terre, se ainsains estoit que eles fussent
avant ce assises ou assenées ailleurs en terre, la dite Mahauz
tanra et aura, en l'acroissement de son doaire ou don pour noces
dessus dit, tout le cours de sa vie; et, après son decès, li enfant
masle, qui dou mariaige de nous et de li istront, les tanront perpétuelment à touzjourz pour eus et pour les hoirs de leur cors;
et se ainsins estoit que il n'en demourast nul hoir masle, ou que
li hoir masle, se aucuns en demouroit, morussent sans hoir de
leur cors, les dites deus mile livres de rente ou li assenemenz
devant diz, se faiz estoit, retourneroient au dit Philippe, nostre
fil, ou as hoirs de son cors ou au dit Charle (se ainsins estoit que
li diz Philippes morust sanz hoir de son cors), ou as hoirs dou
dit Charle. — Et est asavoir que se nous poiens ou temps à venir
par nostre pourchas retraire à nous la conté d'Alençon et la terre
de Belesme et de Mortaigne, si que ele poist après nostre décès
retourner à noz filz de nostre premier mariaige, que, en lieu des
deus mil livres de rente ci-dessus devisées et assenées, la dite

Mahauz auroit et tanroit tout le cours de sa vie en acroissement dou doaire et don pour noces dessus dit et li enfant
masle, qui dou mariaige de nous et de li istront, apres son
décès auroient et tanroient perpétuelment à touz jourz; et des
orcs ainsins leur assenons, octroions et donnons le chastel et la
chastelenie de Tournant, les viles et terres de Torci et de Vilegenart avec toutes leur appartenances, qui furent acquestées au
temps de nostre premier mariaige de nous et de Marguerite,
jadis nostre chière compaigne, don Diex ait l'ame, aveques touz
les droiz, actions, propriiétez, possessions, et seignourie que nous
i avons et poons et devons avoir par quelque cause et titre que se
soit, soit en terres, prez, vignes, forez, bois, eaues, rivières, molins, maisons, censives, justices hautes et basses, fiez, arrière-
fiez, soit en quelconques autres choses queles que eles soient, et
lors retourneront les dites deus mile livres de rente ou li assene-
manz se faiz estoit au temps de lors au dit Philippe ou à ses hoirs,
ou au dit Charle (se ainsins estoit que du dit Philippe fust défailli
sanz hoir de son cors), ou as autres enfans de nostre premier
mariaige, ou cas que il seroit défailli des diz Philippe ou Charle
sanz hoir de leur cors, en tele manière que, si tost comme les
dites deus mile livres de rente (ou li diz assenemenz se faiz estoit)
retourneront par la voye dessus dite, as hoirs de nostre premier
mariaige, cil de ces diz hoirs à qui eles retourneront, si comme
dessus est dit tantost, délaira du tout le chastel et la chastelenie
de Tournant et les viles et terres de Torci et de Vilegenart, au pro-
fict de ceus pour qui nous en avons ci-dessus ordoné et en la
fourme et en la manière que nous en avons ordoné, soit que eles
li appartenissent ou poissent appartenir pour raison de l'aquest
fait dou temps sa mère, ou pour raison de don que nous li en
aiens fait et confirmé du roi de France nostre chier seigneur, ou
pour autre cause quele que ele soit; — Et quant as fiez et as hommaiges, les choses ci-dessus escrites seront tenues selont ce que
les coustumes des pais ou eles sont le donront; — Et à toutes les
choses devant dites, et chacune par soi tenir obligeons nous,
touz noz biens muebles et non muebles, présenz et avenir et tous
noz hoirs et noz successeurs à garder et acomplir toutes les
choses dessus dites et non venir encontre par nous, ne par autre,
et prometons que nous, ne nostre hoir, ne nostre successeur ne
querrons art ne engien ne ferons quérir, par nous ne par autre,
par quoi li don et les choses devant dites soient empeeschiés en
tout ou en partie et que eles ne soient tenues de point en point
toutes ensemble et chascune par soi; Et prometons en bone foi
que si tost comme nostre filz Philippes de Valois ou Charles nostre filz, se de Philippe deffailloit, vanront en aage, nous ferons et

procurerons en bone foi que il confermeront toutes les choses
dessus dites par leurs lettres, aveques les lettres le roi nostre
seigneur, et se il ou li uns de eus ne confermoit iceles choses,
nous Charles devant diz donnons as hoirs qui de nous deus
istroient, feussent filz ou filles, le quint de tout nostre héritaige
à touz jourz, ou ce que nous leur en poons donner par coustume
de pais, ou trente mile livres de tournois à prendre sus tout nostre héritage, aveques touz les autres dons dessus diz, lequel que
la dite damoisele Mahauz vorra eslire pour li et pour les enfanz
qui de nous deus seroient issuz ; Et à plus grant seurté des choses devant dites, nous avons prié nostre amé et ainsné fil Philippe de Valois dessus dit, lequel nous avons quant à ce émancipé
et émancipons, que il, de nostre auctorité laquele nous li donnons à ce faire, vueille gréer, otroier et approuver toutes les choses,
les dons et les promesses que nous avons faiz à la dite damoisele,
tant pour li comme pour les enfanz qui istront dou mariaige de nous
et de li ; et que il, à tout le droit, toute l'action, dès maintenant
que il a ou porroit avoir en la contée de Chartres, la terre de
Chatiaunuef, la terre de Senonces, la terre de Molins et de Bons-
Molins et toutes les appartenances , chastiaus, forteresces, et
especialment tout le droit que il a ou porroit avoir en la terre
de Molins et de Bons-Molins (soit par cause que nostre chière
compaigne, jadis Marguerite, dont Diex ait l'âme, sa mère, en
fust doée, ou pour cause que il est nostre filz ainsnez et dou
premier mariaige, ou pour cause de retenue que nous eussiens
faite pour le profit de li et des enfanz de nostre premier mariaige
ou autres pour nous ou pour eus, ou pour leur profit quant li pris fu
faiz des sis mile livrées de terre, que nous avons donné as enfanz
dou mariaige de nous et de nostre chière compaigne, jadis Katerine
empeerriz de Constantinoble, dont Diex ait l'âme, soit par quelconques autre cause), et à tout le droit et l'action que il a (ou
porroit avoir ou temps à venir par quelque cause que ce fust), es
deus mile livres de rente dessus escrites ou en l'assenement
quant il seroit faiz et à tout le droit et l'action que il a (ou porroit
avoir ou temps à venir par quelque cause que ce fust, fust par
raison d'aquest fait dou temps de sa mère, fust par raison de don
que nous li en aiens fait, depuis confermé dou roi nostre seigneur,
ou pour autre cause quel que ele soit), ou chastel, à la chastelenie
de Tournant, es viles et terres de Torcy et de Vilegenart, au temps
et ou cas que nous (par le pourchaz dou roi nostre seigneur, ou
par le nostre, ou par quelconques autre manière que il fust pour-
chacié par nous ou par autre) auriens fait que la comtée d'Alençon
et la terre de Belesme et de Mortaingne retournassent en nostre
main, si que eles poissent après nostre décès à li venir si comme

dessus est devisié et escrit, vueille renoncier, otroier et donner
et transporter tout le droit et l'action que il a dès maintenant, ou
porroit avoir par avant, en nous et en noble homme Gui de Chasteillon, conte de Saint-Pol, bouteillier de France, père de la dite
damoisele Mahaut, ou en l'un de nous ouquel que il le puet
mielz faire, de droit, de coustume ou non, pour cause et pour le
profit de la dite damoisele et des enfanz qui istroient dou mariaige
de nous deus, selont les dons, les otroiz et les assenemenz ci-
dessus escritz, et prometre par son sarrement corporelement
baillié devant le roy de France, nostre chier seigneur et frère,
et sus paine de trente mile livres de tournois, de non venir encontre et que se il, en quelconques manière que se fust, venoit
encontre, que il seroit tenuz en la paine dessus dite.

Et je, Philippes de Valois devant diz, en la présence de mon très
chier seigneur le roy de France et de l'auctorité de monseigneur
mon père dessus dit, que il m'a donnée à ce faire, de ma bone
volenté, sans force, sanz contrainte et sans decepcion, ai voulu,
gréé et octroié, vueil, gré et otroi toutes les choses, les dons et les
promesses que mesires mes pères a fait à la dite damoisele, tant
pour li come pour les enfanz qui istroient dou mariaige de eus et
que je, à tout le droit, toute l'action que je ai, ou porroie avoir
ou peusse avoir par avant, en toutes les terres devant dites,
(c'est assavoir : en la contée de Chartres, la terre de Chatiaunuef, la terre de Senonces, la terre de Molins et de Bons-Molins
et toutes les appartenances, chastiaus, forteresces et espécialment
tout le droit que je ai ou porroie avoir ou peusse avoir paravant
en la terre de Molins et de Bons-Molins, soit par cause que ma
très chière mère Marguerite jadis, don Diex ait l'âme, en fu doée,
ou par cause que je suis filz ainsnez et dou premier mariaige, ou
pour cause de retenue que mesires mes pères eust faite pour moi
ou pour mon profit, ou pour le profit des enfanz du premier mariaige ou autres, pour moi ou pour mon profit, quant li pris fu
faiz des sis mile livrées de terre que mesires mes pères avoit
données as enfanz qui istroient dou mariaige de li et de noble
dame madame Katerine, jadis empeerriz de Constantinoble, don
Diex ait l'âme, ou pour quelconques autre cause que ce soit),
et à tout le droit et l'action que je ai (ou porroie et devroie
avoir ou temps à venir, par quelconques cause que ce fust), es
dites deus mile livres de rente dessus escrites ou en l'assenement,
ailleurs se il estoit faiz ou quant il seroit faiz, ai renoncié et renonce et donne et transporte tout le droit que je y ai dès maintenant, ou porroie ou peusse avoir par avant, en monseigneur mon
père et en noble home Guy de Chasteillon, conte de Saint-Pol,
bouteillier de France, père de la dite damoisele Mahaut, ou en

l'un de eus lequel que je le puis mielz faire, de droit et de coustume ou non, pour la cause et pour le profit de la dite damoisele et des enfanz qui istroient dou mariaige de monseigneur mon père et de li ; et promet par mon sarrement, corporelmant baillié, en la présence dou roy de France mon très chier seigneur, touchiés les saintes Evangiles et sus paine de trente mile livres de tournois, que si tost comme, par le pourchas dou roy mon seigneur ou de monseigneur mon père ou par quelconques autres menière, la contée d'Alençon sera en la main dou dit monseigneur mon père du toùt retournée, si que ele puit après son décez à moi revenir, que je délaiserai dou tout le chastel et la chastelenie de Tournant et les terres et les viles de Torcy et de Vilegenart aveques toutes leur appartenances, pour tenir, garder et acomplir dou tout la volenté, les dons et les octroiz de monseigneur mon père, par la condicion que les dites deus mile livres, ou li assemanz qui ou lieu des dites deus mile livres seroit faiz, me demourast selonc ce que cidessus est escrit ; et que contre les choses devant dites ne vanrai, ne ferai venir par autrui, ainz les tanrai fermement, sanz jamais venir encontre par moi ne par autre et sus la paine dessus dite, laquele paine seroit commise et applicquée à la dite damoisele pour li et pour les enfanz qui dou mariaige de monseigneur mon père et de li istroient, se je venoie encontre les choses dessus dites, fust en tout ou en partie, en quelque manière que ce fust, que ja n'avieigne.

Et encores à plus grant seurté des choses devant dites, Nous Charles, filz de roy de France, cuens de Valois, et je Philippes de Valois ses filz, avons prié à nostre très chier seigneur, le roy de France : que il, de s'auctorité roial vueille gréer, octroier, loer, approuver, confermer toutes les choses devant dites, toutes ensamble et chascune par soi, lesqueles nous et chascuns de nous gréons, octroions, loons et approuvons en sa présence, non contraitant l'aage et l'estat de moi Philippe de Valois devant dit, ou droit escrit ou coustume ou coustumes contraire ou contraires as choses dessus dites toutes ensamble, as quiex droit et coustumes nous renonçons expressément et espécialement, et je Philippes de Valois devant diz à l'exception de non aage ou de manre ou trop petit aage et toutes autres choses qui porroient estre dites ou proposées contre les choses dessus dites ou à aucunes d'iceles renonce par mon sarrement baillié, touchiés les saintes Evangiles ; et que il vueille oster de s'auctorité royal et à la sollempnité de son decret touz droitz, toutes coustumes de pais et espécialment toutes les coustumes des lieus où les dites terres sont assises, qui porroient nuire ou empeechier as choses devant dites, toutes ensamble où à chacune par soi, ne qui à nous ou à nos

hoirs ou à nos successeurs et espécialment à moi Philippe de
Valois porroient valoir ou aidier, et que nous ne nostre · hoir, ne
nostre successeur, ne je Philippes de Valois ne puissons dire
que toute sollempnitez de droit n'i soit gardée; et voulons,
gréons et octroions que, se en ces lettres avoit aucune chose ou
aucunes choses doubles ou obscures, que eles fussent déclairiées
et interprétées au profit de la dite damoisele Mahaut et des hoirs
qui de ce mariaige istroient.

En tesmoing de laquele chose, nous, Charles, filz de roy de
France, cuens de Valois devant diz, comme Philippes de Valois,
nostre filz dessus diz, n'ait point de seel, avons ces présentes
lettres fait sceller de nostre seel, qui furent faites ou mois de
juignet, à Poitiers, l'an de grâce mil trois cenz et huit.

Arch. nat. P 1365 ² cote 1431; vidimus royal d'août 1308.

B. N. ms. fr. 18,957; copie du xvie siècle.

Id. ms. fr. 24,132 (G. Lainé, IX), p. 437; courte analyse.

Duchesne, hist. de la maison de Châtillon, preuves, p. 163; analyse faite
d'après une copie qui lui avait été communiquée par Galland, avocat à la
Cour.

Invent. des titres de la maison ducale de Bourbon; analyse.

N° 50.

Abbaye de Maubuisson; 20 Mai 1314.

*Arrangement par lequel Charles, comte de Valois, du Perche, etc.,
modifie certaines clauses de son traité de mariage avec Mahaut
de Saint-Pol, sa troisième femme, et fait, avec l'assentiment de
ses fils Philippe et Charles, un nouveau partage de sa succession
future entre ces derniers, Mahaut, sa femme, et les enfants à
naître d'elle, priant le roi Philippe le Bel de confirmer et d'approuver le tout.*

Nous Challes, filx de roy de France, cuens de Valois, d'Alençon, de Chartres et d'Anijou, faisons savoir à touz presens et à
venir que comme, au traictié du mariage de nous et de Mahaut
de Saint-Pol, nostre très chière et amée compaigne, eussions
donné, en non de la dite Mahaut pour lui et pour les enfans qui
ycirient de lui et de nous ensemble, à haut homme et noble Guy
de Chatillon, conte de Saint-Pol, boutillier de France, père de la
dite Mahaut, stipulant et acceptant au non de la dite Mahaut et

des enfans qui ycroient de lui et de nous ensamble : la conté de
Chartres, o toutes ses honneurs et ses appartenances, Senonches, Molins et Bons-Molins o toutes leurs honneurs et leurs
appartenances et deus mille livrées de tournois de rente, que
nous avons au Temple à Paris du don nostre très chier seigneur
Philippe, par la grace de Dieu roys de France, pour héritier les
hoirs qui ycroient du mariage de nous et de la dite Mahaut, en
la forme et en la manière qu'il est plus à plain contenu es lettres faites des dites convenances; et devoit la dite Mahaut estre
douée es terres et es lieus devant diz, jusques à certaine quantité
que de terre que de rente, si comme il est plus planièrement
contenu es lettres des dites convenances; nous Challes devant
dit, pour bien de pais mettre entre nos enfans et pour oster toute
matire de descort qui pourroit nestre entre eus après nostre
décès (que ja n'aveigne!), puis les dites convenances, avons ordené
de nos heritaiges entre nos enfans en la manière qui s'ensuit :

C'est assavoir que *Philippes*, nostre cher fiulx ainsnez, a et
aura les contées d'Anijou et du Maine et les acquès faiz en ces
contées, et avec ce la Roche-souz-Yon et la maison de Saint-
Oyen et toutes leurs appartenances, retenu à nous les profiz, les
yssues et les usufruiz d'icelles contées et des choses dessus dites,
tout le cours de nostre vie, sauf ce que, se le dit Philippes se
partoit de nous par nostre volunté ou par la soue, le dit Philippes
emporteroit et joiroit tout à plain de la conté du Maine et des
appartenances et des acquès faiz en celle contée, et avec ce joiroit et emporteroit Courtenay, Chantecoc, Piffons, Brinvillier en
Flandres, Herbeke et Blaton, les queles terres furent jadis à nostre chière et amée compaigne Katherine, jadis empereriz de Constantinoble, que Diex assoille; non contrastant que nous deussions
jouir des profiz d'icelles terres tout le cours de nostre vie, et est
assavoir que se il défailloit de nous avant que du dit Philippe,
icilz Philippes auroit tout entièrement la contée de Valoys o
toutes les appartenances, sans ce que li autres enfans y peussent
riens demander et se il défailloit du dit Philippe avant que de
nous, la dite contée venra après nostre décès là où elle devra venir
par coustume; et, parmi ceste ordenance, le dit Philippes, nostre
fiulx, en acceptant et aggréant ycelle ordenance, a renoncié et
renonça, en l'an de grace mil trois cens et douze, le quart jour
d'avril, au contée d'Alençon et de Chartres, au Vivier, à la terre
de Tournan, à la terre de Vermandois et à la rente que nous avons
au Temple à Paris du don nostre dit seigneur le roy, à la terre de
Mauves et à ses appartenances et generalment et especialement à
toutes les terres, possessions et heritaiges que nous avons et à
tout ce qui li pourroit

venir de nostre succession ; et a volu li diz Philippes que nous
puissions ordener et devisier et donner des choses devant dites à
Challes, nostre fiulx, et à nos autres enfans, nez et à nestre de
Mahaut, notre dite amée compaigne et de nous, et là où il nous
plèra et selonc ce que il nous plèra, sanz ce que il en puisse de riens
venir encontre, ainz a promis, par son sairement fait et donné
sus saintes Euvangiles corporelment touchées, tenir, gréer et
approver l'ordenance que nous ferons des terres et des rentes
devant dites qui demourées nous sont.

Et après ce, nous avons ordené que *Challes*, notre secont fiulx
de notre premier.mariage, aura la contée de Chartres, la terre de
Champron o toutes les appartenances, Chastiauneuf en Tiurelois;
Senonches, Molins et Bons-Molins, o toutes les appartenances
d'ices lieux, la forest du Perche et la forest do Ronou si comme
elles se comportent et a renoncié le diz Challes et renonça, l'an
et le jour devant diz, par son sairement fait sus saintes Euvangiles corporelment touchiées et par la foi de son cors, en la présence du roy notre dit seigneur, en acceptant l'ordenance faite
pour lui des choses devant dites, à toutes les choses qui li pourroient venir par notre succession, excepté que, se li diz Philippes, notre fiulx, defailloit devant nous, et Challes, notre dit
fluz, nous survivoit, icils Challes auroit la succession naturelle
qui li devroit venir en la contée de Valois et es appartenances, et
veult et aggréa li diz Charles que nous puissions de nos autres
terres et rentes qui nous sont demorées ordener, donner et
deviser à noz autres enfans, nez et à nestre de Mahaut, notre
dite compaigne, et de nous, et ailleurs selonc ce que il nous plèra
sans ce que il en puisse de riens venir encontre, ains a promis,
par son serment fait seur saintes Euvangiles corporelment touchées et par sa foy donnée en la présence de notre dit seigneur le
roy, tenir, gréer et approver l'ordenance que nous ferons des
terres et des rentes qui nous sont demourées si comme dit est.

Item nous à la dite *Maheut,* notre chiere compaigne, avons
donné, pour lui et pour les enfans maalles qui ystront de lui et de
nous, *le mariage durant,* les choses qui s'ensuivent, c'est assavoir : la contée d'Alençon o toutes ses appartenances, la vicomté
de Trum, notre terre de Coustantim et de Mortaigne, hors mises
les forès du Perche et de Rono et leurs appartenances que nous
avons données à Charles, notre dit fiulx. Item, nous avons donné
à notre dite compaigne pour lui et pour nos diz enfans : Belesme et la
forest de Belesme, Mauves et la Perriere, Ternay, le Vivier, Vilegenart, Torcy o toutes les forteresces, mesons et autres appartenances d'ices lieus, avec toute justice haute, basse et moienne et
autres appartenances soient en cens, en prez, en terres, en eaues

et en toutes autres choses queles qu'eles soient, et deux mile
livres à tournois de rente que nous avons à Paris au Temple, du
don notre dit seigneur le roy, les queles choses demorront propres heritaiges aus hoirs maalles qui de nous et de notre dite
compaigne istront.

Et, de deux mile livrées de terre à tournois que nous avons
sus la baillie de Vermandois, nous volons que *notre hoir
maale,* qui istront de nous et de la dite Maheut, notre compaigne,
en aient neuf cens livrées à héritaige, des queles il paieront à
Ysabel, leur sereur, rendue à Poissy, chacun an, deux cens
livres de tournois de rente, tant comme elle vivra, se nous ne
l'aviens avant pourveue de deus cens livres à tornois de rente à sa
vie ailleurs à notre vivant.

Et est assavoir que, à la dite *Mahaut,* notre chière compaigne,
nous avons donné et donnons, *pour cause de douaire* ou de don
pour noces : Tornan, le Vivier, Torcy, Vilegenart, o toutes les forteresces, maisons, justices, prés, terres, cens, eaues et toutes autres
rentes et appartenances senz pris, et deux mile livres à tornois de
rente que nous avons au Temple à Paris du don notre dit seigneur
le roy, et le chastiau de Mauves sans pris, et deux mile livres à
tornois de terre à Mauves, à Belesmes, et en la forest de Belesmes
et à la Perriere, à presier selonc la coustume du pays par deus
preudes hommes ou par quatre esleuz à ce faire, autant d'une partie
comme d'autre; et seront bailliées à notre dite compaigne les maisons de Mauves et de la Perriere sans pris, et, se les choses devant
dites ne valoient deux mile livres de terre à tornois, les diz esleuz
les parferoient en la terre de Mortaigne et es appartenances.

Et est assavoir que, ou cas où il n'istront que filles de notre dite
compaigne et de nous ensamble, ou se fiulx en yssoient qui morussent par quoi nous n'eussions que filles de demourant au temps de
notre décès, *l'ainznée de nos filles* aura deux mille livres à tornois
de terre à heritaige à Mauves, à Belesme et en la forest de Belesme
et à la Perriere, et, se il ne souffisoient, elles seroient paramplies
sus notre terre de Mortaigne, présiées par deux ou par quatre
preudes hommes si comme dit est, sauf à notre dite compaigne
son douaire es choses dessus dites tout le cours de sa vie; et
vivant notre dite compaigne, notre dite ainznée fille prendra chascun an les dites deux mile livres de rente sus la conté d'Alençon;
et, ou cas où il n'i auroit fors filles ou temps de notre décès issues
de nous et de notre amée compaigne Mahaut dessus dite, et la
terre de Mauves, de Belesme, la forest de Belesme et la terre de
la Perriere souffiroient pour deux mile livres de terre au douaire
d'icelle Mahaut, notre amée compaigne, et pour le héritaige de
notre dite ainznée fille, à la quele nous avons donné, si comme

Forêt de Bellême
(Au - dessus de l'Étang de la Herse)

D'après un fusain du Vte G. de Romanet.

dit est, deux mile livres de terre à heritaige, nous volons que la terre de Mortaigne reveigne et soit à Charles, notre dit fiulx; et ou cas où les choses devant dites ne souffiroient à deux mile livres de terre pour le douaire de notre dite compaigne, et pour le heritaige de notre dite ainznée fille, pris à Mortaigne ce qui faudra au parfaire, nous volons que tout li remenant soit et demeure au dit Charles, notre fiulx; et, avec les dites deus mile livres de terre à heritaige, notre dite ainznée fille aura vint mile livres de tournois en deniers.

Item, *la seconde fille* aura mile livres à tornois de terre à heritaige, à prendre es deniers de rente que nous avons à Paris au tresor notre dit seigneur le roy, après le décès de notre dite compaigne, et quinze mile livres tornois en deniers.

Item, *la tierce fille* aura ausi mil livres à tornois de terre à heritaige, à prendre es deniers de rente que nous avons à Paris ou dit trésor notre dit seigneur le roy, après le décès de notre dite compaigne et doze mile livres tornois en deniers.

Item, *la quarte fille* aura doze mile livres tornois en deniers à prendre sus la conté de Valois, (chascun an trois mile livres tornois), jusques elles soient parpaiées.

Et se nous avions plus de filles, Philippes et Charles, nos enfans, ou ceus qui tenroient les terres que nous leur avons données, les seroient tenuz de marier ou d'assener selont le lieu, le lignaige et les terres dont elles sont issues; et, en celui cas qu'il n'i auroit fors filles, les vint mile livres tornois en deniers, données à la première fille de nous et de la dite Mahaut, notre compaigne, les quinze mile livres tornois données à la seconde et les doze mile livres données à la tierce seront prises, c'est assavoir: deux mile livres sus la contée de Valois, avec les trois mile livres que la quarte fille y doit prendre, et trois mile livres sus la contée d'Alençon, et prendra la première fille premierement les dites cinc mile livres chascun an sur les dites contés de Valois et d'Alençon jusques elle soit parpoïée [de] ses dites vint mile livres; et la seconde fille prendra, après le paiement de la premiere, les dites cint mile livres jusques elle soit parpoïée, et ausi après la seconde les prendra la tierce; et, se ainsinc estoit que nous en mariessiens une ou plusieurs, les pourvéances de celles que nous marieriens cherroient; et ou cas que nous auriens hoir masle, la pourvéance faite à nos filles quant aus heritaiges cherroit; mais nous volons que la première emporte vint mile livres en deniers, la segonde quinze mile et la tierce doze mile livres; et seront pris ces deniers, au cas que notre hoir demourroit après notre décès sous aage, sus la conté d'Alençon, car li rois notre dit seigneur, ou cas que notre dit hoir demourroit souz aage,

nous a octroié de sa grace espécial, dis années de la garde
d'Alençon, se la garde duroit par tant de temps, retenu par devers lui chascun an cent livres, en signe et en recognoissance
que la garde lui appartient; et a encore volu le roy notre seigneur devant dit, de grace espécial, que, ou temps da la dite
garde, nous, ou cil qui auront cause de nous pour l'accomplissement des diz mariages, puissiens vendre les bois à ventes ordenées, non contrastant la coustume du pais; et se la garde duroit
moins de dis ans, les dites filles prendroient, tant comme icelle
garde durroit, toute la dite contée d'Alençon, fors que les dites
cent livres par an; et se ainsi estoit que notre hoir fust aagé, les
deniers qui demourront à paier seront pris sus les neuf cens
livrées de terre de Vermandois que nous avons données à notre
hoir maalle, et trois mile livres sus la conté d'Alençon, chascun
an, jusques il soient entierement paiez; et les prendra la première
fille premierement, la seconde après et la tierce après. Et se nous
en mariens une ou plusieurs, la pourvéance de celles que nous
marieriens cherroit; et se il y avoit plus de trois de filles, notre
fluz nez de cest mariage les seroit tenuz à marier ou assener
selonc le lieu, le lignaige et la terre dont elles sont issues. Et est
assavoir que ce que nous avons donné à notre dite compaigne et
aus enfans qui sont issuz et istront de lui et de nous ensamble si
comme dit est, il emporteront franchement et quittement, sans
charges de debtes ne d'obligacions pesonneles, se n'estoit ou cas
où notre dite compaigne prendroit, après notre décès, partie des
meubles, auquel cas elle paierait sa partie des debtes, selonc ce
que elle i seroit tenue par coustume.

Et, à toutes les choses dessus dites, si comme elles sont devisées pour notre dite compaigne et pour ses enfans qui sont issuz
et istront de lui et de nous ensamble, tenir fermement et à touzjours sans venir encontre, avons nous obligé et obligons nous,
noz hoirs, nos successeurs et touz nos biens meubles et non
meubles, présens et à venir, à prendre, saisir, lever et emporter,
vendre et despendre par la justice que il plèroit à notre dite compaigne et aus enfans qui de nous et de lui sont yssuz et ystront,
se nous, nos hoirs, nos successeurs ou ceus qui de nous auront
cause aloient ou fesoient, (que ja n'avaigne!) contre les ordenances, dons et convenances dessus dites, en tout ou en partie;
et avons renoncié et renoncions pour nous, pour nos hoirs, pour
nos successeurs et pour touz ceus qui de nous auroient cause, à
toute coustume, à tout usaige et à toute aide de droit civile ou de
canon, à toute excepcions de fraude et de cavillations qui pourroient aider et valoir à nous, à nos hoirs, à nos successeurs et à
ceux qui de nous auroient cause, à venir ou faire contre les cho-

ses devant dites ou aucunes d'icelles, et qui pourroient nuire à notre dite compaigne ou aus enfans qui de lui et de nous ensamble sont issu et istront; et espécialment au droit qui dit « générale renonciation non valoir », et au droit qui dit que « dons fait entre l'omme et sa femme estant le mariage, ne vaut pas se il n'est fait en égualité, soit·pour cause de douaire ou autrement »; aincois volons que cils dons, fait à notre dite compaigne pour cause de douaire ou de don pour noces, ait en toutes choses la force et la vertu et soit surrogiez et mis en lieu des autres choses que nous aviens premierement octroiées et données à notre dite compaigne pour cause de douaire ou de don pour noces au traictié du mariage; et volons, se il avoit aucune doute ou obscurté es choses devant dites ou en aucunes d'icelles, que elles soient entreprestées et desclarées au profit de notre dite compaigne et des enfans qui sont issuz et ystront de lui et de nous ensamble. Et se ainsinc estoit que nos hoirs, nos successeurs, ou ceus qui auroient cause de nous, aloient en quelque maniere que ce fust contre les choses devant dites ou aucunes d'icelles, nous volons que il soient encheu en trente mile livres de poine, la moitié au roy et la moitié à celui ou ceus que l'on voudroit empeschier contre les dites convenances; et avec ce, les choses devant dites demourront en leur vertu. — Et pour ce que ces choses soient fermes et estables, nous avons fet mectre notre seel en ces presentes lettres et avons prié et requis à nos chers et amez fiulz, Philippe et Charle de Valois, qu'il gréent loent et approvent toutes les choses, dons et ordenances devant dites, et qu'il mettent leurs seaus, avec le notre, en ces présentes lettres en approvant et confermant les choses devant dites, et que il jurent, sus saintes Euvangiles touchiées corporelment, que par eus ne par autres, couvertement ou en appert, ne feront ne ne venront contre les choses devant dites ou aucunes d'icelles, et qu'il renoncent à toutes les choses qui leur pourroient valoir à empeschier et venir contre les dites choses ou aucunes d'icelles, et qu'il supplient à notre dit seigneur le roy avec nous, que de s'auctorité réal et de son plain pouer, vueille louer, gréer, approver et confermer les choses dessus dites, et que par son décret et son plain pouer royal, vueille oster toute coustume et usaige et tout droit par quoi les dites convenances, dons et ordenances, en tout ou en partie, pourroient estre anientées ou en aucune maniere délaiées ou empeschiées; et quant à faire la dite supplication avec nous et à faire toutes les choses devant dites, nous leur donnons auctorité et plain pouer en tous les cas où mestier en seroit de leur donner.

Et nous, Philippes et Charles de Valois, à la prière et requeste de nostre dit seigneur et père, monseigneur de Valois, non contrains,

mès de notre pure volonté, comme ceus à cui il a donné si largement
de ses contées et de ses autres biens, [déclarons] que nous nous
en tenons à paiés et bien content, et faire le devons, des parties
qu'ils nous a faites; et nous avons renoncié et renoncons à tout le
remenant, et avons volu et octroié que du remenant il face sa
plaine volunté; volons, gréons, loons et approuvons, et nous
assentons à touz les dons, convenances et ordenances devant dites,
toutes ensemble et chascune d'icelles; et avons juré sus les saintes
Euvangiles corporelment touchées, que contre icelles ne venrons
par nous ne par autres, couvertement ou en appert ou temps à
venir, ne venir ne ferons par nous ne par autres, aincois les
tenrons et accomplirons, et à ce nous obligons, sus les poines
que notre dit seigneur et père i a mises, les queles nous encour-
riens se nous veniens encontre, et avec ce demourroient les dites
convenances en leur vertu. Et renoncons à toutes coustumes et
usaiges, et à tout droit civile et de canon, et à toutes excepcions
de fraude, de barat, et à toutes excepcions qui nous pourroient
aider et valoir contre les diz dons, convenances et ordenances, et
à l'autre partie nuire. Et se, es choses devant dites ou en aucunes
d'icelles, avoit aucune doubte ou obscurté, nous volons que elles
soient desclarées contre nous et au profit de l'autre partie. Et à
tenir et garder les choses devant dites, toutes ensemble et chascune par soy, nous obligons nous, nos hoirs, nos successeurs,
nos biens et les biens de nos successeurs, meubles et non meubles, présens et à venir, à prendre, saisir, vendre et despendre
par quelque justice que il pleroit à l'autre partie, se nous, nos
hoirs, nos successeurs ou ceus qui de nous auroient cause, aloiens
ou fesoiens, (que ja n'avaigne!) contre les ordenances, dons et
convenances dessus dites en tout ou en partie. Et à greigneur,
seurté et confirmacion des choses devant dites, nous, Philippes
et Charles devant diz, en nous assentant et approuvant les choses
devant dites, avons mis nos seaux en ces presentes lettres avec
le scel de notre dit seigneur et père qui mis i est.

Et nous, Charles, cuens de Valois, et Philippes et Charles, fiulx
d'icelui monseigneur de Valois, requérons et supplions à notre
très cher seigneur Philippe, par la grace de Dieu, roys de
France, qu'il vueille louer et approuver et de s'auctorité réal confermer toutes les choses, dons, convenances et ordenances
devant dites, ensamble et chascune par soy et de son plain pouer
royal, par son decret discerner toutes les coustumes, usaiges et
droits qui pourroient aider et valoir à faire et venir contre les
dites choses ou aucunes d'icelles, non valoir, casser, irriter et
anuller du tout, et que il soient quant à ces convenances, dons et
ordenances, de nulle fermeté; et que il nous contraigne, ou ceus

qui iroient ou feroient encontre, à tenir, garder et acomplir toutes les dites choses de plain comme de chose jugiée devant lui et en sa court.

Ce fut fait à Maubuisson, en l'abbaie, le lundi après feste de l'Ascension Notre-Seigneur, en l'an mil trois cens quatorze, ou moys de may.

Arch. nat. P 1364, cote 1311; vidimus original du roi en date du même mois.*

Arch. nat. P 1364¹, cote 1315; expédition du même vidimus.
Id. P 1365², cote 1433; autre vidimus original du roi.
Id. id. cote 1431; expédition du même vidimus.
Id. P 2372², cote 2123; autre expédition.

Bibl. nat. ms..... (G. Lainé, XI), fol. 75 v°; analyse.

Bry de la Clergerie, hist. des comtes d'Alençon, p. 282; analyse d'après l'Inventaire de Galland, fol 597.

Invent. des titres de la maison ducale de Bourbon, I, p. 234; analyse.

N° 51.

Paris, mai 1314.

Vidimus et confirmation par le roi Philippe le Bel de la charte précédente de son frère, Charles de Valois, et mention de la renonciation par Mahaut de Saint-Pol, comtesse de Valois, au douaire à elle constitué par son contrat de mariage, en échange duquel elle a accepté les arrangements énoncés en la susdite charte.

Philippus, Dei gratia Francorum rex, notum facimus universis tam presentibus quam futuris, nos carissimi germani et fidelis nostri Karoli Valesie, Alenconis, Carnotensis et Andegavensis comitis, ac dilectorum Philippi et Karoli, predicti germani nostri filiorum, nepotum nostrorum, patentes litteras, ipsorum sigillis sigillatas, vidisse, tenorem qui sequitur continentes :

« *Nous Challes...* etc. » [Suit la copie de la charte n° 50 qui précède.]

Præterea, supradicta Mathildis de Sancto-Paulo, memorati germani nostri consors, in presentia dilectorum et fidelium consiliariorum nostrorum magistri Johannis de Forgetis canonici Parisiensis et Petri de Diciaco, ad id deputatorum specialiter per nos et loco nostri, die et loco predictis personaliter constituta, dicto germano nostro presente et ad infra scripta sibi plenam auctoritatem prestante, renuntiavit spontanea et expresse, dotalitio sive donationi propter nuptias sibi facto vel facte, in primis conventionibus suis et tractatu matrimonii inter dictum germanum nostrum et eam celebrati, volens et consentiens, si littere super ipsis conventionibus dudum confecte reperiantur, quod dirumpantur et cancellentur omnino et, si reperiri non valeant hiis diebus, quod ex eis in futurum aliquatenus agi non possit et imperpetuum sint invalide, ac pro nullis et infectis debeant reputari ac etiam reputentur; et, loco dotalitii sive donationis propter nuptias dictarum conventionum priorum dimissi vel dimisse, ut premittitur, dotalitio sive donationi propter nuptias subrogato vel subrogate et in prenotatis litteris delarato vel declarate principaliter et specialiter se adhesit, et ipsius dotalitii vel donationis propter nuptias subrogationem, subrogatique ejusdem dotalitii vel donationis propter nuptias assignationem, prout in prenotatis litteris plenius inferuntur, ratas habuit et acceptas, et eas per nos petiit confirmari. Nos autem dictas donationes, conventiones et ordinationes, predictique dotalitii seu donationis propter nuptias subrogationem et assignationem, ac omnia et singula in predictis litteris contenta, prout expressa sunt, necnon dicte Mathildis renontiationem prioribus conventionibus suis factam et alia per ipsam Mathildem coram dictis fidelibus nostris concessa, ad prefatorum germani et nepotum nostrorum dicteque Mathildis supplicationem et requisitionem rata habentes et grata, ea laudamus et approbamus et tenore presentium confirmamus, et, prout plane facta sunt, superius inferuntur et jacent, ex certa scientia et ex causis legitimis decernimus auctoritate regia et regie potestatis plenitudine perpetuam et plenam habere roboris firmitatem, nonobstantibus consuetudinibus, usagiis et juribus contrariis quibuscumque, quas et que consuetudines, usagia et quecumque jura, premissis contraria quantum ad premissa hujusmodi duntaxat, de plenitudine regie potestatis et ex presentis interposicione decreti, cassamus, irritamus ac etiam anullamus omnino, salvo in aliis jure nostro et quolibet alieno. Que ut perpetue stabilitatis robur obtineant, presentes litteras sigilli nostri fecimus muniri.

Actum Parisius, anno Domini millesimo trecentesimo quarto decimo, mense maii.

Arch. nat. P 1364 ¹ *cote 1311; original.*
Id.   id.   cote 1315; expédition.
Id.   P 1365² cote 1433; autre original.
Id.   id.   cote 1431 ; expédition.
Id.   P 1372² cote 2123; autre expédition.
Analysée dans les mêmes ouvrages que la précédente.

N° 52.

Vincennes; 6 juillet 1315.

*Charte par laquelle Charles, comte de Valois, du Perche, etc.,
notifie de nouveau des arrangements relatifs à la disposition de
ses biens, dans des termes identiques à ceux de l'arrangement
daté, à Maubuisson, du 20 mai 1314, et prie le roi Louis le
Hutin de leur accorder son approbation.*

Nous Challes, filx de roy de France.....
*Répétition mot pour mot, sauf quelques rares variantes sans
intérêt, de la charte publiée ci-dessus sous le n° 50, jusqu'à la fin
de l'alinéa qui se termine par ces mots (p. 59) :*
.....en tous les cas où mestier en seroit de leur donner.
Et nous Philippes et Charles de Valois, estans hors de la poissance et mainbournie du tout et emancipez de nostre très chier
seigneur et père monseigneur de Valois dessus dit, et nous
Charles de Valois estans ausi hors de poissance et mainbournie
de nostre très chier seigneur et père dessus dit, par émancipation
faicte sollempnelement en la présence du prevost de Paris, si
comme il est acoustumé à faire en tiel cas et semblables ; levées
et exposées à nous diligemment toutes les choses dessus dictes
et chascune d'icelles, eues sur ce conseil et déliberacion pla-
nière, à la prière et requeste de nostre dit seigneur et père monseigneur de Valois, non contrainct par force, ne par fraude,
varat, malice, considéranz les grans biens et honnours que il
nous a touz jourz faiz et fait encores de jour en jour ; considéranz
encores que, par ces convenances-ci, y nous a donné et donne si
largement de ses contées et de ses biens, que nous nous en tenons à bien poyez et très bien nous soufflst et avons renoncié et
renonçons à tout le remenant.....
*La suite est pareille mot pour mot à la charte n° 50 ci-dessus
depuis la 7° ligne de l'alinéa commençant par : Et nous Philippes
et Charles..... (p. 59) jusqu'à la fin du paragraphe suivant, qui se
termine (p. 61) par :..... chose jugiée devant lui et en sa court.*
Donné en la conciergerie delez le boys de Vincennes, le sixième
jour de juingnet, l'an de grace mil troys cens et quinze.

Arch. nat. J 411, n° 36; original scellé. Cette pièce, analysée par Dupuy
(Invent. du Trésor des Chartes, VI, 267), est aujourd'hui en *deficit.*
*Arch. nat. J 975, n° 15 ; vidimus inséré dans l'acte de confirmation
royale datée, à Paris, de juillet 1315.*

N° 53.

Paris; janvier 1320 (n. st.).

*Arrangement par lequel Charles, comte de Valois, du Perche, etc.,
fait, en présence et de l'assentiment du Roi de France, le partage
d'une portion de ses biens et de toute sa succession future entre
Mahaut de Saint-Pol, sa troisième femme, Philippe, Charles,
Louis et Marguerite, ses enfants, et ceux qui pourraient encore
naître de lui et de ladite Mahaut.*

Philippes, par la grace de Dieu, rois de France et de Navarre,
à touz ceus qui ces lettres verront et orront; salut. Nous faisons
savoir que, en nostre présence personelment establiz, nostre
très-chier et féal oncle, Challes, conte de Valois, a ordené et or-
dene, du gré et de l'assentement exprès de nostre très chère
tante Mahaut de Saint-Pol, sa chière compaigne, et de Philippe et
Challe, ses chiers et amez fils, de tous ses heritages et conquez,
faiz et à faire, en la manière qui s'ensuit :

Nous, Challe, filz de roi de France, conte de Valois, de Chartres, d'Alençon et d'Anjou, faisons savoir à touz ceus qui ces lettres verront et orront que nous, pour bien de pais mettre entre noz
enfans nez et à nestre, et pour oster toute matière de descort et
de dissencion qui porroit mouvoir et sordre entre eulx après
nostre décès (que ja n'aviegne!) avons ordené et ordenons, du
gré et de l'assentement exprès de nostre très chière compaigne,
Mahaut de Saint-Pol, Philippe et Challe, nos chiers et amez
filz, de nos heritages et conquez faiz et à faire en la manière qui
s'ensuit :

C'est assavoir que le dit *Philippes*, nostre chier filz ainsnez, a
et aura desorenavant la conté du Maine, les terres de Courtenai,
Chantecoc et Pifons, Blancon, Brinviler et Hollebeque; et, après
notre décès, aura les contées d'Anjou et de Valois, la Roche-sur-
Yon et la maison de Saint-Oijn, o toutes les maisons et forteresces et o toutes autres appartenances des dites choses et touz
conquez faiz en ycelles contées et es choses dessus dites jusques
à la date de ces lettres, o toute seignorie et justice haute et basse,
pour cause de son partage.

Item, nous volons et ordenons que *Challes*, nostre secont filz
devant dit, ait, pour cause de son partage, emprès nostre décès,
la contée de Chartres, Chastiaunuef en Timerois, Senonches,
Champ-Roont, Mortaignes, Mauves, les forez de Resno et du Per-

che, Moulins et Bonsmoulins, o toutes les maisons et forteresces et o toutes autres appartenances des choses dessus dites, et avec touz les conquez faiz en ycelles choses jusques à la date de ces lettres, et toute la seignorie et justice haute et basse; et d'aucunes d'icelles nous li avons desjà baillié la seignorie et possession.

Item, nous avons ordené et ordenons que *Loys*, nostre filz de cest nostre mariage de nous et de nostre chière çompaigne Mahaut de Saint-Pol dessus dite, ait après nostre décès la conté d'Alençon, o toutes les appartenances et conquez fez en icelle conté jusques à la date de ces lettres, exceptez Moulins et Bonsmolins que nous avons assignez en partage à nostre chier filz Challe, si comme dessus est dit. Et aura encore le dit Loys la visconté de Trun, la terre que nous avons en Coustantin, Belesme, la forest de Belesme, la Perrière, Tournant, le Vivier en Brie, Ville-Genart, Torcy, maisons et forteresces et toutes appartenances de celles terres et tõuz les conquez faiz en ycelles jusque à la date de ces lettres; item: la terre de Gaillefontaines, après le décès de nous et de nostre chière compaigne, o toute seignorie haute et basse. Et aura encore mille livrées de rente à tournois que nous avons en Vermendois du don de nostre très chier seigneur et frère le roi Philippe, que Diex absoille. Et, avec ce, aura, après le décès de nostre chière compaigne, mil livrées de rente à tournois que elle a au Temple à Paris de son heritage, et mille livrées de rente en Vermendois, les queles nous aviens assigné à nostre très chière fille Marguerite, pour mil livrées de rente que nous li estiens tenuz à asseoir et aviens promis ou traitié du mariage de li et de nostre chier filz le conte de Blois; les queles mil livrées de rente de Vermendois nous avons depuis achetez de noz très chiers enfans le conte et la contesse de Blois dessus diz, de dis mille livres tournois qui avoient esté promises et données ou mariage de nous et de nostre très-chière compaigne dessus dite, pour acheter mil livrées de rente qui seroient son propre heritage; les queles dis mille livres nos chiers enfans, le conte de Blois et la contesse dessus diz, ont eu et receu et s'en tiennent pour bien paiez. Et vaudra et tendra ceste présente assignation faite audit Loys, mais li rois mon seigneur fera savoir la value de ladite assignation, et en demourra audit Loys jusques à la value de dis mille livrées de terre, sanz ce que forteresces, chastiaus ne maisons li soient parcomptées es dites dis mille livrées de terre; et s'il y avoit aucun remanant par dessus les dites dis mille livrées de terre, ils tourneroient par devers nos chiers et amez filz Philippe et Challe dessus diz; et se la dite assignation ne valoit les dites dis mille livrées de terre, nous les devons parfaire

sus nos autres terres que nous avons assignées à nos autres
enfans malles du premier mariage. Et se il défailloit de nous
avant que nous les eussiens parfaites, Philippe et Challes dessus
diz seroient tenuz à les parfaire, pour tele partie et portion
comme chascun emporte de nostre terre pour cause du partage
dessus dit.

Et se, par aventure, il y avoit encore *un ou plusieurs enfans
malles* de cest derrain mariage, nous seriens tenuz à asseoir deus
mille livrées de terre en outre les dites dis mille livrées de terre,
c'est assavoir : sur mille livrées de terre que nous avons au Temple et sur les autres choses assignéos par le dit Loys, ou cas où
l'assignation qui li est faite monteroit plus des dites dis mille
livrées de terre ; et, se les deux mille livrées de terre ne se povoient parfaire sus les choses assignées ou partage du dit Loys
et sus les dites mille livrées que nous avons au Temple, nous les
parferiens sus les heritages assignés aus diz Philippe et Challe ;
et se nous ne l'aviens parfait à nostre vivant, Philippe et Challes
dessus diz seroient tenuz à les parfaire ; et est nostre entente que
ou cas où nous auriens plusieurs enfans de cestui nostre darrain
mariage, et il morussent touz sans heritier descendant de leur char
fors un seul, ycelui seurvivant auroit les dites dis mille livrées de
terre, et les diz Philippe et Challe et celui qui seurvivroit, succé-
deroient en la portion des dites deus mille livrées de terre,
acreues pour celle partie comme raisons, us et coustume de pays
donroit. — Item, il est nostre entente que, ou cas où nous auriens
encore un ou plusieurs enfans malles de cestui nostre darrain mariage, il auront les dites deus mille livrées de terre acreues, et
auront encore des dites dis mille livrées de terre, tele partie ou
portion comme nous ordenerons toutes fois qu'il nous plairoit.

Et est nostre entente que, ou cas où nous n'ariens qu'*un
enfant malle* de ce darrain mariage, ou que nous en auriens plusieurs et il morussent touz sanz heritier descendant de leur char
fors que un, les dites mille livrées qui nous sont deues au Temple
du don dessus dit, seroient et demouroient au dit Challe, nostre
secont filz ; lesquiex plusieurs, se il moroient touz à nostre vivant
sanz hoir descendant de leur char fors que un, iceli, quelconque
qu'il soit, auroit et seroit content des dites dis mille livrées de
terre ; pour lesqueles dis mille livrées de terre, la dite conté
d'Alençon demouroit et seroit premier parcomptée, auquel par-
compte des dites dis mille livrées de terre, la terre de Gaillefon-
tainnes ne sera pas parcomptée, pour ce que li rois, que Diex
absoille, la donna à nous et as enfans de nostre dite compaigne et
de nous.

Item, volons et ordenons que, se Philippe, nostre filz ainsnez,

mouroit sans heritier descendant de sa char, que toute l'escheoite
de lui veïgne à Challe nostre secont filz et à Loys dessus diz et
aus enfans malles, se aucuns en y avoit de cestui nostre darrain
mariage, pour tiex parties et portions, comme elle leur porra et
devra appartenir. Et tout en tele manière nous volons et ordenons
que, se Challes nostre filz mouroit sanz heritier qui descendîst de
sa char, que toute l'escheoite de lui veigne audit Philippe nostre
filz et à Loys dessus dit et aus enfans autres malles de cestui nostre darrain mariage, se nul en y avoit, pour teles parties et
portions comme elle leur porroit et devroit appartenir. Item,
volons et ordenons que, s'il avenoit que de cestui nostre darrain
mariage n'avoit nul enfant malle ou temps de nostre décès, ou
se aucun ou aucuns en y avoit et il mouroient touz sans heritiers
de leur char descendans, ou d'aucuns d'eus, que toutes les choses
dessus dites que nous avons devisées et ordenées à estre à Loys,
nostre filz de cestui notre darrain mariage, et aus autres, se aucuns en y avoit, si comme dessus est dit, veignent et soient aus
diz Philippe et Challe nos filz, pour telles parties et portions,
comme elles leur devront et porront appartenir, exceptez les
heritages et acquez de nostre chière compaigne devant dite qui
demouront et vendront à nos filles nées et à nestre de cestui nostre mariage, pour tele partie et portion comme il devra demourer
et venir, par raison, us et coustume de pays; et excepté la terre
de Gaillefontaine qui demoura après nostre décès à nostre chière
compaigne, tout le cours de sa vie, et après revenra et sera à nos
filles nées et à nestre de cestui nostre darrain mariage et aus
heritiers de elles se aucuns en y avoit. Et se toutes les filles mouroient sanz ce que il demourast heritier descendant de leur char
ou d'aucunes d'icelles, la dito terre de Gaillefontaine vendra et
sera aus diz Philippe et Challe, nos chiers filz devant diz, pour tele
partie ou portion comme elle leur devra ou porra venir; sauves
et exceptées les choses et les portions que nous ordenons ci
dessouz pour nos filles nées et à nestre de cestui nostre darrain
mariage, et sauves et exceptées encore d'icelles choses la visconté
de Trun et la terre que nous avons en Coustantin, que nous avons
données, à prendre et à avoir après nostre décès, à nostre chière
et amée fille Jehanne de Valois, ou traitié du mariage de li et de
monseigneur Robert d'Artois, ou cas où nous n'ariens ou temps
de nostre décès nul enfant malle de cestui nostre darrain mariage, ou se aucuns ou aucun y en avoit et il mouroient touz sans
heritier descendant de leur char ou d'aucun d'eulx. Et ou cas où
il auroit enfans malle de cestui nostre darrain mariage ou heritier
descendant de sa char, elle n'aura pas la visconté de Trun ne la
dite terre de Coustantin, mais aura dis mille livres tournois une

fois paiées pour acheter mille livrées de terre qui sera son propre heritage, les quiex dis mille livres tournois seront paiées en la manière qui s'ensuit : c'est assavoir mil livres chascun an; desqueles mil livres, les cinc cenz seront prises chascun an desorenavant sus la conté de Valois, et les autres cinc cenz, sus la conté d'Alençon, à paier à deus termes, c'est assavoir la moitié à l'Ascension et l'autre moitié à la Touz-Sains, lequel argent sera mis en depost en certain lieu aussi comme l'en le recevra; à ceste fin que, se après nostre décès il apparoit qu'il y eust enfant malle de cestui nostre darrain mariage ou temps de nostre décès, les dites dis mille livres seront bailliées à la dite Jehanne, nostre chière fille, tant et si avant comme il y auroit escheuz des termes des paiemens ; et se les termes n'estoient touz escheuz ou temps de nostre décès, ceux qui tendroient lès dites contées de Valois et d'Alençon seroient tenu de paier et d'aquiter le remenant des dites dis mille livres pour les termés qui cherroient et vendroient après nostre décès. Et est assavoir que ja soit ce que nous eussiens enfans malle de cestui nostre mariage ou temps de nostre décès, et depuis il mouroient sanz ce qu'il demourast hoir d'aucun d'eulx, la dite Jehanne, nostre fille, porroit avoir, s'il li plaisoit, la dite visconté de Trun et la dite terre de Coustantin, en rendant et raportant à nos hoirs les dites dis mille livres, ou ce qu'elle en auroit receu.

Item, nous volons et ordenons que se, de cest nostre mariage nous n'aviens nuls enfans malles ou temps de nostre décès, ou se aucuns ou aucunes en y avoit, et il morussent touz sanz heritier descendant de leur char, que l'*ainsnée* de nos filles de cest nostre mariage ait pour son partage apres nostre décès : Tournant, le Vivier en Brie, Villegenart, Torcy, maisons, forteresces o toutes autres appartenances et conquez faiz es terres et es choses dessus dites, avecque toute seignorie et justice haute et basse, pour deus mille livres de rente à tournois sanz autre prisiée faire ; et vint mille livres en deniers tournois une fois paiées.

Item, la *seconde* aura mille livrées de rente à tournois que nous avons en Vermandois du don nostre seigneur le roi Philippe (que Diex absoille!), et quinze mille livres tournois en deniers une fois paiées.

Item, la *tierce* aura mille livres de rente à tournois que nous avons au Temple à Paris du don de nostre chier seigneur le roi Philippe (que Diex absoille!), et douze mille livres tournois en deniers une fois paiées.

Item, nous volons et ordenons que, se la *quarte fille* naissoit, elle aura douze mille livres tournois en deniers une fois paiées;

sauve encore aus dites filles l'éritage de nostre chière compaigne, leur mère, et la terre de Gaillefontaines.

Et se *plus de quatre filles* y avoit, Philippe et Challes, nos chiers filz dessus diz, ou ceus qui tendroient les terres que nous leur avons assignées, seront tenuz à les marier ou assigner selonc le lieu, le lignage et les terres dont elles seroient issues ou cas où nous n'ariens, au temps de nostre décès, enfans malles de cestui darrain mariage ou heritier de leurs cors ou d'aucuns d'eus.

Item, nous volons et ordenons que, *se nous aviens enfant ou enfans malles* de cestui nostre darrain mariage ou temps de nostre decès, ou heritier de leur cors ou d'aucuns d'eus, que nos dites filles n'aient point de l'éritage dessus dit, mais, en celui cas, l'ainsnée des dites filles aura tant seulement vint et cinc mille livres tournois en deniers une fois paiées ; la seconde aura vint mille livres tournois en deniers une fois paiées ; la tierce aura quinze mille livres tournois en deniers une fois paiées ; et la quarte, se elle naissoit, aura douze mille livres tournois en deniers une fois paiées. Et se plus en y avoit, nos enfans malles, nez et à nestre de cestui darrain mariage, seroient tenuz à elles marier ou assener selonc le lieu et le linage et les terres dont elle sont issues. Et volons et ordenons que, ou cas où il n'aroit, au temps de nostre décès nul enfant malle de cestui nostre darrain mariage, ou heritier de leur char ou d'aucun d'eus, se l'ainsnée fille mouroit, la partie d'icelle, quant à l'éritage qui li est assigné pour deus mille livrées de rente, revendra et sera à la seconde ; et les mil livrées de rente qui seroient assignées à la seconde, vendront à celle quarte, si elle naissoit, à laquele sont assignées douze mille livres tournois une fois paiées sans assignation de terre ; et généraument, notre intention est que celle qui seurvivra et demoura ainsnée, quele que elle soit, aura les terres dessus dites que nous avons assignées à la première pour deus mille livrées de rente, sanz croistre ne amenuisier la portion de l'argent que nous li avons assigné ci dessus ; et en ce cas, elle n'auroit mie la portion des mille livrées de rente qui li sont ci dessus assignées ; et en tele manière volons et ordenons de la seconde et de la tierce, quelconque elle soit, ou temps à venir ; et la quarte aura douze mil livres tournois si comme dessus est dit. Item, nous volons que les assignations et paiemens de deniers promis à nos dites filles de cest darrain mariage, si comme dessus est dit, soit qu'il y ait enfans malles ou temps de nostre décès ou non, seront faiz en la manière qui s'ensuit : c'est assavoir que ou cas où il y aura, ou temps de nostre décès, enfant malle de cestui nostre darrain mariage, ou hoir descendant de son cors qu'feust non aagiez ou temps de nostre décès dessus dit, et demourast en

bail, l'en prendroit chascun an deux mille livres tournois sus la
conté d'Alençon et de Valois, c'est assavoir : sus chascune de ces
contez, mil livres tournois ; et se les sommes d'argent dessus
dites n'estoient entierment paiées durant le dit bail, l'enfant
malle venu à son aage, l'en prendroit chascun an deux mille
livres tournois sus la conté d'Anjou, et deus mille livres tournois sus les dites contez d'Anjou et de Valois, si comme dessus
est dit, jusques à tant que les sommes d'argent dessus devisées
fussent entierment parpaiées. Et ou cas qu'il n'i aura enfant
malle de cestui nostre darrain mariage, ou hoir descendant de son
cors ou temps de nostre décès, l'en prendroit chascun an sus la
conté d'Alençon sis mille livres tournois, et deus mille livres
tournois sus les contez d'Anjou et de Valois, si comme dessus est
dit, jusques à tant que les sommes d'argent dessus dites et devisées soient entierment parpaiées. Et est nostre volonté et nostre
entention que, des assignations dessus dites, soit premierment
et entierment parpaié à nostre première fille, et aussi par ordre
à chascune des autres. Et est assavoir que les paiemens des sommes d'argent dessus dites, se feront aus termes accoustumez de
nos comptes, à la Touz-Sains et à l'Ascension. Et est assavoir que
ce que nous avons assigné à nos enfans nez et à nestre de cestui
nostre darrain mariage, il l'emporteront franchement et quittement sanz charge de debtes, ne de obligations personeles, excepté des debtes que nous accroiriens de ci en avant, aus queles
il seroient tenuz en la manière que il est ordené ci dessouz, et
excepté les charges que nous avons ci dessus lessiées par espécial
sus les terres qu'i[l] tendront.

Item, nous volons et ordenons que nostre chière compaigne
Mahaut de Saint-Pol dessus dite, ait pour cause de douaire ou de
don pour noces : Tournant, le Vivier en Brie, Torcy, Villegenart, o
toutes les forteresces, maisons, prez, terres, yaues, et toutes
autres rentes et appartenances et conquez faiz et à faire, sanz
pris ; o toute justice haute et basse. Item, elle aura, pour la cause
dessus dite, mil livres de rente à tournois que nous avons au
Temple à Paris, du don nostre chier seigneur et frère le roi Philippe, que Diex absoille ! Item, elle aura, pour la cause dessus
dite, trois mille livrées de terre à tournois à Belesme, en la forest
de Belesme et à la Perrière, à prisier selonc la coustume du
pays, par deus prodosmes ou par quatre esleuz à ce faire tant
d'une partie comme d'autre. Et volons et ordenons que la maison
de la Perrière soit baillié à nostre dite compaigne sanz pris. Item,
nous volons et ordenons que, se les choses dessus dites ne valoient
entierment trois mille livrées de terre à tournois, que les diz esleuz tant d'une partie comme d'autre, les parfacent sus nostre

rente de Vermendois. Et s'il avenoit que Belesme, la forest de
Belesme et la terre de la Perrière ne vausissent trois mille livres
de rente, que nous avons assignées à nostre dite chière compaigne pour cause de douaire si comme dit est, par quoy il conve-
nist parfaire ce qu'il faudroit des dites trois mille livres de rente
sus les dites mil livres de rente que nous avons en Vermendois,
les quèles nous avons assignées à nostre fille seconde, de cest
nostre mariage, si comme dit est, nostre dite seconde fille prendroit chascun an sus la conté d'Alençon tant comme nostre dite
compaigne vivroit, autant comme l'en prendroit sus celles mille
livres de rente de Vermendois pour le parfait des dites trois mille
livrées de terre. Et est assavoir que, non contrestant quelconque
ordination ou assignement que nous aiens fait ou faciens à nos enfans de cestui nostre darrain mariage ou d'autre, de quelconque
chose que ce soit, nostre entention est que nostre chière compaigne
ait et emporte tout le cours de sa vie, toutes les choses et chascune que nous li assignons ci dessus pour cause de douaire, franchement et quittement sanz nule charge de nos debtes. Item, nous
volons et ordenons que elle praigne et ait après nostre décès ou
Loys et nos enfans de cestui nostre darrain mariage, se elle defi-
noit avant nous, plusieurs joiaus et chatiex que nous li donnons
et avons donné sanz charge de paier nules de nos debtes, si
comme il est contenu en une lettre seellée de nostre seel et des
seaux de nos amez filz Philippe et Challe dessus diz. Et n'est pas
nostre entente pour ce, que, se nostre chière compaigne se voloit
aherdre et prendre sa partie de nos autres biens meubles après
nostre décès, avec les joiaus et chatelz, que elle doit avoir avant
part, sanz nule charge si comme dessus est dit, qu'elle ne le puet
bien faire en paiant nos debtes et les autres charges aus queles
elle seroit tenue selon raison et coustume. Et pour ce que elle
tendra tout le cours de sa vie, pour cause de douaire, les choses
qui sont assignées à nostre ainsnée fille de cestui nostre mariage
pour deus mille livres de rente, et mil livres de rente que nous
avons au Temple, lesqueles nous avons assignées à la dite tierce
fille, nous volons et ordenons que, tant comme nostre dite chière
compaigne vivra, si tost comme elles seront mariées, elles pren-
dront et auront sus la conté d'Alençon, c'est assavoir, l'ainsnée
deus mille livres en déniers chascun an, et la dite tierce fille mil
livres chascun an ; et après le décès de nostre dite chière compaigne, elles auront et tendront la terre et la rente si comme dessus
est dit et ordené.

Item, volons et ordenons que des *acquez* que nous ferons dese-
renavant, en quelconques partage de nos enfans que ce soit, la
moitié en sera et demoura à nostre chière compaigne devant dite

à heritage, l'autre moitié sera et demoura aus diz Philippe et Challe et Loys et aus autres enfans malles, pour tele partie ou portion comme raison et coustume de pays donra; ainsi toutes voies que il sera en la volenté et ou chois de celi en qui partage les diz acquez seront faiz, d'asseoir ailleurs aus autres enfans malles heritages pour tele partie et portion comme chascun en devra avoir par coustume de pays, ou de rendre en deniers autant comme la portion de chascun avoit cousté en faisant les diz acquez.

Item, nous volons que toutes nos *debtes* acreues jusques au temps que ces lettres furent faites, les diz Philippe et Challe paieront, chascun pour tele partie et portion, comme raisons et coustume de pays donra; ainsi toutes voies que l'assignation des paiements des mariages de Jehanne de Valois, nostre fille, fame monseigneur Robert d'Artois, et des autres filles nées et à nestre de cestui darrain mariage, demourra en la manière que il est contenu ci dessus; et, des debtes qui seroient acreues depuis la date de ces lettres, le dit Philippe sera tenuz à paier les deus pars, et Challes et touz les autres enfans malles paieront la tierce, chascuns pour tele partie et portion comme raison et coustume de pays donra. Et les meubles que nous aurons ou temps de nostre décès, mis hors ceus que nostre chière compaigne doit avoir avant part, si comme dessus est dit, seront venduz par la main de nos exécuteurs et convertiz en acquitement des debtes faites depuis ceste ordenance, en deschargent le dit Philippe en deus parties et les autres enfans en la tierce.

Item, il est assavoir que, non contrestant quelconque ordination, provision ou assenement que nous aiens fait ou faciens à nos enfans de cestui nostre darrain mariage ou d'autre, nostre entention est que nous soiens et demourons seigneur o tout plain droit de toutes les choses dessus dites, sanz ce que prejudice nous y soit faiz en riens, excepté seulement es choses des queles nous avons ja baillié la saisine et la possession à Philippe et Challe, nos enfans dessus diz. Item, il est l'entention de nous et de nostre tres chière compaigne Mahaut dessus dite, que, non contrestant quelconque ordination, provision ou assenement que nous aiens fait ou faciens à nos enfans de cestui nostre darrain mariage ou d'autre, que elle soit et demeure dame, o tout plain droit, de tout son heritage et de touz ses conquez, sanz ce que, par ceste ordenance, prejudice li en soit fait en rien.

Et à toutes les choses dessus dites..... *(suit la répétition des 17 dernières lignes de la page 58 et des 11 premières lignes de la page 59, finissant par :)* au traictié du mariage; et se ainsi estoit *(suit la répétition des lignes 16, 17, 18, 19, 20 de la page 59, finissant par :]* demouroient en leur vertu. — Item, volons et ordenons que se il avoit doubte ou obscurité es choses dessus dites ou aucune d'icelles, que le roi monseigneur et ses successeurs rois de France, puissent desclairier et ordener la dite doubte ou obscurité en la manière et en la fourme qu'il verroit qu'il seroit à faire. — Et pour que ces choses soient fermes et estables, nous avons prié et requis à nostre chière et amée compaigne Mahaut dessus dite, et à nos chiers et amez fils, Philippe et Challe de Valois, qu'il gréent, loent et aprouvent toutes les choses, dons et ordenances devant dites, et qu'il jurent sus saintes Evangiles touchiées..... *[suit la répétition des lignes 29 à 42 de la page 59, jusqu'à la fin de l'alinéa qui se termine par ces mots :]* où mestier en seroit de leur donner.

Et nous, Philippe et Challes de Valois, estans hors de la puissance et mainburnie du tout et emancipez de nostre très chier seigneur et père, monseigneur de Valois dessus dit, par emancipation faite solempnelment en la presence du prevost de Paris, si comme il est accoustumé à faire en tel cas; et nous, Mahaut dessus dite, de la volenté, assentement et auctorité de nostre dit très chier seigneur, pour nous et pour nos enfans nez et à nestre, tant comme pour eus le poons faire, loues et exposées à nous toutes les choses dessus dites et chascune d'icelles, eu sur ce conseil et déliberation pleinement, à la requeste de nostre dit seigneur, monseigneur de Valois, non contrainte par force ne par fraude, barat ne malice, considérant les grans biens et honneurs que il nous a touz jours faiz et fait encore de jour en jour; considérans encore que par ces convenances il nous a donné et donne si largement de ses contez et de ses biens, tant en douaire comme en héritage, tant comme chascun touche, que nous nous en tenons à bien paiez et très bien nous souffist, avons renoncié et renonçons à tout le remenant, et avons volu et ottroié que du remenant il face sa plainne volenté. Et volons, loons, gréons et approuvons et nous assentons à touz les dons, convenances et ordenances et subrogations devant dites, tant pour cause de douaire comme de succession, tant pour nous comme pour les autres enfans du dit nostre seigneur, nez et à nestre, toutes ensemble et chascune d'icelles. Et avons juré sus saintes..... *[suit la répétition des lignes 9 à 28 de la page 60]...* convenances dessus dites, en tout ou en partie. Et, à greignour seurté et confirmation des choses dessus dites, nous Challe, cuens de Valois, et nous, Mahaut dessus dite, et Philippe et Challe filz d'iceli monseigneur de Valois, requérons et supplions à nostre très chier seigneur le roi Philippe dessus dit, qu'il veille loer et approuver, et de son auctorité roial confirmer..... *[suit la répétition des 7 der-*

nières lignes de la page 60 et des 2 premières de la page 61...)
..... *et en sa court.*

Et nous, à decertes, à la requeste et supplication des devant diz Challe, nostre oncle, sa compaigne, Philippe et Challe ses enfans, nos chiers et féaux, de certaine science, loons, approuvons et confirmons les choses dessus dites, toutes et chascune, et nostre decret y metons, de nostre auctorité réal, à perpétuel fermeté d'icelles. Et en tesmoing de ce, avons fait seeller ces lettres de nostre seel, sauf en toutes choses nostre droit et tout autrui. Donné à Paris, l'an de grâce mil trois cenz et dis et nuef ou mois de janvier.

    Arch. nat. P 1378 [1] *cote 3008 ; original.*
        Id.   P 1362 [2] cote 1035 ; vidimus.
    A. Duchesne, hist. de la maison de Chastillon-sur-Marne, preuves p. 163, en a publié deux extraits ; d'après lui, cet acte aurait été passé le vendredi après la Circoncision (4 janvier) de l'an 1319 (v. st.).

    Invent. des titres de la mais. duc. de Bourbon ; analyse.

N° 54.

Paris ; janvier 1323 (n. st.).

Notification par le roi Charles le Bel du partage fait en sa présence par Charles, comte de Valois, du Perche, etc., entre Philippe, Charles et Louis, enfants dudit comte, et ses autres enfants nés et à naitre, ainsi que de la fixation du douaire de la comtesse Mahaut.

Charles, par la grace de Dieu, roys de France et de Navarre, faisons savoir à tous présenz et à venir, que, en notre présence personelment establi nostre très chier et féal oncle Charles, conte de Valois, nostre très chière et amée tante Mahaut de Saint-Pol, sa compaigne, nos très chiers et féals cousins Philippe, comte du Mans, et Charles de Valois, fils de nostre dit oncle, le dit nostre oncle, de la volenté et de l'esprès consentement de nostre dite tante et de nos diz cousins, ordena, disposa et fist division et partage de ses héritages et biens entre nos diz cousins et tante et les autres enfans nez et à naistre dou mariage de li et de nostre dite tante, en la fourme et en la manière qui s'ensuit :
C'est assavoir que le dit Charle nostre chier oncle a volu et or-

dené, veult et ordonne, que *Philippe,* nostre cousin dessus dit, ait
à présent, à cause de son partage, la contée du Mans et qu'il ait
après son décès : les contéez de Valois et d'Anjou, la terre de la
Roche seur Yon, la maison de Saint-Oyn, et toutes les appartenances, et ferons savoir, par noz gens qui seront députez de par
nous, se toutes les choses dessus dites valent vint et deus mil
livres tournois de rente à value de terre, et, se les dites choses
valoient enterinement les vint et deus mil livres de rentes dessus
dites, le dit Philippe s'en tendroit pour content, et, se elles valoient plus, le surplus li demourroit, et, se mains elles valoient,
ce qui en faudroit li seroit parfait ailleurs sus la terre de nostre
dit très chier oncle; et, en l'assiete des dites vint et deus mil
livres de rente, ne seront pas comptez chastiaux, fortereces ne
maisons.

Item, le dit *Charles* nostre cousin aura, après le décès de nostre dit très chier oncle pour cause de son partage dis mil livros
de rente tournois à value de terre, et li seront bailliées et parcomptées en l'assiete des dites dis mil livres de rente, les contéez
d'Alençon et dou Perche et la terre que nostre dit très chier oncle
li a desja bailliée à cause de provision ; et ne seront de riens
comptées en la dite assiete chastiaus, forteresces ne maisons ; et,
se les dites contéez et la dite terre valoient plus des dites dis mil
livres de rente, le seurplus li seroit detrait et retrenchié de la
partie et portion dou dit Charles.

Item, *Loys* nostre chier cousin, filz de nostre dit très chier oncle, aura pour cause de son partage, après le décez de nostre dit
très chier oncle, nuef mil livres de rente à tournois à value de
terre, et li sera bailliée et parcomptée en l'assiete des dites nuef
mil livres de rente la contée de Chartres, Chastiaunuef en Tyme-
reis, Champroont, Senonches, la terre de Tournant, de Torcy, du
Vivier en Brie, de Villegenart et deus mil livres de rente que nostre très chier oncle devant dit a en Vermendois, et mil livres de
rente qu'il a au Temple ; et ne li seront de riens comptées en la
dite assiete chastiaus, forteresces ne maisons, et se les dites
choses assignées au dit Loys valoient plus des dites nuef mil
livres de rente, le seurplus seroit detrait et retrenchié de la partie et porcion dou dit Loys et en oultre auera le dit Loys, à la
cause dessus dite, mil livres de rente que le dit nostre chier oncle
avoit sus la terre de Gaillefontaine, pour les queles mil livres de
rente le dit nostre chier oncle quitta et délaissa à nostre très chier
seigneur et frère le roy Loys (que Diex absoille !) mil livres de rente
qu'il avoit au Temple de son héritàge, au temps que nostre dit
très chier seigneur et frère donna la dite terre de Guoillefontaines
aus diz nostre très chier oncle et nostre très chière tante et auz

hoirs descendanz de euls deus ensamble, les queles mil livres
sus la terre de Guoillefontaines le dit nostre chier oncle a quittées
et délaissées à la dicte nostre très chière tante en récompensacion
de dis mil livres tournois qu'il a evues et recevues de l'argent de
son mariage.

Item, ou cas où le dit nostre très chier oncle aueroit un *autre
enfant masle* ou pluisieurs de cest darrain mariage, il leur porroit
acquerre deus mil livres de rente, oultre les nuef mil et mil qui
doivent estre assignées au dit Loys, sanz ce que la dite nostre
tante y puisse riens demander, et se le dit nostre très chier oncle
avoit acquis à son vivant les dites deus mil livres de rente et il ne
eust satiffié entièrement du priz, le dit Loys seroit tenu à le parfaire dou sien, sanz ce que les diz Philippe et Charles y fussent de
riens tenuz.

Item, ou cas que le dit nostre très chier oncle seurvivroit le
dit Philippe nostre cousin, la contée de Valois seroit et demourroit au dit Charles après le décès de nostre dit très chier oncle
et les dites contées d'Anjou et du Mans, la terre de la Roche seur
Yon et la maison de Saint-Oyn vendront et demourront aus hoirs
du dit Philippe descendanz de son cors. Item, ou cas où le dit
nostre très chier oncle survivroit le dit Charles nostre cousin et
le dit Charles n'avoit nul hoir descendant de son corps, la terre
assignée au dit Charles seroit et demourroit au dit Philippe, et,
en cestui cas, se le dit Charles avoit hoirs descendanz de son
corps, la contée dou Perche seroit et demourroit aux dis hoirs
pour le pris de quatre mil livres de rente, et, se la dite contée du
Perche ne valoit entièrement les dites quatre mil livres de rente,
le seurplus leur seroit parfait ailleurs sus la terre assignée au dit
Charles, et, se elle valoit plus, le seurplus leur seroit detrait et
détrenchié, et en ce meismes cas la contée d'Alençon avecques
le seurplus de l'assiete des dites quatre mil livres de rente reven-
droit au dit Philippe; sauve et reservé au dit Loys nostre cousin
tel droit comme il porroit avoir à cause de succession es cas dessus diz selonc l'us et la coustume dou pays. Item, ou cas où le
dit nostre très chier oncle survivroit le dit Loys nostre cousin, et
le dit Loys n'avoit hoirs descendanz de son corps, et il n'i avoit
autre enfant ou enfanz masles de ce darrain mariage, la dite terre
assignée au dit Loys seroit et demourroit aus diz Philippe et
Charles pour tel partie et porcion comme l'us et la coustume dou
pays requerroit où les choses sont assises, et en cest cas, se le dit
Loys avoit hoirs descendanz de son corps, il auroient quatre mil
livres de rente, les queles doivent estre assises à la dite nostre
très chière tante sus la terre dou dit Loys pour cause de son
doaire, et se le dit Loys n'avoit hoirs descendanz de son corps,

et il y eust austre hoir masle de cestui darrain mariage, la dite
terre assignée au dit Loys seroit et demourroit au dit hoir masle,
sauf tant que les dites deus mile livres de rente, s'elles estoient
acquestées ou ce qu'en seroit acquis, seroient devisées entre euz
selonc ce que l'us et la coustume du pays donrait où elles
seroient acquises, sanz ce que la dite nostre chière tante y puisse
riens demander ; et est nostre entente que ou cas que il ne nais-
tront des ore en avant nul enfant masle de ce mariage, que, es
dites deus mil livres de terre qui seront acquises, ou en ce qui en
seroit acquis, nostre dite tante y ait tel droit et tele porcion
comme coustume de pays li en porroit donner. Item, ou cas où
le dit nostre très chier oncle survivroit les diz Philippe et Charles
ses enfanz, la dite contée de Valois seroit et demourroit héritage
au dit Loys. Item, ou cas que l'un ou les deus de noz diz cousins
morroient sanz hoirs descendanz de leurs corps, les survivanz ou
le survivant d'euz auroient ou auroit, en la terre de celi ou de
ceuz qui seroient mort, tele partie ou porcion comme l'us et
la coustume dou pays requerroit, là où les choses sont assises.
Sauve et réservé expressément en ce cas, que s'il y avoit autre
enfant masle de cest darrain mariage, la dite terre assignée au dit
Loys seroit et demourroit au dit enfant masle, sauves les dites
deus mil livres de rente qui seroient acquestées, ou ce qui en
seroit acquesté si comme dessus est dit.

Item, *nostre très chière tante* dessus dite aura, pour cause de
son doaire, quatre mil livres de rente qui li seront assises sus
l'éritage du dit Loys. Item, elle aura, pour la cause dessus dite,
deus mil livres de rente sus la terre dou dit Charles et li seront
assises au plus près de là où seront assises les dites quatre mil
livres, mais le dit Philippe sera tenue (sic) à faire au dit Charles
récompensacion, chascun an durant le dit doaire, de mil livres
de rente. Item, elle aura de son droit comme son héritage la
terre de Gaillefontaines et toutes ses appartenances avecques les
dites mil livres de rente que elle y a, si comme dessus est dit,
les queles elle tendra comme son propre héritage le cours de sa
vie, et après son décès revendront au dit Loys ou à l'autre enfant
ou enfans de cest darrain mariage, se nul en y avoit, avec les
autres choses en la fourme et en la manière qu'il est dessus dit
et desclairié.

Item, au cas que le dit Philippe auroit entièrement les dites
vint et deus mil livres de rente, et le dit Charles les dis mil, et le
dit Loys les nuef mil et les mil qui leur doivent estre assises et
assignées pour cause de leur partage dessus dit, et s'il y avoit
seurplus en la terre dou dit nostre très chier oncle, le seurplus
seroit et demourroit au dit Philippe ; et, s'il y avoit mains des

vint et deus mil livres, des dis mil, neuf mil, et mil dessus dites,
le dit Philippe ne seroit de rien tenu de le parfaire et d'en faire
recompensacion aus dis Charle et Loys.

Item, nostre chier oncle et nostre chière tante dessus dis ont
promis à procurer et faire à leur pooir enviers le dit Loys, quand
il sera en aage souffisant, que toutes les choses dessus dites et
chascune d'ycelles il fera, acordera, ratifiera et tendra et s'obligera en la fourme et en la manière que les dessus dis Philippe et
Charle; et, s'il ne le vouloit faire, tous liens, convenances et
obligacions dessus dites seront de nulle value, quant à lui tant
seulement.

Item, il est l'entente du dit nostre très chier oncle, ou cas où il
mourroit sans hoir masle de cest darrain mariage, que *ses filles
nées ou à naistre* du dit mariage aient en ses terres tele partie et
porcion comme elles devront avoir de raison et selont l'us et la
coustume du pays.

Item, ou cas que nostre très chier oncle dessus dit feroit aucuns
acquès en aucunes de ses terres dessus dites, chascun des dis héritiers y aura tele partie et porcion comme la coustume du pays
donra, sauve tant qu'il sera en l'opcion et en la volenté de celui en
qui terre ou au plus près de la dite terre les dis acquès seroient fais,
de baillier à chascun des autres héritiers sa partie et sa porcion
des dis acquès ou de l'argent quil auroient cousté; et sauve le droit
de nostre dite très chière tante es dis acquès, selont l'us et la
coustume du pays où il seroient fait; sauve l'article qui fait men-
cion des deus mil livres de rente, que le dit nostre très chier
oncle pourroit acquérir, es queles ou en ce qui en seroit acquis
la dite nostre très chière tante ne nos dis cousins ne porront riens
demander es cas dessus desclairiés, si comme dessus est dit.

Item, il nest pas nostre entente que, pour cause des divisions
et partages dessus dis, le dit nostre très chier oncle ne demeure
vrais sires et propriétaires de tous ses héritages et qu'il n'en
puisse faire plaine volenté tout le cours de sa vie.

Item, la prisié des dites terres se fera de trois années l'une, ne
la pieur ne la meilleur à value de terre.

Les lettres faites ça en arrières par le dit nostre oncle, seur le
partage de ses héritages, soient déjà de nulle value et soient rom-
pues et depeciés.

Les quels partages et division et les autres choses contenues
dessus et devisées toutes et chascune nostre dit oncle, tante et
cousins, chascun en tant comme il li touche, accordèrent, firent
et expressément promistrent garder, tenir, faire et accomplir
sans venir encontre. Et ainssi le jurèrent il par leurs seremens
fais aux saintes Euvangiles touchées corporelment. Et seur ce

renuncièrent par leur dis seremens à toute decevance, erreur, fraude et à toutes excepcions, deffenses, barres, usages, coustumes et à toutes autres causes par les queles il porroient venir à l'encontre, de droit ou de fait. En tesmoignage de la quel chose, nous avons fait mettre en ces présentes lettres nostre seel. Ce fu fait et donné à Paris, l'an de grace mil trois cens vint et deus, au mois de janvier.

Pour le Roy, [signé :] JACQUES DE VERT.

Arch. nat. J 227, n° 76; original scellé.
Id.   J 975, n° 17; copie du XVIᵉ siècle.
Bib. nat. ms. fr. 24132 (G. Lainé, IX) p. 207; analyse.
Bry de la Clergerie a publié, p. 282, une analyse de cet acte.

N° 55.

3 avril 1326 (n. st.) ou 1327 (n. st.).

Accord par lequel Charles, comte d'Alençon, renonçant aux dispositions de son père en sa faveur, accepte, pour tout droit dans la succession de ses père et mère, l'attribution que lui fait son frère Philippe, comte de Valois, de 10,000 livres de rente, pour l'assiette desquelles lui sont assignées diverses terres et les châtellenies de Mortagne et de Mauves, le surplus étant en rente sur le Trésor; Philippe donne en outre à Charles la forêt de Bellême en s'y réservant des droits d'usage pour ses châtellenies de Bellême et de la Perrière, et il est convenu que Charles tiendra la châtellenie de Mortagne et de Mauves et la forêt de Bellême en foy et hommage de Philippe et de ses descendants.

Philippes, conte de Valloys, d'Anjou et du Maine, et Charles, conte d'Alençon, à tous ceulx qui verront ces présentes lettres, salut. Savoir faisons à tous que comme nous, Charles, de notre propre mouvement et pure voulunté, sans aucune autre induction faicte par quelque personne que ce soit, avons renoncé et renonçons du tout, expressément, purement, simplement et absolument, à toutes ordonnances, parties et divisions faictes par nostre très cher seigneur et père (que Dieu absoille !) qui nous pevent toucher par cause de quelque succession, tant de nostre dit seigneur et père que comme de nostre très chère dame et mère

(ausquelz Dieu pardonne!), de quelque substance, forme ou teneur
de parolles les dites ordonnances, divisions ou parties soient et
combien que icelles ou aucunes d'elles soient ou ayent esté
confermées par quelconque peine, foy ou serment et approuvées
de certaine science par l'auctorité de souverain prince, que nostre
très cher seigneur et frère, Philippe, conte de Valloys, dessusdit,
se y feust expressément consenty, obligé et lyé, par quelconque
manière d'obligation ou lien que ce fust, lesquelles parties, obligations, foy, lyens ou serment si aucun en y avoit, nous Charles
dessusdit, tant comme à nous, à noz successeurs ou ceulx qui
auront cause de nous, appartient et peult appartenir, avons
relasché, quicté et remis, et relaschons, quictons et remectons du
tout en tout et avons voullu et voullons expressément estre nulles
ou nulz; voullons, consentons et requérons, expressément et de
nostre bon plaisir, que, du tout en tout, sans contradiction, empeschement ou débat, nostre dict cher seigneur et frère Philippe,
conte de Valloys, nous pourvoye de telle succession, division ou
partie, à nous Charles dessusdit, comme il lui plaira en telle
qualité, quantité, ou lieux entiers ou divisez, comme il semblera
à nostre dit seigneur et frère, Philippe, conte de Valloys, que bon
sera, à nous Charles bailler, livrer et assigner.

Nous Philippes, conte de Valloys, dessusdit, meu de la très
grant affection que avons et avons tousjours eue et avons à nostre
dit frère, voullans la monstrer en effect et pour tout droit de succession ou heritage, qui à nostre dit cher frère peult appartenir
et dont par raison de nos dits très cher seigneur et père et de
nostre très chère dame et mère (lesquelz Dieu absoille!) de quoy
le dit nostre très cher frère nous peust, peult ou pourroit fère
demande par cause de succession ou heritaige, luy avons baillé,
livré, cessié, quicté et transporté, et lui baillons, livrons, cessions, quictons et transportons par la teneur de ces presentes
lettres dix mil livres de rente, ou terre à vallue, et pour lesquelz
dix mil livres de rente, nous Philippes dessusdit avons baillé,
cessié, quicté, delessé et assigné, baillons, cessions, quictons,
delaissons et assignons à nostre dit cher frère les terres, possessions et heritaige qui s'ensuyvent, entièrement, o tous droictz,
yssues et exploitz que nous y avons et povons avoir, à tenir, à
avoir et posséder en perpétuel heritage à tousjours de nostre dict
très cher frère et de ses hoirs descenduz de son corps, ou de
ceulx qui auront cause des dits hoirs ou pourront avoir, c'est
assavoir :

La conté d'Alençon, les chastellenies d'Alençon, d'Essay, la
viconté de Trun et la terre de Constantin, pour l'estimacion de
cinq mil quatre cens quatre livres dix sept solz dix deniers tour-

nois de rente ; item, la chastellenye de Bons-Molins et de Moulins
pour l'estimacion de deux mil dix neuf livres neuf solz tournois
de rente ; item, les chastellenies de Mortaigne et de Mauves pour
l'estimacion de dix huit cens quatre vingts sept livres quatorze
[sols] huit deniers tournois de rente, lesquelles vallues ou estimacions ou pris des terres dessusdites ont esté faictes o grant
délibéracion par commun assentement de gens de nous Philippes
et de nous Charles dessusdits, lesquelles vallues, estimacions et
pris, nous Philippes et Charles avons agréables et agréons, voullons, louons, approuvons, sans ce que nous, luy, ung de nous,
noz hoirs, noz successeurs, ou celuy ou ceulx qui cause auront
de nous ou de chacun de nous, de noz hoirs ou de noz successeurs, puissons ou puissent venir encontre par aucune manière,
et fust que, par adventure, la dicte conté d'Alençon et les autres
possessions et terres dessus dites soient à présent ou seroient
pour le temps advenir de graigneur ou moindre vallue que
convenu est en la dite estimacion ; et voullans nous Philippes dessusdit que nostre dit cher frère, pour six cens quatre
vingts sept livres dix huit solz six deniers tournois de rente,
revenans de la somme des dites dix mil livres de rente, les preigne
chacun an sur noz deniers que nous prenons chacun an au Trésor
à Paris où nous luy assignons par la teneur de ces lettres, moictié
à la Sainct-Jehan, moictié à Noël, jusques à tant que nous les luy
ayons assignez et assis ailleurs.

Et avec ce, nous, Philippes dessus dit, de plus habondant et
espécial grace, avons donné, baillé, cessié, octroyé et quicté et
donnons, baillons, octroyons, cessions et quictons par la teneur
de ces lettres à nostre dit cher frère et à ses hoirs descendans de
son corps : la forest de Bellesme avecques toutes les appartenances d'icelle, retenue à nous Philippes et à noz hoirs, noz
successeurs et ceulx qui cause auront de nous Philippes, du
consentement de nous Charles dessus dit, l'usaige planier à nostre
chasteau de Bellesme et à celluy de la Perrière pour ardoir, pour
édiffier tant de nouvel comme pour tenir en estat les fraiz et
édifices, et avec ce, nous Philippes retenons delessement de nous
Charles de nostre usaige planier pour noz fours et moullins et noz
halles en noz dites chastellenies de Bellesme et de la Perrière
tant pour ediffier de nouvel que pour entretenir en estat les
édifices qui faiz sont et pour ardoir et chauffer les dits fours
apploictez ausdits lieux et ausdites choses, ainsi comme nous
puissions faire par avant le temps de cette donnaison.

Et est accordé entre nous Philippes et Charles que se nous,
Charles dessus dict, trespassions sans hoirs descendans de nostre
dict corps, que tous les héritaiges dessus dicts déclarez, c'est

assavoir : la conté d'Alençon, Essay, Trun, Constantin, la chastellenie de Bons-Moulins, et la chastellenie de Mortaignes et de
Mauves et la forest de Bellesme, avecques tous les droictz, deppendances et appartenances d'icelles, retourneront et reviendront
à nous Philippes dessus dit, à noz hoirs, à noz successeurs ou qui
de nous ou de nos hoirs ou successeurs auront cause, de plain
droict, comme droitz héritiers et successeurs pour le tout de nous
Charles dessus dit, sauf et résèrvé le douaire de nostre très-chère
seur Jehanne, contesse d'Alençon et de Joigny, femme de nostre
dict frère, ou cas qu'elle surviveroit nostre dict frère, tel et
en la manière comme il appert soubz noz seaulx.

Et avec ce, est accordé entre nous Philippes et Charles que des
dictes chastellenyes et terres, c'est assavoir la chastellenye de
Mortaignes et de Mauves et la forest de Bellesme, nous Charles
et noz hoirs descendant de nostre corps tiendront du dict nostre
cher frère Philippes, conte de Valloys, de ses hoirs ou successeurs
ou de ceulx qut auront cause de luy, par foy et par hommaige ;
et nous, Philippes dessus dict, en avons dès maintenant nostre
dict frère receu en foy et hommaige et l'en promectons à garandir
et deffendre envers tous, si aucune chose luy en estoit demandé
ou temps advenir.

Et parmy ceste ordonnance et accord présent, nous, Charles,
conte d'Alençon, de certaine science avons quicté et quictons à
tousjours perpétuellement, par la teneur de ces présentes lettres,
le dict nostre cher seigneur et frère Philippes conte de Valoys et
ses hoirs ou successeurs et tous ceulx qui ont ou qui auront cause
de luy, de tout autre droit de succession ou eschoitte, qui à nous
appartenoit et appartient ou peult ou pourroit appartenir, par
raison de nos dicts très cher 'seigneur et père et de nostre très
chère dame et mère, de quoy nous Charles dessus dict peussions
ou pourrions faire demande à nostre dict seigneur et cher frère
Philippes dessus dict, pour cause de successions de père et de
mère dessus dicts, réservé nostre droict en toutes les eschoittes
qui d'autre part nous pourroient et devroient appartenir, et promectons nous, Philippes et Charles et chacun de nous, en bonne
foy, que contre les choses dessus dictes ou aucunes d'icelles nous
ne viendront ne feront venir, par nous ne par autres, en quelque
manière que ce soit, aincoys toutes les choses dessus dictes promectons à tenir et garder fermement et fère acomplir, nous Philippes et Charles et chascun de nous obligerons nous, nos hoirs
ou successeurs, meubles non meubles, présens et ad venir ; et
pour que ces choses soient fermes et estables, nous Philippes et
Charles avons fait mectre nos seaulx à ces présentes lettres.
Donné à Paris, le tiers jour d'avril, l'an de grâce mil troys cens
vingt six.

Laquelle charte estoit cottée au doz : t.

B. N. ms. fr. 18957 ; copie du XVIᵉ siècle.
   Id.   ms. fr. 24.132. (Guill. Lainé IX), p. 433 ; analyse.
   Id.   ms. fr. 24.134. (G. Lainé XI), fol. 67 ; analyse plus courte.
Bry de la Clergerie, p. 282 et 283 ; courte analyse.
Souchet (Hist. du dioc. de Chartres), I, 76, parle avec détails de ce partage.

Nᵒ 56.

Abbaye de Maubuisson lez Pontoise ; du 1ᵉʳ au 12 mai 1335.

Assignation par le roi de France à Charles, comte d'Alençon et du Perche, son frère, de différentes terres (parmi lesquelles sont Bellou-le-Trichart, Ceton et la suzeraineté de Nogent-le-Rotrou) pour l'assiette de 4,500 livres de rente, formant sa part en la succession de leur frère Louis et pour le dédommager du retrait de la terre de Courpotain.

Philippe, par la grace de Dieu, rois de France, savoir faisons à touz présens et à venir, que, comme nous fussions tenuz à baillier et asseoir à nostre très-chier et féal frère Charles, conte d'Alençon, comme à frère et hoir pour moictié de feu Loys de Valois jadis nostre frère et le sien, quatre mille et cinq cens livrées de terre ou rente à tournois appartenantes à nostre dict frère d'Alençon pour la succession et escheoite du dict Loys de neuf mille livrées de terre à tournois, qu'il avoit pour sa partie et en partage quant il vivoit, et aussi pour faire restitucion et recompensacion à nostre dict frère d'Alençon, de la terre de Courpotain et ses appartenances qui luy avoyent esté bailliées en assiete en la conté d'Alençon et laquelle terre de Courpotain, pour l'ordonnance et voulenté de nostre très chier seigneur et père dont Dieux ait l'âme, et de nostre grace espécial a esté rendue et délivrée à Beroult de Boys-Guillaume pour luy et pour ses hoirs et successeurs en perpétuel héritage, eussions mandé et commis premièrement à noz amez et féaulx maistre Jacques Rousselot et le Voyer Daron, chevalier, et segondement à maistre Bernart d'Aubigny, clerc, et Raoul de Jouy, chevalier, qu'ilz se transportassent à Vernueil, Chasteauneuf en Thimeroys, Senonches et Champroont et en yceulx lieux et es appartenances feissent assiette à nostre dict frère des dictes quatre mil cinq cens livrées de terre à tournois à vallue de terre, chasteaux et forteresses bailliez sans pris, et ailleurs au plus près plus prouffitablement pour nostre dict frère et moins damageusement pour nous, ou cas que la value des lieux dessus diz ne souffisist ad ce, et ycelle assiete ou ce que fait en auroient rapportassent en la chambre de noz comptes à Paris afin que yllec fust veu et examiné ce qui fait en seroit et pour ce que, en la dite examinacion, appellez et présens ad ce les gens de nostre dict frère et oye la relacion des diz asseours, furent trouvées aucunes choses doubteuses et obscures si comme sur fais de bois, tiers et dangiers de bois, d'autres treffonciers et autres choses lesquelles par coustume de pais ne par advisement de comptes ou d'escrips ne purent estre bonnement justement prisiez ne estimez à value de terre ne à pris ancien, Nous, voulans en ce rendre nous gracieux à nostre dict frère, si comme amour naturel et fraternel requiert, de nostre pure libéralité, de certaine science et grace espécial avons voulu et ordené, voulons et ordenons que, laissié tout ordre d'assiete ou de prisiée de terre, nostre dict frère, pour lui, pour ses hoirs et ses successeurs, ait et tiengne dès maintenant en propre, vray et perpétuel héritaige en recompensacion des quatre mille cinq cens livres de rente et de toute l'escheoite du dict Loys et de la terre de Courpotain dessus dictes, les choses et les lieux qui s'ensuient, chasteaux et forteresses baillez sanz pris comme dessus est dit, c'est assavoir : Vernueil et toutes ses appartenances, ainsi toutes voies que Breteuil et ce qui y appartient n'y soit en riens comprins ne entendu ; item, Chasteauneuf en Tymerays, Senonches, Champront et leurs appartenances, Sainte-Escolasce et Glapion et leurs appartenances, Bellou-le-Trichart et Seton et leurs appartenances ; les fiez, arriere-fiez et ressort de Nougent le Rotrou et de ses appartenances, les quiex fiez et ressort de Nougent seront du ressort de Bellesme, si comme estre souloient ou temps de nostre dict seigneur et pere ; lesquelles choses et chacunes d'icelles, nous dès maintenant baillons, assignons et transportons perpétuelment à et en nostre dit frère pour lui pour ses hoirs et successeurs et ceulx qui de lui auront cause et tout ce qui appent et appartient aux choses et lieux dessus diz et à chacun d'iceulx en fons, en treffons, en domaines, en boys, yaues, en fiez, arriere-fiez, seignouries et justices hautes et basses et en toutes autres choses queles que elles soient nomées et toutes franches quittes et délivrés du douaire ou autre charge de nostre chère mère Mahault de Saint-Pol, jadis compaigne de nostre seigneur et père, et de toutes autres charges ; ainsi toutes voies que nostre dit frère et ses hoirs ou ceulx qui auront cause de luy sont ou seront tenuz à poier les fiez et aumosnes de la dite terre et les assignez tant à héritaige comme à vie, excepté seullement noz officiers ou sergens d'armes, chastellains, se aucuns par

aventure en y a assignez, lesquieulx nostre dit frère pourra oster
pour sa voulenté et metre autres et sauf et retenu à nous le ressort
et la souveraineté royal sur et en toutes les choses dessus dictes
et la foy et hommage et le service que il, ses hoirs et successeurs
en sont et seront tenuz de faire à nous et à nos hoirs et successeurs róys de France seulement et desja en avons saisi et vestu et
receu en nostre foy et hommage nostre dit frère et voulons et
ottroyons de grace espécial que il et ses hoirs et successeurs
tiegnent les choses dessus dites en partie et en accroissement du
fleu et de sa partie qu'il tient de nous ; réservé à nous Breteuil et
ses appartenances et que nostre dict frère nous tenra quittes et
délivrés envers touz de la terre de Courpotain dessus dite et
comme dessus est dit ; et [pour] que ce soit chose ferme et estable
à touz temps à venir, nous avons fait metre nostre scel en ces
présentes lettres, sauf nostre droit en autres choses et l'autruy en
toutes.

Donné en l'abbaye royal de Maubuisson delez Pòntoise, l'an
mil trois cenz trente-cinq ou mois de may.

Arch. nat. P 289 ¹ *cote 135 ; copie ancienne sur parchemin.*

Id.   J 776, nᵒˢ 2, 5 et 6; copies collationnées.
Id.   J 779, nᵒ 2; deux copies.
B. N. ms. fr. 18957; copie du XVIᵉ siècle.
Id. ms. fr. 24132 (Guill. Laîné, IX), fol. 433. Analyse.
Cité par Souchet, hist. de Chartres, I, p. 88.
Art de vérifier les dates ; extrait incomplet et inexact.

Nᵒ 57.

Breteuil ; 12 mai 1335.

*Acceptation par Charles de Valois, comte d'Alençon et du Perche,
de l'assignation que le roi lui a faite de différentes terres pour
la part qu'il pouvait réclamer en la succession de leur frère
Louis et en dédommagement de la terre de Courpotain.*

Nous Charles de Valois, frère du Roy de France, contes d'Alençon, faisons savoir à tous présens et à venir, que de tout et pour
tout le droit que nous avions ou avons et povions ou povons avoir,
demander et réclamer en, sur et de toute la descendue, succession ou eschoite de Loys de Valois, jadis nostre frère, soit pour
la moitié d'icelle descendue ou autrement, et pour la recompen-

sation de la terre de Courpotain qui nous avoit esté baillée en
assiette et en partage en nostre contée d'Alençon, la quele terre
de Courpotain, selon l'ordenance de nostre très chier seigneur
et père (dont Dieu ait l'ame!) et de la grace espécial du dit
Monseigneur le Roy, a esté et est rendue ou donnée à Berout
du Bois-Guilleaume perpétuelment pour li, pour ses hoirs et successeurs et ceus qui de li auront cause, Nous, de certaine science,
connoissons et confessons que le dit Monseigneur le Roy nous a
fait baillie, délivré et transporté plein, loyal et enterin payement
en l'assiete et transport faiz à nous en perpétuel héritage pour
nous, nos hoirs, nos successeurs et ceux qui de nous auront cause
des lieus et des terres de Verneuil, de Chasteauneuf en Timerois,
de Senonches, de Champroont, de Sainte-Escolace, de Glapion,
de Bellou le Trichart, de Seton, et des fiez et ressort de Nougent
le Rotrou, avecques toutes les appartenances, droits et appendances d'ices lieux, excepté seulement Breteul et ses appartenances qui n'est pas compris en ce transport, chasteaux et forteresses bailliez sans pris, et dont le dit Monseigneur le Roy nous a
receu en sa foy et en son hommage, en union et en accroissement
de nostre parrye, avecques promesse de garandie et de faire tout
ce qui est à faire en cas de éviction et avecques certaines obligations que le dit Monseigneur le Roy nous a fait sur ce ; si comme
es lettres du dit Monseigneur le Roy sur ce faites, auxqueles quant
à ce nous nous rapportons, est plus à plain contenu. Et de la dite
escheoite succession ou descendue du dit Loys et de la recom-
pensation de la dite terre de Courpotain et de l'assiete et transport dessusdiz nous nous tenons à bien payez, soulz et contens,
pour nous, nos hoirs, nos successeurs et ceus qui de nous auront
cause; et sur ces choses et chacune d'icelles quittons et quitte
clamons le dit Monseigneur le Roy, ses hoirs, ses successeurs et
ceux qui de li auront cause à tousjours perpétuelment, et promettons en bonne foy et par nostre serement que contre ceste
présente quittance ne vendrons, ne venir ne ferons desoremais
ou temps à venir, par nous ne par autre comment que ce soit, et
quand à ces choses et chacune d'icelles loyaument tenir, garder
et accomplir, nous obligeons nous, nos biens, nos hoirs, nos successeurs et détenteurs de nos biens meubles, non meubles, présens et à venir et renoncons à toutes choses qui contre ce pourroient estre dites, alléguées ou proposées et voulons et nous
consentons expressément que nous, nos hoirs et successeurs
soyions à ce contrains, se mestier est, par tous remèdes oportuns et
convenables, par le dit Monseigneur le Roy et ses successeurs
Rois de France; sauf en tout et par tout pour nous, nos dis hoirs
et successeurs le droit de transport et assiete des lieus, garandie

dessus diz et toutes autres choses contenues es dites lettres de
Monseigneur le Roy et le effect d'icelles et sauf nostre droit en
toutes autres choses. Et pour ce que ce soit ferme chose et estable
à touzjours, nous avons fait mettre nostre scel à ces présentes
lettres. Donné à Breteul, le douziesme jour de may l'an de grace
mil trois cens trente cinc.

[Sur le repli :] par monsieur le comte, présens : messire Pierre
d'Auvernay, chevalier, messire Jacques de Villers et maistre
P. de la Charité.

[Signé :] NEVEL.

Arch. nat. J. 227, n° 78. Original scellé.

Bry de la Clergerie, p. 284. Analyse.

N° 58.

26 octobre 1335.

Aveu des châtellenies de Nogent-le-Rotrou, Riveray, Nonvilliers,
Montigny, Montlandon et de la ville de la Ferrière, rendu par
Jeanne de Bretagne à Charles II, comte du Perche.

De vous, très noble et excellent prince, Monseigneur Charles
de Valloys, frère du roy de France nostre seigneur, aveue à tenir
en fieu, Jehanne de Bretagne, dame de Chassel, les choses qui
enssuyvent, pour cause de l'asiete et du transport que le dit nostre
seigneur le roy vous en a fait : la ville et chastel et la chastellenie
de Nogent le Rotrou, si comme ilz se comportent, les paaiges, les
chemins, les frouz, les fieuz et rerefieuz o toutes les libertés,
franchises, seigneuries et nobblesses et toutes appartenances et ap-
pondances d'icelles, les cens de la dite ville, deubz à plusieurs
journées, vallans par an 33 livres 7 sols par an ou environ,
.... 19 l. 18 s. ou environ; Item, les ventes des cens dessus diz
toutesfoiz que ventes y [e]schéent; Item, les rentes héritaulx, qui ne
croissent ni n'appetissent, vallant par an 256 l., 5 s., 3 deniers
maille ou environ; Item, les fermes et rentes de la dite ville et
chastellerie de Nogent le Rotrou, qui croissent et appetissent, c'est
assavoir : le louaige à la halle au pain assise en la dite ville, item,
couvaige au vin de la dite ville, item, le tondé du pain d'icelle
ville, item, la halle de la poiconnerie de la dite ville, item, la
halle de la ferronnerie, item, le poys à sief, garence et autres
choses de la dite ville; Item, la mestaierie de la Mancelliere et

les terres si comme ilz se comportent; Item, les vignes de Nogent
qui me appartiennent assises ou terrouer de Nogent; Item, pres-
souer à pressouerer vin de la dite ville; Item, le moulin de Marbon o
ces appartenances; Item, le moullin de la Roche sur Couldre o
ses appartenances; Item, la rivière de Marbon et de Germenst,
si comme ilz se comportent; Item, le hébergement de la Roche
sur Couldre, le plesseys contenant 12 arpens de boys ou environ,
et la garaine a connins ou dit boys, item, quatre muits de terre
ou environ appartenant au dit hébergement, item, les prez et noes
appartenant au dit hébergement; Item, ung terraige assis en la
dite chastellenie de Nogent, vallant six septier que blé que avaine
ou environ; Item, 18 muits d'avoyne deubz par an au terme de
Noël en la dite chastellenie; Item, douze douzaines de gelines ou
environ; Item, tous les prez à moy appartenans en la dite ville et
chastellenie de Nogent; Item, le hébergement des Salles en Perchet si comme il se comporte, troys estangs appartenans au dit
hébergement contenans, que ou hébergemens que es estangs,
20 arpens ou environ; Item, es boys de Perchet, es hayes de Marbon et ou boys de Mouriseure assis en la dite chastellenie de
Nogent 1393 arpens es boys, guaz ou environ, c'est assavoir : ou
boys de Perchet : 867 arpens ou environ, que en boys que en gaast
ou environ, ou boys de Mouriseure : 508 arpens que en boys que
en gaast ou environ, et es hayes de Marbon : six arpens de boys
ou environ; Item, garenne à toutes bestes es dits boys; Item,
cornaige en la dite ville et chastellenie, toutes foiz que le cas y
eschiet; Item, les patronnaiges des églises qui ensuivent, appartenans à la dite ville et chastellenie : premièrement, le patronnaige
de la chappelle des Salles en Perchet, item, le patronnaige de la
chastellenie (1) de St-Jehan de Nogent, le patronnaige de la trésor-
rerie de Saint-Jehan de Nogent, item, le patronnaige de l'aumosne
de Nogent; Item, la garde et le ressort de l'abbaie d'Arcisses, item, la
garde et le ressort de l'abbaie de Cleraiz, item, la garde et le ressort
de l'église de Saint Jehan de Nogent, item, la garde et le ressort
de Saint Ladre de Nogent, item, la garde et le ressort de toutes
les églises parrochiaulx assis en la dite chastellenie de Nogent;
Item, les vaasseurs qui ensuivent, appartenans au dit chastel et
chastellenie de Nogent, c'est assavoir : Monseigneur Guillaume le
Vidame de Chartres, Guillaume de Sale 2 foiz, Symon le Françoys
2 foiz, Jehan de Mondouxet 2 foiz, le sire de Longny, le sire [de]
Valbillon, Monseigneur Robert de Merlay, lesquieulx vaasseurs
ont, en leurs terres qu'ils tiennent de moy en la dite chastellenie,

---

(1) Il doit y avoir eu ici une faute dans la copie faite en 1505, et le mot
« chastellenie » a dù être mis pour celui de chapellenie ou peut-être de
chantrerie.

toute justice ; Item, le sire de Brunelles 2 foiz, monseigneur Jehan
de Champeaulx, Guillaume de Forges 2 foiz, Gervaise de Raderay
2 foiz, Monseigneur Jehan la Gogué, Jehan Bisail 2 foiz, Robert
de Forges, Guillaume Boucquault, Jehan Veron, Gieffroy Pegart,
le petit Conte, Jehan le Mareschal, le dit Jehan à cause du bail des
enffans feu Jehan Baigis, Guillaume de Melleray, le sire du Beis,
Jehan du Couldré, Jehan du Pont, Simon de Bauche, Regnault
Malerbe, Gieffroy d'Illiers, Gillebert de Prullay, Regnault Bruiant,
Gieffroy Boulleur, Guillaume de Bertonville, Regnault de Baillé,
Noël Croullard, la femme feu Simon de Courmargon, Edme Henry,
Chenot Grasset, Guillaume de Genay, Jehan Belin ; Item, toute
seigneurie et justice, haulte, moyenne et basse, en tous les
domaines, fieuz et rerefieufz de la dite ville et chastellenie sus
tous vaasseurs, scensiers et refiez vaasseurs d'icelle, et fieu et
ressort sur ceux qui ont haulte justice ; — Item, la ville, le
chastel et chastellenie de Riveré si comme ilz se comportent, les
paaiges, les chemins, les frous, les fieux, rerefieux, o toutes les
libertés, franchises, seigneuries et noblesses et toutes les appartenances et appendances d'icelle, les cens de la dite ville et chastellenie vallans par an 11 l. 3 s. 7 d. ou environ, item, les ventes
de scens dessus dits toutes foiz que ventes y [e]schéent, Item, rentes
héritaulx qui ne croissent ni appetissent, vallans par an : 24 l.
13 sols ou environ, Item, rentes de Mouriseure héritaulx vallans
11 l. 15 s. 6 d. ou environ, Item, les fermes de la dite ville et chastellenie qu'ilz croissent et appetissent, la prévosté, la halle, le
four, le moullin du Bouaiz o ces appartenances, si comme ilz se
comportent, Item, 6 septiers d'avoyne, 12 pains, 12 gelines,
12 deniers, assis sur 12 mazures, qui sont en la parroisse de Saint-
Vitour, c'est assavoir : pour chacune mazure une myne d'avoyne,
un pain, une geline et un denier, Item, deux muitz et un bouessel
d'avoyne deubz à Noel de plusieurs personnes en la dite chastellenie, Item, la vaierie de Saint-Vitour se je la puys avoir, laquelle
les religieux de St-Martin du Val de Chartres tiennent, sans ce
que elle fust oncques amortie, Item, garenne à counnier en la dite
chastellenie, Item, le patronnaige de la Maison-Dieu de la dite
ville, Item, la garde et ressort de la Regnardière si comme ilz se
comporte, Item, la garde et ressort de toutes les esglises parrochiaulx et chapelles de la dite ville et chastellenie, Item, cornaige
en la dite ville et chastellenie de toutes foiz que le cas y eschiet,
Item, les vaasseurs qui ensuivent : monseigneur Jehan de Champeaulx, le sire de Montirel, Huet Barbeu, l'Esné de la Doure,
Tenot le Vannier, les héritiers feu Gillot Douxin, Gassot Joust, la
dame de Valgolif, Robin le Bannier, Item, justice, seigneurie,
haulte moyenne et basse, en tous les dommaines, fieufz et rere-

fieufz de la dite ville et chastellenie sur tous les vaasseurs, scenciers et rerez vaasseurs d'icelle; — Item, la ville et chastellenie de Nonvilliers, les paaiges, les chemins, les frouz, les fieufz et rerefieufz, o toutes les libertés, franchises, seigneuries et noblesses et toutes les appartenances et appendances d'icelle, si comme tout se comporte, les cens de la dite ville et chastellenie, deubz à plusieurs journées, vallans : 6 l. 8 s. 8 d. obole ou environ, Item, les ventes des cens dessus ditz, toutes foiz que ventes y eschéent, Item, les rentes héritaulx qui ne croissent ne appetissent de la dite ville et chastellenie, vallans par an : 11 l. 12 s. 3 d. ou environ, Item, 6 l. 17 s. de rente ou environ assis sur plusieurs pièces de terre que tiennent plusieurs bonnes gens, Item, le hébergement de la Bergerie, avec 9 muits de terre ou environ, Item, quatre journées de ferm... ou environ appartenans au dit hébergement, Item, 13 septiers d'avoyne, 13 pains, 13 gelines et 13 deniers, assis sur 13 masures assises en la dite chastellenie, Item, ung muy, que blé que avoyne, assis sur les héritages que Perrot Queignon tient, Item, ou boys du Chesnay : 73 arpens ou environ, que gast que boys, Es boys de Nonvilliers : 80 arpens, que boys que gast, Item, es boys de la Place : 151 arpens, que boys que gast ou environ, Item, sept arpens ou environ, Item, ou Boullay Sexon : 70 arpens ou environ, que boys que gast, Item, a Hafoutel : 62 arpens, que boys que gast ou environ, Item, à Pelain-Ville : 50 arpens que boys que gast ou environ, Item, 3 estangs assis joux la ville de Nonvilliers, contenans 20 arpens ou environ, Item, garenne à connins environ la dite ville de Nonvilliers, Item, le four de Nonvilliers, Item, cornaige en la dite ville et chastellenie, touteffoiz que le cas y eschiet, Item, les vaasseurs qui enssuivent, c'est assavoir : monseigneur Jehan la Gogué, Guillaume Biseul, Jehan de la Tousche, Regnault Pouppin, Colin Roble, les héritiers feu Thenot Bellot, les héritiers feu Robin Moreau, les héritiers feu Denis de la Tousche, Guillaume de la Tousche, Item, toute justice et seigneurie haulte, moyenne et basse, en tous les domaines, fiez et rerefiez de toute la dite ville et chastellerie; — Item, l'ébergement de Monthigny, la ville et chastellenie, le paagez, le frouz, les chemins, les fiefz et rerefiefz, les appartenances, appendances d'icelle, o toutes les libertés, franchises seigneuries et noblesses, si comme tout se comporte, les cens de la dite ville et chastellerie, vallans 7 s. et 3 d. ou environ, Item, les ventes des dits cens, toutes foiz que ventes y eschéent, Item, les paaiges de la dite ville et chastellenie, Item, trois moullins avec leur moute, c'est assavoir : les deux moullins de la Chaussée et le moullin de Hors-le-Parc, Item, 5 estangs appartenans au dit lieu de Montigny, contenans : 85 arpens de terre ou environ, Item, 30 chartées de foing, que en prez, que en noes, que es retraictz des dits estangs, Item, la dixme de la dite paroisse de Montigny, Item, un muy d'avoyne par an sur les avenaiges de la Croiz-du-Perche, Item, 21 sols de rente par an deubz à Chassant et à la Croiz du Perche, pour cause de la vaierie et bannerie, Item, une masure appelée le Cloux Mahault, contenant environ 24 arpens de terre, Item, la masure que tient Jehan Gaignon, vault 25 sols de rente par an ou environ, Item, la terre que tient Colin Lubin, assis à la malladerie de Chapponvilliers, vaut par an 21 sols, Item, la masure Noel des Tousches, contenant 30 arpens de terre ou environ, Item, une masure assise aux Touches, contenant 18 arpens de terre ou environ, laquelle feu... contenant 23 arpens de terre ou environ, Item, ou parc de Montigny : mil arpens ou environ, que boys que gast, Item, garenne à toutes bestez es dits boys, Item, le four de la dite ville, Item, cornaige en la dite ville et chastellerie, toutes foiz que le cas y eschiet, Item le patronnaige de la dite ville de Montigny, Item, la garde et le ressort de toutes les églises parrochiaulx de la dite [chastellenie], Item, les vaasseurs qui enssuivent : monseigneur Jehan la Gogué, Guillaume de la Tousche, Regnault Pouppin, Robert de Grant-Houx deux foiz, Gervaise de la Sort, Jehan le Bourge, Estienne Lubin et Jehan Cheyneau, Item, toute justice et seigneurie, haulte, moienne et basse ·[en] touz les dommaines fiefz et rerefiefz, de la dite ville et chastellenie ; — Item, le chastel, la ville et chastellenie de Montlandon et la ville de la Ferrière si comme ilz se comportent, les paaiges d'icelle, les chemins et le frouz, les fiefz et rerefiez o toutes les libertés, franchises, seigneuries et noblesses et toutes les appartenances et appendances d'icelles, Les cens de la dite ville et chastellenie de Montlandon, vallans : 37 s. 9 d. .... 42 s. 9 d. obole ou environ, Item, les vantes des dits cens, toutes foiz que vantes y eschéent, Item, rentes héritaulx qui ne croissent ne appetissent, vallans 11 l. 18 s. 6 d. ou environ par an, Item, les fermes de la prevosté de la dite ville et chastellenie appelées les Masures-le-Conte, contenant 15 arpens ou environ, Item, deux estanges contenant 12 arpens de terre ou environ, Item, 80 arpens de boys ou environ, que boys que gaast, appelés les Broces de Montlandon, Item, garenne à connins es dits boys en la dite chastellenie, Item, ou Boys-le-Conte de Saint-Alafre : 280 arpens, que boys que guast, ou environ, Item, ou boys de la Ferrière : 40 arpens ou environ, Item, ou boys d'Auton : 150 arpens, que boys que guast, ou environ, Item, les cens et la taille de la dite ville de la Ferrière vallans par an 100 solz ou environ, Item, la ferme de la prevosté du dit lieu, Item, la garde et le ressort de l'église de Montlandon, Item, cor-

naige es dictes villes et chastellenies toutes foiz que le cas y
eschiet; — Item, les seaulx et escriptures en et de touctes les
dictes villes et chastellenies et les proufflctz d'iceulx; Item, toute
justice et seigneurie haulte, moienne et basse par toutes les villes
et chastellenies dessus dictes, es dommaines, censives, fiefz et
rerefiefz d'icelles; Et foys protestation de tout eclercissement
faire cy après, s'il en est mestier en aucun cas et si avant comme
il appartiendroit et que tenue y soie et aussi sauf le plus et le
moins, cy plus ou moings avoye advoué et mis en cest adveu que
je ne debvoye, qu'il ne me soit ne ne me tourne de rien à préjudice ne à ceulx dont y seroie tenu et de plus ou moins bailler et
advouer par escript ou de plus ou de moins me poroye adviser ou
venist à ma congnoissance en quelconque manière. — Donné
soubz mon propre séel, l'an de grace mil troys cens trente cinq,
le jeudi avant la Toussains.

Ceste presente coppie a esté extraicte et collationnée à l'original
de certain papier anxien rondt de parchemin en fourme de pan-
carte anxienne estant en la chambre des cemptes d'Alençon, par
nous Francoys Peschart, licentié es loix, juge pour le roy nostre
sire des exemps par appel ou-pays et conté du Perche, Terres
Francoises et chastellenies de Nogent-le-Rotrou, en la présence
de honneste homme maistre Jehan le Villain, procureur fiscal du
duché d'Alençon pour haulte et puissante princesse madame
Marguerite de Lorraine, duchesse d'Alençon, contesse du Perche
et vicontesse de Beaumont, ayant le bail et garde de monseigneur
le Duc, son filz, et de Jehan de la Fontaine, procureur deuement
fondé, comme suffisamment nous est apparu de Révérend Père
en Dieu Philippe, cardinal de la Sainte Eglise Romaine, évesque
du Mans et de Thérouenne, au moien de l'assignation à huy baillée
au dit cardinal, ainsi qu'il nous est pareillement apparu par la
relation de Denis Barrier, sergeant ordinaire du roy nostre dict
seigneur es pays et conté du Mayne, à la requeste de la dicte
duchesse ou son procureur, par vertu des lettres de compulsoire
esmanées de la cour de nos très honnorez seigneurs les conseillers
du roy, nostre dit seigneur sur le fait de la justice de son trésor à
Paris, icelles lettres données en dabte du 20ᵉ jour de février l'an
1504 et signées M. Courtin, ausquelz extraitz faire avons vacqué
en la présence des dicts procureurs et Guillaume le Feuvre, clerc,
présens nostre greffier, le 15ᵉ jour de novembre 1505. En tesmoing
de ce, nous avons signé ces présentes de nostre seing et scellées
de nostre scel, et fait signer du seing du dit Guillaume le Feuvre,
les jour et an que dessus.

[Signé:] F. Peschart [avec paraphe, et:] C. Lefeuvre [avec
paraphe].

Arch. nat. P 147, cote 17. Copie authentique du 15 nov. 1505.

N° 59.

Du Louvre ; 15 décembre 1336.

*Notification par Charles II, comte du Perche, du traité de son
futur mariage avec Marie d'Espagne : il lui promet un douaire
de 7,000 livres de rente et, pour asseoir cette rente, lui assigne
différentes terres, entre autres : Ceton, Bellou-le-Trichard,
Mortagne, les forêts du Perche et la suzeraineté de Nogent-le-
Rotrou.*

Nous Charles de Valloys, frère du roy de France, conte d'Alençon et Perche, faisons scavoir que, par le traicté du mariaige qui
se doibt faire entre nous et Marie d'Espaigne, contesse d'Estampes,
ordené et pourparlé par nostre très cher seigneur monseigneur
le Roy et par nostre très-chère dame madame la Royne, nous
avons doé et doons la dicte Marie de sept mille livres de terre à
tournoys ou de rente annuelle à la vallue des dictes sept mille livres
annuelles, lesquelles nous lui avons promis asseoir et assigner, pour
à cause de douaire ou de don pour noces à sa vie, se elle nous
survit après le mariaige consommé et parfaict entre nous deux,
et dès maintenant li asséons et assignons en ceste manière : premièrement, toute la terre que nostre dit seigneur et frère monseigneur le Roy nous bailla et assigna pour cause de l'escheoite de
feu Loys de Valloys, jadis nostre frère, et pour la recompensacion
de Courpotain, c'est assavoir Verneueil, Chasteauneuf en Timoroys,
Champront, Senonches, les fiefz et ressort de Nogent le Rotro,
Saincte Escollace, Glapion, Seton, et Bellou le Trichard et toutes
les autres terres et possessions et tous les droiz et appartenances
qui baillées nous furent pour la cause dessus dite, au pris de
quatre ...... ou cinq cens livres de terre à tournoys et en la manière que baillez et assignez nous ont esté, et pour le remanant
des dites sept mille livres nous luy baillons encores et assignons
nostre dite ville de Mortaigne ou Perche, nos forests du Perche,
Bons Moulins et toutes les appartenances d'iceulx lieux, et voullons que, es lieux dessus dits et en chacun d'iceulx, la dicte Marie,
durant sa vie et douaire, ayt ..... seigneurie, justice et ....
comme nous mesmes y avons, et que ce qui fauldroyt de l'assiete
des dits sept mille livres de terre li soit parfaict et assis sur et de
nostre terre, au plus près des dessus dits lieux, au plus proffita-

blement qu'il pourra estre faict, lesquelles sept mille livres de terre ou de rente la dite Marie aura et prandra paisiblement, en nom et pour cause de douaire tant comme elle vivra, en quelconque lieu et estat que elle soyt, aussi noblement et franchement comme nous les tenons et poons tenir, sauf le ressort .... des appeaulx à l'eschiquier d'Alençon de ce qui en icelle conté d'Alençon cherra en douaire, et nous promectons loyaulment et en bonne foy et par solennelle stipulation, pour nous et pour noz hoirs et successeurs et sur l'obligacion de tous noz biens meubles, non meubles, présens et à venir, lesquelz nous avons obligé et obligeons à la dite Marie   et recevant, tenir garder et acomplir entièrement et parfaictement toutes les choses et chacunes dessus dictes et non aller encontre, par nous ne par autre, ne consentir que autre y viengne et garantir, en jugement et hors, les choses dessus dictes et chacunes d'icelles, des quelles nous avons voullu et voullons la dicte Marie estre douée et que elle les puisse prandre, occupper et retenir de sa propre et pure auctorité se elle nous sourvit, sans offence de droyt ne de juge et sans contredict de noz hoirs et successeurs et sans ce qu'ilz en soient au contraire oiz en rien et sans ce qu'ilz puissent dire ou alléguer que la mort saisist le vif ne autre chose quelconque par quoy ilz puissent ou doient empescher ou retarder les choses dessus dictes ou aucunes d'icelles ; et voullons et accordons nous, noz hoirs et successeurs estre contraincts à acomplir, tenir, garder et garantir effectivement le dit douaire, en la forme et manière dessus dite, par pure exécucion et par toutes autres et .... manières par nostre seigneur le roy de France ou ses gens ayans .... et renonçons expressément, quant ad ce, à toute coustume normande, françoyse et aultre et à quelzconques usaiges de pays et de lieux, à tout .... droyt contraires aux choses dessus dites suppliant à nostre très cher seigneur et frère, monseigneur le roy de France dessus dit, que ces choses il vueille..... et confermer, et décerner icelles valloir et avoir plain effect non   droit, us, coustumes   de courts ou autres choses contraires, lesquelles il de son plain povoir et auctorité royal vueille casser, irriter et adnuller en ceste partie, et à ces choses vueille mectre son séel et son décrect et ..... par faire avoyr en la dite assiete, nous voullons que, par monseigneur le roy ou ses gens ayans pou... sur ce, soyt faict et parfaict, toutes foys qu'il plaira à la la dite Marie. En tesmoing de ce, nous avons faict mectre nostre séel à ses lettres. Donné au Louvre le xve jour de décembre, l'an de grace mil troys cens trente six.

Et est escript sur le reply de la dite lettre ce qui s'ensuit : par monseigneur le conte, présens : messire Renault de Darquez,

prebtre; Jehan d'Arrablay, P. de Hargeulh, P. d'Auvernay, chevaliers; et P. des Essars; et au dessoubz: Meuil, et au plus bas
Double; et est scellé d'un grand seau de cire rouge en laz de soye
verte.

B. N., ms. fr. 18957. Copie du XVIe siècle.
    Ibid.   24132 (G. Lainé IX), fol. 434. Analyse.
    Ibid.   24134 (G. Lainé XI), fol. 68vo. Autre analyse plus dé-
taillée.
Bry de la Clergerie, p. 286. Analyse.

N° 60.

Château de l'Ermine; 26 juin 1396.

Le duc et la duchesse de Bretagne notifient et promettent d'accom-
plir, en ce qui les concerne, le traité du mariage projeté entre
Jean, comte du Perche, et Marie de Bretagne, qui reçoit, 1° en
dot et avancement d'hoirie : diverses terres et cent mille livres
tournois, et, 2° en douaire : le comté du Perche.

Jehan, duc de Bretaigne, et Jehanne, fille du roy de Navarre,
duchesse du dict lieu, à laquelle nous duc avons donné et octroyé,
donnons et octroyons par ces présentes auctorité, congié et
licence de faire, accorder et passer les chouses qui s'ensuyvent
et nous la dicte duchesse l'avons prins et receu agréable.... nous,
scavoir faisons à tous présens et à venir que, en traicté du
mariage pourparlé et qui, au plaisir de Nostre-Seigneur, se fera en
face de Saincte-Eglise entre nostre très chère et très amée fille
Marie, d'une part, — et nostre très cher et très amé cousin Jehan,
conte du Perche, filz de noz très chers et très amez cousin et
cousine le conte d'Alençon et la contesse, d'autre part, — ont esté
acordées et octroyées, promises et enconvenancées les choses
qui ensuyvent : c'est assavoir, que nous duc et duchesse avons
donné et donnons, en nom et cause de mariaige, nostre dicte fille
à nostre dict cousin le conte en femme et espouse et que, pour
cause et à l'heure (1) d'iceluy mariaige, pour sa partie et porcion
de toute la succession paternaulx et maternaulx, fors en cas du
decees de ses frères ou des hoirs yssus de leurs corps, donnons à
nostre dicte fille par heritaige : la ville, chastel et chastelenye de

(1) Le texte de Dom Lobineau porte « à l'œuvre » au lieu de à l'heure.

la Guyerche o ses appartenances, à estre tenuz de nous duc de
Bretaigne et de noz hoirs ligiement selon la coustume de nostre
pays de Bretaigne, avecques la rente que nous avons et prenons
sur la recepte de Bayeulx et la terre que Jehan du Fou a et tient
en Anjou et ou Maine qui fut au seigneur (1) d'Anthenaise (que
Dieu absoille !), pour tout héritaige dont nous ferons et ferons
faire toute dilligence sans aucune fiction ; et, ou cas que ne
pourrions avoir toute la dicte terre d'iceluy du Fou ou partie
d'icelle, nous serons tenuz en recompencer nostre dicte fille
par argent, d'autant comme elle pourroit valoir justement et
loyaulment sans compter ediffices, lequel argent sera converty
en héritaige pour et ou nom de nostre dicte fille; et pour meuble,
nous duc et duchesse avons donné et donnons à nostre dicte
fille , par mariaige , la somme de cent mille livres tournois,
francs pour xx sols, à une foiz paiés, dont il sera employé soixante
mille en héritaige pour et ou nom et en la ligne de nostre dicte
fille , et quarante mille en seront employés en la volunté et
ordonnance de nostre dict cousin du Perche, sans en faire aucune
reservacion (2) que que adviengne de la dissolucion possible
du dict mariaige, et sera paiée la dicte somme de cent mille
livres aux termes qui ensuyvent : au jour des nopces vingt et cinq
mille livres, au définement de l'an après vingt et cinq mille livres
et ainsi d'an en an jusques acomplissement du dict paiement de
la dicte somme de cent mille livres, et seront esleuz deux personnes, de l'assentement des parties, qui recepvront la dicte somme
de soixante mille livres, par l'advisement desquelz et des dictes
parties ou leurs conseils, icelle somme sera employée en heritaige
comme dict est ; et, ou cas que nostre dicte fille décéderoit sans
hoirs (3) ou les hoirs d'elle, les dictes terres de la Guyerche, de
Baieux et de Jehan du Fou ou les aultres héritaiges qui en recompensacion d'iceulx seroient baillez et aussi les héritaiges qui seront
acquis des dictes soixante mille livres, ou l'argent en cas qu'il
n'auroit esté employé en heritaige, nous retourneroit ou à noz hoirs
prochains de nostre dicte fille. — Et quant au douaire, noz dicts
cousins conte et contesse, la dicte contesse à l'auctorité du dict
conte, ont donné et donnent à nostre dicte fille, en cas que nostre
dict cousin conte du Perche descéderoit, le mariaige ou les
espouzailles faictes, avant nostre dicte fille et avant le decez de
nostre dict cousin et cousine ou de l'un d'eulx, la conté du
Perche et après le trespassement d'iceulx noz cousin et cousine

(1) Au lieu de : « qui fut au seigneur », le texte de Dom Lobineau
porte : « qui fut beau-père ».
(2) Dom Lobineau met : « restitution » au lieu de : « reservacion ».
(3) Dom Lobineau ajoute : « de son corps ».

ou de l'un d'eulx, en cas que la dicte conté du Perche ne suffiroit
à nostre dicte fille et à ses amis (1), ilz se sont conscentiz et
conscentent et ont voulu et veulent que, après le deceès d'eulx ou
de l'un d'eulx, la dicte conté du Perche raportée à partie, nostre
dicte fille ait le tiers de tous les héritaiges de nos dicts cousin et
cousine ou de chacun d'eulx après leur deceès et que lotz en
soient faiz selon la coustume du pays, et aura nostre dicte fille
acquis son douaire incontinent après les espousailles et qu'elle
aura esté ou lict avec nostre dict cousin le conte du Perche,
nonobstaut qu'ilz n'aient pas aage compectant pour accomplissement et consommacion de mariaige, en quel cas nos dicts cousin
et cousine conte et contesse d'Alençon ont voulu, promis et octroyé à nostre dicte fille la dicte conté du Perche et tout le dict
douaire, les dits cas de deceès advenuz comme dit est, quelque
aage que nostre dicte fille ait ou temps du deceès du dit conte du
Perche filz de nos dits cousin et cousine, à tenir, la vie de nostre
dicte fille durant tant seullement, comme douaire, nonobstant
qu'elle n'auroit pas pour lors aage suffizante à contracter, parfaire
et acomplir mariaige et nonobstant que douaire ne peult estre deu
se le mariaige n'estoit parfait. — Et serons tenuz bailler nostre
dicte fille en tel estat de joyaulx, robes et autres chouses comme
il appartient à fille de l'estat dont elle est, considéré le lieu où
nous la mectons (2) ; pour l'acomplissement des quelles chouses
nos dicts cousin et cousine d'Allençon nous ont baillé lettres obli-
gatoires en laz de soye et cire vert pour leur partie et quant à nous
duc et duchesse devant dictz, nous la dicte duchesse, auctorisée
comme dit est, en tant comme à nous appartient et que nous avons
promis de nostre dicte partie, c'est assavoir d'acomplir et parfaire
le dict mariaige et (3) bailler la possession et saisine de la ville
chastel et chastelenye et terre de la Guierche et ses appartenances
à nostre dict cousin du Perche ou à ses gens commis de nostre
dict cousin d'Allençon son père, de luy bailler noz lettres de la
dicte rente de Baïeux, telles qu'il en puisse jouir, de luy garantir
les dites terres de la Guierche, nonobstant quelzconques assigna-
cions de donacion qui ait esté faicte d'icelle et aussi la dicte rente
de Baïeux, de luy bailler la dicte terre de Jehan du Fou en partie
ou recompenssation par argent à nostre dicte fille d'autant comme

---

(1) Le texte de Dom Lobineau ne porte pas : « et à ses amis ».

(2) Au lieu de : « où nous la mectons », Dom Lobineau porte : « où elle
vient ».

(3) Le passage suivant, compris entre les mots : « bailler la possession »
et les mots : « condicions dessus dictes » placé onze lignes plus bas, est
remplacé dans le texte de Dom Lobineau par les mots suivants : « de tenir
sa promesse du dit douaire et iceluy garentir ».

elle pourroit valoir ainsi que devant est dict, de paier les dictes
cent mille livres aux termes devant dictz et par les condicions
dessus dictes, nous nous obligeons à les tenir, faire et acomplir
par la manière dessus dite sans les enfraindre ne aller à encontre
et ainsi l'avons promis en bonne foy et en parolle de vérité et ad
ce avons obligé et obligeons tous nos biens meubles et héritaiges
et les biens de noz hoirs, présens et à venir, à estre venduz et despenduz
d'office de justice et de jour en jour, de heure à autre,
sans aucun procès ne errement de plait, et pour paier les cousts,
mises et despends qui pour deffault d'acomplir les promesses dessus
dites par nous faictes seroient faiz et soustenuz, sans que nous
ou l'un de nous, noz hoirs ou ayans cause, le puissons contre dire,
mais renonçons quant à cest fait à toutes les chouses de faict, de
droit et de coustume et de chacune d'icelles qui nous pourroient
aider et valoir à empescher l'excécucion et effect de ces lettres.
En tesmoing desquelles chouses et afin que ce soit chose ferme et
estable à tousjours, nous avons fait mettre noz seaulx à ces présentes.

Donné en nostre chastel de Lermine, le xxvie jour de juing, l'an
de grâce mil ccc quatre-vingts et seize. Ainsi signé en marge, par
Monseigneur le duc : JAMET.

B. N. ms. fr. 18957.

Dom Lobineau (preuves de l'Hist. de Bretagne, II, 794) publie les lettres
du comte et de la comtesse d'Alençon dont il est question ici, page 97,
lignes 24 et 25, d'après la source suivante : « Ch. de Nantes, arm. H, cassette
C, N. II ». E les sont à peu près identiques à celles-ci, sauf que ce sont le
comte et la comtesse d'Alençon qui parlent et non le duc et la duchesse
de Bretagne ; nous avons indiqué en note les passages différents.

N° 61.

Vincennes ; juin 1337.

*Lettres-patentes du roi ordonnant que l'appel des jugements rendus
par le ou les baillis du comté du Perche et du Thimerais,
soit porté non devant le Parlement, mais devant la Chambre des
Comptes de son frère, le comte du Perche, comme cela avait lieu
du vivant de leur père.*

LETTRES DU RESSORT DU PERCHE A LA CHAMBRE DES COMPTES
[DU COMTE DU PERCHE]

Philippe, par la grace de Dieu, roi de France, savoir faisons à

tous présens et à venir que, comme au temps que notre très cher
seigneur et père, dont Dieu ayt l'âme, vivait et tenait la conté du
Perche et l'autre terre du Perche et française que tient à present
notre très cher frère germain et féal Charles conte d'Alençon,
nostre dit seigneur et père cut la connaissance et connust en ses
comptes des appeaux (1) sans moyen qui étaient faits des siège et
auditoire de son bailly ou baillis d'iceux lieux, contés et terres,
et communément et notoirement étaient faits les appeaux ès dits
comptes des siège et auditoire du dit bailly, et quand, par adventure, iceux appeaux étaient faits à Parlement de l'auditoire de son
bailly ou autres juges des dits lieux, obmis et délaissé le moyen et.
l'auditoire des dits Comptes, nos devanciers roys et les gens de
parlement luy remettaient et remettent la connaissance de la court
d'iceux appeaux à ses dits Comptes, desquelles chouses nous sommes informées en notre personne et les avons trouvées estre vraies
et pour informées loyaulment et suffisamment, nous tenons que notre intention soit et ait toujours esté que nostre dit frère tienne
aussi noblement et aussi franchement et de la manière en tout et
partout comme faisait nostre dit seigneur et père la dite conté et
terre, parquoy nous plaist et voulons, a esté toujours et est nostre
intention et volonté et dès maintenant la déclarons et décernons,
par connaissance de cause, de certaine science et de nostre autorité et puissance royal, que nostre dit frère ait à ses Comptes la
connaissance des appeaux qui de l'auditoire de son bailli ou baillis, ou autres juges des dits lieux, sont ou seront faits au temps
passé ou à venir ; et se aucun ou aucuns appeaux ont été faits ou
seront de l'auditoire du dit bailli, ou ses autres juges aux dits lieux,
à nous ou à nostre dite Court ou en Parlement, omys ses dits
Comptes, que remys ou renvoyés luy soient à ses dits Comptes
sans aucun délai et contredit ; et que partie aussi appelant, obmys
iceux Comptes, ne se puisse ayder d'exemption de tel appel, depuis que notre dit frère ou seigneur en avait requis la rémission
ou retour, mais soit en tel état comme si aux dits Comptes avait
appelé ; et que tout procès qui à nostre Cour et en Parlement soient
fait sur ce depuis la rémission ou retour requis, soit de nulle valeur ; et voulans se d'aucuns appeaux aussi faits ou à faire, obmis
iceux comptes, n'avait esté au temps passé ou mesme au temps à
venir requis le retour ou rémission, qu'il ne soit pas pour ce trait
en exemple au préjudice de notre dit frère, sur le retour pour luy
d'autres appeaux semblables ; et de nostre autorité royale, de
nostre certaine science, de grâce spécial si mestier est, toutes
ces chouses et chacune d'icelle voulons, décernons et mandons

---

(1) *Appeaux* était alors le pluriel d'*appel*.

perpétuellement estre gardées par nos amés et féaux les gens du
dit Parlement et qui au temps à venir le tiendront, et tels appeaux
ne connaissent, ne oyent les appelans, depuis qu'ils seront requis
de les renvoyer aux Comptes de notre dit frère, ses hoirs et successeurs dessusdits, sauf le ressort d'iceux comptes à notre Parlement et en autres choses notre droit et l'autrui en toutes.

Et pour que ce soit ferme et estable à toujours, nous avons fait
mettre nostre scel à ces lettres. Ce fut fait au bois de Vincennes,
l'an de grâce 1337, au mois de juin; (et au dos des dites lettres est
escrit ce qui ensuit : Lectœ fuerunt presentes litterœ et publicatœ
in camera parlamenti et registratœ, XX^a II^a die augusti, anno
Domini 1339. Ainsi signé : JOUVENCE.)

    B. N. ms. fr. 24132 (G. Lainé IX), fol. 436. Copie.

N° 62.

20 janvier 1368 n. st.

*Partage entre Robert, comte du Perche, et Pierre II, comte d'Alen-
çon, des terres, parmi lesquelles se trouve le comté du Perche, à
eux échues par le don de leur frère Philippe, la mort de leur
père et l'entrée en religion de leur frère Charles.*

A tous ceulx qui ces lettres verront ou orront, Pierres, conte
d'Alençon, de Fougères et Damffront en Passais et Robert, conte
du Perche, seigneur de Porhouet, frères, salut. Comme nous eussons à partir et diviser entre nous les chasteaux, les fortereces,
terres et autres revenues de Fougères, du Chasteau Joselin, de
Porhouet et de Domffront en Passais, à nous donnés et octroiez,
de grâce espécial, par Révérend Père en Dieu, nostre très-cher
seigneur et frère, Monseigneur Philippe d'Alençon, par la grace
de Dieu archevesque de Rouen.......... ci-après declairées et aussi
tel droit comme nostre dit seigneur et frère de Rouen............ et
comme ainsné es autres terres qui li estoient escheues et advenues
par la succession et trespassement de nostre très-cher seigneur et
père (dont Dieu ait l'ame !) et par la profession faicte en l'ordre
des Frères Prescheurs de nostre très cher seigneur et frère monseigneur Charles, jadis conte d'Alençon et à présens archevesque
de Lions, à nous aussi donnée et octroyée par nostre dict seigneur
et frère de Rouen, par la condition et manière cy-dessoubz contenues, et aussi eussons à partir et diviser toutes autres nobleces,

signouries, terres, chasteaulx et forfereces quelconques à nous
appartenenz et qui nous pevent appartenir et entre nous communes pour cause de nostre dict seigneur et père et de noz ditz seigneurs et frères de Lions et de Rouen ; savoir faisons que nous
Pierres et Robert, tous deux ensemble et chacun par soy bien ainses
et........ .... terres, nobleces et seignouries, chasteaulz, forfereces
et autres quelconques choses que dessus et des values et conditions d'icelles, de noz pures et franches volluntés............. sans
aucunes deceptions quelconques, icelles terres, possessions, héritages, nobleces et droitz et toutes autres choses qui entre nous po-
vaient estre et estoient communes au jour de ceste présente division et de la date de ces lettres, avons divisé et encorres divisons
par la manière qui enssuit : c'est assavoir que nous Robert dessus
dict avons, pour tout nostre partaige et portion des choses dessus
dites : la conté du Perche et les appartenances, sauf que nostre
très chère et très redoubtée dame et mère tendra et ara sa vie durant tout ce qui li est assigné à cause de son douaire en la dicte
conté du Perche, douquel douaire la dicte conté sera chargée tant
à ce qu'elle y tient de présent et qu'elle y tenoit au jour de la datte
de ces présentes ; et, avec ce, nous Robert dessus dict arons la
ville et chasteau Josselin et toute la terre de Porhouet et tel droit
comme nostre dict seigneur et frère d'Alençon et nous povions et
devions avoir aujour d'huy en l'ostel de Sezile, prez la Porte-Bau-
det à Paris, avec les charges des choses dessus dictes, réservé
aussi à nostre dict seigneur et frère de Rouen, et à ses hoirs ou
aians cause de luy, que, se nous allions de vie à trespassement sans
hoirs de nostre corps, ou aians hoirs de nostre corps qui de droit
ou de coustume [ne] nous peust sucéder, ou se nostre dict hoir ou
hoirs mouroit ou mouroient sans aucuns hoirs de leurs corps ou
aians hoirs de leur corps qui aussi de droit ou de coustume ne
leur peussent sucéder, toute la dicte conté, ville et chasteau Josselin, terre de Porhouet, maison de Sezile et les appartenances,
appartendroient et retourneroient à nostre dict seigneur et frère de
Rouen, et à ses hoirs ou ayans cause de luy, lequel nostre frère de
Rouen nous a fait le don dessus dit sur ceste fourme, manière et
condition et du conscentement de nous et de chacun de nous;
— et nous, Pierres dessus dit, pour nostre partie de toutes les
choses dessus dites, arons et tendrons, nous et noz hoirs, la conté
d'Alençon et toutes les appartenances, le chasteau et ville et toute
la terre de Fougères, le chastel ville et terre de Domffront, les
chasteaulx, villes, chastellenies et terre de Verneul, de Chasteauneuf en Timerays, de Senonches, de [Brezoles] et tous autres
chasteaulx, forfereces, maisons, droitz, terres, pocessons, seignouries et autres choses quelconques qui entre nous estoient comuns

aujourd'huy, ou povoient appartenir à nous deulx à cause de nos
dits seigneurs père et frères, avec les charges des dites choses,
excepté ce que dessus est dit pour nostre dit frère monsieur Robert, réservé à nostre dite dame et mère son douaire, tel comme
elle l'avoit en nos dites terres au jour de la date de ces lettres, sa
vie durant, sauf aussi et réservé à nostre dit seigneur et frère de
Rouen, et à ses hoirs ou aians cause de luy, que, se nous Pierres
alions de vie à trespassement sans hoir de nostre corps ou ayans
hoirs de nostre corps qui de droit ou de coustume ne nous peust
sucéder, ou se nostre dit hoir ou hoirs mouroit ou mouroient sans
hoirs de son corps ou de leur corps, ou ayans hoirs de leurs corps
qui aussi de droit ou de coustume ne peust sucéder, la dite conté
d'Alençon et toutes les appartenances, le chastel, ville et toute la
terre de Fougères, le chastel, ville et terre de Donffront, les chasteaulz, villes, chastellenies et terres de Verneul, de Chasteauneuf-
en-Thimerays, de Senonches, de Brussoles et tous autres chas-
teauls, fortereces, maisons, terres, drois, pocessions, seignouries
et autres choses quelconques, qui par ceste division et présent
acors à nous dit Pierres doivent et pevent appartenir, reviendront
et appartendront à nostre dit seigneur et frère de Rouen, ou à ses
hoirs ou aians cause de luy, lequel dit seigneur et frère nous a fait
le don dessus dit sur ceste fourme et manière et condicion et du
consentement exprez de nous Pierres et Robert dessus dit; item
avons acordé, nous deulx ensemble et chacun par soy, acordons
et promectons, par la foy de noz corps, à nostre dit seigneur et
frère de Rouen que les conteez, chasteaulz, fortereces, villes, terres, maisons, héritages, seignouries, nobleces et autres choses
dessus dites, ou aucunes d'icelles en tout ou en partie, nous ne
vendrons, obligerons, donrons ou aliènerons ou mectrons hors de
nostre main, par quelque voie que ce soit, ne ne feront chose par
quoy elles [sortent] de noz mains en tout ou en partie, si ce n'est
de la licence, vollunté et consentement exprès du dit monseigneur
de Rouen nostre frère et se nous, ou l'un de nous, faisions le contraire, icelles choses seroient acquises dès maintenant pour lors
et delors pour maintenant à notre dit frère de Rouen ou à ses hoirs
ou ayans cause de li; item fu acordé, entre nous deux frères dessus nommez, que se nous Pierres dessus dit voullons [avoir] la
ville et chasteau Josselin et la terre de Porhoet...... en baillant à
nostre dit frère monseigneur Robert le chastel, ville et terres de
Domffront, nous Robert serons tenuz et promectons à bailler et
délivrer à notre dit seigneur et frère, monseigneur Pierres conte
d'Alençon, iceulz ville et chastel Josselin et terre de Porhouet, en
nous délivrant le dit chastel ville et terre de Domffront. — Lesquelles choses dessus dites et chacune d'icelles nous deux frères

dessus diz et chacun de nous, pour nous et noz hoirs et aians cause
de nous, avons promis et juré sur sainctes Evangilles de Dieu, ju-
rons et promectons par la foy de noz corps baillée corporellement
en la main de notre dit seigneur et frère de Rouen, tenir, acomplir
et garder à tous jours maiz, sans venir encontre par nous ou par
autre, de fait, de droit ou de coustume, par quelque voie que ce
soit, renonceans par la foy et serment dessus diz, quant à ces choses dessus escriptes et chacunes d'icelles, à toutes exceptions,
fraulde, lésion, deception et circonvention et especiallement à ce
[que] nous ou l'un de nous peussons dire ou proposer que toutes
les choses qui estoient communes et devoient estre divisées entre
nous Pierres et Robert, par ignorance, fraulde, ou autrement,
n'ont pas esté divisées ou déclairées, et à tout droit canon et civil
et à tous privilaiges et à toutes coustumes, raisons ou deffenses,
par quoy nous ou l'un de nous [peussons] aucune chose dire ou
opposer contre les accors et promesses dessus diz ou aucun d'iceulz
et especiallement au droit disant: général renonciation non valloir;
et en tesmoing de ce, nous Pierres et Robert, contes dessus diz,
avons fait escripre ces lettres, signées de noz mains et scellées de
noz seaulz. Ce fut fait et acordé le xxᵉ jour de janvier, l'an de grace
mil troyz cens soixante sept. Ainsi signé : Pierre conte d'Alençon,
Robert d'Alençon et scellée de deux sceaulx en double queue
de sire rouge.

B. N. ms. fr. 18957 ; copie du xviᵉ siècle.

Id. ms. fr. 24132 (G. Laîné IX), fol. 435 ; analyse.

Bry de la Clergerie p. 290 ; analyse plus courte.

N° 63.

Paris ; 6 juillet 1371.

*Exemption de fouage pour l'année 1371 accordée par le roi, sur
la demande du comte du Perche, aux habitants des châtellenies
de Mortagne, Ceton et Bellou-le-Trichart.*

Charles... A la supplication de nostre très chier et très amé
cousin le conte d'Alençon, et pour consideracion des pertes et
dommages que ses subgiez de sa contée d'Alençon et de ses autres
villes et terres qu'il a en nostre royaume, et aussi de la ville et
châtellerie de Mortaigne, Seon et Bellou-le-Trichart, que nostre
très-chiere tante la contesse d'Alençon, sa mère, tient en douaire

en la contée du Perche, ont euz et soustenuz, tant pour cause de
la guerre comme autrement, en tant qu'il ne pourroit aucunement
poier les *fouages ordenez* estre cueilliz et levez en nostre dit
royaume, *pour aider à suporter les charges de la dicte guerre,*
par la manière et en la valleur que iceulx fouaiges sont ordennez,
nous.... lui avons ottrié.... que touz ses subgiez et habitans de sa
dicte contée et de ses autres terres et villes, ou païs de Normendie,
et de celles qui sont enclavées ès diocèses du Mans et de Chartres,
et aussi ceux des dictes *villes et chasteleries de Mortaigne, Seon et
Bellou,* et tant les villes fermées comme le plat pais, soient quittes,
exemps, jusques à un an à compter du premier jour de janvier
derrain passé, des fouaiges dessus diz, parmie ce que nostre dit
cousin nous poiera pour ceste cause deux mille frans d'or une
fois à trois poiemens......

Par le roy, à la relacion des généraux consilliers sur le fait des
aides de la guerre : Yvo.

B. N., ms. Chartes royales, t. VII, n° 224. Original.

Publié par M. Léopold Delisle; mandements, etc., de Charles V, p. 407.

N° 64.

15 décembre 1391.

*Traité du mariage projeté entre Jean, comte du Perche, et Isabelle
de France (1).*

C'est le traittié fait et accordé entre les gens du Roy nostre
sire d'une part, et monseigneur Philippes de Harecourt, seigneur de Bonestable, le seigneur de la Ferté et le seigneur
d'Auvilliers, chevaliers, procureurs et aians puissance de monseigneur le conte d'Alençon et de ma dame la contesse, sa femme,
d'autre part, sur le fait du mariage qui, au plaisir de Dieu, se fera
entre ma dame Ysabel de France, fille ainsnée du Roy, et monseigneur Jehan, filz ainsné des diz monseigneur le conte et ma
dame la contesse :

(1) Ce mariage n'eut pas lieu; Isabelle de France, née en 1389, épousa
en 1396 Richard II, roi d'Angleterre, † 1399, et en deuxièmes noces en 1406
Charles, comte d'Angoulème puis duc d'Orléans, dont elle eut une fille,
Jeanne d'Orléans, qui épousa en 1421 Jean II, comte du Perche, fils de
Jean Ier, que concernait le traité de mariage ci-dessus.

Premièrement, le dit monseigneur le conte, pour contemplation du dit mariage, dès maintenant donra et cèdera et transportera au dit Jehan, monseigneur son filz, toute la conté du Perche, avecques toutes les villes, chasteaulx, chastelleries, terres, fiefs, arrière fiefs et appartenances de la dicte conté, pour jouir et user par le dit Jehan, monseigneur, des dictes conté, chasteaulx, chastelleries et terres, en plain droit et l'en fera mettre le dit monseigneur le conte et recevoir à ses propres coulx et despens en foy et homage, par les seigneurs à qui il appartient.

Item, le dit monseigneur le conte dès maintenant enhéritera, donra et transportera au dit Jehan, monseigneur : la propriété de la conté d'Alençon, avec les villes, rentes, chasteaulx et chastellenies, fiefs, arrière fiefs et appartenances quelxconques de la dicte conté, tant de celles qui sont anciennement de la dicte conté, comme des terres et appartenances de Danffront, du Tuyt et d'auttres adjoucttés et aduniees à la dicte conté, et aussi des chas·teaux et chastelleries de Exmes et de Saint-Remy du Plain, sauf et réservé au dit monseigneur le conte, le nom et dignité de conte, avecques tous les fruis, prouffiz, revenues et émolumens de la dicte conté d'Alençon, tout ainsi comme elle se comporte de présent, et des villes, chasteaulx, chastelleries et appartenances de Yexmes et de Saint-Rémy du Plain, sa vie durant tant seulement.

Item, le dit monseigneur le conte fera mettre et recevoir des maintenant le dit Jehan monseigneur en foy et hommage de la propriété de la dicte conté, chasteaulx et chastelleries et appartenances dessus dictes.

Item et pareillement, la dicte ma dame la contesse d'Alençon, du consentement, licence et autorité du dit monseigneur le conte son mary, enhéritera, cédera et transportera au dit Jehan, monseigneur son filz, la propriété des deux pars des villes et terres, chasteaulx, chastelleries, fiefs, arrerefiefs et appartenances de la viconté de Beaumont, avecques la dignité de viconté et aussi des deux pars de toutes les autres villes, chasteaulx, chastelleries et terres appartenans à la dicte ma dame la contesse et sera mis et receu des maintenant le dit Jehan monseigneur en foy et hommage de la dicte propriété, aus fraiz et despens des diz monseigneur le conte et ma dame la contesse, sauf et réservé que la dicte ma dame la contesse, sa vie durant tant seulement, [ne] se renoncera vicontesse et aura, prandra et percevra, tous les fruis, profiz et émolumens de la dicte viconté et autres villes, chasteaulx et chastelleries dessus dictes, et se consentira la dicte ma dame la contesse au don et transport que le dit monseigneur le conte fera au dit Jehan monseigneur de la propriété des diz chastel et chastellerie de Saint-Remy du Plain.

Item, ou cas que le dit mariage sera parfait, qui se fera se Dieu plest, la dicte ma dame Ysabel sera douée de 10,000 l. de terre : c'est assavoir de la dicte conté du Perche, ou cas qu'elle vaudrait les 10,000 l. de terre, et, ou cas qu'elle ne les vaudrait, elles seront parfaictes et assises es terres des dits monseigneur le conte et ma dame la contesse, plus prouchainnes de la dicte conté du Perche, sans compter chasteaux, forteresses ou autres édéfices en pris, touteffoiz seront il baillés se aucuns en a es terres qui pour le dit douaire seront bailliées ; pourveu toutevoies que, ou cas où le dit douaire auroit lieu, la dicte ma dame Ysabel, se mieulx li plest, aura et sera douée du douaire coustumier, et, par ainsi, sera en son chois et voulenté prandre les diz dix mille livres de terre pour son douaire, ou le dit douaire coustumier, tel comme les dames doivent avoir es terres de leurs maris selon les coutumes du pays.

Item, pour asseoir, bailler et délivrer le dit douaire au chois de la dicte ma dame Ysabel et par la manière dessus dicte, le dit monseigneur le conte d'Alençon et ma dame la contesse sa femme, se obligeront tant et si avant et bailleront teles et si bonnes seurtez de pleiges ou autrement comme il appartiendra et comme il sera avisé par le conseil du Roy et du dit monseigneur le conte.

Item, que le Roy pour et à l'eure du dit mariage donra à la dicte ma dame Ysabel, sa fille, cent mille frans, des quelx les deux pars seront emploiées en héritage, pour et au proufit de la dicte ma dame Ysabel et de ses hoirs, et le tiers sera au dit Jehan monseigneur pour en faire sa voulenté comme de son meuble, les quelx cent mille frans seront paiez aus termes et par la manière qui s'ensuit : c'est assavoir, la quarte partie le jour des noces, et l'autre quarte partie au bout de l'an des dictes noces et conséquemment d'an en an une quarte partie, jusques à ce que les diz cent mille frans soient paiez, et pour yceulx paier, le Roy se obligera par ses lettres et baillera teles seurtez comme les roys ont acoustumé à bailler pour les mariages de leurs filles, et, par my ce, la dicte ma dame Ysabel renoncera, etc. [sic].

Item, s'il avenoit que le dit Jehan monseigneur alast de vie à trespassement senz hoir de son corps, vivans les diz monseigneur le conte et ma dame la contesse, ses père et mère, les diz contez, viconté et terres à lui données comme dit est, reviendroient au dit monseigneur le conte et à ma dame sa femme, à chascun ce qui est de son héritage, sauf et réservé le dit douaire de la dicte ma dame Ysabel.

Item, pareillement se la dicte ma dame Ysabel aloit de vie à trespassement, senz hoirs de son corps, vivant le Roy (que Dieu ne vueille !), les deux pars des diz cent mille frans, ou les héri-

tages qui de ce auroient esté achatez, revendroient au Roy nostre
sire ; et, se le Roy estoit alé de vie à trespassement avant la dicte
ma dame Ysabel, et elle mouroit senz hoirs de son corps, les
dictes deux pars des dits cent mille frans, ou les héritages qui en
auroient esté achatez, revendroient au filz ainsné du Roy nostre
dit seigneur et, s'il n'avoit aucun filz, ilz revendroient au prou-
chain hoir de la dicte ma dame Ysabel.

Et nous, Arnault de Corbie, chancelier de France, Nicolas,
évesque de Bayeux, Pierre, évesque de Meaulx, Raoul, sire de
Rayneval, Guillaume, sire des Bordes, et Oudart de Molins, commis de par le Roy nostre dit seigneur, Philippe de Harecourt, sire
de Bonestable, Jehan, sire de la Ferté et Girart de Tournebu,
sire d'Auvilliers, procureurs des diz monseigneur le conte d'Alençon et ma dame la contesse, en tesmoin des choses dessus dictes
avons mis noz seaulx à ceste présente cédule, qui fu faicte le
xve jour de décembre l'an mil CCC quatre vingt et onze.

Arch. nat., J 227, no 82. Original scellé.

B. N., ms. fr. 24132 (G. Lainé IX), fol. 208. Analyse détaillée.

N° 65.

Paris ; 4 février 1393 (n. st.).

*Accord devant le Parlement de Paris, par lequel la comtesse de
Bar reconnaît tenir du comté du Perche ses terres de Nogent-
le-Rotrou, Montigny, Nonvilliers, Riveray, Montlandon et la
Ferrière.*

Arrest du Parlement de Paris, donné le 3 février 1392, contenant l'accord fait, pour raison de la chastellenie de Nogent le
Rotrou, entre le procureur du conte d'Alençon, tant en son nom
que comme ayant la garde du conte du Perche, son fils, d'une
part, et la contesse de Bar d'aultre, et par iceluy, la dite de Bar
confesse tenir la dite chastellenie et ses appartenances en foy et
hommage du dit conte du Perche à cause de son chastel de Bellesme estant en la dite conté du Perche, c'est à savoir Nogent,
Montigny, Nonvilliers et leurs appartenances au siège de Bellesme,
et Riveré, Molendon et la Ferrière à Mortaigne ; lequel accort est
dit avoir esté fait le 4 février 1392.

B. N. ms. fr. 24134 (G. Lainé, XI), fol. 69. Analyse.

Mentionné p. 302 par Bry, qui publie *in extenso* p. 294 à 302, deux
arrêts du Parlement relatifs à la même question, le premier du 10 avril 1378
(n. st.), le second du 24 mars 1388 (n. st.)

N° 66.

1er mars 1402 (n. st.).

Don de Nogent-le-Rotrou et de ses dépendances fait par Robert,
duc de Bar, à Bonne, sa fille, femme du comte de Saint-Pol.

Lettres de don, en date du 1er mars 1401, par lesquelles Robert,
duc de Bar, donne à Bonne, sa fille, femme de messire Valery de
Luxembourg, chevalier, comte de Ligny et de Saint-Paul, en ad-
vencement d'hoirie, les chastel, ville terre et appartenances de
Nogent le Rotrou, tenues en fief du comte d'Alençon, comme
ayant le gouvernement du comte du Perche, son fils, esquelles
lettres sont attachées deux pièces, dont l'une est une procuration
passée par les dits sieur de Luxembourg et Bonne de Bar, sa
femme, pour faire la foy et hommage au dit comte du Perche à
cause de son chastel et chastellenie de Bellesme. (Lettres de vidimus de la prevosté de Paris, du 13 août 1402.)

B. N. ms. fr. 24134 (G. Lainé, XI), fol. 69. Analyse.
Arch. nat. KK 893, fol. 58. Analyse moins détaillée.

N° 67.

12 août 1402.

12 août 1402. Copie d'une procuration donnée par Galleran de
Luxembourg, comte de Linoy [lisez : Ligny], et de Saint-Paul,
Bonne de Bar, sa femme, données à maistre Jean Codel et autres,
pour prendre possession de la terre et seigneurie de Nogent-le-
Rotrou et pour demander souffrance de faire la foy et hommage
au duc d'Alençon, duquel la dite terre relève à cause de son
comté du Perche.

Arch. nat. KK 893, fol. 70. Analyse.

N° 68.

25 octobre 1404.

Charte du 25 octobre 1404, par laquelle Charles, roi de
France, donne souffrance au comte du Perche, à cause de son

bas âge, pour jouir des terres et seigneuries qui lui pouvaient appartenir par le décès du comte d'Alençon, son père. Coté V.

Arch. nat. KK 393, fol. 11 et fol. 54 v°. Analyse.

N° 69.

Paris, 10 janvier 1405 (n. st.)

Réception du comte Jean Ier en foy et hommage liges des comtés d'Alençon et du Perche, des Terres-Françaises et de tout ce qu'il tient du roi.

Charles, par la grace de Dieu, roy France, à noz amez et féaulx gens de noz comptes à Paris, aux bailliz et vicomtes de Chartres, de Rouen, de Caen, et de Constentin et à tous nos autres justiciers ou à leurs lieux tenans, salut et dilection. Savoir vous faisons que nostre très cher et amé cousin, Jehan conte d'Alençon et du Perche, nous a aujourd'hui fait foy et hommaige liges des dictes contés, des Terres Francoises et....... ausquelz foy et hommage nous avons receu et recevons par ces présentes nostre dit cousin, sauf notre droit et l'autrui. Si, vous mandons et à chacun de vous, si comme à luy appartiendra, que, pour cause des dits foy et hommaige à nous non faiz, vous ne troublez, molestez ou empeschez ou souffrez estre troublé, molesté ou empesché aucunement notre dit cousin, mais tout empeschement qui y est ou serait mis, au contraire faictes oster et mettre à pleine délivrance sans delay ou autre mandement attendre. Donné à Paris le Xe jour de janvier, l'an de grace mil quatre cens et quatre et de notre règne le xxve Ainsi signé: par le roy, DANGEUL....... *habeat respectum faciendi et traddendi denominamentum usque ad XIII jullii M CCCC VII.*

Arch. nat. P. 139, cote 21, fol XV v°. Copie collationnée.

N° 70.

Paris, 10 janvier 1405 (n. st.)

Réception du comte Jean Ier en foy et hommage liges de la pairie de France, à cause des comtés d'Alençon et du Perche et des Terres-Françaises.

Charles etc... [comme dans l'acte précédent] savoir vous faisons

que notre très chier et amé cousin, Jehan, conte d'Alençon et du
Perche, nous a au jour duy fait foy et hommaige liges de la parrie
de France à cause des dictes contés d'Alençon et du Perche et des
Terres Françaises et leurs appartenances auxquelz etc.. [tout le
reste est pareil mot pour mot à l'acte précédent, sauf que la dernière phrase, à partir du mot « Daugeul », ne s'y trouve pas.]

Arch. nat. P. 274 [2], cote 6856 (ou CCCLII). Original.
Id.   P. 189, cote 22, fol. XVI. Copie.

N° 71.

Vernon-sur-Seine, 26 avril 1419.

*Don du comté du Perche par le roi d'Angleterre au comte de
Salisbury à charge, outre l'hommage, de lui apporter chaque année
à la fête de St-Georges en son château de Caen une épée avec son
fourreau et d'entretenir à ses frais des hommes d'armes et des archers jusqu'à la fin de la guerre.*

PRO COMITE SARUM, SUPER COMITATU DE PERCHE EI CONCESSO.

Rex omnibus, ad quos, etc. Salutem. Sciatis quod Nos, congrua
consideratione pensantes cunctorum actus et gesta, qui nobis lau-
dabiliter serviunt, desiderare debeamus ipsos honoribus extollere,
et juxta merita pro viribus prœmiare, certe magis avidius illos,
quos recuperandis juribus nostris alios procellere conspicimus, et
quanto magis obsequiosos in hac parte nobis se exhibent, tanto
eis majoribus gratiis, prœmiis et honoribus uberius prœrogemus.
Considerantes itaque grata et maxime laudabilia obsequia, nobis
per carissimum consanguineum nostrum Thomam comitem Sarum
ante hœc tempora multipliciter impensa et prœsertim in acquiren-
dis juribus nostris, infra ducatum nostrum Normanniœ et alibi
infra comitatum de Perche, volentesque proinde, prout regiœ
convenit dignitati, ipsum pro meritis suis in hac parte condigne
prœmiare, de gratiâ nostrâ speciali dedimus et concessimus eidem
consanguineo nostro totum comitatum de Perche, in quantum in
omnibus se extendit, tam in capite quam in membris et feodis nobilibus quibuscumque, habendum et tenendum prœfato consanguineo nostro et hœredibus suis masculis, de corpore sùo exeun-
tibus, cum omnimodis feodis militum, advocationibus ecclesiarum,
abbatiarum, prioratuum, hospitalium, cantariarum, capellarum et

aliorum beneficiorum quorumcumque, wardis, maritagiis, homagiis, releviis, escaetis, forisfacturis, reversionibus, justiciis altis, mediis et bassis, ac aliis feodis, nobilitatibus, dignitatibus, jurisdictionibus, pertinentiis, et commoditatibus quibuscumque, ad comitatum prœdictum seu membra ejusdem aliqualiter pertinentibus seu spectantibus, per homagium, Nobis et hœredibus nostris faciendum, ac reddendo unum gladium vaginatum, apud castrum nostrum de Caen, ad festum sancti Georgii, singulis annis imperpetuum ; proviso semper quod idem consanguineus noster homines ad arma et sagittarios, ad equitandum nobiscum et hœredibus nostris, seu locumtenente nostro Normanniœ, durante prœsenti guerra, juxta quantitatem valoris annui comitatus prœdicti, ad custus suos proprios, invenire teneatur, et, finita guerra, hujusmodi servitia in hac parte nobis debita impleat et perficiat. In cujus etc. Teste rege, apud castrum suum de Vernon super Sayne, XXVI die aprilis. Per ipsum regem.

Rymer : Fœdera, etc., t. IV, part. III, p. 111.

N° 72.

Vendôme, 10 octobre 1458.

Arrêt portant condamnation à mort du duc d'Alençon et confiscation de ses biens parmi lesquels figure la suzeraineté de Nogent-le-Rotrou, le reste du comté du Perche étant excepté de la confiscation et devant appartenir à René, fils du duc

Charles, par la grace de Dieu, roi de France, à tous présens et ad venir, salut et dilection. Comme ainsi soit que Nous, duement informez que Jean, duc d'Alençon, Pair de France, avoit conduit et démené et fait conduire et démener plusieurs traités et appointemens avec nos anciens ennemis et adversaires les Anglois, et, pour ce faire, avoit envoyé en Angleterre, et ailleurs ès pays des dits Anglois, plusieurs messages sans notre congé et licence et sans aucune chose Nous en faire savoir, au préjudice de Nous et de la chose publique de nostre royaume, et pour cette cause et pour obvier aux inconvéniens qui eussent pu s'en ensuivre, si par Nous n'eust été donné remède sur ce, nostre cher et amé cousin le conte de Dunois et de Longueville et nos amés et féaux conseillers et chambellans Pierre de Brezé, seigneur de la Varenne et grand-sénéchal de Normandie, Jean le Boursier, général sur le fait de nos finances, Guillaume Cousinot, bailly de Rouen, cheva-

lier, et Odet d'Aydie, bailly de Constantin, auroient par nostre
commandement et par vertu de nos dictes lettres patentes, données au chasteau près Esbreville, le 14ᵉ jour de may l'an 1456,
pris et arrêté le dict duc d'Alençon, nostre neveu, et pour procéder à l'expédition de son procez par l'advis et délibération
des gens de nostre Conseil, Nous aurions ordonné, par nos
autres lettres, données à Montrichard le 23ᵉ jour du moys de mai
dernier passé, que nostre Cour de Parlement, lors séant à Paris,
seroit et se tiendroit dans nostre ville de Montargis, à commencer
le 1ᵉʳ jour de juin dernier et jusqu'à la perfection d'icelluy procès,
et, pour icelle Cour tenir, aurions mandé et ordonné venir au dict
lieu de Montargis, de nos présidens et conseillers en nostre dicte
Cour, en bon et suffisant nombre et mandé pour y estre les Pairs
et seigneurs de nostre sang et lignage, tenans en pairie et autres
et aussi y estre notre amé et féal chancelier et aucuns des maistres des requestes de nostre hostel et autres gens de nostre
Conseil estans par devers nous, en intention de procéder à la fin
et conclusion du dict procez, laquelle allée nous aurions différée
à cause de la mortalité qui, pendant le dict temps, survint en la
ville d'Orléans, Sully et autres lieux voisins du dict lieu de Montargis, esquelz nous convenoit passer pour y aller et, tant à cause
de la dicte mortalité que pour obvier aux inconvénients qui, à
cause de ce, eussent pu s'en ensuivre et aussi que nouvelles Nous
survindrent de plusieurs parts que nos ennemis avoient faict certaines grosses armées sur la mer, en intention de faire descente
en nostre royaume, ès marches de nostre pays de Xainctonges,
de Poictou et de la basse Normandie, et, afin que nous puissions
estre en lieu des marches plus propre et convenable pour secourir
aux lieux de l'entreprinse de nos dicts ennemis, Nous aurions, par
l'advis et délibération de nostre dict Conseil, voulu, ordonné et
établi nostre dicte Cour de Parlement estre continuée et entre-
tenue dans ceste ville de Vendosme et aussi les gens de nostre
dicte Cour, garnie de Pairs et de ceux de nostre sang et lignage
et autres par nous mandés, à estre et comparoir au 12ᵉ jour du
mois dernier passé, et semblablement aurions mandé et ordonné
y estre le surplus de nostre Conseil : présidens, maistres des
Requestes de nostre dict hostel et autres nos conseils de nostre
dicte Cour de Parlement lesquelz estoient encore demeurans dans
nostre bonne ville et cité de Paris, pour procéder outre et
besoigner au dict procez jusqu'à la perfection d'iceluy, ainsi qu'il
appartiendroit par raison ; Et depuis, serions venus au dict lieu
de Vendosme et aussi plusieurs des seigneurs de nostre sang et
lignage, Pairs de France et plusieurs autres prélats, comtes,
barons et chevaliers en grand nombre de nostre dicte Cour de

Parlement et autres de nostre Conseil; Et par devant nous séans en nostre dicte Cour garnie de Pairs et autres à ce appelés, auroit esté ammené le dict duc d'Alençon, lequel, après le serment par luy faict de dire vérité, interrogé sur les cas et crimes dont il a esté accusé et trouvé chargé par information, a dict et confessé, de libérale et franche volonté, ce qui s'ensuit : « Que, après que le seigneur de Talbot eust pris Bourgdeaux, ung nommé Jaques Haye engloiz serviteur d'un nommé Richard Wideville, chevalier, aussi engloiz vint à saufconduit à Alençon et parla à icellui d'Alençon à secret du fait du mariage de la fille d'icellui d'Alençon avec le fils du dict duc d'York anglois qui, pour le fait du dit mariage, comme aussi pour toutes aultres chouses qu'ilz vouldroient faire scavoir les ungs aux autres, luy et le dit Jaques Haye, esleurent enseignes de prandre le poulce de la main d'icelui, auquel le message de l'une des dites parties se adresseroit, et que environ le moys d'aoust l'an qu'on disoit 1455, le dit d'Alençon envoya quérir ung nommé Thomas Gillet, prebtre, demorant à Damphront, et luy fist faire serment d'estre secret et après qu'ilz vouloit envoyer en Engleterre et le tint par aucun temps à cette cause, le mena avec lui à la Fleche en Anjou, esperant le despecher illec et que lors survint au dit lieu de la Fleche ung nommé Huntindon, englois, hérault d'Angleterre, auquel le dit d'Alençon se descouvrit et luy bailla charge d'aller en Engleterre pour amonnester et exiter de par luy nos dits ennemis à venir et descendre en nostre païz de Normandie en leur mandant qu'il feissent acord de par Dieu ou de par le diable et qu'ilz pensassent en aultres choses, et qu'il estoit heure de bouter avant et qu'oncques ilz n'auroient si beau le faire qu'ilz avoient lors et qu'il estoit temps ou jamais et que nous estions loing et nostre armée estoit en troys parties l'une en Armignac, l'autre en Guyenne et l'autre pour aler contre nostre très chier et très amé filz, le Dauphin de Viennoys et que les nobles, les bonnes villes et le peuple en tous estats estoient si mal contemps que plus ne povoient et que le dit d'Alençon mesmes estoit mal contempt et que, se nos diz ennemis se vouloient aider, icellui d'Alençon leur aideroit de places d'artillerie et de tout son povoir et qu'il avoit assez d'artillerie pour combatre aux champs dix mille hommes pour jour, et que nos diz ennemis enmenassent le roy d'Engleterre et 30 ou 40,000 combatans du moins et qu'il n'y avoit en nostre dit pays de Normandie que ung de nos chiefs de guerre et 400 lances et qu'ilz auroient conquesté grant partie du pays avant que peussions mettre remède et qu'il conseilloit à nos diz ennemis que le roy d'Engleterre, après sa desscente, fist crier à son de trompe, sur paine de la hart, que nul ne fust si hardi de prandre aucune

chose sur les laboreurs et gens du plat pays sans paier, et que
chacun peust demourer paisiblement en ses biens et héritaiges et
que, se aucun faisoit le contraire que, incontinent pugnicion en
fust faicte, aussi que le roy d'Amgleterre revocast les dons faitz
par son père et par lui et pardonnast à tout le monde de tout le
temps passé et procédast comme en conqueste novelle ; aussi que
nos diz ennemis feissent leur descente en plusieurs païs, c'est
assavoir : le roy d'Amgleterre et le duc d'Iolz en la basse Normandie et le duc de Bouguympgan à Calais pour venir par Picardie dedans le pais de Caux et que, se nous voulions aler es dites
marches pour deffendre le dit pais, ceulx de Guienne, lesquielx,
comme disoit le dit d'Alençon, estoient mal contens, se noz
ennemis leur voulloient donner ung peu d'aide, se pourroient
mettre sur et rebeller contre nous et que en brief nous perdrions
le pais de par dela ; en oultre, que nos diz ennemis feissent savoir
au dit d'Alençon leur desscente troys moys devant icelle desscente affin qu'il peust pourvoir à ses places et que n'en peussions faire à nostre plésir, et après leur [descente] qu'ilz envoyassent le dit Huntinton par devers luy, pour luy dire quielx gens
ilz seroient et leur intencion, affin qu'il advisast qu'il avoit à faire
pour soy conduire aveques eulx, et oultre plus leur mandoit par
le dit Huntinton qu'ilz envoyassent le plus d'ordrenances qu'ilz
pourroient et luy feissent délivrer à Bruges ou ailleurs vingt mille
escuz, ou à tout le moins promptement dix mille escuz, et ung
mois après le sourplus, pour luy aider à paier partie des gens
qu'il mettroit en ses places et pour parfaire son artillerie ; et
aussi donna charge au dit Huntinton de dire. à nos diz ennemis
qu'ilz le trouveroient après leur desscente à Alencon ou à Dempfront et partie de son artillerie, et promist et jura le dit d'Alençon
es mains du dit Huntuyton, comme hérault dessus dit, qu'il
tiendroit à nos diz ennemis tout ce qu'il leur promettoit et aussi
fist jurer et promettre au dit Huntuyton de dire les choses
dessus dictes au duc d'Yolz et au dit Richart de Wideville et à
Jaques Haye et que il ne le diroit ne reveleroit à aucun que à
eulx ; et, pour ce certiffier et approuver les dites choses, il
envoya avec le dit Huntinton ung nommé Pouence son poursuyvant et lui donna charge de certiffier tout ce qu'il avoit donné en
charge au dit Huntuyton de dire à noz ennemis et que, au partement du dit Huntuyton,. le dit d'Alençon luy [bailla] lettres de
croyance, adressans au dit duc d'Yolz, signées d'une N tranchée, contenans ceste forme : « Seigneur, vueillez croire ce
« porteur de ce qu'il vous dira de par moy et vous mercie de
« vostre bon vouloir, car j'ay bonne volunté se à vous ne tient; »
disant, avec ce, qu'il estoit bien records en général qu'il avoit

baillé au dict Huntuyton toutes les persuasions et couleurs tant
d'artillerie que d'autres choses pour parvenir à ses fins et, après,
pour exécuter tout ce que dit est, avoit envoyé les diz Huntuyton
et Pouence en Angleterre. Disoit auxi le dit d'Alençon que cer-
temps après, il avoit envoyé le dit Thomas Gillet, prebtre, en
Angleterre et luy avoit donné charge de dire au dit d'Yolz ou au
dit Richart Wideville, de par luy, aus dites enseignes du poulce,
l'estat du païs et les charges de nostre peuple, et de mener nos
diz ennemis le plus qu'il pourroit à desscendre en nostre dit
royaume en la plus grant compaignie qu'ilz pourroient, et qu'ilz
estoient meschans gens qu'ilz ne s'avençoient de venir et qu'ilz
n'avoient onques eu si beau conquérir le païs qu'ilz avoient lors,
et que, s'ilz estoient vingt mille hommes de par desça, ils
auroient conquesté grant partie du païs avant que y peussons
pourveoir et que aussi nous estions loing et jà partyz de Berri
pour aller sur nostre dit filz le Dauphin et que ou païs n'avoit
aucuns gens d'armes et estoit tout le peuple mal content et que
à telle [heure] estoit temps qu'ilz vensissent ou jamaiz et, avec
ce que, quant ilz viendroient, ilz amenassent le plus de gens
qu'ilz pourroient et qui leur dist que le dit d'Alençon estoit fort
esbahy qu'il n'avoit eu aucunes novelles d'eux ne de son dit
poursuyvant, et qu'ilz le luy envoyassent et feissent savoir de
leur novelles et qui leur dist franchement que ce n'estoit rien
que de leur fait, ne de leur entreprise, s'ilz ne monstroient autrement qu'ilz voulsissent besoigner, aussi qui leur parlast des diz
vingt mille escuz dont il avoit donné charge au dit Huntuyton, et,
avec ce, chargea au dit Thomas Gillet de dire au dit duc d'Iorl
que, de tous les seigneurs de par delà, il estoit le mieulx amé en
Normendie et estoit celuy pour qui ceulx du païs feroient le plus,
et chargea en oultre au dit Gillet qu'il deist aus diz Engloiz
que après leur desscente ilz feissent les ordonnances, critz et publications telles qu'il avoit dictes et déclairées au dit Huntuyton
et quant on parleroit au dit Gillet du mariage de la fille du dit
d'Alençon avec le filz aisné du dict duc d'Yorl, il deist de la dicte
fille ce qu'il en sait et avoit veu, et qu'il escrivit au dit duc
d'Yorl certaines lettres contenans la forme qui s'ensuit : « Sei-
« gneur, je me recommande à vous et vous prie qu'en tote
« haste me faciez savoir de voz novelles et pensez de moi, car il
« est temps et pour Dieu mettez diligence en vostre fait et vous
« acquittez à ceste foiz, car trop ennuye qui attend et en toute
« haste m'envoiez argent, car vostre fait m'a chier cousté et à Dieu
« soyez qui vous doint ce que désirez, escrit *ubi supra*. Et
« dessoubz le tout : vostre N tranchée. » Disoit oultre que, ung
poy devant Nouël ensuivant, il envoya ung nommé Pierre Fortin

à Calais et luy donna charge de parler aus dites enseignes du poulce aus diz Wideville et Jacques Haye et scavoir à eulx s'ilz avoient eu aucunes nouvelles des diz Thomas Gillet et Pouence; et oultre, dit et confessa que, entre la dite [feste] de Noël et la Thiphaine, ou dit an, les diz Thomas Gillet et Pouence revindrent d'Angleterre par devers luy, et luy fist le dict Pouence son rapport [à part] du dit Gillet par lequel il lui dist que le duc d'Yorl et le chancelier d'Angleterre le mercioient de son bon vouloir, et que le Parlement d'Angleterre n'estoit pas encore assemblé, ne le roy d'Angleterre en estat de lui faire responce finale, mes que brief on tiendroit le dit Parlement, et besoignerait si bien que le dit d'Alençon en seroit content et que nos diz ennemis luy feroient scavoir de leurs novelles par le dit Wideville dedans Karesme lors après ensuivant, et que nos diz ennemis ou les aucuns d'eux avoient besié les armes et le seing des lettres du dit d'Alençon, lesquelles portoit Pouence son poursuivant, pour l'onneur d'icellui d'Alençon. Disoit aussi que le dit Thomas Gillet [par son rapport lui avoit dict que le dict duc d'York] (1) se recommandoit à lui et le mercioit de son bon voloir, et aussi le prioit que tousjours voulsist continuer, et que, avant que fust le mois de septembre ensuivant, le dit duc d'Iork acompaigné des plus grants seigneurs d'Angleterre, desscendroient en nostre dit païs de Normandie à si grant et bonne compaignie et puissance que le dit d'Alençon en debvroit estre content, et auxi que le dit d'Alençon trouvast moien de recouvrer aucune place ou port de mer pour la desscente de nos diz ennemis et qu'il leur fist savoir si nostre filz, le Dauphin, iroit point en Normendie, et que telle ou semblable responce avoit fait le Chancelier d'Angleterre au dit Thomas Gillet pour le dire et fere savoir au dit d'Alençon; et oultre plus, dit et confessa que, incontinent après le retour des diz Pouence et Gillet, il renvoia en Angleterre ung nommé mestre Hemond Gallet (2), filz de mestre Loys Gallet demourant en Angleterre, après qu'il al prins serment de luy sur le Livre de tenir les choses secretes et qu'il bailla au dit Galet unes lettres adressans au duc d'Iork, signées de son vray signet et de son nom Jehan, lequel signet il avoit tranché en carré et baillé au dit Galet pour le bailler et garder à part des dites lettres, desquelles il disoit l'effect estre tel : « Seigneur, je me recommande à vous. « J'ay ouy ce que m'avez fait savoir et vous prie que j'aye de

_____

(1) Les mots placés entre crochets qui précèdent manquent dans le ms. fr. 5943 et sont empruntés au ms. 18439.

(2) « Emond Gallet, m^e es arts, lic. en lois, natif de Paris, demeurant le plus du temps à Arras et aucunes fois à Paris ; aagé de 33 ans ou environ. » Interrogatoire du 22 déc. 1456 ; B. N. Coll. Dupuy, vol. 552, fol. 86.

« vous aultres novelles le plus tost que vous pourrez, et se vous
« voulez entendre aux matières dont ce porteur vous parlera, il
« en est temps et je y entendray très voluntiers et feré tant que
« en serez content et le croyez de tout ce qu'il vous dira de ma
« part. » Aussi disoit qu'il avoit donné charge au dit Gillet de
savoir la responce du dit mariage et des aultres choses qu'il leur
avoit fait savoir par le dit Huntuyton, Pouence et Gilet et de
leur dire qu'il estoit temps de besoigner s'ilz vouloient riens de
bien faire et qu'il vouldroit qu'ilz fussent descenduz au dit pais
aussi espez que mouches ou grele et qu'il estoit acertené que nous
allions sus nostre dit filz le Dauphín et qu'il se tenoit seur d'avoir
du retour des nopces et que, s'ilz venoient et prenoient appointement avec luy, le dit d'Alençon leur aideroit de ses places, de
son artillerie et de tout ce que ou monde lui seroit possible et
qu'ilz ne faillissent point à venir et aussi qu'il n'y eust point de
faulte qu'ilz ne luy fissent délivrer les diz vingt mille escuz.
Disoit oultre que environ Pasques après ensuivant, pour ce qu'il
se esmerveilloit fort de ce que le dit Galet n'estoit encores retorné
d'Angleterre, il renvoya le dit Fortin au dit lieu de Calais et lui
donna charge de parler aus diz Angloiz aux enseignes du poulce
et leur demander s'ils vouldroient rien ou non. Outre plus, dist et
confessa que, environ *Quasimodo* ensuivant, le dit Galet retourna
d'Angleterre par devers luy et luy rapporta lettres du roy d'Angleterre signées, comme disoit le dit Galet, de la main du roy
d'Angleterre c'est assavoir : *Henri,* et que les dictes lettres conte-
noient en effect ce qui s'ensuit : « Très chier cousin, nous vous
« mercions du bon vouloir qu'avez à nous; nous envoirons noz
« facteurs au premier jour d'aoust à Bruges pour le fait des
« trèves d'entre nous et beau cousin de Bourgoine et que là aussi
« se trouvent voz facteurs pour appoincter de toutes choses et
« feront tant, se Dieu plaist, que vous serez bien content. » Et
oultre, disoit que le dit Galet lui avoit dit que le roy d'Angleterre
avoit recueilli le gouvernement et que le dit duc d'Iork estoit allé
en Galles et que à ceste cause le dict Galet s'estoit adrecé au roy
d'Angleterre et lui avoit dit le vouloir et intencion du dit d'Alençon, dont il le mercioit et luy faisoit savoir par luy qu'il envoieroit
ses ambassadeurs au dit lieu de Bruges, selon le contenu es dictes
lettres et que le dit d'Alençon y envoyast ses gens semblablement
et que les diz ambassadeurs [emporteroient les dicts vingt mil
escus et aussy auroient pouvoir de bailler scellez et de toutes autres
choses] (1). Dist outre le dit d'Alençon et confessa que, tant pour ce
que le terme dessus dit auquel nos diz ennemis lui devoient

_____

(1) Ce passage entre crochets est pris dans le ms. 18439 où il nous a
semblé plus correct que celui du ms. 5943.

envoyer les diz 20,000 escuz lui estoit long, qu'aussi pour ce
qu'il désiroit savoir l'issue de son appoinctement avec nos diz
ennemis, il renvoya derechief le dict Galet en Angleterre affin
de faire avancer le dit argent et aussi pour recouvrer un sauconduit pour ung de ses gens, duquel sauconduit le nom debvoit
estre en blanc, affin qu'il peust envoier aucun homme pour besoigner avec les diz Anglois là où mestier eust esté et passer ses
appoinctements et qu'en oultre il dit au dit Galet qu'il ne savoit quelles seroient les fortunes de la guerre et qu'il vouldroit
bien avoir quelque retraict en Angleterre se le cas advenoit qu'il
se retraïst par delà et qu'il lui parlast de la duché de Bethfort, de
la duché de Clocestre et des terres que les seigneurs des dites
terres tenoient en leur vivant, affin qu'il en fust parlé au roy d'Angleterre et que, au département du dit Galet, il lui bailla unes
lettres addreçans au dit duc d'Iork, contenans ceste forme :
« Seigneur , je me recommande à vous et me donne grant
« merveille que autrement n'aye eu de vos nouvelles par ce
« porteur · et vous prie que m'en faictes savoir de brief et le
« veuilliez croire de ce qu'il vous dira de ma part. » Et en oultre
escrivist aultres lettres à mestre Loys Galet, demorant en Angleterre, père du dit mestre Emond Galet, contenant que le dit
d'Alençon le mercioit de la bonne volenté qu'il avoit à luy ainsi
qu'il avoit sceu par son dit filz et qu'il adreçast tousjours la dicte
matière. Disoit oultre que, ainsi que lui et le dit mestre Emond
Galet devisoient des matières, le dit mestre Emond Galet lui dist
que l'entention des diz Anglois estoit que le duc d'Excestre et le
filz du seigneur de Talbot descendroient en Guienne, à tout dix ou
douze mille hommes combattans, et que le duc de Bouguympgan,
le comte de Wideville et de Danchiere desscendroient à Calais et
viendroient par Picardie à tout dix ou douze mille combattans et
que le roy d'Angleterre et le duc d'York et autres descendroient en
nostre dit païs de Normandie. Outre plus, dist et confessa le dit
d'Alençon avoir parlé à un nommé Frémon, son varlet de chambre, affin que le dit Frémon fust de son alliance touchant le fait
des diz Anglois et en oultre lui avoit donné charge de savoir comme
nostre place de Grantville estoit repparée et si elle estoit bien for-
tifiée et quelles réparations on y avoit faictes et en espécial du costé
par où elle avoit esté autreffoiz prinse et que se il se fust joint
avecques les diz Anglois, comme il espéroit qu'il se fist, il eust bien
voulu trouver manière, par quelque moyen que c'eust esté, de bailler la dicte place de Grantville et toutes les autres qu'il lui eust esté
possible aus diz Anglois et y faire tout le devoir et diligence qu'il
eust peu. Disoit oultre le dit d'Alençon, entre plusieurs aultres
choses à plain contenues ou dit procès et en ses confessions, qu'il

avoit esté meu de faire exciter et esmouvoir par ses dicts messagiers les diz Anglois à venir et desscendre en nostre royaume, à la suggestion d'un nommé Mathieu, prebtre, duquel il ne savoit le surnom, [et qui se disoit du païs de Lyonnois] et serviteur du bastard d'Armignac, lequel, comme disoit iceluy d'Alençon, luy avoit apporté lettres contenans créance sur le porteur d'icelles, de par nostre dit fils le Dauphin et aussi de par le dit bastard d'Armagnac, esquelles lettres de nostre dit fils le dit d'Alençon faisoit doubte, pour ce qu'elles n'estoient pas en la forme selon laquelle nostre dict fils avoit accoustumé escrire, et aussy faisoit doubte de la signature des dictes lettres, laquelle chose et à sa requeste eust esté examinée par aucuns nos commissaires, plusieurs tesmoings nommez par le dit d'Alençon de ses serviteurs de son hostel et lesquielx comme ils disoient avoient veu le dict prebtre, et aussi eust esté examiné maistre Hemond Galet, avec lequel le dict d'Alencon se disoit avoir amplement communiqué touchant le fait du dit prebtre et lequel Galet eust esté sur ce confronté avec le dit d'Alençon, aussy eussent esté sur ce interrogez les diz messagers et autres complices du dit d'Alençon, lesquelx, comme il estoit à croire, devoient savoir de la dite matière au cas que ce ne fust chose vraye, et par tous lesquelz tesmoings n'ait esté trouvé aucune chose de ce que dit est en ceste partie par le dit d'Alençon, ains aient déposé plusieurs choses qui donnent plusieurs présomptions au contraire et en oultre disoit le dit d'Alencon que oncques il n'eut lettres de nostre dit fils touchant la dite matière et n'en ouit parler par autres que par le dit Mathieu, et ne savoit encores s'il le disoit de lui mesme ou de par qui il le disoit, et que le dit d'Alençon n'avoit oncques veu povoir ne instruction de nostre dit fils touchant icelle matière et sur ce et autres choses eussent esté faictes au dit d'Alençon aucunes remonstrances, par lesquelles eust apparu que c'estoit chose controuvée par luy pour soy cuider couvrir et donner couleur à sa charge, ausquelles remonstrances ou la plupart d'icelles le dit d'Alençon eust dict qu'il ne scavoit que respondre ou autres parolles d'un tel effect en subtance ; et oultre plus, iceluy d'Alencon, en parlant du dict prebtre et en respondant aus dictes remonstrances et aussi aux interrogatoires qui sur ce lui avoient esté faicts, eust esté trouvé vaxillant et variant en plusieurs poincts et articles, comme tout ce appert bien amplement par le procès du dit d'Alençon, par quoy ne par quelque chose qui ait esté dicte par le dit d'Alençon et déposée par les tesmoings sur ce examinez à sa requeste, et autrement par chose contenue ou dit procès n'ait esté trouvé chose par quoy nous et nostre dicte Cour doyons tenir, ne tyeignions nostre dit fils, ne aussi le dit bastard d'Armeignac, aucunement chargez envers nous et justice; et, depuis, auroit esté conclu et délibéré que le dit procez estoit en estat de jugier; — Savoir faisons que, veues et visitées par nous et nostre dicte Cour, garnie de Pers et d'aucuns de nostre Conseil, comme il appartient, les charges et informations et confrontations de tesmoings faictes à l'encontre du dit d'Alençon, ensemble les confessions et autres choses contenues ou dit procez, bien au long et à très grante et meure délibération, et considéré ce qui faisoit à considérer en ceste partie, nous, par l'advis et délibération de nostre dicte Cour garnie comme dessus, avons dit et déclairé, disons et déclèrons par arrest le dit d'Alençon estre crimineulx de crime de leze majesté et comme tel l'avons privé et débouté, privons et déboutons de l'onneur et dignité de Pairie de France et autres ses dignitez et prérogatives et l'avons conddempné et conddempnons à recevoir mort et estre exécuté par justice et, avec ce, avons déclairé et déclairons tous ses biens estre confisqués et à nous compecter et appartenir. Toutesfois, nous avons réservé de faire et ordonner sur le tout nostre bon plaisir lequel nous déclairons estre tel : c'est assavoir que, au regart de la personne du dit d'Alençon, Nous plest que l'exécution d'icelle soit différée jusqu'à nostre bon plésir, et quant aux biens qui furent et appartindrent au dit duc d'Alençon, jasoit que, veue l'énormité des cas et crimes dessus déclairés, les enfants d'iceluy d'Alençon, selon droit et raison et les usaiges gardez en tel cas, deusent estre privés et déboutés de tous biens, honneurs et prérogatives et vivre en telle pauvreté et mendicité que ce fust exemple à tous autres, néantmoins, en remanbrance des services des prédécesseurs du dit d'Alençon faiz à nos prédécesseurs et à la chose publique de nostre royaume, espérans auxi que les diz enfans se gouverneront et conduiront envers Nous comme bons, vrais et loyaux subjets doivent faire envers leur seigneur souverain, et en faveur et contemplation des requestes à .Nous sur ce faictes par nostre très chier et bien amé cousin le duc de Bretaigne, oncle du dit d'Alençon, Nous, de nostre grace, en modérant la confiscation et forfaicture des biens dessus déclairés, voulons, déclairons et aussi nous plest, en tant que touche les biens meubles qui furent au dit d'Alençon, qu'ils soyent et demeurent à ses femme et enfans, réservés à Nous l'artillerie, harnois et autres abillemens de guerre ; et au regart des seigneuries et biens immeubles, Nous, en modérant comme dessus est dit, retenons à Nous les ville, chastel chastellenie et viconté d'Alençon, les ville, chastel et chastellenie et viconté de Dempfront, les ville, chastel, chastellenie et viconté de Verneuil, tant deçà que delà la rivière d'Avre, avec les appartenances et appendances des dites villes, chasteaux et vicontés, lesquelles dès à présent Nous unissons, adjoignons et incorporons au patri-

moine et demaine de nostre Couronne; Et avec ce, avons retenu
et retenons à Nous le sourplus des chasteaux, chastellenies, terres
et vicontés, seigneuries, rentes, revenus, possessions et biens
immeubles qui furent de la duché d'Alençon adjacents et dépendans d'icelle, ensemble tous droits, noms, raisons et actions qui
furent et porroient eschoir, advenir, compecter et appartenir au dit
d'Alençon à cause de la dicte duché, tant en propriété, pocession que autrement, et tous autres droits et seigneuries qui sont
parties de nostre Couronne, où qu'ils soyent, réservé le conté du
Perche, dont cy après sera fait mention, pour en faire et ordonner à nostre bon plésir; Et aussi avons retenu et retenons à Nous
le chastel, chastellenie, terre et seigneurie de St-Blançay en
Touraine, ensemble ce que le dict d'Alençon avoit et prenoit sur
les péages de nostre ville et chastellenie de Tours et autres rentes,
fiefs et revenus que iceluy d'Alençon avoit et prenoit en nostre
ville et chastellenie de Tours, pour en faire et ordonner par nous
comme dessus; Et semblablement avons réservé et réservons à
Nous les foys et hommages, droits devoirs et reconnoissances qui
compectoient au dit d'Alençon à cause du comté du Perche, sur
et pour raison des terres et seigneuries de Nogent-le-Rotrou, ses
appendances et autres terres appartenantes à nostre très chier et
très amé cousin le conte du Maine, à cause de nostre chière et
très amée cousine sa femme; Et au regard des autres terres et
seigneuries et biens immeubles qui furent et appartindrent au dit
d'Alençon, Nous les laissons et voulons qu'ils soyent et demeurent aux dis enfans du dit d'Alençon ainsi et par la manière qui
s'ensuit : c'est à savoir, la conté, terre et seigneurie du Perche,
pour en joïr par René, seul fils du dit d'Alençon et par ses hoirs
masles descendens de son corps en loyal mariage, sans toutes
voies aucune dignité ou prérogative de pairie; Et quant au sourplus des terres et seigneuries qui furent et appartindrent au dit
Jehan d'Alençon, Nous les laissons et voulons qu'elles soient et
demourent aus diz enfans d'icellui d'Alençon tant masles que
femelles, pour en joïr par les diz enfans, soubs nostre main, jusqu'à ce qu'ils et chacun d'eulx soyent en aage; et, après qu'ils
seront aagez, [Nous leur remettrons] (1) en leurs mains [et en
pourront faire] (1) comme de leur propre chose et tous les héritiers descendens de leurs corps en loyal mariage; et le tout selon
les coustumes des païs où les dictes terres et seigneuries sont
situées et assises. En tesmoing desquelles choses nous avons fait
mettre nostre séel à ces présentes. Donné [et prononcé] (1) au
chasteau de Vendosme, le mardi 10e jour d'octobre, l'an de
grace 1458 et de nostre regne le 36º.

(1) Manque dans le ms. 5943.

[*A la suite de la copie de l'arrest de 1458 est écrit ce qui suit dans le ms. 18439 :*]

Icelle sentence donnée et prononcée en l'absence du dict Jean d'Alençon et, après, à lui notiffié et faict assavoir, en la prison où il estoit, par maistre Hélie de Torrettes, l'un des présidens du Parlement, maistre Jean le Boulenger, l'un des Conseillers de la dicte Cour de Parlement, maistre Jean Bureau, trésorier de France, et aucuns autres du Grand Conseil du Roy, dont iceluy d'Alençon fust fort triste, dolent et bien esbahy et non pas sans cause.

B. N. ms. fr. 5943, fol. 3 à 10 vo. *Copie du* xve *siècle.*

B. N. ms. fr. 18439, fol. 248 à 265. Copie.

B. N. ms. fr. 20176, fol. 305 à 310 vo. Copie.

Arch. nat. J 776, no 12. Copie.

B. N. Collection Dupuy, vol. 339, fol. 145. Copie.

Ibid. vol. 552, fol. 115. Copie.

B. N. Collection de Brienne, vol. 237. Copie.

B. N. ms. fr. 5738, fol. 12 vo à 15 vo. Copie du xve siècle ne contenant que le dispositif du jugement depuis « vu et visité par nostre dite Cour », 8e ligne de la page 113 ci-dessus.

B. N. ms. fr. 20176, fol. 313 et vo. Analyse.

B. N. Collection Dupuy, vol. 137, fol. 1. Extrait.

Imprimé dans l'*Histoire de Charles VII*, de Jean Chartier, pub. par Godefroy, p. 305.

Publié en partie par Odolant Desnos, *Mém. hist. sur Alençon*, t. II, p. 114 à 120.

Bry de la Clergerie, p. 330. Extraits.

Nous avons publié le commencement de cet arrêt jusqu'au bas de la p. 112, d'après Odolant-Desnos, seule source que nous ayons alors trouvée, de sorte qu'un passage, peu intéressant du reste, supprimé par Odolant-Desnos, manque à notre texte entre les mots : « Conseil », et : « estans par devers nous », 17e ligne de la p. 112 ci-dessus. Le long passage compris entre la 7e ligne de la p. 113 et la 2e ligne de la p. 120 manque également au texte d'Odolant-Desnos et ne se trouve pas non plus dans le ms. fr. 5738. Odolant-Desnos dit (II, p. 120, n. 1) qu'il rapporte cet arrêt d'après le *Cérémonial François*, de Godefroy, t. II, p. 442 (où nous l'avons vainement cherché).

N° 73.

Rasilli; 15 juin 1459.

Réception par le roi du comte du Maine en foy et hommage pour raison de sa seigneurie de Nogent-le-Rotrou, dont la suzeraineté était alors confisquée.

Charles, par la grâce de Dieu, roy de France, à noz amez et féaulx les gens de noz comptes et trésoriers à Paris, au bailly de

Chartres ou à son lieutenant, à noz procureur et receveur ou dit bailliage, salut et dilection. Savoir vous faisons que nostre très cher et très amé frère et cousin, le conte du Maine, seigneur de Nogent le Rotrou, nous a, aujourd'huy, à nostre personne, fait les foy et hommaige que tenu nous estoit de faire, pour raison de sa dite terre et seigneurie du dit Nogent, ses appartenances et appendances quelzconques, tenu et mouvant de nous à cause de nostre Courone, ausquelx foy et hommaige comme à nous appartenans par la réservation par nous faicte par l'arrest donné à l'encontre de Jehan, naguères duc d'Alençon, nous l'avons receu, sauf nostre droit et l'autruy; et vous mandons, et à chacun de vous si comme à luy appartiendra, que, pour cause des dites foy et hommaige à nous non faiz, vous ne faictes ou donnez ne souffrez estre fait, mis ou donné à nostre dit frère et cousin aucun destourbier ou empeschement, aincoys, se sa dite terre et seigneurie de Nogent, ses appartenances ou appendances, ou autres de ses biens sont ou estoient pour ce prins, saisiz, arrestez ou autrement empeschez, mectez les luy ou faites mectre sans délay à pleine délivrance et au premier estat et deuz, pourvu qu'il baille par escript, dedans temps deu, ses dénombrement et adveu, et qu'il face et paie les autres droiz et devoirs, s'autres en sont pour ce deuz et accoustumez, se faiz et paiez ne les a. Donné à Razillé près Chinon, le 15e jour de juing, l'an de grâce mil quatre cens cinquante-neuf, et de nostre règne le 37e.

Par le Roy [signé :] ROLANT [avec paraphe].

Arch. nat. P 8, cote 226 (ancienne cote 2662 bis). Original.

N° 74.

Tours; 11 octobre 1461.

Lettres patentes par lesquelles le roi, considérant les grands ser- vices rendus à la France par Jean, duc d'Alençon, et par ses ancêtres et écoutant les prières de plusieurs prélats et grands seigneurs, met le dit Jean en liberté et lui restitue tous les biens, droits et honneurs dont il avait été privé trois ans aupa- ravant.

Louys, par la grace de Dieu, roy de France. Comme du vivant de feu nostre très cher seigneur et père que Dieu absoille, nostre très cher et très amé cousin Jehan, duc d'Alençon, eust esté char- gié d'avoir conduit et mené, ou fait conduire et mener plusieurs traictez et appoinctemens avec noz anciens ennemys les Anglois, et d'avoir envoié pour ce faire en Angleterre et ailleurs ou party

des dits Anglois plusieurs messaiges sans le congié et licence de
nostre dit feu seigneur et père, au moien desquelles charges et
par le procès sur ce faict à Vendosme, en la présence de nostre
dit feu seigneur et père et en sa Court garnie de pers et autres à ce
appellez, se soit ensuy certain arrest ou sentence donné au dit lieu
de Vendosme contre nostre dit cousin d'Alençon, le 10ᵉ jour
d'octobre l'an 1458, par laquelle sentence ou arrest eust esté dit et
déclairé iceluy nostre cousin estre crimineux de crime de lèze-
majesté et comme tel estre privé et débouté de l'onneur et dignité
de parrie de France et autres ses dignités et prérogatives et déclairé
avoir confisqué corps et biens, sauf toutevoies et réservé à nostre
dit feu seigneur et père de faire et ordonner sur le tout à son bon
plaisir qui fut tel : c'est assavoir que, au regard de la personne de
nostre dit cousin, l'exécution fust différée jusques au bon plaisir
de nostre dit seigneur et père, et au regard des biens, que les
meubles demouroient à la femme et enfans de nostre dit cousin
suppliant, réservez les artilleries, harnois et autres habillemens
de guerre ; et au regard des biens immeubles, réserva à luy les
villes, chasteaulx et chastellenies d'Alençon, Danfront et Verneil
tant deçà que delà la rivière d'Avre et lesquelles dès lors il unit
et incorpora au patrimoine et domaine de la Couronne et avec ce
retint le surplus de ce qui estoit du duchié d'Alençon, ses circonstances et dépendances et aussi les chastel et chastellenie de Sem-
blançy, avec les pons de Tours, pour en disposer à son bon
plaisir : et semblablement réserva à luy les fois et hommages,
droiz, devoirs et recongnoissances qui estoient à nostre dit cousin
suppliant à cause de sa conté du Perche, sur et pour raison des
terres et seigneuries de Nogent le Retro, ses appartenances et
dépendances et autres terres appartenant à nostre très cher et
très amé oncle le conte du Maine, à cause de nostre très chère et
très amée cousine sa femme, et délaissa aus dits enfans d'Alençon : c'est à scavoir à nostre très cher et amé cousin René
d'Alençon la conté, terre et seigneurie du Perche, pour en joyr
par luy et ses hoirs masles descendans de son corps, en loial
mariage et sans aucune dignité et prérogative de perrie et le surplus des autres terres et seigneuries aux enfans de nostre dit
cousin suppliant, tant masles que femelles, le tout selon la forme
et manière plus à plain contenue ou dit arrest, au moien de
laquelle réservacion nostre dit cousin soit demouré prisonnier ou
chastel de Loches, jusques au trespas de nostre dit très cher
seigneur et père, depuis lequel trespas, de la part de nostre dict
cousin d'Alençon, nous ait esté supplié et requis très humblement
qu'il nous pleust de nostre grace avoir regard et considéracion à
l'estat de sa personne et à son cas, ses circunstances et dépendances

et que de tout ce dont on luy a donné charge, ne s'en est aucune
chose ensuy par effect, aincois estoit comme impossible et,
avec ce, aux grans et notables services que luy et ses prédécesseurs avoient faiz à nous et aux nostres et par long temps en
plusieurs et diverses manières et entre autres comme Charles, lors
conte d'Alençon, son grant aieul et seul frère du roy de France,
pour la defense du roy et du roiaume, ala de vie à décès à la
bataille de Crécy et, après luy, le conte Pierre d'Alençon son filz,
fut en hostaige en Angleterre pour le roy Jehan, que Dieu absoille,
et s'en délivra à ses propres coustz et despens, en quoy fraia la
somme de soixante mil vielz escus d'or et plus, et depuis servy
continuellement et vaillamment le roy et le roiaume et fut blecié de
son corps, dont par traict de temps s'ensuivit la mort : après lequel
feu nostre cousin le duc d'Alençon, pour la defense d'icelluy
roiaume, ala de vie à décès à la bataille d'Agincourt, délaissé
nostre dit cousin suppliant de bien jeune aage et mineur d'ans et
lequel, depuis iceluy son aage et tout le temps de sa vie, a servy
continuellement nostre dit seigneur et père et nous, sans y espargner ne corps ne biens et en la bataille de Verneil fut trouvé
entre les mors et pris prisonnier par nos dits ennemys, et pour
soy racheter paia la somme de trois cens mil escus d'or : en quoy
lui convint employer tous ses meubles et vendre grant partie de
son héritaige, jusques à la valeur de quinze mil livres de rente
ou plus, dont il n'a eu aucune récompense, après laquelle délivrance persévéra continuellement ou dit service, tant ou voyage
du sacre et couronnement de nostre dit feu seigneur et père
comme en autres ses armées pour résister à ses adversaires et de-
fendre nostre dit royaume et fut et a esté privé et débouté par
l'espace de trente ans et plus de ses dits duchié d'Alençon et conté
du Perche et d'autres plusieurs ses terres et seigneuries, qui ont
esté détenues et occupées par nos ditz anciens ennemys durant le
temps de la guerre et jusques à la réduction de noz pais et duchié de
Normendie, en nous suppliant très humblement qu'il nous pleust
de nostre grace avoir plus de regard aux services, tant de luy que
de ses prédécesseurs, qu'aux charges à luy imposées, qui n'ont
sorti aucun effect, affermant, sur la foy de son corps et sur le
damnement de son ame, que il n'eut oncques mauvaise volunté
contre la personne de nostre dict feu seigneur et père, ne en son
préjudice, mais l'entendoit à faire à autres fins qu'il réputoit estre
bonnes et raisonnables et que, à l'encontre de la dicte sentence
et arrest et l'effect d'iceluy, il nous plaise luy impartir nostre
grace, attendu mesmement le long temps qu'il a esté détenu en
prison et les grandes povretés et misères que luy, sa femme et
enfans ont patiemment endurées et souffertes pendant le dit

temps : — savoir faisons que nous, ces choses considérées et
bien acertenez des grans, notables et fructueux services dessus
dicts et plusieurs autres, faiz par luy et ses prédécesseurs à nous et
noz prédécesseurs et à nostre dict roiaume, espérant, que luy, ses
enfans et successeurs pourront servir à nous et à noz successeurs
et à la chose publique de nostre dict roiaume, et pour certaines
autres justes causes et considéracions, qui raisonnablement pevent
et doivent mouvoir à ce nostre roial majesté, et que aucun dommaige ou inconvénient ne s'est ensuy, à cause des choses dessus
dictes, à nous, nostre dict roiaume, ne à la chose publique d'icelluy
et aussi en contemplacion de nostre très cher et très amé frère,
Charles de France, et aussi de noz très chers et très amez oncles
et cousins et pers de France, les ducs d'Orliens, de Bourgoigne
et de Bourbon, et de plusieurs pers d'Eglise, et aussi des contes
d'Angolesme, de Charolois, de Nevers, de la Marche, de St-Pol,
de Vendosme, de Dunois et de Laval et de plusieurs autres prélatz,
contes et barons et autres nobles personnes de nostre roiaume
en très grant nombre, qui de ce nous ont requis et supplié, icelluy nostre cousin suppliant, de nostre grace spécial, plaine
puissance et auctorité royal et à nostre nouvel advènement à
nostre roiaume et Couronne, eûe sur ce grande et meure délibéracion avec les gens de nostre Grant Conseil, lesquels pour ce
avons faict assembler en grant nombre, avons mis et mettons par
ces présentes à plaine délivrance de sa personne et en sa liberté,
franchise et libéral arbitre et l'avons remis, restitué et restabli,
remectons restituons et restablissons par ces présentes · en sa
dite duché d'Alençon et en tous ses droiz, honneurs, prééminences, prérogatives, dignités et droit de perrie pour luy, ses
hoirs et successeurs et luy avons rendu et restitué, rendons
et restituons sa dite duché d'Alençon avec tous et chacuns ses
biens, terres, seigneuries et homaiges tout et selon la forme et
manière qu'il les avoit, possédoit et joissoit par avant les dits
procès et sentences et nonobstant iceulx, et en tant que, par les
dictes sentences et arrest, les choses dessus dites, ou aucunes
d'icelles, auroient esté unies et incorporées au patrimoine et
demaine de nostre Couronne, nous les en avons séparées et sépa-
rons par ces présentes et les remectons et réunissons au
demaine de nostre dit cousin, tout ainsi que par avant estoient, et
avons voulu et voulons qu'il et ses hoirs et successeurs en joyssent plainement et paisiblement, et l'en avons remis et remectons
en possession et saisine par la tradicion de ces présentes, sans
aucune provision, mistère ou solemnité garder, et sur ce avons
imposé et imposons silence perpétuel à nos procureurs présens et
à venir et à tous autres. Si, donnons en mandement à nos amez

et féaux gens de nostre Parlement, de noz Eschiquier de Normandie et de noz Comptes, à tous noz lieuxtenans et chiefz de guerre, bailliz, séneschaulx, prévostz et autres justiciers et officiers, ou à leurs lieuxtenans présens ét à venir, que de noz présente grace, délivrance, restablissement, restitution et volunté, ilz facent, souffrent et laissent icelluy nostre cousin et ses hoirs et aians cause joir et user ou temps à venir plainement et paisiblement, sans faire ne souffrir aucune chose estre faicte attentée ou innovée au contraire, non obstant que les dits duché d'Alençon et autres terres et seigneuries, ou parties d'icelles, eussent esté, par la dicte sentence, unies et incorporées à nostre dicte Couronne et ordonnances, prohibicions ou defences de non aliéner nostre demaine et autres quelzconques. Et afin que ce soit chose ferme et estable à tousjours, Nous avons fait mettre nostre seel à ces présentes, sauf en autres choses nostre droit et l'autruy en toutes. Donné à Tours, le unziesme jour d'octobre, l'an de grace mil quatre cens soixante et ung, et de nostre regne le premier.

Ainsi signé en la marge dessoubz, par le roy en son Grant Conseil, ouquel Monsieur Charles de France, Monsieur le duc de Bourbon, Messieurs les contes d'Armaignac, de la Marche et de Vendosme, vous le conte de Dunois, l'archevesque de Bourges, l'evesque d'Adge, le sire de Montauban, admiral, les seigneurs de Thouars et de la Tour en Auvergne, de Crussol, du Lau, et de Beauvoir, maistres Jehan Dauvet, premier président de Thoulóuze, Jehan Baillet, George Havart, maistre des requestes, Estienne Chevallier, tresorier, et autres plusieurs estoient : Bourre. *Visa, contentor, Chaligant.*

[La pièce n° 13 du carton J 776 porte ensuite :] Et au doz : *Lecta, publicata et registrata in Curia Parlamenti Parisius, vicesima nona die mensis Martii, anno Domini millesimo quadringentesimo sexagesimo primo ante Pascha.* [Signé :] Robert [avec paraphe].

Collation est faicte.

La pièce n° 3 du carton J 949 porte en outre : *Similiter lecta, publicata, et registrata in camera compotorum domini nostri regis Parisius, die penultima dicti mensis Martii, anno quo supra.* Ainsi signé : de Badouilier. Et scellées du grant seel du roy en cire vert sur laz de soye.

Arch. nat. Registre du Trésor des Chartes, JJ 198, acte 36, fol. 35 v°.
Id.   J 776, n° 13, Expédition contemporaine collationnée.
Id.   J 949, n° 3.   Ibid.
Id.   J 779, n° 7. Copie collationnée du 15e siècle.
Id.   J 776, n° 14. Copie.
Id.   J 949, n° 6, fol. 147. Copie.

B. N. Collection Dupuy, vol. 524, fol. 160. Copie.
   Id.   Id.   vol. 527, fol. 120.   Id.
B. N. ms. fr. 18439, fol. 514 à 520. Copie.
   Id.   Id.   18957. Copie du 16ᵉ siècle.
   Id.   Id.   nº 8. Vidimus inséré dans les lettres-patentes confirmatives des présentes et données à Tours en décembre 1462. Copie collationnée du 15ᵉ siècle.
Arch. nat. J 949, nº 6. Vidimus inséré dans les lettres-patentes de 1462 ; copie.
B. N. Collection de Brienne, vol. 237, fol. 163 ᵛᵒ. Ibid.
B. N. Collection Dupuy, vol. 552, fol. 131. Ibid.
B. N. ms. fr. 18439, fol. 520. Ibid.
   Id.   Id.   18957. Ibid.
B. N. Collection Dupuy, vol. 339, fol. 153 ᵛᵒ. Analyse.
Publié par Bry, additions à l'hist. du Perche, p. 1.
Réédité, d'après Bry, par le P. Anselme, Hist. généal. de la maison de France, III, p. 268.

Nº 75.

Tours; 12 octobre 1461.

Réception par le roi de Jean, duc d'Alençon, en foi et hommage pour raison de sa pairie, de son comté du Perche, Terres-Françaises et autres fiefs.

Loys, par la grâce de Dieu roy de France, à noz amez et féaulx gens de notre chambre de noz comptes et trésoriers à Paris, à noz bailliz de Touraine et des ressors et exemptions d'Anjou et du Maine, de Chartres, de Rouen, de Caen et d'Evreux ou à leurs lieuxtenans, à noz vicontes et receveurs ordinaires des dits bailliages et à noz procureurs en iceulx, salut et dilection.

Savoir vous faisons que notre très chier et très amé cousin le duc d'Alençon, per de France et conte du Perche, nous a aujourduy faiz les foy et hommage que tenu nous estoit de faire, à cause de sa dicte pairie, de son dict duchié d'Alençon, de son dit conté du Perche et Terres Françoises et généralment de toutes et chacunes les autres terres et seigneuries qu'il tient de nous, tant en nostre pais de Normendie que es dicts bailliages et ailleurs et de leurs appartenances, ausquelz foy et hommage nous l'avons receu, sauf nostre droit et l'autruy.

Si, vous mandons et à chacun de vous, en droit soy et comme à luy appartendra, que se, pour raison des dicts foy et hommage à nous non faiz, ses dictes terres et seigneuries, ou aucunes d'icelles ou des dictes appartenances, estoyent prinses, saisies et mises en nostre main, ou autrement empeschées, vous les luy metez et faites metre à plaine délivrance; car ainsi nous plaist estre fait.

Donné à Tours, le XIIe jour d'octobre, l'an de grace mil quatre cens soixante et ung et de nostre regne le premier.

[*Plus bas se trouve :*] Par le roy, vous l'admiral et autres présens, [*signé :*] Le Prevost [*avec paraphe*].

Arch. nat. P 275 1, cote 168 (aliàs 160). Original, jadis scellé sur simple queue.

Arch. nat. P 275 1, cote 169 (aliàs 158). Original semblable au précédent et en duplicata.

Arch. nat. P 139, fol. 51vo, cote 65. Copie collationnée.

Id.   J 779, no 11. Copie collationnée.

B. N. ms. fr. 24,134 (Guil. Lainé XI), fol. 68. Analyse.

N° 76.

18 octobre 1469.

Lettres du roi Louis, du 18 octobre 1469, adressantes à Messieurs des comptes, portant renvoi touchant le procès et différent d'entre le sieur duc d'Alençon et Monsieur le comte du Maine pour raison de l'hommage et ressort de la terre de Nogent-le-Rotrou en la Cour du Parlement de Paris.

Arch. nat. KK.893, fol. 57 vo. Analyse.

N° 77.

Paris ; 18 juillet 1474.

Second arrêt portant condamnation à mort de Jean, duc d'Alençon, et confiscation de tous ses biens.

EXTRAIT DES REGISTRES DU PARLEMENT.

Veues par la Court les charges, informacions et confrontacions de tesmoings faictes à l'encontre de Jehan d'Alençon, ses confessions voluntaires, les procès et autres choses qui faisoient à veoir touchant les grans et énormes cas et crimes par luy commis et perpétrez par les conspiracions, machinacions et traictez que, par plusieurs diverses et réitérées fois, il a mené et conduit et fait mener et conduyre avec les Angloys, anciens ennemys et adversaires de ce royaume et autres rebelles et désobéyssans au roy,

au grand détriment, préjudice et dommaige du roy, destruction et
subversion de la chose publicque du royaume, en descongnoissant
par ingratitude la grand'grace que le roy luy avoit faite, en
venant contre la forme et les condicions soubz lesquelles le roy luy
avoit fait la dite grace, et pareillement les aütres qualitez de
crimes qu'il a commis; veu aussi et considéré tout ce qui faisoit à
veoir et considérer en ceste partie, à grand et meure délibéracion, dit a esté que la dite Court a déclairé et déclaire le dit Jehan
d'Alençon crimineulx de crime de leze-majesté, d'omicide et
d'avoir fait faire et forger faulse monnoye aux coings et armes du
Roy, et, comme tel, la dicte Court l'a condempné et condempne à
recevoir mort et estre exécuté par justice : et, avec ce, a déclairé
et déclaire tous et chacuns ses biens estre confisquez et appartenir au Roy : l'exécution toutesfoiz de la personne du dit Jehan
d'Alençon réservée jusques au bon plaisir du Roy. Prononcé le
18e jour de juillet l'an 1474. [Signé :] MALON [avec paraphe].

Arch. nat. J 776, n° 17. Expédition contemporaine collationnée.
Id. J 949, n° 4. Autre expédition identique à la précédente.
B. N. Collection Dupuy, vol. 552, fol. 156.
Id. Collection Dupuy, vol. 137, fol. 110.
Id. Collection de Brienne, vol. 237, fol. 193.
Publié par Bry, p. 21 des additions à l'histoire du Perche ; et, après lui,
par le P. Anselme (Hist. généal. de la maison de France), III, p. 280.
Le ms. fr. 18439, fol. 295 à 314, le ms. de Brienne 237, fol. 193, et
le ms. Dupuy 552, fol. 159 de la B. N. contiennent la copie du texte
original de cet arrêt qui est en latin et très long, et qui a été publié par
le P. Anselme, t. III, p. 274 ; ce que nous donnons ici, d'après l'extrait
des Archives, est la traduction du dispositif de cet arrêt.

N° 78.

Paris ; 4 janvier 1475 n. st.

*Lettres patentes du roi donnant à René d'Alençon, provisoire-
ment et jusqu'à nouvel ordre, la jouissance de tout le revenu du
comté du Perche, le Thimerais et diverses autres terres, y
compris le droit de mettre garnison dans les places fortes et de
nommer à tous les offices.*

Loys, par la grace de Dieu roy de France, à noz amez et féaulx
conseilliers en nostre Court de Parlement, maistre Jehan le Maire
et Guillaume Allegran, salut et dilection. Comme, puis naguères,
pour certain arrest donné et prononcé en nostre Court de Parlement, toutes les terres et seigneuries qui appartindrent à Jehan
d'Alençon, ayent esté déclarées confisquées et à nous compecter
et appartenir et ce venu à la notice et cognoiscence de nostre

très cher et amé cousin René d'Alençon, son filz, se soit traict
par devers nous et nous aie faict très humblement remonstrer
qu'il est très desplaisant des cas commis par son dict père, desquelz le dict arrest s'en est ensuivy, et qu'il est délibéré de entièrement servir nous et la Coronne de France et y employer sa
personne et tous les biens que il a, peut et pourra avoir, sans
quelque chose espargner, en nous très humblement suppliant
et requérant que, actendu qu'il est yssu et descendu de la très
entienne maison de France et de la proximité de lignage dont il
nous actraid et aussi le singulier et très grant désir de nous servir
qu'il a comme dit est, il nous plaise, en attendant telle grace et
libéralité qu'il nous plaira luy faire des terres et seigneuries de
son dict père, luy donner, oultre les biens faiz qu'il a de nous,
aucun reffuge honneste et revenu pour son estat entretenir, et sur
ce luy bénignement impartir sa ...... nostre grace, scavoir faisons
que nous, ces choses considérées, spérans que nostre dict cousin
et les siens se conduiront envers nous et noz successeurs roys
ainsi qu'ilz sont tenuz de faire, inclinans pour ce favorablement
à sa requeste et pour autres grans causes et considéracions à ce
nous mouvans, à icelluy nostre cousin avons, par manière de provision et durant nostre bon plaisir seulement, baillé et délivré,
et par la teneur de ces présentes baillons et délivrons : tout le
revenu du conté du Perche, les vicontez d'Argentan et d'Iexmes,
St-Silvin et le Thuys, Chasteauneuf en Thymerays et les Terres
Francheses, Cany et Caniel, Monstreuil et Bernay, Santblançay
et le pont de Tours et douze vingtz livres tournois de rente qui
estoient à prendre sur la viconté de Bayeux, pour jouyr d'icelluy
revenu, par nostre dict cousin, à commencher du jour de la pro-
nonciacion de l'arrest jusques à nostre bon plaisir seulement,
comme dict est ; et, à ce que nostre dict cousin puisse mieulx et
plus facilement joyr du dict revenu, aussi qu'il ait entre ses mains
et joysse des villes, chasteaulx, places et forteresses du dict conté
du Perche et d'Argentan, d'Exmes et de la dicte place de Chasteauneuf en Thymerays et qu'il y mecte capitaines et tous autres
officiers en justice et recette que bon luy semblera, réservé les
ville et chasteau d'Argentan où nous coumectrons tel capitaine
qu'il nous plaira. Et, par ceste présente provision, n'entendons
aucunement préjudicier aux droiz, noms, raisons et actions que
autre pourroient demander et en et sur les terres et seigneuries
ainsi par nous baillées et délivrées à nostre dict cousin d'Alençon
en provision, comme dict est ; et, en tant que touche la viconté
de Beaumont, lequel nostre dit cousin prétend luy avoir esté piéça
baillé en advancement d'oirye et succession par son dict père et
dont il dict avoir ....., les places qui à présent sont en noz mains,
c'est assavoir : Fresnay, Ste-Suzanne et Chasteaugontier et

Pouencé, ensemble le revenu du dict Pouencé, seront et demourront en nostre main, à nostre bon plaisir comme dict est, et de
l'oultre plus nostre dict cousin en joyra ainsi qu'il a faict par cy
devant, le tout jusques à ce que par nous en soit aultrement
ordonné. Si, voulons, vous mandons et expressément enjoignons,
en commectant par ces présentes, que les choses dessus dictes,
ainsi par nous délivrés à nostre dict cousin, vous, en exécutant
l'arrest de nostre dicte Court à l'encontre du dict Jehan d'Alençon,
les luy baillez et délivrés par provision, par la manière dessus
dicte et luy faictes joyr plainement et paisiblement, durant nostre
bon plaisir seullement et pour la manière que dict est, en quoy faisant nous voulons et ordonnons tous les officiers et receveurs
[qui,] par nous ou noz gens, ont ou auroient esté commis es dictes
terres et seigneuries, ainsi par nous baillez en provision à nostre
dict cousin, estre et demourer quictes et deschargés partout où
il appartiendra, sans aucune difficulté ; car ainsi nous plaist-il
estre faict, nonobstant quelzconques lectres surreptices impétrées,
ou à impétrer, à ce contraires. Donné à Paris, le 4ᵉ jour de janvier, l'an de grace 1474 et de nostre regne le 14ᵉ. Ainsi signé :
par le roy, LEGOUT.

B. N. *Collection Dupuy, vol. 413, fol. 39. Copie.*
Cité par Bry de la Clergerie, p. 345, et par Odolant-Desnos, t. II, p. 172.

Nᵒ 79.

Entre le 26 mars 1475 n. st. et le 16 avril 1477 n. st. (1).

*Lettres-patentes du roi rétablissant René d'Alençon dans le droit
d'hériter de son père et lui accordant la jouissance immédiate
du comté du Perche et des autres biens qui avaient appartenu
à ce dernier, excepté de Domfront, Pouencé et Sᵗᵉ-Suzanne, en
échange de quoi le roi lui donne d'autres terres.*

Loys, par la grace de Dieu roy de France etc comme du vivant
de feu nostre très cher seigneur et père (que Dieu absoille !), Jehan
d'Alençon, pour aucunes charges à lui imposez et délitz par luy

(1) Comme on mentionne dans la présente charte celle de juillet 1474
en désignant le millésime au lieu de mettre : *juillet dernier*, ou : *juillet
de la présente année*, nous en concluons qu'elle est au plus tôt de l'année 1475, qui ne commençait alors qu'à Pâques (26 mars 1475 n. st.);
d'un autre côté, on voit que Jean II était encore vivant et, comme il mourut,
d'après le P. Anselme et Odolant-Desnos, en l'année 1476 (n. st.) qui se
termina le 6 avril 1477 (n. st.), cette charte est antérieure à cette dernière
date.

commis et perpetrez, eust esté par arrest ou sentence donnée à
Vendosme, le 11e jour d'octobre l'an 1458, déclairé crimineulx de
lèze majesté et comme tel ... [*les lignes suivantes sont la reproduction exacte, sauf quelques variantes insignifiantes, des lignes
9 à 37 de la page 124 ci-dessus*] selon la forme et teneur des dits
sentence et arrest, et depuis, c'est assavoir à nostre joyeux advènement à la Coronne, pour les grands et notables services que le
dict Jehan d'Alençon et ses prédécesseurs .. [*reproduction des
lignes 3 à 21 de la page 125 ci-dessus*] tous ses meubles et vendit
plusieurs de ses terres et seigneuries comme la terre, seigneurie
et baronnie de Fougères et plusieurs autres dont il n'a eu aucune
récompense .... [*reproduction des lignes 23 à 31 de la page 125 ci-
dessus*] jusques à la réduction de noz pais et duché de Normandye
en nostre obeyssance; pour lesquelles causes et considérations et
autres à ce nous mouvans et à la grant prière et requeste de plusieurs princes de nostre sang, prelatz, gens d'Esglise, Nous icellui
Jehan d'Alençon, par délibération des gens de nostre Grant Conseil meismes à plaine délivrance de sa personne, en sa libérale
franchise et libéral arbitre et, avec ce, le remeismes, restituasmes
et restablismes ou dict duché d'Alençon en tous ses droiz, honneurs, prééminances, prérogatives, dignitez et droiz de perrye
pour luy, ses hoirs et successeurs, et luy rendismes et restituames
le dict duché d'Alençon avecque tous ses autres biens, terres,
seigneuries et hommaiges tout ainsi et en la forme et manière
qu'il les avoit, tenoit et possédoit par avant les dictes sentence et
arrest et non obstant iceulx, combien qu'elles eussent esté unies
et incorporées au patrimoigne et demaine de nostre Coronne, dont
nous les séparasmes, et les remeismes au dommaine du dict Jehan
d'Alencon tout ainsi qu'elles estoient au paravant et vousimes
qu'il et ses héritiers et successeurs joyssent plainement et paisiblement et l'en remeismes en possession et saisine, et, avecques
ce, imposasmes sillence perpetuel sur ce à noz procureurs lors
présens et ad venir et à tous autres, et de ce nous luy donnasmes
et octroyasmes noz lettres patantes le 11e jour du moys d'octobre
l'an 1461 (1), vérifiées et publiées en nostre Court de Parlement
le 27e jour du moys de mars lors ensuivant; et depuis, pour certaines et grans causes à ce nous mouvans, nous octroyasmes (et)
par noz secondes lectres pattantes (2) à nostre dict cousin René
d'Alençon, fil seul et unicque du dict Jehan d'Alençon et son héritier présuntif, que, quelque chose que le dict Jehan d'Alençon feist
pour le temps lors à venir à l'encontre de nous et nostre Coronne,
que ne luy peut préjudicier quant au droict, possession et saisine

(1) Nous avons publié ces lettres-patentes ci-dessus p. 123.
(2) Elles sont publiées par Bry, add. à l'hist. du Perche, p. 10.

des dictes terres et seigneuries ainsi par nous restitués à iceluy
Jehan d'Alençon, pourveu que nostre dict cousin René d'Alençon
n'en fust coulpable ne consentant, mais néantmoins le dict Jehan
d'Alençon, pour aucuns cas par luy depuys la diete restitution
commis et perpétrez et dont il a esté attainct et convaincu, a
esté, par arrest de nostre dicte Court de Parlement prononcé ou
moys de jullet l'an 1474, déclairé crimineulx de crime de lèze
majesté et autres crimes et tous et chescuns ses biens déclarez à
nous confisquez, soubz couleùr duquel arrest nostre dict cousin
René d'Alençon, doubtant que nostre procureur vueille objecter
qu'il soit prins et débouté du droict de succéder aus dictes terres
et seigneuries, dignitez de parie et autres prérogatives, jaçoit ce
que, comme dict est, par noz autres lectres nous luy ayons autreffoys octroyé que, pour quelconque délit ou maléfice que le dict
Jehan d'Alençon son [père] peut commectre et perpétrer pour le
temps lors à venir, ne luy puist nuyre ne prejudicier quant au
dict droict et faculté de succéder aux terres, seigneuries et prérogatives dessus dites quant, le cas y escherroit, pourveu qu'il n'en
fust coupable ne consentant, mais a humblement supplié et requis
que actendu les grans services que ses prédécesseurs ont faiz à
nous et à noz prédécesseurs roys de France pour la tuition et défense de nostre royaume, ainsi que dessus est dict, que icelluy
nostre cousin René d'Alençon a esté dès son jeune aage nourry
avecques nous et en nostre hostel, qu'il nous a continuellement
servy et encores sert en noz guerres et affaires, que, puis aucun
temps en ça, il remist en nostre obeyssance, en acquictant sa
loyaulté envers nous, la ville et chastel d'Alençon qui pour lors
estoit détenue par noz ennemys et adversaires, nostre plaisir soit
luy permectre succéder es dicts duché, conté, terres et seigneuries, dignité de perrie et autres prerogatives dessus dictes et dès
à présent l'en faire joyr et user tout ainsi que si le dict Jehan
d'Alençon son père estoit mort naturellement et qu'il n'eust riens
à faire envers nous ne envers justice et, en tant que mestier est, le
luy donner de nouvel et luy en faire bailler la joyssance et
possession, non obstant le dict arrest et déclaration sur ce faicte et
que nous ayons unies aucunes des dictes terres et seigneuries à
nostre Coronne et les aucunes données à plusieurs personnes et
que les dons en ayent esté vériffiez, savoir faisons que nous, là bien
acertainez des services à nous et noz prédécesseurs faiz par icelluy
nostre cousin René d'Alençon et ses prédécesseurs, que nous luy
avons donné et octroyé par noz autres lectres patentes que, pour
quelconque chose que icelluy Jehan d'Alençon feroit contre nous
et à la Coronne, que ce ne luy pourroit préjudicier quant aux
droictz, possessions et saisines des dictes terres et seigneuries

ainsi par nous autreffoys restitués à icelluy Jehan d'Alençon et
pour autres grans causes et considéracions à ce nous mouvans et
après que avons eu sur ce conseil et advis à plusieurs de nostre
Sang et gens de nostre Grant Conseil, de nostre dicte Court de
Parlement et autres, icelluy nostre cousin René d'Alençon de
nostre grace espécial, plaine puissance et auctorité royal avons
remy, restitué et restably et par la teneur de ces présentes restituons et restablissons au droict de succéder aus dicts duché
d'Alençon et conté du Perche, dignitez de perrie, droiz, honneurs
et prérogatives, ensemble à toutes les autres vicontez, terres et
seigneuries dont le dict Jehan d'Alençon estoit seigneur et quy luy
compectoient et appartenoient au temps et à l'heure des dits cas
par luy commis et perpetrez et aussi aux droictz de nommer aux
offices royaulx en tous les dicts lieux desquelz le don et collation
nous appartient; et néantmoins, avons octroyé et octroyons à
nostre dict cousin que, dès à présent, il joysse plainement et paisiblement du dict duché d'Alençon, conté du Perche, ensemble
de toutes et chacunes les autres terres, vicontez, et seigneuries qui
avoient compecté et appartenu au dict Jehan d'Alençon son père par
avant les dicts cas commis et advenuz, et aussi de tous les droitz
et dignitez de perrie, nomination de tous les offices dessus dictz
et autres honneurs, prééminences et prérogatives et tout ainsi
que se le dict Jehan d'Alençon son père estoit ja allé à trespassement et qu'il n'eust en rien offensé enver nous et lesquelz duché,
conté et autres terres et seigneuries, leurs appartenances, appendances, dignitez, droictz et prérogatives dessusdictes luy avons,
en tant que mestier est, donnez, cédez, quictez, délaissez et transportez et, par ces présentes, donnons, cédons, délaissons et
transportons pour luy, ses hoirs et successeurs à toujours perpétuellement et qu'il en puisse prendre et apréhender la saisine et
possession et laquelle lui avons baillée et baillons par la tradicion
de ces présentes, nonobstant le dict arrest et déclaration, unyon
et incoporation dessus dictes et dons faiz d'aucunes d'icelles
terres et seigneuries, lesquelles unyons, incorporations et dons
dessus dicts, ensemble la vérification d'iceulx s'aucune en y a et
tous les exploiz qui s'en seroient ensuiviz, nous avons abolliz,
cassez et adnullez, abollissons, cassons et adnullons et mectons
du tout au néant par ces dictes présentes, sauf et excepté : la ville
et chastel de Damfront avecques ses appartenances, le chastel,
baronnie, terre et seigneurie de Pouencé, avec ses appartenances,
le chastel et place de Ste Susanne avec la valleur de 300 l. de
rente prinses sur le revenu de la dicte seigneurie et tant sur la
ville que dehors, lesquelles villes, places, chasteaux et forteresses
dessus dictes, pour aucunes causes à ce nous mouvans, mesme-

ment qu'elles sont en pays de frontières et clefz des pays voisins
et qu'elles sont de fortes gardes, nous avons retenus et retenons
à nous et à noz successeurs rois de France ; en récompensacion
desquelles choses ainsi par nous retenues, nous avons baillé,
cédé, délaissé et transporté et, par ces présentes, baillons, ceddons
et délaissons et transportons à nostre dict cousin René d'Alençon,
à ses hoirs et successeurs, ce qui s'ensuit ; c'est assavoir, pour la
récompense du dict Pouencé : la conté de Beaumont le Rogier,
pour Ste Susanne : la terre et seigneurie de Monnencourt, et pour
Damfront : la conté de Conches et Breteil, la viconté d'Orbec, en
ce comprins la portion que nous avons ou bourg de Bernay,
avecques toutes et chacunes les appartenances et deppendences
des choses ainsi par nous baillées à nostre dict cousin René
d'Alençon, et, en cas qu'elles ne vouldront ce que nous avons
retenu, nous avons promis et promectons, en parolle de roy, de
bailler en oultre à nostre dict cousin René d'Alençon l'oultre plus
de la valleur de ce que avons retenu, de prochain en prochain, au
dict et ordonnance de ceulx qui sont ou seront par nous commis
et depputez; pour les choses ainsi par nous baillées et ce que bail-
lerons estre unyes au dict duché d'Alençon, lesquelles dès à
présent nous unissons et joignons et incorporons par ces présentes pour augmentation et accroissement d'icelluy et pour en
joyr par nostre cousin René d'Alençon, ses héritiers et successeurs avec les droitz de perrie, nominacion de nos dicts offices
en tous les dicts lieux, préhéminences et prérogatives, ainsi et par
la forme et manière qu'il feroit du dict duché d'Alençon, en nous
faisant par nostre dict cousin les foy et hommaige du dict duché
d'Alençon selon la creue, augmentacion et unyon dessus dictes,
ensemble de la dicte conté et autre choses qui sont tenues nuement de nous. Si, donnons en mandement à nos amez et féaulx
conseilliers les gens tenans et qui tiendront nostre parlement et
nostre échicquier en noz pays et duché de Normandye et à tous
noz autres justiciers ou leurs lieuxtenans, et à chacun d'eulx, si
comme à lui appartiendra, que de nostre présente grace, délivrance, restitution et don ilz facent, souffrent et laissent icelluy
nostre cousin René d'Alencon, ses héritiers et successeurs, joyr et
user plainement et paisiblement, pour le temps à venir, sans leur
faire, mectre, donner ne souffrir estre faict, mis, donné ou innouvé
aucune chose à se contraire, mais que ce que faict, mis, donné ou
innouvé seroit, ilz le réparent et remectent ou facent réparer et
remectre au prouffit de nostre dict cousin René d'Alençon, ses
héritiers et successeurs, non osbtant que les choses ainsi par
nous restituées et données ou aucunes d'icelles eussent esté
unyes et incorporées à nostre dicte Coronne par le dict arrest ou

autrement et que de partie [d']icelles eussions faict dons à aucunes personnes et les vérifications d'iceulx, lesquels et les
exploictz qui en seroyent ensuiviz comme dessus est dict [nous
avons] cassez, rescindez et adnullez et mis du tout au néant, et
que la valleur des dictes terres et seigneuries ainsi par nous baillées ne sont point en ces présentes lectres extimées, et quelzconques ordonnances prohibitions et deffenses de non aliéner
nostre dommaine et autres quelzconques. Et affin que ce soit
chose ferme à tousjours, nous avons faict mectre nostre séel à
ces présentes, sauf en autres choses nostre droict et l'autruy en
toutes. Donné etc. [sic].

*B. N. ms., collection Dupuy, vol. 413, fol. 46 à 53vo. Copie du xvie
siècle.*

N° 80.

*Lettres-patentes du roi donnant à René d'Alençon mainlevée de
la saisie du duché d'Alençon, du comté du Perche et autres terres
qui appartenaient au feu duc Jean son père en 1458, ordonnant
aux officiers royaux de lui en conférer la possession réelle et
déchargeant de la garde de ses places fortes les capitaines à ce
préposés par le feu roi Louis.*

Charles, par la grâce de Dieu roi de France, à tous ceulx qui
ces présentes lettres verront, salut. Comme, dès le mois de janvier
l'an 1467 [v. st.], feu notre très cher seigneur et père (que Dieu
absoille !) eust octroyé à nostre très cher et très amé cousin
René, duc d'Alençon, ses lettres patentes (1) par lesquelles il lui
octroya que pour quelque crime ou délict que feu nostre cousin
Jehan, duc d'Alençon, son père, eust commis ou peu commectre
pour le temps lors à venir, les duchié d'Alençon et autres terres
et seigneuries à lui appartenans ne peussent cheoir en confiscation
ne empescher que nostre dit cousin René, à présent duc du dit
duchié, son filz, n'y succédast tout ainsi et par la fourme et manière
qu'il eust peu faire si son dit père feust décédé sans avoir commis
ne perpétré aucune offence, crime ou délict, pourveu que icellui
nostre cousin René, duc d'Alençon, ne feust conscentant ne

(1) Ces lettres, dont il se trouve des copies dans le ms. fr. 18439, fol. 530,
de la B. N. ; dans les cartons J 779 n° 9, et J 949 n° 6, et dans le reg. U
785 fol. 68 des Arch. nat. ; ont été publiées par Bry, p. 18 de ses additions,
et dans le grand Recueil des Ordonnances des rois de France, t. XVII,
page 58, aussi nous ne les publions pas de nouveau.

participant d'iceulx crimes et délictz, comme plus à plain est
contenu es dites lettres ; et néanmoins, soubz couleur de certaines
charges imposées à icellui feu nostre cousin d'Alençon et de
certain arrest contre lui donné par nostre Court de Parlement,
non garnye de Pers, ne des seigneurs de nostre Sang, et de certaines charges, puis naguères contre vérité imposées à nostre dit
cousin René, à présent duc du dit duchié, par aucuns ses hai-
gneulx et malveillants, icellui duchié et autres terres et seigneuries, qui furent et appartindrent à son dit feu père, aient esté
empeschées et mises en la main de nostre dit feu seigneur et père
et icellui nostre dit cousin prins et détenu prinsonnier l'espace de
deux ans et plus et jusques à ce que, après le trespas de nostre
dit feu seigneur et père, Nous, à plain et deuement infourmés de
l'inocence de nostre dit cousin, tant par le rapport fait au vray du
dit procès en la présence de plusieurs princes et seigneurs de
nostre sang, chevaliers de nostre ordre et autres gens de nostre
Grant-Conseil, que par ce que nostre très cher et très amé cousin
le duc de Bretaigne nous a fait remonstrer par son.. [sic]...,
avons, par la délibéracion des dits princes et seigneurs de nostre
Sang, ordonné nostre dit cousin, comme pur et innocent des dits
cas, estre délivré des dites prisons esquelles il estoit détenu et,
pour ce faire, envoyé nostre chier et amé cousin le conte de
Monfort et octroyé nos lettres patentes (1) adressans à noz amez et
féaulx conseillers le premier des présidens de nostre Court de
Parlement et maistre Charles de la Vernade et Pierre de Cour-
hardi, juge du Maine, au moyen et par vertu desquelles iceulx nos
conseilliers aient nostre dit cousin mis à plaine délivrance ; et,
pour ce que, en icelles lettres, n'estoit faicte aucune mention de
la délivrance de son dit duchié et autres terres et seigneuries,
icellui nostre cousin c'est tiré par devers nous et nous a très
humblement supplié et requis que nostre plaisir fust lui faire
délivrer ses dits duchié, contés et vicontés et autres terres et
seigneuries et d'icelles lever nostre main et tout autre empeschement, qui auroit este mis du vivant de nostre dit feu seigneur et
père, pour en jouir en telz et semblables droitz et prérogatives
que son dit feu père en jouissoit au temps des empeschemens
qu'ilz lui en furent faiz, tant du vivant de feu nostre aieul Charles
septième que du vivant de nostre dit feu seigneur et père, laquelle
requesté nous avons fait mectre en délibéracion, en la présence

(1) En vertu de ces lettres-patentes, données à Amboise le 17 septembre 1483 (et dont copie se trouve dans le ms. fr. 18957 de la B. N.), René
d'Alençon, alors prisonnier à Vincennes, fut mis en liberté le 20 du même
mois, comme le constate le procès-verbal qui en fut dressé et dont copie
se trouve dans les mss. 18439, fol. 577, et Dupuy 38 de laBib. nat.

des dits princes et gens de nostre Sang, barons, chevaliers de
nostre Ordre et autres gens de nostre Grant Conseil en grant
nombre ; — Savoir faisons que nous, bien acertenez et infourmés
en nostre dit Conseil de l'inocence de nostre dit cousin et des
services que lui et ses prédécesseurs ont fuiz le temps passé à noz
prédécesseurs roys de France, ρ᠎ que nostre dit feu seigneur et
père lui avoit octroyé par ses ᴗ ᠎ lettres patentes que, pour
quelque délit commis et à commecᴛ.. ᠎ar nostre dit feu cousin
d'Alençon son père, les dits duchié, contes᠎ et vicontés et autres
terres et seigneuries ne pourroient choir en confiscation ou préjudice de nostre dict cousin, à présent duc du dict duchié, si non
qu'il fust conscentant ou participant du dict crime ou délict, et
que, par faulx rappors et faulces accusacions, icellui nostre dit
cousin avoit esté empesché en la jouyssance du dit duchié, conté
et autres terres et seigneureries, Nous, par l'advis, conseil et
délibéracion des dicts princes et seigneurs de nostre Sang, barons,
chevaliers de nostre Ordre et gens de nostre Grant Conseil et
d'autres en grand nombre, avons, de nostre certaine science, levé
et osté, pour et au prouffit de nostre dit cousin et, par la teneur
de ces présentes, levons et ostons la main et tout autre empeschement qui, par l'ordonnance de nostre dit feu seigneur et père,
avoit esté mis et apposé es dits duchié, contés, terres et seigneuries ; et en icelles avons remis et estably, remectons et restablissons nostre dit cousin et voulons la pocession lui estre baillée
réaulment et de fait, pour en jouir, ensemble des fruiz, prouffitz
et revenus d'icelles, en telz et semblables droiz, honneurs, dignités, préémynences et prérogatives qu'en jouyssoit son dit feu
père, au temps du premier empeschement qui lui fut fait durant
la vie du roy Charles nostre aieul et de nostre dit feu seigneur et
père, sans aucune chose en réserver ne excepter. — Sy, donnons
en mandement au premier de noz amez et féaulx conseilliers de
nostre Court de Parlement et nostre amé et féal conseiller maistre
Pierre de Court Hardi, juge du Maine, et à chacun d'eulx que
nostre dite main levée ilz mectent à exécution deue, de point en
point, selon la fourme et teneur, en icelle signifiant ou faisant
signifier aux commissaires qui par feu nostre dict seigneur et père
y avoient esté commis et à tous autres qu'il appartiendra, et en
baillant, réaument et de fait, à nostre dict cousin, la pocession et
jouyssance réelle et actuelle de son dict duchié et de ses autres
terres et seigneuries, pour en jouir et user en telz droitz, prérogatives et préeminences que notre dict feu cousin son père en
jouyssoit par avant les dits empêchemens mis en icelles, en signifiant oultre la dict main levée aux vassaulx, hommes et subgetz
des terres et signeuries, à ce que doresenavant ilz obéissent à
nostre dict cousin comme à leur seigneur [im]médiat ; et ainsi en

deschargeant le seigneur de Saint Pierre de la garde des places et chasteaulx du dict duchié d'Alençon, Dampfront, Pouencé, Argenthen et Exmes et Pierres d'Assigné de la garde des places et chasteaulx d'Essay et Chasteaugontier, le seigneur de la Grutuze, seneschal d'Anjou, de la garde des places et chasteaulx de Beaumont, Fresnay et Sainte-Susanne, le seigneur de Gié, mareschal de France, de la garde de la ville, chastel et seigneurie de la Flèche, Jehan de Blanchefort et Hervé de Champray de la garde de la ville et chastel de Belesme et le cappitaine Denuz de la ville et chastel de Verneuil et tous autres ausquels nostre dict feu seigneur et père avait baillé la garde des places et chasteaulx qui furent et appartindrent à nostre dict feu cousin d'Alençon et lesquelx, par ces présentes, nous avons deschargés et deschargeons, en les baillant à nostre dict cousin René, à présent duc du dict duchié, non obstant quelzconques dons, aliénations, ou transpor que nous, ou nostre dict feu seigneur et père, en pourrions avoir faitz, oppositions et appellacions quelxcunques pour lesquelles nous voulons estre différé en aucune manière, car ainsi nous plaist estre fait. En tesmoing de ce, nous avons fait mectre nostre séel à ces dictes présentes. Donné à Amboise, le 15ᵉ jour d'octobre, l'an de grâce MCCCC quatre vingts et troys et de nostre resne le premier. Ainsi signé, en la marge des dictes lettres, par le roy en son conseil, messeigneurs les ducz d'Orléans et de Bourbon, les contes de Clermont, conte dauphin d'Auvergne, de Vendosme et de Dunays, vous les évesques d'Alby, de Coustances et de Lavaur, les seigneurs de Torcy, grant bastart de Bourgoigne, l'admiral mareschal de Gié, de Chasteillon, des Guerdes, de Baudicourt, gouverneur de Thouraine, de St-Valier, de Genly, du Courton, d'Argenton, de Vaton, de Mailly, de Boysi, de Lisle, de Cullant et le bailly de Meaulx, maistres Adam Fumée, Charles de la Vernade, Guillaume Dauvet, Jehan Chambon et Philippes Baudot conseilliers et maistres des requestes et autres présens : ROBERTET.

B. N. ms. fr. 18957. *Insérées dans une copie collationnée et jadis scellée, du 11 novembre 1483, des lettres, datées à Alençon du 10 novembre 1483, par lesquelles G. Ruzé, conseiller au Parlement et P. de Courthardi, juge du Maine, font connaître que, le jour même, à la requête de J. Burel, chancelier du duc, ils ont promulgué les lettres-patentes ci-dessus, en ce qui regarde le duché d'Alençon, dans la salle de l'auditoire du bailliage d'Alençon et remis le dit duc, représenté par Yves d'Alègre, écuier sᵉ du Rieu, en possession du duché d'Alençon et de ses dépendances.*

N° 84.

Amboise; 16 octobre 1483.

Réception par le roi de René, duc d'Alençon, en foi et hommage

pour raison de son comté du Perche, Terres-Françaises et autres
fiefs relevants de la Couronne.

Charles, par la grace de Dieu roy de France, à noz amez et
féaulx conseilliers les gens de nostre Court de Parlement, de noz
Comptes et trésoriers à Paris et à tous noz autres justiciers ou à
leurs lieuxtenans, salut et dilection. Savoir vous faisons que
nostre très chier et très amé cousin René, duc d'Alençon, nous
a aujourd'huy fait en noz mains les foy et hommaige du duché
d'Alençon, du conté du Perche et Terres-Françoises et de la seigneurie de Canny et Cannyel tenuz et mouvans de nous à cause
de la Couronne de France, ausquels foy et hommaige nous l'avons
receu, sauf nostre droit et l'autruy. Si, vous mandons et enjoignons et à chacun de vous, si comme à luy appartiendra, que,
pour cause des dites foy et hommaige non faiz, vous ne mectez
ou donnez, ne souffrez estre mis ou donné à nostre dit cousin
aucun trouble ou empeschement ; aincois, se les diz duchié
d'Alençon, conté du Perche, Terres Françoises, seigneuries de
Canny et Cannyel, avoient esté, sont ou estoient pour ce prins,
saisiz, arrestez et mis en nostre main, les lui mectez ou faictes
mectre incontinant et sans délay à pleine délivrance et premier
estat et deu, pourveu qu'il sera tenu bailler et envoyer en nostre
dicte Chambre des Comptes, dedans temps deu, son denombre-
ment et adveu et faire et paier les autres droiz et devoirs, s'aucuns
en sont pour ce deuz, se faiz et paiez ne les a. Donné à Amboise, le
16ᵉ jour d'octobre, l'an de grace 1483, et de nostre regne le premier.

[*Plus bas :*] Par le roy, monseigneur le duc d'Orléans, le conte
de Clermont et de la Marche, vous le sire de Chastillon et autres
présens, [*signé :*] MESME [*avec paraphe*].

Arch. nat. P 275¹ cote 170 (aliàs 155). Original.
   Id.   J 779, n° 12. Copie collationnée.

N° 82.

11 mai 1484.

Une lettre en parchemin, en date du 11 mai 1484, qui est une
transaction faite entre Mᵐᵉ la comtesse de Bar et M. le comte
d'Alençon pour raison de deux rachats du chastel et terre de
Nogent-le-Rotrou, sous la cote 21 de la layette d'Alençon.

Arch. nat. KK 393, fol. 9. Analyse.

N° 83.

Paris ; 26 juin 1485.

Lettres patentes accordant au duc d'Alençon mainlevée du comté du Perche et d'autres seigneuries, ainsi que du revenu de divers greniers à sel de son apanage, le tout naguère saisi au nom du roi, sur la plainte de plusieurs de ses sujets.

Charles, par la grace de Dieu roy de France, à tous ceulx qui ces présentes lettres verront, salut. Comme, à l'occasion de certaines plainctes, qui naguères nous avoient esté faictes par aucuns noz subgectz à l'encontre de nostre très cher et amé cousin le duc d'Alençon, conte du Perche, ses gens, serviteurs et officiers, nous eussions discerné certaines noz lectres de commission, adressans à noz amez et féaulx conseillers maistre Simon Davi, maistre des Requestes ordinaires de nostre Ostel et Guynot de Louzière, nostre maistre d'Ostel, par vertu decquelles iceulx noz conseillers se fussent transportez en aucunes des villes de nostre dit cousin et eussent fait faire, à sa personne et de ses dits gens serviteurs et officiers, certains exploitz et adjournemens, et, avec ce, eussent prins et mis en nostre main le dit conté du Perche et partie des autres terres et seigneuries d'icelluy nostre cousin, ensemble le revenu et esmolument d'aucuns greniers à sel de ses dites terres et seigneuries, dont avions fait don pour ceste présente année, scavoir faisons que nous, considérans la grant proximité de lignaige dont nous atient nostre dit cousin, inclinans par ce libérallement à la supplication et requeste qui de par luy nous a esté sur ce faicte, pour ces causes et autres à ce nous mouvans, et par l'advis et délibération d'aucuns des autres princes et seigneurs de nostre sang et lignaige et gens de nostre Conseil estans avec nous, nostre dite main et tout autre empeschement mis et apposez, à la cause dessus dite, par nos dits conseillers, maistre Simon Davy Guynot de Louzière et autres quelzconques es dites terres et seigneuries de nostre dit cousin et revenu des dits greniers, avons levez et ostez, levons et ostons au prouffit d'icelluy nostre dit cousin et les dits adjournemens, ainsi faictz à sa personne et de ses dites gens, serviteurs et officiers avons cassez, revocquez et anullez, cassons, revocquons, adnullons et mectons du tout au néant, de nostre grace espécial, plaine puissance et auctorité royal, par ces présentes, et toutes les amendes en quoy icellui nostre cousin, ses gens, serviteurs et officiers pourroient estre encouruz envers nous pour raison des choses dessus dictes, jaçoit ce qu'elles ne sont sy spécifiées ne

.déclairées, leur avons données, remises et quictées, donnons, remectons et quictons de nostre. plus ample grace, par ces dites
présentes signées de nostre main, sans ce que ores, ne pour le
temps ad venir, aucune chose leur en soit ne puisse estre que-
rellée ne demandée en aucune manière, et, quant à ce, imposons
silence perpétuel à nostre procureur général et à tous autres présens et ad venir, pourveu toutesvoyes que icelluy nostre cousin
sera tenu faire et acomplir le contenu en certains articles, signez
de sa main, qu'il nous a sur ce envoyez par noz amez et féaulx
conseillers le sieur de Mainguy (1), nostre chambellan, et le seigneur
de la Heuze, nostre maistre d'Ostel, et aussi satisfera deuement
aux parties intéressées en ceste matière, par manière qu'elles
n'auront causes en retourner plainctives par devers nous, Si, donnons en mandement à noz amez et féaulx conseillers, les gens de
nostre Court de Parlement, grand seneschal de Normendie, sénéchal du Maine, juge du dit lieu, généraulx conseillers sur le faict
et gouvernement de toutes noz finances et à tous noz autres justiciers et officiers, ou leurs lieutenans, commis, présens et à venir, à chacun d'eulx, si comme à luy apartiendra, que, après ce
qu'il leur sera apparu par certification de nos dits conseillers, les
seigneurs de Maigny et de la Heuze, que nostre dit cousin aura
fait et acomply le contenu es dits articles, en ce cas icelluy nostre
cousin, ses dits gens, serviteurs et officiers facent, souffrent et
laissent joir et user paisiblement de noz présens grace, mainlevée,
don, quictance et choses dessusdites, sans leur faire ne souffrir
estre faict aucun empeschement au contraire, et voulons que au
vidimus de ces présentes, fait soubz seel royal, foy soit adjoustée
comme à ce présent original, car ainsi nous plaist il estre fait nonobstant ce que dessus et quelzconques autres lettres, ordonnances, mandemens ou deffenses à ce contraires. En tesmoing de ce,
nous avons faict mectre nostre séel à ces dites présentes. Donné
à Paris, le 26e jour de juin, l'an ce grace 1485 et de nostre règne
le second. Signé : CHARLES. Et est escript au bas de la dite lectre :
Par le roy, Monseigneur le duc de Loraine, le conte de Clermont,
le seigneur de Graville, messire Estienne de Vest, chevalier, bailly
de Meaulx et autres, présens, et signé : Rabineau, et seellé en
double queue de cire jaulne.

B. N. ms. fr. 18,957. Copie du XVI° *siècle.*

Id. ms. fr. 24,132 (G. Lainé IX), p. 440. Analyse.

_____

(1) Nous voyons, par l'intitulé de la charte dont la copie suit celle de la
présente dans le ms. 18957, que le sgr de Maigny (aliàs Maigné) se nommait Antoine de Charnesses et que le sgr de la Heuze était Jehan de San-
douville.

N° 84.

16 mars 1492.

Lettre du 16 mars 1492 qui est une souffrance de faire foi et hommage par Marguerite de Lorraine, veuve du duc d'Alençon, pour la comté du Perche et autres terres relevant du roi.

Arch. nat. KK 393, fol. 32 v°. Analyse.

N° 85.

24 juillet 1498.

Souffrance de sept ans accordée par le roi à la duchesse d'Alençon pour faire foi et hommage et bailler son aveu du comté du Perche et autres fiefs.

Loys, par la grace de Dieu roy de France, à noz amez et feaulx les gens de noz comptes et tresorier à Paris, aux seneschaulx et juges d'Anjou et du Maine, baillifz de Touraine et de Chartres et à noz procureur et receveur illec et à tous noz autres justiciers et officiers soit à leurs lieuxtenans et à chacun d'eulx si comme à luy appartiendra, salut et dillection. Receue avons l'umble supplication de nostre très chère et très amée cousine la duchesse d'Alençon ayant le bail, garde et gouvernement de nostre très cher et très amé cousin Charles, duc d'Allencon, et autres ses enfans myneurs d'ans, contenant que pour et à cause du dict duché d'Alençon, conté du Perche, viconté de Beaumont, Chasteauneuf-en-Thymerays, Samblancey, Gallardon, terres, seigneuries, fiefz et autres choses quelzconcques, tenues et mouvans de nous, nostre dicte cousine, ou dit nom, soit tenue nous faire les foy et hommaige, bailler dénombrement et adveuz en telz cas acoustumez, laquelle chose nostre dite cousine ne pourroit bonnement faire au moien des grandes occupacions et charges qu'elle a journellement à la conduicte des affaires de nostre dit cousin le duc d'Alencon et autres ses enfans, — savoir vous faisons que Nous, ce considéré, mesmement le singulier désir et affection que avons congneu que nostre dite cousine a eu tousjours et a encorres à la conduicte de nostre dit cousin, à icelle, pour ces causes et autres ad ce nous mouvans, avons donné et octroyé, donnons et octroyons par ces présentes, terme, respit et souffrance de nous faire les

dits foy et hommaige et bailler par escript son dénombrement ou
adveu jusques à sept ans et que ce pendant elle payra au dit nom
les droitz et devoirs pour ce deubz et fera ou fera faire par ses
procureurs ayans pouvoir suffisant quant ad ce es mains de vous
ou aucuns de vous le serment de féaulté en tel cas acoustumé.
Si, vous mandons et à chacun de vous, si comme à luy appartiendra, que de nostre présente grace, souffrance, et respit vous
fectes, souffrez et laissez nostre dite cousine, ou dit nom, joyr, le
dit temps durant, sans luy faire mectre ou donner ne souffrir estre
fait, mis ou donné aucun arrest, destourbier ou empeschement
en quelque manière que ce soit, et si les fiefz, terres et seigneuries et biens quelzconcques estoient pour ce prins, saisiz
ou arrestez et mis en nostre main ou aucunement empeschez,
mectez les luy, ou fectes mectre, incontinent et sans délay, à
plaine délivrance ; car ainsi nous plaist il estre fait, non obstant
quelzconques ordonnances, mandements, ou deffences ad ce
contraires. Donné à Paris, le 24e jour de juillet, l'an de grace 1498,
et de nostre règne le premier. Ainsi signé, par le roy, Mgr le duc
de Lorraine et autres présens : H. COURETOT. Collation est faite.
[signé :] LEBLANC [avec paraphe].

Arch. nat., P 274², *cote 374 (ancienne cote 6378). Copie collationnée
du* XVI° *siècle.*

N° 86.

Blois ; 2 février 1501 [n. st.]

*Réception par le roi du duc de Nemours en foi et hommage de
diverses terres et entre autres de Nogent-le-Rotrou, Riveray,
la Ferrière, Montlandon et Montigny, relevant de la grosse tour
et vicomté de Chartres.*

Loys, par la grace de Dieu roy de France, à noz amez et féaulx
gens de noz comptes et trésoriers, aux baillys de Sens, Troys,
Meaux et Melun, séneschaulx de Poictou, de Tholoze et de
Guienne et noz procureurs, receveurs et clercs des fiefs des dicts
lieux et à tous noz autres justiciers, officiers, ou à leurs lieuxtenans présens et à venir, salut et dilection. Savoir vous faisons
que nostre très chier et très amé cousin, le duc de Nemours,
nous a, le jour duy, fait les foy et hommage qu'il nous estoit tenu
faire, c'est assavoir : du duchié et perrie du dict Nemours et des
appartenances, appendances, tenue de nous à cause de nostre
Couronne, — de la conté de Lisle-en-Jourdain et vicomté de

Gimoys et leurs appartenances, tenues de nous à cause de nostre
duchié de Guienne, — de la vicomté de Chastelleraud et les appartenances, tenue de nous à cause de nostre conté de Poictou, —
de la baronnie, terre et seigneurie de Sablé et ses appartenances,
tenue de nous à cause de nostre duchié d'Anjou, — et des baronnies, terres et seigneuries de Nogent-le-Rotro, Rivery, la Ferrière, Monlendon, Montigny et Pierre-Couppe, avecques leurs
appartenances, tenues de nous à cause de nostre grosse tour et
viconté de Chartres; ausquelz foy et hommaige nous l'avons
receu, sauf nostre droit et l'autruy. — Si, vous mandons, commandons et expressément enjoignons et à chacun de vous, si
comme à luy appartiendra, que, pour raison des dits foy et hommaige non faiz vous ne faictes, mectez ou donnez, ne souffrez
estre fait, mis ou donné à nostre dict cousin aucun destourbier
ou empeschement en quelque manière que ce soit, lequel, se fait,
mis ou donné luy avoit esté ou estoit, luy mectez ou faictes
mectre incontinant et sans délay, à plaine délivrance, et au premier estat et deu ; car ainsi nous plaist il estre faict; pourveu
qu'il baillera son dénombrement dedans temps deu, fera et paiera
les autres droiz et devoirs, s'aucuns en sont ou estoient pour ce
deuz, se faiz et paié ne les a. Donné à Bloys, le deuxiesme jour de
février, l'an mil cinq cens et de nostre règne le troysiesme. Par
le roy, monseigneur le cardinal d'Amboise et autres présens.

[Signé :] ROBERTET [avec paraphe].

Arch. nat., P 16, cote 186 (ancienne cote 5922). Original.

N° 87.

Mâcon ; 19 juillet 1503.

*Lettre du roi ordonnant à la Chambre des Comptes d'expédier
les lettres de réception en foi et hommage de Nogent-le-Rotrou
et autres fiefs accordées au duc de Nemours.*

De par le Roy, nos amez et féaux, notre très cher et très amé
cousin le duc de Nemours, comte de Guise, pair et mareschal de
France, nous a fait, tant en son nom que de notre très chère et
très amée cousine la duchesse de Nemours, comtesse de Guise,
son épouse, les foi et hommage du dit duché et pairie de Nemours,
comté de Guise, vicomté de Chastellerault, baronies de Sablé,
Maine la Juhes, la Ferté-Bernart et Nogent-le-Rotrou, et aussi
de la seigneurie de Piere Couppe, leurs appartenances et dépen-

dances, et générallement de toutes les autres terres et seigneuries qu'ils tiennent en foi et hommage de nous. A quoy nous l'avons reçu, sauf notre droit et l'autrui, ainsi que par nos lettres patentes, que sur ce en avons fait expédier, pourrez voir, lesquelles notre dit cousin envoie en notre Chambre pour en avoir de nous l'expédition. Et pour ce que nous voulons et entendons nos dites lettres sortir leur plein et entier effet et notre dit cousin estre favorablement traité en ce et autres ses affaires, comme celui qui bien et grandement l'a mérité et mérite autant en son endroit que personnage de notre royaume, à cette cause, nous vous mandons, commandons et ordonnons très expressément que vous procédiez en toute diligence à l'expédition de nos dites lettres sans y faire aucun refus, ne mettre la chose en longueur ou dissimulation, en quelque manière que ce soit, et gardiez, comment que ce soit, que en ce ne faites faute. Car tel est notre plaisir. Donné à Mascon, le 19 juillet. Ainsi signé : LOUIS. Et plus bas : ROBERTET. Et au dos, pour superscription, il y a : A nos amez et féaulx les gens de nos comptes à Paris.

Arch. MM 759, p. 846, copie moderne.
BR ms. f. 22341, fol. 109, copie moderne.
Publié par M. de Maulde dans les doc. sur l'hist. de Fr., procéd. polit. du règne de Louis XII, p. 687.

N° 88.

Paris; 24 novembre 1504.

Réception par le roi de Philippe, cardinal de Luxembourg, en foi et hommage pour raison des seigneuries de Nogent-le-Rotrou et ses dépendances qu'il croyait, ainsi que Pierre-Coupe, encore mouvantes de la tour de Chartres.

Loys, par la grace de Dieu, roy de France, à nos amez et féaulx les gens de noz comptes, au bailly de Chartres et aux procureur et receveur ou dit bailliage ou leurs lieuxtenans ou commis, salut et dilection. Savoir vous faisons que nostre très cher cousin et féal amy Philippes, cardinal de Luxembourg, évesque du Mans et de Thérouenne, tant pour luy que pour ses cohéritiers, nous a aujourduy, en noz mains fais les foy et hommage qu'il nous estoit tenu faire pour raison de leur terre et seigneurie de Nogent-le-Rotrou et ses deppendances et pareillement pour raison du fief terre et seigneurie de Pierre-Couppe, tenuz et mouvans de nous à cause de

nostre tour de Chartres, ausquelz foy et hommage nous l'avons
receu, sàuf nostre droit et l'autruy. Si, vous mandons et à chacun
de vous, si comme à luy appartiendra, que, pour cause des dites
foy et hommage à nous non faiz, vous ne faictes, souffrez ou donnez
ne souffrez estre fait, mis ou donné à nostre dict cousin et ses
dicts cohéritiers es dits fiefs, terres et seigneuries aucun destourbier ou empeschement en aucune manière ; mais se, pour ce que
dit est, ilz estoient saisiz ou arrestez, mectez les leur ou faictes
mettre incontinent et sans délay à pleine délivrance et premier
estat, ... car ainsi nous plaist il estre fait, non obstant quelzconques ordonnances, mandemens, restrictions ou deffences et
lettres ad ce contraires, pourveu qu'il baillera son dénombrement et adveu dedans temps deu et fera et paiera ses droiz et
devoirs ..... en sont pour ce deuz, se faiz et payez ne les a.

Donné à Paris, le 24ᵉ jour novembre, l'an de grâce mil cinq cens
et quatre et de nostre regne le septiesme.

[Plus bas :] Par le roy, vous, le sieur de Graville, admyral de
France et autres presens. [Signé :] LEMOYNE [avec paraphe.]

Arch. nat. P 8, cote 156 (aliàs 2594). Original.

Nº 89.

La Fère; 4 août 1505.

*Procuration donnée par Marie de Luxembourg pour porter en son
nom à la duchesse d'Alençon, comtesse du Perche, et à l'évêque
de Chartres les foy et hommage de Nogent-le-Rotrou, Riverai,
la Ferrière, Montlandon, Montigny, Nonvilliers et autres fiefs
et accomplir les autres formalités usitées.*

Marie de Luxembourg, contesse de Vendosmois, de Sainct Pol,
de Conversam, de Marle et de Soissons, vicontesse de Meaulx,
dame d'Espernon, de Dunkerke, de Bourgbourg, de Gravelinghes,
de Lucen, de Ham et de Beaurevoir, chastelleine de Lille, à tous
ceulx qui ces présentes lettres verront, salut. Savoir faisons que
nous avons fait, nommé, ordonné, constitué et estably et par ces
présentes faisons, nommons, ordonnons, constituons et establissons noz procureurs généraulx : noz amez et féaulx conseillers
maistres Loys Tiercolin, bailli de nostre dit conté de Vendosmois,
maistre Jean de Caigny, son lieutenant, Claude Salmon, nostre
trésorier ou dit conté, Denis Buffereau et Jean Gilles, tous noz
conseilliers, ausquelz et chacun d'eulx nous avons donné et don-

nons povoir et mandement espécial de aller et comparoir par
devers haulte et puissante princesse, Madame la duchesse d'Allençon, et Révérend Père en Dieu Monseigneur l'évesque de
Chartres, et autres seigneurs dont les terres et seigneuries de Brou,
Alluye, Montmiral, Auton, la Bazoche-Gouyet, Nogent le Rotrou,
Riverré, la Ferrière, Montlandon, Montigny, Nonvelliers et Pierre
Coppe, estans es pays de Chartrain, le Perche et la Beausse, sont
tenues et mouvans en foy, fief et hommaige, ou leurs officiers, et
requérir, pour et ou nom de nous, estre receus aux foy et hommaige des dessus dites seigneuries et de chacune d'icelles, telz
que leurs sommes tenue faire, soient simples ou liges, à nous et
nostre très chère et très amée seur la dame de Ravestain venues
et retournées par le décès et trespas de feu Madame Charlotte
d'Armignac, contesse de Guyse, nostre cousine, de offrir et faire
pour nous aus dits seigneurs les dits foy et hommaige et les droitz
et prouffitz de fiefz que povons devoir et estre tenue envers eulx
pour l'appréhencion des ditz fiefz, et faire le serment de fidélité
et autres devoirs deuz par nous, de bailler adveuz et dénombremens, en prandre et recevoir les récépissez et aussi, pour et au
nom de nous, prandre et appréhender la possession réelle et
actuelle des dits fiefz, terres et seigneuries, leurs appartenances
et deppendences, et généralement de faire ès choses dessus dites,
leurs circonstances et deppendences, autant que faire porrions
[si].... en nostre personne y estions, promectans par nostre foy,
soubz l'obligation de tous et chacuns noz biens, tenir et avoir
pour agréable ce que, par nos dits procureurs ou l'un d'eulx, sera
fait ès choses dessus dites. En tesmoing de ce, nous avons signé
ces présentes de nostre main et icelles fait sceller de nostre séel,
en nostre chasteau de la Fère sur Oize, le 4e jour d'aoust, l'an 1505.
Ainsi signé : MARIE DE LUXEMBOURG, par Madame la contesse :
LAUMOSNIER et scellées de cyre rouge.

    B. N. ms. fr. 18957. Copie du XVIe *siècle.*

N° 90.

Alençon; 5 septembre 1505.

*Acte de réception en foy et hommage accordé par Marguerite de
Lorraine, comtesse du Perche, à Marie de Luxembourg, comtesse de Vendomois, pour raison des seigneuries de Nogent-le-
Rotrou, Riverai, la Ferrière, Montlandon, Montigny et Nonvilliers, mouvantes du comté du Perche.*

Margueritte de Lorraine, duchesse d'Allençon, contesse du Perche et vicontesse de Beaumont, ayant le bail et garde de nostre très cher et très amé filz Charles, duc d'Alençon, per de France, et autres noz enffans mineurs d'ans, à noz amez et féaulx conseillers les gens de noz comptes, bailli, viconte, advocat, procureur et receveur du Perche, ou à leurs lieuxtenans ou commis, salut et dilection. Savoir vous faisons que nostre chère et amée cousine Marie de Luxembourg, contesse de Vendosmois, tant pour elle que pour nostre très cher et très amé cousin Philippes de Clèves, seigneur de Ravestain, pour et à cause de nostre cousine Françoise de Luxembourg, sa femme, nous a aujourduy fait (par Denis Buffcreau son procureur espécial quant ad ce, ainsi qu'il est apparu par lettres du 24e jour d'aoust dernier passé, signée et scellée de ses seing et séel), les foy et hommaige que tenue nous estoit de faire pour raison de leurs terres et seigneuries de Nogent le Rotrou, Riveré, la Ferrière, Montlandon, Montigny et Nonvelliers, tenues et mouvans neuement de nous, au regard du dit pays et conté du Perche, ausquelz foy et hommaige nous l'avons receue, sauf nostre droit et l'autruy en toutes choses, au moien toutes voyes que le dit procureur, ou dit nom, a gaigé le rachapt ou rachaptz, et autres droitz et devoirs, pour ce à nous deuz; la finaison et levée desquelz nous avons [différées] du jourduy jusques à la Toussains prochaine, en faveur de la proximité de linaige dont celles nous attiennent et autres bonnes causes. Si, vous mandons, et à chacun de vous, si comme à luy appartiendra, que, pour cause des dits foy et hommaige non faiz, vous ne fectes ou donnez, ne souffrez estre mis ou donné aus dites dames aucun arrest, destourbier ou empeschement, aincois, si leurs dites terres sont ou estoient pour ce prinses, saisies et arrestées en nostre main, mectez les leur, ou fectes mectre, sans délay, à plaine délivrance, pourveu qu'ilz bailleront de ce leur adveu et dénombrement dedens temps de coustume. Donné à Allençon, le 5e jour de septembre, l'an 1505. Ainsi signé, par Madame, le viconte d'Allençon, conseillier et maistre des requestes, présent: .... et scellé de cire rouge sur simple queue.

B. N. ms. fr. 18957. Copie du xvie siècle.
B. N. ms. fr. 24132 (G. Lainé IX), fol. 440. Analyse.

N° 91.

2 août 1507.

Offre faite par Monsieur le cardinal de Luxembourg et François de Luxembourg, comte de Martigue, à Madame la duchesse

d'Alençon de jouir de la terre et seigneurie de Nogent pour
s'acquitter des droits de rachat à elle dus.

Arch. nat. KK 893, fol. 76ʳᵒ. Analyse.
B. N. ms. fr. 18957. Copie du xvıᵉ siècle.

Nᵒ 92.

20 janvier 1508 [n. st.]

Coppie d'accort, fait le 20 janvier 1507, entre dame Marguerite
de Lorraine, duchesse d'Alençon, et Madame la comtesse de
Vendosme et Sᵗ-Pol pour raison du rachat de la terre et sei-
gneurie de Nogent le Rotrou.

B. N. ms. fr. 24134 (G. Latné XI), fol. 69ʳᵒ. Analyse

Nᵒ 93.

Blois ; 10 octobre 1509.

Acte de réception par le roi du comte Charles IV, en foy et hom-
mage, pour raison du comté du Perche, hommage et ressort de
Nogent le Rotrou, baronnie de Chateauneuf, Terres-Françaises
et autres seigneuries mouvantes en pairie de la Couronne.

Loys, par la grace de Dieu roy de France, à noz amez et féaulx
les gens tenans nostre court de Parlement, gens de noz Comptes
et trésoriers à Paris, aux bailliz de Touraine, de Chartres, de
Rouen et d'Evreux, séneschaulx d'Anjou et du Maine, et à tous
noz autres justiciers, ou à leurs lieutenans, salut et dilection.
Scavoir vous faisons que nostre très cher et très amé nepveu et
cousin, le duc d'Alençon, per de France et conte du Perche,
estant à ses droictz, nous a aujourd'huy faict, en sa personne, les
foy et hommaige qu'il estoit et est tenu de faire des duché, contez,
vicontez, barronnies, chastellenies, terres et seigneuries cy-après
déclairées, c'est assavoir : de ses dictes duché d'Alencon (com-
posez des vicontez d'Alenczon, Damfront, Argenten et Exmes,
Vernueil, Monstereul et Bernay, Alençon en Constentin et Saint-
Silvin et le Thuyt) et conté du Perche, hommaige et ressort de
Nogent le Rotrou, barronnie de Chasteauneuf, des Terres Françoises et de la seigneurie de Cany et Canyel, tenuz et mouvans
de nous en perrye, à cause de nostre Couronne — des barronnies
de Chasteaugontier et Pouencé, et la Flesche (estans et deppen-

dans de la viconté de Beaumont appartenant à nostre dict nepveu),
tenuz et mouvans de nous à cause de nostre duché d'Anjou —
des terres et seigneuries de Beaumont le Vicomte, Fresnay et
Saincte Suzanne, ou de ce que d'icelles il tient de nous à cause de
nostre conté du Maine, de la baronnye de Sonnoys, Sainct Rémy
du Plain et du Peray tenues de nous à cause de nostre chastel du
Mans et de la Tour d'Orbandelle, assize dedans le dict chastel, —
de la chastellenye et seigneurie de Samblançay et des Ponts de
Tours pour autant qu'il en y a, tenuz de nous à cause de nostre
chastellenye du dict Tours, — de la chastellenye et seigneurie
de Gallardon et de Merly, tenues de nous à cause de nostre chastel
de Chartres, et de leurs appartenances; ausquèlz foy et hommaige
l'avons receu, sauf nostre droict et l'autruy. Si, vous mandons et
à chacun de vous si comme à luy appartiendra, que, pour raison
des dictes foiz et hommaige à nous non faictz, vous ne faictes ou
donnez, ne souffrez estre faict ou donné, à nostre dict nepveu
aucun arrest ou empeschement; mais, si les dicts duché, conté,
viconté, baronnies, terres et seigneuries cy dessus déclairées,
appartenances et deppendences ou aucunes d'icelles, ou autres
ses biens, sont ou estoient pour ce prins, saisiz, arrestez ou
autrement empeschez, mectez les luy ou faictes mectre, tantost
et sans délay, à plaine délivrance, pourveu que nostre dict nepveu
baillera, dedans temps dęu, ses dénombrement et adveuz, fera et
paiera les autres droictz et devoirs, s'aucuns en sont pour ce
deubz, si faictz et paiez ne les a; car tel est nostre plaisir. Donné
à Bloys, le dixiesme jour d'octobre, l'an 1509, et de nostre règne
le douziesme. [Signé :] Par le roy, ROBERTET [avec paraphe].
[A côté de la signature est écrit :] duplicata.

Arch. nat. P 275 3, *cote 524 (aliàs 596). Original jadis scellé sur
simple queue.*
  B. N. ms. fr. 18957. Copie du XVIᵉ siècle.
    Id.   24132 (G. Lainé IX), p. 441. Analyse.
    Id.   24134 (G. Lainé XI), fol. 68. Analyse.

Nº 94.

Entre le milieu de l'année 1509 et la fin de 1513 (1).

Un cayer contenant :

A *L'appointement fait entre Madame la Comtesse de Vendosme
avec le sieur cardinal de Luxembourg, tant pour luy que pour*

____

(1) Charles IV, duc d'Alençon, né en 1489, n'ayant été déclaré majeur
que le 9 octobre 1509, ne put avant cette date faire le don analysé sous la

ses frère et neveu, touchant la terre de Nogent le Rotrou; —
ensemble :

B *Le don des rachats à cause du dict appointement fait à la*
dite comtesse de Vendosme par le duc d'Alençon; — ensemble :

C *Le don de la garde de Madame de Longueville fait par le dict*
duc en faveur de la dite comtesse de Vendosme, sa sœur (1).

B. N. ms. fr. 24134 (G. Lainé IX), fol. 79vo. Analyse.

Nº 95.

Paris; 27 juin 1513.

Incident de procédure relatif à la confiscation de la mouvance
de Nogent-le-Rotrou.

Procès-verbal de mᵉ Loys Longueil, conseiller en la Court, du
27 juin 1513, auquel est inséré l'arrest donné sur l'opposition,
le 5 mars 1512 [1513 n. st.], par lequel le procureur général du
roy, prenant la cause pour son substitut à Chartres, aurait soutenu
qu'en l'an 1458, feu Jehan, duc d'Alençon, ayant été déclaré
criminel de lèse Majesté, le roy aurait retenu à la Couronne
l'hommage et ressort de Nogent le Rotrou, les officiers commis
par le roy en auraient pris les fruits et mis en ligne de compte,
tellement la chose avoit été faite inaliénable, et est par icelui
arrest ordonné que l'arrest du 24 mars sera exécuté en ce qui
reste à exécuter, nonobstant l'opposition du dit procureur
général.

B. N. ms. fr. 24134 (G. Lainé XI), fol. 71 vo. Analyse.

---

lettre B; et par conséquent l'appointement que concernait ce don et qui
ne pouvait guère lui être antérieur que d'une quarantaine de jours est au
au plus tôt vers août 1509. Si la pièce analysée sous la lettre C n'est pas
antérieure aux autres, elles sont au plus tard de 1513, en effet Françoise
d'Alençon, devenue veuve épousa en deuxièmes noces en 1513, Charles de
Bourbon, duc de Vendôme et cessa dès lors d'être désignée sous le nom de
Madame de Longueville.

(1) Les deux mots « *sa sœur* » devraient être placés immédiatement
après « Madame de Longueville », car il s'agit ici de Françoise-d'Alençon
sœur du duc Charles IV, mariée, le 6 mai 1505, à François II d'Orléans
duc de Longueville.

N° 96.

12 août 1513.

*Offres faites par Philippe, cardinal de Luxembourg, évêque de
Tvsculum et du Mans, seigneur de Nogent le Rotrou, de rendre
la foy et hommage de la dite terre par procureur à Monsieur le
duc d'Alençon, comte du Perche.*

Arch. nat. KK 893, fol. 57ᵛᵒ. Analyse.
B. N. ms. fr. 18957. Copie du xvɪe siècle.

N° 97.

Sᵗ-Germain-en-Laie; 24 mai 1514.

*Acte de réception en foy et hommage accordé par le comte Charles IV
à Marie de Luxembourg, comtesse de Vendomois, pour raison
des seigneuries de Nogent le Rotrou, Montigny, Montlandon,
Riveray, la Ferrière et Nonvilliers, mouvantes du château et
seigneurie de Bellême, membre dépendant du comté du Perche.*

Charles, duc d'Alençon, per de France, conte du Perche et
viconte de Beaumont, à noz amez et féaux les gens de noz
Comptes, salut. Savoir faisons que nostre très chère et très amée
cousine la contesse de Vendosmois, de Sᵗ Pol, de Marle, de Soissons, et dame de Nogent le Rotrou, nous a, aujourduy, fait, en la
personne de messire Pierre de Bellefourrière, chevalier, seigneur
du dict lieu, son procureur ayant povoir espécial quant à ce, les
foy et hommaige qu'elle nous devoit et estoit tenue faire à cause
et par raison de la dite terre et seigneurie de Nogent le Rotrou,
Montigny, Montlandon, Rivery, la Ferrière et Montvillier, et autres
appartenances et dépendances de la ladite seigneurie, icelle seigneurie, ses appartenances et dépendances, tenue et mouvant de
nous au regard de nostre chastel et seigneurie de Bellesme, membre dépendant du dit conté du Perche; ausquelz foy et hommaige,
ès noms et qualités que icelle nostre cousine procède, savoir est:
tant à cause de feu nostre très chère et amée cousine Charlote
d'Armeignac, par le moyen de certaine clause contenue en la
donation autresfoiz faicte par deffuncte Jeanne de Bar à feue dame
Ysabeau de Lucembourg, au jour de son décès contosse du Maine,
grant tante de nostre cousine la contesse de Vendosmois et aux
descendans de la dite dame Ysabeau défaillans en la personne de
la dite Charlote d'Armeignac, que à cause de certains accords,

transactions et appoinctemens faiz entre icelle nostre dite cousine d'une part, le conte de Brienne d'autre part, que aussi avec nostre très cher seigneur et cousin Phelippe de Lucembourg, cardinal, évêque du Mans, tant en son nom que comme soy faisant fort des viconte de Martigues son frère, et le sieur de Fiennes son nepveu, pour le droit qu'ils povoient prétendre en la dite terre et seigneurie de Nogent le Rotrou ; ausquelz foy et hommaige nous avons icelle nostre dicte cousine receue, sauf nostre droit et l'autruy en toutes choses. Si vous mandons que, pour cause des dits foy et hommaige non faiz, vous ne faictes ou donnez, ne souffrez estre faict, mis ou donné, à nostre dicte cousine aucun empeschement ; aincois, se sa dicte terre et seigneurie de Nogent le Rotrou, appartenances et dépendances, ou aucuns de ses biens, sont ou estoient pour ce prins, saisiz et mis en nostre main, ou aucunement empeschez, mectez les lui ou faictes mectre sans délay à plaine délivrance, pourveu toutesvoys qu'elle nous baillera son adveu et dénombrement dedans temps deu et que coustume donne, et aussi qu'elle nous face et paye les autres droiz et devoirs, s'aucuns nous sont pour ce deuz, se faiz et payez ne les a. Donné à St Germain en Laye, le 24e jour de may, l'an 1514.

[Plus bas :] Par Monseigneur le duc et par vous les seigneurs de Breulle, de Fougères, chambellans, et autres présens, [signé :] FAGOT [avec paraphe].

Arch. nat. P 276, cote 6 (ancienne cote 534). Original jadis scellé en cire rouge sur simple queue.

N° 98.

6 juin 1515.

Quittance de la somme de 1,000 livres par le sieur cardinal de Luxembourg à Marguerite de Lorraine, duchesse douairière d'Alençon, pour demeurer quitte des fruits et revenus de la dite terre de Nogent, prétendue par la dite duchesse à cause de la saisie faite des fruits de la dicte terre depuis le dernier octobre 1504 — à la Saint Jean Baptiste 1507 ; en date du 6 juin 1515.

Arch. nat. KK 893, fol. 75 vo. Analyse.

N° 99.

Amboise ; 2 septembre 1516.

Acte de réception par le roi du comte Charles IV en foy et hom-

mage-lige pour raison du comté du Perche, des baronnies de Chas-
teauneuf-en-Thimerais, Champrond et Senonches, des seigneu-
ries de Bellou-le-Trichart et Ceton, de l'hommage de Nogent-le-
Rotrou et d'autres seigneuries mouvantes nûment de la Cou-
ronne.

François, par la grace de Dieu, roy de France, à nóz amez et
féaulx les gens de nos Comptes et trésoriers à Paris, et à tous noz
autres justiciers ou officiers ou à leurs lieuxtenans, salut et dilection. Savoir vous faisons que nostre très cher et très amé beau-
frère et cousin le duc d'Alençon, per de France, nous a, ce
jourdhuy, en sa personne, fait en noz mains les foy et hommaige
lige que tenu nous estoit fère pour raison de ses perrie et duché
d'Alençon, des viscontés du dit Alençon, Domfort [sic], d'Argenten, d'Exmes, de Vernueil, de Moustreul et Bernay, de St Silvin
et le Thuit, de Alençon en Constantin, du conté du Perche,
baronnies de Chasteauneuf en Thimerays, Champront et Senonches, seigneurie de Bellou le Trichart et de Cetòn; hommaige et
ressort de Nogent le Rotrou, leurs appartenances et deppendances, le tout tenu et mouvant de nous neuement à cause de
nostre dicte Couronne, ausquelz foy et hommaige nous avons
nostre dict beaufrère receu et recevons, sauf nostre droit et
l'autruy. Si, vous mandons, commandons et expressément enjoin-
gnons, et à chacun de vous en droit soy et si comme à luy appartiendra, que, par deffault des dits foy et hommaige à nous non
faiz, vous ne mectez ou donnez, faictes ne souffrez estre fait, mis
ou donné, à nostre dit beaufrère le duc d'Alençon, ni à ses officiers, aucun arrest, destourbier ou empeschement en quelque
manière que ce soit; ains, si pour cette cause ses dits perrie,
duché, conté, viscontez, baronnies, terres et seigneuries dessus
dictes, ou aucunes d'icelle, leurs dites appartenances et deppendances ou autres ses biens sont ou estoient pour ce prins, saisiz,
arrestez, mis en nostre main ou autrement empeschez, mectez
les luy ou faictes mectre incontinant et sans délay à plaine délivrance et au premier estat et deu; car tel est nostre plaisir; pourveu
toutesvoyes, que icellui nostre dit beaufrère, le duc d'Alençon,
nous baillera ou fera bailler, en nostre Chambre des Comptes,
ses adveuz et dénombremens dedans temps deu et nous fera et
payera les autres droiz et devoirs, s'aucuns nous sont pour ce
deuz, si faiz et paiez ne les a. Donné à Amboise, le second jour
de septembre, l'an de grace 1516 et de nostre règne le 2e.

[Plus bas :] Par le roy [et signé :] DENEUFVILLE [avec paraphe.
Au dos est écrit :] *Expedita IIIa februarii Vc XVI.*

Arch. nat. P 274², cote 375 (ou 6.179). Original jadis scellé sur simple
queue.

N° 100.

Gien; août 1523.

Lettres-patentes du comte Charles IV instituant un président et
six conseillers pour tenir les Grands-Jours du Perche et fixant
leur compétence et leurs gages.

Charles, duc d'Alençon, per de France, conte d'Armagnac, de
Fesensac, de Roddès, du Perche et viconte de Beaumont, savoir
faisons à tous, présens et ad venir, comme, entre autres terres et
seigneuries à nous appartenans à cause de l'appanaige de France,
le conté du Perche, d'ancienneté, ait esté baillé, cédé et transporté
à noz prédécesseurs, pour estre tenu en prérogative et prééminence de parrye, à cause de laquelle dignité et prérogative nous
ayons droit d'avoir et tenir Court et jurisdicion de Grans Jours,
en laquelle toutes les causes et matières d'entre noz hommes et
subgectz et autres ayent acoustumé d'estre vuidées, décidées et
terminées en suzeraineté et ressort immédiat, soubz la Court de
Parlement de Paris, pour laquelle Court et jurisdicion, exercée
par cy devant, ayons octroyé commissions particulières en et
pour chacune séance, sans avoir estably et ordonné président et
conseillers intitulés en office, comme ès autres Cours et jurisdi-
cions de Grans Jours de ce royaume; pour ce est il que nous,
désirans justice estre honorée et décorée en nostre dit conté,
comme à telle vertu, mère et fontaine de toutes les autres, appartient, et les exemples, institutions et ordonnances des autres
pers, princes et seigneurs de ce royaume en ce estre suyvyes et
immitées, et pour autres raisonnables causes et considéracions à
ce nous mouvans, nous, de nostre propre mouvement, certaine
science, plaine puissance et auctorité, avons voulu et ordonné,
voulons et ordonnons, par édict perpétuel et irrévocable, que
nostre dicte Court et jurisdiction de nos dicts Grans Jours du
Perche soit doresenavant tenue et exercée par ung président et
six conseillers, auxquelz nous avons donné et donnons, par la
teneur de ces présentes, plain povoir, puissance et auctorité de
juger, décider et déterminer toutes causes et matières introduictes, ventillées et pendant en la dicte Court et jurisdiction des
dicts Grans Jours, tant causes d'appel que en première instance,
causes civiles, criminelles que mixtes ou deppendentes de civi-
lité ou criminalité, et généralement de quelxconques causes et
matières dévolues et introduictes en nostre dicte Court et jurisdiction de Grans Jours, et les sentences et jugemens qui seront

par eulx donnez avons auctorisez et auctorisons, voulons et nous
plaist sortir effect et auctorité judiciaire, par la teneur de ces
dictes présentes; et pour ce que toutes peines méritent et dé-
sirrent sallaire, et que l'establissement de gaiges et appoinctemens de juges tollist et oste toute suspicion d'avarice, concucion
et exaction sur les subgectz et justiciables, nous voulons que au
dict président de nostre dicte Court et jurisdiction de Grans Jours
soit baillé et paié la somme de cent livres tournois par chacun
an, par le recepveur ordinaire du conté du Perche, aux termes de
Pasques et St-Jehan, et à chacun des dicts conseillers : la somme
de 35 livres, qui leur sera doresenavant paiée par leurs simples
quictances. Si, donnons en mandement à nostre amé et féal chancellier qu'il face, souffre et laisse joyr et user plainement et paisiblement les dicts présidens et conseillers de l'effect de ces dictes
présentes, sans sur ce leur mectre ou donner ne souffrir estre
fait, mis ou donné aucun contredict ou empeschement; mandons
oultre à nostre amé et féal conseiller, trésorier et receveur général de noz finances que, par le receveur ordinaire du dict conté
du Perche présent et ad venir, il face payer, bailler et délivrer
doresenavant, par chacun an, sur la dicte recepte, les gaiges des
dicts président et conseillers, savoir : au dict président cent livres, et à chacun des dicts six conseillers 35 livres, aux termes
dessus dicts, et rapportant par le dict receveur le *vidimus* de ces
dictes présentes deuement autentique par une foiz, et quictance,
par chacun terme, des dicts président et conseillers ; iceulx
gaiges, ou ce que payé en aura esté, seront allouez au dict recepveur en la despense de ses comptes par nos amez et féaulx
les auditeurs d'iceulx, ausquelz mandons ainsi le faire sans difficulté. Et, affin que ce soit chose ferme et stable, nous, pour plus
grande approbation, avons fait mectre et apposer nostre séel à ces
dictes présentes, sauf en autres choses nostre droit et l'autruy en
toutes. Donné à Gyen sur Loire, ou moys d'aoust l'an 1523. Signé
soubz le reply : CHARLES. Et est escript ou ply de la dicte lectre :
par Monseigneur, duc et per, en son Conseil, ouquel vous les seigneurs de Poyfon, de Fors, chambellans ordinaires, Me Jehan
Binet, trésorier général, et autres estoient, et signé : BROSSET et
seellé de cire vert, en las de soye blanche, noire et jaune.

B. N. ms. fr. 18957. Copie du XVIe siècle.
    Id.   24134 (G. Lainé XI), fol. 70. Analyse.

N° 101.

Lyon; 10 mai 1525.

Don, cession et transport faict par la duchesse d'Angoulmois et

d'Anjou, mère du roy et régente en France, à Margueritte
de France, veufve du duc d'Alençon, de la jouissance et usufruict
de la duché d'Alençon, comté du Perche, baronnie de Chasteau-
neuf-en-Thimerais, vicomtés de d'Omfront et de Verneuil,
St-Silvain et le Tuit et autres terres et seigneuries, etc. [sic].

Louise, mère du roy, duchesse d'Angoulmois, d'Anjou et de Nemours, comtesse du Mayne et de Gien, à tous ceux qui ces présentes
lettres verront, salut. Comme l'an 1510, nostre très chère et très
amée fille Margueritte de France, sœur unicque du roy nostre
très cher seigneur et filz, eust esté conjoincte et alliée par mariage
avec feu prince de noble récordation et mémoire et nostre très
cher et très amé cousin, Charles, duc d'Alençon, comte du
Perche, seigneur et baron de Chasteauneuf en Thimerais, pair de
France, eussent fort amiablement et honorablement vescu, au
grand contentement du roy nostre dict seigneur et filz, de nous
et de leurs subjects et eussent ensemble faict et entretenu grande
opulance et magnifique maison, et en leur service appellé plusieurs
grands et notables personnages de tous estats, maintenus leurs
pays et subjects en grande paix et union, iceux régis et gouvernez
par leurs loix et coustumes anciennes en bonne justice et soubs
l'obéissance de la Couronne de France, de laquelle les dictz
duché, comté et baronnie ont esté et sont tenus et mouvans en
dignité et prérogative de pairie et avec auctorité de Cour et jurisdiction d'Eschiquier au dit duché d'Alençon, en laquelle toutes les
causes et matières d'entre les hommes et subjects d'icelluy duché
estoient discutées en dernier ressort et, par provision, en attendant
la séance du dit Eschiquier, au Conseil à Alençon et plusieurs
autres noblesses et grandes prééminances, durant lequel mariage
de nos dicts beau filz d'Alençon et fille, les dicts subjects d'Alençon, du Perche et Chasteauneuf en Thimerays, eussent eu nostre
dicte fille en grand amour et révérence et en icelle eussent
constitué leur principale espérance et attente, et nostre dicte
très chère et très amée fille les eust bénignement prins et
accueillis en sa grace, amour et bénévolence réciproque et fort
humainement traictés, appoinctés et portés les serviteurs et officiers
de la dite maison d'Alençon avant et après le déceds et trespas
de nostre dict beau filz et cousin, depuis lequel, ayant pitié et
compassion d'eux, en ayt retenu et appoincté la plus grande part
et meilleure partie en sa maison et service; or, est il que, par le
trespas de nostre dict beau filz et en deffault de ligne masculine,
les dicts duché d'Allençon, comté du Perche, baronnie de Chasteauneuf, vicomté de d'Ompfront, vicomté de Verneuil, vicomté
de St Silvain, vicomté du Tuyt et autres terres et seigneuries unies
et incorporées au dict duché d'Alençon, soubz une mesme foy et

hommage lige, sont escheues et réunies à la Couronne de France
et les autres terres et seigneuries de la dicte maison d'Alençon
sont succédées aux dames, filles héritières de la dicte maison;
à cette cause, ne serait bonnement possible à nostre dicte très
chère et très amée fille porter et soustenir le dict faix et charge
et honnorablement maintenir et entretenir son dict estat et satisfaire à ses dicts subjectz, sans avoir du roy et de nous convenable
subvention; scavoir faisons que nous, considérans la grande
amour, désir, affection et obéissance que portent à nostre très
chère et très amée fille Margueritte de France les dicts officiers
et subjectz des dicts duché, comté, vicomtés, baronnies, terres et
seigneuries, désirant estre iceux entretenuz en tels semblables
loix, statuts et coustumes qu'ils ont esté par cy devant, sans autre
chose innover, aussy nostre dicte fille avoir biens, rentes, revenus
et possessions tant de l'entretenement, tant de l'estat d'elle que
des serviteurs et officiers de la dicte maison, ensemble tous les
officiers que nous désirons gracieusement estre entretenus à
cause des bons, grands, louables, vertueux et recommandables
services qu'ils ont faictz au dict seigneur duc deffunct et à nostre
dicte fille et à leur maison et estat; pour ces causes et autres
bonnes, justes, raisonnables considérations et eu sur ce l'advis
et délibération des gens du Conseil du roy, nostre dict seigneur
et filz, estans à l'entour de nous, et après avoir sceu et
entendu le bon plaisir et vouloir du roi nostre dict seigneur et
filz, [avons] baillé, ceddé et transporté, baillons, ceddons et
transportons à nostre dicte très chère et très amée fille, Margueritte de France, veufve du dict feu d'Alençon, la jouissance et
usurfruict des dictes duchez, comtés, vicomtés, baronnies, chastellenies, terres et seigneuries et autres annexées et incorporées
à icelles, bois, forestz et estangz, rivières, vassaulx, hommes,
hommages et subjectz, nomination ès offices royaux, provision
des autres offices et bénéfices, droictz et auctorittez de l'Eschiquier et en tous telz autres droictz, auctorittez, prérogatives,
prééminances, générallement que les tenoit et possédoit, jouissoit,
et usoit le dict feu duc Charles, son mary, que Dieu absolve, pour
en jouir et user par nostre dicte fille, à sa vie durant comme dict
est, et à la charge d'en user comme bon père de famille doibt, et
de faire et accomplir les charges estans sur les dicts duché,
comté, vicomtés, baronnie, terres et seigneuries à icelle incorporées et aussy annexées. Sy, donnons en mandement par ces
dictes présentes, en vertu de nostre dict pouvoir et régence,
à noz très chers et bien amez les gens des Comptes et trésoriers
à Paris et à tous les autres justiciers, officiers et subjectz du roy,
nostre dict seigneur et fils, que, etc. [sic]. Donné à Lyon,
le 10ᵉ jour du mois de may 1525. Ainsy signé : Louise, soubz le

reply, et, sur le reply, par Madame, régente en France : ROBERTET, et scellées sur double queue de cire rouge et sur le reply des dictes lettres est escript ce qui ensuit : *Lecta publicata et registrata in Camera computorum Domini nostri regis, ultima die mensis maii, anno Domini 1525. Sic signatum :* CHEVALIER, etc.

Arch. nat. P 2536 (Mémorial de la Chambre des Comptes, côté DD¹, fol. 31. Copie officielle.
Arch. nat. P 2552, fol. 25. Copie officielle.
B. N. ms. fr. 18957. Copie du xvɪᵉ siècle.
Arch. nat. KK 393, fol. 30 ᵛᵒ. Analyse.

N° 102.

21 avril 1526.

Confirmation par le roi François Iᵉʳ du don fait par la régente à Marguerite de France de l'usufruit du comté du Perche, baronnie de Châteauneuf-en-Thimerais, etc.

Arch. nat. KK 893, fol. 45ᵛᵒ. Analyse.

N° 103.

9 mars 1527 (n. st.).

Commission des roy et reine de Navarre aux sieurs de Foix, de Chamborel et autres pour visiter les châtellenies et duché d'Alençon, comté du Perche, Châteauneuf [-en-Thimerais], Beaugé et la Flèche ; et instruction pour les commissaires ci-dessus.

Arch. nat. KK 893, fol. 60ᵛᵒ. Analyse.

N° 104.

1540.

Hommage fait au comte du Perche par le duc de Vendômois pour raison de la baronnie de Nogent-le-Rotrou et ses dépendances, mouvants de la châtellenie de Bellême.

[Hommage par] noble et puissant seigneur Anthoine, duc de Vendosmois, per de France, comte de Conversan, Marle et Soissons, vicomte de Meaux, baron d'Espernon, de Mondoubleau, Blou, Brion, Aurilly, d'Ailly-sur-Noye, Sourdon et Broye, Nogent-

le-Rotrou, seigneur d'Anghuien, de Bournim, de Bourbourg, de
Duneroles, de Gravellinghes, de Roddes en Flandres, d'Oisy, de
Han, de Bohaing, de Beaurevoir, de Heudinel, de Tingry, Huc-
quelière, des Tonnelieux de Bourges, des transports de Flandres,
chastelain de L'Isle, gouverneur et lieutenant-général pour le roy
au pays de Picardie et d'Artois, pour raison de la baronnie, chastellenie, terre et seigneurie de Nogent-le-Rotrou, Riveré, Montlandon, la Ferrière, Montvilliers et Montigny dépendant d'icelle
baronnie de Nogent-le-Rotrou, sis au pays et comté du Perche,
tenus en foy du comté du dit Perche, à cause de la chastellenie
de Bellesme.

B. N. ms. fr. 24123 (G. Lainé V), p. 390. Analyse.

N° 105.

Fontainebleau; 3 janvier 1550 (n. st.).

*Lettres-patentes du roi portant suppression de la Chambre des
comptes d'Alençon et ordonnant aux receveurs ordinaires du
duché d'Alençon, du comté du Perche et de la baronnie de
Châteauneuf-en-Thimerais de rendre désormais leurs comptes
en la Chambre des Comptes de Paris.*

Henry, par la grâce de Dieu roy de France, à tous présens et à
venir. Comme, incontinent après le trespas de feu nostre oncle
Charles, duc d'Alençon, le dit duché d'Alençon et les comté du
Perche et baronnies de Chasteauneuf, dont il jouissoit par appen-
nage, fussent retournez à nostre Couronne et feu nostre très cher
seigneur et père, le roy dernier décédé (que Dieu absolve!) voulant
gratiffier nostre tante la reine de Navarre, sa sœur unique, veuve
du dit duc d'Alençon et la traiter de toute la faveur qui luy seroit
possible, eust délaissé à icelle nostre dite tante l'usufruict du dit
duché, avec les mèmes prérogatives et Chambre des Comptes du
dit Alençon et autres prééminences et auctoritez qui avoient esté
accordées au dit Charles d'Alençon pour son appanage, duquel
usufruit nostre dite tante auroit depuis continuellement jouy et
usé par la dite forme, jusques au jour de son trespas, par lequel
estant iceluy usufruit consolidé avec la propriété du dit duché,
lequel estoit retourné à nostre Couronne dès le trespas de nostre
dit oncle, comme il est cy-dessus mentionné, avons avisé de
remettre toutes choses es dites duché, comté, baronnie, au mesme
estat qu'elles estoient auparavant le dit appannage, ainsy qu'il
s'est tousjours fait es autres terres de l'appannage de France en
cas de réversion ou réunion à la Couronne, scavoir faisons que

nous, après avoir mis cette affaire en délibération avec les princes de nostre sang et gens de nostre Conseil Privé .... nous avons la dite Chambre, establie au dit Alençon par la forme que dessus est dit, supprimé et aboly et par la teneur de ces présentes, supprimons et abolissons, ensemble les officiers d'icelle, et voulons, ordonnons et nous plaist que par cy-après nos receveurs ordinaires du dit duché d'Alençon, comté du Perche et baronnie de Chasteauneuf rendent leurs comptes en nostre Chambre des Comptes de Paris, où les dicts comptes seront présentez, veuz, examinez, cloz et affinez, tout ainsi qu'il se fait pour le regard des autres comptes de nos receveurs ordinaires, et sans que les officiers de la dicte Chambre des Comptes d'Alençon s'en puissent plus empescher ny entremettre en quelque façon ou manière que ce soit. Si, donnons en mandement à nos amez et féaux les gens de nos Comptes du dit Paris que, etc. [sic]. Donné à Fontaine-bleau, le 3e jour du mois de janvier, l'an de grâce 1549, et de nostre règne le 3e. Signé : HENRY. *Lecta publicata et registrata in Camera Computorum domini nostri regis, procuratore generali ejusdem domini in eadem Camera requirente, 24° die mensis januarii, anno 1549°.*

[Au-dessous :] Collationné par nous conseiller-maistre à ce commis.

[Signé :] GASCHIER.

Arch. nat. P 2308, p. 613 (ancien Mémorial 2 P, fol. 104vo reconstitué.)

N° 106.

Paris; 23 août 1558.

Notification par le roi au bailli du Perche et autres, de l'hommage à lui fait par le prince de Condé des baronnies et seigneuries de Nogent-le-Rotrou, Riveray, la Ferrière, Montlandon, Nonvilliers, Happonvilliers, Montigny et Regmalart, mouvantes de son comté du Perche.

Henry, par la grâce de Dieu roy de France, à noz amez et féaux les gens de noz Comptes à Paris, bailliz du Perche, Soissons, Caux et Gisors, séneschaux de Boulonnois et Baugé ou leurs lieutenens, noz procureurs et receveurs es dits bailliages et seneschaucées ou leurs lieutenens et chacun d'eulx, si comme à luy appartiendra, salut. Savoir faisons que nostre très cher et très amé cousin, le prince de Condé, héritier par bénéfice d'inventaire de nostre très cher et très amé cousin Jehan, duc d'Estouteville, son frère, nous a, ce jourd'huy, par son procureur suffisamment fondé de lettres de procuration, fait ès mains de nostre très cher, féal et grand amy, le cardinal de Sens, garde des seaux de France, les foy et hommage qu'il est tenu nous faire à cause des terres, baronnies et seigneuries de Nogent-le-Rotrou, Riveray, la Ferrière, Monlandon, Nonvilier, Haponvilier, Montigny et Regmalard, tenus et mouvans de nous à cause de nostre conté du Perche, — De la terre et seigneurie et baronnie de Baugé mouvant de nous à cause de nostre duché d'Anjou, — De la moitié par indivis du conté de Soissons, mouvant de nous à cause de nostre Couronne, — Des terres et seigneuries de Tingry et Hucliers mouvans de nous à cause du conté de Boulonnoys, — Des terres et seigneuries de Cany et Caniel, tenuz et mouvans de nous à cause de nostre duché de Normandie; toutes les dictes terres, baronnies, seigneuries et partie du dit conté de Soissons, advenuz et escheuz à nostre dit cousin, le prince de Condé, par le décès et trespas du dit feu duc d'Estouteville son frère, ausquelz foy et hommage nous l'avons receu et recevons, sauf nostre droit et l'autruy ; si, vous mandons et à chacun de vous commettons et enjoignons par ces présentes, que si, pour raisons des dits foy et hommage non faitz, les dites terres, seigneuries et baronnies avoient esté saisies, ou aucuns troubles ou empeschemens avoient esté faitz, mis ou donnez à nostre dict cousin, luy en fectes pleine et entière mainlevée et ostez le dit empeschement, et mettez le tout incontinant et sans délay à pleine et entière délivrance et au premier estat et deu; car tel est nostre plaisir, pourveu que, dedans le temps deu, il baillera son adveu et dénombrement, fera et paiera les autres droitz et devoirs pour ce deuz et accoustumez, si faiz et paiez ne les a. — Donné à Paris le 23e jour d'aoust, l'an de grace 1558 et de nostre règne le 12e.

Par le roy, à vostre relation, [signé.]

FIRES [avec paraphe.]

Arch. nat., P 16, cote 361 (ancienne cote 6097). Original.

N° 107.

Paris; 14 mai 1562.

Lettres-patentes du roi confirmant l'assignation (faite par son prédécesseur), du douaire de la reine leur mère sur le comté du Perche et autres terres, le dit douaire montant à 72,000 livres tournois de rente.

Charles, par la grace de Dieu roy de France, à tous ceulx qui ces présentes lettres verront, salut. Comme il n'y ait riens si

digne, ne si recommandable envers les hommes, que l'affection
et honneur que les enfans doivent à leurs mères, estant ordonnée
de Dieu et quasi imprimée en noz cueurs par un instinct et loy de
nature qui nous semond recognoistre celles qui nous ont portez,
nourriz et élevez avec si grand soing et peine, il est très raisonnable que ceulx qu'il a pleu à Dieu honnorer de septre et royaume
reluisent aussi en tesmoignage de toutes vertuz, mesme en ceste
cy tant excellente et louable, par dessus tous leurs subjectz; et
parce que toute humanité et droictz des hommes veulent aussi et
ordonnent que les vefves, après le regret insupportable de la perte
de leurs mariz et espoux, soient consolées par une recognoois-
sance et satisfaction non seulement de leur dot qui leur est
loyaument deu, mais aussi de leurs douaires et bienffaictz convo-
nables à la grandeur de leurs defunctz mariz et espoux, selon la
qualité et affection de ceulx qui leur succèdent. Ayant ce bon et
vertueux respect, le feu roy Françoys, nostre très cher seigneur
et frère, regardant à la provision qu'il devoit faire à la royne
nostre très honorée dame et mère pour ses dot et douaire, après
le trespas du feu roy Henry nostre très honnoré seigneur et père,
auroit advisé et résolu avec les princes de nostre Sang et gens de
nostre Conseil Privé ne pouvoir et ne devoir bailler à nostre dicte
dame et mère moindre douaire que de 72,000 livres tournois de
rente par chacun an, et, pour le regard de son dot montant à six
vingtz dix mil [130,000] escuz, luy en donner assignation sur terres
et seigneuries au denier quinze, jusques à la somme de 8,666 escuz
et deux tiers d'escu soleil de revenu annuel; en quoy faisant,
auroit esté icelluy douaire assigné sur les duchez de Bourbonnoys,
Hault et Bas Auvergne (compris Carladez, Montferrand et Usson),
le conté du Perche, seigneurie de Verneul, le conté de Montfort
l'Amaulry, Chaumont en Vexin, le conté de Dreux, le conté,
terres et seigneuries de Meleun, Moret, Sezanne, Chantemerle et
Treffolz, et le conté de Forestz; et le dit dot sur le duché de
Valloys, Clermont en Beauvoisis (compris les terres de Remy,
Gournay et Moyenville), contez de Soissons, Meaulx et chastellenie de Crécy, leurs appartenances et dépendences, et ce en
attendant l'avaluation que le dit feu seigneur roy nostre frère
avoit ordonné à noz amez et féaulx les gens de noz Comptes faire
d'iceulx duchez, contez, terres et seigneuries, leurs appartenances
et dépendences, voulant nostre dit feu seigneur et frère pour ce
que la dite avaluation n'eust peu estre faicte exactement et comme
il appartenoit sans ce qu'il y courust un long temps, que néantmoins d'iceulx duchez, contez, terres et seigneuries qui avoient
seulement esté avaluées sommairement et par advis, nostre dite
dame et mère en joïst avec leurs appartenances et dépendences

comme de chose à elle appartenant et feist prendre et lever,
cueillir et parcevoir le revenu par ses mains ou de ses gens,
procureurs et receveurs, ou autrement en peust disposer, à quelque
somme, valeur et estimation que le tout feust et se peust monter
et que semblablement elle pourveust aux offices ordinaires et
bénéfices estans en iceulx duchez, contez, terres et seigneuries
et nommast aux offices extraordinaires, tout ainsi que le dit feu
seigneur roy, nostre frère, eust luy mesmes faict et peu faire et
ce en attendant les dites avaluations, et, parce que l'on n'eust peu
bonnement procéder à la vérification des dits dot et douaire,
jusques à ce que icelles avaluations feussent exactement closes et
arrestées en nostre Chambre des Comptes, voulans néantmoins
ce pendant pourveoir à la despense et fraiz qu'il convenoit faire
et supporter chacun jour par nostre dite dame et mère ; icelles
lettres auroient esté adressées à noz amez et féaulx les trésoriers
de France, bailliz, séneschaulx ou leurs lieutenans, ès charges et
jurisdictions desquelz sont assises et situées les dites terres, pour
en faire joïr nostre dite dame et mère, en attendant l'issue et
closture d'icelles avaluations, lesquelles ont depuis esté faictes
et renvoyées en nostre dict Conseil Privé, où, après avoir esté
bien et exactement vérifiées par les intendans de noz finances et
estant la matière mise en délibération, désirans satisfaire au
sainct vouloir et intention du roy, nostre dict feu seigneur et
frère, qui nous est commun, non seulement pour l'honneur que
nous devons à nostre dite dame et mère, y estans naturellement
obligez, mais aussi parce qu'elle a tant mérité de nous et de la
chose publicque, pour le grand soing et vigilance qu'elle prent
ordinairement à l'administration, gouvernement et conduicte de
tous noz plus grands et principaulx affaires d'Estat, que nous ne
scaurions nous mectre en trop de devoir pour la recongnoistre et
gracieusement traicter, aurions advisé et arresté, par l'advis et
délibération des princes de nostre Sang et gens de nostre dit
Conseil, en approuvant et confirmant l'intention de nostre dit feu
seigneur et frère, pour le regard des dites sommes de 72,000 l. t.
pour son douaire, et 8,666 escuz et deux tiers d'escuz soleil pour
son dot, luy baillèr et assigner icelles sommes sur les terres et
domaines en la forme et manière que s'ensuit, suivant les dites
avaluations ainsi faictes par nostre dite Chambre des Comptes et
[les] baulx à ferme des contez de Mantes et Meulant dont l'on n'a
peu faire avaluation, c'est assavoir : — pour l'assignation de la
dite somme de 72,000 l. t. de rente, pour le douaire de nostre
dite dame mère : les duchez de Bourbonnays, du Hault et Bas
Auvergne (compris Carladez, Montferrand et Usson), les contez
de Meaulx (compris Crécy et Monstereau Fault Yonne), Clermont

en Beauvoisis (compris Creil, Remy, Gournay et Moienville et
autres qui furent de la maison de Bourbon), Meleun et Moret,
Mante et Meulant, Dreux, le Perche, et la seigneurie de Sézanne
avecques ses appartenances, et pour l'assignat du dit dot, montant par an à la somme de 8,666 escuz et 2/3 d'escuz soleil : le
duché de Valloys et appartenances et le conté de Montfort
l'Amaulry, desquelz duchez, contez, terres et seigneuries appartenances et dépendances quelzconques nous avons, par l'advis et
délibération que dessus et de nostre grace spécialle, plaine puissance et auctorité royal baillé, octroyé, délaissé et délivré,
baillons, octroions, délaissons et délivrons par ces présentes à
nostre dite dame et mère la joïssance plaine et entière, avecques
tous les honneurs, prérogatives, droictz, fruictz, revenuz et émolumens qui y appartiennent soit en tiltre de duchez, contez,
baronnies, chasteaulx, chastellenies, bourgs, villages, hommages,
hommes, vassaulx, subjectz, cens, rentes, fours, moulins,
estangs, rivières, boys, pasnages, paissons, glandées, boys
chablis, berses, bergisans et abbatis, buissons, garennes, pasturages, prez, terres, dixmes, champars, terrages, péages, passages,
travers, fiefz, arrièreflefz, mortailles, aubaines, espaves, amendes,
forfaictures et confiscacions, proffitz de fief, droictz et devoirs
seigneuriaulx et autres choses quelzconques que nous pourrions
avoir et prendre ès dits duchez, contez, terres et seigneuries,
avec tous droictz, honneurs, auctoritez, prééminences et prérogatives, qui en iceulx duchez, contez, terres et seigneuries nous
appartiennent, et mesmes de pourveoir à tous les offices ordinaires et bénéfices des dits duchez, contez, terres et seigneuries
appartenances et dépendances estans en nostre disposition, présentation ou collation, à cause de nostre domaine, quand vacation
y escherra ; et pour ce que, pour décider des matières et procès
des gardes des églises cathédralles et autres de fondation royalle
qui sont à ce privilégiées et des cas royaulx, il est besoing avoir
juges et officiers royaulx, nous avons ordonné, député et establys,
ordonnons, députons et establissons les bailliz et sénéchaulx des
dits duchez, contez, terres et seigneuries dessus dictes et leurs
lieutenans qui sont à présent, pour les dits procès et matières
décider et déterminer, comme noz juges ès dits duchez, contez,
terres et seigneuries et sièges accoustumez, attribuans pour ce
regard aux advocatz, procureurs et autres officiers de nostre dite
dame et mère tel et semblable pouvoir et auctorité que ont noz
advocatz, procureurs et autres officiers de noz bailliages et sénes-
chaulcées ; et afin que nostre dite dame et mère soit traictée en
telle faveur et recommandation comme elle mérite, nous voulons
que le revenu, proffit et émolument des dites confiscations,

amendes, forfaictures, greffes, seaulx et autres émolumens qui
proviendront de nostre jurisdiction royalle, soient et demeurent à nostre dite dame et mère, à la charge qu'elle payera
les gaiges des dits bailliz, sénéchaulx et officiers sus dits,
aians la dite qualité attribuée de juges ou officiers royaulx, en la
manière accoustumée; et oultre, luy avons, par l'advis des
princes de nostre Sang et gens de nostre dit Conseil, de noz
puissance et auctorité que dessus, permis, accordé et octroié,
permectons, accordons et octroions qu'elle puisse et lui soit
loisible nous nommer aus dits offices de bailliz, séneschaulx et
leurs lieutenans et autres officiers aians la dite qualité attribuée
de juges ou officiers royaulx, ensemble à tous les offices extraordinaires, telz suffisans personnages qu'elle advisera, toutesfois
et quantes que vacation y escherra, par mort, résignation ou
autrement, ausquelz offices, tant ordinaires que extraordinaires
et bénéfices, s'il estoit cy après par inadvertance ou importunité
par nous pourveu contre la teneur de ces présentes, nous avons
icelles provisions, dès à présent comme pour lors, révocquées,
cassées et adnullées, cassons, révocquons et adnullons par ces
dites présentes, pour iceulx duchez, contez, terres et seigneuries,
leurs appartenances et dépendences avoir, tenir et posséder, et
en joïr et user par nostre dite dame et mère, sa vie durant pour
les terres assignées en douaire, et pour le regard du dit dot par
elle et les siens, jusques à entier remboursement du sort principal des dits six vingts dix mil escuz soleil, à prendre et faire
prendre, cueillir et recevoir le revenu par ses mains, ou de ses
procureurs, receveurs et fermiers, et autrement en disposer
comme ususfruictière et douairière, à quelque somme, valeur et
estimation que les dits duchez, contez, terres et seigneuries,
appartenances et dépendences soient et se puissent monter et
sans riens en retenir ny réserver à nous, fors la souveraineté, et
à la charge qu'elle n'usera des boys de haulte fustaye, estans es
terres de son dit douaire, que comme ususfruictière et de ceulx
estans ès terres de son dit dot que comme ung bon père de
famille doit et est tenu; approuvant néantmoins et ratifiant la
joïssance par ci devant faicte et jusques à huy par nostre dite
dame et mère des duchez, contez, terres et domaines à elle baillées et délaissées par les dites premières lettres, tant pour l'institution, provision et présentation aux offices et bénéfices, lesquelles
provisions et institutions nous avons, en tant que besoing seroit,
confirmé et confirmons par ces dites présentes, que pareillement
pour la joïssance et perception par elle faicte des fruictz, prof-
fictz, revenu et émolument des dites terres, desquelz aussi, en
tant que besoing seroit, luy en avons faict don, à quelque somme

qu'il se puisse monter par ces dites présentes, signées de nostre propre main, le tout nonobstant que la vérification du dit délaissement ne feust encores faicte en nostre Court de Parlement, ny pareillement en nostre dite Chambre des Comptes et sans que cy après aucun des pourveuz aus dits offices et bénéfices puisse estre inquiété pour raison de ce, par aucune personne ne en quelque manière que ce soit, imposans sur ce silence à tous, mesmes à nostre procureur général. Si, donnons en mandement à noz amez et féaulx les gens tenans noz Court de Parlement, de noz Comptes et Court des Aydes à Paris, Trésoriers de France et Généraulx de noz finances, bailliz, séneschaulx, juges et leurs lieutenans et à tous noz autres justiciers et officiers, et à chacun d'eulx en droict soy et si comme à luy appartiendra, que de noz présens confirmation, octroy, délays, délivrance et assignation et de tout le contenu cy dessus, ilz facent, souffrent et laissent nostre dite dame et mère, les dits bailliz, séneschaulx et autres ses officiers, ausquelz avons attribué la dite qualité d'officiers royaulx et tous autres à qui ce pourra toucher, joïr et user plainement et paisiblement et ces dites présentes lire, publier et enregistrer, cessans et faisans cesser tous troubles et empeschemens au contraire ; car tel est nostre plaisir, nonobstant les réunions tant générales que particulières faictes et à faire de nostre dit domaine, que l'avaluation des dits duchez, contez, terres et seigneuries ne soit cy exprimée, ne autrement spécifiée et déclairée, les ordonnances tant anciennes que modernes faictes sur l'ordre de noz finances, à quoy et à quelzconques autres ordonnances, restrinctions, mandemens ou défenses et lettres à ce contraires, nous avons, pour ce regard et sans y préjudicier en autres choses, dérogé et dérogeons, et aux dérogatoires des dérogatoires et contenues, par ces dites présentes et, pour ce que d'icelles lois pourra avoir à faire en plusieurs et divers lieux, nous voulons que au vidimus d'icelles, faict soubz scel royal et secrétaires, foy soit adjoustée comme à ce présent original, auquel, en tesmoing de ce, nous avons faict mettre nostre dit seel. Donné à Paris, le 14ᵉ jour de may, l'an de grace 1562 et de nostre règne le deuxiesme. Ainsi signé, soubz le reply : CHARLES, et sur le reply, Par le roy en son Conseil : DE L'AUBÉPINE. *Lecta publicata et registrata audito procuratore generali regis insequendo arrestum 17ᵉ diei hujus mensis, Parisiis, in Parlamento, 23ᵉ die decembris, anno Domini 1562°. Sic signatum :* DU TILLET.

[Au-dessous :] Collation est faicte à l'original.

[Et plus bas, signé :] DU TILLET [avec paraphe].

Arch. nat., Xᴵᴬ 8624 (1ᵉʳ vol. des ordonnances de Charles IX), fol. 349ᵛᵒ; original de la transcription officielle.

Blanchard (compil. chronol.), p. 914. Analyse.

N° 108.

Moulins ; 8 février 1567 (n. st.).

Lettres-patentes du roi portant don en apanage à son frère Fran-
çois, avec titre de pairie et à charge d'hommage-lige, du duché
d'Alençon, du comté du Perche et autres terres suffisantes pour
produire au total un revenu annuel de cent mille livres tournois,
avec permission d'établir une Chambre des Comptes en l'une
des villes de son apanage, mais à la condition expresse de retour
du tout à la Couronne en cas d'extinction de la descendance
masculine dudit François.

Charles, etc. à tous ceux qui ces présentes lettres verront,
salut. Comme feu nostre très honoré seigneur et père, le roy
Henry, de très louable et recommendable mémoire, ayant délaissé feu nostre très cher seigneur et frère, le roy Françoys,
dernier décédé son successeur à ceste couronne, à laquelle il a
pleu à Dieu nous appeller par le trespas de nostre dit seigneur et
frère, noz très chers et très amez frères Henry, duc d'Anjou, et
François, duc d'Alençon, soyent demeurez en si bas aage qu'il n'a
esté possible à feu nostre dit seigneur et père leur ordonner aucun apanage ; au moyen de quoy, depuis nostre advènement à la
Couronne, ils ont par la grande prudence de nostre très honorée
dame et mère et pour la singulière et fraternelle amitié, que nous
leur avons toujours portée et portons encores de présent, esté
conduits et entretenus en l'honneur et bon traitement qu'ils méritent, ce que nous, désirans voir continuer encores à l'advenir et
par effect faire connoistre quel est le soin que nous avons d'eux,
de leur bien, grandeur et avancement, mesmes qu'à présent ayant
mis en considération l'aage de nostre dit très cher et très amé
frère le duc d'Alençon, qui est de 15 ans ou environ, ses sens,
vertu et naturelle inclination à toutes choses grandes et dignes
d'un prince yssu de la maison de France, l'honneur, révérence et
amitié qu'il nous a toujours portez ; cognoissant aussi qu'il a prudence et jugement pour conduire non seulement sa maison, mais
aussi les biens, terres et subjets que nous luy voudrons délaisser :
nous avons estimé estre désormais temps de luy pourvoir d'appanage condigne à la maison dont il est yssu et la très grande et
fraternelle amitié que nous luy portons, jusques à la somme de
cent mille livres tournois de revenu par chacun an ; ce que par
nous mis en délibération avec nostre dite très honorée dame et
mère, princes de nostre Sang et autres grands et dignes person-

nages estans près de nous, gens de nostre Conseil Privé et autres ;
scavoir faisons que nous, désirans bien et favorablement traiter
iceluy nostre dit frère et luy donner tout moyen et pouvoir d'entretenir plus honorablement sa maison, selon la dignité du sang
dont il est, ensemble pourvoir aux enfans masles qui descendront
de luy en loyal mariage, pour ces causes et autres bonnes,
grandes et raisonnables considérations à ce nous mouvans, avons,
par l'advis, conseil et délibération dessusdits, à iceluy nostre dit
frère, donné, accordé, octroyé, ordonné et délaissé, donnons,
accordons, octroyons, ordonnons et délaissons par ces présentes,
et à ses enfans masles descendans de luy en loyal mariage, pour
leur appanage, pourvoyance et entretenement, selon l'ancienne
nature des appanages de la maison de France et loy de nostre royaume tousjours gardée en iceluy : les duchez d'Alençon avec les
terres et seigneuries de Chasteau-Thierry, Chastillon-sur-Marne et
Espernay que nous avons créez et érigez, créons et érigeons en
tiltre, nom et prééminence de duché ; et semblablement avons
délaissé et délaissons à nostre dit frère les comtez du Perche, Gisors, Mante et Meullant, avec la terre et seigneurie de Vernon,
ainsi qu'iceux duchez, comtez et seigneurie s'estendent, comportent et consistent de toutes parts, tant en citez, villes, chasteaux,
chastellenies, places, maisons, forteresses, fruits, profits, cens,
rentes, revenus et émolumens, honneurs, hommages, vassaux, vasselages et subjets, bois, forests, estangs, rivières, fours, moulins,
prez, pasturages, fiefs, arrière-fiefs, justices, juridictions, patronages d'églises, collations de bénéfices, aubenages, forfaitures,
confiscations et amendes, quints, requints, lods, ventes, profits de
fiefs et tous autres droicts et devoirs quelconques qui nous appartiennent, ès dites duchez, comtez et seigneurie, à cause d'icelles :
et ce jusques à la dite somme de cent mille livres tournois de
revenu par chacun an, si tant se peuvent monter : en défaut de
quoy voulons et nous plaist qu'iceluy nostre dit frère et ses dits
hoirs masles ayent et prennent le supplément d'icelle somme sur
le revenu, profit et émolument des aides équivalens, greniers à
sels et gabelles des dits duchez, comtez et seigneurie, par leurs
simples quittances ou de leurs thrésoriers et receveurs généraux,
par les mains des receveurs des dites aides équivalens et grene-
tiers ou fermiers des dits greniers à sel et ce jusques à la concurrence d'icelle somme de 100.000 l. t., à commencer du jour de la
vérification qui se fera de ces présentes en nostre Cour de Parlement, Chambre des Comptes et Cour des Aides à Paris ; pour des
dites duchez, comtez et seigneurie dessus dites, jouyr et user par
iceluy nostre dit frère et ses dits hoirs masles en droite ligne, par
forme d'appanage, tant seulement, à telles authoritez, honneurs,

prérogatives, prééminences qui appartiennent à tiltre de duc et
comte respectivement, sans aucune chose en retenir ne réserver
à nous n'a nostre Couronne, fors seulement les foys et hommage
liges, droict de ressort et souveraineté, la garde des églises cathédrales et autres qui sont de fondation royale ou autrement
privilégiez, la cognoissance des cas royaux et de ceux dont, par
prévention, noz officiers doivent et ont accoustumé cognoistre,
pour desquels décider, cognoistre et déterminer seront par nous
créez, mis et establis juges, des exempts ou autres, lesquels auront la cognoissance et jurisdiction des dits cas et matières ; voulans néantmoins que le revenu des exploits, amendes, greffes,
seaux et autres émolumens qui viendront de ladite jurisdiction
des exempts, soient et demeurent à nostre dit frère, sur lesquels
toutesfois seront payez les gages qui seront ordonnez à iceux juges
ou leurs lieutenans ; et le surplus de la justice et jurisdiction
ordinaire des dits duchez, comtez et seigneurie sera exercée et
administrée, au nom de nostre dit frère et ses successeurs masles,
comme dit est, par les baillifs, seneschaux des dits lieux et autres
juges qui y ont esté establis et instituez par cy devant, ou leurs
lieutenans généraux, sans y faire par nostre dit frère aucune innovation ou mutation, ne désapointer les officiers qui sont de présent et qui ont par noz prédécesseurs ou nous esté pourveus,
desquels offices de baillifs, seneschaux, juges et autres offices
dépendans du dit domaine des dits duchez, comtez et seigneurie,
il aura (quand vacation y ' escherra), et ses dits successeurs
masles, la pleine provision et institution, fors des dits juges des
exempts et des présidens, juges, conseillers et autres officiers des
sièges présidiaux establis ès-lieux de son appanage, la provision
desquels et semblablement de tous offices de noz aides, tailles et
gabelles, Prévosts des Mareschaux, leurs lieutenans, greffiers et
archers et autres estats extraordinaires des dits duchez, comtez et
seigneurie nous réservons à nous et à nostre disposition ; et aussi
le revenu des exploits et amendes qui nous seront adjugées ès cas
des édicts en dernier ressort par les dits juges présidiaux ; —
Permetttans et accordans, au surplus, à iceluy nostre dit frère
qu'il puisse et lui soit loisible ordonner et establir en l'une des
villes de son apanage, telle qu'il advisera, une Chambre des
Comptes en laquelle ses receveurs du domaine des dits duchez,
comtez et seigneurie rendront comptes de leurs receptes et administration de leur charge ; à la charge [1°] que, de trois ans en
trois ans, les comptes qui ainsi seront rendus en sa dite Chambre
des Comptes seront envoyez en nostre Chambre des Comptes à
Paris (ou les doubles d'iceux deuement collationnez, signez et
certifiez), pour la conservation de nostre dit domaine, [2°] que les

dits receveurs du domaine seront aussi tenus prendre, par chacun an, leurs estats de la recepte et despense de leurs receptes
des Thrésoriers de France, qui auront esgard que nos droits fonciers ne s'esgarent à faute d'y avoir l'œil, [3°] et aussi que nostre
dit frère et ses dits successeurs seront tenus d'entretenir et faire
entretenir les fondations des églises, les maisons, chasteaux et
forteresses des dits duchez, comtez et seigneurie en bon estat et
réparation, payer les fiefs et aumosnes, et autres charges ordinaires des dits duchez, comtez et seigneurie, ainsi qu'il a esté
accoustumé de faire par cy-devant.

Et en outre, pour plus hautement accroistre et eslever en honneurs nostre dit frère, nous avons, de nostre plus ample grace et
authorité et pour les causes et considérations dessus dites, voulu
et à nostre dit frère accordé, ordonné et octroyé, voulons, accordons, ordonnons et octroyons et à ses successeurs masles en
droite ligne et loyal mariage, qu'ils ayent et tiennent les dits
duchez et comtez en tous droits et tiltre de pairie, avec toutes
telles prérogatives et prééminences qu'ont accoustumé avoir les
princes de la maison de France et autres tenans de nostre Couronne en pairie : à la charge toutesfois que la cognoissance des
causes et matières dont ont accoustumé de cognoistre les juges
présidiaux leur demeureront, sans que, souz ombre de la dite
pairie, la dite cognoissance en soit dévolue par appel immédiatement en nostre Cour de Parlement.

Moyennant lequel présent appanage, qui a esté agréablement prins et accepté au nom de nostre dit frère par la royne
nostre très honorée dame et mère sa tutrice naturelle, présente
et acceptante, en présence des princes de nostre dit Sang et
autres grands personnages de nostre dit Conseil, elle a, en ce
faisant, au nom et qualité dessus dits, renoncé et renonce, au
profit de nous et de nos successeurs à nostre Couronne, à
tout droict, nom, action et portion qu'il prétend et pourroit à
l'advenir prétendre ès terres et seigneuries escheues par le
trespas de feus nos dits seigneurs père et frère, soit qu'elles
soient unies ou non à ceste nostre Couronne, et semblablement à
tous meubles et conquests immeubles de quelque qualité, valeur
et condition qu'ils soient, par eux délaissez, et a promis et promet
icelle nostre dite dame et mère, ou nom dessus dit, de n'en faire
jamais aucune querelle ou demande, et d'avantage iceluy nostre
dit frère, venu en aage, de ratifier et approuver les dites conditions et d'icelles en bailler et passer toutes lettres; lesquelles
acceptation et renonciations, faites par nostre dit frère, Nous, par
l'advis des princes de nostre Sang, grands et notables personnages de nostre dit Conseil Privé, qui ont jugé icelles acceptations

et renonciations estre utiles et profitables à nostre dit frère, avons, de nostre dite pleine puissance et authorité royal, authorisées et authorisons, les déclarans estre de très perpétuelle fermeté et effect et, en tant que besoin seroit, avons sur ce interposé notre décret.

Et afin qu'il n'y ait aucun doute, ambiguité et question à l'advenir au faict de ce présent appanage, nous avons dit, déclaré et ordonné, disons, déclarons et ordonnons, par l'advis, conseil et délibération des dessus dits, que, suivant la nature des dits appanages et loy de nostre royaume, où nostre dit frère, ou ses descendans masles en loyal mariage, iront de vie à trespas sans enfans masles descendans de leurs corps en loyal mariage, en manière qu'il ne demeurast aucun enfant masle descendant par la ligne des masles de nostre dit frère, bien qu'il y eust fils ou filles des filles descendans d'iceux, au dit cas, les dits duchez, comtez et seigneuries, par nous données à nostre dit frère pour son appanage, retourneront librement à nostre Couronne, sans autre adjudication ou déclaration, et s'en pourront nos successeurs à nostre Couronne emparer et en prendre la possession et jouyssance, le dit appanage finy et esteint comme dessus est dit, à leur plaisir et volonté et sans aucun contredit ou empeschement et sans qu'on puisse objicer aucun laps de temps ne prescription.

Si, donnons en mandement, par ces mesmes présentes, à nos amez et féaulx les gens tenans nostre Cour de Parlement, etc. Donné à Moulins, le 8ᵉ jour de février, l'an de grace 1566 et de nostre règne le 6ᵉ. Ainsi signé : CHARLES; et sur le reply, par le roy en son conseil : DE L'AUBESPINE; et seellées sur double queue en cire jaune.

Lues, publiées et enregistrées, ouy, ce consentant, requérant et acceptant le Procureur Général du roy, à Paris en Parlement, le 21ᵉ jour de mars l'an 1566. [Signé :] DU TILLET.

Arch. nat., Xᴵᵃ 8626 (Ordonnances de Charles IX, BB), fol. 107. Transcription officielle.

Publié par A. Fontanon : Les édicts et ordonnances des rois de France (1611), t. II, p. 27.

Blanchard : Compilation chronologique des ordonnances; analyse.

P. Anselme : Histoire généalogique de la maison de France, III, p. 281; analyse.

Nº 109.

Paris; 9 aoust 1768.

Echange par lequel le roi cède le comté de Bellême, la baronnie de Sonnois et la châtellenie de Perray à Charlotte-Suzanne des Nos, duchesse de Beauvilliers, qui cède en contre-échange à Sa Majesté les terres de Courtoux et de Torbéchet.

Par devant les Conseillers du Roy, notaires au Châtelet de Paris, soussignés, furent présens : messire Jean-Louis Moreau de Beaumont, chevalier, Conseiller d'Etat et ordinaire au Conseil royal de Commerce, Intendant des Finances, demeurant à Paris, rue Vivienne, paroisse St-Eustache, messire Clément-Charles-François de Laverdy, chevalier, Ministre d'Etat, Conseiller ordinaire et au Conseil Royal, Contrôleur-général des Finances, demeurant à Paris, à l'hôtel du Contrôle-général, rue Neuve-des-Petits-Champs, paroisse St-Roch, et messire Augustin-Henry Cochin, Conseiller d'Etat, Intendant des Finances, demeurant à Paris, rue St-Benoist, quartier St-Germain-des-Prez, paroisse St-Sulpice, — tous trois, commissaires députés par le Roy spécialement à l'effet cy-après : par arrêt du Conseil d'Etat du Roy, Sa Majesté y étant, tenu à Versailles le 22 juillet dernier, dont copie collationnée sur l'expédition originale, signée : PHELYPEAUX, est demeurée anexée à la minute des présentes, après qu'il a été fait mention sur icelle de l'annexe par les notaires soussignés d'une part ; et très-haute et très-puissante dame, madame Charlotte-Suzanne Desnos, duchesse de Beauvilliers, dame de Marechet et autres lieux, dame de Madame, veuve de très-haut et très-puissant seigneur monseigneur Paul-Louis, duc de Beauvilliers, Pair de France, Grand d'Espagne de la 1re classe, comte de Buzançois, marquis de Montrésor, brigadier des armées du Roy et mestre-de-camp d'un régiment de son nom, demeurante madite dame, à Paris, en son hôtel, rue d'Enfer, paroisse St-Séverin, d'autre part ; disans que le Roy, désirant acquérir les terres de Courtoux et Torbechet, situées dans la province du Maine, dont madite dame, duchesse de Beauvilliers, est propriétaire de la manière et ainsi qu'il sera dit cy-après, Sa Majesté luy auroit fait proposer de les luy céder, ce que madite dame auroit accepté avec empressement, pour se conformer à la volonté de Sa Majesté, en suppliant Sa Majesté de vouloir bien permettre que ce soit à titre d'échange, et de luy donner en remplacement la baronnie de Sonnois qu'elle possède déjà à titre d'engagement, située dans la même province du Maine, et le comté de Bellesme au Perche, domaines dont le produit est inférieur à celuy des terres de madite dame duchesse de Beauvilliers et Sa Majesté ayant fait examiner cette proposition en son Conseil, et reconnu par les états qu'elle s'est fait représenter de la consistance et du produit de ces objets respectifs, que cette échange ne pouvoit apporter aucun préjudice à son domaine, son intention a été que le dit échange fut consommé incessamment, pourquoy Sa Majesté a nommé mesdits seigneurs commissaires pour y procéder et leur a donné pouvoir de passer, pour Elle et en son nom, avec madite

dame duchesse de Beauvilliers, contract d'échange des objets cy-
dessus désignés, en exécution duquel arrêt du Conseil, dont copie
est cy-dessus annexée à la minute des présentes, a été fait les
échange et contre-échange qui suivent, c'est assavoir :

Que madite dame duchesse de Beauvilliers a, par ces présentes,
cédé et délaissé audit titre d'échange et a promis garentir de tous
troubles, au Roy, ce accepté pour Sa Majesté et ses successeurs
Rois par mesdits seigneurs commissaires nommés comme dit est
à cet effet et pour ce députés : 1° *La terre de Torbechet, située
dans la province du Maine,* mouvante de Sa Majesté à cause de
son duché de Mayenne, consistant en un château, cour, jardin,
domaine, métairie et closerie, bois de haute-futaye, cens, rentes,
droits de lods et ventes, de rachapt et autres dépendances;
2° *Les terre et seigneurie de Courtoux et fief la Forest,* étans dans
la mouvance de seigneurs particuliers, consistans en moyenne et
basse justice, droits de chasse et de garenne, métairies et moulin,
en 50 arpens de bois taillis et en cens, rentes, lods et ventes et
droits de rachapts; appartenans lesdites terres, seigneuries, fiefs
et droits en dépendans, à ma dite dame duchesse de Beauvilliers,
comme étant échus entr'autres choses à madite dame, par le
partage fait entre elle et ladite dame marquise de Marsilly,
sa sœur, devant M° Quinquet et son confrère, notaires à Paris, le
12 mars 1757, des biens des successions de haut et puissant
seigneur, messire Honorat marquis de Cordouan et de Langay,
de Mlle de Torbechet et autres dénommés audit partage, lesquelles
dames : marquise de Marsilly et duchesse de Beauvilliers, repré-
sentent seules haute et puissante dame Marie-Marguerite de
Cordouan, leur mère, à son décès épouse de haut et puissant
seigneur messire Jean-Baptiste comte Desnos, chevalier, comte
de la Feuillée, qui étoit seule fille et héritière dudit seigneur
marquis de Cordouan et de Langay, son père; et encore lesdites
dames représentans seules ladite dame de Torbechet, leur grande-
tante, sœur de madite dame comtesse de la Feuillée, le tout dans
les qualités portées au partage susdatté; pour desdites terres et
seigneuries, leurs appartenances et dépendances et de tous les
droits y attachés, sans aucune chose en excepter, jouir, par Sa
Majesté et ses successeurs Rois, à compter du 1er juillet présente
année; duquel jour Sa Majesté demeure chargée, ainsi que
mesdits seigneurs commissaires le consentent, de faire payer
et acquitter les charges, si aucunes y a, ainsi que les droits
seigneuriaux et indemnités auxquels le présent contract d'échange
peut donner lieu, au profit des seigneurs de qui relèvent lesdites
terres.

Et en contr'échange, mesdits seigneurs commissaires, pour et au nom de Sa Majesté et en vertu du susdit arrêt du Conseil, ont par ces présentes : cédé, transporté, délaissé au même titre d'échange et promettent esdits noms, garantir de tous troubles et autres empêchemens généralement quelconques, à madite dame, duchesse de Beauvilliers, ce acceptante, acquéreure pour elle, ses hoirs et ayans causes : le comté de Bellesme au Perche, la baronnie de Sonnois avec la châtellenie de Pray, situées province du Maine, le tout consistant dans l'emplacement et dépendances d'anciens châteaux en ruine, fiefs, arrière-fiefs, cens, rentes en argent, grains, gélines et autres espèces, appartenant à Sa Majesté dans les différentes villes, bourgs, paroisses et villages ; dans les droits de lods et ventes, échanges, rachapts, reliefs, déports de minorité et autres droits de mutation sur les fiefs et les rotures étant de la mouvance et censive desdits comté, baronnie et châtellenie, suivant les coutumes qui les régissent et les anciens titres ; plus, dans les droits de seigneur et patron, fondateur des villes, bourg, paroisses et villages de la dépendance des dits comté, baronnie et chastellenie, avec tous droits de nomination à bénéfices appartenans à Sa Majesté conformément aux anciens titres ; plus dans les droits de haute, moyenne et basse justice, de la même nature qu'elles appartiennent aux terres et seigneuries de semblables dignités, avec tous les honneurs, droits et profits attribués sous les titres et dénomination que ce soit ; plus dans les droits de prévoté, coutume et billette de halle, foires et mar- chés, étalages, marcs et mesures, droits et banalités de fours, moulins, pressoirs et de chasse et pêche et généralement tous autres fonds, terres vaines et vagues et landes, droits utils et honorifiques, de quelque nature, qu'ils soient, appartenances et dépendances desdites terres, dont Sa Majesté a joui ou dû jouir comme seigneur particulier : à l'exception seulement des forêts de Bellesme et de Perseigne et des terrains vains et vagues étans dans l'enclave d'icelles ; comme aussi mesdits seigneurs commis- saires cèdent à madite dame duchesse de Beauvilliers le droit et faculté appartenans à Sa Majesté, de rentrer dans toutes les usurpations si aucunes y a, tant anciennes que modernes et dans les parties des domaines desdits comté, baronnie et chastellenie aliénées ou engagées sans aucune exception, en quelque tems et manière que ce soit, en remboursant toutes fois aux aliénataires les finances de leurs engagemens, pour lesdits domaines usurpés ou aliénés, être possédés par madite dame duchesse de Beau- villiers, à titre d'engagement seulement et jouir par elle, ses successeurs et ayans causes, en pleine propriété à compter du 1er juillet de la présente année, desdits comté, baronnie et châ- tellenie aux mêmes titres, qualifications et dénominations, avec

toutes leurs appartenances et dépendances, exprimées ou non
exprimées, le tout ainsi que Sa Majesté en a joui ou dû jouir,
avec tous droits de propriété de la haute, moyenne et basse
justice, tels et de même nature qu'ils appartiennent aux seigneurs
de semblables dignités et faculté de faire exercer lesdites justices
en son nom, par les officiers qui seront par elle institués, après
toutes fois que les officiers qui ont titres et possessions pour
l'exercer au nom de Sa Majesté, auront été par elle dédo-
magés; — à la charge, par madite dame duchesse de Beauvilliers,
de tenir de Sa Majesté, savoir : le comté de Bellesme, à cause de
son comté du Perche, et la baronnie de Sonnois et châtellenie de
Pray, sous une seule foy et hommage, à cause de son comté du
Maine, aux droits et devoirs accoutumés et d'acquitter, par ladite
dame duchesse de Beauvilliers, toutes les charges réelles et
ordinaires desdits domaines, à elle cédés suivant ces présentes,
à compter dudit jour 1er juillet dernier, duquel jour elle demeure
déchargée de la rente de 1,000 livres pour laquelle lesdites
baronie de Sonnois et châtellenie de Pray lui ont été engagées.
Il est expressément convenu, suivant qu'il est porté dans ledit
arrêt du Conseil, qu'il ne sera payé par madite dame duchesse de
Beauvilliers, pour raison du présent échange, aucuns droits de
contrôle, insinuation, centième denier et autres de pareille nature,
ny même, aucuns des frais auxquels ces présentes pourront
donner lieu, desquels frais Sa Majesté demeure chargée, ainsi que
mesdits seigneurs commissaires le consentent. Madite dame,
duchesse de Beàuvilliers, s'engage de faire remettre au dépôt de
la Chambre des Comptes de Paris, les titres des biens cy-dessus
cédés à Sa Majesté, avec l'extrait du partage cy-devant datté
et énoncé, et il sera permis à madite dame de lever des expéditions de tous les actes, titres et pièces, qui se trouveront dans
les dépôts des Chambres des Comptes et autres dépôts appartenans à Sa Majesté, concernant les domaines cédés à madite dame,
sans payer aucuns frais, ny droits, que ceux dont Sa Majesté
elle-même seroit tenue. Le présent échange est fait en outre à la
charge que les droits, privilèges et hypothèques des créanciers
de madite dame, duchesse de Beauvilliers, sur lesdites terres de
Courtoux et Torbéchel, seront et demeureront transférés sur
lesdits comté de Bellesme, baronie de Sonnois et châtellenie de
Pray, cédés à madite dame, lesquels demeurent affectés et hypo-
théqués auxdits créanciers, au moyen de quoy lesdites terres de
Courtoux et Torbéchel, en demeurent entierrement quittes,
déchargés et affranchis; car ainsi a été convenu et arrêté; pro-
mettans, obligeans mesdits seigneurs commissaires au nom de
Sa Majesté, et madite dame duchesse de Beauvilliers, pour elle

personnellement renonceans. Fait et passé à Paris, à l'égard de mesdits seigneurs commissaires en leur hôtel, et à l'égard de madite dame, duchesse de Beauvilliers, en l'étude, le 9 aoust de l'an 1768, après midy ; et ont, mesdits seigneurs commissaires, signé, avec madite dame, la minute des présentes, demeurée à Me Lhomme, l'un des notaires soussignés ; signé : LHOMME et LE GRAS, avec paraphes. Et à la marge est écrit : scellés des jour et an, reçu vij⁵.

Et ensuite : exploict registré en la Chambre des Comptes, ouy le Procureur Général du Roy, pour jouir par le Roy desdites terres de Torbechet et Couronne [sic] et fief de la Forèt, leurs circonstances et dépendances, et par la duchesse de Beauvilliers desdits comté de Bellesme, baronie de Sonoy, châtellenie de Pray et justices en dépendants respectivement, échangés entre le Roy et la duchesse de Beauvilliers, à compter du 1er juillet dernier, par provision seulement et jusqu'à ce que les évaluations y ayent été duement registrées ; et sera le Roy très humblement suplié, en tous lieux et en toute occasion, de vouloir bien rétablir l'ancien usage concernant les évaluations ; le 12 septembre 1768.

Me Portail, rapporteur. Me Martin, procureur.

Collationné, [signé :] MARSOLAN.

Arch. nat., P 2084. *Expédition.*
Id. P 2502. Transcription officielle.

N° 110.

Versailles ; avril 1771.

Lettres-patentes portant don en apanage à Louis-Stanislas-Xavier de France, du duché d'Anjou, des comtés du Perche, du Maine et de Senonches, pour les tenir de la Couronne à foi et hommage-lige avec titre de pairie.

Louis, par la grace de Dieu, Roi de France et de Navarre, à tous présens et à venir, salut. La divine Providence a comblé nos vœux en nous faisant trouver, dans l'héritier présomptif de notre Couronne, un prince aussi digne de notre tendresse par ses vertus que par son respect et son amour pour notre personne. Nostre très-cher et très-amé petit-fils, Louis-Stanislas-Xavier, Fils de France, ne mérite pas moins notre affection par les marques respectueuses qu'il nous donne sans cesse de son attachement et de son obéissance, ainsi que par les devoirs qu'il rend à notre très cher et très amé petit-fils, le Dauphin, son frère. Nous voyons avec satisfaction qu'il annonce tous les talens qui doivent

distinguer les grands princes, et qu'il ne sera pas moins recommandable par ses sentimens que par sa naissance. C'est pour lui
en donner des preuves que nous avons résolu de pourvoir à son
établissement par une alliance avec une princesse, que ses vertus
rendent aussi digne de notre choix que la splendeur du sang
dont elle est sortie ; et le même motif nous détermine à lui donner
un appanage qui le mette en état de soutenir la dignité de
son rang, d'entretenir honnorablement sa maison et de pourvoir
aux enfans mâles qui naîtront de lui en légitime mariage. Notre
tendresse pour ce prince nous auroit fait désirer de lui donner
encore des marques plus éclatantes de notre libéralité, mais notre
affection pour nos fidèles sujets nous a fait un devoir d'y prescrire
des bornes, et notre cœur paternel n'a pû [qu'être attendri de
le voir partager les sentimens que nous ne cesserons d'avoir pour
eux.

A ces causes, et autres à ce nous mouvant, de l'avis de notre
Conseil, et de notre certaine science, pleine puissance et autorité
roiale, Nous avons, par le présent édit perpétuel et irrévocable,
donné, octroyé et délaissé, donnons, octroyons et délaissons à
notre petit-fils, Louis-Stanislas-Xavier, Fils de France, et à ses
enfans mâles, descendans de lui en loial mariage, pour leur
appanage et entretenement, selon la nature des appanages de la
Maison de France et les loix de notre royaume, le duché d'Anjou,
le comté du Perche et le comté du Maine, ensemble le comté de
Senonches, par nous acquis de notre très cher et très amé cousin,
Louis-Joseph de Bourbon-Conty, prince de notre Sang, par
contrat du 9 octobre 1770, ainsi que les dits duché et comtés se
poursuivent et comportent, étendent et consistent en villes, cités,
châteaux, châtellenies, places, maisons, forteresses, fruits, proffits,
cens, rentes, revenus, émolumens, honneurs, hommages, vassaux, vasselages et sujets, bois, forests (à l'exception de la forest
de Senonches que nous nous réservons expressément pour en
jouir et disposer conformément au contrat d'acquisition susdatté),
étangs, rivierres, fours, moulins, prés, pâturages, fiefs, arrière-
fiefs, justices, jurisdictions, patronages d'églises, collation de
bénéfices, forfaitures, confiscations et amendes, quints, requints,
lods et ventes, proffits do fiefs, et tous autres droits et devoirs
quelconques qui nous appartiennent esdits duché et comtés ;
à condition néantmoins, à l'égard des bois de futaye, d'en user
en bon père de famille et de n'en couper que pour l'entretenement et réparations des édifices et châteaux de l'appanage, le
tout jusqu'à concurrence de 200,000 livres tournois de revenu par
chacun an, les charges préalablement acquitées ; à l'effet de quoi,
et pour parfaire la ditte somme de 200,000 l., nous rachèterons,

dans le plus bref temps qu'il se pourra, les parties de notre
domaine qui ont été engagées dans l'étendue desdits duché et
comtés, jusqu'à concurrence de ce qui deffaudra de la ditte
somme; pendant lequel temps et jusqu'audit rachat, évaluation
faitte du revenu non aliéné, notre dit petit-fils jouira du suplément
de laditte somme, sur nos Aides et Gabelles desdits duché et
comtés, et en sera payé, jusqu'à concurrence de laditte somme,
sur ses simples quittances ou de ses trésoriers et receveurs généraux, par les mains des fermiers ou receveurs desdittes Aydes
et Gabelles : pour, desdits duché et comtés, leurs dittes appartenances et dépendances, droits, fruits et revenus susdits, jusqu'à
laditte somme de 200,000 l., jouir et user par notre dit petit-fils
et ses hoirs mâles en droitte ligne, par forme d'appanage seulement, à commencer du jour de la vérification qui sera faitte
de ces présentes; aux autorités prérogatives et prééminences qui
appartiennent au titre de duc, sans aucune chose en réserver à
nous ni à notre Couronne et successeurs, à l'exception seulement
des fois et hommages-liges, droits de ressort et de souveraineté,
la garde des églises cathédrales et autres qui sont de fondation
roiale, ou aultrement privilégiées, la connaissance des cas royaux
et de ceux dont, par prévention, nos officiers doivent et ont
acccoutumé de connoître; pour lesquels décider, connoître et
déterminer, seront par nous créés, mis et établis, juges exempts
ou autres, lesquels auront connoissance et juridiction des dits cas
et matières; voulons que, jusqu'à l'établissement desdits juges,
des exempts et des cas royaux, en conséquence de lettres qui
seront à cet effet expédiées et enregistrées en notre Cour de
Parlement, les officiers ordinaires continuent d'en prendre
connaissance. Voulons aussi que le revenu des exploits, amendes,
greffes, sceaux et autres émolumens qui viendront de laditte
juridiction des exempts, soit, demeure et appartienne à notre dit
petit-fils; sur icelui touttes fois préalablement pris et payé les
gages qui seront ordonnés auxdits juges des exempts ou lieutenans;
et le surplus de la justice et juridiction ordinaire desdits duché et
comtés sera exercée et administrée au nom de notre dit petit-fils et
ses successeurs mâles comme dit est, par les baillis et sénéchaux
des dits lieux, et autres juges qui ont été établis et institués
cy-devant, ou leurs lieutenans-généraux, sans y faire par lui
aucune innovation ou mutation, ni désapointer les officiers qui
sont à présent et qui ont été pourvus par nous ou par nos prédécesseurs; desquels offices de baillis, sénéchaux, juges et autres
officiers dépendans du domaine desdits duché et comtés, notre
dit petit-fils et ses successeurs masles auront, quand vaccation
arrivera, la pleine provision et institution, fors desdits juges, des

exempts et des présidens, juges, conseillers et autres officiers des
sièges présidiaux établis es lieux de son appanage, la provision
desquels et semblablement de tous offices de nos Aides, Tailles,
Gabelles, prévôt des maréchaux, leurs lieutenans, greffiers,
archers et autres offices extraordinaires desdits duché et comtés,
nous nous réservons, comme aussi le revenu des exploits et
amendes qui nous seront adjugés es cas des édits en dernier
ressort par lesdits juges présidiaux ; permettant et accordant au
surplus à notre dit petit-filz qu'il puisse et lui soit loisible
d'ordonner et établir en l'une des villes de son appanage, tel qu'il
avisera, une Chambre des Comptes et créer les officiers nécessaires à cet effet, par devant lesquels les receveurs des domaines
desdits duché et comtés rendront compte de leur recette et
administration de leurs charges ; à condition que, de trois ans
en trois ans, les comptes qui seront ainsi rendus en sa ditte
Chambre des Comptes, seront envoyés en notre Chambre des
Comptes de Paris, ou les doubles d'iceux collationnés, signés et
certiffiés : que lesdits receveurs des domaines seront tenus de
prendre, par chacun an, leurs états de recette et dépense des
trésoriers de France des bureaux des Finances dans le ressort
desquels ils seront situés, auxquels nous enjoignons de veiller à
la conservation de nos droits fonciers ; comme aussi, que notre
petit-fils et ses successeurs seront tenus d'entretenir et faire entretenir les fondations des églises, les maisons, châteaux et forteresses desdits duché et comtés, en bon état de réparations, payer
les fiefs, aumosnes et autres charges ordinaires desdits domaines,
ainsi qu'il est accoustumé. Et comme notre intention est de procurer à notre dit petit-fils toutes les marques de grandeur et de
distinction qui peuvent dépendre de nous, nous lui avons, de la
même autorité que dessus, accordé et octroyé, accordons et
octroyons, tant pour lui que pour sesdits successeurs mâles, voulons et nous plait qu'ils ayent et tiennent lesdits duché et comtés
en tous droits et titre de pairie, avec toutes les prérogatives et
prééminences qu'ont accoutumé d'avoir les princes de la Maison de
France et autres tenans de notre Couronne en pairie ; à la charge
touttes fois que la connoissance des causes et matières, dont nos
juges présidiaux ont accoutumé de connoître, leur demeurera,
sans que, sous l'ombre de ladite pairie, ladite connoissance en
soit dévolue par appel immédiatement en notre Cour de Parlement.

Moyennant lequel présent appanage, qui a été agréablement
pris, accepté et reçu par notre dit petit-fils et par nous, comme
son tuteur naturel, en présence des gens composans notre
Conseil, notre dit petit-fils et nous, avons, en la ditte qualité et

stipulant pour lui quant à ce, renoncé et renonceons, tant pour lui que pour ses hoirs, à touttes terres, seigneuries et immeubles qui se trouverront dans notre succession, soit que lesdittes terres, seigneuries ou immeubles soient unis ou non à notre Couronne, ensemble à tous meubles et effets mobiliers, de quelque qualité et valeur qu'ils soient; lesquelles renonciations sont faittes au proffit de notre Couronne et seront réitérées dans le contrat de mariage de notre dit petit-fils qui promet, lorsqu'il sera venu en âge, de ratifier et approuver lesdittes conditions, et d'en bailler et passer touttes lettres nécessaires. Lesquelles acceptations et renonciations, faittes par notre dit petit-fils, Nous, par l'avis de notre Conseil qui les a jugé utiles et profitables à notre dit petit-fils, avons, de notre pleine puissance et autorité roiale, autorisé et les autorisons, déclarant être de perpétuelle fermeté et effet, et interposant, en tant que de besoin seroit, sur ce notre décret. Et afin qu'il n'y ait aucun doute, ambiguité ou question à l'avenir au fait de ce présent appanage, Nous avons dit, déclaré et ordonné, disons, déclarons et ordonnons, que, suivant la nature desdits appanages et loix de notre royaume, et en cas que notre dit petit-fils, ou ses descendans mâles en loial mariage, vinssent à décéder sans enfant mâle descendant par ligne de mâle, bien qu'il y eut fils ou fille descendant d'eux par fille; audit cas, lesdits duché et comtés, par nous donnés à notre dit petit-fils pour son appanage, retourneront librement à notre Couronne, comme étant ledit appanage éteint et fini, sans autre adjudication ni déclaration; et s'en pourront nos successeurs rois emparer et en prendre la possession et jouissance, à leur plaisir et volonté, sans aucun contredit ni empeschement, ni qu'on puisse objecter aucun laps de tems et prescription; voulons aussi qu'il soit permis à notre dit petit-fils de racheter si bon lui semble, à son proffit, nos domaines engagés dans l'étendue desdits duché et comtés, en remboursant en un seul et parfait payement les acquéreurs de leur sort principal, frais et loyaux coûts.

Et pour connoître la consistance, valeur et revenu annuel desdits duché et comtés, par nous donnés en appanage à notre dit petit-fils par le présent édit, voulons qu'il soit incessamment procédé aux évaluations desdits duché et comtés par le sieur de Nicolay, Premier-Président, Fraguier et Le Boulanger, présidens, de Cassini, Portail, de Vigny et Lavocat, conseillers maîtres, et Gamard, conseiller auditeur en notre Chambre des Comptes de Paris, en présence de notre Procureur-Général en icelle; attribuant à cet effet, en tant que de besoin, toutte cour, juridiction et connoissance, pour raison des reconnoissances et évaluations dudit apanage, circonstances et dépendances, à notre ditte

Chambre des Comptes de Paris et auxdits sieurs commissaires, et icelle interdisant à touttes nos autres cours et juges. — Si, donnons en mandement à nos amés et feaux conseillers, les gens tenant notre Chambre des Comptes à Paris, présidens, trésoriers de France, et à tous autres nos officiers qu'il appartiendra, que, notre présent édit ils fassent lire, publier et registrer, et de nos présens dons, cessions, délaissements et transports, et de tout le contenu cy-dessus, souffrent et laissent notre dit petit-fils, Louis-Stanislas-Xavier, Fils de France et ses successeurs mâles, jouir et user pleinement et paisiblement en la forme et manière qu'il est dit cy-dessus, et lui baillent et délivrent, ou lui fassent bailler et délivrer, à commencer du jour de l'enregistrement qui sera, comme dit est, fait du présent édit, la possession, saisine et jouissance desdits duché d'Anjou, comtés du Maine et du Perche et du comté de Senonches, sans, en ce, lui faire mettre ou donner, ni souffrir lui être fait, mis ou donné, ni à ses successeurrs mâles, aucun trouble ni empeschement à ce contraire, lequel si fait, mis ou donné leur était, ils fassent incontinent le tout réparer et remettre en pleine et entière délivrance et au premier état et dû ; et raportant le présent édit signé de notre main ou copie d'icelui pour une fois, et quittances ou reconnoissances de notre dit petit-fils de la jouissance des choses dessus dites, Nous voulons tous nos receveurs et autres officiers qu'il appartiendra et à qui ce pourra toucher, être tenus quittes respectivement de la valeur desdittes choses par lesdits gens de nos Comptes, et partout ailleurs où il appartiendra et besoin sera, sans difficulté, nonobstant les ordonnances par nos prédécesseurs et nous faittes sur le fait des aliénations des domaines de notre Couronne, auxquelles, attendu que ledit délaissement se fait pour l'appanage de notre petit-fils et causes si favorables que les dessus dites, nous avons, en tant que besoin seroit, dérogé et dérogeons pour ce regard, et sans y préjudicier en autre chose, par le présent édit, et à quelques autres ordonnances, restrictions, mandements et deffenses à ce contraires. Et pour ce que, du présent édit on pourra avoir besoin en plusieurs et divers lieux, Nous voulons, qu'aux copies d'icelui, duement collationnées par l'un de nos amés et féaux conseillers-secrétaires, foy soit ajoutée comme à ce présent original ; auquel, afin que ce soit chose ferme et stable à toujours, nous avons fait mettre notre scel. Car tel est notre plaisir.

Donné à Versailles, au mois d'avril, l'an de grâce 1771, et de notre règne le 56ᵉ.

Signé : Louis. Et plus bas : par le Roi PHELIPEAUX. A côté : *Visa :* DE MAUPEOU, pour appanage de Monsieur le comte de

Provence, signé : PHELIPEAUX. Vu au Conseil : TERRAY ; et scellées
du grand sceau de cire verte sur lacs de soye rouge et verte.

Et ensuitte est écrit : Registré en la Chambre des Comptes, ouï
et ce requérant le procureur général du Roi, pour être exécuté
selon sa forme et teneur, et jouir par ledit seigneur Louis-Stanislas-Xavier, fils de France, et ses enfants mâles, desdits duché
d'Anjou, comté du Maine, comté du Perche et comté de
Senonches, selon la nature des appanages de la Maison de France,
par provision seulement et jusqu'à ce que les évaluations desdits
domaines et droits ayent été faittes et deffinitivement jugées, et
les lettres-patentes portant confirmation desdites évaluations, duement registrées en la Chambre ; à la charge, par ledit seigneur
Louis-Stanislas-Xavier, fils de France, de faire registrer en la
Chambre son contrat de mariage, et, quand il aura acquis l'âge
de majorité, d'y réitérer l'acceptation dudit apanage et les renonciations mentionnées au présent édit et audit contrat, et en outre,
de faire entre les mains du roi la foi et hommage desdits duché
et comtés, et d'en raporter l'acte en la Chambre ; et, pour user
des bois de futaye nécessaires à l'entretenement des réparations
des édifices et châteaux de l'appanage, ledit seigneur sera tenu
de raporter lettres patentes duement registrées en la Chambre ;
et encore, à la charge que la réunion au domaine du comté de
Senonches, opérée par l'abandon dudit comté fait à titre d'appanage par le présent édit, ne pourra avoir lieu qu'après que
la substitution, dont est grevé ledit comté, aura été transportée
sur des domaines libres appartenans au prince de Conti, et que la
propriété incommutable en aura été assurée au roi par le décret
dudit comté, scellé sans opposition, et que les titres dudit domaine
seront remis au dépôt de la Chambre, conformément à l'arrêt de
la Chambre intervenu à l'enregistrement du contrat d'acquisition
dudit comté le 11 mars 1771 ; comme aussi, à la charge par les
trésoriers et receveurs des domaines dudit seigneur Louis-Stanislas-Xavier, fils de France, de compter à la Chambre en la
manière accoutumée. Et sera le Roi très-humblement supplié en
tous temps et touttes occasions de rétablir l'ancien usage concernant les évaluations du domaine.

Le 21 octobre 1771. Signé : MARSOLAN.

Arch. nat. P 2502 (Mémoriaux de la Ch. des Comptes). Transc. officielle.
Arch. nat. PP. 146 *bis*, 2ᵛᵒ. Analyse.

N° 111.

10 aoust 1771.

Distraction du comté de Bellême de l'échange conclu entre le roi
et la duchesse de Beauvilliers.

Louis, par la grace de Dieu, roi de France et de Navarre, à nos amés et féaux conseillers, les gens tenant notre Chambre des Comptes à Paris, salut. Par contrat du 9 aout 1768, nous aurions cédé à notre bien amée cousine Charlotte-Suzanne des Nots, duchesse de Beauvilliers, veuve de Paul-Louis duc de Beauvilliers, seconde douairière, le comté de Bellême, la baronie de Sonnois et la chatellenie de Pray; en échange des terres et seigneuries de Courtoux, Torbechet et la Forêt; ayant désiré de rentrer dans le comté de Bellême, nous aurions fait proposer à notre cousine de consentir que le comté de Bellême soit distrait dudit échange en lui donnant une indemnité de 60,000 livres, au moyen de laquelle elle renoncerait à toutes soultes, en cas que la valeur des terres par elle à nous cédées excédât de plus de 60,000 livres celles de la baronie de Sonnois et de la chatellenie de Pray qu'elle conserverait, et qu'au contraire, si elle se trouvait inférieure, elle nous payerait la soulte de ce qui s'en deffaudrait; ces conditions ayant été acceptées par notre dite cousine, nous aurions, par arrêt rendu en notre Conseil, le 12 may de la présente année, ordonné que ledit comté de Bellême demeurerait distrait dudit échange, que notre dite cousine serait payée de 60,000 l. pour son indemnité, sans pouvoir répéter aucune soulte contre nous et que toutes lettres nécessaires seraient expédiées sur cet arrêt; mais nous aurions remarqué qu'on avoit obmis d'y insérer la condition de nous payer, par notre dite cousine, la soulte qui nous sera due, si la valeur des terres à nous cédées, n'excède pas de 60,000 l. celle des domaines qu'elle conservera, comme elle s'y est soumise, en sorte que par nos lettres, nous croyons devoir expliquer en même tems nos intentions à cet égard, pour éviter toute équivoque.

A ces causes, de l'avis de notre Conseil qui a vu ledit arrêt du 12 mai de la présente année, dont extrait est cy attaché sous le contre scel de notre Chancellerie, nous avons ordonné et, par ces présentes signées de notre main, ordonnons que le comté de Bellême, ses appartenances et dépendances, seront et demeureront distraits tant dudit contrat d'échange du 9 août 1768 que des procès-verbaux et jugement des évaluations des biens compris audit contrat d'échange; en conséquence, que pour tenir lieu à notre dite cousine de la distraction dudit comté de Bellême, · il lui sera payé par le garde de notre Trésor royal en exercice, des deniers qui seront à ce destinés, la somme de 60,000 l. Voulons que, dans le cas où, par l'évènement des évaluations, la valeur des terres de Torbechet, Courtoux et La Forêt, à nous cédés par par ledit contrat d'échange ne se trouveroit pas supérieure de 60,000 l. à celle de la baronie de Sonois et de la châtellenie de Pray, notre dite cousine, soit tenue de nous payer la soulte de ce qui s'en défaudra, sans cependant, qu'elle puisse en prétendre aucune contre Nous, dans le cas ou la valeur des terres à nous cédées, se trouveroit supérieure de plus de 60,000 l. à celle desdites baronie de Sonnois et châtellenie de Pray. Si, vous mandons que ces présentes vous ayés à registrer, et le contenu en icelles garder et observer, selon leur forme et teneur. Car tel est notre plaisir.

Donné à Compiègne, le 10e jour du mois d'août, l'an de grâce 1771 et de notre règne le 56e. Signé : LOUIS, et plus bas : Par le Roy, BERTIN, avec paraphe; à côté : Vu au Conseil, TERRAY, et scellées sur double queue du grand sceau de cire jaune.

Arch. nat. P 2084. Expédition.

CHARTES

RELATIVES A LA BARONNIE DE LONGNY

N° 112.

Chartres; juin 1213.

Lettres de Girard de Boceio, chevalier et seigneur du Val de Enpré, données à Chartres, au chapitre de l'abbaye de St-Jehan, en juin 1213, par lesquelles il gage aux dits religieux toute la dixme qu'il a en sa seigneurie du Val de Empré, avec celle qu'il a en la paroisse de Montlicent; présens : Valeran de la Lande, chevalier, son sénéchal (1).

B. N. ms. fr. 24125 (G. Lainé, II), f° 154 Analyse.

N° 113.

Avril 1214 ou 1215 (n. st.).

Lettres de Girart de Boceyo, chevalier, seigneur de Valle Enfredi, en avril 1214, par lesquelles il oblige aux religieux de St-Jehan les dixmes de Vau, Chevreuse et Montlicent, en présence de Guillaume de la Lande, chevalier, son seneschal (2).

B. N. ms. fr. 24134 (G. Lainé, XI), f° 33. Analyse.

(1) Au bas ce texte est dessiné un écu chargé de 3 chevrons.
(2) Peut-être cette pièce n'est-elle qu'une analyse fautive du même original que la précédente ?

N° 114.

Paris; février 1237 (n. st.).

Mandement du roi à Guiard de Chambly de saisir la maison de Gaston de Regmalart, sise au Val Enfred, ainsi que tout ce que ce dernier tient en fief de l'évêque de Chartres.

. . . . ET FEODO LONGNIACI.

Ludovicus, Dei gratia Francorum rex, Guiardo de Chambliaco, salutem.

Mandamus tibi quatenus domum dilecti et fidelis nostri Gazonis de Remalart, sitam in valle Emprey, nobis juratam, necnon et totam terram ipsius Gazonis, quæ est de feodo dilecti et fidelis nostri A[lberici] episcopi Carnotensis, visis litteris, in manu nostra capias et teneas et omnes proventus dicte terre recipias et custodias diligenter, eidem episcopo restituendos, et quid et quantum receperis de proventibus dicte terre, nobis certissime per litteras tuas remandes. Actum Parisius, anno Domini M° CC° XXX° VI°, mense februario.

Bibliothèque de la ville de Chartres, ms. 1137 (Livre rouge de l'évêché), fol. 66. Copie.

B. N. ms. fr. 24125 (G. Laîné, II), f° 76vo. Copie.

N° 115.

7 mars 1237 (n. st.).

Déclaration du doyen et du chapitre de Chartres portant que si le seigneur du Val-Enfred a fait foi et hommage au roi pour la forteresse de Longny, c'est sans leur consentement.

Th. decanus, et universitas capituli Carnotensis omnibus presentibus inspecturis, salutem in Domino. Ad universorum notitiam volumus pervenire quod si dominus de Valle Emprey fecerit unquam fidelitatem domino regi, vel homagium, vel etiam sesinam dederit de forteretia de Longniaco, hoc non fuit de nostro consensu, nec de nostra conscientia, nec etiam voluntate. Datum, die sabbati ante festum sancti Arnulphi, anno Domini M. CC. XXX. VI°.

Biblioth. de Chartres, ms. 1137. (Livre rouge de l'évêché), fol. 67. Copie.

N° 116.

Abandon par Gaston, sire de Longny, aux religieux de St-Jean de Chartres de dîmes à eux engagées et mention d'autres obligations prises par lui.

Lettres de Gatho, chevalier, sire de Longny, données en septembre 1246, par lesquelles il remet aux religieux de St-Jehan toutes les dixmes, tant vieilles que novelles, à eux baillées en gage pour 200 l., par Girard, jadis son père, et consent qu'il n'y aye aucun chapelain particulier en sa chapelle de Longny ; et est porté que si Guillaume, chevalier, son frère, et Ysabel, sa sœur, prétendent quelque chose, il promet les garantir et les rendre indemnes, selon le jugement de vénérables personnes monsieur Pierre, archidiacre de Vendosme, et Guillaume, prieur du Val Dieu, et maistre Mathieu Crespin. Au bas desquelles est le scel de Longny tel que dessus (1).

B. N. ms. fr. 24125 (G. Lainé, II), fol. 154. Analyse.

L'analyse que nous donnons ci-dessous a évidemment été faite d'après le même original que la précédente, nous la donnons cependant aussi à cause de ses variantes.

N° 116 bis.

Lettres de Gatho, sire de Longny, chevalier, au mois de septembre 1246, pour raison du procès qui estait entre luy et les religieux de St-Jehan, à cause de 50 l. de rente, assignés par feu Girart, son père, sur la granche de Longny, et sur ce qu'il prétendait avoir un chapellain en sa chapelle, et, aux susdites lettres, mention est faite de Guillaume et Marguerite ses frère et sœur (2).

B. N. ms. fr. 24134 (G. Lainé, XI), fol. 33. Analyse.

Id. ms. Duchesne 20, fol. 225. Analyse d'après un titre de St-Jean de Chartres.

(1) Au bas du texte est le dessin d'un écu portant trois chevrons.

(2) Cette analyse est aussi accompagnée de l'écusson aux trois chevrons.

N° 117.

S¹-Cheron-lez-Chartres; 14 février 1269 (n. st.)

*Commencement d'une charte relative aux réclamations adressées
par Gaston de Longny à l'évêque de Chartres au sujet de
la saisie de ses terres.*

Anno domini M CC LXVIII°, die Jovis post Brandones, constitutus
in nostra presentia, in abbatia Sancti Karauni Carnotensis, Gatho
de Longniaco, miles, petebat cum instantia redditionem seu recre-
dentiam hereditatis sue (1), et aliarum rerum suarum captarum,
saisitarum et detentarum in manu nostra et per mandatum
nostrum, in territorio et feodo nostro de Valle Empreti ; nobis
dicentibus, ex adverso, ad liberationem redditionem seu recre-
dentiam dictarum rerum nos minime teneri, antequam emen-
dasset quasdam injurias, delicta et forisfacta, nobis et nostris,
contra jus et jurisdictionem nostram, illata et multipliciter
commissa, que maleficia eidem explicabamus in modum qui
sequitur : proponebamus enim seu proponeri faciebamus quod, cum
ipse de jurisdictione nostra, et ratione mansionis et hereditatis,
existeret, tot contumacias totque defectus coram nobis et nostris
fecerit competenter ad judicium evocatus, quod sufficit, summatus
erat ad hoc quod super hiis que eidem imponebamus, sine redditione
seu reverentia, respondere tenebatur; quos defectus ostendere
parati eramus loco et tempore competenti. Item dicebamus quod
quemdam hominem seu feminam de homicidio [accusatum], captum
a nostris et incarceratum, de prisione nostra deliberaverat contra
jus et voluntatem nostram, prisionem nostram taliter infringendo ;
item, quod quedam ....., a nostris capta et in terra nostra, in
quadam domo causa custodie reposita, violenter ceperat et
abstulerat, prisionem nostram contra justitiam taliter infringendo ;
item quasdam rescussiones et pluries servientibus nostris in feodo
de mandato nostro....

*Bibliothèque de Chartres; ms. 1137. (Livre rouge de l'évêché), fol. 68.
Copie incomplète.*

B. N. ms. fr. 24125 (G. Laîné, II), fol. 46. Copie plus incomplète.

(1) *Recredere usurpatur non tam pro* reddere, *quod est rem præcise
restituere, quam pro dare plegium eam restituendi, si* ita videatur judi-
ci.....is reddit *qui rem restituit :* recredit *qui dato vade spondet eam se
redditurum.* (Du Cange, gloss. *verbo :* recredere.)

N° 118.

8 février 1273.

Reconnaissance par Girard de Longny de la suzeraineté de l'évêque de Chartres sur sa terre de Longny et énumération des conditions à lui imposées par le dit évêque pour la restitution de cette terre.

Universis presentes litteras inspecturis, Girardus de Longniaco, miles, salutem in Domino. Noveritis quod cum Reverendus Pater Petrus, Dei gratia Carnotensis episcopus, teneret turrim de Longniaco et totam terram meam de Valle-de-Empre in manu sua, cum justitia, et juribus et pertinentiis et omnibus ad me pertinentibus in dicta valle de Empre, necnon et homagia hominum meorum, militum et aliorum, propter multas injurias ..... et emendas et propter hoc quod dictam turrim, cum bailleio, deadvocaveram me tenere ab ipso, que omnia mihi imponebat et que omnia dicto episcopo, ut dicebat, inciderant in commissum; me in contrarium asserente; demum deventum est ad hunc modum pacis, quod primo, ego predictus Girardus recognosco et confiteor quod dictam turrim, cum bailleo, teneo a predicto domino episcopo et Ecclesia Carnotensi, cum aliis rebus que sunt in valle Enpre, ad unam fidem et homagium ligium, et de hoc dabo eidem domino episcopo litteram meam sigillo meo sigillatam et idem Pater restituit mihi dictam turrim cum bailleo et totam terram et justitiam et homagia de valle de Enpre, tenenda eodem modo, ab ipso et Ecclesia Carnotensi, quo tenebam ante discordiam natam, et ipse episcopus mihi tenetur garandizare tanquam dominus, ad usus et consuetudines patriæ; ita tamen quod idem episcopus, de voluntate et assensu meo spontaneo, retinet molendinum de Longniaco et molendinum de Reavilla et medietariam quæ dicitur Cresville cum omni justitia et dominio et juribus pertinentibus, ad dicta molendina et medietariam predictam, sine aliqua retentione, vel reclamatione, seu contradictione, quam ego, vel heredes mei, possumus de cetero habere in predictis rebus vel aliqua earumdem; ita tamen quod quum ego solvam, vel heredes mei, eidem Patri seu alio episcopo Carnotensi qui pro tempore fuerit, septuagentas et quinquagentas libras Turonensium integre et insimul, idem Pater, vel ille qui pro Tempore fuerit episcopus Carnotensis, tenebitur mihi reddere et restituere dictam medietariam et molendina predicta, in eo statu in quo tunc temporis erunt, cum omnibus rebus et juribus supradictis, et, de fructibus, seu obventionibus, seu arreragiis predictorum molendinorum et medietarie, nihil potero petere, vel heredes mei, ab episcopo Carnotensi seu quolibet alio. Preterea, sciendum est quod ego, vel heredes mei vel alius, non poterunt aliud molendinum ad bladum facere vel construere apud Longniacum, nec in tota valle de Enpreto, quamdiu idem Pater, vel alius episcopus Carnotensis, dicta molendina tenebit; et si contra fieret per aliquem, idem episcopus posset capere tanquam suum molendinum de novo constructum et destruere vel in manu sua tenere tamquam suum, si vellet. Et de cetero idem Pater poterit de dictis molendinis et medietaria facere voluntatem suam, vel tenendo in manu sua, vel tradendo quocumque modo voluerit et ego non potero vel heredes mei, venire contra in aliquo; immo et si recuperare dicta molendina et medietariam potero, solutione dictorum denariorum, tenebor observare traditionem quam idem Pater vel sui fecerint de eisdem et contra non venire. Solutiones vero que erunt faciende, per quas recuperavero molendina et medietariam, mihi et heredibus meis fient. Item sciendum est quod venditionem, quam idem Pater fecerat de nemore de Fayo de Laire, ratam et firmam habeo et eam observabo bona fide. Sciendum est insuper quod omnes venditiones, explicamenta, que et quas idem Pater et sui fecerunt, habuerunt plenarie apud Longniacum in valle de Enpre tempore quo tenebat predicta in manu sua, ego quito libere sibi et suis, nec, ratione predictorum, aliquid potero petere a quocumque, nec de areragiis ego vel heredes mei aliquid poterimus petere, vel ab ipso vel ab alio quocumque, nec ipse seu quilibet alius quicquam reddere tenebuntur. Solutiones autem predicti nemoris de Fayo de Leyre futuri temporis ad me pertinent. Et sciendum est quod pro ipsa pace et perpensis, dampnis mu..... et omniaque feceram eidem Patri, solvi eidem Patri quingentas libras Carnotensium, in pecunia numerata et solvam septingentas libras predictas quando recuperabo medietariam predictam et molendina supradicta. Hec autem omnia et singula ego, predictus Girardus, volo, laudo, concedo, rata et firma habeo et ad majorem certitudinem et in perpetuam rei memoriam his presentibus litteris sigillum meum apposui. Actum anno Domini m° cc° septuagesimo secundo, mense februario, die Mercurii post festum Purificationis beate Marie Virginis.

Bibliothèque de la ville de Chartres, ms. 1137 (Livre rouge de l'évêché), fol. 64. Copie.

B. N. ms. fr. 24125 (G. Lainé, II), fol. 46. Extraits et analyse.

N° 119.

8 février 1273 (n. st.).

Reconnaissance par laquelle Girard de Longny avoue tenir sa

*tour de Longny et toute sa terre à foi et hommage-lige de
l'évêque et de l'Eglise de Chartres.*

Universis, presentes litteras inspecturis, Girardus de Longniaco,
miles, salutem in Domino. Noveritis quod ego confiteor et
recognosco turrim meam de Loingniaco, cum baillieo et totam
terram meam de Valle de Enpre (1), cum justicia, juribus, pertinentiis et omnibus ad me pertinentibus in dicta valle de Enpre,
teneo et tenere debeo ad unam fidem et homagium ligium a
Reverendo Patre domino Carnotensi episcopo et ab Ecclesia Carnotensi. In cujus rei testimonium et perpetuam memoriam
presentes feci super hoc litteras confici et eas sigilli mei munimine
roboravi. Datum anno Domini m° cc° septuagesimo secundo, die
Mercurii post festum Purificationis beate Marie Virginis.

*Bibliothèque de la ville de Chartres, ms. 1137 (Livre rouge de l'évêché),
fol. 66. Copie.*
B. N. ms. fr. 24125 (G. Lainé, II), fol. 31. Copie.
   Id.   id.   id.,   fol. 76vo. Copie.

N° 120.

*Charte-notice relative à la saisie de Longny sur Girard, seigneur
de cette terre et à la soumission de ce dernier à l'évêque de
Chartres son suzerain.*

FEODUS DE LOIGNACO.

Girardus de Longniaco, miles, fecit homagium domino episcopo
et advocavit quicquid tenet ab ipso, in dominio, feodis,
retrofeodis et censivis, in Valle Emprei et quicquid tenent ab
ipso sui postgeniti. Turrim autem aliquando advocavit a rege,
propter quod dominus episcopus ejus sesinam per regem recu-
peravit et eam longo tempore cum armis et armatis tenuit et
etiam totam terram et homagia feodalium recepit; tandem, post
multas altercationes et litem, diu in curia Regis ventilatam, in
hanc formam pacis deventum est, videlicet quod dictus Girardus
dictam turrim et totam forteritiam a domino episcopo advocavit,
sicut totum aliud feodum, et promisit se redditurum domino
episcopo xii^C libras Turonensium, pro dampnis, de quibus satisfecit
de summa quingentarum librarum turonensium. Dominus autem
episcopus, pro residuo dicte pecunie, in terra et reditibus et
molendinis que omnia commissa erant, retinuit usque ad lxxv
libras annui redditus. Hoc autem conventum fuit quod, quando-

(1) *Valle de Enfre,* dans le ms. fr. 24125, fol. 31. *Valle Empredi,* dans
le même ms., fol. 76vo.

cumque dictus Girardus satisfaceret domino episcopo, vel ejus successoribus, de VII^C libris residuis de dicta summa, quod episcopus ei totam terram suam de dicto redditu liberaret quitam penitus et immunem; et super has litteras et munimenta multa habemus que totum firmum plenarie explanant.

Bibl. de la ville de Chartres, ms. 1137 (Livre rouge de l'évêché), fol. 63. Original.

B. N. ms. fr. 24,125 (G. Lainé II), fol. 83vo.

N° 121.

Berchères-l'Evêque; 6 mai 1294.

Notification par le seigneur de Longny de l'engagement par lui pris, envers l'evesque de Chartres, au sujet des droits de rachat dus à ce dernier à cause de la terre de Longny.

A tous ceux qui verront ces présentes lettres, je, Guace de Longny, chevalier, salut en Notre-Seigneur. Je faiz assavoir à tous que je ay gagé à Révérend Père en Jésus Christ Notre Seigneur, monseigneur Symon, par la grace de Dieu, évesque de Chartres, à faire toute sa volenté haut et bas de la finance du rachat du fié et des appartenances de la terre de Longny, laquelle m'est échue de la mort monsieur Girart, jadis seigneur de Loigny, mon frère, etc. [sic]. Donné à Berchères, en la maison du dit monseigneur l'Evesque, présens : nobles hommes monseigneur Adam de Bruyères, monsieur Guy de Auneau, monsieur Girart de Chartres, monsieur Jehan de Chartres, monsieur Pierre de Mauny, monsieur Geoffroy Trouillart, monsieur Hue de Bouglainval, chevaliers et plusieurs autres, le jeudi après la feste saint Phelippe et saint Jaques, en l'an de l'Incarnation Notre-Seigneur, mil cc quatre vingt quatorze.

B. N. ms. fr. 24125 (G. Lainé, II), fol. 31, Copie.

Id. ms. Duchesne 20, fol. 221vo. Analyse portant en tête : *Ex cartulario episcopatus Carnotensis.*

N° 122.

Pontgouin; 13 janvier 1304 (n. st.).

Transaction relative au droit de justice des religieux de St-Jean de Chartres sur leurs biens sis en la baronnie de Longny.

Lettres intitulées : « Pierre Trousseau, chevalier, sire de Chasteaux, bailli de Chartres » et passées par devant Barthélemy

Bruyent, tabellion royal au dit lieu, le jeudi 25 janvier 1396, auxquelles est insérée une transaction passée par devant le chambrier de l'évesché, ès assises tenues à Pontgoing, entre les abbé et religieux de S*-Jehan, d'une part, et monsieur Gace, sire de Longny, d'autre, le lundi après la Tiphaine 1303, par laquelle iceux religieux sont maintenus en la possession de la justice en leurs hostel et terre, sis au val de Enpré.

B. N. ms. fr. 24125 (G. Lainé, II], fol. 154. Analyse.

N° 123.

Chartres; 21 juin 1330.

Reconnaissance par Pierre, sire de Longny, de la somme de 500 livres par lui due à l'évêque de Chartres pour droit de rachat de la terre de Longny.

A tous ceux, etc., Robert Bretel, baillif de Chartres, salut. Sachent tous que, par devant Jehan Poupart, clerc à ce destiné et establi par le tabellion du roi nostre sire à Chartres, fut présent noble damoisel Pierre, sire de Loigny, qui recognut, de sa bonne volenté, estre tenu à Révérend Père et seigneur en Dieu, monseigneur monsieur Jehan, par la divine Providence évesque de Chartres, en la somme de 500 livres de bonne monnoie courant, au jour de la date de ces présentes, pour la finance du rachat de la mort de feu monsieur Pierre de Loigny, jadis chevalier et père du dit damoisel, etc. Et à ce furent présens nobles hommes : monsieur Hubert Riboule, sire d'Assé, monsieur Jehan de Viexpont, sire de Chailloy, chevalier, Pierre, sire de la Lande, écuyer, et Mathieu le Vachier qui, chascun pour le tout, sans division, avec le dit de Loigny, à la teneur des présentes lettres accomplir se sont obligés, etc. En tesmoing de ce, nous avons fait sceller ces lettres du scel de la chastellenie de Chartres. Donné, l'an de grâce mil trois cens trente, le jeudi avant la feste de la Nativité saint Jehan-Baptiste. Signé au bas : Denis CHAMPIGNEAU.

B. N. ms. fr. 24125 (G. Lainé, II], fol. 31ᵛᵒ. Copie.
Id. ms. fr. 24134 (G. Lainé, XI), fol. 94ᵛᵒ. Analyse.

N° 124.

Chartres; 21 juin 1330.

Reconnaissance par la veuve de Pierre de Longny, de la somme de 200 livres par elle due à l'évêque de Chartres pour droit de rachat sur 200 livres de rente qu'elle a sur la terre de Longny.

A tous ceux [etc.]. Robert Bretel, baillif de Chartres [etc.], fut présente : noble dame madame Marguerite de Macheane, jadis fame feu monsieur Pierre de Loigny, chevalier, qui recognut soy estre tenue à Révérend Père et seigneur en Dieu, etc., *(ut supra)*, en la somme de deux cens livres de la monnaie courant, pour la finance du rachat de deux cent livres de rente qu'elle avait, si comme elle disait, sur la terre de Loigny. En tesmoing de ce, etc. Donné l'an de grâce 1330, le jeudi avant la dite feste. Signé au bas du dit : Denis CHAMPIGNEAU.

B. N. ms. fr. 24125 (G. Lainé, II), fol. 31. Copie.

N° 125.

21 et 25 décembre 1347.

Mention d'hommages rendus à l'évêque de Chartres par Pierre de Longny et Jean de Montireau.

Reverendus in Christo Pater ac dominus G[uillelmus], miseratione divina Carnotensis episcopus, recepit homagia sua quæ sequuntur, pertinentes ad jurisdictionem temporalem..... in ressorto de Pontgoen, anno M CCC XLVII.

Johannes de Montetirelli, dominus de Pleceyo Trellart, fecit homagium ligium, die XXI decembris.

Petrus de Loigny fecit homagium ligium, XXV decembris.

B. N. ms. fr. 24125 (G. Lainé, II), fol. 63. Analyse.

N° 126.

St-Chéron-lez-Chartres; 4 juin 1357.

Mention d'hommages rendus à l'évêque de Chartres par les sires de Longny, de Marchainville, de la Loupe et de Montireau.

Homaiges reçus, à St Chéron lez Chartres, par monsieur Symon, par la grace de Dieu évesque de Chartres, dimanche, jour de la Trinité d'esté, le 4 juin l'an 1357 :

Messire Pierre, sire de Loygny, chevalier ;

Messire Symon de Meleun, chevalier, sire de Marcheville au Perche ;

Messire Pierre de Préaux, chevalier, pr le domaine de la Loppe ;

Jehan de Montirel, sire de Montirel, écuier, à cause des domaines et fiez de Montirel, a fait la foy et hommage en quoy il a été reçu, pourvu que cela ne préjudicie au procès en quoy il est

à Pontgoing, par devant le Chambrier, avec le procureur de Monsieur.

B. N. ms. fr. 24125 (G. Lainé, II), fol. 63. Analyse.

N° 127.

5 février 1369 (n. st.).

Prestation d'hommage-lige à l'évêque de Chartres par Pierre, sire de Longny.

Anno 1368. Petrus, dominus de Longniaco, fecit homagium ligium domino episcopo Carnotensi et prestitit usitatum juramentum de his quœ tenet ab ipso, ratione terre de Longniaco (actum die 5ª februarii), et promisit asportare, infra quinquies, in scriptis, omnia pro quibus fecit homagium.

B. N. ms. fr. 24125 (G. Lainé, II), fol. 64. Analyse.

N° 128.

26 juillet 1375.

Prestation d'hommage-lige par Nicolas de Longny à l'évêque de Chartres.

Anno 1375. Die 26 julii, Dominus Nicholaus, dominus de Longniaco, fecit et prestitit domino episcopo homagium ligium, et injunctum fecit sibi ut, infra tempus affectum, tradat in scriptis adventa sua.

B. N. ms. fr. 24125 (G. Lainé, II), fol. 66. Analyse.

N° 129.

26 décembre 1381.

Prestation d'hommage lige par Nicolas de Longny à l'évêque de Chartres.

Anno 1381. Dei lune 26 decembris, dominus Nicholaus, dominus de Longniaco in Pertico, miles, fecit et prestitit Reverendo in Christo patri ac domino, domino Johanne episcopo Carnotensi homagium ligium.

B. N. ms. fr. 24125 (G. Lainé, II), fol. 67. Analyse.

N° 130.

23 janvier 1394 (n. st.).

Mention d'aveu rendu à l'évêque de Chartres pour le château et la châtellenie de Longny.

Nicolas, sire de Longny, chevalier, vicomte de Rémalart (un des quatre), chassier de Chartres, rend aveu et dénombrement à l'évêque de Chartres, le 23 janvier 1393, pour son chastel et chastellenie du dit Longny, domaines, cens, rentes justice et vassaux en dépendant.

B. N. ms. fr. 24125 (G. Lainé, II), fol. 16 v° et 31. Analyse.
Id. Coll. Duchesne, vol. 54, fol. 761. Analyse semblable, sauf que l'évêque de Chartres est nommé Jean, et qu'on dit que le seigneur de Longny rend son aveu « avec Monsieur Fouques Riboule, seigneur d'Assé ».

N° 131.

[29 avril 1416].

Acte de réception en foy et hommage de Louis, seigneur de Longny.

Acte de réception en foy, en datte *anno Domini* 1416, *indictione* 9; *die dominica festivitatis Paschœ,* 29 *mensis aprilis, apostolica sede vacante, ab electione domini Johannis* XXIII *quondam in papam electi anno* 6°, par R. P. en Dieu et seigneur, monsieur Philippes, évesque de Chartres, en faveur de noble et puissant seigneur monsieur Loys, sire de Loigny, pour raison de sa terre de Loigny, tenue en fief du dit seigneur évesque à cause de son chasteau de Pontgoing, et par le dit acte est porté qu'il a promis *fidem et legalitatem prout et quemadmodum natura feodi debet et requirit tam de consuetudine quam de jure.*

B. N. ms. fr. 24125 (G. Lainé), II, fol. 31. Analyse.

N° 132.

Paris; 30 janvier 1426 (n. st.).

Ordre du roi d'Angleterre de saisir, à la requête de l'évêque de Chartres, Longny et la Loupe dont il est seigneur.

Lettres de Henry, roi de France et d'Angleterre, données

à Paris, le 30 janvier 1425, et de son règne le 4ᵉ, par lesquelles il mande au premier huissier du Parlement, ou autre sur ce requis, à la requête du dit évêque, saisir les terres et chastellenies de Longny, de la Louppe et aultres, occupées par le duc de Salisbery, comme en étant seigneur et..... est un procès..... saisie des susdites seigneuries, par lequel Mᵉ Jehan de Montescot a été commys pour exercer la justice d'icelles, durant le temps de la dite saisie.

B. N. ms. fr. 24134 (G. Lainé, XI), fol. 94ᵛᵒ. Analyse.

N° 133.

Paris; 19 mars 1428 (n. st.).

Mention du don de Longny, Marchainville et la Loupe à T. de Montagu, comte de Salisbury, et note des droits de rachat dus par lui à l'évêque de Chartres son suzerain.

Lettres de Henry, roy de France et d'Angleterre, données à Paris le 19 mars 1427, par lesquelles l'évesque de Chartres remonstre le comte de Salisbery, oncle de Sa Majesté, avoir d'elle obtenu le don des chastellenies, terres et seigneuries de Longny, de Marchesville et de la Louppe, tenues en fief du dit évesque auquel il est négligent porter la foy.

Et aux dictes lettres sont insérées autres lettres du dit roy, données le 24 may au dit an, contenans un *commitimus*, octroyé au dit comte de Salisbery, qu'il appelle Thomas de Montagu, comte de Salisbery et du Perche, tant en son nom que comme ayant le bail et gouvernement de Jehan, bastart de Montagu, son fils.

Mémoire de rachapts deubs par le dit comte de Salisbery : un par le décès de feu messire Loys de Longny, l'autre par le décès de feu messire Anthoine de Longny, son fils, le 3ᵉ par le déceds de feu messire Gasse de Longny, frère du dit messire Loys, et le 4ᵉ par le fait d'iceluy comte.

B. N. ms. fr. 24125 (G. Lainé, II), fol. 31. Analyse.

N° 134.

7 janvier 1445 (n. st.).

Messire Jehan de Chasteaubriant, chevalier, et demoiselle Jehanne la Vicomtesse, dame du Tremblay, mis en souffrance pour la terre et seigneurie de Longny, jusques à deux ans après que le

*dit Longny sera mis en l'obéissance du roy ; le jeudi 7 jan-
vier 1444.*

B. N. ms. fr. 24184 (G. Lainé, XI), fol. 97ᵛᵒ. Analyse.

N° 135.

12 mars 1460 (n. st.).

*Lettres de Milles, évesque de Chartres, données le mercredi
12 mars 1459, concernant la réception en foy octroyée à noble
et puissant seigneur messire Théaude de Chasteaubriant,
seigneur de Longny, pour raison de la terre, chastellenie et
appartenances du dit Longny, tenus en fief de la chastellenie
de Pontgoing.*

B. N. ms. fr. 24125 (G. Lainé, II), fol. 31ᵛᵒ. Analyse.

N° 136.

Chartres ; 25 avril 1470.

*Offres de foy faites par René de Châteaubriand pour la baronnie
de Longny.*

Acte passé par devant Michel Prevost, clerc tabellion à Chartres,
le mercredi 25 avril 1470, après Pasques, par lequel noble homme
René de Chasteaubriant, seigneur de la terre, seigneurie et baronie
de Longny, somme et interpelle le seigneur évesque de Chartres
de le recepvoir en foy et hommage, selon que ses prédécesseurs
ont accoustumé faire, et luy offre payer le rachat de la dite terre
[dû] par la mort et trespassement de feue noble et puissante
dame, dame Françoise Oudart, en son vivant femme et espouse
de noble et puissant seigneur messire Théaulde de Chasteaubriant, ses père et mère, et pour cest effect offre la somme
de 300 l. et offre parfaire le rachapt, selon le dire et estimation
de prudhommes et selon la coustume du Perche, où le dit lieu de
Longny est assis.

B. N. ms. fr. 24125 (G. Lainé, II), fol. 31ᵛᵒ. Analyse.

N° 137.

Pontgouin ; 5 mars 1506 (n. st.).

*Offres de foy faites pour la baronnie de Longny par les héritières
de René de Châteaubriand.*

Offres de fief, faites au lieu seigneurial de Pontgoing, le jeudi

5 mars 1505, par noble et puissant seigneur monsieur messire
Henry de Croy, chevalier, seigneur de Renty, de Chanfroy, de la
Solletière et du Plessis, à cause de dame Charlotte de Chasteaubriant sa femme, fille aisnée et principale héritière de deffunt
messire René de Chasteaubriant, chevalier, seigneur de Longny,
et pour nobles et puissants seigneurs messire Jehan de Chambes,
chevalier, seigneur de Monsoreau, et madame Marie de Chasteaubriant, son espouse, et François, seigneur de la Noe, et
demoiselle [Magdeleine] de Chasteaubriant, sa femme, aussi filles
et héritières d'iceluy défunt, pour raison de la dite terre, baronnie
et chastellenie de Longny.

   B. N. ms. fr. 24125 (G. Lainé, II), fol. 31ᵛᵒ. Analyse.

Nᵒ 138.

Huy ; 1ᵉʳ mars 1520.

*Souffrance accordée par l'évêque de Chartres aux enfants mineurs
du feu duc de Longueville pour l'hommage de la baronnie de
Longny.*

   Copie extraite de la Chambre des comptes de monsieur de
Longueville, contenant les lettres d'Erart de la Marche, évêque
de Chartres et de Liège, étant au lieu de Huy, diocèse du dit
Liège, le 1ᵉʳ mars 1519, contenant comme, de la part des enfans
mineurs de feu haut et puissant prince Loys d'Orléans, en son
vivant duc de Longueville, a esté remontré qu'il leur appartient,
par contrat d'échange, par auparavant pour eux fait et passé avec
messire Philippe de Croy, chevalier, comte de Portien, la terre,
seigneurie et baronnie de Longny au Perche et ses appartenances,
tenue en fief du dit évêque, à cause du chastel de Pontgoing, et,
par icelles lettres, les susdits enfans sont mis en souffrance de
porter la foy jusques à ce qu'ils aient atteint l'âge.

   B. N. ms. fr. 24125 (G. Lainé, II), fol. 31ᵛᵒ. Analyse.

Nᵒ 139.

25 octobre 1525.

*Accord entre le grand vicaire de l'évêque de Chartres et Jean
d'Orléans au sujet des rachats dus pour Longny par ce dernier.*

   Contrat passé, le mardi 25 octobre 1525, entre monsieur Loys

Bouchet, chantre et chanoine de Chartres, grand vicaire de Révérend Père en Dieu Monseigneur Loys Guillard, évêque de
Chartres, d'une part, et maistre Jehan Allego, lieutenant général
au bailliage de..... et maistre François du Chastel, procureur
général au dit bailliage, procureurs de Très Révérend Père en
Dieu, et excellent seigneur monsieur Jehan d'Orléans, archevesque de Toulouze, évesque d'Orléans, seigneur de Boisgency,
d'autre, pour raison des rachats par luy deubs, tant en son nom
que par le trespas de feu monsieur Claude, duc de Longueville,
son nepveu, à cause de la terre et seigneurie de Longny, lesquels,
par le dit contrat, sont estimés à deux cens escus; et oultre est,
par iceluy, porté icelle terre et seigneurie avoir été baillée par le
dit comte de Portien à très haute et excellente princesse Jehanne
duchesse de Longueville, marquise de Rotelin, comtesse de
Dunois, comme ayant le bail, garde noble et gouvernement et
admiministration des corps et biens de très noble et très excellent
prince Claude, duc de Longueville, son fils aisné, et de messieurs
Loys, François et Charlotte d'Orléans, ses autres enfans mineurs
d'ans, à l'encontre des terres et seigneuries de Huraye et autres
terres assises en Hénault.

B. N. ms. fr. 24125 (G. Lainé, II), fol. 31ᵛᵒ. Analyse.

Nᵒ 140.

*Sentence relative au droit pour l'évêque de Chartres de nommer
un tabellion à Longny.*

Sentence des Requestes du Palais, le 9 juin 1540, entre le
seigneur évesque de Chartres, d'une part, et le duc de Guise, per
de France, père de dame Marie de Lorraine, veuve de feu Loys
d'Orléans, duc de Longueville, ayant la garde noble de François
d'Orléans, duc de Longueville, son fils mineur, d'autre, par
laquelle apert icelle dame, estant convolée en secondes nopces
avec le roy d'Escosse, le dit sieur de Guise aurait été garde noble
d'iceluy sieur de Longueville; et est dit que le dit seigneur
évesque est maintenu et gardé en la possession, à cause de sa
seigneurie de Pontgoing de mettre, au lieu de Longny, un
tabellion, qui y poura commettre en son lieu, qui pourraient
passer tous contrats au dit lieu de Longny, entre les personnes
dont ils seront requis et y pourront les passer et expédier
concurremment avec le tabellion comme député par le seigneur.

B. N. ms. fr. 24125 (G. Lainé, II), fol. 31ᵛᵒ. Analyse.

N° 141.

Pontgouin; 12 décembre 1551.

Souffrance accordée par l'évêque de Chartres aux enfants mineurs du feu marquis de Rothelin pour l'hommage de la baronnie de Longny.

Acte passé par devant François Olivyer, tabellion notaire à Pontgoing, le jeudi 12 novembre 1551, par lequel messire Loys Guillard, évêque de Chartres, donne souffrance à haute et puissante dame et princesse madame Jacqueline de Rohan, marquise douairière de Rotelin, princesse de Chatenoy, dame de Monstreau, Noyelle-sur-la-Mer et de Blaudy, au nom et comme mère et tutrice de haut et puissant prince messire Léonor d'Orléans, duc de Longueville, et Françoise d'Orléans, enfans mineurs de haut et puissant prince messire François d'Orléans, en son vivant marquis de Rotelin et d'elle, touchant la foy qu'ils luy étaient tenus faire à cause de la seigneurie de Longny, tenue en fief du dit Pontgoing, scavoir à cause du..... et..... quatriesmes portions en icelle appartenans du dit défunt seigneur marquis de Rotelin, moyennant le prix et somme de six cens escus payés pour le droit de rachapt.

B. N. ms. fr. 24125 (G. Lainé, II), fol. 31ᵛ°. Analyse.

CHARTES

RELATIVES A LA CHATELLENIE DE MARCHAINVILLE

N° 142.

Vers 1075 (1).

Don par Foucher, chanoine de Chartres, à l'abbaye de Sᵗ-Evroul, d'une église et d'autres immeubles sis à Moulicent, à Marchainville et à la Landelle et relevant de l'évêché de Chartres.

Ego Fulcherius, Gerardi filius, Beate Marie Carnotensis ecclesie

_____

(1) Cette date, qui est celle où siégea Robert II, évêque de Chartres, est attribuée à cette charte par M. Duval dans son inventaire des Archives de l'Orne.

indignus qualiscumque canonicus, multotiens mecum cogitans de
statu mee aliorumque mortalium conditionis, omnia ferme que
sub sole sunt, sicut aït Salomon, subjacere vanitati comperi, nec
aliquid esse in terris quod beare, post erumpnas hujus vite,
homines possit, nisi aliquid, dum vixerint, pro se bene fecerint.
Hujus rei consideratione commotus, ac meorum criminum enor-
mitate valde perterritus, quum unusquisque, de his que gessit,
Deo rationem quandoque est redditurus, visum michi est, credo
ex Dei inspiratione, ex his que possideo beato Ebrulfo aliqua, pro
salute mea amicorumque meorum, tradere, unde fratres mei et
amici in ibi degentes quantulamcumque habere possint corporum
sustentationem et memoriam mei aliquotiens exinde libentius
faciant; quum ea que posteris nostris jure hereditario relinquimus,
non solum dico post mortem non prosunt, verum etiam, quia male
ea locavimus, nobis plurimum [non] officiunt. Notum autem sit
sancte Ecclesie omnibus fidelibus, quia ego, libens atque spontaneus, meo saluti in futuro previdens, beato Ebrulfo et sibi
servientibus ista omnia, licet minima sint, jure perpetuo trado que
hic enumerare curabo, videlicet: ecclesiam de Monleiscent et
medietatem decime illius ville, cimiterium, atque acras terre
tres pone cimiterium, necnon monasterii archagium, quantum
Gozcelinus tenuit, decimamque molendini mei; et si ibi mercatum
facio, decimam eis similiter inde annuo. Monachus vero, qui in
Monleiscent habitabit, nunquam molturam de annona sua dabit;
quod si ipse vult molere ad suum molendinum, faciat; si non
placet, ad meum molat, molturamque suam habeat. In Marchesvilla quoque quicquid ibi habeo: terram, monasterium, molendinum, do eis in perpetuum. In villa que dicitur la Landella do
nichilominus terram unius aratri et monasterium. Nemoris mei
similiter decimam do, videlicet de pasnagio, de apibus, de bestiis
salvaticis que ibi capientur; porci quoque monachorum nullatenus
pasnagium in meo nemore dabunt, nec quicquam operis vel
servitii, sive expeditionis, michi neque posteris meis ullo tempore
reddent; et si de meis hominibus beato Ebrulfo dare vel vendere
aliquis aliquid voluerit, omnibus omnimodo do licentiam, quatinus
hoc absque timore mei facere prevaleant. Has ergo qualescunque
donationes, quas ego omnipotenti Deo, qui michi esse contulit, et
beato Ebrulfo, egregio confessori, spontaneus offero, si quis
vecors aut invidus, vi vel clam, quandoque minuere, seu temerare
vel auferre, ausus fuerit, perpetuo multatus anathemate, in regione
viventium non videat bona Domini, nisi dignissima satisfactione
poenitens ipse resipuerit. Hanc autem parvitatis nostre donationem, a me suppliciter rogatus, libenter concessit dominus
Rotbertus, Carnotensis Ecclesie episcopus, in cujus casamento

sunt ea que superius data memorantur. Concesserunt hoc etiam fratres mei, ejusdem Ecclesie canonici, et uxor mea Alpes atque filii mei.

Arch. de l'Orne ; H 702. Original.

Cette pièce ne porte aucune trace de sceau ni de signature : au bas sont tracées 12 S barrées placées sur 4 rangs perpendiculaires et destinées certainement par le scribe à être suivies de signatures.

N° 143.

Notification par Geoffroy, comte du Perche, du don à lui fait de la terre de Marchainville par les moines de St-Evroul en échange de l'église de Maisonmaugis et de divers autres droits et avantages stipulés en faveur des dits moines.

Thomas, comes Pertici, omnibus ad quos presens scriptum pervenerit, salutem. Noverit universitas vestra me vidisse et audisse cartam illustris viri Gaufridi, comitis Pertici, patris mei, reverendissimis amicis suis et meis, abbati et monachis Sancti Ebrulfi, in hec verba :

Gaufridus, comes Pertici, omnibus ad quos presentes littere pervenerint, salutem in Domino ; noverit universitas vestra quod, reverendissimi domini et amici mei, Abbas et monachi Sancti Ebrulphi donaverint mihi et heredibus meis villam de Marchevilla, cum omnibus perninentiis suis, excepta ecclesia ejusdem ville cum omnibus pertinentiis suis, pro meo servitio et pro annuo reditu cerei quatuor librarum cere ad festum sancti Ebrulphi, quam ceram habebunt annuatim, in vigilia Nativitatis Domini, in prepositura mea de Maisonmaugis vel de Marchevilla. Ego vero, pro salute anime mee et omnium antecessorum meorum, donavi eis et concessi ecclesiam beati Nicolai de Maisonmaugis, cum omnibus decimis et omnium terrarum que modo culte sunt et que culte erunt in futuro de omnibus amplificationibus de Regnaou, et cum omnibus domibus et vinea et hortis et pratis et terris et aliis perninentiis suis, et masura que fuit Guillelmi de Labriosa juxta ecclesiam, et tota medietaria de Cavarua cum plessieio et domibus et omnibus aliis rebus que me vel antecessores meos aliquando ibi contingere potuerunt, cum parvo colle nemoris qui est super medietariam illam, a via guacelli de Folheto usque ad

(1) Nous apprenons par la charte n° 144 que l'abbé de St-Evroul, qui fit l'échange dont il s'agit ici, se nommait Renaut, or cet abbé ne siégea qu'à partir de 1194 (Orne Pittoresque, par M. de la Sicotière, p. 92), et le comte Geoffroy V mourut le 5 avril 1202.

ipsum guacellum et usque ad viam de Usser, cum toto bosco
quod ibi est et cum tota terra ipsius et tota terra nemoris a via de
Fuller usque ad domum Moinet, si ad agriculturam redigere
poterunt, habendam et tenendam per unum monachum, vel per
duos si voluerint, et per unum presbiterum, in perpetuam, liberam
et quietam elemosinam. Monachis, atque qui apud Maisonmaugis
residebunt, donavi unum hospitem : Guillelmum scilicet Seraram,
cum toto tenamento suo, quod tunc de me tenebat, liberum et
quietum per totam terram meam ab omni consuétudine et taliis
et auxiliis et placitis et aliis quibuslibet rebus ad me et heredes
meos pertinentibus; et, in tota foresta mea de Regnao et in
omnibus nemoribus et forestis, que mihi apud Marchevillam
dederunt, et in calumnis apud Marchevillam et apud Maisonmaugis
et apud Cavam Ruam, calfagium et herbagium suum, liberum et
quietum, ad placitum suum, sine liberatione forestriorium et
quitantiam pastiagii et herbagii in predictis nemoribus et forestis
ad omnia animalia sua et medietarii sui de Cavarua. Retinuerunt
etiam apud Marchevillam unum hospitem, ita liberum sicut prius
habebant et sicut ille est quem eis donavi apud Maisonmaugis et
unam plateam et locum competentem ad faciendam unam grangiam vel duas, ad reponendam decimam suam, in capite ville
versus portam de Loigné. Concessi et eisdem monachis perpetuam
licentiam piscandi, cum quibuscumque instrumentis voluerint de
filo, de lignis vel de junchis, ex utraque parte aquarum de Hiegna
et Comelcha, quantum durat parrochia de Maisonmaugis. Concessi
etiam omnibus hominibus suis tales consuetudines, in toto bosco
de Regnao, quales ibi habent censivi mei. Ego vero et heredes
mei predictam ecclesiam Sancti Nicolai cum omnibus pertinentiis
suis superscriptis, ipsis, sacramento corporaliter prestito, tenemur
contra omnes homines deffendere et garantisare, et si ipsi aliquid
ex his omnibus suprascriptis, nobis requisitis, per defectum nostrum, perdiderint, nos in integrum revocare vel alibi in corbonis
œquivalens beneficium ipsis tenebimur assignare, vel villam de
Marchevilla sine contradictione reddere; et ut ipsi eandem
ecclesiam cum omnibus pertinentiis suis integre, libere et quiete
in perpetuum teneant et possideant et ut de donatione, quam
mihi fecerunt de Marchevilla, nullam in posterum maledictam
molestiam patientur, ipsis super sacrosancta juravi quod perqui-
rerem cartas regum Francorum et Anglie et archiepiscoporum
Rothomagensis et Senonensis et episcoporum Carnotensis et
Sagiensis et abbatis et conventus Blesensis et prioris et conventus
de Nogento de quitantia omnium rerum quas in ecclesia et in tota
parrochia de Maisonmaugis clamabant, exceptis decem solidis
quos in ea habent monachi Blesenses et decimis terrarum et

vinearum ex antiquis cultarum, de quibus ecclesia Sancti Nicolai habet nonam partem. Preterea, post decessum meum, quicumque fuerunt heredes vel successores, comites Pertici, in Marchevilla, ad submonitionem abbatis et monachorum, tenebuntur ad capitulum Sancti Ebrulphi venire et jurare quod apud Marche- villam nullam decimam vel ecclesiam dabunt nisi monachis Sancti Ebrulphi. Quod ut certum et stabile semper permaneat et ne heredes mei rei hujus ignorent veritatem, et anime sue dispen- dium incurrent et Dei odium et maledictionem meam sentiant, ipsis hoc firmiter litteras meas patentes indulsi, testibus his: Stephano fratre meo, Guillelmo de Lourei, Guillelmo de Illiers qui hec omnia supradicta concessit quantum ad se pertinebat, Renato Pesad, Girardo Clerico, Arturo de Doit, G. Fresnel, Johannes de Rothom[ago] et aliis multis.

Quod ego T[homas], comes, proprio prosequens beneficio, super scripta omnia, que in hac presenti carta continentur, concessi monasterio Sancti Ebrulphi, in puram, liberam et quietam eleemosinam ; et ut hec mea concessio et firmatio valeat in perpetuum et maneat inconcussa, ipsam, presenti carta et sigilli munimine, roboravi monasterio Sancti Ebrulphi contra omnem calumniam valituram. Actum anno gratie M CC XVI, mense aprilis.

Arch. de l'Orne, H. 702. Copie en papier faite d'après « un livre en parchemin relié, couvert de noir, appelé cartulaire, fol. 22 », par Jean le Couturier, tabellion royal en la vicomté d'Orbec, le 12 fév. 1666.

Arch. de l'Orne, H. 702. Copie en papier faite d'après « un antien livre en parchemin en letre gotique, nommé le grand cartulere de l'abéie de St-Evroul, fol. 22 », par Jehan Souchey, tabellion en la vicomté d'Orbec.

N° 144.

Entre 1194 et le 5 avril 1202.

Notification par l'évêque de Chartres, 1° de l'inféodation faite par l'abbé de St-Evroul à Geoffroy V, comte du Perche, à charge d'une rente de 4 livres de cire, de ce que cette abbaye possédait à Marchainville ; 2° de la foi jurée par le comte aux moines de St-Evroul pour le fief susdit ; 3° de la permission accordée aux moines par le dit évêque de ne faire desservir la paroisse de Marchainville que par un seul prêtre.

Reginaldus, Dei gratia Carnotensis episcopus, omnibus ad quos presentes littere pervenerint, salutem in Domino. Noverit univer- sitas vestra quod Rayginaldus, abbas, totusque conventus Sancti Ebrulphi, cum assensu nostro et capituli nostri, donaverunt et concesserunt Gauffrido, comiti Pertici et heredibus ejus quidquid

habebant in Marchevilla et pertinentiis suis tam in dominio quam
in feodo, tenendum de ipsis pro annuo redditu quatuor librarum
cere percipiendarum, in vigilia Natalis Domini, in prepositura
ejusdem ville vel de Maisonmaugis. Retinuerunt tamen dicti abbas
et monachi eclesiam de Marchevilla et presbiterum, ad eorum
presentationem, a nobis et successoribus nostris in ea instituen-
dum et unum burgensem prope ecclesiam liberum et quietum ab
omni angaria comitis Pertici et baillivorum suorum et unam
plateam competentem ad faciendam grangiam unam vel duas, ad
decimam monachorum et presbyteri simul colligendam et
dividendam, scilicet versus portam de Loigni; retinuerunt etiam
hebergagium et calfagium suum apud Marchevillam et apud
Maisonmaugis et quittantiam pasnagii et herbagii, ad omnia
animalia sua, in omnibus nomoribus quæ in eadem villa habebant
et habent. Idem dedit eis dictus comes, in perpetuum, in toto
bosco quod Calumnia dicitur et totam decimam omnium essar-
torum que fient apud Marchevillam in confinio ipsius. Idem vero
comes pro tenemento ipso sepe fatis monachis, in capitulo suo,
fecit juramentum fidelitatis et omnes successores et heredes ad
submonitionem ipsorum abbatis et conventus ad capitulum Sancti
Ebrulphi tenebuntur venire et ibidem fidelitatem eis facere et
jurare. Talis etiam conventio, coram nobis, facta fuit, inter eos,
quod nec ipse comes, nec heredes ejus, alicui, nisi solis ipsis,
decimam aliquam vel elcemosinam poterunt in Marchevilla dare;
et quia dicta ecclesia minus sufficiens erat ad sustentandos duos
monachos et unum presbyterum, concessimus eis ut per unum
presbyterum tantum ipsam ecclesiam regant, absolventes eos a
residentia monachorum et ab omni angaria et exactione procura-
tionum, tam de nobis quam de archidiaconis et decanis nostris,
in eadem villa, Roberto de Blenio, tunc temporis ejusdem loci
archidiacono, hoc ipsum concedente et coram nobis assensum
prœbente, maxime cum jam super hoc, per diffinitivam senten-
tiam, fuissent absoluti a domino Walterio, Rothomagensi
archiepiscopo, ipsi et jam dicto archidiacono, ad hoc a domino
nostro Papa judice delegato, sicut nobis ex ipsius authentico et
viva voce memorati archidiaconi innotuit. Et ne hujus rei veritas
ignoretur, sigilli nostri numimine duximus roborandum.

*Archives de l'Orne, H 702. Expédition en papier délivrée, le
8 juin 1674, par M^e De Blois, notaire à Paris, d'après l'original en
parchemin du vidimus donné, le 20 décembre 1455, à Jean de Livarot,
prêtre, prieur du prieuré de Maisonmaugis, par l'official de Séez, séant
en sa Cour, en présence d'Elley, notaire, et de vénérables personnes
maistres Jean Boucher, Guillaume de St-Ouen, Jean Taillart et Jean
Paigné, avocats en la dite Cour.*

N° 145.

Notification par Etienne de Sancerre, seigneur de Châtillon-sur-Loire, de l'hommage rendu par lui, pour sa terre de Marchainville à l'évêque de Chartres.

Acte intitulé : Jehan Grenet, licentié ès loix, lieutenant général de noble homme et sage Hue de Prez, écuier, bailly de Chartres, commissaire de par le roy en ceste partie, datté du 24 avril 1428, auquel sont insérées les lettres qui ensuivent :

Stephanus de Sacro-Cœsare, dominus Castelli, omnibus presentes litteras inspecturis salutem. Noverit universitas vestra quod nos fecimus homagium ligium, salvis et..... talibus aliorum dominorum, reverendo patri Galtero, Dei gratiâ episcopo Carnotensi, de villa Marchesivilla cum pertinentiis suis, exceptis nemoribus illis que fuerunt escanbita a domino Roberto de Vadis, facta primo eidem episcopo sufficienti satisfactione de rescapto suo. In cujus rei testimonium, presentes litteras sigilli nostri fecimus appositione muniri. Actum Carnoti, in festo Nativitatis beati Johannis Baptistœ, anno Domini millesimo ducentesimo vigesimo nono.

B. N. ms. fr. 24125 (G. Lainé, II), fol. 31, Copie.

N° 146.

Charte-notice de la composition de la terre de Marchainville, tenue en fief de l'évêque de Chartres par Gilles de Melun.

Hic est feodus quem dominus G[ilo] de Meleduno tenet a nobis episcopo Carnotensi apud Marchevillam :

Primo castrum de Marchevilla cum pertinentiis suis ;

Item, duas partes duorum molendinorum valentes 236 libras per annum ;

Item, quator stagna, scilicet : stagnum de la Lice, stagnum de Ruméan, stagnum de Bel l'Oel et stagnum des Forges ;

(1) Simon Ier de Melun, maréchal de France et seigneur de Marchainville, père de Gilles dont il s'agit ici, avait été tué à la bataille de Courtray le 11 juillet 1302 (Moreri, t. X, suppl., p. 51) et nous savons, par la charte publiée ci-dessous, que Gilles était mort avant le 16 juin 1312.

Item, feodum domini Guillelmi Crespin ;
—   Barbou ;
—   de Coirfain quem Stephe Jarry tenet ;
—   de la Queyriele quem Agnes tenet ;
—   Ingles [ou Juglès] ;
—   Pelliparii quem Beaubegneoist tenet ;
Medietarias de la Bourderie, de la Boulaye, de la Noblerie, de la Guarderie, de Mureau et de la Henostdière ;
Feodum domini Petri Ballu ;
Feodum de la Motte, qui abonatur ad L solidos cum calcaribus deauratis ;
Trecenta arpenta nemorum vel circa sine usagiis ;
Medietatem justitiœ ad omnia ista pertinentis ;
Census qui valent 27 lib. vel circa ;
Duœ modiœ ad inadjutorium et prata de la Lice et de la Fontaine.

B. N. ms. fr. 24125 (G. Lainé, II), fol. 95. Copie.

Id. Collection Duchesne, vol. 20, fol. 223. Copie. Ce texte, moins complet que celui du ms. fr. 24125, contient cependant les additions et variantes que voici : au lieu de « *236* libras » (4ᵉ ligne), il porte : « *circa 36* libras » ; — après : « quatuor stagna » (5ᵉ ligne), il contient ces mots : « *quœ valent per annum circa centum libras* » ; au lieu de « L *solidos* » (16ᵉ ligne), il porte : « L *francos* ».

N° 147.

Berchères-l'Evêque ; 16 juin 1312.

Notification par l'évêque de Chartres de l'hommage à lui prêté et du rachat payé, pour la terre de Marchainville, par Jean de Courtenai, comme baillistre des enfans de feu Gilles de Melun.

Anno Domini M CCC XII, die Veneris post festum beati Barnabe, apostoli, apud Bercheras, in logiis juxta capellam, Johannes de Courtanayo, armiger, filius domini Johannis de Courtanayo, intravit homagium nostrum de terra de Marchevilla, quœ ad eum pervenit ex causa balli liberorum defuncti Gilonis de Melendino, militis, et rachetavit, presentibus domino Johanne de Courtenayo, patre suo, Roberto et Guillelmo, canonicis Remencis ecclesie, fratribus dicti armigeri, magistris Gaufrido de Jogniaco camerario nostro, R. de Briera officiali nostro, G. de Ordon canonico Carnotensi et pluribus aliis.

B. N. ms. fr. 24125 (G. Lainé, II), fol. 95ᵛᵒ. Copie.

Id. Collection Duchesne, vol. 20, fol. 223. Copie. Le texte de ce ms. est identique au premier, sauf qu'au lieu de : « R. de Briera », il y a : « R. de *Brocia* » ; au lieu de : « G. de Ordon », il y a : « *E.* de *Ordone* » ; enfin il y a en marge : « Gilles de Melun, fils aîné de Simon de Melun, màréchal de France, et d'Anne, dame de la Salle ». Au folio 226ᵛᵒ du même manuscrit se trouve la note suivante : « *Dominus Gilo de Meleduno, miles, dominus de Marchevilla et de Lupa, pro rebus quas tenet apud Marchevillam et Lupam, et post mortem dicti Gilonis dominus Joannes de Curteneto, miles, ratione liberorum dicti Gilonis et uxoris suœ, rachetavit de XL libris.* »

N° 148.

23 octobre 1316.

Aveu de Marchainville et de la Loupe rendu à l'évêque de Chartres par Jean de Beaumont.

Item, Johannes de Bellomonte fecit nobis homagium, secundum quod desiderat feodus quem ipse tenet a nobis, quem ipse nobis et per fidem obligavit pro redemptione ejusdem, si repertum fuerit quod ipse de eo ad redemptionem teneatur :

C'est le fié lequel Jehan de Biaumont, escuier, avoue à tenir de l'évesque de Chartres à Marcheville ou Perche et à la Loupe :

Premièrement, le chastel, o les fossés ;

Item, le vergier dou bout dou pont, vaut VIII livres ou environ de rente ;

Item, arpent et demi de bois en la vigne ;

Item, les cens, les rentes de la ville et de la paroisse vallent pour sa portion XXVI l. ou environ et les ventes apartenans as dis cas ;

Item, les deux pars des moulins, valent XXVI l. ou environ par an ;

Item, l'estanc de Belloel et l'estanc de la Lice, l'estanc de Rumaien, l'estanc des Forges lequel ne vaut pas, ou point, où il est plus de XX l. de rente et des autres trois je croi que cest cas qui ne seront prisiés, fors tant come le plaçage vaudra de rente, lequel plaçage vaut environ X sols ;

Item, CCC LXIIII arpens de bois ès Chalanges et CC arpens du Cage ou environ ;

Item, la métaierie de la Boulaie VII l. ou environ ;

Item, la métaierie de la Hunoudière VI l. ;

Item, la métairie de la Noblerie VII l. ;

Item, la métairie de la Guiardière VII l. X s. ;

Item, la métairie de Rumaien, LX l. et X s. ;

Item, la métairie de la Borderie L l. ;

Item, V settiers de terre ou environ et une noe valent XXVI l. de rente par an ;

Item, le pré de la Lice, la noe au Prevost, les noes de la Leviandière, valent LX l. de rente ou environ ;

Item, le pré de la Fontaine au Noble vaut douze l. de rente ;

Item, la valée que Le Mialte tient, vaut XVI sols de rente ;

Item, III muis, IIII setiers, VII boisseaux d'avenages ;

Et vavasseurs, c'est assavoir : monseigneur Jehan Crespin, la dame de Quinqunnes de ce qu'elle a à **Marcheville** et à la Lope, Jehan Balu, le seigneur de la Mote et ses boursiers, le flé de Quequeue, le flé d'Escorphain, le flé aus Péletiers, le flé Juglet, le flé au Monniers frères et le flé de la Cortellerie ;

Item, à la Loupe, la tierce partie du chastel et le jarding et les plesses ;

Item, la prevosté en la manière qu'elle a esté baillié accoustumément : c'est assaveoir, le marché et les coustumes, les rentes, les cens et les ventes ;

Les terres, les profis et les émoluments des choses dessus dites valent toutes les choses, LXII l. par an de rente ;

Item, CCCC et quinze arpens de bois ou environ et I vavassor, c'est assaveoir : Jehan Lessart.

Et toutes ces choses dessus dites, tant à Marchevillle ou Perche. come à la Loupe, je tiens à une foy et à un homage o toute justice, haute et basse, dou devant dit monseigneur l'évesque et se plus en saviez par devers nous, plus avoueroi à tenir de vous. En tesmoing des choses dessus dites et chascune d'icelles, je Jehan de Beaumont dessusdit, ay mis en costes lettres mon propre scel douquel je use, à la fin que ce soit ferme et estable. Donné l'an de grace mil CCC et XVI, le samedy après la seint Luc, évangéliste.

Bibliothèque de la ville de Chartres; ms. 1137. (Livre rouge de l'évêché], fol. 96.

N° 149.

16 août 1357.

Le 16 aoust 1357, à Montrion, messire Symon de Melun, sire de Murcheville et de la Louppe, a fait foy et hommage lige à Monseigneur et lui a été enjoinct, pour cause de sa terre de Morcheville et de la Louppe, [de bailler son aveu].

B. N. ms. fr. 24125 (G. Lainé, II], fol. 63ᵛᵒ. *Analyse.*

B. N. ms. Coll. Duchesne, vol. 20, fol. 227. Mention du même hommage.

N° 150.

10 juin 1360.

Mention de l'hommage rendu pour Marchainville à l'évêque de Chartres par Alice de Melun, veuve de Simon de Coutes.

Madame Aliz de Meleun, femme de feu messire Symon de Coutes, dame de Marchesville ou Perche, fist foy et hommage à monseigneur Symon, évesque de Chartres, pour cause de la dite terre de Marcheville, tel comme la nature du fief la requiert, et lui a été enjoinct qu'elle baille son adveu; présens : messire G. de Coutes, Jehan de Coutes, écuier en l'hostel de monseigneur de Chartres, l'an 1360, le 10 juin; — et doibt pour le rachat 200 escus, desquels Jehan de Coutes, écuier, est tenu rendre 100 dedans dimanche prochain, et des autres 100 payer de la St Jehan prochain en un an, et la dite dame à ce se doibt obliger par lettres de la Cour.

B. N. ms. fr. 24125 (G. Lainé, II), fol. 68ᵛᵒ. Analyse.

N° 151.

Marchainville; 20 mars 1369.

Aveu rendu pour Marchainville à l'évêque de Chartres par Geoffroy de Husson, à cause d'Alice de Melun, sa femme.

Aveu rendu à Marcheville, le 20 mars 1369, par Geoffroy de Husson, écuier, seigneur de Marcheville, à cause de madame Alix de Melun, sa femme, pour raison du chastel du lieu de Marcheville, 26 livres de cens, la mestairie de Ruméan avec plusieurs autres cens, mestairies, bois et étangs, et mesme plusieurs vassaux, entre lesquels sont : messire Guillaume Crespin, chevalier ; messire Bouchart de Vendosme, tuteur des enfans de feu messire Yvon Cholet, jadis chevalier ; messire Pierre de la Lande ; messire Jehan de Beauvillier, sire de la Motte ; avec tous droits de haute, moyenne et basse justice ; tenus du seigneur évesque de Chartres.

B. N. ms. fr. 24134 (G. Lainé, XI), fol. 90 Analyse.

N° 152.

Chartres ; 22 janvier 1375 (n. st.) (1).

Hommage rendu pour Marchainville à l'évêque de Chartres par Geoffroy de Husson.

Die lunœ, 22 januarii, Carnoti, in aula episcopali, Gaufridus de

---

(1) Nous mettons sans hésitation cette date quoiqu'elle ne soit pas indiquée dans le ms., car, d'une part, Moreri (t. X, additions, p. 51) nous apprend qu'Alice de Melun se remaria en 1374 à Geoffroi de Husson, et, d'autre part, le 22 janvier qui tombe un lundi en 1375 ne s'y retrouve pas avant l'année 1386.

Husson, armiger, dominus de Marchevilla in Pertico, fecit homagium ligium bis et per duas vices, capitio amoto et manibus .... suis junctis, pro terra sua de Marchevilla cum pertinentiis, ad quod idem dominus episcopus, per pacis osculum bis factum, admisit (1).

B N. ms. fr. 24125 (G. Lainé, II), fol. 68ʳᵒ. Copie.

N° 153.

Pontgouin; 12 août 1390.

Hommages rendus à Jean de Montagu, évêque de Chartres, en 1390 : — le 12 août à Pontgoing, Olivyer de Husson, fils et procureur de dame Alix de Melun, dame de Marcheville, fina à monseigneur pour le rachat de la dite terre de Marcheville et ses appartenances et composa amiablement à la somme de 120 l. et, par ce moyen, monseigneur le mist en souffrance jusques à son bon plaisir.

B. N. ms. fr. 24125 (G. Lainé, II), fol. 16ʳᵒ. Copie.

N° 154.

16 avril 1395 (n. st.).

Aveu rendu à l'évêque de Chartres par Alice de Melun dame de Marchainville.

Aveu rendu, le 16 avril après Pasques 1395, par noble dame Alixz de Melun, dame de Marcheville au Perche, pour raison du chastel de Marcheville, avec les jardins, prés, mestairies, garennes, 572 arpens de bois, 26 l. 6 s. 3 d. de cens et rentes, trois estangs et plusieurs vassaux, entre lesquels sont : messire Pierre de la Lande, chevalier, les hoirs feu messire Guillaume Crespin, jadis chevalier, les hoirs feu messire Yves Cholet, chevalier, messire Jehan le Vicomte, chevalier, avec l'estang de

---

(1) Au folio 66 du même ms. se trouve la mention suivante : « Anno 1375, Gaufridus de Husson, dominus de Marchevilla, fecit et prestitit homagium simplex, prout natura feodi postulat », mais il est évident que cet hommage simple était relatif non à Marchainville mais à une autre terre, car celui indiqué ci-dessus aurait été indiqué comme fait en 1374 d'après l'ancien style chronologique, puis nous avons vu que dès 1229 le seigneur de Marchainville était tenu à l'hommage *lige* envers son suzerain.

Ruméan et tous droits de noblesse, justice, ressort et souveraineté comme à seigneur chastelain et haut justicier doit appartenir.

B. N. ms. fr. 24125 (G. Lainé, II), fol. 20ro. Analyse.

N° 155.

3 juin 1564.

Aveu de Marcheville, baillé, le 3 juin 1564, pour dame Jacqueline de Rouversaille, femme en premières noces de feu messire Loys de Pereaux (Préaux), tant en son nom que pour Henry et Jacques de Pereaux ses enfans.

B. N. ms. fr. 24134 (G. Lainé, XI), fol. 78ro. Analyse.

Voyez, sur Marchainville, les deux chartes publiées plus haut, pages 6 et 7, sous les nos 2 et 4.

CHARTES

RELATIVES A LA PROVINCE DU THIMERAIS (1)

N° 1.

[Vers 1132.]

*Confirmation par Hugues, seigneur de Châteauneuf en Thimerais,
des donations qu'il avait faites à différentes époques à l'abbaye
de Bellomer.*

Ea quœ ab aliis bene geruntur, sœpe contingit ut male et
dampnabiliter ab aliis depraventur, cui malo quia rerum ignorata
certitudo plurimum suffragatur, ego Hugo de Castronovo, nolens
hec contingere, de his, que ecclesie Sanctæ Mariæ de Fonteebraudi
et de Bellomero' pro salute anime mee contuli, beneficiis sciri
volo et certum haberi omnibus qui cartam istam legerint fidelibus,
que et quando et ubi, prefate ecclesie contuli, vel confirmari
donaria.

Primo igitur, ea die qua primum altare in supranominato loco,
Bellomero scilicet, a venerabili Gaufredo Carnotensi episcopo
consecratum est, donavi predicte ecclesie Sancte Marie de Fonte-
Ebraudi et de Bellomaro in eleemosinam medietatem molendinorum meorum, quos habebam in castro quod *Senonches*

(1) Nous n'avions pas osé, dans le chapitre que nous avons consacré à
la baronnie de Châteauneuf en Thimerais, employer en en parlant l'expression de *province* que nous ne lui avions vue appliquée dans aucun
texte ancien ; mais, depuis, nous avons vu diverses mentions anciennes de
la « *province de Châteauneuf en Thimerais* » qui correspondaient au territoire de la Coutume du même nom. Cela confirme ce que nous avons dit,
pages 125 et 126, à savoir que : avant 1789, on désignait en France par le
terme de *province* l'ensemble des paroisses régies par une même Coutume,
en un mot que *les Provinces étaient, sous l'Ancien Régime, avant tout
des divisions législatives.*

On trouvera peut-être peu logique de voir ces pièces relatives au Thimerais publiées dans le « cartulaire de la province du Perche », mais
elles figurent ici comme pièces justificatives de notre étude sur la Géographie du Perche et contribuent à prouver ce qui y est avancé : que le Thimerais ne faisait pas partie du comté, ni même de la province du Perche,
mais se trouvait seulement en partie situé dans la même région physique.

appellatur, adeo integre et libere ut, si in eodem loco amplius edificati fuerint molendini, etiam in ipsis tantumdem, hoc est medietatem per omnia, eœdem sanctimoniales semper habeant. Hoc donum meum concesserunt uxor mea Amberida et filii mei Hugo, Gervasius et Galerannus et frater meus Robertus. Hanc autem donationem meam audierunt et viderunt qui ad consecrationem altaris convenerant : Stephanus Parisiensis episcopus, Johannes Sagiensis episcopus et Hugo abbas Poliniacensis, et Udo abbas S. Petri Carnotensis et Willelmus abbas Sancti Martini Trecensis; aderat presens etiam Petronilla abbatissa Fontis Ebraudi, et Hugo de Deserto, Hugo quoque de Lingis, prepositus Sancte Marie, et alius Hugo, ejusdem ecclesie prepositus, et Salomon Trecensis.

Sed et quando Mabilia, soror mea, sanctimonie habitum in prefato loco sumpsit, duos molendinos meos de Senonchiis, quos priùs dimidios dederam, eidem loco integros dedi et solam in faciendis, si qui forte fuerint, retinens medietatem. Factum est hoc apud Ferrariam de Valle Germundi, presente Petronilla abbatissa, Matilde priorissa, Hugone de Deserto, Willelmo presbitero; presente etiam et concedente Amberida uxore mea; et erant mecum de militibus meis : Radulfus de Foro, Fulco de Vadis, Gilo filius Nivardi de Minancourt, Girardus filius Guimonis, Gauterius Malor, Hubertus de Seram, Ascelinus de Moscleyo, Tetboudus de Ferreria, Willelmus de Mereyo, Willelmus de Roseyo.

Sed et quando filius meus ab osse piscis, quod gutturi ejus periculossime inhœserat, Deo miserante, liberatus est et sanatus, concedente uxore mea Amberida, donavi prœfate ecclesie Sancte Marie de Bellomero piscaturam in stagno meo de Senonchiis, quotiescumque voluerint ejusdem ecclesie santœmoniales. Audierunt hoc et viderunt Hubertus de Seran, Willelmus Dulcinus, et alii plures.

Sciri etiam volo quod ego et Mabilia mater mea mecum donavimus ecclesie Sancte Marie de Fonte Ebraudi et de Bellomero, tres solidos per singulas hebdomadas de teloneo Castrinovi in perpetuum libere habendos; sed et in castro Bruerolensi quinque solidos de pedagio per singulas hebdomadas eidem monasterio contribuimus perpetuo libere possidendos; unam quoque carrucatam terre apud Ferrariam de Valle Germondi et unum molendinum cum stagno ejusdem ville et cum uno arpento terre supra molendinum sito.

Postea quam de vinculis regis Anglorum exivi, predicto monasterio in gratiarum actionem donavi similiter in bosco meo, qui dicitur Carteis........; unam carrucatam terre contuli ecclesie prefate, in loco qui dicitur ad Capellas sitam, et ipsam ab omni servitio vel reditu seculari omnino liberam et quietam.

Hec itaque omnia, que singulatim sunt comprehensa, prefate ecclesie de Fonte Ebraudi et de Bellomero diversis temporibus et diversis in locis a me et a matre mea Mabilia donata, ab uxore mea Amberida et a filiis meis Hugone, Gervasio et Galeranno concessa, in Curia mea apud Castrum Novum relegi feci, audientibus cunctis qui aderant baronibus meis, et distincte recenseri. Atque idcirco eorum donationem repetens et confirmans, cartam istam ut rata et illibata permaneat, sigillo meo muniri et corroborari præcepi; signo etiam Crucis propria manu eam insignivi et hoc ipsum a matre mea Mabilia et ab uxore mea Ambereida et a filiis meis Hugone, Gervasio et Galeranno fieri feci. Audierunt hec et viderunt omnes qui in Curia mea presentes aderant, in domo Ramberti Coleti, quorum nomina infra sunt annotata: Hubertus de Berseriis, Paganus de Richeburgo, Radulfus de Mirehem, Andreas Collet, Clerembaudus et Bartolomeus frater ejus, Hugo filius Hemmerici, Hubertus Mordant, Paganus de Bois, Paganus de Faveriis, Haimericus filius Moreherii, Milo de Lerry, Herbertus de Menonvilliers, Girardus Capellanus, sanctimonialium : Rogerius clericus, Gaufridus de Salec.

Signum Hugonis de Castronovo.

Signum Alberedee uxoris Hugonis.

Signum Hugonis filii Hugonis.

Signum Mabilie de Castronovo.

Arch. d'Eure-et-Loir, fonds de Belhomer. Original.

B. N. ms. collection Baluze, vol. 38, fol. 231. Copie.

N° 2.

Paris; juillet 1286.

Vente de la ville et du comté de Chartres faite au roi par Jeanne de Châtillon comtesse de Chartres et de Blois, veuve de Pierre de France, comte du Perche et d'Alençon, pour trois mille livres tournois de rente et quittance d'une somme de 5.000 livres, à la réserve de ses fiefs sis en Dunois et des acquisitions faites par son père à Champrond.

Nos Johanna, Alençonii et Blesensis comitissa, notum facimus universis, tam presentibus quam futuris, quod nos, utilitate nostra et totius terre nostre pensata, excellentissimo principi domino nostro carissimo, Dei gracia Francorum regi illustri, tradidimus, cessimus et deliberavimus civitatem nostram Carnotensem, cum toto comitatu ejusdem et pertinentiis eorum in domaniis, feodis, rebus et juribus aliis quibuscumque et totum hoc quod habebamus apud Bonam-Vallem et in ejus territorio, prout predicta onerata sunt feodis, donis, elemosinis, largitionibus et concessionibus quibuscumque, a nobis et nostris predecessoribus hactenus ibidem factis, tenenda et possidenda perpetuo per se et suis heredibus et successoribus et causam ad eo vel ab eis habentibus et in posterum habituris, pro tribus milibus libris Turonensium annui redditus, (quas dictus dominus rex nobis et nostris heredibus et successoribus assedit et assignavit percipendas et habendas singulis annis, scilicet : mille libras Turonensium in festo Omnium-Sanctorum et mille libras in festo Candelose et alias mille libras in festo Ascentionis Domini, Parisius apud Templum), et pro quinque milibus libris Turonensium, quas nobis remisit et quictavit de debito in quo sibi tenebamur antea ; quasquidem tres mille libratas Turonenses annui redditus supradicti nos et nostri predicti a dicto domino rege et suis predictis, tenebimus in feodum cum aliis que ab eo tenemus, transferentes in eumdem dominum regem et suos predictos pocessionem, proprietatem et dominium omnium predictorum et quicquid juris quoquomodo habebamus, vel habere poteramus et debebamus, in eis, retentis tamen, nobis et nostris predictis, his que, ex conquestu felicis recordacionis comitis Johannis, genitoris nostri carissimi quondam, habemus [apud] Campum-Rotundum, que nobis et nostris predictis remanent, cum dominio et tota justicia eorumdem, nec non feodis que habemus in Dunesio, quacumque parte inter feoda Carnotensia se protendant, hoc salvo quod, si aliqua de feodis nostris hujus modi inter feoda Carnotensia vel Bone-Vallis inclinata sint, illa prosequi, justiciare et explectare libere poterimus, sicut ante, et similiter dictus dominus rex versa vice illa feoda sua terre Carnotensis et Bone-Vallis, que inter feoda nostra de Dunesio sint inclinata, prosequi, justiciare et explectare libere poterit, sicut sua. Hec autem predicta adimplere et garantire dicto domino regi et suis predictis, pro nobis et nostris predictis, promittimus bona fide nec nos contra venire, per nos vel alios, in futurum, obligantes, idem domino Regi suisque dictis, pro observatione omnium predictorum, nos, heredes et successores nostros, et omnia bona nostra mobilia et immobilia, presentia et futura, ubicumque sint, specialiter et expresse. In omnis rei testimonium, et ut perpetue stabilitatis robur obtineat, presentibus litteris nostrum fecimus apponi sigillum. Actum Parisius, anno Domini millesimo ducentesimo octogesimo sexto, mense julio.

B. N. ms. fr. 18957. Copie du XVIᵉ siècle.

Nous ferons remarquer que la présente charte prouve que le comté de

Chartres ne fut vendu au roi et réuni à la Couronne qu'en 1286 et non en 1234, comme il est dit par certains historiens qui confondent la vente du comté avec la vente de la suzeraineté du comté (chose fort différente) qui avait eu lieu en effet en 1234 et dont nous avons publié l'acte dans les chartes du comté du Perche, n° 31 ci-dessus. Philippe le Bel donna, en 1293, le comté de Chartres à son frère Charles, déjà comte du Perche, qui le laissa à son fils Louis, après la mort duquel Chartres revint à la Couronne, à laquelle il resta réuni pendant plus de 200 ans.

N° 3.

Juin 1310.

Acte par lequel Enguerrand de Marigny, chevalier, chambellan du roi, et Havis de Mons, sa femme, cèdent et transportent à Charles, comte de Valois, frère du roi, et Mahaut de St-Pol, sa femme, leur terre de Champront, qu'ils avaient acquise de Gaucher de Châtillon, comte de Portien, connétable de France, et reçoivent en contre-échange dudit comte de Valois les terres de Gaillefontaine, Rosoy et St-Ouen que le dit comte de Valois avait eues du roi pour l'assiette de 2,000 l. de rente à lui octroyées par le dit seigneur roi à raison de son mariage avec la dite Mahaut.

Arch. nat., J 774, n° 6. Copie collationnée dont nous ne donnons ici que l'analyse.

N° 4.

Juin 1315.

Lettres du mois de juin 1315, par lesquelles le roy donne à Charles, comte de Valois, et Mahaut de Saint-Paul, sa femme, les terres de Gaillefontaine, Saint-Ouen et Rosay (à luy avenues par la confiscation de Enguerran de Marigny qui les avoit eues par échange du comte de Valois), à l'encontre de la terre de Champrond-au-Perche.

Invent. des titres de la maison de Bourbon, liasse XXIII, fol. 134.
Publié par Duchesne, Hist. de la maison de Chastillon-sur-Marne, preuves, p. 165.

N° 5.

Amiens; août 1334.

Assignation par le roi en faveur de son frère Charles de 4,500 l. de rente (formant la moitié de la succession de leur frère Louis)

sur ses revenus de Verneuil-au-Perche, Châteauneuf-en-Thi-
merais, Senonches et Champrond.

Philippes, par la grâce de Dieu roy de France, savoir faisons à tous présens et advenir que, de 9,000 livres tournois de rente par an qui furent assignez en certains lieux par nostre très-cher seigneur et père (que Dieu absoille !) ou temps qu'il vivoit, pour cause de partaige, à nostre très cher et amé frère, jadis, feu Loys de Valloys (dont Dieu ait l'âme !), Nous la moictié de la dicte rente, c'est assavoir 4,500 livres tournois de rente perpétuelle, avons baillé et baillons à nostre très cher frère et féal Charles, comte d'Alençon, pour luy et pour les siens à tousjours, pour le droit de porcion qu'il povoit et devoit, peult et doit appartenir à nostre dict frère le conte d'Alençon, de la succession ou de par-taige de nostre dict frère Loys de 9,000 livres tournois dessus dits, à asseoir par nous, et prandre et parcevoir par chacun an perpé-tuellement du dit nostre frère, conte d'Alençon, et des siens, sur noz rentes, revenuz et émolumens de Vernoil ou Perche et Chastelneuf en Timeroys, Senonches et Champront, avec toute justice haulte, moyenne et basse et ne seront nulz comptés, en l'assiete de la vallue de la dite terre, chasteaulx et forteresses, ne maisons, mais seront baillez à nostre dict frère sans pris, et si la dicte assiete ne se povoit parfère sur les émolumens et rentes cy dessus divisées, Nous voullons qu'elle soit parfaicte sur noz émolumens et rentes, au plus près des lieux dessus dicts, au moins dommaigeusement pour Nous et plus prouffitablement pour nostre dict frère, conte d'Alençon, qui pourra estre fait bonne-ment, avec toutes justices haulte, moyenne et basse, et sans priser chasteaulx ne forteresses ne maisons, comme dessus est dict, et comme nostre très chère et amée dame Mahault de Sainct-Pol contesse de Valloys ou en ...... de nostre dict très-cher seigneur et père, preigne pour cause de son douaire 4,000 livres tournois, par chacun an, sur les dicts 9,000 livres tournois de rente, Nous, pour la bonne affection que nous avons et devons avoir à nostre dict frère, le conte d'Alençon, voullons et luy octroyons, de grace espécial et de certaine science, que les dicts 4,500 livres de rente, à value de rente, il, luy sien, la dicte assiette faicte, prengne et parçoyve entièrement et nous chargeons et promectons faire satisfacion chacun an à notre dite dame, tant comme elle vivra, de 2,000 livres tournois, desquelles notre dit frère [jouira], pour cause de la moictié des dits 9,000 livres tour-nois de rente dessus déclarées. Et pour ce que ce soit ferme et estable à tousjours, nous avons fait mectre nostre seel en ces présentes lettres. Donné à Amyens, l'an de grâce mil troys cens trente quatre, ou moys d'aost.

Ainsi signé : CAROLLUS; et au bout sur le reply : cancellées et registrées laquelle lettre est cottée au doz XXIX (1).

B. N. ms. fr. 18957. Copie du XVIe siècle.

B. N. ms. 24132 (G. Lainé, IX), p. 433. Analyse.

N° 6.

28 août 1370.

Contrat de vente fait par messire Jean de Ponteaudemer, chevalier, à monsieur Pierre, comte d'Alençon, pour luy et ses hoirs de tout le droit qu'il pouvait avoir au chastel, ville et chastellenie de Chasteauneuf en Thimerais, en l'évesché de Chartres, par l'eschange et transport fait au dit vendeur par Robert de Ponteaudemer, son fils ainé, du droit qu'il avait en la dite terre, à cause de feue dame Philippe de Dreux, femme du dit messire Jehan et mère du dit Robert, pour le pris de 1140 francs d'or ; le dit contrat passé par devant Foucault et Aubin, notaires au Chastellet, le mercredi 28 août 1370.

B. N. ms. fr 24134 (G. Lainé, XI), fol. 70. Analyse.

L'art de vérifier les dates qui mentionne cette vente (XIII, p. 160), la dit faite le *20 septembre* 1370 par Jean de Pont-Audemer et Philippette de Dreux, sa femme.

N° 7.

Septembre 1517.

Inféodation par le comte Charles IV en faveur de René des Ligneris.

Charles, duc d'Alençon, comte du Perche, etc., cède, délaisse et inféode et donne en seigneurie et propriété utile, en les érigeant en fief, à René des Ligneris, son premier écuier d'écurie, seigneur de Morensays, bailly de Chasteauneuf-en-Thimerais, 433 arpents de terre et bois, en une pièce vulgairement appelée la Coulice de Beauvois, laquelle dorénavant sera appelée *la seigneurie des Ligneris*, située à une des extrémités de la forêt de Champront, joignant le chemin tendant de Champrond à Friaize, etc., à charge de relever à foi et hommage de la chas-

---

(1) Nous avons publié ci-dessus, dans les chartes relatives au comté du Perche, p. 83, le don par le roi à son frère de Verneuil, Châteauneuf en Thimerais, Senonches et Champrond, et non plus seulement comme ici d'une rente à percevoir sur ces terres.

tellenie de Champront et d'être justiciable en toute justice à la
vicomté de Chateauneuf et par appel au bailly de Chateauneuf et
en suzeraineté aux Grands-Jours du dit lieu.

Arch. nat. P 293³, cote 200. Original, seulement analysé ici
B. N. ms. fr. 24132 (G. Laîné, IX), p. 442. Analyse.

N° 8.

Fontainebleau ; **22** février **1564** n. st.

Cession par le roi à Ludovic de Gonzage prince de Mantoue,
héritier du dernier duc d'Alençon, des châtellenies de Senonches
et Brezolles dont la mouvance est distraite de la baronnie
de Châteauneuf et attachée à la Couronne.

A tous ceulx..... S. Petit, ... garde de la Prévosté de Moret
et P. Bulteau, garde du scel..... Savoir faisons que, par devant
Gilles Langloix, notaire royal, et Estienne Sermante, tabellion
royal au lieu de Fontainebleau, soubz le seel estably et ordonné
aux contractz de la prévosté et chastellenie du dict Moret [sic].
Comme après le décès et trespas de feu Charles, dernier duc
d'Alençon, décédé sans hoirs procréez de son corps, défunct de
très heureuse mémoire le roy Françoys (que Dieu absolve !) eust,
par le premier huissier de la Court du Parlement, faict saisir et
mectre en sa main plusieurs terres et seigneuries que tenoit et
possédoit en son vivant le dit feu duc d'Alençon, assavoir : le
duché d'Alençon, que le dict seigneur roy disoit estre composé de
plnsieurs chastellenies, vicontez et seigneuries particulières
comme d'Alençon, Essay, Moulins, Bonsmolins, Sᵗᵉ-Escolace,
Glapyon, Argentan, Exmes, Cany, Canyer et Conches, Touy,
Limou, Sᵗ-Loyer, Saugy, Mongny et le Goullet, Verneil, Donfranc
em Passais, Sᵗ-Silvain, le Thuil, Montreil, Seès, Verneil et Alençon
en Contentin ; le comté du Perche que le dict feu seigneur roy
disoit et prétendoit estre composé des chastellenies de Mortaignes,
Bellaimes, Mames, Mammores et la Perrière ; la baronnie de
Chasteauneuf-en-Thimerays, appelée les Terres Françoises, que
pareillement il disoit estre composée des chastellenies de Chasteauneuf, Senonches, Chramprond et Brezolles, avec les appartenances du dict duché, comté et baronnie, boys, forestz, domaine,
seigneuries et autres droictz, desquelz jouissoit le dict feu seigneur
duc lors de son dict trespas et décès, selon qu'il est plus amplement porté par l'exploit de saisie qui dès lors en fut faicte,
prétendant le dict feu seigneur roy François que les dicts
duché et comté du Perche avoient esté anciennement baillez par

appanage de la maison de France et à ce tiltre tenuz et occupez
tant par le dict feu duc Charles, dernier décédé que par ses
prédécesseurs, conséquemment à loy de réversion à la Couronne,
à faulte de masles d'icelle maison, et supposé que l'on eust voulu
prétendre que les dictes duché et comté avoient esté grandement
acreues et augmentées de plusieurs terres et seigneuries acquises
par les dicts duc et conte, depuis la concession du dict premier
prétendu appanage, montans les dicts accroissemens et augmen-
tations à grande valeur et revenu, toutesfois maintenoit le dict
feu seigneur roy que les dictes terres et seigneuries, se aucunes
avoient esté joinctes et unies au corps des dicts duché et comté
estoient et devoient estre réputez de pareille nature et condition,
attendu mesmement qu'il les prétendoit estre du domaine de la
Maison et Couronne de France et, partant, subjectes à reversion
et réunion à la dicte Couronne et par mesmes raisons prétendoit
le dict feu seigneur roy estre bien fondé en la saisie de la dicte
baronnie de Chasteauneuf-en-Thimerais et Terres-Françoises,
comme estans de l'ancien domaine de la dite Couronne et Maison
de France, subjecte à la dicte réunion, ce que défuncte dame
Anne d'Alençon, lors conjoincte par mariage avec le marquis de
Montferrat, auroit prins pour troubles, pour lequel auroit formé
complaincte à la dicte Court, comme estant sœur du dict défunct
duc d'Alençon dernier décédé, partant capable et habile à luy
succéder aus dictes terres et, conséquemment, par la mort du
dict défunct saisie d'icelles, à tout le moins de la moictié, esquelles
à ce moyen elle auroit requis estre maintenue, quoy que ce soit
l'adjudication luy en estre faicte, prenant en ce regard telles conclusions que audict cas appartenoit, disant et soustenant que les
dictes duché et comté d'Alençon et du Perche ne furent oncques
de l'ancien domaine de la Maison et Couronne de France, comme
aussi ne furent ilz oncques baillées par appanage au dict feu sieur
duc Charles, son frère, ne à ses prédécesseurs ducz d'Alençon ne
à ce tiltre tenuz et occupez par eulx, ains à tiltre de partage
particulier, sans aucune loy ou charge de retour en défault
d'enfans masles ou femelles, et partant subjectz à garentie de
laquelle ledict seigneur roy estoit tenu, et supposé qu'ilz eussent
esté baillez par appanage, que non touttefois n'estoient réversibles
en considération du dict partage ; en tout cas n'estoient comprinses
au dict tiltre d'appanage les acquisitions particulières faictes de
plusieurs terres par les dicts duc et conte, qu'il fauldroit en tous cas
distraire de la dicte saisie, comme non subjectes à la dicte loy de
retour en défault de masles, quelque union qu'on eust voulu
prétendre avoir esté faicte d'icelles terres acquises au corps des
dicts duché et conté pour la commodité, aisance, proffit et utilité

des dicts ducs et contes et non pour autre considération, et lesquelles ne se trouveroient estre domaniales non plus que la dicte baronnie de Chasteauneuf et Terres-Françoises quoy que soit telles que le dict seigneur roy les peult réunir à son domaine au préjudice des héritiers et successeurs du dict feu duc Charles d'Alençon, et autres plusieurs raisons de part et d'autre auroient esté déduictes tendant à leurs fins, sur quoy furent les parties oyes, appoinctées à bailler par escript leurs demandes, défenses, réplicques et duplicques, ce qu'elles auroient faict; et, depuis l'advènement à la Couronne de défunct de très heureuse mémoire le roy Henry IIe (que Dieu absolve!), auroient les dictes parties respeotivement produict et mis le procès en estat de juger, laquelle désirant mectre quelque fin au dict procès, intenté dès l'an 1524 ou 25, par transaction ou amyable composition ou par jugement contradictoire, auroit par plusieurs foys faict supplier le dict défunct roy Henry de vouloir commander la vuydange et expédition du dict procès par ouverture de justice, si myeulx ne luy plaisoit entrer en voie d'accord et amyable composition, telle que par advis des princes de son Sang, seigneurs estans de son Conseil et autres ses principaulx officiers il trouveroit estre raisonnable, laquelle voye seroit trop plus séante à sa grandeur et majesté et du tout conforme à son intention qui estoit de ne point plaider, à quoy inclinant libérallement, le dict défunct roy Henry, tant pour la proximité de lignage dont la dicte défuncte luy attenoit, que pour les services qu'elle et ses prédécesseurs avoient faictz à la Couronne de France et qu'il espéroit estre continuez par Monseigneur le prince de Mantoue, son fllz, estant en sa Court et près de sa personne, aussi que pour considération de la longueur et conséquence du dict procès et du doubteux évènement d'icelluy et néantmoins voulant tesmoigner par effect quelle dévotion il avoit en la protection et défense des droictz de sa Couronne, selon qu'il avoit promis et juré faire à son dict advènement à icelluy, auroit mandé à aucuns ses présidens et advocatz et procureur général en la dicte Court de diligemment veoir et discuter les droictz des dictes parties, pour luy en donner advis, suivant lequel commandement ilz se seroient plusieurs foys assemblez et depuis faict entendre, tant par escript que de vive voix, au roy et aux princes et seigneurs de son Conseil estans lez luy ce qu'ilz en auroient recuilly, sur quoy il auroit pleu à Sa Majesté, par l'advis et conseil [sic], faire dresser par escript quelzques offres qui auroient esté comuniquées à la dicte défuncte marquise ou ses procureur et conseil, sur lesquelles il auroit depuis faict quelzques remonstrances, ausquelles depuis auroit esté satisfaict par autres déclarations faictes et baillées par escript de la part du roy, après lesquelz discours traictez et pourparlez, finablement auroit le dict défunct seigneur roy, par l'advis et conseil susdicts, prins résolution de faire et passer avec la dicte dame certaine transaction et appoinctement, lesquelz n'auroient esté passez ne rédigez en forme publicque, tant par le moien des guerres qui ont eu cours en ce royaume que au moien du décès d'icelluy défunct roy; et, depuis, estant le feu roy François IIᵉ de ce nom (que Dieu absolve!) venu à la Couronne, auroit esté requis, de la part de la dicte dame défuncte, de vouloir continuer en la mesme volonté de composer des différendz susdicts, à laquelle le dict feu roy Henry son père estoit décédé, ce que le dict feu roy Françoys, conseillé et advisé pour les mesmes raisons et considérations que dessus, auroit, par le mesme advis et délibération des princes et seigneurs de son Conseil, ensemble de ses principaulx officiers susdicts, accordé, consenty et commandé les accordz et compositions susdictes, faictes et arrestées du temps des dicts feuz roys Henri et François, sortir leurs effectz et estre mis en forme et rédigez en forme publicque, ce que toutesfois n'auroit peu estre faict, exécuté, ne accomply, pour la mort inopinément advenue en sa personne, au moien de quoy, estant le roy Charles à présent règnant venu à la Couronne, auroit de rechef esté requis et son Conseil, de la part de la dicte dame défuncte, de continuer en la mesme volunté que ses prédécesseurs roys Henry et Françoys père et frère, à quoy pour les mesmes considérations que dessus, par mesme advis des princes de son Sang, seigneurs de son Conseil et de ses principaulx officiers, ils auroient libérallement incliné et commandé que les dicts traictez et accordz, faictz et progectez et consentiz du vivant du dict feu seigneur roy Henry et continuez par le dict feu seigneur roy Françoys ses père et frère, fussent mis en forme publicque et autenticque, ce que n'auroit peu estre faict pour la mort inopinément advenue en ce temps de la dicte dame marquise, au grand regret du dict seigneur roy, il auroit depuis le dict décès esté requis par messire Ludovic de Gonsagues, prince de Mantoue, filz de dame Marguerite Palléologue, duchesse de Mantoue et marquise de Montferrat, fille et héritière unicque d'icelle défuncte dame Anne d'Alençon, marquise du dict Montferrat, estant à la Court et près de la personne du dict seigneur roy, ayant le droict de la dicte défuncte dame Anne d'Alençon par partage et donation à luy faicte par icelle dame duchesse sa mère, de commander comme devant que la dicte transaction passée comme dict est, conclue et arrestée du vivant des dicts feuz seigneurs roys de France et de la dicte feue dame (que Dieu absolve!) estre rédigée en bonne forme publicque et autenticque, pour la seureté des dictes deux Maisons, à ce que tel œuvre si bien commancé eust toute sa perfection et accomplissement sans plus y retourner ; à quoy, par les mesmes advis que dessus, il se seroit libérallement condescendu et incliné.

Pour ce est il que, ce jourd'huy, comparant personnellement très hault et très excellant prince nostre souverain seigneur, Charles, par la grace de Dieu roy de France, 9e de ce nom, d'une part, et le dict messire Ludovic de Gonzagues, prince de Mantoue, ayant droict en ceste part comme dict est, lesquelz ont passé les dicts traictez accordz et conventions en la forme qui s'ensuyt : c'est assavoir que le roy, pour tout droit successif que autres quelzconques que eust peu appartenir à la dicte dame Anne d'Alençon à cause du dict Charles son frère, ou autrement en quelque manière que ce soit, ès dictes duché, comté, baronnie, chastellenie et autres terres cy dessus spéciffiées et déclairées qui seroient faictes et demourées contencieuses entre les dictes parties au dict procès de complaincte et autres procès et poursuittes cy dessus mentionnées, a icelluy seigneur baillé, ceddé, quicté, transporté et délaissé au dict seigneur Ludovic, en la qualité et nom que dessus à ce présent et acceptant, et promect garentir de tous troubles et empeschemens : les villes, bourgs et chastellenies de Senonches et Brezolles en Thimerays, ainsi qu'elles se poursuivent et comportent tant en chasteaulx, forteresses, maisons, manoirs, fours, moulins, hostelz, édifices, prez, boys, forestz, garennes, pasturages, rivières, estangs, pescheries, vassaulx, fiefz, arrière-fiefz, justices, jurisdictions, haulte, moienne et basse qui sera administrée par les officiers du dit seigneur, prince de Mantoue, patronnages, collations des bénéfices et offices, usaiges, franchises et libertez, avec toutes et chacunes ses appartenances et dépendances, avec leurs droictz, noms, raisons et actions à cause des dictes terres et y appartenans et tout ainsi que le dict seigneur roy en a jouy et jouist de présent, sans que noz autres juges puissent prétendre aucun droict et jurisdiction ès dictes terres et subjectz d'icelles, du pouvoir desquelz nous le distrayons et avons distraict, fors pour les cas royaulx dont la congnoissance sera et appartiendra au bailly de Chartres ou son lieutenant, sans en riens réserver ne retenir, fors le ressort de la justice (qui ressortira neuement en la Court de Parlement de Paris) que le dict seigneur roy a retenu et retient pour luy et ses successeurs roys de France ; pareillement le dict seigneur roy a remis, quicté et délaissé et, en tant que mestier seroit, cedde, quicte et transporte au dict prince de Mantoue, présent stipulant et acceptant comme dessus, tous et chacuns les fruictz, proffitz, revenuz et

émolumens escheuz et par la dicte feue dame Anne d'Alençon et
autres prins et perceuz jusques au jour et date de ces présentes
de la dicte terre et seigneurie de Cany Canyel, ses appartenances
et dépendances ; pour, des dictes chastellenies de Senonches et
Brezolles jouir par le dict seigneur prince de Mantoue, ses hoirs
masles et femelles procrééz de leurs corps qui ysseront et descendront de ses enfans en loyal mariage à tousjours perpétuellement et
autres leurs successeurs quelzconques et ayans droict et cause à
l'advenir et en disposer comme de leur propre chose, patrimoine
et héritage et moiennant les dicts délaissemens, quictemens,
cessions et transportz, faictz par le roy nostre dict seigneur au
dict seigneur prince de Mantoue, s'est désisté et départy purement
et simplement et à tousjours tant des dicts procès de complaincte
que autre poursuitte dessus dicte et aussi de tout autre droict et
action par la dicte feue dame Anne d'Alençon formée et intentée,
ou qu'elle eust peu former et intenter ou faire, tant pour la possession, fondz, treffondz, domaine, propriété et ypothecque es dictes
choses principalement faictes contencieuses au dict procès que
autrement incidemment controversées en icelluy par forme de
prétendus regrez, restitutions, récompensations, recours, ypo-
thecques et autres droictz quelzconques à cause du dict droict,
succession ou autrement, à quelque droict et occasion que ce
soit ou puisse estre ès choses sus dictes contencieuses ; et oultre
en tant que besoing seroit, le dict seigneur de Mantoue a ceddé,
quicté, transporté et délaissé et promect garentir au roy nostre
souverain seigneur présent et acceptant, pour luy et ses successeurs roys de France, tous et chacuns les droictz de propriété,
noms, raisons et actions, poursuittes et querelles qu'il, au dict
nom et qualité, a et peult avoir et prétendre à quelque cause,
tiltre ou moien que ce soit es dicts duché, comté et baronnie,
chastellenie et généralement à toutes les autres qui sont
demourées contencieuses estans de la succession de feu Charles
de Valloys et Charles d'Alençon dernier décédé (à plain cy dessus
et au dict procès mentionnez et en icelluy, comme dict est, faictes
contencieuses), leurs appartenances et dépendences sans en riens
excepter, dont et desquelles terres et droictz dès à présent le dict
seigneur prince de Mantoue s'est dessaisy et dévestu et par ces
présentes se desmect, dessaisit et dévest pour icelles terres et
droictz susdicts paisiblement, entièrement et perpétuellement
estre, demeurer et appartenir au roy nostre souverain seigneur et
ses successeurs roys de France, sans que doresnavant le dict
seigneur prince de Mantoue puisse prétendre droict, part et
portion ; pareillement, a le dict prince de Mantoue quicté et
quicte le roy nostre souverain seigneur, en tant que à luy est,

de tous fruictz, proffitz, revenuz et émolumens, procédez
des dictes terres depuis le trespas du dict feu Charles, duc d'Alençon, dernier décédé, ensemble de toutes couppes de boys,
dommages et intérestz, arrérages de rentes et restitution des
sommes de deniers employez en acquisitions ès dictes terres
que le dict seigneur prince de Mantoue pourroit prétendre et
quereller et dont le roy nostre dict seigneur, et ceulx qui de luy
ont cause, pourroient estre tenuz et poursuiviz en quelque sorte
et manière ou occasion que ce soit ou puisse estre; et, réciproquement, a le dict seigneur roy quicté et quicte le dict seigneur
prince de tous fruictz, et revenuz, et émolumens, et couppes de
boys que la dicte feue dame ou les siens auroient prins, perceuz
et recuilliz es dictes choses contencieuses depuis le trespas et
procès susdicts jusques à son décès et jusques à huy mesmement
en la totalité de la dicte baronnie de Chasteauneuf et en la dicte
terre et seigneurie de Cany Canyel, ensemble de tous despens,
dommages et intérestz dont la dicte défuncte et le dict seigneur
prince pourroient estre tenuz envers le dict seigneur roy, à raison
et occasion des choses susdites; et, oultre ce, le dict seigneur roy
a remis et quicté et en tant que besoing seroit cèdde et transporte
l'action et querelle de retour et réversion des terres de Prohouet
et Fougières et deniers procédez de la vendition des dictes terres
ou l'une d'icelles, comme réciproquement le dict seigneur prince
a tenu quicte et par ces présentes quicte le roy, en tant que à luy
est, de la réversion et autre droict qu'il pourroit prétendre ou
quereller en la maison et seigneurie de St-Thouyn [sic] près
Paris et autres dont et à raison et occasion des droictz et querelles
susdictes elle eust peu demander réversion, regrez, récompense
ou ypothecque comme dict est et si a accordé entre les dicts
seigneurs roy et prince comparant comme dessus que le dict
seigneur prince jouira des choses à luy présentement délaissées
et cy-dessus mentionnées, prendra et percevra les fruictz, proffitz,
revenuz et émolumens quelsconques, tant ordinaires que extraordinaires, du jour que la présente transaction, accord et composition fut concleud et arresté par le feu roy Henry dernier de
ce nom, qui fut au moys de juillet 1558, et desquelz fruictz,
revenuz et émolumens le dict seigneur roy, en tant que besoing
seroit, luy en a faict don, cession et transport par la teneur de
ces présentes, voulant et consentant que iceulx fruictz et autres
émolumens prins et perceuz des appartenances des dictes terres
luy soient renduz et restituez depuis le 1er jour de juillet jusques à
huy date de ces présentes, fors et excepté les provisions des
offices et collations des bénéfices qui demeurent en leur force et
vertu, et aussi sans préjudice des actions d'icelluy seigneur

prince contre ceulx qui ont prins et perceu les dicts fruictz et
couppe de boys ès terres sus dictes, nonobstant les quictemens
rémissions susdictes respectivement faictes entre les dicts
seigneurs, toutes lesquelles promesses, quictemens, cessions,
transportz, délaissemens et autres choses susdictes le dict seigneur
prince a promis et promect garentir et défendre de tous troubles
et empeschemens quelzconques envers tous ceulx qui voudroient
prétendre le dict droict successif de la dicte maison d'Alençon,
part ou portion d'icelluy, du chef de la dicte feue dame Anne
d'Alençon, marquise, leur compéter ou appartenir à quelque
cause ou occasion que ce soit ou puisse estre, soubz l'obligation
et ypothecque de tous et chacuns ses biens présens et ad venir,
et a esté par exprès convenu et accordé que les dictes terres de
Senonches et Brezolles sont distraictes et séparées de la baronnie
de Chasteauneuf, tant pour le regard de la tenure féodale que
droict de baronnie du dict Chasteauneuf, sans que le dict seigneur
baron de Chasteauneuf y puisse cy après prétendre aucun droict,
ny sur les vassaulx ou arrière vassaulx des dictes terres, et
lesquelles terres ou l'une d'icelles au choix du dict seigneur
prince, seront tenues et mouvantes en plain fief, à une foy et
hommage, de Nous et nostre Couronne, à cause de nostre chastel
du Louvre ; — si comme tout ce les dictes parties recognoissantes
disoient estre vray par devant les dicts notaires et tabellion,
ès mains desquelz ilz et chacun d'eulx respectivement et réciproquement promisrent, en foy et paroles de princes pour ce faict
données corporellement, soubz l'obligation de tous et chacuns
leurs biens mesmes ceulx de leurs hoirs meubles et immeubles
présens et ad venir, qu'ilz et chacun d'eulx respectivement en
submisrent à justicier pour estre contrainctz tenir, entretenir,
garder, garentir et observer de poinct en poinct, sans y jamais
contrevenir en aucune manière que ce soit, sur peine de tous
despens, dommages et interestz..... En tesmoing de ce, nous
garde desus dict, au rapport et seing manuel des dicts notaire et
tabellion qui ont grossoyé et mis en forme ces dictes présentes,
avons icelles scellées du dict seel, qui furent faictes et passées
au dict Fontainebleau, le roy y estant, ès présences de la royne
mère du roy, Messeigneurs les ducz de Montpensier, de la Roche-
sur-Yon et prince Daulphin, Messeigneurs les cardinaulx de
Loraine, Guise et Chastillon, Monsieur le Chancellier, Monsieur
l'évesque d'Orléans, Monsieur de Boisy, Grand Escuyer, Messieurs
les secrétaires des commandemens: Bourdin, d'Alluye, de Fresne,
et plusieurs autres seigneurs du Conseil de la Majesté du roy,
tesmoings; le mardi 22ᵉ jour de février l'an 1563. Ainsi signé:
E. Sermente et G. Langloix, et scellé sur simple queue de cire
rouge. Enregistré, oy sur ce le Procureur Général du roy ce

consentant, à Paris en Parlement, le 19ᵉ jour de janvier, l'an 1565.
Ainsi signé : Dutillet.

[Plus bas :] Collation est faicte à l'original.

[Signé :] DUTILLET [avec paraphe].

*Arch. nat. X¹ᵃ 8626 (Ord. de Ch., IX, BB), fol. 80ᵛᵒ. Transcription
officielle.*

Nº 9.

5 janvier 1607.

*Hommage fait au roy par le duc de Nivernoys pour raison des
baronnies de Chastelneuf en Thimerais, Senonce et Bressolles,
tenues et mouvant de S. M. immédiatement à cause de sa
Couronne et grosse tour du Louvre.*

Arch. nat. PP₂, cote 6197. Analyse.

Nº 10.

Paris ; 15 mars 1654.

*Vente au Châtelet, le 15 mars 1654, par Monseigneur Charles II,
duc de Mantoue, au seigneur comte de Broglio, des terres,
seigneuries et forêt de Senonches et Brezolles en partie, moyennant la somme de 810,000 livres de principal et 10,000 livres
de franc-vin.*

Arch. nat. R⁵ 340, fol. 2.

Nº 11.

30 mars 1654.

*Acte de réception en foy et hommage pour François-Marie
Bloglie, chevalier, seigneur comte de Revel et de Courtandan,
lieutenant-général ès armées du roi, gouverneur de la Bassée,
pour raison de la terre et seigneurie et forests de Senonches et
en partie de celle de Brezolles, mouvantes de la grosse tour du
chasteau du Louvre, à lui appartenantes au moyen de l'acquisition qu'il en a faite du duc de Mantoue.*

*Arch. nat. P 182, cote 262 (ancienne cote 297). Original dont nous
ne donnons ici que l'analyse.*

Nº 11.

Lettre du subdélégué de Verneuil à l'intendant d'Alençon au sujet des terres titrée du Thimerais.

A Verneuil, ce 26 avril 1758.

Monseigneur, j'ai reçu la lettre que vous m'avez fait l'honneur de m'écrire le 24 de ce mois; quoique je ne croye pas qu'il y ait d'autres terres ayans titres de duché, marquisat, comté ou baronnie que la Ferté-Vidame dans ma subdélégation, je ne manquerai cependant pas de faire toutes les recherches imaginables et de vous envoyer un détail circonstancié.... sur ces objets.

La terre de la Ferté était une chastellenie avec haute justice et maîtrise d'eaux et forêts laquelle fut adjugée par décret avec la terre et chastellenie de Beaussart, à Senonches, ayant pareil titre de haute justice et maîtrise à feu messire Claude, duc de Sᵗ-Simon, Pair de France, en 1634.

Ces deux terres et chastellenies ont été, par lettres-patentes de 1734, érigées conjointement en comté, et distraites de la baronnie de Châteauneuf en Thimerais, et la mouvance attachée à la Tour du Louvre, avec attribution d'appel de la haute justice au Parlement, et de la maîtrise à la Table de marbre, en faveur de messire Louis, duc de Sᵗ-Simon, fils de Claude.

Monsieur le comte de Valentinois possède aujourd'hui le comté de la Ferté-Vidame, aux droits de madame la comtesse, son épouse, fille de feu monsieur le duc de Ruffec, fils aîné de monsieur le duc de Sᵗ-Simon, dernier décédé, à qui elle avait été cédée et assurée, par son contrat de mariage avec mademoiselle de Grammont, et à laquelle la jouissance retenue par monsieur le duc de Sᵗ-Simon, après sa mort en 1755, en est revenue, monsieur le duc de Ruffec étant mort avant monsieur son père.

Je suis, etc.　　　　　　　　　　[Signé :] VALLÉE.

Arch. de l'Orne; C 752. Original.

Nº 13.

27 oct. 1759.

Aveu par Antoine-Louis Croizat, baron de Thyers, marquis de Moy, etc., au nom de dame Marie-Louise-Augustine de Laval Montmorency, dame de Chesnebrun le François et le Normand, Beaulieu, Normandel, etc., rendu pour le fief et seigneurie de

Chesnebrun le François relevant de Brezolles, dont était dame Louise-Adélaïde de Bourbon-Conty.

Arch. nat. R⁵ 175, cote 725. Original.

Nᵒ 14.

ETAT DES TERRES TITRÉES QUI SONT DANS LA SUBDÉLÉGATION DE CHATEAUNEUF-EN-THIMERAIS.

La *baronnie du* dit *Châteauneuf.*

Cette terre appartenait en 1588 au roi Henry de Navarre, *ce n'était alors qu'une chastellenie.* Devenu roi de France en 1589, la justice devint royale; *on ne sait point d'autre érection de cette châtellenie en baronnie que le contrat d'engagement de Château-neuf fait le 1ᵉʳ mai 1600 au sieur Hurault par Henry IV, où cette ville est qualifiée de baronnie.*

Elle appartient à messire Jean-Baptiste-François des Marets, maréchal de France, seigneur marquis de Maillebois et autres lieux, comme héritier de messire Nicolas des Marets, ministre et contrôleur général des finances, qui l'avait acquise des héritiers de M. Le Clerc de Lesseville en 1679.

Le *marquisat de Maillebois et Blévy.*

Ce marquisat appartient à M. le maréchal de Maillebois en qualité d'héritier de M. des Marets, qui l'avait acquis des héritiers de M. de Lesseville en 1679.

Ces deux terres de Maillebois et Blévy ont été érigées en un marquisat en 1621, par lettres patentes accordées à Mᵐᵉ de Jamb-ville, enregistrées le 30 août 1625.

M. des Marets a obtenu pareilles lettres en 1706, enregistrées le 2 may 1708.

Arch. de l'Orne, C 752. Note envoyée à l'intendant d'Alençon le 11 mai 1758, par le subdélégué de Châteauneuf.

Nᵒ 15.

11 mai 1775.

[En marge :] Monsieur, frère du roy, suplément d'appanage.

Lettres patentes en forme d'édit, du mois de décembre 1774, qui accordent à Louis-Stanislas-Xavier, fils de France, frère du roy,

*et à ses enfants mâles, à titre de suplément d'appanage le duché
d'Alençon et la forest de Senonches, à l'exception du comté de
Montgommery et du haras d'Exmes. 11 may 1775.*

Arch. nat. PP. 146 bis (Appanages). Analyse.

N° 16.

10 mars 1778.

*Lettres patentes, en forme d'édit, du mois de septembre 1777,
qui autorisent Monsieur, frère du roy, à accenser et inféoder les
terres vaines et vagues de son appanage. 10 mars 1778.*

Arch. nat. PP. 146 bis (Appanages). Analyse.

CHARTES

RELATIVES AUX FIEFS SITUÉS DANS LA RÉGION PHYSIQUE DU PERCHE ET RELEVANT DE L'ÉVÊCHÉ DE CHARTRES

I.

PERCHE-GOUET

N° 1.

Commencement du XIIIᵉ siècle (1).

Estimation des revenus de l'évêché de Chartres dans la terre d'Alluye et liste de ses tenanciers et vassaux dans la même terre.

Feodus Aloye.

Hic est feodum Alloye et valor terre de Alloya : pro pedagio 220 libre (assignati super hoc habent 179 l. 5 s., liberi de Nantolio : 40 l.); stagnum valet 10 l.; prata : 20 l.; transamenta : 15 modia avene, 140 capones, item 140 d., qui estimantur 10 l. annui redditus; garenna 10 l.; festagium 60 l.; brennagium valet 30 s.; 10 arpenta vinee 10 l.; minuti census ville 3 s. 6 d. — Summa : 290 l. 13 s. 6 d.

Braiotum valet : in prepositura 340 l. (assignati habent super

---

(1) Le comte de Nevers mentionné comme ayant fait un don entaché de nullité parce qu'il était postérieur à la mort de la femme du donateur doit être Pierre de France, seigneur de Courtenay, qui fut comte de Nevers du chef de sa femme Agnès, mariée en 1184 et morte en 1192; il dut être ensuite baillistre de sa fille mariée en 1199 à Hervé de Donzy. Guérin Chevreuil, Gervais de Soudai et Guillaume de Feillet nommés ici sont cités comme présents à une charte des Clairets datée de 1218 (voy. le *Cartul. des Clairets*, pub. par le vᵗᵉ de Souancé).

hoc 336 l. 10 s.); festagium valet 23 l.; brennagium valet 10 l.; garenna 100 s.; summa 378 l.

Valor de Froisiaco : totum valet 100 l. t., nemoribus exceptis quos tenet Johannes de Bellomonte, miles, a comite Miduen..... et est de hoc in homagio suo, sed dicunt quidam quod istud donum non valet, quia comes Nivernensis eidem domino Johanni dedit et assignavit post mortem uxoris sue.

Bazochia valet 100 l., nemoribus exceptis.

Valor Montismirabilis : in prepositura 140 l. (assignati super hoc habent 13 l. 13 s. 8 d.); festagium valet 12 l.; brennagium valet : 12 l.; tallia de Melereio 20 l.; prata, vinea, quoddam parvum stagnum : 10 l.; summa 194 l.

Valor Autonii : prepositura valet 100 l. (assignati habent super hoc 11 l. 10 s.); brennagium valet 6 l. tallia 10 l.; summa : 116 l.

Summa valoris totius terre : 1178 l. 13 s. 6 d.

Assignati qui faciunt homagium habent in dictis redditibus 424 l., 15 s., 2 d., et ista summa detrahenda est de valore totius terre et sic remanent, ea detracta, 754 libre.

In tota terra, de feodis episcopi, sunt circa 120 vaassores, computatis assignatis sine ellemosinis, que valent 360 l.

Valor omnium nemorum, in quibus sunt decem milia arpenta, videlicet : in parva foresta septem milia, in magna tria milia; quolibet arpento estimato 3 s , summa 1,500 l. ; et, si fiat estimatio diligenter, rationabiliter quolibet anno potest levari de magna foresta 800 l. et plus et de parvis nemoribus 700 l. — Summa totius terre et nemorum 2,614 l.

Assignati in terra Goeti.

Primo apud Aloyam :

Rotrodus de Monte Forti, miles, C l. debet homagium;
heredes de Bouteinviller 30 l. ..... faciunt homagium;
clerici Carnotenses 10 l. nihil debent;
heredes de Castro 27 l. 15 s.; faciunt homagium;
Sanctus Vincentius de Nemore 10 l. de elemosina;
Nicolaus de Brueria, miles, 30 s.; cum alio feodo;
liberi de Nantolio 15 l. faciunt homagium.

Assignati apud Braiotum :

Dominus Rotrodus de Bellomonte 45 l. facit homagium;
dominus Robertus de Sancto Celerino 80 l. non facit homagium, sed facit homagium dicto Rotrodo;
Guido de Luce, miles, 15 l. non facit homagium sed facit homagium dicto Rotrodo;

Adam de Villaribus miles 50 l. debet homagium ;
dominus Gervasius de Prulai 35 l. debet homagium ;
Rogerius de Forsene 100 s. non facit homagium domino,
sicut alii ;
Sanctus Vincentius de Nemore 16 l. non facit homagium ;
Abbatissa Fontisebraudi 25 l. non facit homagium ;
Sanctus Johannes de Salla 10 l. nihil debet ;
clerici Carnotenses 100 s. nihil debent ;
heredes de Horrevilla 60 s. cum alio feodo ;
boni homines de Auton 100 s. nihil debent ;
leprosi de Braioto 60 s. nihil debent ;
Gaufridus le Peletier 10 l. debet homagium ;
Hubertus Ruffus miles 10 l. cum alio feodo ;
monachi de Braioto 40 l.

Assignati apud Montem Mirabilis :

Abbas de Vado Alneti 7 l. ;
Guillelmus de Sudaio 6 l. cum alio feodo ;
luminario Sancti Nicolai 13 s. 8 d.

Apud Auton assignati :

prior de Auton 10 s. ;
heredes de Lauge 100 s. faciunt homagium ;
boni homines de Auton 60 s. ;
monachi de la Popinière 40 s. ;
leprosi 10 s.

Summa assignatorum 600 l. 8 s. 8 d.

FEODALES DE TERRA GOETI.

primo de Aloya :

Theobaldus de Insula, homo ligius, et debet stagium ;
Renerus de Aloya, ligius et debet stagium ;
Guillelmus Gontart, ligius et stagium debet ;
dominus de Villerbon, ligius et custodiam 2 mensium ;
dominus Rag. Paien, ligius et custodiam 2 mensium ;
dominus de Launoy, ligius et stagium per annum ;
Odinus Mochart, custodiam per mensem ;
Gaufridus Ribaut, per duos menses ;
Johannes de Bosco-Pichart, per mensem ;
dominus Nicholaus de Brueria, ligius et juravit domum suam ;
dominus de Fracta-Valle, ligius ;
dominus Hugo de Remenovilla, ligius ;
Philippus Baudoin, custodiam, per 2 menses ;
Johannes des Touches, per mensem ;

dominus Odo de Arroto, per duos menses;
Gaufridus de Pertuis, per duos menses;
Odo de Bosco Guidonis, per mensem;
Guillelmus de Buton, per 15 dies;
major de Bromevilla, per 2 menses;
dominus de Sacrocesare, ligius;
dominus Guillelmus Crespin, ligius;
dominus Adam Harenc, gardiam per mensem;
Philippus de la Ronce, per 4 menses;
dominus de Vienna, per 2 menses;
dominus de Frovilla, per 2 menses;
Colinus de Bello Monte, per 2 menses;
Raimbaudus des Touches, per mensem;
dominus Philippus de Marvilla, sicut feodus debet;
Gilo de Soli, ligius;
Huetus de Meun, ligius;
Henricus de Rovilleiz, gardiam;
dominus Rogerius de Rupe, per duos menses;
dominus Guillelmus de Pratis, per mensem. — Summa 33.

Feodales ballivie de Braioto :

Dominus de Lessart, gardiam per mensem;
Renaut Sessoz, gardiam per mensem;
dominus Nicholaus de Insula, ligius;
Guillelmus de Monte Raart, gardiam;
Colinus Mauparent, per 2 menses;
feudum Brunel debet stagium;
dominus Nicholaus Mouchet, ligius;
dominus Guillelmus d'Ersantville, ligius;
dominus Odo de Laneré, per duos menses;
dominus Nicholaus de Sodai;
dominus Nicholaus de Morville, per mensem;
dominus Guillelmus Rostial, per mensem;
Philippus de Varennis, per mensem;
feodus de Nemore, stagium;
dominus Guillelmus de Foillet, per 2 menses;
Petrus Lermite, per mensem;
dominus Hubertus Rufus, stagium;
dominus Gasto de Boce, 4 menses;
Barthelotus de la Tosche, stagium;
Galier de Launoi, stagium;
Odo de Corbeville, stagium;
dominus Gaufridus de Brueria, 2 menses;
dominus Gasco de Montedulci, ligius;

dominus Ferricus de Gaseran, 2 menses ;
dominus Jeulanus de Leugis, ligius ;
Dominus Johannes de Marboe, 3 fides, 1 gardiam per 2 menses ;
Thomas Sesselz, per mensem ;
dominus Adam de Vilex, ligius ;
dominus de Bello Monte, sicut antecessores sui fecerunt ;
dominus Rag[inaldus] de Insula, ligius et juravit domum suam ;
dominus Philippus de Alneto, ligius ;
Odo de Tusca, ligius et gardiam ;
Bn. li Forsenez, per 15 dies ;
dominus Philippus de Vova, ligius ;
Guillelmus d'Arrais, ligius et debet gardiam ;
Petrus dou Vergier, ligius ;
feodum de Mondoucet. — Summa 37.

Feodales de Basochia :

Dominus Philippus de la Boce, gardiam per 2 menses ;
Hubertus d'Orrais, stagium ;
Guillelmus de Bleville, per mensem ;
Girardus de la Remena.... per mensem ;
Barre, per mensem ;
Berdin, per mensem ;
dominus Gaufridus d'Arrais, stagium ;
Petrus d'Ortai, stagium ;
Petrus de Bosco, servitium. — Summa 9.

Ballivia Montis Mirabilis. Feodales :

Dominus de Teligne, per 2 menses ;
domina de Auneaus, stagium ;
dominus Guillelmus li Vers, stagium ;
dominus de Sent Oface, stagium ;
dominus Guillelmus Mochet, stagium ;
Johannes de Lamcele, stagium ;
dominus Guillelmus de Burginières, stagium ;
dominus Bartholomeus Forestarius, stagium ;
Johannes de Veranda, stagium ;
Johannes de Mesnillio, stagium ;
dominus de Plessiz Dorin, stagium ;
dominus Matheus de Hayes, stagium ;
Petrus Aliéné, stagium ; de feodo comitis Andegavensis ;
Guillotus Gonas, stagium ;
dominus Baldoynus de Corcelles, per mensem ;
dominus Johannes de Sancto Aniano, ligius ;
Petrus Roille-Vorton, per mensem ;

Johannes Chenet, per 8 dies ;

dominus Mahui de Maregni, per 3 septimanas ;

dominus Garinus Chevrol, per 2 menses ;

idem, per 15 dies, de feodo domini Guillelmi de Sancto Martino ;

dominus Guillelmus Potiers per mensem ;

vicecomes de Braetel, per 2 menses ;

dominus de Soesai, per 2 menses ;

dominus de Ceuton, per mensem ;

dominus Hugo de Sancto Avito, per mensem ;

dominus Hugo de Curia-Grazis, per mensem ;

dominus de Glatigny, garde ;

domina de Dangu, ligia ;

domina de Pigre, ligia et garde ;

dominus Hemericus de Corton, per mensem ;

Guillelmus de Villaines, per mensem ;

dominus Gervasius de Sodai, stagium ;

dominus Nicholaus de Riparia, ligius ;

dominus Pateri de Riveillon, per mensem ;

Hemericus de Monterel, per mensem ;

Philippus de Latay, per mensem ;

major de Cort-Girart, per mensem. — Summa 38.

Summa omnium : 121 feodales.

B. N., ms. lat. 10096 (cart. 43. Livre noir de l'évêché de Chartres),
fol. 52.

Bibl. de la ville de Chartres, ms. 1137 (Livre rouge de l'évêché),
fol. 18ᵛᵒ. Copie.

Bibl. de la ville de Chartres, ms. 1138 (Livre blanc de l'évêché), fol. 19.
Copie.

B. N., ms. fr. 24125 (G. Lainé, II), fol. 42ᵛᵒ. Copie incomplète.

N° 2.

Entre le 22 janvier et le 23 avril 1223 (n. st.) (1).

Confirmation par Agnès de Nevers des lettres patentes accordées
par Guy de Châtillon, son mari, au monastère de Bonneval et
aux hommes de la terre d'Alluye.

Ego Agnes, filia Hervei quondam comitis Nivernensis, notum

---

(1) La date de 1222 (sans indication de style), donnée dans le ms. de la
B. N., doit être modifiée comme nous l'indiquons, car nous voyons, dans
le Trésor de Chronologie de M. le comte de Mas-Latrie, qu'Hervé IV,
baron de Donzy, comte de Nevers et d'Auxerre, mourut le 22 janvier 1223
(n. st.) et l'année 1222 (n. st.) finit le jour de Pâques 23 avril 1223 (n. st.).

facio omnibus presentibus et futuris, quod ego volo, concedo et ratum habeo quicquid dominus ac maritus meus Guido de Castellione, comitis Sancti Pauli primogenitus, concessit et litteris suis patentibus confirmavit Monasterio Bonevallis et hominibus de terra Aloyœ..... de aqua que dicitur Liger.....

B. N. ms. collection Baluze, vol. 38; fol. 6. Copie.

N° 3.

Juillet 1225.

Reconnaissance par Gui de Châtillon, comte de Saint-Pol, et sa femme Agnès de Nevers qu'ils tiennent de l'évêque de Chartres les grand et petit châteaux de Montmirail, toute la forteresse du dit lieu ainsi qu'une autre terre et un autre fief.

Ego Guido de Castellione, comitis Sancti Pauli primogenitus, et ego Agnes uxor ejus, filia Hervei quondam comitis Nivernensis, notum facimus universis presentes litteras inspecturis quod nos tenemus in feodo de karissimo domino et Patre nostro, episcopo Carnotensi, magnum castellum de Monte Mirabili et parvum castellum et omnem fortericiam ejusdem loci, cum alia terra et alio feodo quod de ipso tenemus. In cujus rei testimonium et recognitionem, presentes litteras sigillorum nostrorum munimine fecimus roborari. Actum anno Domini 1225, mense julio.

B. N. ms. lat. 10,096 (Cart. 43; livre noir de l'évêché de Chartres), fol. 17. Copie contemporaine.

Id. ms. lat. 11,062 (Cart. 58; petit livre blanc de l'évêché), fol. 65. Copie contemporaine.

N° 4.

St-Germain-en-Laye; mai 1227.

Nouvel avis donné par la reine de France à la vicomtesse de Châteaudun d'avoir à rendre à l'évêque de Chartres avant la Pentecôte la saisine des fiefs et forteresses qui lui appartiennent, et notamment de Montmirail, sans quoi, suivant le conseil des barons de France, la reine l'y contraindra.

DE FORTERETIA MONTIS MIRABILIS.

Blancha, Dei gratia Francorum regina, dilecte sue vicecomitisse Castriduni, salutem et sinceram dilectionem. Vobis pluries mandavisse recolimus, et etiam viva voce dixisse, ut karissimo amico nostro, episcopo Carnotensi, redderetis feoda sua et ipsum, tam de feodis, tam de forteritiis, saisiretis. Quia quod nondum fecistis, karissimus filius noster rex et nos consilium habuimus cum baronibus Francie ut id fieri faceremus; propter quod vobis mandamus quatinus dictum episcopum infra instantem Penthecosten, tam de feodis suis, quam de forteritiis saisiatis. Alioquin sciatis quod, secundum predictorum baronum Francie consilium, id fieri faceremus. Quid autem super hoc facere volueritis, nobis per vestras litteras rescribatis. Actum apud Sanctum Germanum, anno Domini 1227°, mense maio.

B. N. ms. lat. 10,096 (Cart. 43 ; livre noir de l'évêché de Chartres), fol. 17. Copie contemporaine.

Id., ms. lat. 11,062, fol. 64ᵛᵒ.

N° 5.

St-Germain-en-Laye ; mai 1227.

Avis du roi à la vicomtesse de Châteaudun semblable au précédent.

DE FORTERETIA MONTIS MIRABILIS.

Ludovicus, Dei gratia Francorum rex, dilecte et fideli sue vicecomitisse Castriduni salutem et dilectionem. Vobis pluries recolimus mandavisse ut amico et fideli nostro epicopo Carnotensi redderetis feoda sua et ipsum, tam de feodis quam de forteritiis, saisiretis. Quod quia nondum fecistis, consilium habuimus cum baronibus nostris ut id fieri faceremus. Propter quod vobis mandamus quatinus dictum episcopum, infra instantem Penthecosten, tam de feodis suis quam de forteritiis saisiatis. Alioquin sciatis quod, secundum predictorum baronum nostrorum consilium, id fieri faceremus. Quid autem super hoc facere volueritis, nobis per vestras litteras rescribatis. Actum apud Sanctum Germanum in Laia, anno Domini 1227° mense maio.

B. N. ms. lat. 10,096 (cart. 43; livre noir de l'évêché de Chartres), fol. 17. Copie contemporaine.

Id., ms. lat. 11,062 (Cart. 58; petit livre blanc de l'évêché), fol. 64ᵛᵒ.

N° 6.

Chartres; 5 décembre 1241.

Notification par Hugues de Châtillon, comte de Saint-Pol et de Blois, du nom des cautions garantissant le paiement du rachat

de la terre du fief Gouet dû par son neveu Gaucher de Châtillon
à l'évêque de Chartres et des conditions dans lesquelles le dit
Gaucher viendra prêter foi et hommage à l'évêque.

Universis presentes litteras inspecturis, Hugo de Castellione, comes Sancti Pauli et Blesis, salutem in Domino. Noveritis quod nos, pro karissimo nepote nostro Galchero de Castellione et nomine ipsius, nobiles viros Nicholaum de Brueria, Guarinum Capreoli, Yvonem dominum Curveville, Johannem de Longo Radio, Philippum de Vova, Gaufridum de Buriaco, Gathonem de Remalardo, Bartholomeum Forestarium, Guillelmum de Thoriaco et Petrum de Milliaco, milites, fidejussores dedimus et constituimus quemlibet eorum in solidum et per fidem de solvendis mille libris Turonensium Reverendo Patri Alberico Dei gratiâ episcopo Carnotensi, pro racheto terre feodi Goeti, si in curia dicti episcopi fuerit judicatum quod idem Galcherus de dicta terra dicto episcopo rachetum solvere teneatur. Promittimus etiam quod nos procurabimus quod dictus Galcherus, quamcitius commode poterit equitare, veniet Carnoto facturus dicto episcopo homagium et juramentum in palatio dicti episcopi, sicut facere tenetur vel recogniturus in dicto palatio, coram dicto episcopo et aliis quos ad hoc vocaverit idem episcopus, quod homagium et juramentum predicta tenetur facere in palatio suo Carnotensi, ita quod si dominus episcopus interim homagium et juramentum extra civitatem Carnotensem et palatium dicti episcopi receperit, nullum propter hoc prejudicium dicto episcopo generetur; [si vero dominus episcopus homagii et juramenti recognitionem sibi faciendam elegerit, dictus Galcherus interim non faciet homagium neque juramentum (1)] si vero dominus episcopus homagium et juramentum a dicto Galchero in palatio suo Carnotensi sicut dictum est recipere, magis quam recognitionem predictam, elegerit, dictus Galcherus sicut dictum est hoc faciet, et homagium et juramentum a dicto Galchero facta extra civitatem Carnotensem dicto episcopo pro nullis habebuntur. In cujus rei testimonium, presentes litteras sigilli nostri munimine duximus apponendo roborandas. Datum apud Carnotum anno Domini 1241, mense decembri, die Jovis in vigilia beati Nicholai.

B. N. ms. fr. 24,125 (G. Lainé, II), fol. 44vo. Copie.
B. N. ms. lat. 10,096 (Cart. 43; livre noir de l'évêché de Chartres), ɔl. 13vo. Copie contemporaine.
Id. ms. lat. 11,062 (Cart. 58; petit livre blanc de l'évêché), fol. 24.

(1) Le passage entre crochets ne se trouve pas dans le ms. lat. 10,096.

N° 7.

7 novembre 1252.

Reconnaissance par Eudes de Bourgogne, seigneur de Bourbon, des engagements qu'il a pris par serment, et avec cautions envers l'évêque de Chartres, avant d'être reçu par ce dernier en hommage de la terre du fief Gouet.

Universis presentes litteras inspecturis, ego Odo filius nobilis viri ducis Burgondie, dominus Borbonii, [salutem in Domino Noveritis] quod ego, die Jovis proximi post festum omnium Sanctorum, anno Domini 1252, antequam Reverendus Pater M[atheus] Dei gratia Carnotensis episcopus reciperet in hominem de terra feodi Goeti, moventis dicti domini episcopi, devoluta ad Mathildim uxorem meam et Agnetem sororem dicte uxoris mee, tam ratione successionis clare memorie Yolendis quondam matris dictarum sororum quam ex caduco nobilis viri, Galcheri de Sancto-Paulo, quondam militis, qui dicebatur in transmarinis partibus viam universi carnis introisse, promisi per sacramentum meum prestitum super sacrosanctis coram eodem episcopo, quod si contingeret dictum Galcherum ad partes istas remeare vel constare posset de vita ipsius, quod ego redderem plenarie eidem domino episcopo seu ejus successori, libere et sine contradictione aliqua, castella, forterecias, et totam terram moventia de dicto feodo Goeti et omnes redditus, proventus et exitus quas ego vel quicumque alius nomine meo receperimus, post dictam diem Jovis, de dicta terra de dictis redditibus, proventibus et exitibus, legittimis expensis a me vel mandato meo factis pro dicta terra custodienda; et de omnibus supradictis tenendis et inviolabiliter observandis, ego dedi plegios dicto domino episcopo nobiles viros, scilicet : Johannem de Valery, Adam de Galardone et Johannem de Leugis milites, qui ad requisitionem meam erga dictum episcopum se constituerunt fidejussores, quilibet eorum in solidum. In cujus rei testimonium et munimen, ego dedi dicto domino episcopo presentes litteras, sigillo meo sigillatas.

Datum anno Domini et die supradictis.

B. N. ms. lat. 10,096 (Cart. 43 ; livre noir de l'évêché de Chartres), fol. 18vo. Copie.

Bib. de la ville de Chartres, ms. 1,137 (livre rouge de l'évêché), fol. 27vo. Copie.

B. N. ms. fr. 24,125 (G. Lainé, II). Copie.

Id. ms. lat. 11062 (petit livre blanc de l'évêché), fol. 24. Copie contemporaine.

N° 8.

Paris ; 1er décembre 1266.

Reconnaissance par le roi de France de ce que le fait par l'évêque de Chartres d'avoir reçu à Paris l'hommage de la terre d'Alluye, rendu par Jean Tristan de France à cause de sa femme Yolande, ne porte pas atteinte au droit qu'a le dit évêque de se faire rendre cet hommage à Chartres.

Ludovicus, Dei gratia Francorum rex, universis presentes litteras inspecturis salutem. Noveritis quod cum Johannes (1) filius noster teneretur facere homagium episcopo Carnotensi apud Carnotum in domibus ipsius episcopi, ut dicebat idem episcopus, pro terra de Alluya et aliis terris de quibus Odo comes quondam Nivernensis erat in homagio episcopi Carnotensis, que quidem terre ad ipsum Johannem filium nostrum devenerunt ratione Yolendis filie dicti comitis, uxoris ejusdem Johannis filii nostri, idem episcopus volens nobis et predicto filio nostro facere gratiam hac vice, dictum homagium sibi debitum ad preces nostras a dicto filio nostro Parisius recepit, ita tamen quod per hoc sibi vel ejus successossibus nullum in posterum prejudicium fiat. Dictus vero Johannes filius noster voluit et concessit coram nobis quod, propter homagium factum Parisius et receptum ab ipso episcopo extra Carnotum, nullum ipsi [episcopo], vel ejus successoribus, in dicta receptione homagii prejudicium generetur. In cujus rei testimonium presentibus litteris nostrum fecimus apponi sigillum. Actum Parisius, anno Domini 1266, in crastino beati Andree apostoli.

B. N. ms. lat. 10,096 (Cart. 43 ; livre noir de l'évêché de Chartres), fol. 18. Copie contemporaine.

Bibl. de la ville de Chartres, ms. 1,137 (Livre rouge de l'évêché), p. 47. Copie.

Bibl. de la ville de Chartres, ms. 1,138 (Livre blanc de l'évêché), p. 25. Copie.

B. N. ms. fr. 24,125 (G. Lainé, II), fol. 44vo. Copie du XVIe siècle.

Publié dans le cartulaire de N.-D. de Chartres par MM. E. de Lépinois et Merlet. II, p. 184.

Publié dans les *Mémoires de la Société archéologique d'Eure-et-Loir.* V, p. 81.

(1) Jean Tristan de France mort le 3 août 1270.

N° 9.

Chartres ; 22 août 1272.

*Engagement par Robert de Dampiere, comte de Nevers, de payer
à l'évêque de Chartres mille huit cent livres tournois pour le
rachat de la terre d'Alluye dont il lui a fait hommage.*

Universis presentes litteras inspecturis, Robertus primogenitus
comitis Flandrie, comes Nivernensis, salutem in Domino.
Notum facimus quod nos pro racheto terre Alloye, cum pertinentiis, de qua fecimus homagium Reverendo Patri Petro, Dei
gratia Carnotensi episcopo, debemus dicto Reverendo Patri mille
octingentas libras Turonensium eidem Carnoti solvendas, terminis
inferius nominatis, videlicet : ad instantem Purificationem Beate
Marie Virginis sexcentas libras et in festo Beati Johannis
Baptiste sequenti sexcentas libras et in festo omnium sanctorum
sequenti sexcentas libras. Quas pecunie summas promittimus nos
soluturos dicto domino episcopo, vel ejus mandato, loco et
terminis supradictis ; et, pro eis solvendis, nos successores nostros
et heredes, bona nostra mobilia et immobilia et specialiter dictam
terram quam ab ipso tenemus in feodum et ipsius proventus et
exitus eidem episcopo obligamus, volentes et concedentes quod,
si in toto vel in parte in solutione dicte pecunie defecerimus in
aliquo termino predictorum, quod idem dominus episcopus possit,
sine contradictione aliqua, dictam terram in manu sua capere et
exitus et proventus levare et in solutum percipere, quousque sibi
super dictis summis pecunie fuerit integre satisfactum. Promittimus insuper dare dicto domino episcopo de solvenda pecunia,
ut dictum est superius, fidejussores ydoneos de terra nostra
predicta secundum quod inter nos et ipsum extitit ordinatum.
Promittimus etiam dicto domino episcopo dare litteras karissime
conjugis nostre comitisse Nivernensis, quod ratas habebit obliga-
tiones et promissiones debiti supradicti. In cujus rei testimonium
et munimen presentes litteras dicto domino episcopo dedimus
sigillo nostro sigillatas. Datum Carnoti, anno Domini 1272°, die
lune ante festum Beati Bartholomei apostoli.

*Bibl. de la ville de Chartres, ms. 1,137 (Livre rouge de l'évêché),
fol. 22ᵛᵒ. Copie.*

B. N. ms. fr. 24,125, fol. 44. Copie incomplète.

N° 10.

Après 1272.

Mention des hommages rendus à l'évêque de Chartres pour la terre d'Alluye par Jean-Tristan de France et par Robert de Dampierre, ainsi que du rachat payé par ce dernier.

Tempore episcopi Petri, Johannes filius Ludovici regis Francorum fecit homagium domino episcopo et rachetavit. Eo defuncto, filius comitis Flandrensis duxit ejus uxorem et fecit homagium domino episcopo et rachetavit de 1,800 l. de quibus satisfecit. Item emendavit domino episcopo, presente toto consilio suo et consilio domini episcopi in aula que vocatur..... h..... gentes recusaverunt a parte portas castellorum gentibus domini episcopi.

B. N. ms. lat. 10,096 (Livre noir de l'évêché), fol. 52. Original ou copie contemporaine.

B. N. ms. fr. 24,125 (G. Lainé, II), fol. 83ʳᵒ. Copie incomplète.

N° 11.

Berchères-l'Evêque; 28 et 29 juillet 1280.

Charte notice relatant la saisie des fiefs d'Alluye opérée par ordre de l'évêque de Chartres sur le roi de Sicile pour défaut d'hommage après citation en la Cour du dit évêque.

Cum, anno Domini M° CC° octuagesimo, vocati essent ad diem Dominicam post festum beate Marie Magdalene, omnes feodales homines, vel eorum loca tenentes, Reverendi Patris Dei gratia episcopi Carnotensis, qui eidem et episcopis Carnotensibus in prima receptione sua in civitate Carnotensi debitum .... tenentem impendere ratione feodorum que tenent ab ipso, tenere debent et tenuerunt ab episcopis Carnotensibus qui fuerunt pro tempore et erunt episcopi Carnotenses, et die lune sequenti dictam diem Dominicam in mane, inter alios feodales ipsius episcopi, qui dicta die Dominica venerant ad debita servicia persolvanda et ad faciendum eidem homagia, vocatus fuisset publice in aula episcopi Carnotensis, more solito, excellentissimus vir Karolus, Dei gratia rex Sicilie et Jerosolimi illustris, vel ejus locum tenens, ob eam predictam rationem feodorum de Alloia, que tenet ab episcopo

Carnotensi, presentibus aliis feodalibus qui propter hoc ibidem convenerant convocati, et cum nullus comparuisset ibidem pro eo, dictus reverendus Pater Simon episcopus cepit in manu sua dictum feodum de Alloia, cum omnibus ejus appendiciis, propter defectum hominis et servicii, prout facere ....; tandem die Mercurii sequenti, ad supplicationem venerabilis viri magistri Johannis de Marolio, canonici Sancti Quintini, in uno mand..... procuratoris generalis illustris regis predicti, de assensu et voluntate ejusdem presentis .... coram nobis, apud Bercherias Episcopi, presentibus et venerabilibus viris magistris S. de Montelecherico canonico et officiali Carnotensi, Reginaldo de Plaissiaco et Roberto de Virsiaco, canonico Carnotensi, Hugone de Sancto Desiderio capellano; ..... dictum feodum, cum omnibus et singulis pertinentibus ad dictum feodum, in manu Johannis [le nom de famille est resté en blanc dans le manuscrit] argentarii ipsius domini regis, posuit dictus dominus Reverendus Pater Simon Carnotensis episcopus, nomine suo et successorum suorum episcoporum Carnotensium, omnes fructus, proventus et exitus et obventiones dicti feodi cujuscumque condicionis existant, tali modo et conditione quod si dictus dominus rex infra dictum terminum sancti Andre fecisset erga dictum dominum episcopum quod facere tenetur de feodo supradicto, quod dictum feodum, cum omnibus inde perceptis, penes dictum dominum regem remaneant, alioquin ..... . dictus dominus episcopus de dicto feodo et de omnibus inde levatis et perceptis expletabit, salvis tamen elemosinis, feodis et aliis juribus debitis pro feodo supradicto. Hec autem omnia et singula, qui dicto Johanni sunt commissa, promisit idem Johannes fideliter adimplere, tactis sacrosanctis Evangeliis, coram dicto Domino episcopo et personis predictis et pluribus aliis fide dignis, de assensu et voluntate magistri Johannis procuratoris antedicti.

B. N. ms. 10,096 (Livre noir de l'évêché), fol. 75.

N° 12.

Chartres; 6 août 1285.

Notification par Marguerite, reine de Jérusalem et de Sicile, des noms des arbitres choisis par elle et par l'évêque de Chartres pour la solution du procès pendant entre eux au sujet du rachat de la terrre de Montmirail, Authon, la Bazoche, Brou et Alluye, ainsi que des noms des cautions fournies par elle.

Littere Margarete, regine Jerusalem et Sicilie, date Carnoti, die

lune post festum beati Petri ad Vincula, anno Domini 1285,
quibus legitur ab ipsa ac honorabili patre Symone, Dei gratiâ
episcopo Carnotensi, arbitris constitutis et electis fuisse [sic]
magistrum Johannem d'Aubigny, subdecanum in ecclesia Sancti
Martini Turonensis, camerarium ejusdem episcopi, et magistrum
Reynaldum dictum Meigret, canonicum Cenomanensem, super
lite manente inter eosdem pro rachapto a dicto episcopo pretenso,
contra dictam reginam, ex morte Caroli regis, mariti sui, ratione
terre de Montemirabili, Autonio, Bazochia, Braioto et Alloya, de
quibus, post mortem ipsius regis, in suffrancia posita fuerat a
vicariis ipsius episcopi dum in Romana curia degeret. Et pro
executione supradicti compromissi dat fidejussores : Galcherum
dominum Puisati, Johannem de Vova, et Symonem dictum
Malumvicinum, milites.

B. N. ms. fr. 24,125 (G. Lainé, II), fol. 44ᵛᵒ. Analyse.

N° 12 *bis.*

Le tome XI de G. Lainé (ms. fr. 24,134), fol. 86, contient du même acte
une analyse en français dont voici le texte :

Lettres de Marguerite, reine de Sicile et de Jérusalem, datées
du lundi après la Sᵗ Pierre ès Liens 1285, portant comme, après
le décès de Charles, roy de Jérusalem et de Sicile, son mari, elle
requist Simon, évesque de Chartres, de la recevoir en foy et
hommage touchant sa terre de Montmiral, Auton, la Bazoche,
Brou et Aloye à elle appartenant de la succession de sa mère, et
que le dit seigneur évêque avait refusé, disant qu'elle devait payer
le rachat et pour ce auraient nommé arbitres et la dite reine
aurait baillé caution.

N° 13.

16 mai 1289.

*Mention de l'hommage-lige prêté par Jehan d'Antioche à l'évêque
de Chartres à raison des biens d'Agnès du Plessis, sa femme,
lesquels consistent en une dîme sise à Brou et au terroir du dit
lieu.*

Anno Domini Mᵒ CCᵒ octogesimo nono, die lune ante Ascen-
sionem Domini, Johannes de Antiochia, armiger, intravit homagium ligium domini episcopi, ratione hereditatis Agnetis uxoris
sue, filie Johannis de Plessiaco, armigeri, scilicet cujusdam decime

sue apud Berotum et in territorium dicti loci; presentibus
Girardo de Carnotis milite, Johanne de Plessiaco, Guillelmo de
Chambliaco, Radulfo de Chambliaco, Maceto de Bercheriis, armi-
geris, et pluribus aliis testibus.

B. N. ms. lat. 10,096 (livre noir de l'évêché de Chartres), fol. 95ᵛᵒ.

N° 14.

*Reconnaissance par Marguerite, reine douairière de Sicile et de
Jérusalem, que l'hommage de sa terre d'Alluye, Montmirail
et leurs dépendances doit être rendu à l'évêque de Chartres, en
sa maison épiscopale de Chartres, quoi qu'il ait consenti par
faveur spéciale à le recevoir cette fois à Sens.*

Universis presentes litteras inspecturis, Margarita Dei gratia
regina Siciliæ et Jherusalem, salutem in Domino. Noveritis quod
cum nos teneamur et recognoscamus nos teneri facere homagium Reverendo Patri ac domino, domino episcopo Carnotensi,
in domibus suis episcopalibus apud Carnotum, pro terra nostra
de Alloya, de Montemirabili et aliis terris pertinentibus ad
easdem, moventibus a predicto episcopo, quotiescumque de dictis
terris est homagium faciendum, Reverendus Pater Johannes, Dei
gratia episcopus Carnotensis, homagium nostrum pro terris
predictis hac vice recepit Senonis, volens nobis super hoc facere
gratiam specialem. Nos vero confitemur, volumus et expresse
consentimus quod, per receptionem hujusmodi, dicto episcopo
et ejus successoribus nullum prejuditium generetur, quum nos et
successores nostri universi et singuli teneamur et debeamus
facere homagium eidem episcopo in domibus suis episcopalibus
apud Carnotum, pro terris nostris antedictis, quotiescumque
dictum homagium, ut dictum est, extiterit faciendum. In cujus rei
testimonium, sigillum nostrum presentibus litteris duximus apponendum. Datum Senonis, anno Domini 1297.

*B. N. ms. fr. 24,125 (G. Lainé, II), fol. 44ᵛᵒ. Copie du xviiᵉ siècle.
Id. ms. fr. 24,134, fol. 86. Analyse sommaire en français.*

N° 15.

Mention du désaveu infligé en la ville de Brou par le procureur

de la reine de France à ceux qui avaient désobéi au sergent de
l'évêque de Chartres et de la reconnaissance que la dite reine
tient du dit évêque toute la terre du Perche-Gouet.

L'an de grace 1316, le vendredi après la feste seint Mathé,
apoustre, en la ville de Brou, désavoua Colin Paumier, escuier
et procureur de très hauste dame Madame Climence, par la grace
de Deu reyne de France et de Navarre, tous ceus qui mistrent
mein en Estienne de Chaustfour, comme serjant Monsieur
l'évesque de Chartres, et qui désobéirent à son commandement
fet par maistre Alixandre son chambrier et par Jehelier son
bailli, en disant le dit procureur que ce n'estoit mie de la vollenté
à la dite dame et que lui, comme procureur d'icelle et de son
commandement avouet à tenir dou dit Monsieur l'évesque toute
la terre dou Perche, laquelle fut Monsieur Robert de Flandre;
présenz à ce : le dit chambrier et le dit bailli, Monsieur Senéce de
Pontlevoy, maistre Guillaume Champigneau, Colin Troislart,
Jehan Clert, Pierre Prevoust, bailli de la dicte terre, Guillaume
Teterom, Guillot de Mane le jeune, Goufroy Brehier, Guillemin le
Solon le jeune, Robin Hareau et Jehannot filz au dit Jehan Aliot :
et ou dit jour, les diz chambrier et bailli, présent le dit procureur, les persones desus dites, mistrent toute la dite terre en la
main du dit Monsieur l'évesque sans nul contredit.

B. N. ms. lat. 10,096 (Cart. 43; livre noir de l'évêché de Chartres),
fol. 51ᵛᵒ.

Nᵒ 16.

Paris; 8 mars 1362 (n. st.).

Acte de foy et hommage prêtés à l'évêque de Chartres pour la terre
d'Alluye et ses dépendances par Philippe de Navarre, comte de
Longueville et de Bar, à cause de Yolande de Flandres, sa
femme.

In Dei nomine, amen. Per hoc presens publicum instrumentum
cunctis pateat et videatur quod, anno ejusdem 1311ᵒ, indictione 15ᵃ,
mensis Marcii die octava, pontificatus sanctissimi in Christo Patris
ac domini nostri, domini Innocentis Domini providentia pape
viginti anno decimo, in Reverendissima in Christo Patris et domini
Domini Guillelmi Dei gratia archiepiscopi Senonensis, ac aliorum
testium, et in mei, notarii publici infrascripti, presentia, coram
Reverendo in Christo Patre et domino dicto Johanne Dei gratia
episcopo Carnotense, personaliter constitutus nobilis vir et potens
Dominus, Dominus Philippus de Navarra, comes Longueville et
Barri, miles, nomine et causa nobilis et potentis domine, domine

Yolandis de Flandria, comitisse Barri, conjugis ipsius domini
Philippi, dicto domino Carnotensi episcopo, suo et dicte Carnotensis Ecclesie nomine, fecit fidem et hommagium de terra de
Alloya et pertinentiis ejusdem promittens eidem domino episcopo
et Ecclesie prefate fidelitatem, secundum quod feodum dicte terre
requirit, et, in signum hujus rei, idem dominus Philippus eidem
domino episcopo obtulit, nomine que dictus episcopus quo supra
(nomine) ab eodem recepit : manus et os, ad osculum pacis, sicut
est in talibus fieri consuetum ; de quibus premissis idem dominus
episcopus quo supra nomine petiit a me sibi dare et fieri presentem
instrumentum. [Factum est] hoc Parisius in curia [Camere]
compotorum Domini nostri regis in parva videlicet aula propinqua
camere supradicte, anno, indictione, mense, die, ac pontifficatu
dictis, presentibus dicto domino Senonense archiepiscopo vene-
rando que patre domino Guillelmo, abbate monasterii Sancti
Johannis de ..... dyocesis Senonensis, nobilique viro domino
Egidio de Soycourt, milite, consiliario regis, venerabilibus etiam
et discretis viris : domino Jacobo Divitis, ... que viris professore
magistro ..... hospitii regii, magistro Alfonso Capranii, consiliario
Parlamenti regii, ac magistro Johanne de Vernone, notario regio,
et pluribus aliis, magni et mediocris status, testibus ad premissa
vocatis et rogatis ; et ego Petrus Gonesse de Achillosus, Senonensis, dictus clericus, per ..... apostolica et imperiali auctoritate
..... signo etiam meo signavi hic manu propria .....

Bib. de la ville de Chartres, ms. ..... (Livre blanc de l'évêché),
fol. 187. Original signé et paraphé par le notaire.

N° 17.

11 mai 1369.

L'an 1369, le 11 may, Lubin le Moine, procureur de Madame
d'Alluye, de Brou et de Montmirail et des appartenances, a été
mis en souffrance.

B. N. ms. fr. 24,125 (G. Lainé, II), fol. 64ʳᵒ. Analyse.

N° 18.

16 avril 1375 (n. st.).

Acte de réception en foy et hommage par l'évêque de Chartres
d'Yolande de Flandres, comtesse de Bar, pour la terre de Brou,
Authon, la Bazoche, Alluye, Montmirail et leurs dépendances.

1375. Die mercurii post Pascha, 16 aprilis, nobilis et potens domina, domina Yolant, comitissa de Barro, fecit homagium domino episcopo, de terra de Braioto, de Autonio, de Bazoches, de Alloya et de Montemirabili cum pertinentiis, et dictum fuit sibi quod tradi faciat adveuta sua per gentes suas. Actum in palatio episcopali Carnotensi, hora Primœ, presentibus nobilibus viris : domino Henrico d'Antoin, milite, domino Thº de Bremont, doctore in legibus, domino Eblone de Podio subdecano, et Gast. Caprerio, J. de Fossa, Richardo Lanleye canonicis Carnotensibus, Jacobo Chavel capitaneo Carnotensi.

B. N. ms. fr. 24,125 (G. Lainé, II), fol. 66. Analyse.

Nº 19.

11 avril 1383 (n. st.).

Acte de réception en foy et hommage par l'évêque de Chartres d'Yolande de Flandres, comtesse de Bar, pour Alluye, Brou, la Bazoche, Montmirail et Authon, au Perche.

1383. Die 11ᵃ aprilis post Pascha, in aula episcopali Carnotensi, presentibus dominis Galrano de Drocis, Phº de Barro, militibus, etc., domina Yolendis, comitissa de Barro, domina do Alloya, de Braioto, de Bazochia-Goeti, de Montemirabili, et de Autonio, in Pertico, fecit domino Johanni episcopo Carnotensi homagium, sicut natura feodi requirit, et prout tenetur facere, et sui predecessores fecerunt et facere consueverunt, et idem injunxit dominus episcopus ut tradat adveuta sua. Et istud homagium recepit dominus episcopus in aula episcopali Carnotensi, de gratia, quamvis teneatur recipi apud Pontemgoen, et protestatus fuit quod istud sibi, nec suis successoribus, in aliquo prejudicet.

B. N. ms. fr. 24,125 (G. Lainé, II), fol. 68.

Nº 20.

16 ou 26 octobre 1402.

Adveu, rendu à Mʳ [Jean, évêque] de Chartres, par Robert, duc de Bart, seigneur de Casel, le 26 [16] oct. 1402, touchant les chastels [villes] et seigneuries d'Alluye, Brou, Montmirail, Authon et la Bazoche Gouet, auquel entre les vassaux est comprins messire Jehan de Prez, pour son hostel et appartenances.

B. N. ms. fr. 24,126 (G. Lainé, III), p. 191. Analyse.
Id. coll. Duchesne, vol. 54, p. 761. Les variantes de ce ms. sont entre crochets.

N° 20 bis.

Le ms. fr. 24,125 de la B. N. fol. 16ʳᵒ contient une autre analyse de ce même acte :

Robert, duc de Bar, seigneur de Cassel, fils d'Yoland de Flandres, comtesse de Bar, dame du Cassel, le 16 décembre 1402 (rendit aveu et dénombrement à l'évêque de Chartres), pour ses châteaux, villes et châtellenies d'Alluye, Brou, Montmirail, Auton et la Bazoche-Gouet, avec les domaines, cens, rentes, justice et vassaux qui en dépendent.

N° 21.

24 juin 1426.

Réception en foy et hommage par l'évêque de Chartres de Thomas de Montagu, comte de Salisbury et du Perche, pour les baronnies d'Alluye, Brou, la Bazoche, Montmirail et Authon.

Acte de réception en foy, fait le lundi 24 juin 1426, par monsieur Jehan, évêque de Chartres, en faveur d'illustre prince monsieur Thomas, comte de Salisbery et du Perche, seigneur d'Alluye, Brou, la Bazoche, Montmirail et Authon au Perche, pour raison des dites baronnies, sans préjudice de la réception qui a de coustume se faire au lieu et chasteau de Pontgoin et du rachapt lorsque les susdites terres ne seront plus occupées par les ennemys du roy, présens maistre Jehan de Montescot, vicomte du Perche, Michel de Champront, licentié ès loix, Jehan Pachou, Richard Lestroust et Pierre Pateau, bourgeois de Chartres.

B. N. ms. fr. 24,136 (G Lainé, XI), fol. 94 ʷᵒ. Analyse.

N° 22.

22 août 1441.

Hommage du château d'Alluye, Brou, Authon, de la Baronie [lisez : la Bazoche] et Montmirail au Pays Chartrain, mouvant du roy et de l'église de Chartres qui était lors en régale, par L. de Luxembourg, comte de Saint-Paul. 22 août 1441.

Arch. nat. PP. 1, fol. 315ʳᵒ. Analyse.
L'original se trouve aux Arch. nat. sous la cote 2,552.

N° 23.

Plessis-lez-Tours; 5 mars 1484 (n. st.).

*Abandon provisionnel accordé par le roi aux enfants d'Armagnac
de diverses terres léguées par leur oncle Charles d'Anjou au
roi Louis XI, et entre autres de Nogent-le-Rotrou et ses dependen-
dances et des seigneuries de Brou, Montmirail, Authon, la
Bazoche et Alluye.*

Charles, par la grace de Dieu roy de France, à tous ceulx qui
ces présentes lettres verront, salut. Comme tantost apres le
trespas de feu nostre très cher seigneur et père (que Dieu absolve !)
et nostre joyeux advènement à la Couronne, Nous, estans en
nostre chastel d'Amboise, eussions mandé venir par devers nous
plusieurs grans princes et seigneurs de nostre Sang et lignage,
pour assister autour de nous et de nostre personne et entre autres
nos très chers et très amez cousins Jehan et Loys d'Armaignac,
lesquels, peu de temps après leur venue, nous eussent humblement fait supplier et requérir en la présence de plusieurs
seigneurs de nostre Sang, preslats d'Eglise et autres gens de
nostre Grand Conseil, que nostre bon plaisir fust leur faire délivrer les terres et seigneuries qui leur estoient escheues et advenues
par le trespas de feu nostre très cher et très amé cousin Charles
d'Anjou, en son vivant roy de Sicile et comte du Maine, leur oncle
maternel, et dont il estoit mort saisi et vestu, non tenues en pairie
et appanage de France ni venues de nostre domaine, appartenans
aux dits Jehan et Loys d'Armaignac, Catherine et Charlote, sœurs,
comme enfans de nostre très chère et très amée cousine dame
Loyse d'Anjou, sœur de nostre dit cousin et sa seule héritière ;
c'est à savoir les comté, chastel et seigneuries de Guise en
Thiérache, au bailliage de Vermandois, prevosté de Ribemont ;
la terre, chastel et seigneurie de Nouyon, au dit bailliage ; la terre,
et seigneurie de Chastellerault, au comté de Poitou ; les terres et
seigneuries de la Ferté-Bernard, Mayenne la Juhès et Sablé, au
pais et comté du Maine ; les terres et seigneuries de Nogent
le Rotrou, Brou, Mommirail, Authon, la Bazoche, Ravery, la
Ferriére, Montlandon, Montigny, Alluye, Pierre-Coupe, assis au
pais et comté du Perche et pais Chartrain ; les terres et seigneuries
de Clairon et de Coulerbache, assis près la Rochelle, en la séncs-
chaussée de Saintonge ; les terres et seigneuries de Longjumel et
Chailly, en la prévosté de Paris, et une maison assise ès fauxbourgs de St-Marceau, près Paris ; et autres plus à plein par eux

déclarés avec leurs appartenances; sur quoy avons voulu ouïr
nostre procureur qui nous a fait dire et remonstrer icelles terres
et seigneuries par nos dits cousins demandées nous compéter et
appartenir à cause de la Couronne, mesmement les aucunes et
les autres moyennant le testament fait par nostre dit cousin
Charles d'Anjou, roy de Sicile, par lequel testament il auroit
institué son héritier universel nostre dit feu seigneur et père;
après lesquelles choses, ainsi par nostre dit procureur proposées,
eust esté dit et répliqué pour la partie de nos dits cousins, que
les dites terres et seigneuries n'estoient de nostre domaine ne
aussi tenues en pairie ne appanage de la Couronne, déclarant
expressément qu'ils n'entendoient aucune chose demander ou
requérir en ce que nostre dit cousin Charles d'Anjou avoit tenu
en pairie et appanage, ne semblablement en ce qui seroit trouvé
estre de nostre dit domaine; et au regard du dit testament,
disoient que, selon les coustumes généralement gardées ès lieux et
païs où les dites terres et seigneuries sont assises, institution de
héritier n'a point de lieu et s'en rapportoient à ce que notoirement
en estoit sceu et tenu par tous ès dits lieux et païs; lesquelles
parties ainsi ouyes par Nous et les princes de nostre Sang et
autres gens de nostre Grand-Conseil, eust esté apoincté qu'elles
bailleroient leurs faits et raisons par un brief interdit d'un cousté
et d'autre, pour sur iceulx faire inquisition par manière d'enqueste
qui seroit rapportée en dedans deux mois lors suivans, et produi-
roient tout ce que bon leur sembleroit pour, le tout veu, en estre
ordonné et fait droit, ainsi qu'il appartiendra par raison. Et en
oultre, fust appoincté que nos dits cousins, tant pour leur
demeure que pour leur vivre et conduite de ce procès, auroient
dès lors les chastel, ville et manoir do Chastellerault et la somme
de six mille livres tournois à la prendre et percevoir sur le revenu
et plus clairs deniers des susdites terres par eulx demandées; en
suivant lequel appoinctement et par vertu d'autres lettres sur
ce données, nos dits cousins ont à toute diligence fait besoigner
en la dite inquisition et enqueste, nostre dit procureur deuement
appellé, laquelle enqueste a esté rapportée devers nostre dit
Grand-Conseil; et aussi ont produit nos dits cousins leurs lettres
et titres au temps sur ce préfix : mais nostre dit procureur a tousjours délayé tendant à fin que la dite cause et matière fut renvoyée
en nostre dite Coùrt de Parlement à Paris ; à quoy de la partie de
nos dits cousins fust dit que la dite matière se pouvoit vuider par
leur enqueste et production, car les choses proposées par nostre
dit procureur n'estoient que fuites ou nyances, et pour ce requé-
roient que les susdites terres et seigneuries leur fussent entièrement délivrées, du moins par manière de provision dès
maintenant, pendant les dits procez *ottendu qu'ils n'avoient de*

quoy vivre et que de la provision de 6,000 l., dont dessus est faite
mention, ils n'auroient peu recouvrer aucune chose, et si, avoient
frayé beaucoup pour obtenir l'exécution d'icelle, et par ce ne leur
estoit venu de la dite provision que tout dommaige et leur
vaulsist mieulx que jamais ne leur eust esté donnée, ainsi qu'ils
disoient; et il soit ainsi que aucuns princes de nostre Sang
complaignans l'affaire de nos dits cousins nous ayent fait pour
iceulx nos cousins très instantes requestes et semblablement les
gens des trois estats de nostre royaume, lesquels, en la publique
assemblée d'iceulx estats, nous ayent par deux fois unidement
supplié que voulsissions avoir pitié du fait de nos dits cousins;
scavoir faisons que, eu regard aus dites requestes, veu et visité
le dit procez par les gens de nostre dit Grand-Conseil et oy leur
rapport et aussi l'advis et opinion de plusieurs princes et
seigneurs de nostre Sang et autres de nostre Conseil estant alen-
tour de Nous, considéré tout ce que fait à voir et considérer en
ceste partie, et mesmement pour aucuns piteulx et charitables
regards avec la proximité de lignage à quoy nos dits cousins nous
attiennent et nous à iceulx nos cousins, de pleine puissance et
auctorité royal leur avons baillé et délivré, baillons et délivrons
les dites terres et seigneuries venues de la succession du dit feu
roy Charles d'Anjou, leur oncle maternel, à cause de nostre dite
cousine leur mère, c'est à savoir le comté de Guise en Thiérache,
au bailliage de Vermandois, prevosté de Ribemont; la terre,
chastellenie et seigneurie de Nouyon, au dit bailliage; la terre et
seigneurie de Chastellerault au comté de Poitou; les terres et
seigneuries de Mayenne la Juhès, Sablé et la Ferté Bernard,
assises au comté du Maine; les seigneuries de Nogent le Rotrou,
Brou, Mommirail, Authon, la Bazoche, Rivery, la Ferrière, Montlandon, Montigny, Alluye, Pierre Coupe, assises au pais et comté
du Perche et païs Chartrain; les terres et seigneuries de Chailly
et Longjumel en la prevosté de Paris, et une maison assise es
fauxbourgs de St-Marceau, près Paris, avec leurs appartenances,
pour en joyr plainement et paisiblement par manière de provision
sous nostre main jusqu'à ce que, par nostre Court de Parlement
à Paris, parties ouyes, autrement en soit ordonné; réservé que
nous pourrons pourvoir et commectre à la garde des places fortes
et principalles d'icelles dites terres et seigneuries si l'on nous
semblent et avons renvoyé et renvoyons à icelle Court de Parlement la dite cause et procès, ensemble les parties en l'estat qu'ils
sont pour procéder sur le principal de la dite matière au 1er jour
du mois de juing prochain venant; moyennant laquelle provision
présente nos dits cousins ne pourront demander aucune chose à
cause de l'autre provision (fors jusqu'à la date de ces présentes)
de 6,000 l., nonobstant quelzconques dons, faits à quelques

personnes que ce soit par feu nostre très cher seigneur et père et par nous confirmez et donnez de nouvel, oppositions ou appellations quelzconques faites ou à faire et sans préjudice d'icelles. Si donnons en mandement à nostre amé et féal conseiller en nostre Grant Conseil m⁰ Charles de Bayencourt, aux baillis de Vermandois et de Chartres, prévost de Paris, séneschal de Poictou et juge du Maine ou à leurs lieuxtenans, à ung chacun d'eulx à qui il appartiendra et à tous nos autres justiciers et officiers, que de nostre présente ordonnance et provision ils souffrent et laissent joyr et user pleinement et paisiblement nos cousins, sans sur ce leur donner ou souffrir estre donné aucun destourbier ou empeschement en contraignant à ce faire tous ceulx qu'il appartiendra, par toutes voyes et manières deues et raisonnables, nonobstant comme dessus.

En tesmoing de ce, nous avons fait mectre nostre scel à ces présentes. Donné au Plessiz du Parc lez Tours, le 5⁰ jour de mars, l'an de grace 1483 et de nostre règne le 1⁰ʳ.

Sic signatum supra plicam : Par le roy en son Conseil, auquel estoient Mᵍʳ le duc de Bourbon, connestable de France, les comtes de Clermont, d'Albret, de Dunois, vous : les évesques d'Alby, de Périgueux et de Coustances, les seigneurs de Gyé et d'Esquerdes, mareschaux de France, de Torcy et de Comminges, de Richebourg, de Baudricourt, d'Argenton, de Genly, de la Roche, de Vatan et de l'Isle, maistres Bernard Lauret, 1⁰ʳ président de Toulouse, Jehan Chambon, Pierre de Sasierges, Guillaume de Cambray, Christofles Baudot, et autres, présens. Petit.

Arch. nat. P. 1,363¹, cote 1,186. Copie insérée dans une expédition du 10 avril 1494 avant Pâques de la confirmation de la présente donnée à Paris le 29 mars 1492, reg. en Parlement, le 18 avril 1492 (n. st.).

B. N. mss. de Brienne, vol. 122. Copie.

Publié dans le Recueil des Ordonnances, t. XIX, p 278, d'après : Godefroy : Histoire de Charles VIII, preuves, p. 387 et suiv.

Lecoy de la Marche : titres de la maison duc. de Bourbon, II, p. 403. Analyse.

N° 24.

Paris; 29 mars 1491.

« *Délivrance faite par le roy à Messieurs de Nemours et de Guise des terres à eux appartenant à cause de la succession de la maison d'Anjou par leur mère, entre autres : Nogent-le-Rotrou, Riveri, la Ferrière, Monlandon, Montigny, Brou, Alluye, etc.* »

Arch. nat. P. 1,363, cote 1,186. Vidimus original très long dont nous ne donnons que l'analyse portée au dos. Le recueil des Ordonnances, t. XX, p. 288, contient une charte de juillet 1491 portant restitution en leurs biens et honneurs de Jean et Louis d'Armagnac, mais sans désignation d'aucune terre, d'après le Mémorial S. de la Chambre des Comptes; Godefroy, p. 614, et Isambert, II, p. 698.

N° 25.

29 mai 1493.

Hommage de la terre de Brou, mouvante de l'évêque de Chartres, estant en régale, par le sieur comte de Guyse du 29 mai 1493.

Arch. nat. PP. 1, fol. 311 ᵛᵒ.

L'original est aux Arch. nat. sous la cote 2,567.

N° 26.

1ᵉʳ septembre 1505.

Acte de réception en foy et hommage par l'évêque de Chartres du procureur de Philippe de Clèves et de Françoise de Luxembourg pour les baronnies d'Alluye, Brou, Montmirail, Authon et la Bazoche.

René d'Illiers, par la permission divine et du Sainct Siège apostolique, évesques de Chartres, à tous ceulx qui ces présentes lettres verront ou orront, salut. Savoir faisons que, ce jourduy, dacte de nos présentes, en nostre maison épiscopal à Chartres, est venu et s'est transporté par devers nous honnorable homme Denis Buffereau, lequel, ou non et comme soy disant procureur de mes dames Marie de Luxembourg, contesse de Vendosmois, et de messire Philippes de Clèves, seigneur de Ravestain, à cause de Madame Françoise de Luxembourg sa femme, nous a exposé que, à certains tiltres et moyens, les baronnies d'Alluye, Brou, Montmiral, Auton et la Bazoche-Gouet, mouvans en fief et tenues de nous à cause de nostre dignité épiscopal de Chartres pour raison de nostre baronnie, chastel, chastellenie et seigneurie de Pontgoing, à une foy et hommaige lige, leur compectent et appartiennent et que à ce moyen estoit venu pour nous faire les offres tels que veult ordre de droict et coustume du pays, humblement nous requérans que [à icelle] faire [nous le] voulsissions, ou dit nom, de grace espécial, admectre et recevoir, et combien que par la nature du fief et coustume du pays, les dits contesse

et seigneur de Ravestain soient tenues venir en personne en
nostre dit chastel, pour les dites offres nous faire, et à iceulx.....
.... au dit lieu au bout des dits quarante jours réitérer, néantmoins de grace espécial, pour ceste foys seullement, leur avons
accordé et permis, accordons et permectons qu'ilz puissent, par
le dit procureur ou autres nous faire et réitérer les dites offres en
nostre dite maison épiscopal de Chartres, sans préjudice touttes-
fois de nous et à noz successeurs évesques de Chartres, pour le
temps ad venir et aussi sans préjudice de nostre droit et action de
povoir avoir et retenir par puissance de fief la terre et seigneurie
de Brou, ensemble des procès et procédures qui sont, pour raison
de ce, pendans par devant Messeigneurs des Requestes du roy nostre
sire à Paris, entre nous et messire Fleurentin Girard, et de noz
autres doritz et devoirs; lequel procureur, ou nom que dessus, nous
à faictes soubz icelle permission et faculté les offres coustumières
qui ensuivent, c'est assavoir : cinq cens livres tournois pour
première offre, l'estimation et arbitraige de preudes hommes et la
tierce de .... et revenu des dites terres et seigneuries avec le
marc d'argent à value ausquelz offres, ainsi par le dit Busfereau
ou dit nom à nous faiz, avons respondu que, par la coustume du
pays Chartrain, meismement des lieux où sont scituées et assizes
les dites baronnies, terres et seigneuries, après que ung vassal a
fait aucun offres à son seigneur suzerain, le dit seigneur suzerain
a loy, temps et espace de XL jours pour délibérer et respondre
à accepter lequel luy plaira des dites offres et est tenu le dit
vassal au boult des dites XL jours retourner devers le dit seigneur
suzerain, pour les dites offres réitérer et que en eussent icelle
coustume .... et délibérons avec nostre conseil, pendant le dit
temps de XL jours, lequel des dites offres vouldrons estre, choisir
et accepter, en quoy faisant le dit Busfereau nous a promis et se
est soubzmis et obligé de nous faire exhibition et .... des lettres
de procuration des dits contesse et seigneur de Ravestain, au dit
jour et boult de XL jours; dont et desquelles choses le dit Buffereau, ou nom que dessus, nous a requis ces présentes, pour luy
servir et valloir ce que de raison et que luy avons octroyé. En
tesmoing de ce, nous avons fait signer ces présentes par nostre
secrétaire et seellées du séel de nostre chambre, l'an mil cinq
cens et cinq, le premier jour de septembre. Ainsi signé : M. Bocher,
et sellé de cire rouge sur simple queue.

B. N. ms. fr. 18,957.
   Id.   ms. fr. 24,133 (G. Lainé, IX), p. 440. Analyse sommaire dans
laquelle l'érudit transcripteur indique que les baronnies y mentionnées
étaient échues à Marie et à Françoise de Luxembourg « par le décès de
défunte dame Charlotte d'Armagnac, comtesse de Guise, leur cousine ».

N° 27.

20 avril 1507 (n. st.).

Hommage des terres et seigneuries de Brou, Alluye, Authon, Montmirail et la Bazoche-Goyet, tombées en foy et hommage du roy par droit de régalle à cause du siège vacant de l'évêché de Chartres ; le dit hommage fait à S. M. par Siphorien de Changy comme procureur de [Antoine de Luxembourg,] comte de [Brienne et de] Roussy, le 20 avril 1507.

Arch. nat. PP. 1, fol. 315 vo. Analyse.
L'original se trouve aux Arch. nat. sous la cote 2,596.

N° 28.

22 mai 1507.

Hommage des terres d'Alluye, Brou et Authon mouvant de la temporalité de l'évêché de Chartres estans ès mains du roi par droit de régale, le dit hommage fait à Sa Majesté par le comte de Vendosme, pour et au nom de dame Marie de Luxembourg, sa mère, le 22 mai 1507.

Arch. nat. PP. 1, fol. 315 vo. Analyse.
L'original se trouve aux Arch. nat. sous la cote 2,598.

N° 29.

16 août 1507.

Hommage fait au roi par messire Jean de Barenton comme procureur de Florentin Girard, sieur de Barenton, son père, de la terre de Brou, tombée en hommage de Sa Majesté par droit de régalle ; du 16 août 1507.

Arch. nat. PP. 1, fol. 311 vo. Analyse.
L'original se trouve aux Arch. nat. sous la cote 2,600.

N° 30.

Vers 1540.

Note relative à la mouvance des baronnies de Montmirail, Authon

et la Bazoche et à la prestation de foy qui doit en être faite
par le baron de Brou.

DÉCLARATIONS DE 1540.

Haute et puissante dame, dame Marie de Melun, dame des
baronnies, terres et seigneuries de Montmiral, Authon et la
Bazoche-Gouet, veuve de haut et puissant seigneur messire
Jacques de Chabannes, chevalier de l'Ordre, seigneur de la
Palisse, maréchal de France, pour icelles baronnies, terres et
seigneuries, sises au Perche-Gouet, ressort du bailliage d'Orléans,
au siège de Yenville, tenus en foi de la baronnie de Pontgoing et
dont le sieur baron de Brou est tenu de porter la foy.

B. N. ms. fr. 24,128 (G. Lainé V.), p. 393. Analyse.

CHARTES

RELATIVES A LA CHATELLENIE DE LA LOUPE

N° 31.

Paris; vers 1292 (d'après la date des actes voisins).

Mention de l'hommage lige prêté à l'évêque de Chartres par
Guillaume Crespin pour la terre de la Loupe qui lui venait de
la dame de Dangu, sa mère.

Guillelmus Crespi, miles, fecit nobis homagium ligium de terra
de Luppa, quam (tenebat) domina de Dangu tenebat apud
Luppam, sicut dicta domina mater sua et ejus predecessores
fecerunt ; presentibus Petro de Malo Nido et Stephano de Perru-
cheio militibus, domino Corrando de Mediolano, magistro G. de
Ponte Lemo canonico Carnotensi, Philippo de Linays canonico
Sancte Radegondis Pictavensis, Nicolao Sancti Johannis de Aquis
et Guillelmo de Chadone rectoribus. Datum Parisius (die) in
camera domus nostre, die Jovis post festum Sancti Nicolai.

B. N. ms. lat. 10,096 (Livre noir de l'évêché de Chartres), fol. 94.

N° 32.

Vers 1312.

Description sommaire du fief tenu à la Loupe de l'évêque de

Chartres par les enfants de feu Gilles de Melun et mention de l'hommage rendu ainsi que du rachat payé au dit évêque par Gilles de Melun, baillistre des dits enfants.

Hic est feodus quem liberi domini Gilonis de Meleduno, militis, tenent a nobis episcopo Carnotensi apud Lupam : primo tertiam partem castri cum pertinentiis; — item feodum Boussart, qui valet centum solidos vel circa; — item forum et preposituram de la Louppe que valent per annum 58 l. vel circa; — item nemora videlicet circa 400 arpenta et justitiam ad predicta pertinentem.

Item de istis omnibus et singulis intravit homagium nostrum, post mortem dicti Gilonis, dictus Johannes de Corteneto, miles, nomine liberorum dicti Gilonis, quos idem Johannes tenet in ballo suo, ratione uxoris sue et rachetavit de quingentis libris Turonensium apud Pontemgoeni villam nostram presentibus *[sic]...*

B. N. ms. lat. 10,096 (Cart. 43 ; livre noir de l'évêché de Chartres), fol. 96ᵛᵒ. Original.

B. N. ms. coll. Duchesne, vol. 20, fol. 223. Copie.

Id. ms. fr. 24,125 (G. Laîné, II), fol. 95ᵛᵒ. Copie incomplète.

N° 33.

4 juin 1357-13 juin 1374.

Mentions de divers hommages rendus aux évêques de Chartres par les seigneurs de la Loupe et de souffrances accordées à ces derniers par leurs dits suzerains.

Messire Pierre de Preaux, chevalier mis en soufrance par Simon, évêque, pour le domaine de la Loupe, le 4 juin 1357; et le 11 mai 1360 reçu en foy.

Messire Simon de Melun, sire de Marcheville et de la Louppe, le 28 juil. 1357, a fait à Simon, évêque, hommage lige, et le sire de Preaux, le 16 fév. 1360, mis en souffrance.

Bureau de la Rivière, chevalier, le 9 mars 1368, fit hommage à G....., évêque.

Le 13 juin 1374, Simon de Melun, sieur de la Loupe, fit encore pareil hommage.

B. N. ms. fr. 24,135 (G. Laîné, XI), fol. 98. Analyse.

N° 34.

Hommage rendu à l'évêque de Chartres par Renaut d'Angennes pour sa terre de la Loupe.

Le jeudi, pénultième juillet 1383, présens : Jehan de la Porte, Philippot de la Porte, Jehan Sequart, bourgeois de Chartres, Regnault d'Engennes, Premier Ecuyer Tranchant du roy, a fait hommage lige pour les cens, rentes, possessions, justice, seigneurie et autres revenus par lui acquis de messire Symon de Melleun, chevalier, seigneur de la Sale et de Viessvy, estans assis en la ville de la Louppe au Perche, en l'évesché de Chartres et ou terroir de la dite ville.

B. N. ms. fr. 24,125 (G. Lainé, II), fol. 68ᵛᵒ. Analyse.

Id. ms. fr. 24,132 (G. Lainé, IX), fol. 98. Analyse plus sommaire mais contenant quelques mentions qui ne se trouvent pas dans l'autre.

En voici le texte :

Le 30 juil. 1383, Regnoust d'Angennes a fait à Jehan, évêque, hommage lige pour les cens, rentes, possessions, justice, seigneurie et autres revenus étant en la ville de la Loupe, par luy acquis de messire Simon de la Louppe, et le dit seigneur fit encore la foy pour ce que messire Bureau de la Rivière et dame Marguerite d'Aunel, sa femme, lui avaient donné en la terre de la Loupe.

N° 35.

1390.

Hommages reçus par Jean de Montagu, évêque de Chartres, en 1390.

Le vendredi 18 en la maison de Monsieur sise à Paris : Regnault d'Anjennes, Premier Ecuyer Tranchant pour sa terre de la Louppe.

B. N. ms. fr. 24,125 (G. Lainé, II), fol. 16ᵛᵒ. Analyse.

N° 36.

1394.

Aveu de la châtellenie de la Loupe rendu à l'évêque de Chartres par Regnault d'Angennes.

Regnault d'Angennes, Premier Ecuyer Tranchant du roy (rend aveu et dénombrement à l'évêque de Chartres), le dernier aoust 1394, pour le chastel et chastellenie de la Louppe, avec toute haute justice, moyenne et basse et telle justice et seigneurie comme il appartient à seigneur chastelain : — l'estang de la Louppe

juxte Colinet de Meaucé, écuyer, 10 arpents de prés, 3 muids de
terre, 8 arpents de bois proche le dit chastel, 2,400 arpents de
bois sis en la forest de Galon, juxte les bois au Sire de Vieuxpont,
d'une part, et d'autre les dits 8 arpents, et garenne en tous les
dits bois à toutes bestes sauvages, et chasse à cor et à cri ; avec
plusieurs autres héritages et cens sur les habitants de la Louppe
et Saint Ulface ; four bannier et courvées sur iceux ; ensemble
plusieurs vassaux entre lesquels sont : messire Gilles Cholet,
chevalier, seigneur de la Cholletière, à cause de la terre de Tour-
neufve et de Marcheville-au-Perche (1), appartenans aux enfans
de feu messire Yon Cholet, jadis chevalier, son neveu ; Olivyer de
Husson, écuyer, à cause du lieu de Valfermé, Jehan Posteau,
écuyer, pour cause du lieu de la Postellerie, et autres vassaux,
le tout tenu en foy de monsieur l'évesque de Chartres, à cause de
sa seigneurie de Pontgoing.

B. N. ms. fr. 24,125 (G. Lainé, II), fol. 17. Analyse.

N° 37.

1434.

*Monsieur Jehan d'Angennes, dit Sapin, chevalier (rend hommage
à l'évêque de Chartres, le 11 janvier 1434), à cause de la
seigneurie de la Louppe.*

B. N. ms. fr. 24,125 (G. Lainé, II), fol. 19ʳᵒ. Analyse.

(1) Il ne s'agit certainement pas ici de la châtellenie de Marchainville,
ce qui indiquerait que cette terre était vassale de la Loupe, car nous
savons qu'Alice de Melun était, en 1390 et en 1395 (voyez les nᵒˢ 153 et 154
ci-dessus), dame de cette châtellenie qui, comme la Loupe, relevait de
l'évêché de Chartres ; il ne s'agit ici que d'un fief appartenant aux enfants
d'Yves Chollet et probablement situé dans la paroisse de Marchainville.

CHARTES

N° 38.

En avril 1250 ou du 1er au 16 avril 1251.

Note relative à des terres sises à Pontgouin et à Montireau et données par l'évêque de Chartres à charge de mouvance féodale.

Ista clausula tangit dominum de Montetirelli.

Quecumque autem iidem Johannes et Ysabella, heredes et successores eorum, habent et possident apud Pontemgoeni, que superius sunt expressa, et quecumque damus et concedimus eisdem apud Montemtirelli, per compositionem et ordinationem antedictas, tenebunt et possidebunt imperpetuum a nobis et successoribus nostris episcopis cun... ad......... et liberum feodum, ad usus et consuetudines Carnotensium feodorum sine aliqua redibentia majorie sive serjanterie. Ista composicio fuit facta anno Domini M° CC° quinquagesimo, mense aprilis, tempore episcopi M[atthei].

B. N. ms. lat. 10,096 (Livre noir de l'évêché), fol. 91.

N° 39.

1333.

Mention de l'hommage lige rendu à l'évêque de Chartres pour le fief de Montireau, par Robert, seigneur de Montireau, damoiseau.

Anno 1333°, Robertus, dominus de Montirello, domicellus, pro feudo de Montirello fecit nobis [episcopo Carnotensi] homagium ligium, sicut feudus requirit, debet que [tradere adveutum] in scriptis infra 40 dies.

B. N. ms. lat. 10,096 (Livre noir de l'évêché de Chartres), fol. 85r°.

---

(1) Nous n'avons pas parlé de Montireau dans la partie du texte de notre « *Géographie du Perche* » consacrée aux fiefs situés dans la région physique du Perche, mais étrangers à la province de ce nom; mais, depuis l'impression de cette partie de notre travail, nous avons découvert les deux chartes suivantes qui prouvent que, si Montireau relevait en partie de Nogent-le-Rotrou, comme nous l'avions appris par d'autres documents, une autre partie de la terre de Montireau était un fief de l'évêché de Chartres.

CHARTES DU PERCHE (Supplément)

COMTÉ DU PERCHE

N° 1.

Juin 1238.

*Lettres de Thibault, roi de Navarre, comte de Champagne et de
Brie, invitant Jacques de Chateaugontier à faire hommage de
ses terres du Perche au duc de Bretagne devenu son suzerain,
par son mariage avec Blanche de Champagne.*

*(Arch. de la Loire-Inférieure, E. 148). Inventaire des Archives de la
Loire-Inférieure par L. Maître, t. III, p. 55. Analyse.*

N° 2.

Juin 1262.

*Lettres de Jean II, duc de Bretagne, et de la duchesse Blanche,
autorisant les exécuteurs testamentaires de leur fils Jean, à
disposer de ses rentes de Champagne et du Perche pour payer
ses dettes dans le cas où il mourrait avant eux.*

A toz ceulx qui ces présentes lettres verront ou oiront, Jehan,
duc de Bretagne, et Blanche, duchesse de Bretagne, sa femme,
salut en Nostre Seigneur. Sachez que nos avons grande estime à
Jehan de Bretaigne nostre chier fils ; se il advient que il muere
avant nos, que ses aumoniers tiengnent et prengnent tote sa
rente e tos ses deniers que celuy Jehan tient et a, par la réson de
nos, en Champaigne et ou Perche, à païer ses dettes et à fère
exéqution par une année enterrinement et contiment accomplie
après la mort d'iceluy Jehan. E, en tesmoignage de ce, nous
scélames cestes présentes lettres de nos seaux. Ce fut donné ou
mois de juyn, en l'an de grace, mil é douze cens é sexante é dez.

*Arch. de la Loire-Inférieure, E. 1. Original en parchemin. Nous
publions cette charte d'après une copie due à l'obligeance de M. le vicomte
de Souancé.*

N° 3.

Vidimus de lettres du roy en date du 22 août 1379, par lesquelles il est permis au comte du Perche d'avoir des Grands-Jours qui connoissent des appeaulx du bailly du Perche.

B. N. ms. fr. 24,134 (G. Lainé XII, fol. 69ᵛᵒ. *Analyse* (1).

N° 4.

Mortagne ; 21 octobre 1509.

Offres de foy et hommage faites par Antoine de Luxembourg, comte de Roussy, pour raison de la seigneurie de Nogent-le-Rotrou à Charles, comte du Perche, qui n'a pu le recevoir à la dite foy et hommage.

A tous ceulx qui ces présentes lettres verront, Jehan Crestot, bachelier es loix, garde des sceaux aux contrats de la chastellenie de Mortagne et tabellion dudit lieu, salut. Savoir faisons que, en notre présence et de Robert de Fontaines, clerc, tabellion juré, commis institué et estably, noble homme Ciforian de Changy, secrétaire de monsieur messire Anthoine de Luxembourg, comte de Bruyenne et de Roussy, ou nom et comme procureur deument fondé dudit seigneur et comte de Bruyenne, tant en son nom que comme ou nom de monsieur Charles de Luxembourg, évesque et duc de Lan, son frère, ainsy que est apparu par procuration faicte à Orléans le XIIᵉ jour de ce présent moys d'octobre, signée de Luxembourg, scellée en cire rouge dudit seigneur, lequel Ciforian, oudit nom, s'est transporté en ceste ville de Mortaigne au Perche, au chasteau et manoir de très hault et puissant prince Monseigneur Charles, duc d'Alençon, comte du Perche, per de France ; auquel lieu et parlant à la personne de mondit seigneur le duc, luy a offert faire les foy et hommaige, telles que ledit seigneur comte de Roussy luy est ou peult estre tenu faire, à raison de la terre et seigneurie de Nogent-le-Rotrou, advenue audit seigneur et comte par le trespas de feu dame Charlotte d'Armignac, en son vivant dame de ladite terre ; icelle terre tenue

---

(1) Odolant Desnos dit, t. I, p. 393 : « Le comte d'Alençon obtint le 22 août 1379 d'avoir de grands jours pour le Perche ». La source indiquée en marge est l' : « Invent. d'Alençon ms. à la bib. Saint-Germain-des-Prés, t. I ». Ce ms. est sans doute le ms. fr. 18,944 de la B. N. qui vient précisément de la bibliothèque de l'abbaye de Saint-Germain.

de mondit seigneur le duc à cause de son dit comté du Perche. Avecques ce, a le dit Ciforian, oudit nom, offert à mondit seigneur luy payer les droitz et debvoirs de fief, tels qui peuvent estre deubs à raison de ladite terre ; auxquelles offres a esté respondu par mondit seigneur que ne peult recevoir le dict comte de Roussy à ladite foy et hommaige, estans les promesses, cessions et transpors piesça faiz par Madame la Duchesse sa mère aiànt le bail et garde de luy avecques Madame la comtesse de Vendosme ou son trésorier pour elle : dont et desquelles choses ledit Ciforian de Changy, oudit nom, nous requist ces présentes que luy avons octroyées pour servir et valoir audit seigneur et comte de Roussy en temps et lieu ce que de raison. Donné pour tesmoing de ce, soubz les sceaux dessus dits, le xxi° jour du moys d'octobre l'an mil cinq cens et neuf.

Bibliothèque du château de Montdoucet. Original en parchemin. Nous publions cette charte d'après une copie due à l'obligeance de M. le vicomte de Souancé.

N° 5.

Lettres patentes du 21 avril 1771 qui permettent à mon dit sʳ le comte de Provence de nommer aux bénéfices, offices et commissions dépendans des dits duché [d'Anjou] et comtés [du Maine, du Perche et de Senonches].

Arch. nat. P. P. 146ᵇⁱˢ. Appanages fol. 2ᵛᵒ. Analyse.

CORRECTIONS ET ADDITIONS AUX CHARTES

Page 6, ajouter au bas de la charte n° 1 :

Arch. d'Eure-et-Loir, fonds du Chap. CLXXXVII, V, 1. Chirogr. orig. en parchemin.

B. N. ms. lat. 10,094 (Cartul. 28), p. 96. Copie.

B. N. ms. cartul. 28bis, fol. 46ro. Copie.

Publ. dans le Cartul. de N.-D. de Chartres, par de Lépinois et Merlet, t. I, p. 221.

O. des Murs, Hist. des comtes du Perche, p. 475.

— p. 29, ajoutez au bas de la charte n° 31 :

« *Dom Lobineau (Hist. de Bretagne, I, p. 233) a publié la traduction en français de cette charte* ».

— p. 39, ajoutez au bas de la charte n° 41 :

« *B. N., ms. coll. Dupuy, vol. 413, fol. 27vo. Copie* ».

— p. 79, ajoutez au bas de la charte n° 54 :

« *B. N., ms. coll. Dupuy, vol. 413, fol. 32vo. Copie* ».

— p. 100, ajoutez au bas de la charte n° 61 :

« *B. N., ms. fr. 18,957. Copie d'un vidimus daté probablement par erreur de 1379. — B. N., ms. coll. Dupuy, vol. 413, fol. 29vo. Copie* ». *A la fin de cette dernière copie, on mentionne l'enregistrement de ces l. p. en Parlement anno LXXIX°, ce qui est certainement une erreur, l'L ayant été sans doute mis pour un X.*

— p. 128, 5e ligne, au lieu de : « Id. id. n° 8 », lisez : *Arch. Nat. J. 949, n° 8.*

— p. 128. Ajoutez après la 17e ligne :

Publié dans les Mém. de Ph. de Comines, éd. Langlet-Dufresnoi, t. II, p. 347.

— p. 140, ligne 27, au lieu de « l'admiral maréchal de Gié », lire : *l'admiral, [le] maréchal de Gié.*

— p. 148, l 9, au lieu de « G. de Châtillon, comte de Ponthieu », lire : Portien ou Porcian.

— p 152 Ajoutez au bas de la charte n° 93, avant « B. N. ms. fr. » :

Arch. Nat. J 779, n° 13 ; autre original sur parchemin conforme au précédent, signé : ROBERTET *avec paraphe, mais sans trace de sceau, et ne portant pas à côté de la signature le mot :* duplicata.

— p. 161, au bas de la charte n° 101, au lieu de : Arch. nat. KK 393, lire : *KK 893 ;* puis ajouter :

Blanchard, Compil. Chronol., colonne 469. Analyse.

P. Anselme, Hist. de la Maison de France, III, p. 281. Analyse.

Recueil des Ordonnances des rois de France.

— p. 163, après la charte du 3 janvier 1550, n. st., ajouter :
Blanchard, Compil. Chronol., colonne 647. Analyse.

— p. 174. Ajouter, au bas de la charte n° 108, après : Blanchard, Compil. Chronol. : *col. 897.*

— p. 183. Ajouter la note suivante, dont l'appel devrait être placé au milieu de l'alinéa du bas :
Les fonctionnaires de la Chambre des Comptes nommés ici reçurent le 21 octobre 1771 des lettres de commission pour procéder aux évaluations des domaines d'Anjou, du Perche, du Maine et de Senonches. (Arch. nat. P. P. 146bis, fol. 2vo.)

— p. 188, avant : *et feodo Longniaci*, lisez : *Littera regis Ludovici de turre.*

— p. 188, après : B. N. ms. fr. 24,125 (G. Lainé, II), fol. 76vo. Copie, lisez :
B. N. ms. lat. 10,096 (Livre noir de l'Evêché), fol. 20vo.

— p. 188, au bas de la page, après : *fol. 67. Copie*, lisez :
B. N. ms. lat. 10,096 (Livre noir de l'Evêché), fol. 20vo.

— p. 192, après : *Extraits et analyses*, lisez :
Les premières lignes de cette charte sont à la fin du fol. 20^vu du ms. lat. 10,096 de la B. N., mais le fol. 21 manque.

— p. 193, après 76vo. Copie, lisez :
Id. ms. lat. 10,096 (Livre noir de l'Evêché), fol. 20vo.

— p. 193, au lieu de *Feodus de Loignaco*, lisez : *de Luigniaco*, au lieu de : Girardus de Longniaco, lisez : *de Luignaco.*

— p. 194. Ajoutez au bas de la charte n° 120 :
B. N. ms. lat. 10,096 (Livre noir de l'Evêché), fol. 53. Autre original ou copie contemporaine identique comme texte, sauf qq. variantes insignifiantes ; les seules à noter sont que le titre est : *Feodus de Lugniaco* et le début : *Girardus de Luigniaco.*

— p. 194. Ajoutez au bas de la charte n° 121 :
B. N. ms. lat. 10,096 (Livre noir de l'Evêché), fol. 100, copie complète et contemporaine de cette charte, dont l'orthographe a été complètement dénaturé par G. Lainé. Le passage supprimé au milieu contient de longues formules de garantie sans intérêt, puis le passage suivant : « *Et quant à toutes ceiz choses et chaqune par sey tenir et acomplir, je donne ces pleyges, c'est assavoir : Nicolas le Duc, escuier, Gervayse Auberge et Thomas Dayse, de Loygni.* »

— p. 209, dans l'analyse de la charte n° 145, au lieu de « Châtillon-sur-Loire », lisez : *Châtillon-sur-Loing.*

— p. 209, 3e ligne de la charte n° 145, au lieu de : *et... talibus*, lisez : *ligietatibus.*

— p. 209, 4e ligne, après *dominorum*, lisez *nostrorum.*

— p. 209, 5e ligne, au lieu de : Marchesivilla cum pertinentiis, lisez : *Marchesville cum omnibus pertinentiis.*

— p. 209, après fol. 31, copie, lisez :
B. N. ms. lat. 10,096 (Cart. 48 ; livre noir de l'Evêché de Chartres),

fol. 17ᵛᵒ. Copie contemporaine meilleure que celle de Lainé et qui nous a fourni les additions et variantes ci-dessus.

B. N. ms. lat. 11,062, fol. 65. Copie.

— p. 209, 4ᵉ ligne de la charte n° 146, au lieu de : valentes 236 libras, lisez : *valentes circa 36 libras*.

— p. 209, 6ᵉ ligne, après : Item quatuor stagna, lisez : *que valent per annum circa 100 l.*

— p. 210. Ajoutez au bas de la charte n° 146 :

B. N. ms. lat. 10,096 (Livre noir de l'Evêché), fol. 96ᵛᵒ.

Mêmes variantes que le vol. 20 de Duchesne, puis après « f. Barbou » : *qui valet circa 30 l. It f. de Courfain qui valet circa 10 l... Stephanus Jarri.*

· Au lieu de : f. de la Queyriele... : *It. f. de la Gueguerie, qui valet 10 l. vel circa quem... ; ... Juglet qui valet 60 s. vel circa ;*

It. medietariam de la Bourderie que traditur ad firmam 60 s. vel circa ;

It medietariam de la Boulaye que continet 12 sextaria terre seminairie per annum ;

It m... de la Noblerie que continet 12 sext. terre semence per annum ;

Item la Guiarderie que traditur pro septem sextaria tam bladi quam avene ;

It. med. de Ruméan cum 10 sext. terre semence vel circa ;

It. med. de la Henostdière cum 10 sext. terre semence vel circa ; f. Petri Ballu qui valet 6 l. vel circa ;

..... de la Fontene et prata in quibus habet partem P. Barbo que valent 60 s. redditus vel circa.

— p. 210, lisez à la 3ᵉ ligne de la charte n° 147, *Courtenayo* au lieu de « Courtanayo ».

— p. 211, au bas de la charte n° 147, après « XL libris », lisez :

B. N. ms. lat. 10,096 (Livre noir de l'Evêché de Chartres, fol. 97. Original). On y trouve comme dans le ms. de Duchesne les formes : *R. de Brocia* et *E. de Ordone.*

— p. 223, l. 8, au lieu de « Gonzage », lisez *Gonzague.*

— p 251, n° 16, l. 2, au lieu de « 1311 », lisez : *1361.*

Id.   l. 4, au lieu de « propre », lisez : *Pape.*

Id.   l. 5, au lieu de « viginti r », lisez : *vigente.*

— p. 263, ligne 3, au lieu de « Gilles de Melun, baillistre », lire : *Jehan de Courtenay, baillistre.*

TABLE ALPHABÉTIQUE

TABLEAU

DE TOUTES LES PAROISSES ET COMMUNES
de la Province du Perche
RANGÉES PAR ORDRE ALPHABÉTIQUE
AVEC L'INDICATION :
DU CANTON DONT ELLES FONT PARTIE
et du chiffre de leur Population en 1896

Cette liste a été dressée d'après les sources suivantes :

Assiette d'impôt faite en 1466 sur les habitants de l'élection d'Alençon et de la comté du Perche. (B. N., ms. fr. 21,421.)

Procès-verbal de la rédaction des Coutumes du Perche en 1559.

Liste donnée par Bart des Boulais, dans ses Antiquitez du Perche, Ed. Tournoüer, dans les Documents sur le Perche, p. 19 à 27.

Dénombrement du royaume par Généralités, élections, paroisses et feux, publié en 1709.

Pouillé du diocèse de Seez, rédigé en 1763 et conservé à l'évêché.

Dictionnaire géographique de l'abbé Expilly, publié en 1766.

Géographie du diocèse du Mans, par Cauvin.

Recueils des Actes administratifs de l'Orne et de l'Eure-et-Loir pour 1897.

On remarquera qu'elle contient les mêmes noms (au nombre de 189) que le tableau placé ci-dessus, p. 128, *sauf* qu'on y a ajouté : *Vaupillon* (démembré de St-Eliph à la fin du siècle dernier ou au commencement de celui-ci, ce qui fait qu'il n'est pas mentionné dans les listes du XVIᵉ au XVIIIᵉ siècle), *Ste-Croix de Mortagne* (qui n'a jamais eu d'autre curé que celui de Loisé, mais formait cependant une paroisse distincte), la *Croix-du-Perche* (comprise dans la liste de Bart des Boulais et dont quelques feux poúvaient être de la province du Perche, quoique le chef-lieu et la majorité de la paroisse fussent du Perche-Gouet), enfin *St-Jean de Mauves*, omis par erreur. En revanche, on a dû effacer *Souazé* (en Brunelles), compris par erreur dans le tableau ci-dessus, car il ne semble avoir jamais formé ni paroisse ni communauté et ne doit pas être confondu avec St-Hilaire-de-Soisay (réuni à la Perrière), ni avec Soisay, paroisse du Perche-Gouet, canton d'Authon, dont le nom s'est quelquefois écrit : Souazé. On n'a pas cru devoir comprendre dans cette liste la paroisse de Bonvilliers, quoiqu'indiquée par Bart, parce que cette paroisse, aujourd'hui réunie à la Chapelle-Fortin, est en plein Thimerais, à 7 ou 8 lieues des limites de la Châtellenie de Nogent, dans laquelle Bart la place, ce qui autorise à supposer une erreur et une confusion, soit avec Nonvilliers, soit avec Bethonvilliers, d'autant plus que Bart est le seul à indiquer cette paroisse comme étant du Perche.

AVIS AU RELIEUR. — Ce tableau devra être placé soit vers la fin du 1ᵉʳ volume de la Géographie du Perche, entre les p. 168 et 169, soit en tête, à côté de la carte.

COMMUNE	Popul. en 1896	CANTON	COMMUNE	Popul. en 1896	CANTON
Appenai-s.-Bellême ..	421	Bellême	Contrebis, jadis Conturbie (p. et c. réunies à Randonnai) ..	....	Tourouvre
Argenvilliers (p. et c. réunies à Beaumont)	....	Authon	Corbon .p. réunie à Mauves 1802)......	212	Mortagne
les Autels-Tubœuf (p. et c. réunies à Beaumont en 1835)......	....	Authon	Corubert (p. réunie à Colonard 1867)...	159	Nocé
Autheuil...........	248	Tourouvre	Coudrai-au-Perche ...	592	Authon
Avezé (en partie).....	....	la Ferté-Bernard	Coudreceau	656	Thiron
Barville............	429	Pervenchères	Coulimer..........	713	Pervenchères
Basoches-sur-Hoëne..	880	ch.-l. de canton	Coulonges-les-Sablons	789	Regmalart
Beaumont-les-Autels (jadis B.-le-Chartif)	81C	Authon	Courcerault........	508	Nocé
Bellavilliers........	503	Bellavilliers	Courgeon..........	440	Mortagne
Bellême (St-Pierre de), psse réunie à St-Sauveur de Bell. en 1802.	....	Bellême	Courgeoût..........	645	Basoches-s-H.
Bellême (St-Sauveur de)...............	2599	ch.-l. de canton	Courgommer (cité en 1466, réuni très anciennem. à St-Fulgent	....	Bellême
Bellou-le-Trichard ...	552	le Theil	Courteharaye, voir : St-Aubin............	....	Basoches-s-H.
Bellou-sur-Hulne	704	Regmalart	Courthioust (p. et c. réunies à Colonard en 1807)...........	....	Nocé
Berd'huis..........	703	Nocé	Courtoulin (p. réunie à Basoches)........	88	Basoches-s-H.
Bethonvilliers.......	367	Authon	Coutretot (p. et c. réunies à Trizay).......	....	Nogent
Bivilliers	152	Tourouvre	la Croix-du-Perche (en partie)...........	....	Thiron
Bizou	205	Longny	Dame-Marie........	487	Bellême
Boëcé (p. réunie à la Mesnière)........	147	Basoches-s-H.	Dancé	534	Nocé
Boissy-Maugis......	807	Regmalart	Dollon (en partie)....	....	Vibraye
Brésolettes.........	108	Tourouvre	Dorceau	691	Regmalart
Bretoncelles........	1620	Regmalart	Eperrais	346	Pervenchères
Brotz (p. et c. réunies à l'Hôme-Ch.)	....	Longny	les Etilleux........	375	Authon
Brunelles..........	655	Nogent	Favril (St-Pierre du)..	580	Courville
la Bruyère (ancien nom de St-Pierre-la-B	....	Nocé	Feillet (p. et c. réunies au Mage)	....	Longny
Bubertré...........	297	Tourouvre	Feings............	524	Mortagne
le Buisson (chef-lieu actuel de la p. de Colonard).........	....	Nocé	Fontaine-Simon......	607	la Loupe
Buré	211	Basoches-s-H.	Frétigny..........	863	Thiron
Ceton	2761	le Theil	Gastineau, ancien nom de Préval.......	....	la Ferté-Bernard
Champeaux-s-Sarthe.	350	Basoches-s-H.	la Gaudaine	221	Nogent
Champrond-en-Perchet (p réunie à Brunelles)	268	Nogent	Gémages...........	308	le Theil
Champrond-s.-Braye (en partie)	....	Montmirail	Gué-de-la-Chaîne (p. et c. démembrées de St-Martin-du-Vieux-Bellême en 1867 et 1872)	932	Bellême
Champs...........	203	Tourouvre	Happonvilliers......	578	Thiron
la Chapelle-Gastineau (anc. nom de Préval).	....		l'Hermitière.......	384	le Theil
la Chapelle-Montligeon	813	Mortagne	l'Hôme-Chamondot..	406	Longny
la Chapelle-St-Rémy (en partie)	....	Tuffé	Igé................	1261	Bellême
la Chapelle-Souëf	601	Bellême	la Lande-sur-Eure ...	418	Longny
Chemilli	484	Bellême	Lignerolles........	280	Tourouvre
Colonard	440	Nocé	Loisail............	263	Mortagne
Comblot	130	Mortagne	Loisé (c. réunie à Mortagne)...........	....	Mortagne
Combres...........	708	Thiron			
Condé-sur-Huine ...	1225	Regmalart			
Condeau...........	572	Regmalart			

NOTA. — On a mis en abrégé : p. pour paroisse, et c. pour commune.

COMMUNE	Popul. en 1896	CANTON	COMMUNE	Popul. en 1896	CANTON
Longny	1860	Longny	Origny-le-Butin	218	Bellême
Longpont (p. et c ré-unies à la Mesnière)	....	Basoches-s-H.	Origny-le-Roux......	504	Bellême
la Madeleine-Bouvet..	484	Regmalart	Parfondeval.........	195	Pervenchères
le Mage	534	Longny	le Pas-St-Lhomer....	220	Longny
Maison-Maugis......	197	Regmalart	la Perrière........	672	Pervenchères
Mâle...............	979	le Theil	Pervenchères........	....	Pervenchères
Malétable.	180	Longny	*Pierrefitte* (anc. nom de St-Jean-P).	....	Nogent
Marchainville.......	481	Longny	*Pigeon* (ancien nom de St-Hilaire-lez-M.).	....	Mortagne
Marcilly (p. et c. ré-unies à Igé).....	....	Bellême	le Pin-la-Garenne...	848	Pervenchères
Margon.............	528	Nogent	la Poterie-au-Perche .	160	Tourouvre
Marolles...........	488	Thiron	Pouvrai	279	Bellême
Mauves (St-Jean de), p. et c. reunies à St-Pierre de Mauves)..	....	Mortagne	Préaux............	1088	Nocé
			Prépotin...........	214	Tourouvre
Mauves (St-Pierre de)	985	Mortagne	Préval (jadis : Gâti-neau) en partie....	....	la Ferté-Bernard
Meaucé.............	334	la Loupe	Randonnai.........	614	Tourouvre
les Menus..........	280	Longny	Regmalart	1616	Regmalart
la Mesnière........	544	Basoches-s-H.	Réveillon..........	582	Mortagne
Monceaux..........	206	Longny	Riveray (p. et c. ré-nies à Condé).....	...	Regmalart
Montgaudry........	308	Pervenchères	la Rouge	608	le Theil
Montigny-le-Chartif ..	855	Thiron	St-Agnan-sur-Erre...	387	le Theil
Montireau..........	204	la Loupe	St-Aubin-de-Courte-raie...............	324	Basoches-s.-H.
Montlandon........	341	la Loupe	St-Aubin-des-Grois..	172	Nocé
Mortagne (N.-D. de) .	4277	Mortagne	*St-Cierge* (ancienne forme de St-Serge)..	....	Nogent
Mortagne (St-Jean) p. et c. réunies à N.-D.	....	Id.	St-Cosme-de-Ver (en partie)............	....	Mamers
Mortagne (St-Malo), p. et c. réunies à N.-D.	....	Id.	St-Cyr-la-Rosière. ...	840	Nocé
Mortagne (Ste-Croix), succursale de Loisé réunie à Mortagne).	....	Id.	St-Denis-d'Authou-St-Hilaire	868	Thiron
la Motte-d'Iversay (p. et c. réunies à l'Hô-me-Chamondot). ...	...	Longny	St-Denis-des-Cou-drais (en partie)....	....	Tuffé
Moulicent.	527	Longny	St-Denis-sur-Huîne (p. réunie à Réveillon..	....	Mortagne
Moutiers-au-Perche..	1112	Regmalart	Ste-Céronne-lez-Mor-tagne...............	450	Basoches-s-H.
Neuilly-sur-Eure, ja-dis : Nully)	759	Longny	Ste-Gauburge-de-la-Coudre (p. et c. ré-unies à St-Cyr-la-Ro-sière).............	....	Nocé
Nocé..............	1208	Nocé			
Nogent-le-Bernard (ou le Petit-Nogent), en partie.	....	Bonnétable	St-Eliph............	777	la Loupe
Nogent-le-Rotr. (N.-D.).			St-Etienne-sur-Sarthe (p. et c. réunies à St-Aubin-de-Courte-raie).............	....	Basoches-s-H.
Nogent-le-Rotrou (St-Hilaire)...........					
Nogent-le-Rotrou (St-Jean).............	8489	Nogent	St-Fulgent-des-Ormes	470	Bellême
Nogent-le-Rotrou (St-Laurent)......			St-Germain-de-la-Cou-dre	1489	le Theil
Nonvilliers - Grand - houx (sauf la section de Grandhoux qui n'est pas de la pro-vince du Perche) ...	472	Thiron	St-Germain-de-Marti-gny.	168	Basoches-s-H.
			St-Germain-des-Grois	515	Regmalard
Nully (ancien nom de Neuilly)	....		St-Hilaire-lez-Mor-tagne...............	760	Mortagne
			St-Hilaire-des-Noyers		

NOTA. — On a mis en abrégé : p. pour paroisse, et c. pour commune.

COMMUNE	Popul. en 1896	CANTON	COMMUNE	Popul. en 1896	CANTON
(p. et c. réunies à Corubert).	. . . .	Nocé	St-Pierre-la-Bruyère .	314	Nocé
St-Hilaire-des-Noyers (p. et c. réunies à St-Denis-d'Authou) .	. . . .	Thiron	St-Quentin-de-Blavou St - Quentin - le - Petit (p. et c. réunies à Nocé).	195	Pervenchères Nocé
St-Hilaire-de-Soisay (p. et c. réunies à la Perrière).	. . .	Pervenchères	St-Sulpice-de-Nully (p. et c. réunies à St-Hilaire-lez-Mortagne).	. . .	Mortagne
St-Hilaire-sur-Erre . .	628	le Theil	St-Victor-de-Buthon. .	853	la Loupe
St-Jean-de-la-Forêt. . .	345	Nocé	St-Serge (p. et c. réunies à Trizay, 1835)	. . . .	Nogent
St-Jean-des-Echelles (en partie).	. . . .	Montmirail	St-Victor-de-Réno . .	506	Longny
St-Jean-des-Meurgers (p. et c. réunies à Meaucé).	. . .	la Loupe	Serigny	400	Bellême
			Soisay (voyez : St-Hilaire).	. . . .	Pervenchères
St-Jean-Pierrefitte. . . .	224	Nogent	Soligny-la-Trappe . . .	935	Basoches-s-H.
St-Jouin-de-Blavou. . .	632	Pervenchères	Souancé.	875	Nogent
St-Julien-sur-Sarthe. .	1003	Pervenchères	Suré	514	Pervenchères
St-Langis-lez-Mortagne.	522	Mortagne	le Theil (en partie). .	1075	le Theil
St-Marc (p. et c. réunies à Vichères). . . .	. . . .	Nogent	Théligny (en partie). .	. . . .	la Ferté-Bernard
St-Mard-de-Coulonges (p. et c. réunies à St-Ouen-de-Sécherouvre).	. . . .	Basoches-s-H.	Théval (p. réunie à Mortagne, c. réunie à St-Langis).	. . . .	Mortagne
St-Mard-de-Réno	920	Mortagne	Tourouvre.	1660	Tourouvre
St-Martin-du-Douet (p. et c. réunies à Dame-Marie).	. . . .	Bellême	Trizay-Coutretot-St-Serge.	502	Nogent
			Vaunoise	273	Bellême
St-Martin-des-Pèserits	230	Moulins-la-M.	Vaupillon (p^sse au XIIIe s., annexée à St-Eliph aux XVIe, XVIIe et XVIIIe s.) . . .	. . . .	la Loupe
St-Martin-du-Vieux-Bellême	820	Bellême	la Ventrouze	137	Tourouvre
St-Maurice-s-Huine . .	280	Nocé	Verrières.	785	Nocé
St-Ouen-de-la-Cour . .	150	Bellême	Vichères.	622	Nogent
St-Ouen-de-Sécherouvre	396	Basoches-s-H.	Viday	144	Pervenchères
			Villiers-sous-Mortagne	474	Mortagne

NOTA. — On a mis en abrégé : p. pour paroisse, et c. pour commune.

TABLE ALPHABÉTIQUE

AVEC IDENTIFICATIONS

Des noms de personnes et de lieux contenus
dans la Géographie du Perche
et dans les Chartes servant de preuves à ce travail
et formant le Cartulaire de la province du Perche

NOTA. — Les chiffres précédés de II renvoient aux pages des *Chartes*, les autres renvoient au texte de la *Géographie du Perche*.

A

Abot (Jean-Louis), chr de l'Ordre, sgr du Bouchet, bailli et comml l'escadron de la noblesse du Perche en 1674, 136.

Achè Olivier (d'), sgr de Brezolles en 1360, 148.

Achères [anc. commune réunie à Theuvy, Eure-et-Loir, Thimerais], 155.

Achery Dom Luc (d'), bénédictin, II, 34.

Achillosus Gonesse (de), II, 252.

Acta SS. Ord. S. Benedicti, 13.

Adelaïsa, conjux Alberti, domini de Senonches, 144.

Adèle, Adila, ép. Hugues III de Châteaudun, 30, 41, tabl. 44.

Adèle, ... du Perche, ... de Ponthieu, ... de Domfront, voir ces noms.

Ayde [Hérault] l'év. d', en 1461, [Étienne III de Roupy de Cambrai], II, 127.

Ayincourt, II, 125, voir Azincourt.

Agnès, ... de Fréteval, ... Mallet, ... de Ponthieu, voir ces noms.

Agombert ou Albert, cte du Perthois et non du Perche, 24, 27.

Ailly-sur-Noye [arr. de Montdidier, Somme, Amiénois], bn d', en 1540, Antoine de Bourbon, II, 161.

Aimericus II de Chartus, év. de Chartres, 1332-1342, II, 266.

Aimery de Rochefort, 146, 147, voir Rochefort.

Aimoin, moine de Fleury, chroniqueur du xe s, 9, 27.

Alain-le-Grand, cte d'Albret, † 1522, II, 258.

Alain Fergent, duc de Bretagne, † 1119, 45.

Alart de Châteaugontier, voir ce nom.

Alberède, Alberida, ép. Hugues II, sgr de Châteauneuf-en-Thimerais, 145; II, 217.

Albert, abbé de Jumièges, 19.

Albert de Châteauneuf, voir ce nom.

Albigeois [province de France, en Languedoc, capitale Alby], 76.

Albret [Lebret ou Labrit, cant. de l'arr. de Mont-de-Marsan, Landes. Ville, capitale de la vicomté, puis duché, et de la province de France du même nom]; — *Comte d'*, Alain le Grand, † 1522; II, 258; — *Duc d'*, Henri II, roi de Navarre, fils de Jean, ép. Marg. d'Angoulème, † 1555; 74, 91, 92; II, 161; — *Famille d'*, Jeanne, fille de H. II, roi de Navarre, femme d'Ant. de Bourbon, mère de Henri IV, 92.

Alby [Tarn, capitale de l'Albigeois], l'év. d', en 1483; Louis Ier d'Amboise, II, 140, 158.

Aldebert IV et V, comtes de la Marche, 105.

Alègre (Yves d'), écr, sr du Rieu, II, 140.

Alençon, Alençonium [Orne, Normandie]. — *Bailliage*, 122. —

74, II, 126; Wulgrain ou Wul-
grin II, fils de Guill. Taillefer, ép.
Ponce de la Marche, † 1140, 105.
— *Duchesse d'*, Louise de Savoie,
ép. Charles d'Orléans, c^te d'Ang.,
† 1532, II, 150. — *Famille d'*,
Marguerite, fille de Jean le Bon,
23e c^sse du Perche, † 1549, voir
France et Perche.
Anguerant (d') Jean IV, év. de Char-
tres, 1360-1368, II, 251.
Anguien, voir Enghien.
Anjou, *Andegavia* [prov. de France].
— *Comté*, 77, 82, 143; II, 19, 27,
29 à 31, 54, 64, 70, 75, 76. —
(Comtes d') : Charles II le Boiteux, roi de Naples et de Jérusalem, c^te du Maine, fils de Ch. Ier,
† 1309, ép. Marie de Hongrie, 81,
II, 247, 249, 255, 256; Foulques III
Nerra, fils de Geoffroy Grisegonelle, † 1040, ép. Elisabeth de
Vendôme, puis Hildegarde, 98;
Geoffroy Grisegonelle fils de Foulques II, ép. Mahaut de Châteaudun, † 987, 28, 36, tabl. 44; Geoffroy II Martel fils de Foulques III,
ép. Agnès de Bourgogne, † 1060,
40; Geoffroy V Plantagenet, plus
tard duc de Normandie, fils de
Foulques V. † 1151, 50. 51; Jean
Tristan de France, voir France. —
Domaine, II, 183, 271. — *Duché*,
[érigé en 1297], 93; II, 146, 152,
164, 180, 269. — *(Duchesses d')* :
Louise de Savoie, voir Savoie. —
(Ducs d') : François III, — Hercules
de France, c^te du Perche, voir
France et Perche; Henri de France,
fils de H. II, voir France. — *(Fa-*
mille des comtes d') : Béatrice, fille
de Hélie, ép. vers 1100 Jean de
Montgommery, 60, 61; Charles III,
c^te du Maine, sg^r des Cinq-Baronnies, fils de Louis II, ép. Isabelle
de Luxembourg, † 1472, 159;
Charles, c^te du Maine, fils de Ch. III,
† 1481, 159; Charles IV, c^te du
Perche et du Maine, duc d'Alençon,
sg^r de Nogent-le-Rotrou et des
Cinq-Baronnies, fils de René, voir
France et Perche; . Hélie, c^te du
Maine, frère de Geoffroy V, ép.
Philippe du Perche, 50, 58, 60,
tabl. 44; Louise, fille de Charles,
c^te du Maine, ép. en 1462 Jacques
d'Armagnac, 159; II, 255; Marguerite, fille de Charles II, reine de
Sicile, dame des Cinq-Baronnies,
ép. Charles de Valois, 12e c^te du
Perche, † 1299, 74, 81, 97, 162;

II, 49, 50, 51, 248 à 250. — *Fief*
du comte d', II, 239. — *(Maison*
d'), sa succession, II, 258. — *Sé-*
néchaux d', en 1226, 61; II, 12,
13; Amaury de Craon, voir Craon;
en 1483, le sg^r de la Grutuze, II,
140.
Anne d'Alençon, d'Autriche, voir ces
noms.
Anne, dame de la Salle, II, 211.
Anobertus, 18.
Anselme (le Père), [Pierre de Gui-
bours, Augustin, généalogiste,
† 1694], 78, 79, 148, 172 *ter* ; II,
128, 130, 132, 161, 174, 270.
Anthenaise [actuell. La Chapelle-An-
thenaise, cant. d'Argentré, arr. de
Laval, Mayenne, Maine], — *le sg^r d'*,
II, 96.
Antioche [Turquie d'Asie], 48, 105.
Antioche (Jean d'), écr, sg^r d'une
dîme à Brou, ép. Agnès du Plessis,
II, 249.
Antoin (Henri d'), ch^r, II, 253.
Antoine de Bourgogne, le grand Bâtard de B., II, 140. Voir : Bourgogne.
Appenay-sous-Bellême [cant. de Bellême, arr. de Mortagne, Orne,
châti^e de Bellême, Perche], 128,
141. — Saint-Germain-d', jadis du
doyenné de Bellême, 112.
Aragon, Espagne, — *(Roi d')*, Al-
phonse le Batailleur et roi de Navarre et de Castille, fils de Sanche Ier, † 1134, 48. — *Isabelle d'*,
ép. Philippe III le Hardi, roi de
France, † 1271, 74.
Arbois de Jubainville (d'), Marie-
Henri, archiviste et historien français, né à Nancy, en 1827; II, 9,
12, 13, 16.
Arcei (Garin d'), év. de Chartres,
1370-1376; II, 197, 252, 253.
Arcis-sur-Aube [Aube], sg^r en 1050
Hilduin IV de Montdidier, 46.
Arcisiæ, voir Arcisses.
Arcisses, Arcisiæ [anc. abb^e de Bé-
nédictines, en Brunelles, cant. et
arr. de Nogent-le-Rotrou, Eure-et-
Loir, Perche], II, 19, 88.
Ardelles [châti^e et cant. de Château-
neuf, Eure-et-Loir, Thimerais], 154.
Arengarde, ép. 1° Aldebert IV de
Montgommery, c^te de la Marche,
2° Châlon de Pons, 105.
Areville (fief mouvant de Nogent-le-
Rotrou), II, 20.
Argentan, *Argenthen* [Orne, Nor-
mandie]. — Sg^r en 1191, 102.
Robert II Talvas, voir Bellême. —

[aujourd'hui Aunay-sous-Crécy, cant. et arr. de Dreux, Eure-et-Loir. Thimerais], 153, 154.

Aumale, Albemarle, [cant. de l'arr. de Neufchatel, Seine-Infre, Normandie] *-- Comte d',* 117. *-- Comte d',* en 1380, 74, voir Jean VII d'Harcourt, en 1208, 105. Voir Simon de Dammartin.

Aumanesches (Ela domina de), voir Alençon et Almenesches.

Aunay, voir *Aulney.*

Auneau (de), — Guy, chr en 1294. — La Dame, vassale de Montmirail ; II, 239.

Aunel (Marguerite d'), dame de la Loupe, ép. Bureau de la Rivière ; II, 284.

Aupaise de Châteaudun, tabl 44, voir Châteaudun.

Aurelia, Aurelianensis civitas, 27 ; II, 33, 34, voir Orléans

Aurilly (baron d'), en 1540 ; II, 161, voir Antoine de Bourbon.

Auriniacus : Origny-le-Butin, 18.

Autels-Saint-Eloi (les), [aujourd'hui les Autels-Villevillon, cant. d'Authon, arr. de Nogent-le-Rotrou, Eure-et-Loir, Perche-Gouet], 161.

Autels-Tubœuf (les), commune réunie à Beaumont-le-Chartif, nommée, depuis lors, Beaumont-les-Autels, cant. d'Authon, arr. de Nogent-le-Rotrou, Eure-et-Loir, châtie de Nogent-le-Rotrou, Perche], 128, table alph. — *N.-D. des,* jadis du doyenné du Perche, 114.

Autels-Villevillon (les), voir les Autels-St-Eloi.

Autheuil [cant. de Tourouvre, arr. de Mortagne, Orne, Châtie de Mortagne, Perche], 128, 142, table alph. — *Notre Dame d',* jadis du doyenné de Brezolles, 115.

Authon, Autonius, [cant. de l'arr. de Nogent-le-Rotrou, Eure-et-Loir. L'une des 5 baronnies du Perche-Gouet], 142, 157, 159 ; II, 149, 236, 237, 249. — *Bonihomines de,* prieuré de l'Ordre de Grandmont ; II, 237. — *Leprosi de ;* II, 237. — Prior de ; II, 237. — *Seigneur d' ;* 159 ; II, 152 à 262.

Authou, Autou, Auton (nemus ou boscum de), [ancien bois essarté, ayant donné son nom à la ferme du Bois d'Authou, en St-Denis-d'Authou, cant. de Thiron, arr. de Nogent-le-Rotrou, Eure-et-Loir, Perche] ; 1, 21, 91.

Autriche (maison d') Anne, ép.

Louis XIII, 74, 97 ; Marie-Thérèse, ép. Louis XIV, 74, 97.

Auvergne (dauphiné d'), [sgrie dans la province de ce nom]. — *Le comte dauphin d',* en 1483 [Louis Ier de Bourbon-Montpensier] ; II, 140.

Auvernay (Pierre d'), chr en 1335 et 1336 ; II, 87, 95.

Auvilliers (le sgr d') en 1391 ; II, 104, 107, voir de Tournebu.

Auxerre [Yonne, cap. de l'Auxerrois], le Cte d', avant 1223 ; II 240, voir Hervé de Donzy.

Avallocium, Alluye, voir ce mot.

Avesgaut de Bellême, év. du Mans, (995-1035), 98, 100.

Avesnes, [*Avesnes-le-Comte,* cant. de l'arr. d'Arras, Pas-de-Calais, Artois] — Le sgr d', en 1282 ; II, 42, voir Pierre de France, Cte du Perche.

Avezé, [cant de la Ferté-Bernard, arr. de Mamers, Sarthe, Châtie de Bellême, en partie du Maine et du Perche], 10, 21, 115, 128, 142, table alph.

Avit (Saint), Sanctus Avitus, év. de Vienne, sa vie, 8, 23.

Avre, rivière, affluent de l'Eure, source près de Tourouvre, 9, 21, 145, 146, 152, 153, 165 ; II, 120, 121.

Aydie (Odet d') bailly du Cotentin ; II, 112.

Aymon de Château-du-Loir, 98, voir Château-du-Loir.

Azincourt, Agincourt [cant. du Parcq, arr. de St-Pol, Pas-de-Calais, Artois] bataille en 1415, où périt Jean Ile Sage, Cte d'Alençon et du Perche, 86 ; II, 125.

B

Babiot (Guillelmus) ; II, 20.

Babou de la Bourdaisière, famille, bons d'Alluye, 160.

Badouilier (de) ; II, 127.

Baigis (Jehan), vassal de Nogent ; II, 89.

Baille (Regnoult de), vassal de Nogent ; II, 89.

Bailler (Jehan) ; II, 127.

Baillou, [com. du cant. de Mondoubleau, arr. de Vendôme, Loir-et-Cher, Vendômois], 11.

Balaum, voir Ballon.

Balle ; II, 20.

Ballon, [Balaum, arr. du Mans, Sarthe, Maine], 39, 98.

Ballu (Petrus), vassal de l'évêché de Chartres ; II, 210, 272.

Balu (Jehan) ; II, 212.

---

(1) Notre texte porte « comtesse » et non « duchesse », mais c'est évidemment une erreur, les sgrs de Bar qui possedaient Nogent portant alors le titre de ducs et non de comtes.

Berseriis ; II, 218; Macé, Macetus de Bercheriis ; II, 250.

Berd'huis [cant. de Nocé, arr. de Mortagne, Orne, Perche], châtie et doy. de Bellême, St-Martin de, 19, 112, 128, 141.

Bérengère de Navarre, reine d'Angleterre, voir Navarre.

Bergerie (la), hébergt commue de Nonvilliers (Eure-et-Loir); II, 90.

Bernard de la Marche, voir Marche.

Bernay [arr. du dépt de l'Eure, Normandie], vicomté; II, 131, 136, 151, 156.

Bernier [commune réunie à Theuvy, Eure-et-Loir, Thimerais], 155.

Berno Normanus, 8.

Berotus, voir Berou.

Bérou-la-Mulotière, Berotus [cant. de Brezolles, arr. de Dreux, Eure-et-Loir, sergenterie de Brezolles, Thimerais], 155; II, 249, 250.

Bérout de Boys-Guillaume, ser de Courpotain; II, 83, 86

Berry, province de France, caple Bourges ; II, 115. — *(Duc de)*: François III - Hercules de France, 27e cte du Perche, voir France et Perche.

Berseriis (de), voir de Berchères.

Bertin ; II, 187.

Bertoni Villaris, voir Bethonvilliers.

Bertonville (de), Guillaume ; II, 89.

Bertrand, Jean II, cardl de Sens, garde des Sceaux ; II, 164.

Besnard, Joseph, auteur de l'*Histoire religieuse de Mortagne*, 63.

Bethaire, Saint *(Sanctus Betharus)*, év. de Chartres, 8.

Bethfort, voir Bedfort.

Bethonvilliers [Bertoni-villaris, cant. d'Authon, arr. de Nogent-le-Rotrou, Eure-et-Loir, Perche], châtie de Nogent, 25, 128, 142. — Saint-Martin de, jadis du doy. du Perche, 114.

Billoncelles, alias *Billancelles*, cant. de Courville, arr. de Chartres, Eure-et-Loir, Thimerais, 153, 155.

Binet, Jean, trésorier général en 1523; II, 158.

Bisail, Jean ; II, 89.

Biseul, Guillaume ; II, 90.

Bisou ou *Bizou* [cant. de Longny, arr. de Mortagne, Orne, Perche], châe de Mortagne, 128, 141. — St-Germain de, jadis du doy. de Brezolles, 115.

Bivilliers [cant. de Tourouvre, arr. de Mortagne, Orne, Perche], châtie

de Mortagne, 128, 142. — St-Pierre de, jadis du doy. de Corbon, 112.

Bizou, voir Bisou.

Blanchard (Guillaume), avt au parlement de Paris, † 1724, auteur de la *Compilation des Ordonnances*, etc. ; II, 161, 163, 169, 174, 270, 271.

Blanche — de Champagne, de Navarre — voir ces noms — de Castille, 7e ctesse du Perche, voir France et Perche.

Blanchefort (de) Jean ; II, 140.

Blanche-Nef (naufrage de la), en 1120, 50.

Blancon; II, 64.

Blaton; II, 54.

Blaudy, dame en 1551, Jacqueline de Rohan ; II, 203.

Blavette (Philippe de), bailly du Perche en 1514, 171 *quater*.

Blavou, château en St-Denis-sur-Huisne, 10. — *Combat*, 98. — *Forêt*, aujourd'hui détruite et s'étendant sur les communes de St-Denis St-Jouin, St-Quentin, cantons de Pervenchères et Mortagne, Orne, 10.

Blenio (de), Robertus, archidiacre de Chartres en 1200 ; II, 208.

Blésois [Blesisum, Blaisois alias, province de France, caple Blois], 27.

Bleville (de), Guillaume, vassal de la Bazoche ; II, 239.

Blévy [cant. de Châteauneuf-en-Thimerais, arr. de Dreux, Eure-et-Loir, Thimerais]. — *Terre*, 151, 153, 154 ; II, 233. — *Marquisat* de B. et Maillebois, érigé en 1621. — *Marquise* en 1624, Marie le Clerc de Lesseville, femme de Antoine le Camus, ser de Jambville ; II, 233. — *Marquis* en 1706, M. des Marets ; II, 233.

Bloglie ; II, 231, voir Broglie.

Blois [caple du Blésois, chef-lieu du Loir-et-Cher] :— *Comté* (Blensensis comitatus), 18, 71, 118 ; II, 88. — *(Comtes de)*: Eudes I, cte de B. et de Chartres (Odo), fils de Thibault le Tricheur, ép. Berthe d'Arles, † 995 ; 36 ; Eudes II, cte de B., de Chartres et de Champagne, fils d'Eudes I, ép. 1o Mathilde de Normandie, 2o Emengarde d'Auvergne, † 1037 ; 38 ; Henri-Etienne, cte de B. et de Chartres, fils de Thibaut III, ép. Alix ou Adèle d'Angleterre, † 1102 ; 48 ; Hugues de Chatillon, fils de Gaucher, cte de B. par sa 2e femme, Marie d'Avesnes, ctse de

Chastel (François du), proc^r gén^{al} au baillage de...., en 1525 ; II, 202.

Chataigner, prieuré, dép^t de Thiron, en Soisé, cant. d'Authon, arr. de Nogent-le-Rotrou ; Eure-et-Loir. Perche-Gouet ; 159.

Chataincourt [cant. de Brezolles, arr. de Dreux, Eure-et-Loir. Chât^{ie} de Chateauneuf, Thimerais] ; 154.

Châteaubriand (de), Charlotte, fille de René, dame de Longny en partie, ép. Henri de Croy, II, 201 ; Jean, ch^r, s^{gr} de Longny, II, 199 ; Magdeleine, fille de René, dame de Longny en partie, ép. François, s^{gr} de la Noë, II, 201 ; Marie, fille de René, dame de Longny en partie, ép. Jean de Chambes, s^{gr} de Montsoreau, II, 201 ; René, fils de Théaude, b^{ron} de Longny, II, 200, 201 ; Théaude, s^{gr} de Longny ; II, 200.

Château-du-Loir (Castellum Lidi), arr. de Saint-Calais, Sarthe, Maine) s^{gr} de ; 158 ; Guil. II Gouet. — *(Maison de)* ; Aymon, ép. Hildebourge ; 98 ; Gervais, fils d'Aymon, év. du Mans, † 1035 ; 98.

Châteaudun (Castrum Dunum) [arr. d'Eure-et-Loir, Cap. du Dunois].. — *Comté* ; II, 28. — *Doyenné* de C. ou de Beauce ; 17. — *Maison de* (souche des comtes de Mortagne, du Perche et s^{grs} de Montfort-le-Rotrou), 42, 43, 71, 143. ; tabl. 44. — *Vicomté* ; 5, 30. — *Vicomtes de* ; Geoffroy Ier, 1er v^{te}, ép. Hermengarde, † 963 ; 39, tabl. 44 ; Geoffroy III, 4e v^{te}, fils de Geoffroy II, 4e v^{te}, s^{gr} de Nogent-le-Rotrou, c^{te} de Mortagne, ayant épousé Helvise de Mortagne, † av^t 1041 ; 30, 37, 38, 40 à 43, tabl. 44 ; Geoffroy IV, fils de Hugues IV, 8e v^{te}, ép. Heloïse de Montdoubleau, † av^t 1145 ; 11, tabl. 44 ; Geoffroy V, fils de Hugues V, 2e v^{te}, ép. Alice de Fréteval, † 1215 ; 60, tabl. 44, 70, 172ter ; Geoffroy VI, fils de Geoffroy V, 12e v^{te}, ép. Clémence des Roches, veuve de Thibault VI, c^{te} de Blois ; tabl. 44, 60, 62, 66, 67, 69 ; II, 10, 11, 13, 23 ; Guérin de Domfront, prétendu v^{te}, 99, 98, 101 ; Hugues Ier, 2e v^{te}, fils de Geoffroy Ier, ép. Hildegarde de Blois, v^{ve} d'Ernaud de la Ferté, † vers 989 ; 30. 37, 39, tabl. 44 ; Hugues II, fils de Hugues Ier, 3e v^{te}, arch. de Tours, † 1023 ; 30, 37 à 39, tabl. 44 ; Hugues III, fils de Geoffroy III, 5e v^{te}, ép. Adèle,

† 1040 ; 30 à 39, 41, 42 ; tabl. 44 ; Hugues IV, Capellus, fils de Rotrou II, 7e v^{te}, ép. Agnès de Fréteval, † vers 1110 ; 30, 42 à 44, 60, tabl. 44 ; Hugues V, fils de Geoffroy IV, 9e v^{te}, ép. Marguerite, † 1166 ; 60, tabl. 44 ; Hugues VI, fils de Hugues V, 10e v^{te}, ép. Jeanne de la Guerche, † 1190 ; tabl. 44, 105, 172 ^{bis} ; Rotrou II, fils de Geoffroy III, 6e v^{te}, c^{te} de Mortagne, s^{gr} de Nogent-le-Rotrou, ép. Adèle de Domfront, † vers 1079 ; tab. 44, 38 à 44, 55, 60, 62, 97. 99, 145. — *(Vicomtesses de)* en 1127 : Alice de Fréteval ayant ép. Geoffroy V, v^{te} de C. ; tabl. 44, 60, 241, 242 ; Hildegarde de Blois, fille de Thibault Ier, c^{te} de Blois, ayant ép. en 1008 Hugues Ier, v^{te} de C. ; tabl. 44, 30, 37 ; Agnès, fille de Geoffroy V ; tabl. 44 ; Alice, dame de Fréteval, fille de Geoffroy V, ép. Hervé de Gallardon ; tabl. 44, 60, 62, 67, 70 ; II, 10, 13, 15, 16 ; Aupaise, fille de Geoffroy IV ; tabl. 44 ; Clémence, fille de Geoffroy VI, ép. Robert de Dreux ; tabl. 44 ; Eudes, fils de Hugues V ; tabl. 44 ; Foulques, Fulcois, fils de Rotrou II ; tabl 44, 52 ; Geoffroy II, fils de Hugues Ier, 2e s^{gr} de Nogent-le-Rotrou ayant épousé Milesende, dame de Nogent-le-Rotrou, † av^t 1005 ; 30, 37, 41, 43 ; tabl. 44 ; Geoffroy IV, 1er c^{te} de Mortagne, tige et 1er c^{te} du Perche, fils de Rotrou II, ép. Béatrice de Roucy, † 1100 ; tabl. 44, voir Perche ; Geoffroy, fils de Hugues VI, † 1184 ; tabl. 44 ; Guérin le Breton (Warinus Breto) fils de Rotrou II ; 43, 44 ; tabl. 44 ; Héloïse, fille de Geoffroy IV ; tabl. 44 ; Helvise, fille de Rotrou II ; 42 ; tabl. 44 ; Helvise, fille de Geoffroy II, ép. Hamelin ; tabl. 44 ; Helvise, fille de Hugues V ; tabl. 44 ; Hervé, fils de Geoffroy II, s^{gr} de Gallardon, † 1040 ; tabl. 44 ; Hugues (Perticæ) ép. Milesende ; tabl, 44 ; Isabelle, fille de Geoffroy V ; tabl. 44 ; Jeanne, fille de Geoffroy V ; tabl. 44 ; Mahaut, fille de Hugues IV, ép. 1° Robert, vicomte de Blois, 2° Geoffroy Grisegonelle, c^{te} de Vendôme ; tabl. 44 ; Milesende, fille de Hugues Ier ; 37, 39 ^{nte} 2 ; Payen, fils de Geoffroy IV ; tabl. 44 ; Payen, fils de Hugues V ; tabl. 44 ; Robert Maschefer ; 44, tabl. 44 ; Robert Mandeguerre, fils de Ro-

trou II ; 44 ; tabl. 44 ; Rotrou, fils de Rotrou II, tige et 1ᵉʳ sᵍʳ de Montfort par sa femme. Lucie de Gennes, dame de Montfort, † vers 1130 ; tabl. 44, 42, 60.

Château-Gontier (Castrum Gonteri) [arr. de la Mayenne. Anjou]. — *Baronnie* ; II, 151. — *Ville* ; II, 11, 131. 140. — *(Seigneurs de)* issus de la maison de Bellême : Alard Iᵉʳ, fils de Renaut Iᵉʳ, ép. Isabelle de Mathefelon, † 1101 ; 98 ; Alart II, fils de Renaut IV, ép. 1º Mahaut, 2º Exilie, † 1123 ; 98 ; Alart III, fils de Renaut, ép. Emme de Vitré, † 1226 ; 60, 98 ; Jacques ou Jamet, sᵍʳ de Ch. et de Nogent, fils de Alard III ép. Harvise de Montmorency, † avᵗ 1263 ; 10, 60, 61, 63 à 67, 69, 71 à 73, 98 ; II, 11 à 19, 23, 24, 32, 37, 267 ; Renaut de Bellême, 1ᵉʳ sᵍʳ de Ch. par sa femme, Béatrice, nièce de Foulques-Nerra, † 1067 ; 98 ; Renaut IV, fils de Alart Iᵉʳ, ép. Burgondie de Craon, † 1101 ; 98 ; Renaut III, fils de Alart Iᵉʳ ; tabl. 44, 52, 60, 73, 98 ; Renaut IV, fils de Renaut III, ép. Béatrice du Perche, † 1195 ; 98. — *(Dames de)* : Béatrice, nièce de Foulques Nerra, ép. Renaut Iᵉʳ de Bellême et lui donne Ch. vers 1037 ; 98 ; Emme ou Emmette, fille de Jacques, ép. 1º Geoffroy, sᵍʳ de la Guerche et Pouancé, 2º Girart Chabot, † 1279 ; 72, 98. — *(Maison de)* issue de celle de Bellême : Alart, fils de Alart II, † jeune ; 98 ; Alice ou Alix, fille de Jacques, dame de Maison-Maugis, ép. Gilbert, chr, sᵍʳ de Prulay ; 72, 98 ; Béatrice, fille de Renaut III, † 1195 ; 89 ; Geoffroy, fils de Renaut I ; 98 ; Geoffroy, fils de Renaut II, † 1096 ; 98 ; Geoffroy, fils de Alart II ; 98 ; Guillaume, fils de Renaut III, 1190 ; 98 ; Hersende, fille de Alart Iᵉʳ, ép. Hubert de Champagne ; 98 ; Isabelle, fille de Alart Iᵉʳ, ép. Geoffroy de Durtal ; 98 ; Laurence, fille de Renaut II, ép. Turpin ; 98 ; Philippe, fille de Jacques, dame de Hérouville ; 98, 172ᵗᵉʳ ; Renaut, fils de Jacques, † jeune ; 98 ; Renaut, fils de Renaut Iᵉʳ, 1ᵉʳ sᵍʳ de Château-Renaut ; 98.

Château - Josselin, aujourd'hui Josselin [cant. de l'arr. de Ploërmel, Morbihan. Bretagne] ; 84 ; II, 100.

Château-Landon [cant. de l'arr. de Fontainebleau, Seine-et-Marne. Gâtinais]. Geoffroy, cᵗᵉ de, ép. Mélesende ; tabl. 44.

Châteauneuf - sur - Loire (Castrum Novum), [cant. de l'arr. d'Orléans, Orléanais] ; II, 33, 34.

Châteauneuf-en-Thimerais (Castrum novum, Chastiauneuf-en-Timerais, [cant. de l'arr. de Dreux, Eure-et-Loir, cap. du Thimerais]. — *Bailliage* ; 154, 156. — *Baillis* en 1317, Pierre Gygnet ; 154 ; en 1481, Vastin de Huval ; 122 en 1517, René de Ligneris ; II, 222 — *Baronnie* ; 5, 35, 91, 92, 149 à 150 ; II, 93, 151, 156, 161, 162, 221 à 233. — *Baronnie - pairie* ; 148. — *Châtellenie* ; 147, 148, 154, 156 ; II, 46, 47, 48, 50, 51, 224, 233. — *Grands-jours* ; 154. *Maison et seigneurs de*, Albert (Abertus), fils de Ribald ; 143, 144 ; Eléonore, fille de Hugues IV, ép. Richard de la Roche ; 146, 147, Frodeline, fille de Ribaud ; 144 ; Galeran (Galeranus), fils de Hugues II ; II, 217, Gaston (Gasto), Gastho de Novo Castro, Walkon, frère d'Albert, bâtit le château de Thimer ; 29, 118, 144, 145 ; Gaston, fils de Gaston ; 144 ; Gervais (Gervasius de Castello) fils de Hugues III, 54, 144, 145 ; Hervé, fils de Gervais, sᵍʳ de Brezolles, ép. Alix de la Ferté-Ernaud ; 146 ; Hervé de l'Isson, sᵍʳ de Ch. par son mariage avec Marguerite de Ch ; 147 ; Hervé de Léon, fils du précédent ; 147 , Hugues I, Hugo, fils de Gaston, ép. Mabile de Montgommery-Bellême ; 105, 144, 145 ; Hugues II, fils de Hugues Iᵉʳ, ép. Amberde ; 145 ; II, 216, 217 ; Hugues III, fils de Hugues II ; 145 ; II, 217 ; Hugues IV, fils de Gervais, ép. Eléonore de Dreux ; 146, 147 ; Marguerite, fille de Hugues IV, ép. Hervé de Léon ; 147 ; Marie d'Espagne, dame de Ch. en 1351 ; 147 ; Ribaud, Ribaldus ; 143 ; Robert, fils de Hugues Iᵉʳ ; II, 217 ; Robert de Chaumont, sᵍʳ de Ch. par sa femme Eléonore de Dreux ; 146 ; Yolande, fille de Hugues IV, ép. Geoffroy de Rochefort ; 146. — *Maréchaussée* ; 156. — *Vicomté* ; 154. — *Ville et seigneurie* ; 29 82, 85, 144, 145, 147, 148, 153, 154, II, 33, 34, 75, 83, 86, 101, 131, 144.

Château-Renaut [cant. de l'arr. de

Tours, Indre-et-Loire, Touraine],
(*Seigneurs de)* : Guicher Ier, fils
de Renaut Ier, ép. Perronnelle ;
98 ; Guicher II, fils de Guicher Ier ;
98 ; Letbert, fils n¹ de Renaut : 98 ;
Renant, 1er sr de Ch., qu'il fait
bâtir, fils de Renaut de Bellême,
1er sr de Château-Gontier ; 98 ;
Renaut, fils de Guicher Ier ; 98.

Château-Thierry [arr. de l'Aisne,
Brie], seigneurie ; 171.

Châtel-Aillon (ancienne principauté,
aujourd'hui simple hameau de la
com. d'Angoulins, cant. et arr. de
la Rochelle, Charente-Infre. Aunis).
(Princesse de), en 1551, Jacqueline
de Rohan, veuve de Fr. d'Orléans,
mis de Rothelin.

Châtelets (les) [cant. de Brezolles,
arr. de Dreux, Eure-et-Loir. Sergie
de Brezolles, Thimerais] ; 13, 16,
155.

Chatellerault (Castrum Ernaudi,
Castrum-Erault, Castrum Renaldi)
[arr. de la Vienne. Poitou], vicomté
relt du comté de Poitou ; II, 146,
255 à 257. — *Maison de:* brons du
Sonnois ; 21. — *Vicomtes de :*
Emery III (Emericus, Hemericus,
Henricus de Castro-Erault) fils de
Hugues II ; 60, 61, 67, 70, 71, 172 bis,
182 ter ; II, 10, 22, 27 ; Hugues II,
ép. Ele d'Alençon ; 60, 61, 105.

Chatenoy ; II, 203, mis par erreur
pour Châtel-Aillon, voir ce mot.

Châtillon [cant. de Cloyes, arr. de
Châteaudun, Eure-et-Loir. Perche-
Gouet] ; 161.

Châtillon-sur-Loing [cant. de l'arr.
de Montargis, Loiret. Gâtinais).
Sr en 1229 : Étienne de Sancerre ;
II, 209. — *Maison de.* Odet de
Coligny - Châtillon, cardinal - arch.
de Toulouse, fils de Gaspard, mal
de France, † 1571 ; II, 230.

Châtillon (Chasteillon), [Chastillon -
sur - Marne, cant. de l'arr. de
Reims, Marne. Champagne), *Seigneurie* ; II, 171. — *Maison de :*
Jean, fils de Hugues, cte de Blois
par sa mère, Marie, cesse de Blois,
cte de Chartres par sa cousine
Mahaut, ép. Alix de Bretagne,
† 1279 ; 79 ; Jeanne, fille de Jean,
cesse de Blois et de Chartres, ép.
en 1272 Pierre de France, cte du
Perche, † 1292 ; 74, 78, 80, 97 ;
II. 42, 43, 45, 218 ; Gaucher II
(Galcherus) fils de Gaucher, cte de
Portien, connétable de France,
† 1329 ; 148 ; II, 220, 243, 244 ;

Gui (Guido de Castellione), cte de
St-Pol, fils de Gaucher III, ser de
Montmirail par sa femme, Agnès
de Donzy, cesse de Nevers, † 1226 ;
II, 240, 241 ; Gui IV, cte de St-Pol,
grand-bouteiller de France, fils de
Gui III, ép. Marie de Bretagne,
† 1317 ; 81, 147, II, 46, 51, 53 ;
Hugues V (Hugo de Castellione,
ser de Châtillon et Crécy, cte de
St-Pol et de Blois, fils de Gaucher III,
ép., 1º N. de Bar, 2º Marie
d'Avesnes, cesse de Blois, † 1248 ;
162 ; II, 242, 243 ; Mahaut (Mathilda
de Sancto-Polo), fille de Guy, cte de
St-Pol, ép., en 1309, Charles Ier de
Valois, cte du Perche et d'Alençon,
†1358; 74, 84, 97, 147; II. 46. 48 à 57,
61 à 65, 70 à 74, 77, 84, 220, 221 ;
Yolande, fille de Gui, cte de St-Pol,
dame de Montjay et St-Aignan,
cesse de Nevers, ép., en 1297,
Archambaut IX de Dampierre, sire
de Bourbon, † 1351 ; II, 244. —
Le sire de, en 1483, Pierre Ier, [ser
de Roncherolles, bon du Pont-Saint-
Pierre, comme mari de Marguerite
de Chatillon, dame de Ch. et la
Ferté en Ponthieu] ; II, 140, 141.
— *Maison de*, sers du Perche-
Gouet ; 159.

Chaudere (Ebrardus) [vassal de la
châtie de Nogent-le-R] ; II, 21.

Chaumont [cant. de l'arr. de Beauvais,
Oise. Vexin] ; II, 165, provoté (sic) ;
131, 132 ; Robert de, sire de Saint-
Clair, ép. Eléonore de Dreux ; 146.
[Il est bien probable qu'il appartenait à la maison de Chaumont-
Quitry, quoique ne figurant pas
dans la généal. de cette famille donnée par Moreri.]

Chaussée (la), moulin en la châtie de
Montigny ; II, 90.

Chaustfour Étienne (de), sergent de
l'év. de Chartres en 1316 ; II, 251.

Chauvigny (Calviniacum in Pertico)
[cant. de Droué, arr. de Vendôme,
Loir-et-Cher. Vendomois] ; 11, 12.

Chavel, Jacobus, capne de Chartres
en 1375 ; II, 253.

Chavigny [château en Lerné, cant. de
Chinon. Indre-et-Loire. Loudunois)
le ser en 1594 ; 92, voir François
le Roy.

Checiacum [Chécy, cant. d'Orléans,
Loiret. Orléanais] ; II, 33, 34.

Cheenvilla, voir Chainville ; II, 19,
21.

Cheisma, Cheuma, Cheinia ; II, 20.

Chemilly [cant. de Bellême, arr. de

Corbonense territorium, Corbonnais, (voir ce mot) ; 18, 172bis.

Corbonnais (Corbonensis ou Corbonnissis pagus, Corbonisum, Corbonia), pays de Corbon, devenu plus tard le comté de Mortagne ; 16 à 18, 25, 27, 47, 54, 55, 63, 65, 76, 108, 116, 117, 119. — *Comté* ; 5, 18, 34, 35, 43, 46, 67, 73, 78, 97, 99. — *Comtes du* ; 34, 36, 41, 97. — *Cour ou Calende* du ; 120.

Corcelles (voir Courcelles), vassal de Montmirail ; II, 239.

Corcellis (voir Courcelles) Gilo' de, vassal du Perche en 1231 ; II, 22.

Cordouan (de), Honorat, m[is] de C. et Langay [Langey] ; 176 ; — Marie-Marguerite, fille de Honorat, ép. Jean-Baptiste c[te] des Nos ; 176.

Cornut, Aubry, év. de Chartres, 1236-1242 ; II, 188, 243.

Cort-Girart (major de) le maire de ; II, 240.

Cortellerie(la), châtie de Marchainville; II, 212.

Corteneto (Jean de) [Jean de Courtenay, écr, voir ce mot ; II, 263.

Corton (Hemericus de) ; II, 240.

Corubert [cant. de Nocé, arr. de Mortagne, Orne. Châtie de Bellême, Perche] ; 128, 141. — St-Pierre de, jadis du doyenné de Bellême ; 113.

Cotentin (Constantin, Coustantin) [pays de Normandie, Manche] ; II, 55, 65. — *Bailly du*, Odet d'Aydie ; II, 112. — *Terre du* ; II, 80 ' 82.

Couci [cant. de l'arr. de Laon, Aisne. Vermandois] Enguerrant III (Injorrandus de Couciaco), fils de Raoul, ép. Mahaut de Bavière, veuve de Geoffroy V, c[te] du Perche, † 1243 ; tabl. 44, 52, 97 ; II, 14 ; se qualifie c[te] du Perche pendant la minorité de son beau-fils Thomas ; 52.

Coudray-au-Perche [cant. d'Authon, arr. de Nogent-le-Rotrou, Eure-et-Loir, châtie de Nogent. Perche] ; 128, 142. — St-Pierre de, jadis du doyenné du Perche ; 114.

Coudreceau [cant. de Thiron, arr. de Nogent-le-Rotrou, Eure-et-Loir, châtie de Nogent. Perche] ; 128, 142. — St-Lubin de, jadis du doyenné du Perche ; 114.

Couldré (du) Jehan, vassal de Nogent en 1335 ; II, 89.

Coulerbache, terre et serie près de la Rochelle, sénéchaussée de Saintonge ; II, 255, [probab[lt] Coudevache, marqué environ 8 kil. au N.

de la Rochelle, sur la carte des îles de Ré et d'Oléron, dans le grand atlas de Janson].

Coulice-de-Beauvois (la), bois faisant partie de la forêt de Champrond, qui devint la serie des Ligneris ; II, 222.

Coulimer [cant. de Pervenchères, arr. de Mortagne, Orne, châtie de Mortagne, Perche] ; 128, 141 ; — St-Pierre-de, jadis du doyenné de Corbon ; 112.

Coulombs [cant. de Nogent-le-Roi, arr. de Dreux, Eure-et-Loir, pays Chartrain]; abbaye de Bénédictins ; 37, 144, 145.

Coulonges-les-Sablons [cant. de Regmalart, arr. de Mortagne, Orne. Serg. Boulay, Perche] ; 128 141; — St-Germain de, jadis du doyenné du Perche ; 114.

Courcelles (Histoire des Pairs, par le ch[r] de) ; 172ter.

Courcelles, famille de, baron de Brou ; 160, Voir Corcelles et Corcellis.

Courcelles (Corcellæ, Corcelles [Courcelle, fief en Coudray-au-Perche, cant. d'Authon, arr. de Nogent, Eure-et-Loir, Perche]. II, 22, 239.

Courcerault [cant. de Nocé, arr. de Mortagne, Orne, châtie de Mortagne, Perche] ; 128, 141 ; tabl. alph — St-Pierre-de, jadis du doyenné de Corbon ; 112.

Courdemanche [cant du Grand-Lucé, arr. de St-Calais, Sarthe. Maine] ; 158.

Couretot, H. ; II, 145.

Courgeon [cant. et arr. de Mortagne, Orne. Châtie de Mortagne, Perche] ; 128, 141. — *Notre-Dame de*, jadis du doyenné de Corbon ; 112.

Courgeoust ou Courgeoût [cant. de Bazoches, arr de Mortagne, Orne. Châtie de Mortagne, Perche] ; 128, 140, tabl. alph. — St-Lomer de, jadis du doyenné de Corbon ; 112.

Courgomer, villge réuni à St-Fulgent, avant 1553 [cant. de Bellême, arr. de Mortagne, Orne. Châtie de la Perrière, Perche]; 128.

Cour-Hardi ou Court-Hardi (Pierre de) juge du Maine en 1483 ; II, 138, 140.

Courmargon (la femme feu Simon de) vassale de Nogent en 1335. II, 89.

Courpotain, terre de [en Coulongessur-Sarthe, cant. du Mesle, arr. d'Alençon, Orne. Normandie], donnée à Béroult de Boys-Guillaume ; II, 83 à 86, 98.

Courtandan [Cortandon d'après le
Père Anselme, comté en Piémont,
Italie], le c^te, en 1654 ; François-
Marie Broglie ; II, 231.

Courthenay, voir Gourtenay (Courta-
nayum ou Curtenetum) [cant. de
l'arr. de Montargis, Loiret. Gâtinais];
II, 54. 64. — *Maison de*, branche
de la Maison de France ; Catherine,
fille de Philippe, empr titul. de
Constantinople (Kath. emperees de
Const.) ép. Charles de Valois,
12e c^te du Perche, † 1308 ; 74, 81,
97 ; II, 50, 51, 54 ; Guillaume, fils
de Jean, chanoine de Reims en 1312,
II, 210 ; Jean, II, 210 ; Jean,
fils de Jean, écr, baillistre des
enfants de Gilles de Melun,
II, 210, 211, 263 ; Mahaut, fille de
Pierre, ép. 1o Hervé IV de Donzy,
2o Guigues V, c^te de Forez, † 1257,
II, 235 ; Robert, fils de Jean, chanoine de Reims ; II, 210. — *Seigt
de:* Pierre de France ; II, 235, voir
France.

Courthioust [p^sse et c^me réunies à
Colonard en 1807 et 1820, cant. de
Nocé, arr. de Mortagne, Orne,
Chât^ie de Bellême, Perche] ; 128,
tabl. alph. — *Notre-Dame de*, jadis
du doyenné de Bellême ; 113.

Courtin (Jacques), bailly du Perche,
† 1572 ; 124 ; René, petit-fils de
Jacques, avocat du Roi à Bellême,
en 1598, historien du Perche ; 38,
39, 54, 87, 122. — *N...* ; II, 92.

Courton (le sgr de en 1483) ; II, 140.
Une terre de Courton appartint à
Pierre de Brebant, dit Clignet,
amiral de France en 1405 et
mort après 1428 ; mais il doit
s'agir ici de Curton [en Dai-
gnac, cant. de Branne, arr. de
Libourne, Gironde. Bordelais] dont
était sgr, en 1483, Gilbert de Chabannes, conser et chambellan du
Roi.

Courtoulin [cant. de Bazoches, arr.
de Mortagne, Orne, Chât^ie de Mortagne, Perche] ; 128, 140 ; S^t-Hi-
laire de, jadis du doyenné de Corbon,
bon, p^sse actuell^t réunie à Bazoches ;
112.

Courtoux [terre en St-Pierre-sur-
Orthe, cant. de Bais, arr. de
Mayenne, Mayenne. Maine] ; II,
174 à 178, 186.

Courtray [Flandre occidentale ; Bel-
gique] ; bataille de, en 1302 ; II,
209.

Courville, Corbeville ou Curveville [cant.

de l'arr. de Chartres, Eure-et-Loir.
Pays Chartrain], — *Doyenné de* ;
17, 26, 114. — *Maison de* ; II, 238 ;
Yvon ; II, 243.

Cousinot (Guillaume) bailly de Rouen,
en 1458 ; II, 111.

Coustances (Gauthier de), archevêque
de Rouen (1184-1207) ; II, 208.

Coustances, voir Coutances.

Coustantin, voir Cotentin.

Coustarier de Ste-Jamme, dossier de
la famille le, dans le chartier du
Cte de Fontenay ; 136.

Coutances [arr. du dép. de la Manche,
Normandie]. — *L'Év.* en 1453 ; II,
140 ; [Richard III, Olivier, cardinal
de Longueil] ; l'év. en 1483, II,
258, [Geoffroy II Herbert].

Coutes (de) messire G. ; II, 213 ; Jean,
écr en l'hostel de Msr de Chartres ;
II, 213 ; Simon, ép. Alice de Melun ;
II, 212.

Coutretot, réuni à Trisay en 1428
[cant. et arr. de Nogent-le-Rotrou,
Eure-et-Loir, Chât^ie de Nogent-le-
Rotrou, Perche] ; 128. — *St-Pierre
de*, jadis du doyenné du Perche, 114.

Couture (la) [abbaye de Bénédictins
au Mans, Sarthe. Maine] ; 100. —
Cartulaire ; 45, 160.

Couturier (Jean le), tabellion d'Orbec
en 1666 ; II, 207.

Couvé, village détruit, réuni à Crécy,
[cant. et arr. de Dreux, Eure-et-
Loir. Thimerais] ; 155.

Craon (de), de Credone, Amaury, sénéchal d'Anjou ; 61, 66, 67 ; II, 11,
12, 13 ; Burgondie, ép. Renaut III
de Chât^augontier ; 98.

Créans ; 10 ; II, 26. Voir Trabant.

Crécy [cant. et arr. de Dreux, Eure-
et-Loir. Pays-Chartrain, sauf la
partie formant jadis la com. de
Couvé qui est du Thimerais] ; 155.

Crécy-en-Brie [cant. de l'arr. de
Meaux, Seine-et-Marne. Brie],
chât^ie ; II, 165.

Crécy, ou Crécy-la-Bataille [cant de
l'arr. d'Abbeville, Somme. Ponthieu];
bataille en 1356 ; 83 ; II, 125.

Credon ; II, 12, 13. Voir Craon.

Creil (Yves de), maître des arbalétriers de Louis d'Outremer,
1er sgr de Bellême, ép. Godehilde,
† 997 ; 19, 20, 21, 30, 38, 98, 100.

Crespin. — Guillaume, écr en 1242 ;
II, 262. — Guillaume, en 1312 ; 210.
— messire Guillaume. ch^r en 1369 ;
II, 213, 214. — Guillaume, homme
lige d'Alluye ; II, 238. — Monsr
Jean ; 212.

Fremon, valet du duc d'Alençon en 1458 ; II, 118.

Fresnay (Fresnay-sur-Sarthe ou au Maine) [cant. de l'arr. de Mamers, Sarthe. Maine] ; II, 131, 140, 152.

Fresnay-le-Gilmert [com. du cant. de Chartres, Eure-et-Loir. Thimerais] : 155.

Fresne (le) ancienne com. réunie à St-Fulgent, cant. de Bellême, Orne. Châtᵉ de la Perrière, Perche : 128, tabl. alph.

Fresne (de), secrétʳᵉ des commᵗˢ en 1553 ; II, 230.

Fresnel (Pierre V), év. de Meaux, 1391-1409 ; II, 107.

Fresnel, témoin en 1202 : II, 207.

Fret (abbé), historien du Perche, XIXᵉ s. : 21, 27, 63, 75, 163.

Fréteval (Fracta Vallis) [cant. de Morée, arr. de Vendôme, Loir-et-Cher. Dunois]. — *Forêt,* 11. — *Maison de :* Agnès ou Comtesse, fille de Foucher, ép. Hugues IV, vᵗᵉ de Châteaudun, T 44, 60 ; Alice (Aalis de Fracta valle), dame de Montmirail, ép. Geoffroy V, vᵗᵉ de Châteaudun, T 44, 60 ; II, 237, 241, 242 ; Foucher, T 44.

Frétigny [com. du cant. de Thiron, Eure-et-Loir. Perche, sergᵉ de Bellême] : 128, 142, 155. — Parˢˢᵉ de Saint-André, doyenné du Perche ; 114.

Friaize, Frièse [com. du cant. de la Loupe, arr. de Nogent-le-R., Eure-et-Loir. Pays Chartrain] ; II, 222. — *Famille de :* Garinus, vassal du Perche en 1230 ; II, 20.

Frièse ; II, 20, voir Friaize.

Frodeline, de Châteauneuf : 144.

Froisiacum, voir Frazé.

Frovilla (domᵘˢ de), vassal d'Alluye ; II, 238.

Fulbert (saint), év. de Chartres, 1007-1029 : 37, 38.

Fulcherius, voir Foucher.

Fulcoïn ou Fulcoïs, père de Yves de Creil : 99.

Fulcoïs, comte de Mortagne, voir Mortagne.

Fuller (via de), en Maison-Maugis ; II, 206.

Fumée (Adam), consʳ [?], en 1483, [médecin de Ch. VII, puis de Louis XI, mᵉ des Requêtes 1464, envoyé du roi, sgʳ des Roches, St-Quentin, Genillé, etc., garde des Sceaux de France 1492, † en nov. 1492] ; II, 140.

G

Gadelière (la) [ancⁿᵉ comm. réunie à Rueil, cant. de Brezolles, Eure-et-Loir. Thimerais] ; 155.

Gaiglardon, voir Gallardon.

Gaignon (Jehan) ; II, 91.

Gaignères, érudit du XVIIᵉ s. (collection), partie du dépᵗ des Mˢˢ à la B N : 39.

Gaillefontaine, alias Guoillefontaine [arr. de Neufchâtel, Seine-Infᵉ. Normandie] ; II, 65, 67, 75, 76, 79, 220.

Galardon, voir Gallardon.

Galcherius, voir Gaucher.

Galland, avocat ; II, 53.

Gallardon (Gaiglardon) [cant. de Maintenon, Eure-et-Loir. Pays Chartrain] ; - *Château,* 38 ; II, 144. — *Fief ;* II, 22. — *Maison de :* Adam, chʳ : 11, 244 ; Foucher, fils de Herbert, T 44 ; Guibourge, fille de Herbert : T 44 ; Herbert, fils de Hervé : T 44 ; Hervé, fils de Geoffroy II de Châteaudun? : T 44 ; Hervé, fils de Herbert : T 44 ; Hervé, ép. Alice de Châteaudun, dame de Fréteval : T 44, 60, 62, 67, 70 ; II, 15, 16. — *Sgʳⁱᵉ ;* II, 152.

Gallet, Edmond ou Hemond ; II, 116 à 119 ; Louis ; II, 116.

Galon, forêt dépᵗ de la sgʳⁱᵉ de la Loupe ; II, 265.

Gamard, consʳ aux Comptes ; II, 183.

Ganelon (Wenclow, Wanelo), trésʳ de St-Martin-de-Tours : 12.

Gaprée (Robertus de) ; II, 21.

Garancière-en-Drouais [com. du cant. de Dreux, Eure-et-Loir. Thimerais, châtⁱᵉ de Châteauneuf] : 154.

Garcias Ramirez, roi de Navarre, voir Navarre.

Gardais (Gardeis) [ancⁿᵉ comm. réunie à Thiron, Eure-et-Loir. Pays Chartrain ; doyenné du Perche] : 114. — *Granchia de ;* II, 5.

Garinus de Pertico, miles, Guérin le Breton : 44.

Garin d'Arcéi, év. de Chartres ; II, 197, 252, 263.

Garlande (Jean II de), év. de Chartres, 1298-1315 ; II, 209, 210, 250, 262, 263.

Garnay [comm. du cant. de Dreux, Eure-et-Loir. Thimerais, châtⁱᵉ de Châteauneuf] : 154.

Garnier de Trainel, voir Trainel.

Gaschier, Consʳ Maître ; II, 163.

Gaserand (Ferricus de) ; II, 239.

Gassion (famille de), barons d'Alluye : 160.

Hugues IV Capellus, v¹ᵉ de Château-
dun, voir Châteaudun.
Hugues-Capet, duc et roi de France,
voir France.
Hugues le Grand, duc de France,
172ᵇⁱˢ, voir France.
Hugues de Fleury, moine de Fleury,
chronʳ XIIᵉ s. ; 28.
Hugues (Perticæ), ép. Milesende ; T.
44.
Hugues-le-Trouvère, sᵉʳ de la Ferté-
Bernard ; 62.
Hugues... de Châteaudun,... de Châ-
tellerault,... de Châteauneuf,... de
Gallardon,... de Gennes,... Gouet,...
Falcand,... du Maine,... de Mont-
fort,... de Montgommery,... du
Perche,... de Rethel, voir ces
noms.
Huisne (Hiegma), rivière du Perche,
afflᵗ de la Sarthe ; 10, 16, 17, 43,
110 ; II, 206.
Hunoudière (*la*) ou Henostdière,
métⁱᵉ en Marchainville ; II, 210,
211, 272.
Huntindon, hérault d'Angleterre ; II,
113 à 117.
Hurault de Cheverny (Philippe) ; 150 ;
II, 233.
Huraye, seigʳⁱᵉ en Hainaut ; II, 202.
Husson (de) Geoffroy, seigʳ de Mar-
chainville par sa femme Alice de
Melun ; II, 213, 214 ; Olivier, fils
de Geoffroy, vassal de la Loupe ;
II, 214, 265.
Huval (de) Vastin dit Picart, bailly du
Perche et de Châteauneuf ; 122.
Huy, ville de Belgique, prov. de
Liège ; II, 201.

I

Iexmes, voir Exmes.
Igé [com. du cant. de Bellême, Orne.
Perche, châtⁱᵉ de Bellême] ; 128,
141. — Parᵟᵉ Sᵗ-*Martin de*, do-
yenné de Bellême ; 141.
Ile-de-France, ancien gouvᵗ militaire ;
156.
Illiers (Illesia en Pertico, Islera) [arr.
de Chartres, Eure-et-Loir. Pays
Chartrain] ; 12, 17, 109. — *Châ-
teau :* 38. — *Maison d'*, Gieffroy ;
II, 89 ; Guillelmus ; II, 107 ; Milon,
év. de Chartres (1459-1492) ; II, 200 ;
René, év. de Chartres (1492-1507) ;
II, 148, 200, 259. — Parᵟᵉ Sᵗ-
Jacques et Sᵗ-*Hilaire* ; 12.
Imhof, généalogiste allemand, XVIIIᵉ
s. ; 52.
Inglès, alias Juglès, fief de Marchain-
ville ; II, 210.

Ingolstadt [ville de la Haute-Bavière] ;
seigʳ d', Louis de Bavière ; 74.
Ingorannus, Enguerrand, voir ce
nom.
Innocent III, Pape, 1178-1180 ; 19.
Innocent IV, Pape, 1352-1362 ; II,
251.
Ioltz, le duc d', voir Yorck.
Irlande (d') Lafracoth, ép. Arnoul de
Montgommery ; 105.
Irminon (abbé de Sᵗ-Germain-des-
Prés), polyptique d' ; 17, 25.
Isabeau de Luxembourg, voir Luxem-
bourg
Isabelle... d'Aragon,... de Blois,...
de Châteaudun,... de Châteaugon-
tier,... de France,... de Mathefe-
lon,... de Perrenay,... voir ces
noms.
Isambert, jurisconsulte, XIXᵉ s. ; II,
159.
Isemburge de Danemark (Ysemburga),
ép. répudiée puis reprise de Phi-
lippe II ; II, 33.
Ile (de l'), de Insula : Nicholaus ; II,
238 ; Reginaldus ; II, 239 ; Theobal-
dus ; II, 237.
Isle Jourdain (l') ou *Isle-en-Jourdain*
(l') [cant. de l'arr. de Lombez, Gers.
Armagnac] ; *Châtelain en 1540 :*
Ant. de Bourbon. — *Le seigʳ en
1484 :* II, 258.
Ismart (Stephanus) ; II, 20.
Iton, rivière affluent de l'Eure ; 9, 21.
Islera, voir Illiers.

J

Jacobins (église des) à Paris ; 82.
Jacobs, édit. de Grég. de Tours ; 19,
24.
Jacques... de Châteaugontier,... d'E-
cosse, voir ces noms.
Jambeville (Jambville) [cant. de Li-
may, Seine-et-Oise] ; *Seigʳ en 1575 :*
A. Le Camus. — *Dame :* Marie le
Clerc de Lesseville ; 151 ; II, 233.
Jamet, bois près la forêt du Perche ;
II, 22.
Jamet, signataire d'une ch. du duc de
Bret. en 1396 ; II, 98.
Janville (Yenville) [cant. de l'arr.
de Chartres, Eure-et-Loir. Orléa-
nais], châtⁱᵉ du bailliage d'Orléans ;
lieu d'appel des 5 baronnies du
Perche-Gouet ; 163 ; II, 262.
Jarry (Stephe) ; II, 210, 272.
Jaudrais [com. du cant de Senonches,
Eure-et-Loir Thimerais, châtⁱᵉ de
Châteauneuf] ; 154.
Jean XXIII, Pape (1410-1415) ; II,
198.

Lestroust (Richard), bourgeois de Chartres ; II, 254.

Letaud (Geoffroy), fils de Hugues Perticæ : T. 44.

Letbert de Châteaurenaud : 98, voir Châteaurenaud.

Leugis (de), Johannes, Jeulanus, mi lites ; II, 239, 244.

Levasville [anc. comm. réunie à St-Sauveur, cant. de Châteauneuf, arr. de Dreux ; Eure-et-Loir. Thimerais, châtie de Châteauneuf] : 29.

Léves (de) — Gelain ; II, 21 ; Geoffroy II, év. de Chartres (1116-1149); II, 216.

Leviandière (les Noes de la), du domaine de Marchainville [cant. de Longny, Orne. Perche] ; II, 211.

Lhommes, notre à Paris ; II, 179.

Libert [Docteur-médecin, sénateur de l'Orne] : 38, 43, 132.

Lice — (*Pré de la*), à Marchainville [cant. de Longny, Orne. Perche] ; II, 210, 211. — *Etang de la*, à Marchainville ; II, 209, 211.

Liège [Belgique], év. 1507-1523 : Evrard de La Marck : II, 201 ; voir Marck (la).

Liger, la Loire, fleuve ; 9.

Liger, le Loir, rivière ; II, 241.

Ligneris (les), seigrie érigée sur le bois de la Coulice, partie de la forêt de Champrond ; II, 222.

Ligneris (des) — *Famille*, bons de Brou ; 160. — *René* des, sgr de Morensays, bailly de Châteauneuf ; II, 222.

Lignerolles [com. du cant. de Tourouvre, Orne. Perche, châtie de Mortagne] ; 128, 142. — *Parsse N.-D. de*, doyenné de Corbon ; 112.

Ligny [ou Ligny en Barrois, cant. de l'arr. de Bar-le-Duc, Meuse. Barrois], comte de ; voir Valery de Luxembourg ; 86 ; II, 108.

Lille [Nord. Capit. de la Flandre], châtelaine de, en 1505; voir Marie de Luxembourg.

Limoges [Hte-Vienne. Capit. du Limousin], *Guy IV, vicomte de*, ép. marquise de la Marche ; 105. — *Intendant de*, le Clerc de Lesseville ; 159.

Limou (?) ; II, 223.

Limays (Philippe de), chane de Ste-Radegonde en 1292 ; II, 262.

Lincoln [Angleterre], bataille en 1217 ; 56.

Lingis (de), Hugo, prepositus Ste-Marie ; II, 217.

Liscouet, cte de, grand sénéchal du Maine, commt l'arrière-ban ; 136.

Lisiard, év. de Séez (1194-1201) ; II, 206.

Lirieux [Calvados. Normandie] ; 170.

Lisle, alias l'Isle (Guillaume de), géographe, XVIIIe s. ; 161.

Lisle, Lisle-en-Jourdain [Gers. Armagnac], comté relevt du Duché de Guyenne, comte en 1501 : Louis d'Armagnac, voir ce nom ; II, 145. — Le sgr de Lisle ou L'Isle, en 1483 : [probablt Pierre, bâtard d'Armagnac, cte de L.-en-Jourdain, vte de Gimoy, bon de Caussade, etc.]; II, 140, 258.

Livarot (Jean de), prieur de Maison-Maugis ; II, 208.

Loches [Indre-et-Loire. Touraine] ; II, 124. — *Sgr de*, Dreux de Mello ; 66 ; II, 11.

Lognie (de), Guaco ; II, 32, voir Longny.

Loigni [Longny] (porta de), à Marchainville ; II, 206, 208.

Loir-et-Cher, départ ; 166.

Loirs (Liger), fleuve et bassin ; 7, 18.

Loir (Liger), rivière ; 11, 12, 17, 166 ; II, 241.

Loisail [com. du cant. de Mortagne, Orne. Perche, châtie de Mortagne] ; 128, 141. — *Parsse St-Germain de*, doyenné de Corbon ; 112.

Loisé [anc. com. réunie à Mortagne, Orne. Perche, châtie de Mortagne] ; 128, 139. — *Parsse St-Germain de*, doyenné de Corbon ; 112.

Londres, capitale de l'Angleterre ; 57.

Longniacus, voir Longny.

Longjumel, Longjumeau, sgrie en la prévôté de Paris [cant. de l'arr. de Corbeil, Seine-et-Oise. Hurepoix] ; II, 255, 257.

Longnon [historien et géographe français, membre de l'Institut] ; 116 à 118, 123, 160.

Longny (Longniacus, Luigniacus, Val en Fred ou Empré) [cant. de l'arr. de Mortagne, Orne. Perche, châtie de Mortagne] ; 6, 108, 109, 115, 125, 128, 141 ; II, 202, 203, 271. — *Baronnie* comprenant Longny, Monceaux, Moulicent, Brotz, Malétable ; 107, 108, 109, 125, 126, 139 ; II, 188, 200. — *Chapelle* ; II, 189; *Chartes de la Bie* ; 187. — *Election* 132, 156, 170. — *Fiefs* ; 140, 166 ; II, 188, 193. — *Forteresse* ; II,

Mâle [com. du cant. du Theil, Orne. Perche, châtⁱᵉ de Nogent] ; 128, 141. — *Parsse Sᵗ-Martin de*, doyenné du Perche ; 114.

Malerbe (Regnault) ; II, 89.

Malet — *Agnès*, fille de Robert II, ép. Thibaut de Prulay, sgr de Longpont ; 72 ; — *Louis*, sgr de Graville, Marcoussis, Séez, Bernay, etc., gouvʳ de Picardie et Normandie, capᵗᵉ de 100 gentilshommes 1475-81, chʳ de l'ordre, amiral de France 1486-1508, † à 78 ans le 30 oct. 1516 ; II, 143, 148 ; — *Robert I*, sgr de Graville, ép. Philippe d'Alençon ; 60, 61, 105 ; II, 22 ; — *Robert II* ou Robin, chʳ banneret, fils du précédent ; 60, 61, 70, 72.

Malétable, aujourd'hui Bonnétable [cant. de l'arr. de Mamers, Sarthe. Maine] ; T. 44.

Malétable [com. du cant. de Longny, Orne. Perche] ; 109, 128, 140, 141. *Parsse Sᵗ-Laurent de*, doyenné de Brezolles ; 115.

Malo-Nido, Mauny (Petrus de), miles ; II, 262.

Malon ; II, 130.

Malor, Gauterius, miles ; II, 217.

Malum Vicinum, Mauvoisin, Symon dit ; II, 249.

Mamers (Mammeres) [arr. ; Sarthe. Maine] ; 140 ; II, 223.

Mames, châtⁱᵉ probablement Mauves ; II, 233.

Mancelière (la) [com. du cant. de Brezolles, Eure-et-Loir. Thimerais, châtⁱᵉ de Châteauneuf] ; 13, 16, 155.

Mancellière (la), métairie près Nogent-le-Rotrou ; II, 87.

Mandeguerre, Robert, fils de Rotrou II de Châteaudun ; T. 44, 44.

Mane (Guillot de) ; II, 251.

Manou jadis *Menou* [com. du cant. de la Loupe, Eure-et-Loir. Thimerais, châtⁱᵉ de Châteauneuf] ; 155.

Mans (le), Cenomanensis civitas [Cap. du Maine. Sarthe] ; 20, 57 ; II, 33. — *Abbaye de St-Vincent*, voir ce nom. — *Chanoine*, en 1285 : Reynaldus dictus Meigret ; II, 249. — *Comté* : 35 ; II, 75, 76. — *Comtes*, voir Maine. — *Diocèse* : 10, 19, 20, 56, 83, 111, 115, 116, 162, 167 ; II, 104, 152. — *Direction du Sel* ; 133. — *Direction de la Marque des Fers* ; 133. — *Evêques* : Armand ou Arnaud (1067-1081) ; 42 ; — Avesgaud de Bellême (995-1035) ; 98, 100 ; - Gervais de Château-du-

Loir (1036-1055) ; 98 ; — Philippe, cardinal de Luxembourg (1477-1507), voir Luxembourg ; — Sigefroy de Bellême (960-995) ; 98 ; — *Officialité* ; 116.

Mansel, Garinus ; II, 24.

Mantes [Seine-et-Oise. Cap. du Mantois], comté ; II, 166, 167, 171.

Mantoue [Italie du Nord] ; 150. — *Duchesse* : Marguerite Paléologue, ayᵗ ép. Frédéric de Gonzague, duc de M. ; II, 226 — *Princes* : Louis de Gonzague ; 149, 150, 152 ; — Ludovic ; II, 223 à 230.

Mantoue, prétendue principauté qui aurait été érigée en 1568 pour L. de Gonzague et formée des Terres de Brezolles et de Senonches ; 150.

Marboë (de), Johannes ; II, 239.

Marbon, en la châtⁱᵉ de Nogent-le-Rotrou. — *Haies de*, bois contenᵗ 6 arp. ; II, 88. — *Moulin de* ; II, 88. — *Rivière de*; II, 88.

Marchainville (Marchesvilla in Pertico, Marchesii villa) [com. du cant. de Longny, Orne. Perche] ; 109, 125, 128, 141, 166 ; II, 6, 7, 12, 199, 205, 208, 209, 213. — *Aveu en 1316* ; II, 11. — *Chartes* ; II, 6, 7, 203 à 215. — *Châtellenie* ; 109, 118, 125, 139 ; II, 265. — *Composition de la rⁱᵉ en 1302* ; II, 209. — *Forteresse* : 56 ; II, 209, 241, 214. — *Fief* ; 140. — *Parsse N.-D.*, doyenné de Brezolles ; 115. — *Seigneurie*, relᵗ de Chartres ; 109. — *Seigneurs*, vassaux de l'évêché de Chartres ; 35. — *en 1316* : Jehan de Beaumont ; II, 215. — *en 1426* : Thomas de Montagu ;- 87, 109 ; II, 110, 199, 244 ; — *en 1357* : Symon de Melun ; II, 212, 263, 264 ; — *en 1369* : Geoffroy de Husson, ayᵗ ép. Alice de Melun ; II, 213, 214 ; — *en 1390* : Olyvier de Husson ; II, 214, 265 ; — *en 1564* : la dame de Rouversaille et ses fils de Préaux (Pereaux) ; II, 215. — *Terres* ; II, 209, 210.

Marche (la) [comté et province de France, cap. Guéret ; a à peu près les mêmes limites que le déptᵗ de la Creuse] ; 53. — *Comtes* : Aldebert IV, fils de Roger de Montgommery et de Almodis de la Marche, ép. Arengarde ; 105 ; — Aldebert V, vend son comté à Henri II d'Angleterre en 1177 ; 105 ; — Almodis, dame de, fille d'Aldebert III, ép. Roger le Poitevin de Montgommery ; 105 ; — Bernard II, fils d'Ald. IV ;

de Simon de Coutes en 1360, ép.
Geoffroy de Husson ; II, 212, 213,
265 ; — Gilo (Gilles), fils de Simon,
ch^r, ép. Anne de la Salle ; II, 209
à 211, 263, 272 ; — Marie, ép. Jacques
de Chabannes, sg^r de la Palice,
maréchal de France, dame des baronnies de Authon, la Bazoche,
Montmirail ; 160, 162 ; II, 262 ; —
Guillaume VI, arch^e de Sens ; II,
251 ; — Simon, ch^r, sg^r de la Salle,
Viesvy, la Loupe et Marchainville,
croisé en 1269, sénéchal de Péri-
gord, Quercy et Limousin av^t 1291,
maréchal de Fr. av^t 1293, tué à
Courtray le 11 juil. 1302 ; II, 196,
200, 212, 263, 264. — *Paix en 1412*,
86. — Seigneurs de Marchainville,
109 ; du Perche-Gouet, 159 ; de la
Loupe, 164.
Menonvilliers (de), Herbertus ; II,
218.
Menus (les) [com. du canton de Longny, Orne. Perche, châti^e de Mor-
tagne], 128, 141. — *Par^{sse} Saint-
Laurent*, doy. de Brezolles ; 115.
Mereyo (de), Willelmus miles ; II,
217.
Merlay (de), Monsr Robert ; II, 88.
Merlet (*Lucien*-Victor-Claude), né à
Vannes, 1827, archiviste d'Eure-et-
Loir. — *Dict^{re} topographique*
d'Eure-et-Loir ; 10, 11, 12, 16, 17,
24, 42, 47, 55, 113, 152. — *Notice
sur la baronnie de Châteauneuf*,
144, 145 à 150, 158 ; II, 245. —
Cartul. de N.-D. de Chartres ; 6,
270.
Merly, châti^e près Gallardon ; II, 152.
Mesle (le) [cant. de l'arr. d'Alençon,
Orne. Normandie] ; 53.
Mesnière (la) [com. du cant. de Ba-
zoches-s.-Hoëne, Orne. Perche,
châti^e de Mortagne] ; 128, 140. —
Monsieur de, lieut^t g^{al} crim. du
Perche, 123 (André de Puisaie) —
Par^{sse} St-Gervais de, doy. de Corbon ; 112.
Mesnillio (de), Johannes ; II, 239.
Mesnil-Thomas (le) [com. du cant.
de Senonches, Eure-et-Loir. Thi-
merais, châti^e de Châteauneuf] ; 155,
156.
Mesme ; II, 141.
Meuil ; II, 95.
Meulan, alias Meulant [cant. de l'arr.
de Versailles ; Seine-et-Oise. Man-
tois]. Comté ; II, 166, 171.
Meun (de), Huetus ; II, 238.
Mézières-au-Perche (Maceria in Per-
tico) [com. du cant. de Brou,

Eure-et-Loir. Perche-Gouet] ; 12,
17, 161.
Mézières [com. du cant. de Dreux,
Eure-et-Loir. Thimerais] ; 155.
Mialte (le) ; II, 212.
Miermaigne [com. du cant. d'Au-
thon, Eure-et-Loir. Perche-Gouet] ;
161.
Milesende, dame de Nogent, fille de
Rotrou, ép. Geoffroy II ; 30, 37 ;
T. 44.
Milesende, ép. 1° Geoffroy, c^{te} de
Châteaulandon ; 2° Hugues Per-
ticæ ; T. 44.
Miles ou Milon d'Illiers, év. de Char-
tres (1459-1492) ; II, 200.
Milliaco (de), Petrus, miles ; II, 243.
Minancourt (de), Gilo et Nivardus,
milites ; II, 217.
Minci (de), Pierre II, év. de Chartres
(1260-1276) ; II, 190, 191, 193, 245
à 247.
Mirchen (de), Radulphus ; II, 218.
Mittainvilliers [com. du cant. de
Courville, Eure-et-Loir. Thimerais] ;
54, 153, 155.
Mochart, Odinus ; II, 237.
Mochet, Guillelmus ; II, 239.
Moine (Lubin le), proc^r de Mme d'Al-
luye ; II, 252.
Moinet ; II, 206.
Molandum, voir *Montlandon*.
Molendinum, Molendinæ, Molinæ,
voir Moulins.
Molins (de), Oudart ; II, 107.
Monceaux [com. du cant. de Longny,
Orne. Perche, châti^e de Mortagne],
109, 113, 128, 141. — *Par^{sse} St-
Jean de*, doy. de Brezolles ; 115.
Monceaux-la-Poterie, village détruit,
réuni à Fontaine-la-Guyon [cant.
de Courville, Eure-et-Loir. Thime-
rais] ; 153, 156.
Monçon (Renaud de Bar de), év. de
Chartres (1182-1217).
Mondonville, le prieur de, Guillaume
Lainé ; 107 ; 154.
Mondoubleau [cant. de l'arr. de Ven-
dôme. Loir-et-Cher. Vendomois] ;
11, 35. — *Baron en 1560*, Ant. de
Bourbon. — *Baronnie*, 143. —
Collégiale de Ste-Marie, 38. —
Héloïse de, ép. Geoffroy IV de Châ-
teaudun ; T. 44, 60.
Mondoucet, voir Montdoucet.
Mongny (le seig^r de) ; II, 223.
Mongreville, Jocelinus ; II, 21.
Montleiscent ; II, 204, voir Moulicent.
Monnecourt, terre et serg^{rie} ; II, 136.
Monnier ; II, 212.
Mons (de), Harvise, ép. Enguerrand

de Marigny, 148 ; II, 290. — *Famille de*, sg^{rs} de Champrond jusqu'en 1310, l'échangent à Charles de
Valois ; 148.

Monsmirabilis, voir Montmirail.

Monsoreau (le seig^r de), voir Jehan
de Chambes.

Monstereau-Fault - Yonne [Monte-
reau, cant. de l'arr. de Fontainebleau ; Seine-et-Marne. Gâtinais] ;
II, 166.

Monstreau (dame en 1551), Jacqueline de Rohan ; II, 202.

Monstreuil ; II, 131, voir Montreuil.

Montagu (de), *Jehan*, bâtard de, fils
de Thomas ; II, 199. — *Thomas*,
c^{te} de Salisbury, du Perche en 1419,
seig^r b^{on} de Longny, la Loupe,
Marchainville ; 77, 109 ; II, 110,
199, 244.

Montaigu (de), Jean VI, év. de Chartres (1390-1406) ; seig^r de Pontgouin, 162 ; II, 198, 214, 264, 265.

Montargis [ville du Loiret. Gâti-
nais] ; II, 112.

Montauban (Jean de), amiral [Jean de
Rohan, sire de Montauban, fils de
Guill. et de Bonne Visconti, chambellan du roi, maréchal de Bretagne, bailli de Cotentin 1450, amiral de France et Grand M^e des
Eaux et Forêts 1461, † à Tours en
1466] ; II, 127.

Montboissier (famille de), b^{ons} d'Alluye et de Brou ; 160.

Montchrétien (A. de) [Antoine Mau-
chrétien dit Montchrétien, s^r de
Vatteville, né en 1575 ou 76, auteur tragique et économiste, † 8 oct.
1621] ; 34.

Montdidier [Somme. Santerre]. —
Maison de : Hilduin IV, sg^r d'Ar-
cis-s.-Aube, de Breteuil et de Ra-
meru, c^{te} de Roucy, ay^t ép. Alice
de Roucy ; 46.

Montdoucet, Mons Dulcis, château
[en Souancé, cant. de Nogent, Eure-
et-Loir. Perche] ; II, 21, 269. —
Gasco de, II, 238 ; — *Jehan de*,
II, 88.

Montécot, forêt [partie de la forêt de
Champrond, com. de St-Eliph,
cant. de la Loupe, Eure-et-Loir.
Perche] ; 17.

Montedulci (de), Gasco ; II, 238, voir
Montdoucet.

Montegni [Montigny] (Laurentus de),
II, 21 ; voir Montigny.

Montelecherio (de), S. chan. de Chartres ; II, 248.

Montemain [anc. com. réunie à Sau-

meray, cant. de Bonneval, Eure-
et-Loir. Perche-Gouet] ; 161.

Monterel (Hemericus de) ; II, 240.

Monte-Ruart (Guillelmus de), II, 238.

Montescot (Jehan de), vic^{te} du Perche ; II, 199, 254.

Montferrand [Clermont - Ferrand ,
Puy-de-Dôme. Auvergne] ; II, 165.

Montferrat [Duché italien, cap. Ca-
sal. — Marquis de : Guillaume VII
Paléologue, et sa femme Anne d'A-
lençon ; 74, 91, voir Perche ; Marguerite Paléologue ; II, 226.

Montfort-l'Amaury [cant. de l'arr.
de Rambouillet, Seine-et-Oise. Man-
tois], comté ; II, 165.

Montfort-le-Rotrou [cant. de l'arr.
du Mans, Sarthe. Maine]. — *Archidiaconé* : 20 ; — *Château* : 43 ;
— *Maison de* : Agnès, fille de Ro-
trou III ; T. 44 ; — Foulques, fils
de Rotrou I ; T. 44 ; — Geoffroy,
fils de Raoul ; T. 44 ; — Geoffroy,
fils de Rotrou III ; T. 44 ; — Gil-
duin, fils de Rotrou I ; T. 44 ; —
Giroie, fils de Raoul ; T. 44 ; —
Guy, fils de Rotrou III ; T. 44 ; —
Guillaume, fils de Raoul ; T. 44 ; —
Helvise, fille de Raoul ; T. 44 ; —
Hugues, fils de Rotrou I ; T. 44 ; —
Jeanne, fille de Rotrou IV, ép.
Guill. Larchevêque, sgr de Parthenay ; T. 44, 172bis ; — Lucie de
Gennes, ép. Robert I de Montfort ;
T. 44, 60 ; — Marguerite, fille de
Rotrou III ; T. 44 ; — Marguerite,
fille de Raoul ; T. 44 ; — Raoul,
fils de Rotrou I, ép. Godehilde ;
T. 44 ; — Rotrou de Châteaudun,
1er seig^r de Montfort ay^t ép. Lucie
de Gennes, dame de ; T. 44, 42,
60 ; — Rotrou II, sgr de Vibraye,
fils de Rotrou I, ép. Burgonie de
Pruillé ; T. 44, 60 ; — Rotrou III,
sgr de M., Vibraye et Malétable
[Bonnétable], fils de Rotrou II, ép.
Isab. de Perrenay ; T. 44, 60, 62,
67, 70, 71 ; II, 10, 13, 22, 27 ; —
Rotrou IV, seig^r de M., Semblan-
çay, St-Christophe, Malétable, fils
de Rotrou III, ép. Marg. d'Alluye ;
T. 44 ; — Rotrodus de Monteforti,
miles ; II, 236 ; — *Seigneurie* : 43.

Montfort-sur-Meu [arr. de l'Ille-et-
Vilaine. Bretagne], Jean IV de, duc
de Bretagne, voir Bretagne ; — Le
sgr de Laval et Montfort, voir Laval, Guy XIV et XV.

Monigaudry (Mons Gaudricus) [com.
du cant. de Pervenchères, Orne.
Perche, chât^{ie} de la Perrière], 128,

141 ; II, 41 ; — Par⁽ˢᵉ⁾ Sᵗ-Rémy, doy. de la Perrière, 113.

Montgommery [en Sᵗᵉ-Foy-de-Montgommery, cant. de Livarot, arr. de Lisieux, Calvados. Normandie]. — Château : 105 ; — Comté : II, 234 ; — Maison de : Alice d'Alençon, dame de M. et du Sonnois, voir Alençon ; — Arnoul, cᵗᵉ de Pembrock, fils de Roger, ép. Lafracoth d'Irlande ; 105 ; — Emme, fille de Roger, abbesse d'Almenesches ; 105 ; — Evrard, fils de Roger, chapelain de Guill. et de H. I, rois d'Angl. ; 105 ; — Gilbert, fils de Hugues ; 105 ; — Hugues (Hugo), vicᵗᵉ d'Exmes, ép. Josseline de Pont-Audemer ; 19, 105 ; — Mabile, fille de Roger; ép. Hugues de Châteauneuf ; 105, 144, 145 ; II, 217 ; — Mahaut, fille de Philippe le Grammairien, abbesse d'Almenesches ; 105 ; — Mahaut, fille de Roger, ép. Robert, cᵗᵉ de Mortain ; 105 ; — Philippe le Grammairien, fils de Roger ; 105 ; — Robert, fils de Hugues ; 105 ; — Robert II Talvas, fils de Roger et de Mabile de Bellême, fonde la maison de Montgommery-Bellême, voir Bellême ; — Roger, vᵗᵉ d'Exmes, cᵗᵉ de Shropshire et d'Arundell, bᵒⁿ du Sonnois, sgr de Bellême, ayᵗ ép. Mabile, dame de Bellême, fils de Hugues ; 19, 21, 30, 98, 101 à 105, 144 ; — Roger le Poitevin, cᵗᵉ de Lancastre, fils de Roger, ép. Almodis de la Marche ; 105 ; — Sibile, fille de Roger le Poitevin, ép. Robert Haimon, cᵗᵉ de Glocestre ; 105 ; — Maison, bᵒⁿˢ du Sonnois, 21, 102, 105 ; — Sgrs de Bellême, 105, voir Bellême.

Montgrehem [Montgraham, fief et château en Coudray-au-Perche, cant. d'Authon, arr. de Nogent-le-Rotrou, Eure-et-Loir. Perche] ; II, 21.

Montigny le-Chartif (Mons Igneus, Monthigny, Montigniacum vulgo Captivum) [com. du cant. de Thiron, Eure-et-Loir. Perche, châtⁱᵉ de Nogent] ; 54, 67, 69, 70, 73, 81, 85, 128, 142 ; II, 9, 16, 17, 20, 21, 91, 107, 145, 146, 148 à 150, 154, 162 à 164, 255 à 258. — Châtellenie : 72, 79 ; — Dame en 1221 ; Isabelle de Blois, dame d'Amboise ; voir Montegny, 59, 67 ; II, 17 ; — Par⁽ˢˢᵉ⁾ Sᵗ-Pierre et Sᵗ-Paul, doy. de Brou ; 114.

Montigny-sur-Avre [com. du cant. de Brezolles, Eure-et-Loir. Thimerais, sergⁱᵉ de Brezolles], 155.

Montireau, Montirel (Monstirellus) [com. du cant. de la Loupe, Eure-et-Loir. Perche, sergrⁱᵉ de Boullay], 128, 142, 155 ; II, 20, 166, 197 ; — Maison de, Robert ; II, 89, 266 ; — Major de, II, 21 ; — Par⁽ˢˢᵉ⁾ Sᵗ-Barthélemy, doy. du Perche, 114 ; — Seigneurie, 110, 172 quater.

Montirel ; II, 20 ; — Major de ; II, 21, voir Montireau.

Montisambert (Mons Isemberti) [château-fort ruiné, cant. de Bazoches-s.-Hoëne, arr. de Mortagne, en la Mesnière, Orne. Perche], 54 ; II, 34 ; — Château, 87 ; — Prévôté, 65, 66.

Montivilliers [cant. de l'arr. du Havre, Seine-Infⁱʳᵉ. Normandie], élection, 131.

Montlandon ou Molandon (Montelandum) [com. du cant. de la Loupe, Eure-et-Loir. Perche, serᵗⁱᵉ Boullay], châtⁱᵉ dépendᵗ de la vicomté de Chartres ; 54, 70, 79, 81, 86, 142, 146, 155 ; II, 91, 107, 146, 149, 150, 154, 162, 164, 255, 257, 258. — Par⁽ˢˢᵉ⁾ de Sᵗ-Jacques, doy. du Perche, 114.

Montmiral (Mons mirabilis, Mommirail) [cant. de l'arr. de Mamers, Sarthe. Perche-Gouet], 142, 157 à 161 ; II, 149, 236, 237, 241, 248 à 250, 255, 257 ; — Bailliage ; II, 239 ; — Château ; II, 241 ; — Forêt ; 9, 10, 159 ; — Seigrⁱᵉ, relevᵗ de l'évêché de Chartres ; II, 252 à 254, 259, 261 ; — Seigneurs de, en 1090, Guill. Gouet ; — en 1225, Gui de Châtillon et sa femme Agnès de Nevers ; — en 1225, Alice de Fréteval, vˢˢᵉ de Châteaudun ; — en 1285, Marguerite d'Anjou, reine de Jérusalem ; — en 1369, Yolande de Flandres ; — en 1402, Robert de Bar ; — en 1426, Thomas de Montagu ; — en 1480, Charles VI d'Anjou ; — en 1540, Marie de Melun ; — et les familles de Guillebon, Hayet de Neuilly, et Le Pesant de Boisguilbert, voir ces noms.

Montmirail-en-Brie ou Montmirail-Marne [cant. de l'arr. d'Epernay, Marne. Brie]. Sgr : Jean d'Oisy, cᵗᵉ de Chartres ; II, 8, 10.

Montmorency (Famille de), barons de Brou ; 160 ; — Harvise, fille de Mathieu, ép. Jacques de Château-

II, 258 ; — François II, duc de Longueville, fils de Fr. I, ép. F^{se} d'Alençon ; 74 ; II, 153 ; — François III, duc de Longueville, fils de Louis II et de Marie de Lorraine ; II, 202 ; — François, fils de Louis I et de Jeanne de Hocheberg, ép. Jacq^{ne} de Rohan ; II, 202, 203 ; — Françoise, fille de Fr. et de Jacq^{ne} de Rohan, ép. Louis I, prince de Condé ; II, 203 ; — Jean, dit le Lion, c^{te} d'Angoulême, ép. Marg^{te} de Rohan ; II, 126 ; — Jean, arch^e de Toulouse, év. d'Orléans, sgr de Boisgency et de Longny, fils de Fr. ; II, 202 ; — Jeanne, fille de Ch., ép. Jean II d'Alençon, c^{te} du Perche ; 74, 97 ; II, 104 ; — Léonor, duc de Longueville, fils de Fr. ; II, 203 ; — Louis I, duc de Longueville, m^{is} de Rothelin, fils de Fr. I, ép. Jeanne de Hocheberg ; II, 201 ; — Loys II, duc de Longueville, fils de Louis I, ép. Marie de Lorraine ; II, 202 ; — Le bâtard d'Orléans : Jean, c^{te} de Longueville et Dunois, né 1392, † 1470 ; II, 111, 126, 127 ; — Siège en 1429 ; 87.

Orne, département ; 140.

Orrais (Hubertus de) ; II, 239.

Orrouer (Oratorium in Pertico) [com. du cant. de Courville, Eure-et-Loir. Pays-Chartrain] ; 12.

. Ortai (Petrus d') ; II, 239.

Osanna, flumen, l'Ozanne ; 158.

Osbertus ; 26.

Ostie [Italie], évêque en 1390 : Philippe d'Alençon ; 74, 84 ; II, 100 à 103.

Othon, duc de Bourgogne, 2e fils de Hugues le Grand ; 172bis.

Ouche, archidiaconé [Normandie] ; 115.

Oudart [où plutôt Odart], Françoise, dame de Longny. ép. Théaulde de Châteaubriant ; II, 200.

Oximensis pagus [pays d'Exmes] ; 17, 18, 19, 23, 25.

Ozanne (Osanna), riv. d'Eure-et-Loir ; 158.

Ozeray, historien (1764-1859) ; 36.

P

Pachou (Jehan), bourgeois de Chartres) ; II, 254.

Paganus (Payen ou Péan), prévôt de Bellême ; 119.

Païen (Rog.) ; II, 237.

Paige (le) [chanoine du Mans, auteur d'un Dict^{re} hist. du Maine paru en 1777] ; 172bis.

Paigné (Jean), av^t en la Cour de l'Official de Séez ; II, 208.

Palaiseau [cant. de l'arr. de Versailles, Seine-et-Oise. Hurepoix] ; — *Sgr,* en 1558 : Esprit de Harville, 110.

Palisse (la) [généralement écrit jadis *la Palice* ; arr. de l'Allier. Bourbonnais] ; — *Le sgr de* ; II. 262 ; [Jacques II de Chabannes, Grand-Maître de France, gouv^r de Milan, mar^{al} de France 1515, ch^r de l'Ordre, gouv^r de Bourbonnais, etc., † à Pavie, 24 fév. 1525].

Palerme [Sicile], arch. en 1140 : Etienne du Perche ; T. 44, 50.

Paléologue, — Guillaume VII, m^{is} de Montferrat, ép. Anne d'Alençon, 74, 91 ; Marguerite, m^{se} de Montferrat, fille de Guill., ép., après sa sœur Marie, Frédéric II de Gonzague, duc de Mantoue ; II, 226.

Parfondeval [com. du cant. de Pervenchères, Orne. Perche, chât^{ie} de Mortagne], 128, 141, tabl. alph. ; — *Parsse* N.-D., doy. de Corbon ; 112.

Paris [cap. de la France] ; — *Chambre des comptes* ; 134 ; II, 162 ; — *Comté de,* compris dans le duché de France, 18 ; — *Parlement* ; 122, 124, 139, 154, 162 ; II, 227 ; — *Prévôté* ; II, 255, 257 ; — *Traité en 1194* ; 104, 117 ; — *Ville* ; 82, 88 ; II, 258, 262 ; — *Le prévôt en 1483* [Jacques d'Estouteville] ; II, 258 ; — *Evêque* ; Etienne I de Senlis (1124-1142) ; II, 247.

Parthenay [arr. des Deux-Sèvres. Poitou] ; — *Sgr en 1300* : Guill. L'Archevêque ; T. 44, 172bis.

Pas-Saint-Lhomer (le) [com. du cant. de Longny, Orne, chât^{ie} de Mortagne ; 128, 141 ; — *Parsse St-Lhomer,* doy. du Perche ; 141.

Patay [cant. de l'arr. d'Orléans, Loiret. Dunois] ; 82.

Pateau (Pierre), bour^s de Chartres ; II, 254.

Patrick d'Evreux, 1er c^{te} de Salisbury, ép. Helle de Bellême ; 50, 105.

Patriz (Gaufridus) ; II, 21.

Paumier (Colin), éc^r ; II, 251.

Pavie [Italie], bataille le 24 fév. 1525, n. st. ; 96.

Payen de Châteaudun ; T. 44.

Pégart Gieffroy ; II, 89.

Peletier (Gaufridus le) ; II, 237.

Peletiers (les) ; II, 212.

Pelain-Ville, chât^{ie} de Nonvilliers [Plainville en Coudreceau, cant.

Roche (de la) ; II, 258 ; — Richard, sgr de Beaussart et de Château-neuf, ayt ép. Eléon. de Château-neuf ; 147.

Roche-Mabile (la) [com. du cant. d'Alençon, Orne. Normandie] ; — Sgr : Guill. IV, cte d'Alençon ; 105.

Roche-sur-Couldre (la), moulin et hébergement ; II, 88.

Roche-sur-Yon (la), aliàs soubs-Yon [Vendée. Poitou] ; II, 54, 64, 75, 76, 77 ; — Le duc en 1564 : Helius ou Jacques, év. et duc de Langres ; II, 231 ; Dlle en 1734 : Louise-Adélaïde de Bourbon-Conti ; 151 ; II, 233.

Rochefort (de) ; — Aimery, sgr de Châteauneuf ; 146, 147 ; — Geof-froy, sgr de Châteauneuf, ayt ép. Yolande de Châteauneuf ; 146.

Rochelle (la) [Charente-Inf. Aunis] ; II, 255.

Roches (Clémence des), ép. 1o Thi-baut VI, cte de Blois, 2o Geoffroy VI de Châteaudun ; T. 44.

Roddes-en-Flandres ; — Sgr : Ant. de Bourbon ; 152 ; II, 161, 162.

Roger (Rogerius), clerc ; II, 218.

Roger de Montgommery, voir Mont-gommery.

Rohaire [com. du cant. de la Ferté-Vidame, Eure-et-Loir. Thimerais, châtie de la Ferté-Vidame] ; 155.

Rohan [cant. de l'arr. de Ploërmel, Morbihan. Bretagne] ; — Maison de : Jacqueline, mise de Rotelin, prsse de Chatenay, dame de Mons-treau, Noyelles-sur-Mer, Blandy, ép. Fr. d'Orléans-Longueville ; II, 203 ; — Jeanne, ép. 1o Robert de France, cte du Perche ; 2o Pierre d'Amboise ; 74, 85, 97 ; — Mar-guerite, ép. Jean de France le Bon, cte d'Angoulême ; 74 ; — Pierre, duc de Nemours, pair de France, sgr de Gyé, cte de Marle et Por-céan, chr de l'Ordre, marl de France, ép. Marg. d'Armagnac, dsse de Nemours, csse de Guise ; II, 140.

Roille-Vorton (Petrus) ; II, 239.

Rolant ; II, 123.

Rollon ; 116.

Rome [Italie] ; 84.

Romilliacus - in - Pertico [Romilly, com. du cant. de Droué, arr. Ven-dôme, Loir-et-Cher. Vendomois] ; 11.

Romilly-sur-Aigre [cant. de Cloyes, arr. de Châteaudun, Eure-et-Loir. Dunois] ; 11.

Ronce (Philippe de la) ; II, 238.

Rosay ou Rosey, terre ; II, 220.

Roseyo (Willelmus de), miles ; II, 217.

Rostaing (famille de), bons de Brou ; 160.

Rostial (Guillelmus) ; II, 238.

Rotelin ou Rothelin [ville du mar-quisat de Bade. Allemagne] ; — Marquise en 1525 : Jeanne de Hocheberg ; II, 202 ; — en 1551 : Jacqueline de Rohan ; II, 203 ; — avant 1551 : François d'Orléans ; II, 203.

Rothaïs, ép. Fulcois de Mortagne ; 97, 99.

Rotrou, ... de Châteaudun, ... de Montfort, ... de Nogent, ... du Perche, voir ces noms.

Roucy [com. du cant. de Neufchâtel-sur-Aisne, arr. de Laon. Le comté de R. était l'une des sept pairies du comté de Troyes] ; — Maison de : Adèle ou Aleide, csse de (Aeli-des de Roceio), ép. Hilduin IV, cte de Montdidier ; 46 ; — Béatrice, fille de Hilduin IV, ép. Geoffroy IV, 1er cte du Perche ; T. 44, 30, 46, 47, 60, 97 ; — Félicie, fille de Hil-duin IV, ép. Sanche d'Aragon ; 48 ; — Hilduin IV de Mondidier, cte, ayt ép. Adèle ; 46.

Rouen (Rhotomagus) [Seine-Inf.. cap. de la Normandie] ; 50, 51, 115 ; — Chambre des Comptes ; 134 ; — Cour des Aides ; 132; — Généra-lité ; 132 ; — Archevêques ; Gau-thier de Coutances, Walterius (1184-1207) ; II, 206, 208 ; — Philippe d'Alençon (1359-1374) ; 74, 84 ; II, 100 à 103, voir Alençon.

Rouge (la) [com. du cant. du Theil, Orne. Perche, châtie de Bellême] ; 128, 141 ; — Parsse St-Rémy, doy. de Bellême ; 113.

Rouillard ; 36.

Roumare (Guillaume de), ép. Phi-lippe d'Alençon ; 60, 105.

Roupy (Etienne III de), év. d'Agde (1448-1462) ; II, 127.

Rousselot (Jacques) ; II, 83.

Roussy [Roussy-le-Bourg, com. de Roussy-Village, cant. de Cattenom, arr. de Thionville, annexé à l'Alle-magne en 1871. Trois-Evêchés] ; — Comte de, en 1507 et 1509 : Antoine I de Luxembourg, cte de R., Brienne et Ligny, bon d'Alluye, Rameru, etc., chambellan du roi, ambassadeur 1493, † 1510 ou 1515.

Rouversailles (Jacqueline de), dame

FIN.

Les *Documents sur la province du Perche* paraissent tous les trois mois : en janvier, avril, juillet et octobre, en fascicules de 80 pages au moins, envoyés par la poste aux souscripteurs.

Le prix de la *souscription* pour un an est fixé à :

10 fr. pour la France et 12 fr. pour l'étranger.

Le prix des fascicules, pris au numéro, est de 3 fr. pièce.

Les souscriptions sont reçues chez les auteurs :

Vte DE ROMANET, château des Guillets, par Mortagne (Orne), et H. TOURNOUER, château de Saint-Hilaire-des-Noyers, par Nocé (Orne), ainsi que chez les dépositaires.

S'adresser pour le paiement des souscriptions à M. MANGUIN, rue de Rouen, à Mortagne.

Ouvrages entièrement terminés :

1re SÉRIE (Ouvrages anciens).

I *Recueil des Antiquitez du Perche*, de BART DES BOULAIS, publié et annoté par M. H. TOURNOUER (400 pages, avec planches), 12 fr.

2e SÉRIE (Ouvrages modernes).

I *Géographie et Cartulaire du Perche*, par le Vte DE ROMANET (548 p., 1 carte et 17 photogravures), 20 fr.

II *Histoire religieuse de Mortagne*, par M. Joseph BESNARD.

III RECUEIL DE GÉNÉALOGIES DES FAMILLES DU PERCHE :

Généalogie de la famille de Boisguyon, par le Vte DE SOUANCÉ et le Vte DE ROMANET (60 p., une vue de château et un portrait), 4 fr.

Généalogie de la famille de Carpentin, par le Vte DE SOUANCÉ (28 p., une vue d'hôtel et 2 portraits), 2 fr.

Généalogie de la famille d'Escorches, par M. l'abbé GODET et le Vte DE ROMANET (150 p., une vue de château et un portrait), 8 fr.

IV *Mémoire historique sur la paroisse des Mesnus*, par M. l'Abbé GODET (81 p.), 5 fr.

VII *Notice sur la Manorière*, par le Vte DE SOUANCÉ.

3e SÉRIE (Chartes ou pièces justificatives).

I *Chartes servant de Pièces justificatives à la Géographie du Perche et formant le Cartulaire de cette province*, publiées par le Vte DE ROMANET (voir 2e série, I).

4e SÉRIE (Bibliographie).

Ibis *Bibliographie de Delestang*, par M. DE LA SICOTIÈRE, sénateur, 1 fr.

II *Bibliographie et Iconographie de la Trappe*, par M. H. TOURNOUER, 1er volume (*Ouvrages imprimés*), 5 fr.

En cours de publication :

1re SÉRIE (Ouvrages anciens).

II *Courtin, histoire du Perche*, publiée par le Vte DE ROMANET et M. H. TOURNOUER.

2e SÉRIE (Ouvrages modernes).

IIIbis *Armorial de 1696 pour la province du Perche*, publ. par le Vte DE SOUANCÉ et M. H. TOURNOUER.

V *Mémoire sur le Mage*, par M. l'Abbé GODET.

VI *Histoire de la Grande-Trappe*, par M. le Cte DE CHARENCEY

3e SÉRIE (Chartes ou pièces justificatives).

II *Cartulaire de Marmoutier pour le Perche*, par M. l'Abbé BARRET.

4e SÉRIE (Bibliographie).

I *Bibliographie du Perche* : A Imprimés, B Manuscrits, par le Vte DE ROMANET et M. H. TOURNOUER.

5e SÉRIE (Chronique et Correspondance).

I Premier volume.

Lightning Source UK Ltd.
Milton Keynes UK
UKHW022016250220
359329UK00008B/65

9 780270 970333